Los amos
de la guerra

Los amos de la guerra

El intervencionismo de Estados Unidos en
América Latina. De Eisenhower a G. W. Bush

CLARA NIETO

Mis agradecimientos a Juan Gabriel y Hernando, quienes me lanzaron a escribir esta obra, a María Teresa, a Constanza y a Sara por la cuidadosa lectura de los capítulos y sus valiosas sugerencias, a Rafa mi inestimable editor cubano, a Martha Isabel y su joven equipo de los Andes (Silvia, Ana Cristina, Paola y Ximena) por su interés y dedicación para lograr su publicación, y a mi «parche» neoyorquino por el estímulo que me ha dado en el largo trayecto que recorrí para completarla.

CLARA NIETO
Noviembre de 1998

Índice

Introducción

La historia en presente

Este libro cubre un ciclo histórico. Se inicia con el triunfo de la Revolución cubana, que parte en dos la historia del hemisferio, y se cierra con el colapso de la Unión Soviética que pone fin a medio siglo de guerra fría y abre el camino a la hegemonía mundial de Estados Unidos. Y gira en torno al desarrollo de ese proceso revolucionario, factor de animación de la lucha armada y de la insurgencia en el continente, y a la política de Estados Unidos para dar al traste con la Revolución e impedir que ésta se extienda en América Latina y el Caribe, su zona de influencia. Tal política tiene profundas repercusiones en esos países en todo este período.

En efecto, Cuba se convierte en un factor de la confrontación Este-Oeste, de la guerra fría, del debate político mundial, y en tema de controversia en la política interna norteamericana. Por primera vez un país americano —un pequeño país— se enfrenta al imperio, lo expulsa de su territorio, se alía con la URSS y se declara socialista. Cuba resquebraja el poder hegemónico de Estados Unidos y amenaza su seguridad y la estabilidad del continente. Ningún país americano tiene un mayor impacto, y por más largo tiempo, en la arena internacional y en el Tercer Mundo. La Habana se convierte en la Meca de los revolucionarios y Fidel Castro y el Che Guevara en sus ídolos.

El discurso nacionalista y antiimperialista de Fidel alienta la lucha de esos pueblos en defensa de sus derechos y en contra de los gobiernos y de las oligarquías nacionales, aliados de Estados Unidos. Su discurso es un reto. En los años sesenta surgen movimientos armados procastristas, en dictaduras y en democracias, que aspiran a repetir la gesta cubana. Caldo de cultivo de esta insurgencia son las aberrantes y endémicas desigualdades sociales y económicas, la miseria de las masas explotadas y engañadas por reducidos grupos de poder y reprimidas con violencia por sus fuerzas del orden. La estrechez o la ausencia de canales democráticos impiden su participación en las decisiones de sus gobiernos y de sus parlamentos.

En una u otra forma, esos grupos armados y los movimientos de liberación nacional del Tercer Mundo, en estas tres décadas, están ligados a La Habana. Les da orientación política, entrenamiento militar, armas y asesores. Tropas cubanas —con ayuda soviética— aseguran el triunfo de Angola y de Etiopía contra sus agresores. Tal ayuda se desvanece en América Latina en los años setenta cuando la mayoría de sus gobiernos restablecen relaciones diplomáticas con Cuba y rompen su aislamiento.

A esa explosión revolucionaria contribuye el cambio que se opera en la Iglesia católica con al papa Juan XXIII, quien la orienta hacia los pobres y promueve la justicia social. Sectores progresistas de la Iglesia, seguidores de sus enseñanzas, los conciencian sobre sus derechos, organizan sus movimientos y toman parte en sus luchas. Esa unión de cristianos y de revolucionarios es de enorme importancia en la lucha sandinista contra la dictadura de Somoza en Nicaragua y en la guerra civil de El Salvador, liderada por el Frente Farabundo Martí de Liberación Nacional, contra las dictaduras militares.

Nueve administraciones norteamericanas —Eisenhower, Kennedy, Johnson, Nixon, Ford, Carter, Reagan, Bush y Clinton— en mayor o en menor medida mantienen una política de agresión contra Cuba, cuyo objetivo es liquidar la Revolución y a Fidel. Temen su efecto ejemplarizante y la expansión del comunismo internacional en el hemisferio. Kennedy replantea su política. Pone en marcha la Alianza para el Progreso —un programa de desarrollo económico y social para atender las inmensas necesidades de esos pueblos— y da un giro radical a la estrategia de defensa hemisférica que enfoca a la lucha contrainsurgente. Su objetivo es combatir al «enemigo interno», en defensa de la democracia. Pero el fortalecimiento de los ejércitos nacionales —prioridad de esa estrategia— fortalece el militarismo. En los tres años de su gobierno, nuevas dictaduras militares, con banderas anticomunistas, derrocan gobiernos constitucionales. En los países del Cono Sur, en los años sesenta, las dictaduras militares implantan la doctrina de Seguridad Nacional. Los objetivos, anticomunistas y contrainsurgentes de esa doctrina, son los mismos de la estrategia norteamericana iniciada por Kennedy.

Estas décadas están marcadas por la violencia, por guerras civiles, por la confrontación entre los movimientos armados, que buscan cambios radicales, y la contrainsurgencia militar que trata de impedirlos. En esas «guerras internas» —como las definen los militares— o en las «guerras sucias» —como las califican sus pueblos— son asesinados, torturados y «desaparecidos» decenas de miles de hombres y mujeres. Los menos mueren en combates. Nunca antes se había dado en el continente una violación de los derechos humanos más brutal, más masiva y más profunda.

Al final de los años sesenta la mayoría de los movimientos armados en los países andinos han sido virtualmente liquidados. En los años ochenta sucede lo mismo con los del Cono Sur, donde también desaparecen las dictaduras neofascistas de la Seguridad Nacional. Los militares, decadentes, desprestigiados y acosados por la creciente oposición interna e internacional, convocan elecciones y llegan al poder líderes democráticos. En los años noventa llega la paz a Centroamérica. En El Salvador, en Guatemala y en Nicaragua cesan los conflictos armados con acuerdos de paz negociada entre los gobiernos y los movimientos insurgentes que se convierten en partidos políticos.

El coste de esa paz, en la mayoría de esos países, son amplias amnistías concedidas por los gobiernos civiles a los militares y a las fuerzas del orden, responsables de las guerras sucias. Los exoneran de ser llevados ante tribunales civiles para dar cuenta de sus crímenes. Tales leyes, aprobadas por sus parlamentos y sus cortes de justicia, supuestamente pilares de la democracia, legitiman la impunidad.

Trato esta historia en presente por décadas y por países. Sólo me ocupo de los que enfrentan conflictos insurgencia-contrainsurgencia, esencia de este libro, y de la política de Estados Unidos hacia el continente a partir de la doctrina Monroe. Es una política coherente de intervencionismo, abierto o encubierto, que pretende impedir todo intento de cambio que afecte a sus intereses políticos o económicos.

Analizo el desarrollo del proceso cubano, su política exterior antiimperialista y tercermundista, su papel en la arena internacional, su influencia en el Tercer Mundo, su alianza con el bloque soviético, su acción frente a la agresión de la superpotencia mundial, y el impacto del colapso del mundo comunista. Tal hecho dramático, que cambia de forma radical el panorama mundial, deja a Cuba sin sus principales aliados y sin sus mercados más importantes. Sin el apoyo económico y militar soviético es mucho más duro el bloqueo económico impuesto por Estados Unidos y es más peligrosa su agresión. Frente a ese gran reto, Cuba realiza cambios para afianzar la Revolución y asegurar su supervivencia. El balance de esos esfuerzos ha sido favorable.

La desaparición de la superpotencia comunista y de su imperio cierra este ciclo histórico, comienza una nueva etapa para el mundo y este libro concluye.

1

Unos entran y otros salen

La noticia del triunfo de la Revolución cubana, el primero de enero de 1959, no alcanza a ser incluida en los diarios de la mañana del continente, pues el derrumbe de la dictadura del general Fulgencio Batista se produce al amanecer. Ese día, sin mayor despliegue, el *New York Times* informa que el Departamento de Estado había comunicado al Senado que consideraba en extremo grave la situación del régimen cubano pero que Estados Unidos continuaría sin tomar partido en la contienda. Y en una página interior dice que el gobierno de Batista reclamaba triunfos en la lucha contra los rebeldes en Santa Clara, capital de la provincia de Las Villas.

Sin embargo, ambas noticias se apartan de la realidad. Ni Washington ha sido neutral en el conflicto ni el ejército batistiano podía reclamar victorias en ese momento sobre las fuerzas rebeldes, pues la provincia de Las Villas caía bajo control de los comandantes Ernesto «Che» Guevara y Camilo Cienfuegos. Al día siguiente, en un decisivo ataque a un tren blindado, se rinden trescientos cincuenta soldados y oficiales con dotaciones completas y pertrechos. Mientras la lucha continúa esa noche en Santa Clara, víspera de la caída de Batista, cónclaves de altos mandos militares en La Habana y en Washington estudian qué hacer frente a la grave situación del régimen que está agonizando.

En Washington la noticia del colapso del régimen cubano cae por sorpresa y causa desconcierto en círculos del gobierno que han confiado en que resistiría. Sobre este hecho, el *New York Times* reporta el 2 de enero que el gobierno no lamenta mucho la salida de Batista, pues sus relaciones en ese momento «son frías pero correctas», pero que le preocupa lo que pueda venir después. Predice un período de «agudo conflicto» entre Fidel Castro y «aquellos que creen poder impedirle cosechar el fruto de la victoria». La administración Eisenhower supone que Batista ha dejado amarrada una Junta Cívico-Militar como resultado de la

15

actividad de sus embajadores, y que sectores conservadores en la isla seguramente presentarán resistencia.

Eisenhower sí lamenta la caída de Batista, a juzgar por los esfuerzos que hace para sostenerlo. Hasta el último momento le da apoyo militar —incluidos bombarderos y aviones de combate— y mantiene en Cuba una misión militar. Aumenta la ayuda cuando la lucha rebelde adquiera fuerza. Batista recibe esos armamentos con ceremonias especiales para mostrar, dentro y fuera de su país, que cuenta con el apoyo de Washington.

Estados Unidos replantea su política cuando el gobierno de Batista comienza a hacer agua. Las fuerzas rebeldes avanzan hacia el centro del país comandadas por el Che Guevara, Raúl Castro y Juan Almeida. Le preocupan las denuncias de los rebeldes sobre el uso que está dando Batista al armamento que le suministra para la «defensa hemisférica». Muestran pueblos y ciudades destruidas por los bombardeos y por las bombas incendiarias napalm «made in USA». En marzo de 1958 anuncia que ha decidido suspender la venta de armas a Cuba. Los rebeldes sostienen que la venta de armas continúa a través de Nicaragua y de la República Dominicana, bajo las dictaduras de Somoza y Trujillo, aliados de Washington. También que los aviones de Batista siguen aprovisionándose de combustible en la base militar de Estados Unidos en Guantánamo.

Para presionar a Estados Unidos y forzar a Batista a suspender los bombardeos, los rebeldes capturan, por órdenes de Raúl Castro, a veinticinco gerentes y empleados norteamericanos, y un bus con veinticuatro marines que regresan a la base de Guantánamo. Estos hechos crean gran tensión con Estados Unidos. Batista suspende los bombardeos, por temor a las represalias contra los rehenes, y el cónsul de Estados Unidos en Santiago va a la Sierra Maestra para negociar con los rebeldes su liberación. El cónsul aconseja al Departamento de Estado no exigir a Batista el «estricto cumplimiento» de los acuerdos —prohíben usar esos armamentos en tareas distintas a la «defensa hemisférica»—, pues en las fuerzas rebeldes existe «una posible influencia comunista». Washington niega que haya continuado la venta de armas y dice que se trata de una confusión: Nicaragua había hecho un despacho de armas de Israel.[1] A través de Radio Rebelde, Fidel anuncia la liberación de los norteamericanos. Raúl los va soltando poco a poco. Cuando sale el último, Batista reanuda los ataques.

Washington quiere impedir el triunfo rebelde. El embajador Arthur Gardner y su sucesor Earl T. Smith, con ayuda de la CIA, intentan unir a la oposición civil y tratan de convencer a Batista de que renuncie y nombre una Junta Cívico-Militar, que luego convoque elecciones «libres».[2] Batista no acepta fórmulas que impliquen su renuncia.

El inesperado colapso de Batista toma por sorpresa a Fidel. De inmediato ordena al ejército rebelde consolidar el control del territorio. El Che y Camilo Cienfuegos deben avanzar hacia La Habana y tomar los cuarteles de La Cabaña y de Columbia, el fortín del régimen. Fidel toma el control de Santiago de Cuba y de la provincia de Oriente, y advierte que no acepta el cese del fuego —decretado por Batista— ni reconoce a la Junta que ha nombrado. Amenaza con continuar la guerra y llevarla hasta la capital. Decreta una huelga general que paraliza el país durante cuatro días.[3] El plan de Washington fracasa y el gobierno revolucionario queda como Fidel quiere: el presidente provisional es Manuel Urrutia, juez de Santiago, liberal y anticomunista.

Ascenso y descenso del caudillo Batista

La Revolución comienza a gestarse contra la dictadura del general Gerardo Machado (1925-1933), una de las más brutales y corruptas de su historia. Se hace reelegir por una Asamblea Constituyente amañada. Suprime la vicepresidencia, decreta un período presidencial de seis años y se declara «ilustre y ejemplar ciudadano».

Cuando Franklin D. Roosevelt llega a la Casa Blanca en 1932, la situación interna de Cuba está al rojo vivo. A Roosevelt le preocupa que la explosiva agitación social y política, en medio de una profunda crisis económica, conduzca a una revolución. Envía de embajador a Benjamin Sumner Welles, subsecretario de Estado, con la misión de lograr la renuncia de Machado y escoger a su sucesor. Machado no acepta. Estados Unidos fondea una escuadra naval frente a las costas cubanas, dispuesta a intervenir. Huelgas y violentos choques de manifestantes con la fuerza pública, con centenares de muertos y miles de heridos y detenidos, son los estertores del «machadato». Machado renuncia, huye con su familia a Nassau y luego se instala en Estados Unidos, país al que tanto sirvió.

Con el acuerdo de Washington, es nombrado presidente provisional Carlos Manuel de Céspedes. Pero su designación y el gabinete que nombra no son garantía de cambio y la rebelión continúa. Es derrocado a las tres semanas por una conspiración liderada por el sargento

Fulgencio Batista. En la historia cubana aparece como la «rebelión de los sargentos». Batista irrumpe en la arena política cubana y desde entonces domina al país durante un cuarto de siglo.

A los seis días, los sargentos nombran una Junta de Gobierno provisional (la Pentarquía), presidida por Ramón Grau San Martín. Estados Unidos lo considera comunista y no lo reconoce. En enero de 1934, Batista, ya coronel y jefe del ejército, lo tumba con el apoyo de Washington y coloca en la presidencia al coronel Carlos Hevia. Estados Unidos lo reconoce de inmediato. Luego lo reemplaza por el coronel Carlos Mendieta.

Batista ejerce el poder detrás del trono. Pone y quita presidentes hasta que es elegido en 1940. Su primer gobierno (1940-1944) —según analistas— es el mejor que ha tenido Cuba hasta entonces. Bajo un «moderado, suave y dulce mando», como él mismo lo describe, y favorecido por los altos precios internacionales del azúcar —principal fuente de divisas en Cuba—, desarrolla un amplio plan de obras públicas: extiende la red de caminos, el sistema de escuelas, construye plantas eléctricas, puentes y puertos a la vez que avanza por la senda democrática. Da cierta libertad a la prensa, no es muy duro con sus oponentes, satisface los apetitos del ejército con buenos salarios, buenas pensiones, buenos cuarteles y buena recreación; cultiva a los funcionarios públicos con buenos cargos y sobornos y a los trabajadores les da mejores salarios y mejores condiciones de trabajo. Batista tiene contentos a todos y así puede reírse de la oposición.[4]

Por presiones de Roosevelt, Batista convoca elecciones y es elegido Ramón Grau San Martín (1944-1948) del Partido Auténtico, de centro-izquierda. Batista se instala en Miami para «dejarlo gobernar». Con Grau continúan los asesinatos de opositores, de dirigentes obreros y de líderes de partidos de izquierda. Es más incompetente y corrupto que Machado. Bajo su gobierno, el gangsterismo internacional cobra un tremendo auge en Cuba. Hoteles, casinos, cabarets, bancos y compañías de seguros están en manos de grandes capos de la mafia norteamericana.

En 1948 es elegido Carlos Prío Socarrás (1948-1952), cuyo gobierno también se sumerge en la corrupción y el robo descarado del tesoro público. Persigue al movimiento obrero, clausura algunos diarios, continúa la represión, los asesinatos políticos y la entrega del país a inversores norteamericanos. Prío autoriza el regreso de Batista, y Batista lo derroca.

Poco antes de las elecciones presidenciales en las que Batista es candidato —sabe que no va a ganar—, da el golpe. Cancela las elecciones, suspende la Constitución de 1940 y elimina el cargo de vicepresidente. Truman lo reconoce de inmediato.[5]

Fidel Castro, abogado y candidato al Congreso, protesta contra el golpe de Batista, pues frustra el proceso electoral. En su discurso en el séptimo aniversario del triunfo de la Revolución, en 1966, describe la llegada de Batista al poder: «[…] se dio con la complicidad de la embajada yanqui, del clero reaccionario, de las clases económicas dominantes, de un poder judicial corrompido hasta la médula y de un sinnúmero de políticos venales, mediante un golpe cuartelario apadrinado por el imperialismo y por las clases explotadoras, porque a las clases explotadoras les convenía tener a un Batista […]. ¿Ladrón? Sí, eso no importaba. ¿Criminal? Sí, eso no importaba. ¿Vicioso? ¿Inmoral? Eso no les importaba con tal de que los guardias rurales estuvieran a disposición de los mayorales y los latifundistas para darle plan de machete al obrero que reclamaba el salario o al campesino que reclamaba la tierra».[6]

El pueblo cubano, asqueado con la corrupción e incompetencia del gobierno de Prío, da la bienvenida al golpe. A los dos días, los cuatro partidos políticos de la coalición de Prío anuncian su apoyo a Batista. En menos de un año, todos los partidos están con el régimen. Esto muestra —dice Fidel—, que la política en Cuba era un *cachumbambé* de bandidos.[7]

Dos años más tarde, Batista legitima su presidencia en elecciones que nadie disputa. Ese segundo gobierno (1952-1959) es una dictadura despiadada y sangrienta apoyada en su policía secreta. Son años de terror policial, de asesinatos y torturas. Muchos salen al exilio. Batista disuelve al Congreso y cierra la Universidad de La Habana, centro de la insurrección contra su régimen, liderada por el joven Fidel Castro.

De nuevo, con las arcas llenas por los altos precios del azúcar, Batista continúa su ambicioso plan de obras públicas. Construye nuevos edificios oficiales, nuevos puentes, nuevas carreteras y nuevas calles. Y surgen nuevos hoteles, nuevos casinos y prósperos negocios del floreciente sector privado. La Habana, en donde se concentra la riqueza, se convierte en una de las ciudades más bellas y más disolutas del continente. Nunca las élites cubanas fueron tan ricas. Pero el más rico de todos es Batista. Su fortuna personal y la de su familia crecen con las millonarias comisiones que cobra en contratos públicos, con «mordidas» que saca de los impuestos de aduanas y con porcentajes de la Lotería Nacional. La fortuna de su camarilla crece a la par. Bajo su gobierno «Cuba tiene de todo menos libertad».[8]

Las relaciones de Batista con Washington son excelentes. Cuba es el paraíso de sus inversores. Les concede exenciones tributarias, les permite evadir impuestos y hacer la vista gorda en el manejo de sus capitales. Es una relación de mutuo beneficio, pues recibe jugosos sobornos. Además —muy importante—, persigue a los comunistas. Corta relaciones con la Unión Soviética y crea instituciones, semejantes a las maccarthistas norteamericanas, que cooperan con el FBI.

La lucha

En Cuba no existe una fuerza obrera o campesina cohesionada y organizada que se oponga a Batista. Los partidos están fraccionados y no hay dirección política. Eugenio Mujal Barniol, secretario general de la Confederación de Trabajadores de Cuba (CTC), es una pieza del régimen. Sirve a los patrones y a las empresas extranjeras. Mujal desintegra la unidad laboral. Con banderas anticomunistas persigue a los líderes obreros que no se someten a sus dictados, destituye a los honestos y coloca a sus peones, prohíbe las huelgas y no protesta por la represión a la clase obrera, que incluye asaltos a mano armada a los sindicatos.[9]

Fidel denuncia la represión y la corrupción del régimen y de sus áulicos. Las continuas manifestaciones estudiantiles concluyen en choques con la fuerza pública, con centenares de heridos y de detenidos. No existen las vías legales para la oposición. La justicia está vendida. La única alternativa de cambio son las armas. Fidel y un pequeño grupo de rebeldes comienzan a conseguir armas y a entrenarse en la clandestinidad. El grupo crece. La mayoría son trabajadores, obreros y campesinos. Los dirigentes son universitarios.

Fidel arrecia sus denuncias contra la corrupción. Dice que el régimen está entregado a la «partija» y al saqueo descarado del tesoro público; acusa a los «vendepatrias» que convierten a Cuba en una semicolonia yanqui a cambio de sobornos millonarios. Denuncia a la prensa amordazada, arrodillada y vendida, a los enjambres de periodistas comprados con «botellas» (sobornos), a la Corte de Justicia sumisa al dictador. Y denuncia las torturas y asesinatos de opositores, de estudiantes y sindicalistas y la brutalidad de la Guardia Rural, cuyas víctimas son los campesinos.

Cuba es el paraíso de la mafia. Los grandes capos Lucky Luciano, Meyer Lansky, Santo Traficante y Amadeo Barletta son dueños de hoteles, de casinos y de deslumbrantes cabarets, de cadenas de prostíbulos y de juegos populares. También de centros comerciales, de bancos, de empresas financieras, de líneas aéreas, de estaciones de radio y de televisión y de algunos diarios.[10]

A medida que crece la rebelión, la represión es más brutal, más implacable y más sangrienta. De forma heroica mueren muchos revolucionarios. En medio de ese ambiente de extrema violencia, los rebeldes se preparan para realizar su primera gran acción militar: el ataque al cuartel de Moncada en Santiago de Cuba, el segundo en importancia en el país.

Es una operación audaz. El cuartel de Moncada es una fortaleza rodeada de altos muros, en el centro de la ciudad, con más de cuatrocientos hombres en armas y un poderoso arsenal. Los rebeldes preparan cuidadosamente el ataque. Las dificultades son enormes por la estrechez económica y la vigilancia policial. Poco a poco van llevando armas a la finca Siboney, tomada en arriendo, a diecisiete kilómetros de Santiago. En la fecha señalada van llegando en pequeños grupos. Son 165, entre éstos dos mujeres, Haydée Santamaría y Melba Hernández. No son más por falta de armas.

El 26 de julio, día de Santa Ana (fecha en que comienzan los tradicionales carnavales en Santiago de Cuba, en los que participan gentes de todo el país), es el día escogido para el ataque. Entre la música, el baile y los torrentes de ron, los rebeldes creen que pasarán inadvertidos. A las cinco de la mañana comienza la operación. Una columna de dieciocho automóviles se dirige hacia la plaza de Marte. Fidel, Raúl Castro y Abel Santamaría, al mando de tres grupos, son los responsables de dirigir el ataque.

Como siempre en los carnavales, la guardia está alerta para controlar los excesos. La llegada de los rebeldes al cuartel, con uniformes militares, desconcierta a los guardias, pero casi de inmediato suenan las alarmas y comienza el tiroteo. La lucha es desigual. El cuartel es rodeado por la tropa y los rebeldes son acorralados en el interior: mueren ocho y ocho son heridos. Y mueren diecinueve soldados y veintidós son heridos. La diferencia en las bajas enfurece a Batista, pues muestra la superioridad militar de los rebeldes.

El ensañamiento y crueldad del régimen contra los atacantes del Moncada llega a unos límites sin precedentes. Los que no caen en combate son capturados, torturados brutalmente y asesinados a balazos o ahorcados. Otros son lanzados vivos desde las azoteas del cuartel. Batista ha ordenado un escarmiento ejemplar. Durante una semana, Moncada es un taller de tortura y de muerte. A Fidel lo capturan a los cinco días, con dos compañeros, en un cañaveral. La Guardia les encuentra dormidos y extenuados. No los mata, pues la repulsa pública contra las atrocidades del régimen obliga moderación.

El juicio contra Fidel, responsable del asalto a Moncada, es entre bayonetas y en sigilo. Batista sabe que la publicidad va en su contra. Fidel asume su propia defensa. Haydée y Melba secretamente sacan los escritos de su autodefensa y los publican con el título *La historia me absolverá*. En su defensa Fidel hace graves denuncias contra el régimen y plantea cinco leyes revolucionarias: la restitución de la soberanía y de la Constitución de 1940 —derogada por Batista—, régimen de tierras y reforma agraria, participación de obreros y empleados en las ganancias de todas las empresas, nacionalización de los servicios públicos, confiscación de bienes, prohibición del latifundio y derechos del trabajo. Serán la base política e ideológica de la Revolución. Además, señala la represión policial, la red de espionaje del régimen, los millones de dólares que gasta en pago de soplones y en sobornos a informantes, mientras que en el país seiscientos mil desocupados piden justicia, quinientos mil campesinos no tienen tierra, cuatrocientos mil trabajadores son explotados, treinta mil maestros son maltratados y explotados, veinte mil comerciantes, agobiados de deudas, están en la ruina y diez mil profesionales que buscan trabajo encuentran todas las puertas cerradas.[11]

Esa red de inteligencia, «ojos y oídos del Tirano», está compuesta por el ejército, la policía, los servicios de inteligencia militar (SIM), el Buró de Investigaciones —también opera fuera de Cuba—, el Buró de Represión de Actividades Comunistas (BRAC), maquinaria maccarthista —colabora con la CIA y el FBI—, grupos especiales creados para reprimir la insurgencia y una masa de espías, de soplones, de asesinos y de ladrones a sueldo. Cualquiera podía ser encarcelado, torturado y desaparecido por simples sospechas.

Los rebeldes son llevados a la Cárcel la Rotonda, en la Isla de Pinos (bautizada Isla de la Juventud por la Revolución). Fidel es condenado a quince años de cárcel, Raúl a trece y los demás a penas menores. Dos años más tarde, presionado por la opinión pública, Batista les concede amnistía y son liberados. Fidel reanuda sus denuncias desde el diario *La Calle*. Batista lo cierra y en un furibundo discurso amenaza a Fidel.

A las seis semanas salen para México. De allí regresan para derrocarlo. En México, a pesar de enormes dificultades y sobresaltos, conforman en secreto el primer núcleo del ejército revolucionario y se entrenan. Son perseguidos por las autoridades mexicanas, por agentes del FBI y de Batista y por espías de Trujillo. Sufren delaciones de infiltrados y algunos van a parar a la cárcel. No obstante, continúan. El Che Guevara se une al ejército rebelde en México. Fidel va a Estados Unidos para organizar la resistencia y recaudar fondos.

En la madrugada del 25 de noviembre de 1956 zarpan en el yate *Granma* del puerto mexicano de Tuxpán. Son 81. Parten con las luces apagadas y un peligroso sobrepeso de gentes y de armas. El primero de diciembre desembarcan en Cuba, en la playa de Las Coloradas, pero son descubiertos por un barco de cabotaje del ejército que da la alarma. Las fuerzas de Batista los atacan por aire y por tierra. El 5 de diciembre, en Alegría del Pío, tiene lugar el enfrentamiento. Sobreviven diecisiete. Los rebeldes se dispersan y, ayudados por campesinos, se reúnen en la Sierra Maestra. Con los supervivientes del Moncada y del *Granma* se forma el movimiento armado 26 de Julio, bautizado así en homenaje al asalto al cuartel de Moncada. Es el primer núcleo del ejército rebelde.

El 17 de enero de 1957 —mes y medio después del desembarco—, en el primer combate con el ejército, los soldados se rinden. Dos han muerto, cinco han sido heridos y tres son hechos prisioneros. Los rebeldes no sufren ni un rasguño. Campesinos de la Sierra comienzan a unirse a sus filas. En La Habana y Santiago grupos urbanos los apoyan con trabajo político para buscar adeptos y recursos y realizan sabotajes.

El 13 de marzo de 1957 el Directorio Estudiantil, otro grupo rebelde, ataca el palacio presidencial y toma la emisora Radio Reloj. Batista escapa de milagro. Varios rebeldes mueren. José Antonio Echeverría, presidente de la Federación de Estudiantes Universitarios (FEU), toma la emisora y, convencido de triunfo, anuncia la muerte del Tirano en su «madriguera». Poco después es asesinado en la colina de la Universidad de La Habana.

Ese año el ejército rebelde realiza una serie de ataques a los cuarteles militares. Toma algunos y captura armas. Las columnas comandadas por Fidel, el Che y Camilo Cienfuegos se enfrentan al ejército en varios lugares, causan grandes bajas y capturan armas y municiones. El ejército huye o se rinde. La desmoralización es muy grande. Poco a poco, los rebeldes van consolidando su territorio y obteniendo victorias militares y políticas, pues las derrotas al ejército son difundidas por su emisora clandestina, Radio Rebelde.

El ejército, desmoralizado y corrupto, no está motivado para defender con su vida al régimen opresor y ladrón. Cada día son mayores las derrotas y el número de oficiales y soldados que pasan a las filas rebeldes. La mayor humillación para Batista es el levantamiento de oficiales y de marinos del Distrito Naval de Cienfuegos, en septiembre de 1957. Ocupan la base de Cayo Loco y entregan las armas al pueblo.[12]

Aviones del gobierno, con bombas napalm, arrasan pueblos, ciudades y campos. Muere mucha gente inocente. Tales bombardeos, con bombas «made in USA» para la defensa del hemisferio, no son olvidados por los rebeldes. La guerra dura dos años y la lucha revolucionaria cinco años, cinco meses y cinco días, recuerda Fidel.

La fuga de Batista

El 31 de diciembre de 1958 hay calma en La Habana, y en las calles, escaso movimiento. Poca gente se atreve a salir, pues la guerra ha arreciado y la situación puede cambiar de un momento a otro. En el Campamento de Columbia, lugar a donde Batista traslada su residencia cuando la situación comienza a complicársele, el general, con un pequeño grupo de familiares, de altos funcionarios civiles y militares, sus esposas, y amigos cercanos, se dispone a brindar por el Año Nuevo. Son cerca de setenta personas. Batista tiene dificultades para congregar a ese grupo al que invita a un «simple brindis». Los partidarios del régimen saben que la situación no está para celebraciones. El ambiente es tenso y deprimente —escribe el embajador Smith en sus memorias—, con poca conversación. Todos ven a Batista sereno, dando órdenes, despachando y anunciando planes para el día siguiente.[13]

Al repicar las campanas de medianoche, el general Eulogio Cantillo Piedra, en nombre de las fuerzas armadas, apela al «innegable patriotismo» del general y le pide que renuncie. Batista lo hace hacia las dos de la mañana, delega el poder militar en Cantillo Piedra, nombra una Junta de Gobierno y designa como presidente titular al más antiguo magistrado de la Corte Suprema, Carlos Manuel Piedra, siguiendo un precepto de la Constitución de 1940 que no está vigente. El mismo la suspende en 1952, cuando derroca a Prío Socarrás.

Pocos de los asistentes a esa tensa celebración de Año Nuevo, muy distinta a las pomposas de años anteriores, sospechan que serán testigos del fin de la dictadura batistiana. Sólo sus más estrechos colaboradores están al tanto del papel teatral que prepara Batista para salir de la presidencia con honor y sin peligro del territorio cubano. Unos misteriosos grandes sobres de papel manila, que mantienen en sus manos Andrés Domingo, secretario del presidente, y Gonzalo Güell, ministro de Relaciones Exteriores, no contienen dólares, como algunos suponen, sino pasaportes expedidos con urgencia para la plana mayor del régimen.[14] Batista no olvida a sus amigos y colaboradores más cercanos.

Aún en traje de fiesta, Batista, Marta Fernández, su segunda esposa, Jorge, uno de los ocho hijos del general, Andrés Rivero Agüero, presidente electo (en elecciones fraudulentas), su esposa y un grupo de cercanos colaboradores vuelan al exilio. Son cuarenta. Llegan a Ciudad Trujillo.[15] En otros dos aviones salen hacia Estados Unidos —Jacksonville, Nueva York y Nueva Orleans— Rubén, Mirta y Elisa, sus hijos mayores, y varios altos funcionarios del régimen depuesto. Los menores, Roberto y Carlos, han salido dos días antes, en viaje de «paseo», a Nueva York, en compañía de dos institutrices, un detective y de Manuel Pérez Benito, administrador de Aduanas de La Habana, y su familia, emparentada con Batista por el matrimonio de sus hijos.

La salida de Batista y sus acompañantes se produce con calma. No hay trasiego de maletas ni de baúles. Abordan cinco aviones DC-4 del ejército cubano, que los esperan en la base militar de Columbia. En el piso quedan varias maletas que quizá alguien, «a punta de pistola», logra bajar para asegurar su pasaje, comenta Guillermo Villaronda, en una entrevista en Ciudad Trujillo para la revista habanera *Bohemia*, titulada «Yo fui a Santo Domingo con el Tirano». Cinco cajas de madera, con más de ochocientos estuches con joyas, son halladas en la residencia de Batista. Marta había puesto las mejores a salvo en Nueva York. Éste es el primero y más pequeño hallazgo de la cuantiosa fortuna que le confisca al gobierno revolucionario. La mayor parte la tiene en el exterior. Batista y su camarilla se llevan en efectivo entre trescientos y cuatrocientos millones de dólares.[16]

A su llegada a Jacksonville (Florida), Rubén, de veinticinco años, hijo mayor del general y senador electo, es atacado a golpes por un exiliado cubano. Es el único de la familia destronada que sufre en carne propia la rabia del pueblo. En rueda de prensa declara que ve venir problemas para Cuba, pues algunos de los rebeldes son militantes comunistas.[17]

El sigilo de la salida del dictador y de su séquito es grande. Los aviadores no saben que su destino es Santo Domingo hasta después de iniciar el vuelo. Según Porfirio Rubirosa, embajador dominicano en Cuba,

LOS AMOS DE LA GUERRA

su gobierno no había sido consultado sobre las intenciones de Batista de asilarse en su país.[18]

En el aeropuerto militar dominicano, donde aterrizan los aviones cubanos, Ramfis Trujillo, hijo mayor del generalísimo, les da la bienvenida. Trujillo declara a Batista «huésped de honor» y lo instala en un palacete, cerca del Palacio Nacional. Pero le tiene reservadas algunas sorpresas. Entre los dos existen tensiones ocultas. Trujillo no ha olvidado que Batista lo ha desairado al no invitarlo a La Habana, como se le había sugerido varias veces por vía diplomática, a pesar del envío de un cargamento de armas para combatir a los rebeldes. Odia a Fidel Castro por haber participado en un intento de invasión a su país en 1947, que Trujillo ha abortado. Fidel tiene veintiún años, y se salva de milagro. Esta deuda la quiere saldar.

Al día siguiente de su llegada, Trujillo le informa que tiene veinticinco mil hombres, barcos y aviones a su disposición, para que encabece una expedición contra Cuba. Batista se niega. Emprender esa aventura contra Fidel, que lo ha derrotado y está en el punto culminante de su prestigio, es absurdo. Después le cobra novecientos mil dólares de un último envío de armas a Cuba. Batista se niega, pues es una deuda del Estado cubano y no personal. Trujillo continúa cobrando. Sus emisarios son militares de alto rango. Batista mantiene su negativa. Un día, invitado a acompañarlos, acaba en una cárcel en las afueras de la capital. Allí está día y medio. Sale cuando paga la deuda. Pero le pide un millón de dólares más para financiar actividades contra Castro. Esta vez paga sin chistar. Por temor a que lo siga exprimiendo, intenta huir, pero fuerzas dominicanas lo detienen en el aeropuerto cuando abordaba un avión privado.[19]

La partida de Batista de Cuba es sin retorno. Su destino es diferente al de los otros caudillos latinoamericanos que lo preceden en esa década. Perón regresa a Argentina veinte años después y es elegido presidente con el 61 por ciento de votos; Pérez Jiménez, extraditado por Estados Unidos en agosto de 1963, bajo el gobierno de Kennedy, sale de la cárcel del condado de Dade (Florida) y va a parar a la penitenciaría de San Juan de los Morros en Venezuela.[20] Rojas Pinilla es devuelto a Colombia en enero de 1959 para ser juzgado por el Senado de la República, que lo condena por violación de la Constitución y de las leyes, lo priva de sus derechos políticos (elegir y ser elegido) y le prohíbe ocupar posiciones dentro del ejército, pero en 1970, en elecciones, llega *ad portas* de la presidencia.

No tienen igual suerte los dictadores «Tacho» Somoza García de Nicaragua, que es asesinado en 1956 por Rigoberto López Pérez, joven poeta, ni el coronel guatemalteco Carlos E. Castillo Armas, que ese mismo año es ultimado en el palacio presidencial en una conspiración que nunca se ha esclarecido.

Llegan los barbudos

El triunfo de los rebeldes produce en Cuba una euforia sin precedentes. El pueblo se lanza a las calles y sale a los balcones, las banderas cubanas ondean por todas partes y caravanas de automóviles tocan sus bocinas para celebrar la caída de la dictadura y el triunfo revolucionario. Los rebeldes salen de la clandestinidad con sus armas y banderas rojas y negras —símbolo del movimiento rebelde— a festejar su triunfo. La ira y la frustración, contenidas tras un cuarto de siglo, dan rienda suelta a actos de violencia contra los símbolos de la dictadura y de sus «amos». Turbas destruyen casinos —uno de los atractivos turísticos de La Habana— y saquean el comercio. Hay intercambio de balas entre la policía y los rebeldes. El centro de la capital parece un campo de batalla con heridos y muertos, escribe el periodista Jules Dubois, corresponsal del *Chicago Tribune,* en su libro sobre Fidel Castro.

De la apoteósica llegada de Fidel a La Habana, el 8 de enero, después de su tránsito triunfal a través de la isla, se ha visto y se ha escrito mucho. Su lenta trayectoria es televisada y ampliamente difundida por los medios de comunicación nacionales y extranjeros. Del recibimiento fervoroso que hace todo el pueblo a los rebeldes y a Fidel, su héroe máximo, basta recordar las palabras de Dubois: «En todos mis años de corresponsal en América Latina nunca había presenciado un tributo similar a un hombre».[21]

Mientras que el pueblo toma las calles y los rebeldes el poder, salen del país centenares de los miembros del régimen: ex altos funcionarios, ex jefes militares, de seguridad y de policía, políticos, hombres de negocios, parientes y amigos que han gravitado en su órbita de privilegios. En vuelos regulares o especiales, en yates y en goletas robadas a los pescadores, se ponen a salvo en Estados Unidos, Canadá, Santo Domingo. Para tratar de impedir la huida de los que por obvias razones temen a la justicia, el gobierno revolucionario suspende los vuelos internacionales y prohíbe la salida de cubanos de la isla.

A las diez de la mañana del primero de enero, a través de los canales de televisión, comienzan las denuncias de familiares de las víctimas del régimen. Piden justicia. Miles han sido asesinados o están «desaparecidos». Los que salen de las cárceles describen las brutales torturas y los atropellos de los esbirros de Batista. Los grandes criminales logran escapar, algunos con sumas millonarias. En Estados Unidos encuentran refugio muchos «criminales de guerra». Los que no logran poner agua de por medio, buscan asilo en las embajadas de América Latina. Los asilados en esas misiones, protegidos por banderas extranjeras, son trasladados al aeropuerto para abordar aviones que los llevan a la impunidad, mientras que el pueblo les grita a su paso: «Traidores, ladrones, asesinos».[22] Del asilo, privilegio que concede el derecho interamericano a perseguidos políticos, se sirven muchos de esos criminales, ladrones y asesinos, para ponerse a salvo de los tribunales revolucionarios.

Con sus sedes atestadas de asilados, los embajadores temen ser blanco de la ira del pueblo. Algunos aprovechan la falta de experiencia de algún colega y canjean personajes para aligerar la carga y alejar el peligro. Esto hace el embajador de Colombia, Juan N. Calvo, más avezado que el de Argentina en los abismos tenebrosos del régimen caído. Envía a Eugenio Mujal Barniol —custodiado por un funcionario diplomático colombiano—, ex secretario general de la CTC, el personaje más odiado por la clase trabajadora. Calvo, con maña, también se deshace de Santiago Rey, ex ministro de gobierno, responsable de la brutal represión contra los rebeldes.[23]

La hora de la verdad le llega al diplomático colombiano. Veintidós rebeldes, armados de ametralladora, entran a la fuerza a la embajada en donde están asilados ex ministros, parlamentarios y un potentado industrial. La fama de la embajada de Colombia, como refugio de esas gentes, es una dudosa deferencia para con el embajador Calvo por haber cultivado la amistad de la cúpula del régimen, comenzando por el mismo Batista. Los rebeldes permanecen una hora revisando hasta el último rincón e interrogando a los asilados. «Me sentí prisionero», informa el embajador a su gobierno. Los rebeldes no los tocan. «Buscamos asesinos y no ladrones», les dicen. El gobierno cubano deplora el incidente.[24]

Los principales criminales se salvan, pues Estados Unidos rehúsa extraditarlos. No ocurre lo mismo con los miles de temerosos batistianos que se esconden en ciudades y en campos. El gobierno lleva a cabo miles de detenciones por todo el país. Más de trescientos ex militares se mantienen bajo arresto domiciliario mientras se inician los procesos. Cantillo Piedra, que ha hecho posible la salida de los hombres más buscados del régimen, es detenido. Se salva del «paredón» por las presiones que ejercen sobre el gobierno los embajadores de Estados Unidos y de Brasil.[25] Hay suicidios. Un coronel torturador se ahorca. Otros se vuelan los sesos antes de permitir ser capturados y juzgados por los rebeldes. Desde los primeros días, las cárceles abren sus puertas a centenares de presos políticos. Son escenas dramáticas. Salen famélicos y con la huella de la tortura a que han sido sometidos.[26]

Los vuelos a Miami se reanudan a los pocos días. La Habana es un apéndice de esa ciudad y es necesario mantener ese contacto. Pero los aviones salen vacíos y regresan con centenares de jubilosos exiliados. El gobierno de Venezuela brinda transporte aéreo para el regreso de los que se encuentran en su territorio.

La caída de la dictadura batistiana y el triunfo del movimiento rebelde 26 de Julio se recibe en América Latina con gran júbilo. Ha caído otro brutal y corrupto dictador sostenido por Washington. Es una nueva victoria de la democracia. El continente vibra con la gesta de los jóvenes héroes de la Sierra Maestra. El pueblo la celebra en tumultuosas y fervientes manifestaciones. Destacadas personalidades continentales expresan su apoyo con frases emocionadas. Exaltan a Fidel como luchador y héroe legendario. Son cantos a una Cuba libre de Machados y de Batistas, de corruptos Príos Socarrases y de Graus San Martínes. Son cantos al renacer de la democracia y a la victoria contra los tiranos «arrojados de su omnipotencia por los pueblos renacidos a la libertad», escribe un columnista colombiano en el diario *El Tiempo*, Bogotá, 4 de febrero de 1959. El lirismo del que ha hecho gala América Latina está en el cenit. Todos quieren trepar su adornada solidaridad verbal al carro del triunfo de la Revolución cubana.

Ningún país recibe con mayor júbilo el triunfo de la Revolución cubana como Venezuela. El contraalmirante Wolfgang Larrazábal, presidente de la Junta Cívico-Militar que toma el mando a la caída de Pérez Jiménez, es el único mandatario latinoamericano abiertamente solidario con la Revolución. Durante la lucha permite la actividad de los representantes del movimiento 26 de Julio en Caracas y da armas a las fuerzas rebeldes.[27] En 1958 Batista descubre ese envío y acusa a Rómulo Betancourt y a Larrazábal de comunistas.[28]

En la recta final de la lucha, las emisoras venezolanas informan las veinticuatro horas del día sobre lo que está aconteciendo en la isla. Algunas alertan sobre el peligro de una intervención militar de Estados Unidos de las que se han visto muchas en el continente.[29] Rómulo Betancourt, presidente electo, dice que la Revolución cubana es un ejemplo de la «invencible pasión de libertad continental» y critica la «distraída indiferencia de la OEA» frente a los genocidas bombardeos de Batista contra su pueblo.[30] La OEA y los gobiernos han permanecido silenciosos sobre esos crímenes.

Eisenhower y los barbudos

«Ni el primero ni el último» es la consigna de Washington en relación con el reconocimiento del gobierno rebelde. A los seis días de la caída de Batista y dos días antes de la llegada de Fidel a La Habana, Eisenhower le da el beneplácito. La rapidez con que obra —es el segundo después de Venezuela— se entiende como un afán de borrar su mala imagen por el apoyo que ha dado a la dictadura. Nueve países latinoamericanos lo reconocen enseguida. También la Unión Soviética, aunque Batista había cortado las relaciones diplomáticas en 1952, para congraciarse con Washington después del golpe contra Prío Socarrás.

El 6 de enero, el *New York Times*, en nota editorial, celebra la decisión de Washington de reconocer al gobierno revolucionario, pues «ha consolidado suficientemente su posición y ha adquirido el compromiso de respetar los acuerdos internacionales, proteger las propiedades e inversiones extranjeras y celebrar elecciones en el término de dos años». Además —anota—, ha rechazado las acusaciones de infiltración comunista en las filas rebeldes y ha asegurado que no establecerá relaciones diplomáticas con la URSS ni con países socialistas. Existe sin embargo una mancha —agrega el *Times*—: «las ejecuciones sumarias de oponentes y los anuncios de juicios a centenares de supuestos criminales de guerra».

El «paredón» —como se conoce a la justicia revolucionaria— es la primera gran controversia con Estados Unidos, que origina una tenaz campaña de descrédito contra la Revolución. El senador demócrata Wayne Morse condena ese «baño de sangre» y pide a su gobierno ejercer represalias políticas y económicas contra Cuba. Las relaciones entre Washington y La Habana comienzan a agriarse. La situación se agrava cuando Cuba anula la sentencia absolutoria de un tribunal a varios pilotos de la fuerza aérea batistiana, responsables de los bombardeos genocidas contra la población indefensa. Fidel dice por la televisión que «la justicia revolucionaria no se basa en preceptos legales sino en convicciones morales». Merecen ser condenados y lo son a largos años de prisión.[31]

Tad Szulc, escritor norteamericano, por varios años corresponsal del *New York Times* en Latinoamérica, interpreta la disparidad de posiciones de Estados Unidos y Cuba respecto a la justicia revolucionaria como resultado de la mutua incomprensión y de un círculo vicioso de equivocaciones en que cada cual juzga al otro por sus propios patrones.[32] Para la opinión pública norteamericana, esos juicios no se ajustan a las pautas de justicia de las sociedades occidentales. La mayoría ignora las atrocidades cometidas por la dictadura batistiana, pues los medios poco informaron sobre lo que ocurría en la isla y nadie había condenado tales crímenes.

Herbert Matthews, editorialista del *New York Times*, sostuvo que la promesa de Fidel de hacer justicia y pedir cordura a la población había evitado que la furia del pueblo se convirtiera en violencia. Recordó que a la caída del «machadato» la turba había arrastrado por las calles los cadáveres de asesinos y torturadores, y que lo mismo había ocurrido en Venezuela a la caída de Pérez Jiménez. Fidel había pedido cordura y había prometido llevar a los tribunales a los «criminales de guerra» y el pueblo le creyó. La inmensa mayoría apoyaba los paredones para castigar esos crímenes, agregó.[33] Esas leyes del gobierno revolucionario no eran improvisadas. Esas mismas leyes las había aplicado a los rebeldes en la Sierra.

Las atrocidades cometidas por los esbirros batistianos salen a la luz. La revista *Bohemia* publica relatos de esos crímenes con fotografías de los torturados y asesinados, da nombres de las miles de víctimas y listas de torturadores.

Fidel acusa a Estados Unidos de doble moral. Dice que se escandaliza con los juicios a unos criminales, pero no con las atrocidades del régimen de Batista, crímenes que jamás condenó. Y en una entrevista con la revista *Life* (26 de enero de 1959) dice que Estados Unidos ha sido inmisericorde al enviar tanques, bombas napalm y fusiles al régimen batistiano para matar a la población y que ahora se ofende con el fusilamiento de «criminales de guerra» cuyos exponentes mayores y más buscados encontraron un seguro refugio en ese país.

Revolución, periódico oficial del movimiento 26 de Julio, el 19 de marzo encarece la pronta terminación de los juicios y de las ejecuciones para «privar al enemigo de su principal arma de ataque». Lamenta esa campaña de descrédito continental contra Cuba, tan intensa y violenta, mientras que los veinte mil crímenes cometidos por la tiranía batistiana no han tenido la centésima parte de la difusión y publicidad que le han dado a los juicios de unos 400 asesinos. En esa fecha ya han sido ejecutados 476 y 2.437 están en proceso de juicio.

FIDEL ANTE EL CONTINENTE

El primer viaje de Fidel después del triunfo es a Venezuela. El contralmirante Larrazábal, presidente de la Junta, lo invita. Fidel va para solidarizarse con la celebración del primer aniversario de la caída de Pérez Jiménez y para agradecer el apoyo que dio ese gobierno a la Revolución. El recibimiento que le da el pueblo es delirante. Cerca de cien mil personas se congregan en la plaza del Silencio, en Caracas, para oírlo y lo vitorean largamente.

En una serie de discursos, Fidel hace importantes planteamientos sobre las nuevas relaciones hemisféricas a las que Estados Unidos «tendría que adaptarse».[34] Habla sobre la Revolución: «Se ha dicho que las revoluciones contra el ejército son imposibles y que sólo son posibles cuando se originan dentro de éste [...], que donde no hay crisis económica ni hambre no habrá Revolución. Pero la Revolución cubana ha aplastado y vuelto añicos esos conceptos». Para algunos, las palabras de Fidel son una diatriba contra las fuerzas armadas venezolanas, prácticamente intactas, y contra todas las fuerzas armadas latinoamericanas y un llamado a la Revolución.

Los planteamientos de Fidel no agradan al recién elegido presidente Rómulo Betancourt, que evita el encuentro con Fidel. Se ausenta de Caracas. Sobre la hostilidad tácita que se establece de inmediato entre ambos líderes, ninguno de los dos se llama a engaño. Betancourt será un encarnizado enemigo de la Revolución cubana y Fidel, cuando surge la guerrilla venezolana, le da ayuda para tumbarlo.

Para Fidel, Venezuela es una fruta madura para la Revolución por la combatividad que muestra el pueblo contra la dictadura de Pérez Jiménez, por la fuerza del movimiento civil que condujo a su caída y por las violentas manifestaciones populares contra el vicepresidente norteamericano Richard Nixon durante su visita a Caracas, en mayo de 1958. Por su ubicación geográfica, su riqueza petrolera y por la penetración del capital norteamericano en su economía, es el país ideal para iniciar la Revolución continental. Sin embargo, entre Cuba y Venezuela existen grandes diferencias internas. La lucha armada no será contra un dictador, como en el caso cubano, sino contra un presidente demócrata elegido por el pueblo después de décadas de dictaduras, quien goza de enorme prestigio nacional y continental.

Fidel llega a Estados Unidos en abril de 1959, tres meses después del triunfo, invitado por la Asociación Nacional de Directores de Diarios en Washington. Tiene treinta y un años y es primer ministro. Esa visita al imperio es una prueba de fuego. Ya está enfrentado a la desconfiada, cavilosa y poderosa administración norteamericana y a una prensa que comienza a serle adversa.

La juventud norteamericana, enfrascada en su propia Revolución contra el mundo de los adultos, en lucha por los derechos de los negros y contra la discriminación racial, recibe a Fidel con enorme entusiasmo. Son jóvenes de clases pudientes, opuestos al «sueño americano» que viven sus padres de paz, bienestar y prosperidad, a esa vida confortable, vacía y sin sentido. Hacen rancho aparte y ridiculizan a la sociedad y a su forma de vida. Implantan la suya a contrapelo de los valores de sus padres. Son activistas políticos. La nueva izquierda que se opone por igual al imperialismo occidental y a los excesos del marxismo soviético, los agitadores *beatniks*, los *beat poets* y los pacifistas *hippies*, opuestos a la guerra desde una posición ideológica y política. Esa juventud irrumpe con inmensa fuerza para hacer oír por primera vez su voz. Acusa al capitalismo de ser responsable de las guerras, de las desigualdades sociales, de la miseria en el mundo. Ese choque generacional causa profunda ansiedad y desconcierto en las sociedades occidentales más avanzadas y en las del Tercer Mundo, desiguales, injustas y pobres.

Para estos jóvenes la Revolución cubana —otro choque generacional— es una inspiración y un ejemplo. Fidel y el puñado de barbudos son aclamados por miles de estudiantes de afamadas universidades —Harvard, Princeton y City College—. Cerca de treinta mil jóvenes se congregan en el Central Park, en Nueva York, para escuchar a Fidel. Todd Gitlin, joven que vive esa revuelta, veinte años más tarde se pregunta: «¿Qué hacía yo vitoreando a un grupo de barbudos revolucionarios?, ¿qué hacen diez mil norteamericanos en el Stadium de Harvard cantando "Viva, viva", al mismo Fidel Castro? [...]. ¿Por qué los jóvenes de clase media en los años cincuenta buscaban en lugares tan extraños a sus héroes?».[35] Gitlin cuenta que los habían visto en los noticieros, sonrientes ante las multitudes que los rodean en adoración, delirantes de entusiasmo.

Cuando Fidel llega a Washington lleva a cuestas las sospechas que corren por el continente, desde antes de su triunfo, sobre la infiltración comunista en la Revolución y sobre su participación en el «Bogotazo» en Colombia —el 9 de abril de 1948— que para los servicios de inteligencia norteamericanos había sido instigado por comunistas. En centros de poder en Estados Unidos y en América Latina pocos dudan del tinte comunista de algunos comandantes cubanos y muchos temen que Cuba tome ese derrotero.

Los planteamientos de Fidel a todo lo largo de su agitada carrera política han sido lo suficientemente radicales como para no dudar de su nacionalismo y antiimperialismo. Aunque en su famosa autodefensa *La historia me absolverá* no utiliza las palabras «nacionalismo», «antiimperialismo» o «socialismo», su concepción nacionalista, antiimperialista y socialista está presente, escribe el historiador norteamericano Maurice Halperin.[36] Años más tarde, en 1966, Fidel afirma que su autodefensa ha sido la semilla de todo lo que se ha hecho después. Y agrega: «Pueden llamarlo marxista, pero quizá un verdadero marxista no lo consideraría así». En efecto, las leyes que propone —reforma agraria, reparto de utilidades de las empresas a los obreros, beneficios especiales a los trabajadores de la caña—, aunque son radicales y de hondo contenido social y político —revolucionarias para los esquemas latinoamericanos—, no son extremistas. «No hubiera sido inteligente crear una confrontación abierta —señala—. Pienso que todos los revolucionarios radicales, en ciertos momentos o circunstancias, no anuncian programas que puedan unir a los enemigos en un solo frente.»[37]

A ese bagaje político se van añadiendo, desde el día siguiente del triunfo, pronunciamientos críticos sobre la política norteamericana hacia Cuba. Fidel advierte que no se repetirá lo de 1898 en la guerra de Independencia contra España cuando Estados Unidos toma el control de la situación, interviene «hasta el último minuto» y después no permite que el héroe cubano Calixto García, quien ha luchado treinta años contra los españoles, entre en Santiago. En un programa de televisión se refiere despectivamente a la misión militar norteamericana estacionada en Cuba por un acuerdo entre Eisenhower y Batista. Dice: «No la necesitamos, entrenó a soldados de Batista a perder la guerra y por eso no queremos que nos enseñen nada». Al día siguiente la hace salir del país. Y en un discurso en el Club Rotario reitera que él no es comunista, pero anota con sarcasmo que cualquiera que no se venda o se rinda es asimilado a comunista y «en lo que a mí respecta —añade— ni me estoy vendiendo a los americanos ni tomaré órdenes de ellos».[38]

En la mayoría de las declaraciones y discursos que pronuncia en Estados Unidos, Fidel quiere calmar a los temerosos norteamericanos: ni él ni la Revolución son comunistas y no tiene intenciones de permitir a los «camaradas» desempeñar un papel dentro del gobierno. Promete que la reforma agraria —Ley Primera de la Revolución, expedida en la Sierra Maestra en 1958— no expropiará, ni nacionalizará propiedades norteamericanas. Se hará en tierras no cultivadas y se pagarán.

En Estados Unidos, Fidel hace gala de una moderación política que nadie espera, pero que no desentona con la mesurada composición del gobierno revolucionario, que incluye figuras prominentes no comunistas o decididamente anticomunistas. Es cauto para no ofender a la gran potencia. Algunos analistas encuentran que esos asépticos pronunciamientos en territorio norteamericano son una estrategia para desorientar a la opinión pública y ganar tiempo para lograr sus objetivos sin mayores controversias.[39]

Fidel conoce bien la realidad del hemisferio. Sabe que su lucha se desarrolla en medio de una sociedad «deformada» por años de adoctrinamiento ideológico maccarthista y anticomunista y que sería absurdo en ese momento cualquier pronunciamiento marxista, leninista o antiimperialista. Ocho años más tarde, Raúl Castro confirma lo que muchos ya saben: la lucha rebelde no ha sido exclusivamente para remover a Batista y a su camarilla del poder, sino para «dar comienzo a la total transformación del sistema político, económico y social de Cuba y poner fin a la opresión extranjera, a la pobreza, al desempleo, a la mala salud y a la ignorancia que pesaban sobre nuestro pueblo».[40]

En Estados Unidos, Fidel plantea nuevas condiciones en las relaciones comerciales entre sus respectivos países. Deben ser equitativas y no pide el consabido apoyo económico que todos los mandatarios reclamaban en su primera visita a la capital del imperio: «Aquí han venido muchos hombres a vender su alma, nosotros sólo queremos comprensión y simpatía».[41]

Los planteamientos de Fidel, para distanciarse del comunismo, desconciertan a las izquierdas cubanas y del continente. El periódico *Hoy*, órgano del Partido Comunista cubano, casi no informa sobre la importante visita de Fidel a Norteamérica.[42]

Aunque la invitación a Fidel no es consultada con el Departamento de Estado y su visita no es de su agrado, miembros del gobierno lo reciben con amabilidad y deferencia. Raúl Roa, en ese momento embajador cubano ante la OEA (después es canciller), dice que eso no es cierto. «Ésta fue la oportunidad que perdió el gobierno de Estados

Unidos después de haber apoyado durante siete años la tiranía de Batista, de haber tenido un gesto de buena voluntad con la Revolución cubana».[43]

Eisenhower evita el encuentro con Fidel. Los cinco días de su visita está en Camp David, jugando al golf, su deporte favorito, sin darse cuenta de que en ese momento la Revolución cubana comienza a partir en dos la historia hemisférica.

Después de las visitas a Estados Unidos y a Canadá, ambas exitosas, en mayo de 1959 Fidel viaja a Buenos Aires para participar en una reunión del Comité de los 21, los ministros de Hacienda del continente (Estados Unidos está representado por un subsecretario). Hace escala en algunas capitales, se entrevista con Eric Williams, primer ministro de Trinidad y Tobago, con Juscelino Kubitschek, presidente de Brasil, con miembros del gobierno uruguayo y en Buenos Aires con Arturo Frondizi. Los recibimientos son triunfales.

En Buenos Aires, Fidel hace un crudo análisis de la situación del hemisferio, señala las desigualdades sociales y económicas existentes y sostiene que éstas «hacen imposible la realización de los ideales democráticos que anhelan todos los pueblos». Propone la creación de un mercado común latinoamericano y que el continente emprenda un plan regional de desarrollo económico y social, con un aporte de treinta mil millones de dólares que debe hacer Estados Unidos en un período de diez años. Eisenhower califica esas propuestas de «ridículas» y «demagógicas». Javier Pazos, economista cubano, quien va con Fidel a Buenos Aires (se va de Cuba en 1960) cree que Castro desea en ese momento mantenerse al lado de Estados Unidos como patrocinador de la propuesta que ha hecho y que conducirá a la «revolución latinoamericana» bajo su liderazgo. Para Matthews, columnista del *New York Times*, ésta es la última oportunidad que Fidel da a Estados Unidos para mantenerse dentro de los esquemas democráticos y alejado del comunismo.[44]

El Caribe en llamas

El 21 de abril de 1959, ochenta y cinco hombres y dos mujeres, la mayoría cubanos, comandados por un cubano, sale de Cuba y desembarca en territorio panameño con el propósito de derrocar al gobierno. Es un escándalo mayúsculo a nivel internacional, pues Margot Fonteyn, famosa bailarina británica, y su esposo Roberto Arias, de la alta sociedad panameña, son acusados de haberla instigado. Fónteyn es arrestada y expulsada de Panamá y Arias se esconde.

Para Fidel, que se encuentra en Estados Unidos, este hecho es en extremo embarazoso, pues empaña la imagen de la Revolución.[45] A escala hemisférica, la reacción es de alarma. Cuba se perfila como una amenaza, pues «exporta» su Revolución.

Fidel se apresura a condenar este hecho que describe como una «acción de aventureros», «dañina» para la Revolución e «inconcebiblemente irresponsable».[46] Niega la participación de su gobierno en esa empresa. Influyentes medios de Estados Unidos sostienen que los invasores no hubieran podido salir de Cuba sin la cooperación o sin el conocimiento del gobierno cubano.[47] Algunos afirman que detrás de esta acción está Raúl Castro, por el encuentro imprevisto que tuvo con Fidel en el aeropuerto en Houston, Texas (Fidel va en camino a Buenos Aires para participar en la reunión de «los 21»). Un acompañante de Fidel cuenta más tarde que escucha una agria conversación telefónica entre los dos hermanos. Fidel estaba de paso en Boston, una escala de su viaje a Buenos Aires.[48]

La administración Eisenhower quiere una condena continental al gobierno revolucionario. Pero la primera sorpresa, la primera frustración y la primera campanada de alerta, sobre la dimensión del problema que se está gestando, es la actitud del presidente Ernesto de la Guardia, elegido y no tirano, contra quien va dirigida la invasión. No inculpa al gobierno cubano, pues Fidel afirma que su gobierno no tiene responsabilidad en tal empresa.

En la OEA, en donde se ventila el asunto, el representante panameño no acusa a Cuba y describe la invasión como una acción de «piratas y aventureros panameños». Panamá pide ayuda militar a la OEA, pues dice que no está en condiciones de defenderse. Washington le envía armas y despliega aviones y navíos en el Caribe para «observar» cualquier movimiento sospechoso. Meses más tarde, la Comisión de la OEA, designada para investigar ese amago de invasión a Panamá, exime al gobierno revolucionario de toda responsabilidad en ese asunto.

Entre mayo y agosto salen de Cuba grupos de revolucionarios nicaragüenses, dominicanos y haitianos con el ánimo de crear focos para derrocar a sus respectivos dictadores: Somoza, Trujillo y Duvalier. Todos fracasan. Aunque el gobierno cubano afirma que no tiene ninguna responsabilidad en esos intentos de invasión, Washington orquesta una intensa campaña para desprestigiar al gobierno cubano y acusarlo de «exportar su Revolución». Presenta a Cuba como una amenaza para el continente. El Caribe está en llamas y la Revolución cubana avanza con paso firme. Cuba ha abierto sus puertas a rebeldes, a perseguidos políticos y a exiliados de las dictaduras continentales que Washington apoya. Se convierte en la Meca de revolucionarios a los que da refugio y entrenamiento militar.

«La Revolución no es exportable. Es un fenómeno propio de cada país. La Revolución la hacen los pueblos», afirma Fidel. Cuba no es responsable de esos intentos de invasión; contrario: los prohíbe, afirma Raúl Roa, canciller cubano, en el Consejo de Seguridad de la ONU en enero de 1960.[49] En efecto, pocos días antes del intento de invasión a Panamá, agencias de noticias informan que el ejército rebelde ha arrestado y desarmado a cien nicaragüenses en Pinar del Río, pues se aprestaban a lanzarse contra Somoza.

La vieja contienda entre Fidel y el generalísimo Rafael Leónidas Trujillo es el conflicto que enciende el ardiente Caribe. Ambos están dedicados a aumentar sus arsenales, a lanzarse virulentos ataques y amenazas por la prensa y la radio y a intentar invadirse mutuamente. En junio de 1959 sale de Cuba, rumbo a Santo Domingo, una expedición compuesta por cuarenta y seis «auténticos oponentes» dominicanos y diez cubanos, al comando de un cubano. Llegan en un avión venezolano. Trujillo aplasta la invasión. Ya lo ha hecho antes con otros grupos que intentan ingresar en su territorio. Pero ese intento —comenta Tad Szulc— planta la semilla de la rebelión contra la dictadura de Trujillo.[50]

Un mes más tarde, Trujillo le devuelve el golpe a Fidel: envía a Cuba su «Legión Extranjera Anticomunista», compuesta por batistianos, veteranos españoles, alemanes y fascistas croatas. Es una operación planeada con Batista —sigue exiliado en Santo Domingo— con ex guardias cubanos, refugiados en ese país, que entrenan la brigada mercenaria. Ambos fracasan. Sus eficientes servicios de inteligencia les informan oportunamente sobre los planes del «enemigo».

La presencia de Batista en Santo Domingo y la sociedad conspirativa que ha formado con Trujillo para atacar a Cuba son motivo de preocupación para Washington, pues echan más leña a la hoguera del Caribe. Quiere sacarlo permitiendo su entrada en Estados Unidos. Hasta entonces se lo ha negado. Ante las críticas de algunos diarios sobre tal posibilidad, Roy Rubottom, subsecretario de Estado para Asuntos Interamericanos, desmiente tal información y asegura que, pese a las fuertes presiones, su gobierno no lo permitirá.[51]

Para Washington es en extremo preocupante la creciente tensión entre el presidente de Venezuela, Rómulo Betancourt, y el generalísimo Trujillo. En la embajada de Venezuela en Ciudad Trujillo se han asilado varios dominicanos a los que el gobierno les niega el salvoconducto. Betancourt corta relaciones con la República Dominicana y trata de promover un movimiento continental en su contra. Propone en la OEA crear un cordón sanitario contra las dictaduras, en defensa de la democracia, y pide medidas colectivas para erradicarlas y para expulsarlas de la organización regional.

Con el Caribe en llamas Washington anuncia la suspensión de la venta de armas a Cuba y a la República Dominicana y pide a países aliados y amigos hacer lo mismo, pues Cuba está próxima a sucumbir en el comunismo. Tal gestión la hace con cierta reticencia —según documentos desclasificados del Departamento de Estado— por temor a que salgan a flote su propios pecadillos: Estados Unidos ha vendido armas a Indonesia, en conflicto con Holanda y Bélgica, y a Túnez con Francia. Sus aliados no presentan objeciones a la suspensión de la venta de armamentos, pero ante ese lucrativo negocio la solidaridad no cuenta. Gran Bretaña, Canadá, Bélgica, Italia y España le venden a Cuba armas «defensivas».[52]

Para la administración Eisenhower, la Revolución cubana está haciendo trizas la unidad del hemisferio. Cuba tiene un inmenso apoyo popular en el continente y algunos gobiernos se niegan a apoyar la política anticubana de Estados Unidos por temor a la reacción de sus pueblos. Las frecuentes manifestaciones en varias capitales apoyando la Revolución con consignas antiimperialistas y antiyanquis, la quema de sus banderas y el lanzamiento de piedras a sus embajadas preocupan al gobierno y al Congreso. Es una situación nueva para Washington.

Eisenhower entiende que es necesario replantear su política y mostrar mayor interés hacia los graves problemas económicos y sociales que constituyen la mayor preocupación del continente. Sólo se ha ocupado de los aspectos militares y de seguridad. En abril de 1959 el *New York Times* informa sobre una reunión «supersecreta» y «tormentosa» en El Salvador de los embajadores de Estados Unidos en Centroamérica y el Caribe, convocada por el Departamento de Estado para estudiar «los delicados asuntos de las dictaduras y los revolucionarios» en el área caribeña. Sus conclusiones servirían para orientar la política hacia la región. El centro de la discusión es el «caso cubano», que suscita agrias polémicas y la división entre los embajadores de carrera —liderados por Philip

Bonsal, embajador en Cuba—, partidarios de la negociación y de acciones concertadas a través de la OEA y los «políticos» que quieren la intervención directa. Hay amenazas de renuncia de los opuestos a la línea
«blanda» de Bonsal.[53]

La situación del Caribe es explosiva. Rubottom la califica de crítica y urgente y recomienda tratarla de inmediato en la OEA. El Departamento de Estado presiona a los gobiernos democráticos para que
convoquen al Órgano de Consulta. El objetivo es acusar a Cuba de «exportar su Revolución» y de violar el principio de no intervención, tan
caro al continente. Rubottom va a Colombia para pedirle al presidente
Alberto Lleras que ofrezca la sede. Lleras está de acuerdo con la reunión
pero sugiere que sea en Washington. Rubottom no lo considera conveniente. Ningún gobierno está dispuesto a enfrentar la agitación interna
que provocaría una conferencia contra Cuba.

Jorge Alessandri, presidente de Chile, una de las democracias más
estables del continente, ofrece la sede. La V Reunión de Consulta de la
OEA, sobre la «Situación del Caribe», se lleva a cabo en Santiago, del
12 al 18 de agosto de 1959.

El continente está profundamente dividido y al rojo vivo. Factores
de animación son el conflicto entre Betancourt y Trujillo (Trujillo intenta asesinarlo), entre Fidel y Trujillo y entre las dictaduras centroamericanas (lideradas por Somoza) y Fidel. La mayoría de los países están
bajo dictaduras aliadas de Estados Unidos, y los presidentes de gobiernos civiles —Argentina, Colombia, Costa Rica, México, Perú y Venezuela—, líderes demócratas, son anticomunistas y firmes defensores del
principio de no intervención. Argentina y México mantienen una política favorable a la Revolución cubana.

Después de escuchar el informe de la Comisión Interamericana de
Paz sobre democracia, derechos humanos y las tensiones políticas caribeñas, los cancilleres hacen rimbombantes declaraciones anticomunistas, críticas a las dictaduras, sin mencionar ninguna, y en defensa de la
no intervención y de las «democracias representativas». Venezuela propone una acción colectiva contra esas dictaduras, pero la mayoría se
opone. Alegan que sería intervenir en los asuntos internos de otros estados. La propuesta de Estados Unidos de crear una comisión de vigilancia para velar por la paz en el Caribe y ayudar a los gobiernos a
resolver conflictos o controversias y defender las democracias contra el
comunismo tampoco prospera. La Comisión Interamericana para la Paz
hará esa tarea, pero le fijan limitaciones.

Ni Estados Unidos logra la condena a Cuba, ni Cuba, ni Venezuela la condena a las dictaduras. América Latina tampoco logra que esta reunión trate temas sociales y económicos, su mayor preocupación, por la firme y reiterada oposición de Estados Unidos. En la reunión de la OEA en Washington, para preparar la agenda de esa reunión, Cuba propone la inclusión del tema «Subdesarrollo económico e inestabilidad política», pues son la causa de la explosiva situación continental. Estados Unidos bloquea esta propuesta, pues «distraería» la atención de temas más importantes. La mayoría lo apoya dócilmente.

Las embajadas de Estados Unidos en las distintas capitales recogen en informes las reacciones oficiales y de la prensa respecto a esa reunión de consulta. Dicen que los gobiernos responden de forma diplomática, en general favorable, pues se defendió el principio de no intervención, pero que la mayoría de la prensa es crítica. Un diario de Bolivia califica a la OEA de «pesada y burocrática» y pide una acción enérgica contra las dictaduras; uno brasileño sostiene que «poco o nada se hizo para cambiar la actitud de los gobiernos dictatoriales»; uno de Costa Rica afirma: «No se logró nada en la conferencia, pues Somoza y Trujillo siguen como si nada hubiera pasado», y editoriales de diarios venezolanos van desde un «Hay que esperar y ver» hasta calificar la reunión de «bla, bla, bla» y la Declaración de Santiago de «otro pedazo de papel».[54]

Raúl Castro, quien había llegado a Santiago con un grupo de rebeldes —sorpresa poco grata para Alessandri—, a su regreso a La Habana dice que la OEA no sirve para nada, que está dominada por Estados Unidos y es opuesta a los intereses latinoamericanos. De la Declaración de Santiago dice que es «tan bonita» que pudieron firmarla los representantes de Trujillo, Somoza y de otros tiranos, y celebra que por la oposición de Cuba no se haya creado la «fuerza de policía internacional» que pretendía Estados Unidos. La prensa cubana destaca el resultado de la conferencia como un triunfo de Cuba.

El conflicto

La Revolución declara el año 1959 «Año de la Liberación» y procede a desmontar toda traza de la dictadura batistiana, del Estado proimperialista y burgués y da inicio al proceso de liberación económica, política y militar de Estados Unidos. En enero, ante una multitudinaria manifestación como nunca se ha visto en La Habana —calculada en ochocientas mil personas— Fidel anuncia que Cuba no sólo quiere la libertad política sino económica. En febrero ordena el retiro de la misión militar norteamericana —ejército, marina y fuerza aérea—, parte de la voluminosa ayuda dada a Batista por Eisenhower para aplastar el movimiento rebelde.

La «liberación» de Cuba implica la erradicación del dominio impuesto desde la «intromisión yanqui» en la guerra de Independencia cubana contra España en 1898. Cuba queda reducida a un régimen de semicolonia. Es un cambio de un yugo por otro.

Cuando triunfa la Revolución, la economía cubana es parte integrante de la norteamericana: sus monopolios dominan las industrias clave del azúcar, el tabaco, el cobre y el manganeso; controla una parte importante de la banca y del sector financiero; sus empresas son dueñas del 40 por ciento de las tierras azucareras, de casi todas las haciendas de ganado, del 90 por ciento de las minas y de las concesiones mineras, del 80 por ciento de los servicios públicos y suple prácticamente toda la industria petrolera. Hasta 1958, Cuba es el quinto país en importancia para Estados Unidos en términos de intercambios e inversiones y el 80 por ciento de las transacciones internacionales de Cuba son con Estados Unidos. El mayor mercado para el azúcar cubano, su principal producto, es Estados Unidos. La misión militar norteamericana estacionada en Cuba es otra forma de dominio.

Al mes ha expropiado inversiones norteamericanas por valor de quinientos millones de dólares. Con la Ley de Reforma Agraria —primera ley de la Revolución aprobada en la Sierra Maestra— puesta en marcha en mayo de 1959, con la política de recuperación de bienes y de recursos nacionales y la confiscación de bienes, empiezan las expropiaciones y nacionalizaciones de empresas nacionales y extranjeras, la mayoría de Estados Unidos.

Washington presenta enérgicas protestas en notas verbales y en mensajes perentorios de su embajador. Las respuestas del gobierno cubano no le satisfacen, pues no cede a sus exigencias ni a sus veladas amenazas. Cuba las rechaza como inaceptables intentos de intervención en sus asuntos internos.

En septiembre de 1959, en las Naciones Unidas, el canciller Roa hace el primer planteamiento de la política exterior de la Revolución. Dice que Cuba rehúsa escoger entre «el capitalismo, bajo el cual el pueblo se muere de hambre, y el comunismo que soluciona problemas económicos pero suprime libertades tan caras a la humanidad». Anuncia neutralidad frente a los conflictos de la guerra fría y su vocación tercermundista.[55]

Para Estados Unidos —su gobierno, el Congreso, los monopolios y los inversores— es claro que las relaciones de excepción que ha tenido con Cuba ya son cosa del pasado y que tendrán serios conflictos. El ex embajador Smith, ante una comisión del Senado, describe el paraíso perdido: «Hasta el ascenso de Castro al poder, Estados Unidos tuvo tan avasalladora influencia que su embajador era el segundo hombre más importante en Cuba, algunas veces aún más importante que el mismo presidente».[56] Smith reitera sus temores sobre la infiltración comunista en las filas rebeldes.

Estados Unidos no está dispuesto a «tolerar» que Cuba, una pequeña isla caribeña, amenace su liderazgo hegemónico, rompa la unidad hemisférica y arrase con sus intereses. La agresión abierta y encubierta comienza de inmediato. Según documentos desclasificados por el gobierno de Estados Unidos en 1990, Eisenhower da órdenes a la CIA, en marzo de 1959, de lanzar una extensa operación —Operación Pluto— para dar al traste con la Revolución y derrocar a Fidel Castro. De inmediato la CIA infiltra agentes y comienzan los actos terroristas, los sabotajes en centros comerciales y públicos, en especial en La Habana, y aviones pirata —salen de Florida— bombardean con bombas napalm sus centrales azucareras y otros importantes objetivos económicos. Y da armas, dinero y equipos a un grupo de contrarrevolucionarios que ha surgido en las montañas del Escambray.

Washington ofrece bolsas de empleo para provocar el éxodo de profesionales e industriales y debilitar la Revolución. Miles de políticos, hombres de negocios, profesionales y, en particular, médicos abandonan la isla. La mayoría son de la alta burguesía. Muchos de los que se van en los primeros años dejan atrás familia, profesión y fortuna. Lo hacen no tanto por la oportunidad que les brinda Estados Unidos, como por el convencimiento que tienen de que en poco tiempo podrán regresar. Están convencidos de que Estados Unidos intervendrá, como lo hizo cinco años antes en Guatemala para tumbar a Arbenz.

Golpes van y golpes vienen, y el conflicto va creciendo en proporciones y agriándose día a día. Estados Unidos ve con consternación el progresivo acercamiento de Cuba a la Unión Soviética. En febrero de 1960 llega a La Habana Anastas Mikoyán, viceprimer ministro de la URSS, para inaugurar una exposición soviética, y firman un primer acuerdo comercial quinquenal. La URSS dará a Cuba un crédito de cien millones de dólares y se compromete a comprar anualmente un millón de toneladas de azúcar. En mayo restablecen relaciones diplomáticas, rotas por Batista.

En abril de 1960 llega el primer embarque de trescientas mil toneladas de petróleo soviético y las refinerías norteamericanas se niegan a
refinarlo. Cuba las nacionaliza en junio. En julio, Estados Unidos suspende la compra de setecientas mil toneladas de azúcar a Cuba —saldo de
la cuota de ese año— de la cual depende su economía (cuatro días
después, la Unión Soviética anuncia que le comprará un millón de toneladas). En agosto Estados Unidos decreta un embargo económico y
comercial a Cuba y pide a sus aliados europeos y de América Latina que
se unan. Los amenaza con represalias. Ese mes, Cuba nacionaliza treinta y seis centrales azucareras, expropia grandes empresas industriales y
comerciales y nacionaliza las compañías estadounidenses de teléfono
y energía eléctrica.[57] En septiembre nacionaliza sucursales de la banca
norteamericana, en octubre otros centrales azucareras y 383 empresas industriales, comerciales y financieras, ferrocarriles, instalaciones portua-
rias, hoteles y salas de cine cuyo monto asciende a mil millones de
dólares; en noviembre expropia tierras y nacionaliza compañías mineras, refinerías de petróleo, bancos, hoteles, plantas industriales y servicios
públicos. En diciembre Estados Unidos anuncia el corte total de la cuota
azucarera cubana.[58]

Por encima de la mesa se suceden esas medidas y las mutuas represalias, y por debajo la CIA continúa con la Operación Pluto y pone en
marcha los preparativos de una invasión a la isla. Comienza a organizar
una brigada mercenaria de cubanos anticastristas exiliados en Estados
Unidos.[59] La invasión será por mano ajena.

En febrero de 1961 la Fuerza Aérea Revolucionaria derriba un avión
pirata. Muere el piloto norteamericano y el gobierno muestra su cadáver
como evidencia de la responsabilidad directa de Estados Unidos en esos
actos de agresión.[60] La mayoría de esos sabotajes los realiza la CIA con
anticastristas y batistianos «criminales de guerra», exiliados en Florida.

Los actos terroristas se cobran víctimas inocentes. El más grave es
la explosión del barco francés *La Coubre* en el puerto de La Habana, en
marzo de 1960, que transportaba armas belgas, las primeras que logra adquirir el gobierno cubano. En ese atentado mueren decenas de trabajadores, soldados y policías, y centenares de personas resultan heridas.
Algunas quedan mutiladas. En el sepelio de las víctimas, Fidel lanza la
consigna: «Patria o Muerte». Más tarde agrega: «Venceremos».

En enero de 1961, después de una serie de atentados y de sabotajes
en los que es evidente la larga mano de la CIA, Fidel denuncia las actividades de espionaje de la embajada de Estados Unidos en La Habana.«La

Revolución ha consentido que una plaga de agentes del servicio de inteligencia, disfrazados de funcionarios diplomáticos, haya estado aquí conspirando y promoviendo el terrorismo. Pero el gobierno revolucionario ha decidido que antes de cuarenta y ocho horas la embajada de Estados Unidos no tenga aquí ni un funcionario más de los que nosotros tenemos en Estados Unidos».[61] Estados Unidos debe reducir su personal de trescientos a once. El pueblo cubano recibe esta noticia con inmenso júbilo. La multitud grita: «Que se vayan, que se vayan…».[62] En represalia, Eisenhower, dos semanas antes de terminar su mandato, rompe las relaciones diplomáticas y consulares con Cuba y prohíbe a los ciudadanos norteamericanos viajar a la isla. Ya ha logrado que varios países corten sus relaciones con Cuba.

En julio de 1960, el gobierno cubano presenta su primera denuncia en el Consejo de Seguridad de la ONU. Acusa a Estados Unidos de agresión contra su país, de dar protección a «criminales de guerra» batistianos y facilidades a elementos contrarrevolucionarios para atacar a Cuba. Denuncia los vuelos de aviones pirata que salen de Florida, violan su espacio aéreo y bombardean sus centrales azucareras y otros objetivos económicos, y señala que el embargo económico y comercial, impuesto a su país, pretende estrangular su economía en violación de las cartas de la ONU y de la OEA.

En esa misma fecha, Estados Unidos presenta en la OEA una denuncia contra Cuba. La acusa de alentar «una intensa y sistemática campaña de distorsiones, verdades a medias y plenas falsedades contra su país». Alega que la ONU no debe ocuparse de la queja cubana hasta que la OEA rinda un informe sobre la suya. Así bloquea la denuncia de Cuba en el Consejo de Seguridad.

Washington e influyentes diarios norteamericanos califican las denuncias cubanas de «propaganda antiamericana» tan «viciosa» como la soviética.[63] Es la primera vez en su historia que Estados Unidos se ve atacado desde el continente, su tradicional zona de influencia.

Los servicios de inteligencia cubanos infiltran agentes en la CIA y en las filas anticastristas en Miami. Así se enteran de los preparativos de la invasión y de la existencia de campos clandestinos en Florida y de las bases en Guatemala donde asesores militares norteamericanos dan entrenamiento militar a fuerzas anticastristas. Tal operación, supuestamente encubierta, es *vox populi* dentro y fuera de Estados Unidos.

En 1960 Kruschev le ofrece a Fidel ayuda militar y apoyo de misiles en el caso de que se produzca un ataque de Estados Unidos contra su país. La aceptación de esa ayuda provoca una intensa actividad diplomática de Washington para convocar el Órgano de Consulta de la OEA y lograr la condena a Cuba por amenazar la paz internacional. Estados Unidos ha contado con la mayoría en la OEA. Es su «Ministerio de Colonias» afirma Roa, canciller de Cuba.

Pero en la VII Reunión del Órgano de Consulta, en San José, Costa Rica, celebrada en agosto de 1960, ese apoyo por primera vez le es esquivo. Estados Unidos no logra la condena del gobierno cubano. La Declaración Final no menciona a Cuba. Sólo condena la «injerencia» de «potencias extracontinentales» —la URSS y la República Popular de China— en los asuntos internos de América Latina. El nombre de Cuba no aparece en ninguno de los documentos de esa reunión.

Primera Declaración de La Habana

La respuesta de Fidel a la Declaración de San José es la Primera Declaración de La Habana (2 de septiembre) aprobada por el pueblo cubano en una manifestación masiva en la plaza de la Revolución, constituido en Asamblea General Nacional. La Declaración cubana condena «enérgicamente» en «todos sus términos» la de San José, «documento dictado por el imperialismo norteamericano, atentatorio a la autodeterminación nacional, la soberanía y la dignidad de los pueblos hermanos del continente». Condena la «intervención abierta y criminal» que «durante más de un siglo ha ejercido el imperialismo norteamericano sobre todos los pueblos de América Latina» y acusa la «sumisión miserable de gobernantes traidores» que han permitido esa intervención. Dice que la «ayuda espontánea» de la Unión Soviética es un acto de solidaridad que Cuba acepta y agradece. Anuncia que establecerá relaciones con la República Popular de China y rescinde sus relaciones con el «régimen títere que sostiene en Formosa la Séptima Flota Yanqui».[64]

Estados Unidos no logra unir el continente. Son otras épocas. Ningún gobierno se atreve a portar la bandera anticubana por temor a las violentas protestas del pueblo, que apoya la Revolución.

El 31 de diciembre de 1960, en carta al presidente del Consejo de Seguridad, el canciller Roa pide una reunión urgente del Consejo para estudiar las intenciones de Estados Unidos de cometer una agresión militar directa contra su país, con la cooperación de varios gobiernos y de «criminales de guerra» cubanos, de cuyos planes —afirma— su gobierno tiene evidencias. Dice que Estados Unidos acusa a Cuba de estar construyendo diecisiete plataformas de lanzamiento de misiles que serán usados por la URSS y que envía cartas confidenciales a los gobiernos del continente para aislar a su país. El Consejo se reúne dos días, escucha al canciller cubano y al representante de Estados Unidos y se levanta sin tomar ninguna decisión. Tres meses después tiene lugar la invasión a Bahía de Cochinos.

FIN DE FIESTA

La política de Estados Unidos hacia el continente ha sido de apoyo a las dictaduras. A Eisenhower y a John Foster Dulles, su secretario de Estado, les tiene sin cuidado que éstas sean brutales y corruptas. Lo que les importa es que controlen el orden público, persigan comunistas y den carta blanca a sus transnacionales y a sus inversores. Su prioridad han sido los aspectos militares y de seguridad del hemisferio, en el contexto de la «guerra fría».

Aunque los armamentos que da al continente para «la defensa hemisférica» los da con restricciones —no pueden ser utilizados en ninguna actividad distinta, ni ser enviados a terceros países sin el permiso previo de Washington—, tales prohibiciones puede levantarlas cuando exista «una clara indicación de implicación comunista en las fuerzas de oposición». Vende bombas napalm, inoperantes para la defensa del hemisferio pero de enorme potencial destructivo contra la población civil. Cuando se abstiene de venderlas, por temor al escándalo, facilita el *know-how* para que puedan fabricarlas. Eso hace con Colombia y con Perú.

Eisenhower invita a Batista, a Somoza, a Pérez Jiménez y a Trujillo a Washington y los recibe con honores. A su vez, el Congreso, en sesiones conjuntas de ambas Cámaras —alto honor que rara vez concede—, los escucha y aplaude. Y el Pentágono los condecora con la Orden del Mérito, la más alta distinción militar. Dos meses después del brutal bombardeo de la fuerza aérea batistiana a Cienfuegos, un alto oficial de la fuerza aérea de Estados Unidos va a La Habana para condecorar al coronel Carlos Tabernilla, jefe de la fuerza aérea cubana, responsable de esos bombardeos genocidas. Tal acción la repudia el pueblo.[65] Ese amplio apoyo político y militar a los dictadores, aunque verbalmente defienda la democracia, exacerba a los demócratas del continente. Acusan a Estados Unidos de doble moral. Washington cínicamente explica que es su «irrestricto respeto» al principio de no intervención. El resentimiento de los pueblos y el creciente antiamericanismo y antiimperialismo explotan cuando el vicepresidente Richard Nixon, en 1958, llega a Caracas y a Lima en visita de «buena voluntad» y es recibido con piedras, escupitajos e insultos. Dulles se alista para enviar marines a rescatarlo. Tales incidentes, en países amigos, sorprenden y molestan a Washington y preocupan a miembros del Congreso, pues indican el grado de deterioro a que han llegado sus relaciones con el continente, efecto del desinterés y el desconocimiento de América Latina que caracterizan al gobierno.

En febrero de 1960, último año de su mandato y año de campaña presidencial, Eisenhower emprende una inesperada y fútil gira por América Latina. Va a Argentina, Brasil, Chile y Uruguay. El *New York Times* comenta que ha sido prácticamente sin incidentes, pues sólo dos hechos empañan la «masiva y calurosa bienvenida» que le han dado en todas las capitales. No es la imagen que da Townsend Hoopes, biógrafo de John Foster Dulles, de esa gira por el Cono Sur. En Buenos Aires es transportado del aeropuerto a su embajada en helicóptero por las hostiles manifestaciones, motines y bombas, por cuenta de los peronistas, de rechazo a su presencia; en Montevideo las protestas estudiantiles antiyanquis son disueltas con tanques de agua y gases lacrimógenos; en Chile la crítica de los estudiantes a su política lo obliga a una improvisada rueda de prensa para explicarla y en Brasil la muerte de la banda naval de Estados Unidos en un accidente de aviación —iba a amenizar el banquete que ofrece en honor de Kubitschek— da un toque lúgubre a su visita.[66]

Al final de su largo mandato, la imagen de Eisenhower está deteriorada por fracasos en el campo internacional. En el ambiente de aguda confrontación con la URSS, Kruschev cancela la cumbre de los cuatro grandes en París, después del derribo de un avión espía U-2 en territorio soviético, y le retira a Eisenhower la invitación que le hiciera a Moscú. Ese incidente es duramente criticado por congresistas e influyentes diarios, pues arruina la posibilidad de distensión con la URSS. Sufre otro fracaso cuando el gobierno nipón le anuncia que «muy a su pesar» no podrá recibirlo —ya iba en camino hacia Tokio—, pues las violentas manifestaciones populares, provocadas por su visita, no la hacen aconsejable.[67]

Eisenhower sale de la presidencia satisfecho y convencido —así lo expresa en su discurso de despedida— de que durante su gobierno los comunistas no logran ganar ni una sola pulgada de terreno. Olvida, sin embargo, que ya tomaron Vietnam del Norte y no sospecha que la Revolución cubana, que transita por caminos no explorados por otros gobiernos, en corto tiempo será el primer Estado socialista del hemisferio, aliado de la Unión Soviética, que romperá el dominio hegemónico de Estados Unidos, de casi siglo y medio, en su zona de influencia.

Eisenhower sale de la Casa Blanca, en enero de 1961, y el enfrentamiento con Cuba ya es irreversible. La Revolución es un motivo de honda perturbación hemisférica, las reuniones del Órgano de Consulta de la OEA, que Eisenhower ha urdido para condenar a Cuba, han sido un fracaso y las relaciones de Cuba con la URSS y el mundo comunista cada día son más estrechas. Cuando Kennedy asume la presidencia, los preparativos de la invasión a la isla están en plena marcha.

Cuba es también un motivo de perturbación para el continente. La Revolución es el detonante del profundo malestar de los pueblos y plantea grandes retos a sus gobiernos. Fidel está hurgando en la llaga de las endémicas situaciones de desigualdad, de injusticia social, de enormes necesidades insatisfechas, y comienzan a surgir grupos armados dispuestos a repetir la gesta cubana. Las masas aplauden la posición erguida de Fidel frente al imperio, el haber puesto fin a su dependencia y su política en favor del pueblo. Fidel es un símbolo y un ejemplo.

2

«Mare Nostrum», «Mare Claustrum»

El gran Caribe, «Mare Claustrum» de las potencias colonialistas europeas, es patio de sus rivalidades y campo de su expansión capitalista. Allí «se lleva a cabo el genocidio más impresionante del mundo moderno con el exterminio de la población indígena taína por efecto del yugo foráneo, tecnológico-militar y económico», escribe Gérard Pierre-Charles en su libro *El Caribe a la hora de Cuba*.

España, Gran Bretaña, Francia y Holanda imponen su dominio sobre los nativos caribeños, extraen las riquezas de sus territorios, transplantan al Nuevo Mundo al negro africano, sujeto a la esclavitud y a la explotación, implantan sus contradicciones raciales —la supremacía del blanco sobre el nativo y el negro— y los antagonismos entre el amo y el esclavo, entre opresores y oprimidos. Y traen sus enfermedades. Imponen sus pautas culturales, religiosas y lingüísticas y, bajo tales influencias disímiles, los enclaves coloniales antillanos —ya separados por el mar— evolucionan desarticulados y desvinculados entre sí como si se tratara de etnias distintas. Su destino común es el de satélites de estas metrópolis, fuentes de materias primas para sus industrias (bauxita, petróleo, azúcar, algodón, cobre, madera, oro y plata y metales útiles para la fabricación de armamentos) y mercados cautivos de sus productos, necesarios para la extensión de su comercio exterior, de su riqueza, de su poder.[1]

Estados Unidos va desplazando la influencia de las potencias europeas del Gran Caribe y a mediados del siglo XIX es amo y señor de su «lago interior». En 1823 James Monroe, en un discurso ante el Congreso sobre el «Estado de la Unión», advierte a las potencias europeas de la Santa Alianza que una intervención suya en cualquiera de los países americanos será considerada como una amenaza para la paz y la seguridad de Estados Unidos. De una vez por todas establece las fronteras del nuevo imperio, su predominio sobre el Nuevo Mundo y su derecho a intervenir en las naciones americanas cuando estime que su seguridad o sus intereses están en peligro. «América para los americanos», o mejor: América para los norteamericanos. Tal declaración, convertida en doctrina, ha sido el fundamento de su política exterior desde entonces.

El vigoroso expansionismo, manifiesto en la doctrina Monroe, es la expresión del pensamiento común de los «padres fundadores», quienes ven que su misión es extender el dominio territorial, económico y político de la gran nación americana y así «ampliar el área de la libertad». Jefferson y Madison conciben esta expansión como clave de la grandeza de Estados Unidos y fundamento de su democracia.[2]

Los sucesores de Monroe van añadiendo otros principios, otras doctrinas y otras políticas que afianzan esa vocación expansionista y redentora. Lo que llaman «destino manifiesto» es expresión de la convicción de su «superioridad ideológica y moral» sobre el resto del orbe. Jackson ve como «misión histórica inevitable» de Estados Unidos extender su autoridad sobre los «pueblos semibárbaros» para llevarles la civilización y «las bendiciones de que ellos ya gozan».[3]

Theodore Roosevelt (1901-1909) complementa la doctrina Monroe con su «dorolario», y extiende el «derecho» de Estados Unidos a intervenir en los asuntos internos de esas naciones cuando se comporten «de forma irresponsable» o no sean capaces de mantener el orden interno. Es la política del «gran garrote». «Tarde o temprano —afirma— es inevitable que Estados Unidos proteja y reglamente la vida de las repúblicas del Caribe», pues toda expansión de «una gran potencia civilizada [...] es el triunfo de la ley, el orden y la justicia».[4] En 1903 se «toma» Panamá, lo convierte en semicolonia y construye el Canal interoceánico; el Congreso impone a Cuba la enmienda Platt —su derecho a intervenir en los asuntos internos de la isla— y en la República Dominicana Estados Unidos asume el control de las aduanas y fondea barcos de guerra frente a sus costas.

Otras políticas expansionistas e imperialistas son la Diplomacia del Dólar, de William Taft (1909-1913), que respalda con la acción militar, y la política de «puertas abiertas» para expandir su comercio e inversiones en el mundo.

Los países centroamericanos y caribeños sufren continuos desembarcos de marines para «proteger vidas e intereses norteamericanos» cuando ocurren disturbios internos. Así impide cambios que no le convienen. Tales ocupaciones pueden durar días, meses o años. México es su mayor víctima. En guerras provocadas por el nuevo imperio pierde dos mil cuatrocientos kilómetros cuadrados de su territorio. Hoy son los estados de California, Nevada, Texas, Utah y la mayor parte de Arizona, Nuevo México, Wyoming y Colorado.[5]

«La perla de las Antillas»

Cuba, la más grande de las islas antillanas, situada a noventa millas de las costas de Estados Unidos, es deseada por los Padres Fundadores. Jefferson la quiere incluso a costa de una guerra con Gran Bretaña, pues supone que pretende apoderársela. Para John Quincy Adams el «determinismo geográfico» y las «leyes de gravitación política y física» la harán caer en sus manos como «fruta madura».[6] Cuba, afirma, es de vital importancia para los intereses comerciales y políticos de Estados Unidos.

La anexión de «la perla de las Antillas» es el sueño de los presidentes Andrew Jackson, James K. Polk, James Buchanan, Grover Cleveland y William McKinley, quien ofrece a España trescientos millones de dólares por su compra. Pero responde que no venderá «la más preciada joya de su corona».[7] No obstante, deja que sus inversores la conviertan en dependencia comercial de Estados Unidos.[8]

En 1895 estalla lo que los cubanos llaman su segunda guerra de Independencia contra España, organizada y dirigida por José Martí. Los patriotas cubanos llevan treinta años luchando para liberarse del yugo español. Esta vez la lucha se extiende a todo el territorio y el pueblo se une al ejército rebelde. Martí mantiene la llama de la rebelión contra el dominio español y España lo expulsa de Cuba en dos ocasiones. Va exiliado a España, Francia, México, Guatemala, Venezuela y Nueva York. Allí busca adeptos y fondos para la guerra de Independencia. Funda el Partido Revolucionario Cubano, para unir al pueblo en la lucha por la independencia de su patria y apoyar la de Puerto Rico. La guerra estalla en febrero de 1895. Martí muere heroicamente el 19 de mayo en Dos Ríos, abatido por balas enemigas.[9]

Cleveland decide intervenir en esa guerra para «salvar» a Cuba. Anuncia a España que ayudará a pacificarla pero le advierte que si no pone pronto fin a ese conflicto «se verá obligado a proteger sus intereses y los de sus nacionales, que coinciden con los de la humanidad y la civilización [...], y restaurar en la Isla las bendiciones de la Paz». Su interés, empero —afirman historiadores— es asegurar la derrota de los patriotas cubanos.[10]

McKinley, su sucesor, solicita al Congreso autorización para enviar tropas pero «no para ejercer soberanía, jurisdicción o control» sobre Cuba. Importantes hombres de negocios neoyorquinos le han pedido tomar prontas y efectivas medidas en la isla para poner fin a sus tremendas pérdidas y «recuperar ese muy valioso campo comercial».[11] En enero de 1898 envía a Cuba el acorazado *Maine* en visita de «buena voluntad» y para proteger «las vidas e intereses norteamericanos». El barco explota misteriosamente frente a las costas cubanas. Mueren 276 hombres, la mayoría negros.[12]

Estados Unidos responsabiliza a España de ese incidente. En abril el Congreso le declara la guerra, pues Cuba tiene «derecho a ser libre e independiente de España», y autoriza a McKinley a enviar fuerzas. La guerra de Independencia de Cuba contra España se convierte en *The Spanish-American War*, que en los libros de historia de Estados Unidos aparece como una guerra «breve, gloriosa y barata»[13] y en los de Cuba como «intromisión yanqui en la guerra del 95», que, afirma, no es para asegurar su independencia sino para proteger sus propios monopolios.[14]

Es, en efecto, una guerra breve. En abril de 1898 Estados Unidos inicia su intervención, en agosto firma el armisticio con España y en diciembre la paz con el Tratado de París. Cuba no es invitada a participar en ninguno de estos eventos que determinan su futuro. Con la derrota del ya menguado imperio español, Estados Unidos adquiere en el Pacífico Filipinas (le paga a España veinte millones de dólares) y Guam; y en el Caribe Puerto Rico y Cuba, a pesar de que el Tratado de París le concede la independencia. La bandera norteamericana, y no la cubana, es izada en los edificios públicos en La Habana.

Cuba queda convertida en protectorado *de facto*. Le impone gobernadores militares norteamericanos. En 1901 el Congreso aprueba la enmienda Platt que concede a Estados Unidos el derecho de intervenir militarmente en Cuba para «preservar su independencia». Le prohíbe concertar tratados o convenios con otros países, contraer deudas sin su visto bueno y le impone el compromiso de vender o arrendar terrenos para la instalación de una base naval y de un puerto carbonífero. Cuba le cede en arriendo Bahía Honda y Guantánamo. En 1903 la enmienda queda incorporada en el Tratado Permanente firmado por ambos gobiernos.[15]

Congresistas norteamericanos que no están de acuerdo con tal enmienda, dicen que es un «ultimátum legislativo» y una «invitación a la intervención» en la política cubana. Cuando ambas cámaras la aprueban,

La Habana hierve de indignación. Una procesión de antorchas marcha frente al palacio de gobierno, en donde se encuentra el gobernador militar norteamericano Leonard Wood. En una caricatura de la época, Cuba aparece crucificada entre los dos ladrones —Wood y McKinley— y el senador Platt empuña la lanza.[16]

Washington advierte que no retira sus tropas hasta que la enmienda Platt se convierta en ley cubana. La Asamblea cubana, después de agitados debates, la adopta con sólo un voto de mayoría (quince sobre catorce) y queda incluida en su primera Constitución Nacional.[17] Así comienza la era de la «República mediatizada».

Con las seguridades constitucionales de poder intervenir cuando a bien lo tenga, Estados Unidos permite a los cubanos elegir sus presidentes, con su visto bueno, y retira sus tropas. Esto no significa el fin de sus intervenciones militares. En 1912, en una revuelta contra el presidente, desembarcan los marines para «proteger vidas e intereses» norteamericanos. Cerca de tres mil rebeldes son masacrados.[18] En 1917, cuando Estados Unidos entra en la Primera Guerra Mundial, el presidente Mario García Menocal pone la isla a su disposición. Un pelotón de infantes de marina permanece en Cuba cinco años. Washington continúa enviando consejeros para asesorar a los presidentes,[19] y sigue interviniendo en todas las esferas de la vida pública cubana, en los tejemanejes de su corrupta política, en las luchas internas por el poder y en la elección de sus gobernantes. Las relaciones entre los dos países son excelentes, pues los mandatarios cubanos están al servicio del imperio.

En 1933 el presidente Franklin D. Roosevelt abroga la enmienda Platt, pero con un nuevo convenio asegura la ocupación a perpetuidad de la base en Guantánamo. Cuba sigue siendo semicolonia por la penetración económica norteamericana: el mayor volumen de su intercambio es con Estados Unidos y el principal mercado del azúcar, su principal producto, es Estados Unidos.

Para Puerto Rico, la pequeña isla caribeña a la que Martí quiso hermanar en su guerra de Independencia, la derrota de España es sólo un cambio de amo. Estados Unidos arría la bandera española de la fortaleza del Morro e iza la suya. De 1898 a 1917 es gobernada por un militar y luego por un civil, ambos norteamericanos. En 1917 el Congreso concede a los isleños la nacionalidad norteamericana pero sin derechos políticos. No pueden elegir ni ser elegidos. En 1946 les permite tener gobierno propio, bajo su control, y conserva el derecho a vetar cualquier cambio constitucional; en 1950 le da el estatus de Estado Libre Asociado y le otorga independencia «total». No obstante, la economía, la defensa y la política exterior los manejaría Washington.[20]

Los vecinos

«Todo el mundo piensa en Estados Unidos hoy como un imperio, excepto los norteamericanos —escribe Walter Lippman, columnista norteamericano, en 1927—. Nos estremecemos con la palabra "imperio" e insistimos que no se debe usar para describir el dominio que ejercemos desde Alaska hasta Filipinas, desde Cuba a Panamá y más allá. —Sin embargo, agrega—: controlamos las relaciones exteriores de todos los países del Caribe; ninguno de ellos puede entrar en una seria relación externa sin nuestro consentimiento; controlamos sus relaciones entre ellos […], ejercemos el poder de vida o muerte sobre sus gobiernos y ningún gobierno puede sobrevivir si rehusamos reconocerlo. Ayudamos a muchos de estos países a decidir sobre lo que ellos llaman elecciones y no vacilamos, como lo hicimos recientemente con México, en decirles qué clase de constitución deben tener […]. De cualquier manera que escojamos llamarlo, esto es lo que el mundo entero llama un imperio, o al menos un imperio en creación. Admitiendo que la palabra tiene connotaciones desagradables parece, sin embargo, que llegó el momento de no seguir engañándonos.»[21]

El primer presidente norteamericano en plantear la necesidad de abandonar esa política imperialista de intervención es Wodrow Wilson (1913-1921). Quiere acercarse a América Latina y «por todos los medios apropiados y honorables promover el interés común de los pueblos de los dos continentes». Pero la «cruda y violenta realidad del imperialismo» es otra: las intervenciones se suceden una tras otra «en aparente obediencia a una urgencia patológica de imponerles a la fuerza la democracia de Estados Unidos».[22]

Cuando Franklin D. Roosevelt (1933-1945) llega a la Casa Blanca, Centroamérica y el Caribe han sufrido más de cien intervenciones militares y ocupaciones territoriales. Los marines llevan nueve años en Haití, dieciocho en la República Dominicana y salen de Nicaragua después de nueve años de ocupación. Con su política de «buena vecindad», suspende la intervención, a Cuba le elimina la enmienda Platt y con Arnulfo Arias, presidente de Panamá, firma nuevos acuerdos sobre el canal que suprimen de los tratados de 1903 las cláusulas y conceptos más ofensivos a los panameños: su «derecho» de intervención, sus «derechos a perpetuidad» sobre el canal y el actuar como «soberano» en el istmo. Además reconoce la soberanía panameña sobre la Zona del Canal que está «bajo jurisdicción» de Estados Unidos.[23] Con Roosevelt las relaciones son de igualdad y de cooperación.

Roosevelt cambia «el garrote por el guante blanco», escribe el mexicano Jesús Silva Herzog. Dice que «comparando su política con la de su pariente Theodore Roosevelt es más de forma que de contenido» y que «el imperialismo, fenómeno económico, hijo inevitable y legítimo del capitalismo, jamás dejará de ser una constante y un mal creciente para el progreso de la mayoría de los países hasta que la sociedad capitalista se transforme en una sociedad capaz de reemplazar las sangrientas civilizaciones de mercaderes».[24] En los años cincuenta las intervenciones son operaciones encubiertas de la CIA. En los años sesenta Lyndon Johnson restaura el «gran garrote».

En 1936 Roosevelt va a Buenos Aires para participar en la Conferencia Interamericana para la Preservación de la Paz. En ese momento, Alemania, bajo la euforia nazi de su superioridad racial, empieza a ocupar tierras ajenas y la Italia fascista invade Etiopía. Hitler y Mussolini proclaman el Eje Berlín-Roma y Japón invade China. Esos grandes conflictos, que desembocan en la Segunda Guerra Mundial, determinan las relaciones de Estados Unidos con América Latina en términos de alianza militar.

Roosevelt asegura la solidaridad política y militar del hemisferio y la defensa colectiva bajo el liderazgo de Estados Unidos. En Buenos Aires hace importantes planteamientos contra el militarismo, al que define como «política suicida», y señala que «los sacrificios» por la causa de la paz son ínfimos comparados con el «holocausto de la guerra». Critica la agresiva diplomacia del dólar. «Detrás de cada dólar —afirma— no debe ir un soldado a defenderlo.» Insiste en la necesidad de defender las «democracias representativas» por ser «el mejor instrumento para asegurar el desarrollo social, económico y cultural en un mundo justo y pacífico».[25] En el continente predominan las dictaduras militares.

La conferencia adopta la Declaración de Principios para la Solidaridad y Cooperación Interamericana —interés prioritario de Roosevelt en esos tiempos de tormenta mundial— y crea el Órgano de Consulta de ministros de relaciones exteriores como mecanismo para concertar las políticas de defensa del hemisferio. También adopta un protocolo adicional sobre «no intervención» —prioridad de América Latina propuesto por México—, salvaguarda jurídica frente al intervencionismo norteamericano. Afirma el respeto a la no intervención, la igualdad jurídica de los estados y el derecho de los países a actuar libremente de acuerdo con sus leyes.[26]

En esta ocasión, Roosevelt realiza una gira de veintiocho días por el Cono Sur. Es triunfal. En Río de Janeiro, Montevideo y Buenos Aires los pueblos le rinden el más caluroso, multitudinario y espontáneo homenaje que hubiera recibido mandatario alguno.

Cuando estalla la guerra, en septiembre de 1939, el Caribe adquiere una importancia vital para la seguridad de Estados Unidos y para la defensa del canal de Panamá. Las colonias de Francia y Holanda en el Caribe, países ocupados por los nazis, las considera una amenaza. En 1940, la Segunda Reunión de Consulta, en La Habana, adopta una resolución sobre «asistencia recíproca en caso de amenazas o actos de agresión por parte de naciones no americanas» y acuerda realizar consultas sobre las medidas que decidan tomar en tales casos. Argentina es el único país del continente que no ha roto relaciones con los países del Eje.

En junio de 1941 Alemania invade desde Polonia hasta Francia, ataca los Balcanes, Grecia y se lanza sobre la Unión Soviética. En diciembre, Japón destruye la flota de Estados Unidos en la base naval de Pearl Harbor. Las declaraciones de guerra se dan en cadena: Estados Unidos y Gran Bretaña contra Japón (ha ingresado en el Eje), Alemania e Italia contra Estados Unidos y Estados Unidos contra los países del Eje.

Después de Pearl Harbor, Estados Unidos entra en la guerra y desde el comienzo impone su dominio. Es la mayor potencia militar y económica del mundo. Churchill ve que sus prioridades y planes estratégicos son distintos y que Estados Unidos llevará el liderazgo de la guerra en adelante.

En 1942 la Tercera Reunión de Consulta de ministros de Relaciones Exteriores, en Río de Janeiro, aprueba una declaración para reafirmar la solidaridad continental, el respeto al principio de no intervención y crea la Junta Interamericana de Defensa, compuesta por los altos mandos militares del hemisferio. Su función es aconsejar a los gobiernos sobre los planes de defensa en caso de ataque.[27]

Estados Unidos procede a ampliar su capacidad de defensa y de protección del canal de Panamá con nuevas bases militares y navales. Toma en arriendo, por noventa y nueve años prorrogables, terrenos en las posesiones británicas en el Caribe: Antigua, Santa Lucía, Jamaica, Guyana Británica y Trinidad y Tobago. Con estas bases y las de Panamá,

Puerto Rico y Cuba (Guantánamo) encierra al Caribe. En 1944 instala otras en las islas Turcas y Caicos, también posesiones británicas. Gran Bretaña recibe en pago cincuenta envejecidos destructores norteamericanos.[28]

Cuando Roosevelt muere en abril de 1945, la guerra ha terminado. Poco antes ha firmado con Churchill y Stalin los acuerdos de Yalta que fijan las condiciones de la paz y establecen sus zonas de influencia. Harry Truman asume la presidencia y comienza la compleja era de posguerra. Los aliados han derrotado a la Alemania nazi, a la Italia fascista y Estados Unidos al imperio nipón después de haber sufrido sucesivas derrotas en el Pacífico. Pero en la arena internacional crecen la desconfianza, las rivalidades y la abierta confrontación con la Unión Soviética, ex aliada de guerra. Entre 1944 y 1948, con ayuda soviética, se instalan gobiernos comunistas en Albania, Polonia, Rumanía, Bulgaria, Checoslovaquia y Hungría. En Yugoslavia, en 1945, es elegido Tito, pero en 1948 su gobierno comunista corta con la URSS y sigue una línea independiente

En 1946, en un famoso discurso, Churchill alerta al mundo sobre el peligro de la expansión soviética y plantea el concepto de la «cortina de hierro» que surge entre Europa del Este y Europa occidental. El mundo se divide en dos, con las grandes potencias enfrentadas y sus intereses en conflicto: capitalismo *versus* comunismo, democracia *versus* totalitarismo.

En 1947 Truman anuncia que Estados Unidos defenderá al «mundo libre» —otro nuevo concepto— contra la expansión comunista. «Los pueblos libres del mundo esperan de nosotros que ayudemos a mantener su libertad. Si faltamos [...] quizá pongamos en peligro la paz mundial y seguramente pondremos en peligro el bienestar de esta nación.»[29] La doctrina Truman es la racionalización de la política de la «guerra fría» y es la globalización de la doctrina Monroe.

La sociedad norteamericana está sumergida en la fiebre anticomunista. El senador Joseph McCarthy y líderes republicanos —Nixon entre ellos— acusan a los presidentes demócratas de haber permitido que los «rojos», los «enemigos internos» y los «espías rusos» se infiltren en el Departamento de Estado, en su política exterior, en las fuerzas armadas, en las redes de radio, en la prensa y en la industria del cine —Ronald Reagan es uno de los informantes—, y que Klaus Fuchs, un científico, haya tenido acceso a secretos atómicos que pasa a la URSS (confiesa haberlo hecho). Pide deportar a Albert Einstein, al que califica de «falseador rojo». La guerra fría penetra a la sociedad norteamericana y Washington expande esa fiebre maccarthista a América Latina.[30]

LOS AMOS DE LA GUERRA

El senador William Fulbright dice que esa histeria maccarthista es una estrategia de los republicanos para llegar al poder después de cinco derrotas electorales, que es una política «perniciosa» basada en suposiciones: la suposición de que la Unión Soviética quiere adueñarse del mundo y extender el dominio comunista. «Para salvarse y seguir adelante —afirma— es necesario "ver" el mundo como lo define la doctrina Truman».[31]

Truman amarra el continente política y militarmente. Durante su gobierno se firman los más importantes acuerdos del sistema interamericano: en 1947, en Río de Janeiro, el Tratado Interamericano de Asistencia Recíproca (TIAR) —establece el principio de la defensa militar colectiva—, en 1948, la Novena Conferencia Interamericana, en Bogotá, crea la Organización de Estados Americanos, aprueba la Carta de la OEA y adopta una resolución sobre la «Preservación y Defensa de la Democracia en América». La mayoría de los firmantes de estos acuerdos son representantes de brutales dictaduras militares apoyadas por Washington.[32] También Estados Unidos firma Pactos de Asistencia Mutua (PAM) —acuerdos militares bilaterales— con trece estados, la mayoría centroamericanos y caribeños, que amarran su ayuda militar, estandarizan la organización militar y los ejércitos del continente. Estados Unidos da entrenamiento a sus oficiales y armamentos «para la defensa hemisférica». El Comando Sur, responsable de coordinar los PAM, en 1963 es trasladado a la Zona del Canal de Panamá, en violación de los Tratados del Canal.

Eisenhower (1953-1961) continúa la política de contención del comunismo y de confrontación con la Unión Soviética, manejada febrilmente por su secretario de Estado, John Foster Dulles.

El patio trasero

Centroamérica, la estrecha franja de territorio que comprende las cinco pequeñas repúblicas de El Salvador, Nicaragua, Costa Rica, Guatemala y Honduras, «patio trasero» de Estados Unidos (Belice, colonia británica, obtiene su total independencia en 1981), es la región del continente que ha padecido por más largo tiempo y con mayor rigor la dependencia política, económica y militar de Estados Unidos. Ningún gobernante llega al poder o se mantiene en el mando sin su consentimiento. Estos mandatarios se convierten en sus fieles aliados, en obsecuentes servidores y en socios dadivosos de la soberanía nacional.

Las relaciones con estos países —Estados Unidos las describe como «especiales»— han sido continuas intervenciones en sus asuntos internos y la limitación de su soberanía nacional. Las razones no son tanto económicas y comerciales como geopolíticas, estratégicas y de seguridad nacional. Su ubicación geográfica sobre los dos océanos y la cercanía al canal de Panamá motiva su reincidente injerencia militar en esas naciones.[33]

Hasta las guerras de liberación de los años setenta y ochenta la historia de Centroamérica —exceptuando Costa Rica— es una sucesión de dictaduras militares brutales, ineptas y corruptas, de golpes de cuartel, de fraudes electorales y de violencia. Sus sociedades, de corte feudal, estáticas y estratificadas, están basadas en aberrantes desigualdades. El poder está en manos de los militares, en alianza con las oligarquías y apoyados por la jerarquía de la Iglesia católica. Las catorce familias salvadoreñas, las veinte guatemaltecas, las x hondureñas y la monolítica dinastía de los Somoza, en Nicaragua, tienen el poder económico y son dueñas de grandes extensiones de las mejores tierras, fuente de la riqueza de esos países agrarios. Frente a ese poder económico concentrado está la extrema pobreza de las masas campesinas e indígenas, sin tierra ni medios de subsistencia y condenadas a la miseria. De esas masas los «señores» extraen mano de obra «abundante, obediente y barata». En Guatemala, en tiempos de cosecha, son recogidos como bestias y obligados a trabajar en forma gratuita para pagar a los terratenientes supuestas «deudas vitalicias». Tal situación de esclavitud es abolida por los gobiernos de Juan José Arévalo y Jacobo Arbenz.[34]

La democracia es un mito consignado en sus constituciones y en el ritual de las elecciones, convocadas cada cuatro o cinco años por los militares para cumplir con la ley. Tales farsas, en las que «ganan» los candidatos oficiales, cumplen con el deber «democrático» de permitir al pueblo expresarse en las urnas.

En los años cincuenta hay una breve pausa democrática en Centroamérica con los gobiernos de Arévalo y Arbenz en Guatemala, Ramón Villeda Morales en Honduras y José Figueres en Costa Rica. Son liberales, nacionalistas, reformistas y anticomunistas. Inspirados en el New Deal de Roosevelt y en la Revolución mexicana, realizan cambios estructurales para corregir las profundas desigualdades existentes, emprenden reformas sociales e intentan modestas reformas agrarias.

Los que hubieran sido importantes avances para esas atrasadas sociedades se frustran por el maccarthismo imperante en el hemisferio. Arbenz, acusado de comunista por Washington, es derrocado en una operación de la CIA, Arévalo no llega de nuevo a la presidencia —su elección es segura—, pues los militares dan el golpe antes de los comicios para impedírselo, Villeda cae poco antes de las elecciones por un golpe militar de derecha, para evitar el triunfo del candidato liberal que él apoya. Sólo en la democrática Costa Rica estos cambios son estables. Figueres expide leyes de asistencia social, moderniza el sistema educativo, da el voto a la mujer, nacionaliza la banca y disuelve el ejército (pero también ilegaliza al partido comunista). Gobierna en dos ocasiones. Son períodos de progreso económico y social para su país. Costa Rica, sin ejército y sin guerrilla, ha sido un ejemplo de estabilidad política, de paz y de democracia.

En los años sesenta los movimientos sindicales y las organizaciones campesinas avanzan en El Salvador, Honduras y Guatemala, a pesar de la brutal represión, y las luchas populares son activas. A tales avances colaboran los partidos comunistas, a pesar de estar ilegalizados y perseguidos. También surgen en El Salvador, Guatemala y Nicaragua grupos armados de orientación marxista-leninista. Factores fundamentales de esa explosión social e insurgente son la Revolución cubana, la radicalización de sectores de la Iglesia católica, inspirados por Juan XXIII, y la Alianza para el Progreso que despierta grandes expectativas de cambio.[35]

Insurgencia, antiimperialismo, rebeliones, manifestaciones de protesta contra las dictaduras y la represión, luchas populares por sus derechos, levantamientos campesinos e indígenas en demanda de tierras, huelgas en demanda de alzas salariales y de mejores condiciones de vida —las más extensas y de mayor impacto se dan contra la United Fruit Company— y luchas armadas contra la represión se han dado en Centroamérica en todas las épocas. Y en todas las épocas han sido reprimidos con extrema violencia. Para los militares, las oligarquías, las jerarquías de la Iglesia católica y para Washington, tales protestas populares son comunistas y su obligación es aplastarlas.

Los movimientos armados que surgen en los años sesenta en Nicaragua, El Salvador y Guatemala, liderados por jóvenes disidentes de los partidos comunistas y de movimientos de izquierda, agitan banderas nacionalistas, antiimperialistas, ideológicas y contra las dictaduras. Los grupos armados toman fuerza en los años setenta. En 1979 triunfa la Revolución sandinista en Nicaragua y surgen en Honduras las primeras guerrillas.

Contra esa explosión insurgente en el continente, la administración Kennedy pone en marcha una nueva estrategia de defensa que orienta a la lucha contrainsurgente. Dobla la ayuda militar a Centroamérica y fortalece a los ejércitos nacionales con armas, entrenamiento y asesores de sus fuerzas de élite, los Boinas Verdes. Ésta es la región que más ayuda militar recibe de Estados Unidos. En los años sesenta el número de sus asesores militares en El Salvador es tan alto que su embajador, Murat Williams (1963-1964), pide al Departamento de Estado que retire algunos, pues superan a «toda la fuerza aérea salvadoreña». Le responde que mira esa solicitud con simpatía pero que ha «fastidiado» al Pentágono con su sugerencia.[36]

En 1963 el Pentágono logra crear el Consejo de Defensa Centroamericano (CONDECA) para coordinar con los altos mandos militares de esos países su política de defensa.[37] Costa Rica es el único país que se opone a su creación. Y con ayuda de la CIA, el Pentágono, los Boinas Verdes y el Departamento de Estado crean en esos países aparatos de seguridad nacionales para coordinar acciones de inteligencia en la región. Todos los países centroamericanos —incluidos Costa Rica y Panamá— crean esa red de inteligencia, controlada por Estados Unidos.

Las «repúblicas bananeras»

Hasta los años sesenta, la United Fruit Company, transnacional frutera de Estados Unidos, quintaesencia del imperialismo norteamericano, domina la región. Es el mayor terrateniente, tiene el monopolio del banano, principal producto de exportación de Guatemala y Honduras, el segundo en Costa Rica después del café y en Nicaragua y Panamá es fuente importante de divisas. La Flota Blanca de la Grace Line —de la cual es propietaria— y los Ferrocarriles Internacionales de Centroamérica —subsidiarios de la United Fruit— tienen el monopolio del transporte del banano, cuyos cargamentos salen de puertos de los cuales es prácticamente dueña. Además controla a las demás empresas fruteras norteamericanas que operan en la región, de las que es la mayor accionista.[38]

Con la colaboración, la estupidez o la venalidad de los dictadores de turno, la United Fruit establece en esos países economías de dependencia con características semicoloniales. El Pulpo, como se le conoce en la región, manipula a su antojo a los gobiernos, se inmiscuye en sus contiendas políticas, da apoyo económico a los candidatos de su preferencia e inclina la balanza en favor de quien le ofrezca condiciones más atractivas. Es un Estado dentro del Estado. Con presiones, amenazas y sobornos obtiene concesiones y privilegios por encima de la ley: exenciones tributarias, evasiones de impuestos, libertad de importación y de exportación de ganancias y pago de minúsculos porcentajes sobre sus multimillonarias ganancias. Tales «servicios» los retribuye con jugosos sobornos a sus gobernantes y Washington premia su sumisión apuntalándolos en el mando.

La United Fruit es la mayor fuente de empleo en la región. Paga salarios dos o tres veces mayores que las empresas nacionales, tiene escuelas, hospitales y viviendas para sus trabajadores, condiciones que no ofrece ninguna otra empresa. No obstante, su situación es de explotación, de inseguridad laboral y de discriminación frente a los empleados norteamericanos: no tienen vacaciones y pueden ser despedidos sin compensación alguna y sin derecho a reclamos.

Los mayores conflictos laborales en Centroamérica son contra la United Fruit y contra la Standard Fruit, otro gigante frutero norteamericano. Por el carácter imperialista de estas empresas las protestas laborales, en ocasiones masivas, se politizan y radicalizan. La fuerza pública defiende los intereses del «patrón» extranjero y los conflictos concluyen en baños de sangre. La United Fruit contrata bandas paramilitares para atemorizar a los trabajadores y desalentar las huelgas. Líderes sindicales son secuestrados y asesinados.[39]

El Departamento de Estado defiende los intereses de la United Fruit como si se tratara de asuntos de seguridad nacional. «Los intereses de la General Motors coinciden con los intereses del gobierno de Estados Unidos [...]. No tenemos amigos, tenemos intereses», afirma en alguna ocasión John Foster Dulles, secretario de Estado de Eisenhower.[40] Otro tanto sucede con las transnacionales bananeras. De esa gama de «intereses» depende el destino de las repúblicas bananeras, de sus pueblos y hasta la vida de sus gobernantes. El caso más dramático es el derrocamiento en 1954 de Jacobo Arbenz, presidente de Guatemala, en una burda operación de la CIA, ordenada por Dulles, por haber expropiado latifundios de la United Fruit.

En Costa Rica, José Figueres, dos veces presidente, denuncia repetidamente los abusos de la United Fruit pero no intenta recortar sus privilegios. Después de largas negociaciones, logra mejorar el porcentaje que debe pagar a su país. La empresa lo acusa de comunista, de haber convertido Costa Rica en paraíso de rebeldes, pues acoge a los perseguidos y exiliados de las dictaduras vecinas, apoyadas por Estados Unidos.

En Cuba, la United Fruit (después la United Brands y Chiquita Brands) tiene el monopolio de la industria azucarera, su principal producto de exportación, y goza de privilegios semejantes a los que tiene en Centroamérica. La Revolución les pone término y le expropia todas las tierras.[41]

Expertos cubanos investigan sus actividades y las exponen como un «caso de dominio imperialista». Muestran sus métodos fraudulentos en la adquisición de tierras y los litigios que ocasionan por ese concepto. Es el séptimo latifundista del país —cerca de cincuenta mil fanegadas «continuas y homogéneas»— en control de varios municipios. Esa «deliberada política de rapiña», con la complicidad del corrupto gobierno cubano y de magnates que «entregaron al extranjero un importante pedazo de nuestro país». No pueden establecer cifras exactas de las ganancias que hizo, pues su contabilidad era «arreglada» para evitar cargas tributarias en ambos países.[42]

A pesar de sus multimillonarios negocios en Centroamérica y de controlar la economía de esos países, la United Fruit no significa ninguna ventaja para su desarrollo. Por el contrario. Un informe de IBEC (International Basic Economic Corporation), organización financiera de la familia Rockefeller, sostiene a mediados de los años sesenta que había creado en el continente una «cultura de pobreza» y que muchos trabajadores expresaban el «deseo de libertad», pues se sentían a su merced. Le recomendaba construir viviendas «decentes».[43]

El gigante frutero comienza a declinar en 1958 cuando el Tribunal Supremo de Estados Unidos lo acusa de impedir la libre empresa y la libre competencia entre las compañías fruteras. En 1970 está prácticamente en bancarrota. Sus inversiones en Centroamérica han caído a menos del 3 por ciento del total en el continente.[44] En 1975, cuando Eli M. Black, presidente de la United Brands (nuevo nombre de la United Fruit) se lanza por la ventana de su oficina, en el piso 44 de un lujoso edificio en Nueva York, se investiga la situación de la empresa y se conocen sus serias dificultades económicas, las enormes deudas que ha contraído, los turbios manejos de su contabilidad y el reguero de sobornos a los gobiernos.

HONDURAS Y LOS PULPOS

De los cinco países centroamericanos, Honduras es el más pobre, el de más bajos ingresos per cápita, el más estéril, el más atrasado, el que tiene mayor tasa de analfabetismo (sólo Haití está en peores condiciones), pero es también el que ha tenido menos conflictos étnicos, pues su sociedad es la más homogénea (90 por ciento de mestizos, 7 por ciento de indígenas, 2 por ciento de negros y 1 por ciento de caucásicos). En Honduras los contrastes entre pobreza y riqueza son los menores de la región. La riqueza o la pobreza están distribuidas equitativamente. «El país es tan pobre que no puede costearse una oligarquía» afirma Elvia Alvarado, campesina hondureña.[45]

Como el resto de los países centroamericanos, exceptuando Costa Rica, Honduras está bajo la bota militar (en 1980 es elegido el primer presidente civil), pero sus dictaduras no son tan brutales como las de sus vecinos. Sólo a finales de los años setenta surgen los primeros grupos armados.

En Honduras los movimientos sindicales en grandes y en pequeñas empresas y la organización campesina —pionera en la región— comienzan a desarrollarse en los años cincuenta. Tal fenómeno de unificación laboral es, en gran medida, respuesta a los continuos conflictos con la United Fruit.[46] El gigante frutero tiene en este país sus más grandes instalaciones en la región y es donde comete los mayores abusos y enfrenta los peores conflictos laborales. Una huelga masiva, en 1954, marca un hito en la historia de las luchas obreras en Centroamérica. Estalla cuando los trabajadores se niegan a cargar los barcos de la empresa un domingo, hasta que se les reconozca un salario doble por ser día de fiesta. La empresa rehúsa hacerlo y el Tribunal Supremo la apoya. La huelga se convierte en una movilización masiva de cuarenta mil trabajadores a la que se unen los de la Standard Fruit y de muchas empresas industriales y comerciales y la apoyan organizaciones populares, maestros y estudiantes. El país se paraliza durante setenta días. El presidente Juan Manuel Gálvez tiene que renunciar. Esta huelga tiene una profunda repercusión no sólo en Honduras sino en los países vecinos. En 1957 hay otra, también masiva, contra la Standard Fruit Company.

Las empresas frutícolas y Washington temen que los sindicatos bananeros se conviertan en una fuerza política que genere un movimiento regional opuesto a sus intereses. En ese momento, la CIA prepara una operación para derrocar al presidente de Guatemala, Jacobo Arbenz, por haber expropiado tierras de la United Fruit.[47]

En 1954 Ramón Villeda Morales gana las elecciones, pero la asamblea alega que ha sido por un estrecho margen y coloca en la presidencia

66

al vicepresidente Julio Lozano Díaz (1954-1956). Es un dictador. La agitación social y laboral continúa y, después de un período de golpes y contragolpes, en 1957 Villeda Morales de nuevo gana las elecciones, y esta vez asume la presidencia.

Villeda, un respiro democrático

Ramón Villeda Morales (1957-1963), primer presidente elegido por voto popular, es liberal, demócrata, nacionalista y reformista. Respeta el pluralismo político, reconoce derechos a los trabajadores —incluido el de huelga— aprueba nuevos códigos de trabajo y de seguridad social, reforma el sistema educativo, implanta la educación pública y en 1962 expide una ley de reforma agraria para cumplir con los objetivos de la Alianza para el Progreso. Favorecido por la situación económica mundial y por los fondos de la Alianza, da un avance al país.

Esa apertura permite el progreso de los movimientos campesinos. En los años sesenta crean la Federación Nacional Campesina de Honduras (FENACH), la Asociación Nacional de Campesinos (ANC) y la Asociación Campesina Social Cristiana, todas con ramificaciones en varias regiones del país. A su vez, los terratenientes, que se sienten amenazados por las continuas tomas de tierra apoyadas por tales organizaciones, crean la Federación Nacional de Agricultores y Ganaderos de Honduras (FENAGAH).

En Honduras, como en el resto de Centroamérica, la fuente de mayores conflictos es la carencia de tierras de la masa campesina, cuya mayoría está en manos de terratenientes y de la United Fruit. El *boom* de los sectores agropecuarios lleva al desalojo de los campesinos de sus tierras por parte de los grandes hacendados para la siembra de pastos. Esto provoca continuas tomas de tierra y su violento desalojo por la fuerza pública. Muchos campesinos emigran a las ciudades. El hacinamiento en los tugurios y el aumento desmedido del desempleo —entre 1961 y 1967 llega al 25 por ciento— agudizan los conflictos sociales.

Contra la modesta reforma agraria de Villeda están los terratenientes y Estados Unidos. Su embajador, Charles Burrows, le pide al presidente no aprobar esa ley hasta que el Departamento de Estado le dé el visto bueno. Villeda no accede. La firma en la sede del sindicato de la Compañía de Ferrocarriles de Tela. Tal gesto se entiende como un respaldo al movimiento sindical. La Standard Fruit acepta la reforma, pero la United Fruit toma represalias. Dado el enorme control que tiene esa empresa sobre la economía del país y las presiones que ejerce Washington, Villeda tiene que viajar a Miami para entrevistarse con sus ejecutivos. El acuerdo a que llegan significa un gran retroceso en sus planes de reforma agraria.[48]

Villeda mantiene buenas relaciones con Washington, sin doblegarse. Su política hacia Cuba, tema neurálgico, es independiente. No acepta colaborar en los preparativos de invasión —como lo hacen Nicaragua y Guatemala— pero después del fiasco de Bahía de Cochinos rompe relaciones con la isla (los demás países centroamericanos ya lo han hecho). Antes de tomar tal medida, impopular en su país, organiza una manifestación anticastrista. Quiere que parezca que corta las relaciones para atender la demanda del pueblo. También se expresa públicamente en contra de la Revolución. Dice que Centroamérica está a «tiro de pistola de Cuba comunizada» y que el régimen cubano es «un cáncer» que debe ser erradicado del hemisferio.[49]

En 1963, último año de su gobierno, el país atraviesa por una difícil situación económica por la caída de los precios del café y del algodón en los mercados externos. Villeda pide ayuda económica a Washington. No se la da. Ya no cuenta con el beneplácito del Departamento de Estado, ni de su embajador, ni de los funcionarios de la Alianza para el Progreso y, menos aún, de las transnacionales. Todos se oponen a su política liberalizadora, prosindicalista y a su reforma agraria.

Las cúpulas militares también están en contra de Villeda. Sus relaciones no son buenas, no sólo por razones políticas —algunos lo consideraban comunista— sino porque al inicio de su gobierno crea una guardia civil de dos mil quinientos hombres para su seguridad personal. Villeda no confía en los altos mandos militares por su tradición de golpistas. Los quiere lejos de la presidencia. Tal medida molesta profundamente a las cúpulas castrenses, pero la copa se colma cuando da apoyo al candidato del Partido Liberal, que ventila un discurso antimilitarista. Poco antes de las elecciones, Villeda comienza a licenciar a su guardia civil. Tal medida facilita el golpe. El coronel Oswaldo López Arellano, comandante en jefe del ejército, lo derroca. Una hora después las fuerzas armadas lo nombran presidente.

Marcha atrás

Para Kennedy el golpe contra Villeda Morales es un revés para su política de defensa de la democracia. López Arellano lo justifica: acusa a Villeda de comunista y dice haber descubierto un complot y propaganda comunista en el gobierno. Promete celebrar elecciones. No obstante, Estados Unidos corta relaciones. «Usted volverá en seis meses», pronostican amigos hondureños al embajador de Estados Unidos, Charles Burrows, cuando se prepara a salir de Tegucigalpa.[50]

Muerto Kennedy, López Arellano le dirige un mensaje al presidente Johnson. Le dice que el gobierno militar «que tengo la honra de presidir» ha impedido que «el Castro-comunismo abra una nueva brecha a través del territorio hondureño» y le recuerda que los objetivos de sus dos naciones es «la defensa de la libertad y el derecho, como normas de la vida de los pueblos y las naciones».[51] En 1964 Johnson reabre la embajada, pues López le ha prometido celebrar elecciones en un año.[52]

López Arellano (1963-1971) echa atrás los programas sociales de Villeda. Elimina la reforma agraria y los estatutos laborales que favorecen a la clase trabajadora y abre las puertas al capital extranjero. Ordena liquidar a la guardia civil —es masacrada— y da inicio a una brutal represión. Encarcela a centenares de dirigentes políticos y sindicales. Varios son asesinados y otros desterrados.

La institución militar es la única fuerza política cohesionada y estable en Honduras y las fuerzas armadas gozan de total autonomía. Por orden constitucional, el presidente no puede inmiscuirse en cuestiones de nombramientos y ascensos, ni en las decisiones internas de su institución y las autoriza a desobedecer órdenes, que a su juicio, sean inconstitucionales.

FENAGAH le pide a López expulsar a los campesinos salvadoreños que han emigrado ilegalmente a Honduras. Son cerca de trescientos mil. En 1969, un partido de fútbol en Tegucigalpa entre equipos de los dos países termina en una batalla campal, con muertos y heridos. López lo aprovecha para expulsar a los campesinos salvadoreños. Es el preludio de la llamada «guerra del fútbol».

El conflicto estalla en julio. El Salvador invade Honduras por mar y por aire y sus tropas cometen toda clase de atropellos: aniquilan a miles de campesinos hondureños y destruyen sus poblaciones. Más de cien mil familias quedan sin techo. En menos de una semana triunfa El Salvador. Pero los ganaderos y terratenientes hondureños logran la expulsión de los salvadoreños y toman sus tierras. Las pérdidas humanas y económicas para ambos países son inmensas. Honduras corta relaciones diplomáticas y comerciales con El Salvador y en 1970 se retira del Mercado Común Centroamericano y de CONDECA. Poco después ambas instituciones se desintegran.

Al final de su mandato, López escoge a dedo al respetable juez Ramón Ernesto Cruz. Es elegido en elecciones controladas por el ejército. Gobierna sólo un año. El desalojo que ordena de los campesinos de la comunidad de Talanquera, de tierras que ocupan legalmente, y la horrenda matanza que ocasiona provocan la repulsa pública. El Consejo Superior de Defensa, máximo órgano del ejército, «autoriza» a López a derrocarlo.[53]

En este segundo período (1972-1975) López gobierna sin Congreso y mediante decretos. Consciente de la explosiva situación social y del nacionalismo creciente —fenómeno en toda la región— anuncia reformas laborales, restricciones a las compañías mineras extranjeras y la nacionalización de una poderosa empresa maderera. Después de una marcha de veinte mil campesinos en demanda de tierras ofrece una reforma agraria.

La situación económica se agrava con el paso del huracán Fifí, en 1974, que devasta la zona costera y arrasa las más ricas zonas agrarias. Cerca de ocho mil personas mueren y trescientas mil quedan sin techo. López pide ayuda a Washington pero no se la da. Esto le indica que debe cambiar de rumbo. Su modesta reforma agraria ha vuelto en su contra a los poderosos grupos económicos, a FENAGAH y a las transnacionales frutícolas. López reduce el plan de distribución de tierras, pone al ejército a ayudar a la Standard Fruit a recuperar las suyas y da mayores facilidades a la inversión extranjera.

Enredado en un escándalo de sobornos de la United Fruit (United Brands), López renuncia. La empresa ha alcanzado a repartir 1,25 millones de dólares, parte de los 2,5 prometidos (le han pedido 5 millones), entre oficiales de alto rango incluido el presidente. Es el «premio» por la millonaria reducción de impuestos a la exportación del banano, con la que Honduras deja de recibir 7.500 millones de dólares.[54] La revista *Time* describe su caída como un «golpe incruento».

López deja el gobierno en manos del general Juan Alberto Melgar Castro (1975-1978) y al país en una situación explosiva. A pesar de la represión y de las matanzas, propiciadas por terratenientes y ganaderos, la extrema miseria de los campesinos los lanza a las tomas de tierras. El hallazgo de nueve cadáveres de trabajadores en la hacienda de un potentado provoca el rechazo nacional. La Iglesia denuncia esa matanza y acusa a la oligarquía y a las transnacionales de explotar y oprimir a los trabajadores.

Los tres años del gobierno de Melgar son de represión, de violencia, de auge de la corrupción oficial y de escándalos de narcotráfico en los que aparecen comprometidos militares de alto rango. La lucha por el poder y por el dólar, dentro de las fuerzas armadas, conduce al golpe. Facciones conservadoras colocan en la presidencia al general Policarpo Paz García (1978-1981), cuyo grupo es acusado de narcotráfico. Con el poder en sus manos, Paz García impide que se le investigue.

En 1979 surgen dos grupos guerrilleros, el Frente Morazán de Liberación de Honduras (FMLH) y el Movimiento Popular de Liberación Cinchonero, nombres de héroes nacionales y de líderes campesinos. Los Cinchoneros se presentan como «organismo político-militar al servicio del pueblo hondureño».[55] El Frente Morazán reivindica un tiroteo contra la embajada de Estados Unidos y en los años ochenta ambos grupos se responsabilizan de los ataques armados contra personal militar norteamericano.

A Carter le preocupa que se generalice la lucha armada en Centroamérica. El triunfo sandinista en Nicaragua, en 1979, ha dado mayor impulso a la guerrilla salvadoreña. Teme que Honduras, sometida a brutales y corruptas dictaduras militares, entre en el círculo. Envía emisarios para convencer a Paz García de realizar cambios democráticos y celebrar elecciones libres. Le ofrece aumentar la ayuda económica a su país. En 1980 Paz García convoca a elecciones para una Asamblea Constituyente. Aunque se habla de fraude, de adulteración de documentos, de irregularidades en las inscripciones y registros y que los partidos de oposición sean excluidos (causa protestas y llamados de abstención), son pacíficas. La Asamblea nombra a Paz García «presidente provisional» y él promete celebrar elecciones. En 1981 es elegido por voto popular el hacendado Roberto Suazo Córdova, candidato liberal y de Estados Unidos. Es el primer presidente civil después de dos décadas de regímenes militares.

EL SALVADOR, CRISOL DE CONFLICTOS

El Salvador es el país más pequeño de la región, el más densamente poblado, el más industrializado, el de más alta tasa de crecimiento demográfico, el que históricamente presenta mayor polarización social, el que tiene la más amplia clase trabajadora, la más avanzada organización sindical y cuyas clases campesinas son pioneras en la organización gremial y en la lucha por sus derechos. No ha sido una república bananera y no sufre desembarcos de marines como sus vecinos. Su principal producto de exportación es el café —es el mayor productor de la región— y está en manos de salvadoreños.

En su historia aparecen frecuentes conflictos internos, guerras civiles, pero cortas, golpes de Estado, fraudes electorales, enfrentamientos con sus vecinos, cuyos hombres fuertes tercian en la política salvadoreña de acuerdo con sus intereses.

El Salvador es también el país de la región que muestra los más ofensivos contrastes entre riqueza y pobreza. Las «catorce» familias oligarcas son dueñas de las tierras más fértiles y controlan la industria, la banca y el comercio. Sus intereses los protegen las leyes y la fuerza pública.[56]

Los mayores conflictos sociales en El Salvador son de tierras. Se originan en el despojo a los indígenas a finales del siglo XIX. Desde entonces tales tierras se dedican en su mayoría al cultivo del café. Las periódicas rebeliones indígenas por ese despojo concluyen en matanzas a manos de la fuerza pública.

El extraordinario desarrollo del cultivo del café crea una inmensa miseria en las masas campesinas. Sin tierra ni medios de subsistencia, son explotadas por los terratenientes. Ofrecen mano de obra abundante, reciben salarios de hambre y sólo tienen trabajo en tiempos de cosecha. Los cultivos del café reducen las siembras de maíz y de fríjol —base de la alimentación del pueblo— y el pueblo tiene hambre. Tal situación ocasiona revueltas campesinas y su éxodo hacia otros países, en especial a Honduras.[57]

«Desde ese año maldito...»

Una revuelta campesina en las zonas cafetaleras, en diciembre de 1931, para protestar contra la explotación de que son víctimas, concluye en una de las más horrendas matanzas ocurridas en la región. Es una de las páginas más negras de la historia salvadoreña. Dura tres meses y son asesinados entre diez mil y treinta mil campesinos —la cifra varía según la fuente— hombres, mujeres y niños, por orden del general

Maximiliano Hernández, que un mes antes ha tomado el poder en un golpe.

El general se entera de que el joven Agustín Farabundo Martí, dirigente del Partido Comunista —lo ayuda a fundar en 1925—, lidera la lucha campesina y ordena liquidarlo. El ejército lo captura en la capital, en compañía de los estudiantes Mario Zapata y Alfonso Luna, y los fusila allí mismo, sin juicios previos. Allí empieza lo que la historia salvadoreña bautiza como «La Matanza de 1932».[58] Es el inicio de los trece años de la sangrienta dictadura del general Hernández.

La oligarquía, la burguesía terrateniente y cafetalera, sectores de clase media y Washington apoyan a Maximiliano por haber eliminado a los insurgentes y a miles de campesinos acusados de «agitadores comunistas».[59] Medio siglo más tarde, Jeane Kirkpatrick, embajadora de Reagan en la ONU, dice que Maximiliano era un «héroe», por ser de «esas gentes que han hecho contribuciones especiales a bienes especiales, muy apreciados por los salvadoreños».[60] El apoyo de los sectores del poder a esa matanza ahonda la repulsa del pueblo a los militares y a las oligarquías.

«Desde ese año maldito —escribe el poeta y revolucionario Roque Dalton— todos nosotros somos otros hombres y creo que desde entonces El Salvador es otro país. El Salvador es hoy, ante todo, hechura de aquella barbarie. Puede que haya cambiado el estilo de los gobernantes, pero el modo de pensar básico que aún nos golpea es el de los masacradores de 1932.»[61]

Maximiliano renuncia, obligado por sectores de poder, asqueados con el fusilamiento de militares que intentaron derrocarlo.

La llama de la rebelión salvadoreña no desaparece con el fusilamiento de Martí. Su lucha es corta, pero deja profundas huellas en el pueblo, que lo ve como héroe y como mártir. Su anhelo de liberar a la clase campesina y pobre de la explotación de la que es víctima sirve de ejemplo. Martí y Sandino son figuras estelares de los movimientos de liberación en Centroamérica. Ambos siembran la semilla revolucionaria que retoman sus pueblos, bajo sus banderas, décadas más tarde. En los años sesenta los revolucionarios salvadoreños bautizan su movimiento armado Frente Farabundo Martí de Liberación Nacional (FMLN), que lidera la guerra revolucionaria durante trece años. En 1979 el Frente Sandinista de Liberación Nacional (FSLN) derroca a la dinastía somocista.

Los militares siguen en el poder por golpes y fraudes. En 1960 un grupo de militares moderados derroca al coronel José María Lemus

(1956-1960) por temor a que su brutal represión conduzca, como en Cuba, a la Revolución.

Los golpistas instalan una Junta (1960-1961) con tres civiles y tres militares. Es ultranacionalista y procastrista y Eisenhower no la reconoce.[62] Gobierna tres meses. En enero, un golpe militar, organizado «por agentes de la oligarquía y del imperialismo», la derroca.[63] Los nuevos golpistas instalan otra Junta con tres civiles y dos militares. Kennedy la reconoce pero presiona para que hagan cambios democráticos. Convocan a elecciones y es elegido, en forma fraudulenta, el coronel Julio Adalberto Rivera (1962-1967), candidato único. De inmediato se identifica con Washington. Corta relaciones con Cuba, abre las puertas a la inversión extranjera y, con mano fuerte, mantiene el control del orden público.[64]

Para Estados Unidos, El Salvador es la «vitrina» de la Alianza para el Progreso. Kennedy le envía cincuenta y cinco voluntarios de los cuerpos de paz y le aumenta la ayuda militar y económica. Es el país de la región que recibe más ayuda de Estados Unidos. Aunque la penetración económica norteamericana es la menor en la región, sus inversiones representan el 65 por ciento de la inversión extranjera.[65]

La Alianza fracasa en El Salvador, como en la mayoría de los países, por la oposición de grupos dominantes a las reformas que demanda, sobre todo a la reforma agraria. Públicamente dicen que es un plan «inspirado por comunistas». Los militares, para no antagonizar con ellos, no las realizan. A la postre son los mayores beneficiados de la Alianza, pues pueden emprender nuevos negocios. Otros beneficiados son las transnacionales.[66]

Apoyado por los militares y la oligarquía, es elegido el coronel Fidel Sánchez Hernández (1967-1972). A él le toca la llamada «guerra del fútbol» o de las «cien horas» cuando Honduras expulsa a ciento cincuenta mil campesinos salvadoreños. El Salvador triunfa. Sus tropas invaden Honduras, bombardean Tegucigalpa, matan a miles de campesinos y destruyen sus poblaciones.

El triunfalismo y el chovinismo se apoderan de los salvadoreños pero con el triunfo viene el desastre. Honduras, su principal mercado en la región, corta relaciones diplomáticas y comerciales con El Salvador y se retira del Mercado Común Centroamericano. El más perjudicado es El Salvador por ser el mayor exportador de la región. Además, el regreso de los ciento cincuenta mil campesinos agudiza los ya explosivos problemas sociales. Se acentúan las tomas de tierra y las protestas populares. El éxodo campesino hacia la ciudad crea graves problemas de hacinamiento en los tugurios y un mayor desempleo. A pueblos hermanos, con tradicionales buenas relaciones, la guerra del fútbol les deja una secuela de enemistad profunda.

Partidos y movimientos políticos de centro y de izquierda empiezan a organizarse. Quieren un cambio por las vías democráticas. Deciden participar en las elecciones de 1972 —juego político monopolizado por los militares— y presentan a José Napoleón Duarte, democratacristiano, y a Guillermo Ungo, del Partido Revolucionario Democrático (PRD), como candidatos a la presidencia y la vicepresidencia. Tienen el apoyo de la Unión Nacional Opositora (UNO), coalición de los partidos Demócrata Cristiano, Unión Democrática Nacionalista (UDN), del ilegalizado Partido Comunista y del Movimiento Nacional Revolucionario (MNR). Al candidato oficial, coronel Arturo Armando Molina, lo apoyan la Coalición Nacional, los militares y la oligarquía.

La campaña está marcada por la violencia, por amenazas e intimidaciones a Duarte y a Ungo, por arrestos y asesinatos de sus seguidores. El día de las elecciones, la Radio Nacional va informando sobre los resultados y en todo el país van ganando Duarte y Ungo. En un momento dado se silencia y cuando reanuda las emisiones «gana» el coronel Molina. La UNO reclama el triunfo, pero el gobierno alega que no ha obtenido la mayoría necesaria y la Asamblea Nacional «elige» a Molina.

Un grupo de oficiales constitucionalistas intenta dar un golpe para que Duarte y Ungo asuman la presidencia. Es sofocado con la ayuda de Somoza, dictador de Nicaragua, y de Arana Osorio, de Guatemala.[67] Duarte apoya el golpe. Es detenido, torturado y enviado al exilio. Permanece en Venezuela doce años. En el contragolpe hay más de doscientos muertos.

El coronel Molina (1972-1977) intenta calmar la explosiva situación de los campesinos, la mayoría carente de tierras, con una modesta Ley de Reforma Agraria, pero los poderosos terratenientes le impiden aplicarla.[68]

En las elecciones de 1977, supervisadas por observadores extranjeros, gana la lista de oposición que encabeza el coronel retirado Ernesto Claramount. Pero un fraude, apoyado con fusiles y bayonetas, le da el «triunfo» al general Carlos Humberto Romero. Las protestas, encabezadas por Claramount, son reprimidas a tiros por la policía. El saldo es de treinta muertos, centenares de heridos, detenidos y desaparecidos. Claramount marcha al exilio.

Con la dictadura del general Romero (1977-1979) empieza una era de terror. Está decidido a liquidar la pujante insurgencia. Las órdenes al ejército son de «cerco y aniquilamiento», al estilo Vietnam. Sus fracasos conducen a matanzas de campesinos a los que acusa de ayudar a la guerrilla. Romero persigue brutalmente a los movimientos y a las organizaciones populares, campesinas y estudiantiles, a los partidos y a los movimientos de izquierda y no respeta a la Iglesia. Sacerdotes, religiosos y laicos son asesinados, detenidos, torturados, «desaparecidos» y expulsados. Muchos se exilian por amenazas de muerte.

El asesinato del padre Rutilo Grande, jesuita salvadoreño, en 1977, causa consternación. En señal de protesta y de duelo, monseñor Arnulfo Romero, arzobispo de San Salvador, ordena cerrar por tres días las escuelas católicas y anuncia que sólo celebrará una misa en la catedral el domingo y no participará en funciones oficiales hasta que ese crimen sea esclarecido. La oligarquía lo acusa de «sacrilegio» y de violar las leyes canónicas.

La campaña de «pacificación» del general Romero es una orgía de sangre a manos del ejército, de la ORDEN (Organización Democrática Nacionalista), institución paramilitar dependiente de la presidencia, y de ANSESAL (Agencia de Seguridad Salvadoreña), de la inteligencia del ejército. Ambas operan como escuadrones de la muerte. El general José Alberto Medrano, de la inteligencia del ejército, responsable de ponerlas en marcha, en 1962, dice que éstas son obra de la CIA, del Departamento de Estado y de los Boinas Verdes. Duarte califica a Medrano de «padre de los escuadrones de la muerte y el peor asesino de todos». El presidente Johnson lo condecora «en reconocimiento a su excepcional y meritorio servicio».[69] En 1984 la guerrilla lo «ajusticia».

Los escuadrones de la muerte proliferan. Surgen Mano Blanca, creada por la ORDEN, el Ejército Secreto Anticomunista, Guerreros Blancos, Acción Revolucionaria Anticomunista de Exterminio y muchos más. Tales grupos reivindican la mayoría de los asesinatos políticos y las desapariciones. Sus miembros son oficiales del ejército y de la policía, en servicio o en retiro, y obedecen órdenes «superiores» afirma Amnistía Internacional, que acusa al gobierno de servirse de esos grupos «para encubrir las torturas, las desapariciones, las ejecuciones extrajudiciales, que cometen en su nombre».[70]

El estado de terror, lejos de detener la insurgencia, la estimula. A mediados de 1978 la situación es un violento y creciente conflicto entre el pueblo y la extrema derecha y el ejército. A la represión y al asesinato de dirigentes populares y campesinos, la guerrilla responde con asesinatos de militares, secuestros y ataques a la oligarquía. Esa violencia provoca la fuga de capitales y el retiro de inversionistas.[71]

El presidente Jimmy Carter condena los excesos del régimen del general Romero. Un informe del Departamento de Estado sobre derechos humanos en El Salvador, de febrero de 1979, acusa al gobierno de torturas, asesinatos, desapariciones, arrestos arbitrarios, allanamientos ilegales e implica a la Guardia Nacional, a las fuerzas de seguridad y a la ORDEN de ser responsables de la mayoría de esos crímenes.[72]

En abril de 1979 la ORDEN asesina a más de cincuenta miembros del Bloque Popular Revolucionario —la organización política de masas más importante— y entre marzo y abril más de ciento treinta detenidos políticos «desaparecen». En protesta, a comienzos de mayo, miembros del Bloque ocupan las embajadas de Costa Rica y de Francia y la catedral en San Salvador. Frente a la catedral son asesinados veinte de los manifestantes (otras fuentes dicen que son cuarenta). En mayo, en otra protesta organizada por el Bloque, son asesinados catorce de sus miembros. Ese mes, ciento ochenta y ocho líderes populares son asesinados por las fuerzas del orden.[73]

Fuerzas moderadas de la oligarquía, que apoyan al general Romero, le piden hacer concesiones democráticas. La inseguridad es inmensa y muchos han abandonado el país. El pueblo dice que la consigna de los oligarcas es «Patria libre o Miami». La situación es explosiva. El malestar del pueblo va en aumento por la brutal represión y la difícil situación económica —creciente inflación y alto desempleo— agudizada por la caída de los precios del café en el mercado externo. El fracaso de la modesta reforma agraria y de la Alianza para el Progreso es otro factor del malestar popular.

Viron Vaky, subsecretario de Estado para Asuntos Interamericanos, William Bowdler, director del Buró de Inteligencia y Planificación del Departamento de Estado y otros altos funcionarios van a El Salvador para convencer al general Romero de hacer una apertura democrática. A su vez, agentes de la CIA, diplomáticos y militares norteamericanos instan a los militares salvadoreños a dar un golpe (Vaky dice más tarde que él ignoraba que se estuviera planeando). En octubre de 1979 un grupo de oficiales reformistas derroca a Romero por temor a que El Salvador se convierta en otra Nicaragua.

La lucha armada

La frustración del triunfo de Duarte y Ungo en las elecciones de 1972 le indica al pueblo que con los militares no son posibles las vías democráticas. Las protestas populares, huelgas, marchas, la ocupación de edificios oficiales y de embajadas y la toma de tierras por los campesinos son continuas. El pueblo opta por la «desobediencia civil» y luego por la lucha armada.

Las organizaciones de masa, populares y campesinas y el sindicalismo toman fuerza. Crean la UTC (Unión de Trabajadores Campesinos), la FECCAS (Federación Cristiana de Campesinos de El Salvador) y el FAPU (Frente de Acción Popular Unido) con líderes populares, campesinos, estudiantiles y sacerdotes (surge después del fraude en las elecciones legislativas de 1974).

La lucha armada resurge. En 1970 Salvador Cayetano Carpio, ex seminarista, dirigente del Partido Comunista del ala radical —lo llaman el Ho Chi Minh de Centroamérica— forma las Fuerzas Populares de Liberación (FPL); disidentes del Partido Comunista, del Partido Demócrata Cristiano, activistas de grupos católicos y miembros del Grupo —organización de estudiantes revolucionarios— crean en 1972 el Ejército Revolucionario del Pueblo (ERP); en 1975 surgen las Fuerzas Armadas de Resistencia Nacional (FARN o RN) de tendencia prochina, de una división del ERP ocurrida después de la «ejecución» en 1974 del poeta Roque Dalton por sus compañeros de lucha; y ese mismo año se forman el Partido Revolucionario de Trabajadores de Centroamérica (PRTC) y el Bloque Popular Revolucionario (BPR), marxista-leninista, ligado a las Fuerzas Populares de Liberación (FPL) que agrupa la mayor parte de las organizaciones populares rurales, urbanas y estudiantiles. En 1979 el Partido Comunista crea las Fuerzas Armadas de Liberación (FAL), procubanas. En diferentes grados, comenta un analista, todos son parte de la «turbulenta y prolongada lucha» dentro del Partido Comunista salvadoreño.[74]

En octubre de 1980 los cinco principales grupos —FAL, FPL, ERP, RN y PRTC— forman el Frente Farabundo Martí de Liberación Nacional (FMLN) para coordinar su acción política y militar. Desde ese momento la lucha armada se convierte en una guerra de liberación nacional. Entran abiertamente en acción, alentados por el triunfo sandinista en Nicaragua.[75]

La insurgencia comienza a consolidarse. En enero de 1980 cinco organizaciones de masa —Bloque Popular Revolucionario (BPR), Frente de Acción Popular Unificado (FAPU), Unión Democrática Nacionalista (UDN), Ligas Populares de Febrero 28 (LP-28) y el Movimiento Popular de Liberación (MPL), forman el Comité Coordinador Revolucionario de Masas (CRM). Para celebrarlo, doscientos mil trabajadores y campesinos marchan por las calles de San Salvador. En abril miles de personas asisten a la creación del Frente Democrático Revolucionario (FDR), amplia coalición del CRM, de los partidos Social Demócrata y Demócrata Cristiano, del 80 por ciento de los sindicatos de obreros y profesionales, de gentes de la Iglesia, de estudiantes, de pequeños industriales y de las universidades Nacional y Católica. Es el movimiento político más amplio en la historia salvadoreña y es el brazo político de la insurgencia.[76]

La voz de monseñor

Los militares «reformistas» que derrocan al general Romero forman una Junta Cívico-Militar con los coroneles Adolfo Majano, reformista —uno de los líderes del golpe—, y Jaime Abdul Gutiérrez, conservador no reformista, Guillermo Ungo, dirigente del Movimiento Nacional Revolucionario (MNR), de izquierda, Román Mayorga, rector de la Universidad Católica (UCA) y Mario Andino de la burguesía, gerente de una empresa norteamericana. Es el resultado de una alianza entre conservadores, los partidos Social Demócrata, Demócrata Cristiano y partidos de izquierda.

La Junta ofrece paz y democracia, respeto a los derechos humanos, libertad a los presos políticos y amnistía general que incluye a los exiliados; reconoce a todos los partidos y grupos políticos y promete una reforma agraria. Pero el pueblo no quiere un relevo entre militares sino un gobierno popular y democrático. Desconfía, pues la estructura castrense y los altos mandos permanecen intactos. El Partido Comunista, el Bloque, el ERP y las FPL muestran su oposición a la Junta.[77]

A las veinticuatro horas las fuerzas armadas, en vía contraria a lo anunciado por la Junta, decretan el estado de sitio, suspenden las garantías individuales, prohíben las reuniones de más de tres personas y lanzan una violenta persecución contra líderes y dirigentes populares y de izquierda. Comienza a crecer la lista de muertos y desaparecidos. Lo mismo que antes. La Comisión de Derechos Humanos de El Salvador denuncia tales atropellos.

La Junta expide un decreto sobre reforma agraria y crea una comisión para que investigue la situación de los presos políticos y los casos de más de quinientos cincuenta desaparecidos durante la dictadura de Romero.[78] Y emprende una «limpieza» de oficiales del ejército y de la policía relacionados con los escuadrones de la muerte. Además disuelve la ORDEN, responsable de la mayoría de esos crímenes.

La Junta no cumple con lo que ha prometido. Las reformas no aparecen, las fuerzas del orden son las mismas, nada ha hecho para llevar al ex dictador general Romero ante la justicia (está asilado en Guatemala), la brutal represión sigue y los escuadrones de la muerte actúan con total impunidad. Responsables de esa situación son los coroneles Jaime Abdul Gutiérrez, miembro de la Junta, José Guillermo García, ministro de Defensa, y Eugenio Vides Casanova, comandante de la Guardia Nacional. Majano, Ungo y Mayorga, miembros de la Junta, el procurador general y otros altos funcionarios, protestan. Vives Casanova les dice: «No vamos a parar porque son subversivos y tenemos que defender el país. No olviden que cuando queramos liberarnos de ustedes vamos a hacerlo».[79]

En enero de 1980, Ungo, Mayorga, nueve ministros y treinta y siete altos funcionarios renuncian como protesta contra la «dictadura» del coronel García. Han pedido su renuncia y la de Mario Andino, el oligarca de la Junta, pero no lo consiguen.

En mayo Majano ordena detener a Roberto D'Aubuisson, ex mayor de la inteligencia del ejército y miembro de ANSESAL, un fascista guapetón de treinta y siete años —usa tacón alto y pistola al cinto— acusado de ser la cabeza de los escuadrones de la muerte. Lo han cogido in fraganti en un intento de golpe y lo detienen. Pero una asamblea de setecientos oficiales del ejército ordena ponerlo en libertad y pide la dimisión de Majano.

En el proceso de «fascistización» de la Junta, Majano es relevado de sus funciones. Un mes antes se salva de un atentado, acusa al gobierno de apoyar los escuadrones de la muerte y es detenido. Al mes es puesto en libertad y abandona el país.

La Junta se disuelve por renuncias de los miembros civiles —la mayoría va al exilio— siempre en protesta por la dictadura militar del ministro de Defensa y se rehace. En diciembre de 1980 llega a su cuarta reestructuración y, por presiones de Estados Unidos, Duarte es nombrado presidente de la Junta (había entrado en la tercera reestructuración) y Carter anuncia que reanudará la ayuda militar a El Salvador.

Para el pueblo salvadoreño monseñor Óscar Arnulfo Romero, arzobispo de San Salvador, es un héroe, un santo y una inspiración para su lucha. Así lo ven los grupos armados. A pesar de la orientación marxista de sus líderes, muchos tienen profundas bases del cristianismo de la nueva Iglesia.

Monseñor Romero denuncia en forma incesante la brutal represión del régimen del general Romero (no son parientes), quien no respeta ni a la Iglesia. Después del acto sacrílego de unos soldados que entran en la Iglesia de San Antonio Abad rompiendo la puerta con un tanque y asesinan a su párroco, y a cuatro jóvenes y detienen a treinta y dos feligreses, monseñor los excomulga.

Monseñor es una de las voces más potentes contra la ayuda militar norteamericana a El Salvador. En febrero de 1980, cuando oye que el presidente Carter piensa reanudarla, le escribe para pedirle, «como cristiano y como defensor de los derechos humanos», que no lo haga, pues servirá para aumentar la injusticia y la represión contra el pueblo que lucha para que se reconozcan sus derechos. Le dice que la Junta no soluciona los problemas del pueblo y recurre a la represión violenta. Dice que el número de muertos y heridos es mayor que en el régimen militar anterior (del general Romero) «cuyas violaciones sistemáticas de los derechos humanos son denunciadas por la Comisión Interamericana de Derechos Humanos».[80]

La Junta Cívico-Militar, presidida por Duarte —en la que no manda—, quiere llevar a cabo la reforma agraria, apoyada por Carter, con la asistencia de expertos de la AID, del Departamento de Estado y del Instituto Sindical Interamericano (AFL-CIO), conocido en el continente por sus vinculaciones con la CIA. Washington y Duarte creen que el reparto de tierras a los campesinos contribuye a la paz y le crea una base de apoyo popular al gobierno. Duarte cree que también disminuye el poder de la «reaccionaria» oligarquía terrateniente.[81] Pero lograr la paz, dando tierras al campesino, no es posible en medio de una guerra en la que ellos son blanco de la brutal violencia oficial y de la persecución de los terratenientes.

La reforma agraria «es aplicada aceleradamente, más por su impacto político que por su impacto social», dice más tarde Robert White, ex embajador de Carter en El Salvador. Realizarla es tarea difícil pues a ella se oponen la poderosa oligarquía terrateniente y agroexportadora y un buen número de militares dueños de tierras.[82]

En marzo de 1980, con gran despliegue publicitario, un coronel de tres estrellas anuncia por la televisión que el gobierno ha expropiado doscientas haciendas, de las más grandes del país, como parte del «compromiso militar de dar justicia social y económica al pueblo». Al día siguiente, bajo el estado de sitio —decretado ese mismo día—, oficiales del ejército al mando de tropas empiezan la entrega de tierras. Sólo el ejército puede llevar a cabo esa tarea que afecta a los sectores más poderosos de El Salvador.[83]

La reforma es diseñada —sin mayor consulta con el gobierno salvadoreño y menos aún con los campesinos— por Roy Prosterman, profesor de la Universidad de Washington, quien diseñó la de Vietnam. Ambas son concebidas para evitar el triunfo revolucionario y cambiar la imagen del ejército.[84]

La de El Salvador tiene tres fases: la primera es la expropiación de latifundios de más de quinientas hectáreas y la entrega de tierras para cooperativas campesinas (plan no del agrado de Washington). Los propietarios serán compensados (Estados Unidos aporta millonarios fondos para ese efecto); la segunda es la expropiación de haciendas de tamaño mediano, la mayoría son tierras cafetaleras «espina dorsal del poder de la oligarquía terrateniente y agroexportadora» (al año es suspendida por «razones técnicas») y la tercera la expedición de títulos de propiedad a los campesinos que laboran tierras en contratos de arriendo.

La oligarquía terrateniente, protegida por grupos armados privados, impide la entrega de tierras. El ejército deshace con una mano lo que ha hecho con la otra. Desata una campaña de terror contra los campesinos para despojarlos de sus tierras. Cerca de dos mil seiscientos son asesinados sólo por haber hecho solicitudes de tierras y cerca de dos mil se refugian en la capital.[85] También son asesinados especialistas del gobierno. En carta a monseñor Romero, los campesinos denuncian los asesinatos y atropellos de que son víctimas. Es una reforma bañada en sangre, dice monseñor.[86]

Una luz que se apaga. En marzo de 1980 es asesinado monseñor Romero mientras oficia una misa. En su última homilía, un día antes de su muerte, relata —como lo ha hecho muchas veces— los crímenes cometidos por el ejército y la policía la semana anterior. Describe las matanzas como «tremendamente trágicas»: las poblaciones han sido bombardeadas lo que ha causado muchos muertos y los soldados han incendiado y saqueado sus ranchos. Dice que Amnistía Internacional afirma que las violaciones a los derechos humanos en El Salvador llegan a extremos no vistos en otras partes del mundo y que el gobierno responde a tales acusaciones asegurando que son muertos en enfrentamientos del ejército y la guerrilla. Pero las víctimas, anota monseñor, tienen señales de tortura:

sus cadáveres han sido mutilados y sus rostros desfigurados con ácido para impedir su identificación. Sus últimas palabras son un llamamiento a los hombres del ejército y de la policía a no matar a sus hermanos, a desobedecer las órdenes que van contra la ley de Dios que manda «¡No matarás!».Y concluye: «En el nombre de Dios, en el nombre del sufrimiento del pueblo, cuyos gritos llegan al cielo cada vez con más fuerza, les imploro, les ruego, les ordeno en el nombre de Dios: ¡Cesen la represión!».[87]

El día de su entierro, en la catedral de San Salvador, son tiroteadas las multitudes que acuden a rendirle un último homenaje. Robert White, embajador de Estados Unidos, acusa al ex mayor Roberto D'Aubuisson de ser el autor intelectual del asesinato de monseñor, que supone ha sido ejecutado por escuadrones de la muerte. Ese crimen nunca se ha esclarecido.

La estela de la violencia

Entre los horrendos crímenes que cometen a diario las fuerzas del orden, los más atroces son las matanzas de campesinos que ocurren en la frontera con Honduras. Son las llamadas Operaciones Sándwich en las que colaboran los ejércitos de ambos países. Ambos gobiernos las niegan o tratan de ocultarlas. Algunas se conocen años más tarde.

Las más horrendas son los asesinatos de ocho mil campesinos, en marzo de 1980, cuando tratan de cruzar el río Lempa. Son bombardeados desde helicópteros mientras que tropas en tierra los atacan con ametralladoras y morteros. Al otro lado del río el ejército hondureño les impide el paso a su país. Otra ocurre en mayo, en la que son asesinados seiscientos campesinos, la mayoría ancianos, mujeres y niños cuando intentan cruzar el río Sumpul. El ejército de Honduras los obliga a lanzarse a las aguas ensangrentadas del río. El presidente de Honduras, general Paz García, niega que tal matanza haya ocurrido, pero un alto jefe militar reconoce que tal «incidente» sí sucedió, pero sin la participación del ejército hondureño.[88]

En junio de 1980 las tropas ocupan la Universidad Católica UCA en San Salvador y asesinan a cincuenta estudiantes; en agosto el ejército bombardea una huelga en las calles de la capital, mata a doscientos trabajadores y hiere a centenares; en octubre, en Morazán, en una ofensiva militar supuestamente contra la guerrilla, son asesinados tres mil campesinos. Cerca de veinticuatro mil logran huir a otras regiones del país, a las ciudades o a países vecinos.

En noviembre son asesinados seis líderes del Frente Democrático Revolucionario (FDR), entre éstos su presidente, Enrique Álvarez, de la oligarquía salvadoreña y ministro de Agricultura de varios gobiernos, incluido el de la Junta. A plena luz del día son arrastrados fuera de la sede por la Brigada Maximiliano Hernández —escuadrón de la muerte— protegida por agentes de la temida policía de Hacienda —el Departamento de Estado la califica de Gestapo salvadoreña—[89] y sus cadáveres mutilados, con muestras de tortura, aparecen al día siguiente.[90] Tal crimen causa estupor nacional y protesta internacional.

En diciembre de 1980, pocos días después de ocurrido este crimen, son asesinadas tres monjas y una misionera norteamericanas. Son secuestradas en el aeropuerto de San Salvador —regresaban de Nicaragua— por miembros del ejército. Un sacerdote informa del crimen al embajador White. Le cuenta que han sido enterradas en una población a quince millas de la capital. El embajador ordena su exhumación. Sus cadáveres aparecen con tiros de gracia en la cabeza y muestras de haber sido violadas.

Carter suspende la ayuda militar a El Salvador. Exige que se investigue el crimen y se castigue a los culpables y envía una comisión del gobierno para que se informe sobre los hechos. A las dos semanas, Jeane Kirkpatrick —Reagan ya ha sido elegido y la ha nombrado embajadora ante la ONU— declara que el gobierno de El Salvador no es responsable de esas muertes pues «las monjas no son sólo monjas, sino activistas políticas».[91]

Frente a la hoguera

En 1981 el conflicto en El Salvador ya es una guerra civil. El FMLN, con el apoyo político del FDR, extiende la lucha. Huelgas, manifestaciones, marchas de protesta y «tomas» pacíficas de tierras son cada vez más frecuentes, alentadas por el Partido Comunista salvadoreño y apoyadas por movimientos estudiantiles y políticos y por sectores radicales de la Iglesia católica. Las comunidades eclesiales de base, que trabajan con los pobres en las zonas rurales y en los barrios marginados en las ciudades, son una voz potente contra la injusticia social y contra la represión, y dan respaldo y estímulo a la lucha insurgente.

En enero, una semana antes de que Carter deje la Casa Blanca, el FMLN lanza lo que llama Ofensiva Final. Carter despacha de inmediato ayuda militar de emergencia a El Salvador. Con el ascenso de Reagan a la presidencia, comienza una nueva etapa de la guerra civil salvadoreña, pues la convierte en un conflicto Este-Oeste, se apropia de esa guerra, militariza Centroamérica y emprende una cruzada anticomunista en esta región.

LA NICARAGUA DE SOMOZA

Entre 1853 y 1933 hay veinte desembarcos de marines norteamericanos en Nicaragua. En uno permanecen cinco años y en otro veintiuno. Antes de su retiro, en 1933, Estados Unidos deja organizada la Guardia Nacional, fuerza policial, y nombra a Anastasio («Tacho») Somoza García como su comandante en jefe.

Para Augusto César Sandino, joven oficial de treinta y dos años, la presencia de esas tropas en su país y la intromisión de Washington en sus asuntos internos son intolerables. Decide tomar las armas. Forma un ejército con trabajadores de empresas, la mayoría norteamericanas —él trabaja en una minera— y con campesinos del lugar. Sólo la unión obrero-campesina —dice— puede luchar «hasta las últimas consecuencias».

Sandino quiere organizar la reivindicación social y expulsar a las fuerzas invasoras. No aspira al poder. Inflama el nacionalismo del pueblo que pronto lo ve como su líder y como un héroe. Con el Ejército Defensor de la Soberanía de Nicaragua inicia la guerra de liberación. Su hazaña despierta la admiración continental, de estudiantes, intelectuales y políticos, solidarios con esa lucha contra el intervencionismo, el imperialismo y contra el «gran garrote» del Tío Sam. A su pequeño ejército se suman revolucionarios venezolanos, mexicanos, colombianos y peruanos.

Cuando Juan B. Sacaza (1933-1936) es elegido —en comicios supervisados por los marines—, Washington retira sus tropas. Sandino cree que Nicaragua se ha liberado de la ocupación yanqui, acepta la tregua que le ofrece Sacasa y decide negociar la paz. La paz se hace, pero en febrero de 1934, al salir de una cena en casa de su amigo, el presidente Sandino es víctima de una emboscada. El automóvil en que viaja, en compañía de su hermano Sócrates y de dos altos jefes de su ejército, es detenido por la Guardia Nacional. Son conducidos a un pueblo y allí los asesinan. Tacho Somoza García, comandante de la guardia, había ordenado matarlo. Sacasa intenta castigar a los asesinos, pero Somoza, su yerno, se lo impide.[92]

Somoza tiene puesto el ojo en la presidencia. Sacasa sabe que la Guardia Nacional, cuya brutalidad y corrupción conoce, es una amenaza para su gobierno. Sandino le había pedido disolverla. En una patética carta a Cordell Hull, secretario de Estado, firmada también por los ex presidentes, el general Emiliano Chamorro y Adolfo Díaz, Sacasa le expresa el temor de que la Guardia «eventualmente» pueda convertirse en «amenaza a la paz y al orden». Le pide protección contra esa institución creada por Estados Unidos. Cordell Hull le responde que una vez retirados los marines las «relaciones especiales» entre sus países han terminado.

El 31 de mayo de 1937 estalla una revuelta civil —dura ocho días— que es aplastada por la Guardia Nacional. Somoza da el golpe y tumba a Sacasa. Su dictadura dura diecinueve años. Coloca a Luis, su hijo mayor, en la presidencia del Congreso y al otro, Anastasio («Tachito»), como comandante de la Guardia Nacional. Así la seguridad del Estado y la suya propia —para él son lo mismo— quedan bajo control familiar.

Tacho se apodera del 15 por ciento de las mejores tierras, se convierte en el más poderoso ganadero e industrial, es dueño de los negocios más lucrativos y de riquezas acumuladas a costa del tesoro público. Construye escuelas, hospitales, caminos, una hidroeléctrica, moderniza los puertos, la agricultura y extiende la ganadería. Sin embargo, los mejores caminos conducen a sus haciendas, las modernizaciones mejoran sus cultivos, el ganado engorda en sus propiedades y el comercio exterior se hace con sus productos. El orden interno lo mantiene la brutal y corrupta Guardia Nacional, comandada por su hijo. Las cárceles permanecen llenas de opositores y de sospechosos. A los más incómodos se les aplica la «ley de fuga».

Somoza cuenta con el apoyo de Estados Unidos, incluido el demócrata Franklin D. Roosevelt, que lo invita a Washington en enero de 1939. En traje de gala va a esperarlo a la estación del tren. Lo recibe con un imponente desfile militar y aéreo. En automóvil descubierto, codo a codo, transitan por las avenidas de Washington hasta la Casa Blanca. A las críticas que le hacen por dar a un dictador tan espléndida acogida, Roosevelt responde: «Somoza es un hijo de puta, pero es nuestro hijo de puta». Es, en efecto, el más servil de los mandatarios del hemisferio. En pago a esa sumisión, Washington guarda silencio sobre la escandalosa corrupción y la brutalidad de su régimen.

Los embajadores norteamericanos le dan apoyo incondicional a Somoza. Thomas Whelan va más lejos. Públicamente apoya el asesinato de cuatro estudiantes en la ciudad de León, a manos de la Guardia Nacional, por liderar una manifestación contra Somoza. Whelan lo justifica, pues son «comunistas». También exige la expulsión de estudiantes de la Universidad de León por haber hecho críticas contra su país. Los estudiantes queman una bandera de Estados Unidos y una efigie de Whelan. El embajador entra en pánico. Es la primera manifestación antiyanqui en Nicaragua.[93]

Somoza prepara otra de sus «reelecciones». Va a León, donde será proclamada su candidatura en una ceremonia en la Casa del Obrero. Queda paralizado frente a un joven que le apunta con un pequeño revólver y le dispara a quemarropa todas las balas. El autor del atentado, Rigoberto López Pérez, un joven poeta de veintitrés años, es ultimado ahí mismo por sus guardaespaldas. Somoza, moribundo, es transportado por Estados Unidos a un hospital norteamericano en la Zona del Canal en Panamá. Eisenhower le envía sus médicos personales. Muere el 21 de septiembre de 1956 a los nueve días de cometido el atentado. «Su constante amistad hacia Estados Unidos nunca será olvidada», le escribe J. F. Dulles a su viuda.[94]

Los funerales se celebran con gran pompa, entre cañonazos, discursos rimbombantes y misas solemnes. Mientras tanto, sus fuerzas de seguridad torturan en las cárceles a los presuntos asesinos. Algunos, para deleite de sus deudos, son torturados en los jardines de la residencia presidencial.

La línea de sucesión empieza. Luis, de treinta y cinco años, hijo mayor del difunto, es escogido para sucederlo. Es «elegido» por el 89 por ciento de los votos. Su hermano, Anastasio «Tachito» Somoza Debayle, queda al frente de la Guardia Nacional. Luis cultiva las relaciones con Estados Unidos. Rompe con Cuba y expulsa a sus diplomáticos. Tales medidas provocan airadas manifestaciones de solidaridad con la Revolución, de protesta por su sumisión a Washington y por la colaboración que da Estados Unidos para preparar la invasión a Cuba. El país queda bajo la ley marcial hasta el fin de su mandato.

Luis Somoza no aspira a la reelección. Prepara una farsa electoral y es elegido René Schick (1963-1966). Pedro Joaquín Chamorro, director y propietario del diario *La Prensa*, continuo opositor de la dictadura, denuncia ese tremendo engaño. Ha tenido que exiliarse en varias ocasiones por la persecución del régimen. Somoza no se atreve a silenciarlo, pues Chamorro es admirado dentro y fuera de Nicaragua.

Schick es un títere. Administra asuntos menores. Las decisiones de importancia las toman los Somoza. Schick muere en 1966, de muerte natural. La campaña para elegir a su sucesor es violenta y sangrienta. Sale «elegido» Anastasio Somoza Debayle, Tachito. De reelección en reelección, gobierna trece años. Es uno de los dictadores más corruptos y rapaces de todo el continente. En los jardines de su residencia tiene jaulas de leones, panteras, jaguares y otras para prisioneros políticos selectos. Allí es encerrado y torturado Chamorro después del asesinato de Somoza, pues lo acusan de estar comprometido en ese magnicidio.

La ayuda norteamericana a Nicaragua es estable y sustancial. La militar representa el 13 por ciento del presupuesto nacional de Defensa, y mantiene veinticinco consejeros militares. Entre 1950 y 1960 el número de oficiales nicaragüenses, entrenados en la Escuela de las Américas en Panamá, es el mayor del continente.[95] El Departamento de Estado considera a Nicaragua como el país más estable y tranquilo de la región. No obstante, la oposición a la dictadura está en marcha.

El descenso de Somoza comienza después de un terremoto masivo que sufre Nicaragua en diciembre de 1972. Es tan intenso que muchos creen que ha llegado el fin del mundo. Managua —incluida la embajada de Estados Unidos— queda semidestruida. Las cifras oficiales del desastre son de 8.000 a 10.000 muertos, 20.000 heridos, 51.000 desempleados, más de 100.000 quedan sin hogar y en la ruina. Quedan destruidos 4 hospitales, 340.000 metros cuadrados de edificios públicos, 400.000 metros cuadrados del área comercial y el 95 por ciento de pequeñas fábricas. La pérdida se calcula en 1.200 millones de dólares.

El pueblo y miembros de la Guardia Nacional se lanzan al saqueo del comercio y de propiedades privadas. Somoza decreta estado de emergencia, suspende las garantías constitucionales y crea el Comité Nacional de Emergencia, presidido por él, para recibir la ayuda que llega de gobiernos, empresas extranjeras y de particulares para los damnificados y para la reconstrucción de Managua.

El saqueo familiar es inmediato. Uno de sus hijos vende en el mercado negro alimentos y ropa que les llega y permite su saqueo a la Guardia Nacional. Somoza, sus familiares y allegados compran a bajo precio terrenos públicos que luego venden por sumas fabulosas al gobierno[96] para la construcción de viviendas populares que nunca se construyeron.

Somoza no hace público cuánto recibe en ayuda extranjera —decenas de millones de dólares en materiales y en efectivo— ni qué hace con los millonarios préstamos y créditos que obtiene de la AID, del Banco Mundial, del BID y del FMI a bajo interés. Su voracidad e insensibilidad hacia la tragedia que vive el país escandalizan a sectores de la oligarquía y de la Iglesia y repugnan al pueblo. El número de desafectos al régimen, en sectores que antes lo apoyaron, va en ascenso. Henry Ruiz, uno de los comandantes del FSLN, comenta que ellos se dan cuenta de que algo nuevo está pasando y buscan el apoyo de la pequeña burguesía, ahora opuesta a Somoza.

Los sandinistas

La lucha armada contra los Somoza empieza en 1958. Ramón Raudales, Chale Haslam y otros veteranos de Ejército de Sandino retoman las armas para combatir la dictadura. Raudales cae en combate en octubre de ese año. Entre 1960 y 1962 surgen una veintena de organizaciones antisomocistas, nacionalistas, antiimperialistas y revolucionarias, algunas identificadas con la Revolución cubana. La proliferación de tales movimientos muestra que la juventud y el pueblo están decididos a derrocar la dictadura. Exiliados nicaragüenses forman otros grupos armados en el exterior. Pedro Joaquín Chamorro lidera uno en Costa Rica, con la ayuda de Figueres y del Partido de Liberación Nacional. Edén Pastora y Harold Martínez crean otros. Después del triunfo descubren que Martínez era agente de Somoza.[97]

El Frente Sandinista de Liberación Nacional (FSLN), es el más importante de estos grupos. Es creado en 1961 por Carlos Fonseca Amador, Tomás Borge y Daniel Ortega. El FSLN lidera la lucha armada hasta su triunfo.

Fonseca, líder de la rebelión, inicia su lucha en la Universidad de León, en donde estudia derecho. En León está la vanguardia revolucionaria. Su vida es un continuo transitar entre la lucha armada y la cárcel. Lo capturan, lo encarcelan, cumple condena, sale libre, es expulsado a países vecinos y regresa a la lucha clandestina hasta la próxima captura. En uno de sus regresos crea el Movimiento Nueva Nicaragua (MNN) y en una de sus expulsiones llega a Guatemala en un avión expreso de la Fuerza Aérea Nicaragüense. Es confinado en la selva del Petén. Allí conoce a Luis Turcios Lima, joven oficial guatemalteco en servicio en esa zona. Turcios más tarde es el jefe de la primera guerrilla guatemalteca: las Fuerzas Armadas Rebeldes (FAR).

Los objetivos del FSLN, contenidos en un documento publicado en 1969, inspirados en su esencia por Fonseca, son la toma del poder por las armas, la destrucción del aparato burocrático y militar de la dictadura y la instalación de un gobierno revolucionario «basado en una alianza obrero-campesina y apoyado por todas las fuerzas antiimperialistas del país». Anuncia la nacionalización de las empresas mineras y madereras y de otras riquezas «usurpadas» por los monopolios yanquis, de las propiedades, fábricas, refinerías de azúcar, medios de transporte y otras posesiones «usurpadas» por los Somoza y de las propiedades, fábricas, transportes y otras «usurpadas» por políticos, militares y demás cómplices de la corrupción administrativa «enemigos del pueblo». La banca será nacionalizada y no reconoce «los préstamos usurarios impuestos al país por los monopolios yanquis»; las industrias agrícolas capitalistas, los latifundios y la tenencia «parásita» de la tierra por explotadores serán expropiadas; declara su solidaridad y su activo apoyo a la lucha de los pueblos del Tercer Mundo contra el imperialismo, colonialismo y neocolonialismo. Su consigna es: «Patria Libre o Morir».[98] Tales objetivos, similares a los de la Revolución cubana, hacen estremecer a Washington y a las derechas nicaragüense y continental.

La lucha contra la dictadura es larga y desigual. El FSLN se desarrolla en medio del terror, de asesinatos, torturas, desaparición de opositores y matanzas de campesinos. Somoza bombardea ciudades y poblaciones en persecución de la guerrilla y la Guardia Nacional asesina campesinos, saquea y destruye sus ranchos, cosechas y animales.

El primer golpe del FSLN contra Somoza es en diciembre de 1974. Un comando, liderado por Borge, irrumpe en una exclusiva cena posnavideña en honor del embajador de Estados Unidos, Turner Shelton, a la que asisten ministros y personalidades del gobierno, entre éstos Guillermo Sevilla Sacasa, cuñado de Somoza, embajador ante la Casa Blanca y la ONU. Cuando llegan los rebeldes el embajador Shelton ya se ha retirado. Asesinan al anfitrión, doctor José María Castillo, y anuncian que continuarán si el gobierno no libera a catorce sandinistas presos —entre ellos Daniel Ortega—, les entrega un millón de dólares y publica un comunicado del FSLN. Somoza cumple y un avión del gobierno los lleva a Cuba.

En 1977 el FSLN lanza varias ofensivas contra la Guardia Nacional. La insurrección se generaliza en 1978 después del asesinato de Pedro Joaquín Chamorro, crimen que enardece al pueblo. En agosto un comando guerrillero, liderado por Edén Pastora, el comandante Cero, ocupa el Palacio Nacional. Dentro del edificio están 67 diputados y más de 1.500 personas entre empleados del Congreso y simples ciudadanos. Los rebeldes retienen como rehenes a los diputados «más odiados del pueblo» y a un familiar de Somoza. Anuncian que los eliminarán si no son liberados 58 revolucionarios, prisioneros del régimen. Borge es uno de ellos. A los dos días son puestos en libertad. Somoza paga medio millón de dólares y publica un comunicado del FSLN. Cuando los rebeldes son conducidos en un autobús al aeropuerto, el pueblo sale a las calles a vitorearlos. El golpe es espectacular.

El FSLN sigue atacando a la Guardia Nacional, ocupando poblaciones, arengando al pueblo y ganando espacio. En septiembre de 1978, a través de la emisora clandestina Radio Sandino, convoca a la insurrección general. Sin suficientes armas ni combatientes, sin suficiente preparación militar pero con el apoyo del pueblo, el FSLN logra el control, por varias horas, de parte de Masaya, de León, de Estelí y de Chinandega.[99]

Esta ofensiva no ha sido contundente ni ha significado una amenaza para el régimen, pero pone en evidencia su debilidad. El FSLN sigue creciendo en fuerza y militancia.[100] Somoza responde con extrema violencia. Ordena bombardear ciudades tomadas por la guerrilla y causa innumerables víctimas y enorme destrucción.

A la lucha sandinista se unen sacerdotes católicos y religiosos, seguidores de la Teología de la Liberación, en defensa de la justicia social, de los derechos de los pobres y contra la dictadura. Después del triunfo, prominentes sacerdotes forman parte del gobierno para ayudar a la reconstrucción de Nicaragua y a la construcción de una sociedad justa e igualitaria. Miguel D'Escoto, miembro de la Congregación Maryknoll, es el canciller, Fernando Cardenal, jesuita, ministro de Educación —dirige la campaña de alfabetización— su hermano Ernesto, renombrado poeta, fundador de una comunidad contemplativa en Solentiname, pequeña isla en el lago de Nicaragua, es ministro de Cultura.

El triunfo

Después de la ofensiva en septiembre de 1978, en la que el FSLN toma Masaya, León, Chinandega y Estelí, Carter teme el triunfo rebelde, que luego dé apoyo a los movimientos guerrilleros de El Salvador y Guatemala, y que Cuba lleve la batuta. Envía a Managua a William Bowdler, diplomático de carrera, para que negocie con Somoza una solución pacífica y la transición a la democracia. La única salida es su renuncia.[101] Bowdler regresa con las manos vacías. Somoza no acepta renunciar y la oposición sólo acepta su renuncia incondicional y su salida del país junto con su familia.

Carter se opone a la intervención. No quiere hacerlo en favor ni en contra de Somoza, aunque Carlos Andrés Pérez, presidente de Venezuela —lo llaman el «padrino» de la Revolución sandinista— y otros mandatarios latinoamericanos le piden que lo obligue a renunciar.

Carter ensaya varias fórmulas. Propicia el envío a Nicaragua de una comisión mediadora de la OEA, de la que Bowdler forma parte, para que negocie con Somoza y con la oposición (no incluye al FSLN). La solución parte de su renuncia. De nuevo Somoza se niega, pero propone convocar un plebiscito, supervisado por la OEA, para que el pueblo decida si debe quedarse o no. Si gana reorganizará el gobierno y bla, bla, bla y si pierde renunciará y el mando lo tomará el Frente Amplio de Oposición (FAO). Éste es un movimiento político amorfo, compuesto por antisomocistas moderados, hombres de negocios, profesionales y dirigentes de partidos. La oposición, que no confía en Somoza ni en la limpieza del plebiscito, impone condiciones. Somoza las encuentra inaceptables.[102]

En mayo la cúpula rebelde, exiliada en Costa Rica, nombra una Junta de Reconstrucción. Será el gobierno a la caída de Somoza. La componen Violeta Barrios de Chamorro (viuda de Pedro Joaquín Chamorro), Alfonso Robelo, Sergio Ramírez, Moisés Hassan y Daniel Ortega. Representan las cinco tendencias políticas del momento. Para bloquear la victoria sandinista, Carter envía a Lawrence Pezzullo, su nuevo embajador, para que insista en la renuncia de Somoza y ayude a componer un gobierno de Reconciliación Nacional con miembros del Partido Liberal Nacional (partido de Somoza), de FAO y del FSLN, pero no los más radicales. Sugiere a Adolfo Calero, a Alfonso Robelo (después miembros del Directorio de los «contras»), al arzobispo Obando y Bravo y a Edén Pastora. Ese gobierno debe celebrar elecciones con ayuda de la OEA. Estados Unidos quiere preservar la Guardia Nacional con un nuevo liderazgo. Somoza responde que acepta renunciar, en una transición ordenada, supervisada por la OEA.

Con el triunfo del FSLN *ad portas* —toma el poder el mes siguiente— y los rebeldes apoyados por varios gobiernos de América Latina, Cyrus Vance, secretario de Estado de Estados Unidos, en una sesión extraordinaria de la OEA, propone un gobierno de reconstrucción nacional con amplio apoyo de los distintos sectores, la suspensión del envío de armas, el cese al fuego y que la OEA envíe una «fuerza de paz».

Tal plan provoca una fuerte reacción. Jorge Castañeda, canciller de México, dice que ni a la OEA ni a nadie le corresponde decir a los nicaragüenses cómo deben constituir su gobierno a la caída de la dictadura. Y el padre Miguel D'Escoto, a nombre del «gobierno provisional» de Nicaragua (la delegación de Panamá le cede el lugar) lo denuncia como un intento de violar los derechos de los nicaragüenses que están a punto de derrocar la dictadura de Somoza. La propuesta de Vance no es sometida a votación.

Dos días después, una resolución de la OEA condena la «conducta inhumana» del «régimen dictatorial» de Somoza, pide su «inmediato y definitivo reemplazo» y que se instale un gobierno democrático que incluya representantes de los mayores grupos de oposición y refleje la libre voluntad del pueblo. Es adoptada por diecisiete votos (incluido el de Estados Unidos), dos en contra (Nicaragua y Paraguay) y las abstenciones de las dictaduras de Chile, El Salvador, Guatemala y Honduras.[103]

Pezzullo continúa negociando con Somoza la transición del mando y fórmulas para preservar a la Guardia Nacional. Somoza continúa los bombardeos al pueblo. Pezzullo, en un cable al Departamento de Estado, le pide que no presione a Somoza a suspender los bombardeos, pues es la única forma efectiva de combatir la guerrilla y que, a toda costa, deben evitar su triunfo.[104]

El 13 de julio, la Junta de Reconstrucción Nacional, desde Costa Rica, envía un comunicado al secretario general de la OEA, Alejandro Orfila, pidiendo el inmediato retiro del «gobierno genocida», la renuncia de Somoza ante el Congreso y que el Congreso nombre un presidente provisional, quien debe entregar el poder a la Junta.[105] El 16 de julio, en una escueta carta, Somoza presenta su renuncia. Dice: «He combatido al comunismo y cuando la verdad surja la historia me justificará».[106] Le aconseja a Francisco Urcuyo, en quien recae la presidencia por ser el parlamentario de más antigüedad, no entregar el poder.

El 17 de julio, acosado por el avance de la insurrección, aislado internacionalmente y presionado por Estados Unidos que le ha retirado su apoyo, Tachito sale para Miami con su amante, Dinorah Sampson, y con «ataúdes y cofres» (coffins and coffers), escribe Salman Rushdie en su libro La sonrisa del jaguar, sobre Nicaragua. En éstos lleva los restos de su padre asesinado, Tacho I, de su hermano Luis y el contante y sonante del Tesoro público. En las arcas quedan sólo 3,5 millones de dólares. El país queda en la ruina, con campos devastados, poblaciones destruidas y una deuda externa de 1.600 millones de dólares. Las víctimas son cuarenta mil muertos —la mayoría en los bombardeos— y decenas de miles de viudas y de huérfanos.

La fortuna de Somoza se calcula en cerca de mil millones de dólares. La familia es dueña de diez mil millas cuadradas de tierra y él es dueño de toda fábrica y de toda empresa productiva del país, controla el transporte de trenes y de barcos, la industria pesquera, las minas de oro, las compañías madereras y la fábrica de cerveza más grande de Nicaragua. Tiene inversiones en casinos y prostíbulos y la mano metida en el negocio de la droga. Además tiene propiedades en el exterior, muchas en Estados Unidos.[107]

Urcuyo no entrega el poder. Anuncia que se queda hasta mayo de 1981, fin del mandato de Somoza. Elogia a la Guardia Nacional, pide a todas las fuerzas irregulares entregar las armas y empieza a hacer nombramientos. Asciende a general al teniente coronel Federico Mejía González y lo nombra director de la Guardia Nacional (la alta oficialidad ha huido con Somoza a Miami y otros van a Honduras y a Guatemala) y llama a las tropas a «redoblar esfuerzos en la presente lucha».[108]

La Junta rebelde se traslada a León, la declara «capital provisional», y exige la rendición incondicional de la Guardia Nacional. Urcuyo «gobierna» cuarenta y tres horas. Después de una noche de caos vuela con su familia a Guatemala en un avión que le envía el general Lucas García. La Guardia Nacional se rinde.

El 19 de julio de 1979 los rebeldes entran en Managua acompañados por las masas, los vítores del pueblo y una lluvia de flores. Es el día de la Alegría Nacional.

Carter opta por respaldar al gobierno sandinista. Le envía ayuda alimentaria de emergencia —39 millones de dólares— y asegura que el Congreso apruebe una partida de 75 millones para la reconstrucción del país. Cree importante mantener buenas relaciones con la nueva Nicaragua para evitar que ingrese al bando contrario, como sucedió con Cuba. Entiende que el resentimiento del pueblo contra Estados Unidos se debe a su largo historial de intervenciones, de ocupaciones militares y a su irrestricto apoyo a la dinastía somocista. Dice que el cambio que ocurre en Nicaragua era inevitable y que la insurgencia y la inestabilidad en Centroamérica obedecen a la desigualdad, al subdesarrollo y a la represión. No responsabiliza a Cuba ni a la Unión Soviética del triunfo sandinista, como lo hacen los republicanos. Reagan acusa a Carter de la «pérdida» de Nicaragua.

GUATEMALA Y SU VIOLENCIA

Guatemala es otra de las repúblicas bananeras hasta que la United Fruit —el Pulpo— entra en decadencia. Con Manuel Estrada Cabrera (1898-1920), un dictador ignorante, tosco, depravado y ladrón, la transnacional frutícola comienza a adueñarse del país. Establece el monopolio del banano, se convierte en el mayor terrateniente, monopoliza las comunicaciones y el ferrocarril y se adueña de sus puertos. El país obtiene escasos beneficios, pues sus venales gobernantes le otorgan exenciones de impuestos y otros privilegios a espaldas de la ley y a cambio de jugosos sobornos. Veinte años más tarde, el general Jorge Ubico, otro dictador, le permite continuar su marcha hacia el Pacífico. Le entrega gratuitamente grandes extensiones de tierra, le amplía las concesiones en los servicios públicos, condona sus deudas y la exonera del pago de impuestos.

La gran farsa

El imperio de la United Fruit continúa sin sobresaltos en Guatemala hasta que el presidente Jacobo Arbenz (1951-1954) profundiza la llamada Revolución de su antecesor, el presidente Arévalo. Aplica la Ley de Reforma Agraria y empieza a expropiar latifundios ociosos, entre éstos 270.000 hectáreas de la United Fruit —posee 550.000— que mantiene improductivas. Tal medida desata las furias del imperio. John Foster Dulles, secretario de Estado, le exige devolverlas y no permite a la empresa aceptar las compensaciones monetarias que le ofrece (la United Fruit las valora en una suma dieciséis veces superior).

En la fiebre maccarthista en la que está sumergido el imperio, Dulles convierte este conflicto de tierras en un asunto de la guerra fría. Arbenz es su primera víctima. El presidente de la United Fruit lo secunda. Y Spruille Braden, jefe de relaciones públicas de la empresa, lanza una escandalosa campaña de prensa y pide la intervención de Estados Unidos contra la infiltración comunista en el continente y en particular en Guatemala. (Braden ha sido subsecretario de Estado y embajador en Colombia, Cuba y Argentina y es bien conocido por su largo y desafortunado historial intervencionista en estos países.)

En 1954 Dulles pide la convocatoria de la Décima Conferencia Interamericana. Tiene lugar en Caracas. Dulles logra fácilmente la adopción de una declaración de condena al comunismo internacional, de solidaridad hemisférica y defensa mutua contra la «agresión comunista». Guillermo Toriello, canciller de Guatemala, alerta que con «el pretexto de combatir el comunismo se pueden contravenir principios fundamentales de la democracia, postular violaciones a los derechos humanos o infringir el principio de no intervención». La declaración —dice— es «la internacionalización del maccarthismo». La mayoría —son dictaduras— la apoyan, Argentina (bajo Perón) vota en contra y México se abstiene. Costa Rica no asiste, pues Figueres se ha negado a participar en esa «asamblea de dictadores en un país gobernado por el más brutal y corrupto de todos».[109]

Guatemala denuncia en el Consejo de Seguridad de la ONU la «conspiración que se cierne contra su país» maquinada por gobiernos extranjeros. Estados Unidos, con el apoyo de Colombia y Brasil, miembros no permanentes del Consejo, dice que ese asunto debe tratarlo primero la OEA. Allí Estados Unidos empantana la discusión hasta que la Operación Success de la CIA contra Arbenz se consuma. Cuando la OEA reanuda los debates, Arbenz ya ha caído.

La Operación Success, maquinada por John Foster Dulles y su hermano Allen, director de la CIA, con la cooperación de los dictadores de bolsillo —Trujillo, Somoza y Pérez Jiménez— y de la United Fruit, sin la cual no hubiera sido posible, dice un agente de la CIA,[110] es una supuesta invasión de «rebeldes» guatemaltecos, que sale de Honduras, para «liberar» a su país del gobierno «comunista» de Arbenz.

La supuesta invasión es sagazmente manejada por la CIA a través una emisora clandestina. «Ahora es el momento de la gran mentira final», dice el jefe de Propaganda de la CIA al dar inicio a la operación. El «ejército libertador» —doscientos mercenarios guatemaltecos y centroamericanos— al mando del coronel Carlos Castillo Armas, oscuro militar y persistente golpista,[111] entra en la capital portando una imagen del Cristo de Esquipulas. La emisora da partes del avance. Anuncia que los rebeldes, fuertemente armados, se dirigen al palacio de gobierno. Aviones sin matrícula —pilotados por «voluntarios» norteamericanos— en vuelos nocturnos, lanzan hojas volantes alentando el pueblo a rebelarse. Agobiado por esa guerra psicológica e incapacitado para impedir la supuesta invasión, pues sus compañeros de armas lo abandonan (el embajador John Puerifoy los convence de desertar), Arbenz renuncia.

La acusación a Arbenz de comunista y la supuesta invasión pagada por la CIA han sido una gran farsa. El broche final es la magnificación de su caída: Dulles dice que es un «triunfo contra el comunismo internacional» y Eisenhower felicita a la CIA por la «limpieza» de la operación y por haber abortado una «cabeza de playa soviética en nuestro hemisferio».[112] Pocos ponen en duda de que la caída de Arbenz sea obra de la CIA, pero los gobiernos no protestan, pues la mayoría son dictaduras militares, aliadas de Washington. Los otros quizá por miedo a represalias.

Ese sórdido acto imperialista contra un pequeño país, en violación del derecho internacional, frustra la entrega de tierras a campesinos hambrientos. Para Washington es más importante sentar el precedente de la inviolabilidad de sus intereses. Analistas e historiadores guatemaltecos afirman que éste es el inicio de los cuarenta años de violencia política en su país.

El coronel Carlos Castillo Armas (1954-1957), nuevo presidente, con banderas maccarthistas y al servicio del «amo» que lo coloca en el poder, desata una sangrienta campaña anticomunista, de acuerdo a un plan convenido previamente con la CIA en Tegucigalpa (Honduras). Tal campaña la apoyan todos los sectores del poder, incluida la jerarquía de la Iglesia católica.

Castillo Armas devuelve las tierras a la United Fruit y a los antiguos dueños, despoja a los campesinos de las tierras que reciben y de las que son dueños mucho antes y los asesina. Estados Unidos juega un activo papel en todo este proceso, incluso en los aspectos más represivos. Dulles conduce personalmente una «cruzada diplomática con las estridencias de Torquemada».[113] Su embajada prepara listas de los comunistas que el gobierno debe eliminar, con instrucciones de tratarlos duramente.[114] En 1957 Castillo Armas es asesinado dentro del palacio presidencial en una extraña conjura que nunca se esclarece. Eisenhower dice que es una «gran pérdida para su propia nación y para el mundo libre» y envía a su hijo al funeral.[115]

Después de una etapa de caos, de un gobierno provisional, de un corto período de golpes y contragolpes, de la anulación de las elecciones de 1957 por fraudulentas y de la celebración de otras en las que nadie obtiene la mayoría necesaria, en enero de 1958 el Congreso Nacional nombra presidente al general Miguel Ydígoras Fuentes.

Ydígoras presta su inestimable ayuda a Estados Unidos para invadir Cuba, sin consultar con los altos mandos del ejército. Le permite instalar bases militares clandestinas en haciendas en el interior del país, para entrenar fuerzas mercenarias de anticastristas. Como contrapartida pide una tajada de la cuota azucarera cubana —cortada por Estados Unidos— y el perdón de una vieja deuda de 1,8 millones de dólares, contraída por Castillo Armas con la CIA para financiar el complot contra Arbenz. Washington acepta.[116]

Cuando el *New York Times* saca a la luz la existencia de esas bases y los planes de Estados Unidos de invadir Cuba —situación embarazosa para la administración Eisenhower y para Ydígoras— militares guatemaltecos protestan. Estos enclaves militares extranjeros en su país son una afrenta. Sectores populares y estudiantes también protestan en nutridas manifestaciones de apoyo a Cuba y contra el gobierno. Otro tanto sucede cuando rompe relaciones con la isla en abril de 1960. Ydígoras las reprime con extrema violencia.

En octubre Cuba denuncia en el Consejo de Seguridad de la ONU los planes de Estados Unidos de invadir su país y acusa a los gobiernos de Guatemala y de Nicaragua y a la United Fruit de estar colaborando. El canciller Roa menciona las bases clandestinas en donde asesores yanquis entrenan a las fuerzas mercenarias anticastristas. Ambos gobiernos lo niegan.

Las primeras guerrillas

En julio de 1960 ocurre un levantamiento militar y el 13 de noviembre otro en el que toma parte una tercera parte del ejército. El objetivo es ocupar las bases militares de Zacapa y Puerto Barrios, sobre el Atlántico, para instalar un foco revolucionario y emprender la lucha armada contra la dictadura.

Ydígoras llena un avión de mercenarios anticastristas con el ánimo de combatir a los rebeldes, pero el embajador de Estados Unidos, John Muccio, lo disuade. La rebelión es sofocada en setenta y dos horas. Al fracaso contribuye la deslealtad de algunos, pues de cien sólo cuarenta y cinco participan en la revuelta.[117]

Estados Unidos aumenta la ayuda militar a Guatemala y le envía asesores de sus fuerzas especiales —Boinas Verdes— para apoyar la lucha contra la guerrilla. Cuatro días después, Eisenhower despacha unidades aéreas y navales para patrullar las costas de Nicaragua y de Guatemala. Cuba protesta en el Consejo de Seguridad de la ONU por ese despliegue militar, pues es una violación flagrante del principio de no intervención y de libre determinación, cuyo propósito —dice— es sostener los regímenes dictatoriales de Guatemala y Nicaragua.

La estrategia contrainsurgente —del gobierno de Kennedy— se ensaya principalmente en Guatemala. En 1962 instala en ese país una base secreta para entrenar al ejército y pone en marcha, por primera vez, una modalidad de esa estrategia: las acciones cívico-militares. Ésta es la llamada «guerra blanda», precursora de la estrategia de «conflicto de baja intensidad» efecto de su fracaso en Vietnam.[118]

En 1962 Ydígoras tiene a todo el país en contra. Le critican su incompetencia, la brutal represión y la corrupción de su gobierno. Hasta la jerarquía de la Iglesia católica, tan silenciosa respecto a la represión, a los crímenes políticos y a las desigualdades sociales, empieza a cuestionarlo en cartas pastorales firmadas por todos los obispos. Una serie de violentas manifestaciones contra su gobierno —duran cerca de un mes— e intentos de golpe provocan su caída. Pocos días antes de las elecciones, en marzo de 1963, el coronel Enrique Peralta Azurdía, ministro de Defensa, lo derroca. Kennedy reconoce a Peralta de inmediato.

Después del levantamiento militar del 13 de noviembre de 1960, surge el primer movimiento guerrillero en Guatemala, liderado por los tenientes Marco Aurelio Yon Sosa, un mestizo de veintidós años de origen chino, y Luis Turcios Lima, de diecinueve años. Ambos han recibido entrenamiento militar de Estados Unidos y han participado en tal levantamiento. Al fracasar se refugian en las selvas cercanas a la Sierra de las Minas, en la región de Izabal. El coronel Sessan Pereira, quien lidera la revuelta, huye a México.

En 1962 Yon Sosa y Turcios Lima crean el Movimiento Revolucionario 13 de Noviembre (MR-13) con campesinos, obreros, estudiantes y miembros del Partido Guatemalteco del Trabajo (partido comunista). Estudiantes operan en la ciudad como células urbanas.

Sus motivaciones, nacionalistas y reformistas, pronto toman una orientación radical y socialista, semejante a la Revolución cubana. Su prioridad es la entrega de tierras a campesinos e indígenas. En 1962 dan golpes exitosos contra destacamentos del ejército y de la policía. Después de cuatro años, Sosa y Turcios Lima toman caminos diferentes. Tienen divergencias ideológicas y concepciones estratégicas distintas. Yon queda al frente del MR-13 y Turcios forma las Fuerzas Armadas Revolucionarias (FAR). El MR-13 opera en el departamento de Izabal, zona de grandes plantaciones de la United Fruit, y las FAR en la Sierra de las Minas, cuya área de acción es el Departamento de Zacapa, ambas zonas de mayoría ladina (blancos y mestizos). Las diferencias no rompen su amistad, ni la coordinación de sus luchas.

Yon Sosa es procastrista y partidario de la estrategia de «foco». Decide primero adoctrinar a sus fuerzas políticamente para luego entrar en acción. Pero los rebeldes no quieren tanta doctrina sino luchar contra la dictadura y el MR-13 va perdiendo fuerza. Para Turcios, en cambio, la lucha armada es lo primero. Las FAR, igualmente foquistas, atraen sectores estudiantiles y populares y abarcan casi todo el país, sobre todo las zonas ladinas. Sus acciones son golpes rápidos y de efecto: liberan zonas, ocupan poblaciones, arengan al pueblo sobre los objetivos de la lucha, atacan cuarteles del ejército y de la policía para «capturar» armas, asaltan bancos para obtener fondos y secuestran militares, políticos y oligarcas para cobrar rescates y obtener concesiones del gobierno. Las FAR establecen una red urbana, activa en acciones de sabotaje y terrorismo.

Las relaciones de Yon Sosa con el PGT (partido comunista) no son buenas. El PGT desconfía de él por no ser miembro del partido y por sus críticas a la política de «coexistencia» pacífica de Moscú, línea que siguen los partidos comunistas ortodoxos.[119] En la Conferencia Tricontinental en La Habana, en 1966, en la que participan representantes de los partidos comunistas, de izquierda y de movimientos de liberación de África, Asia y América Latina, Fidel Castro critica en duros términos la influencia trotskista del M-13, acusación que algunos consideran injusta. En 1968 el M-13 es investigado por el Congreso de Estados Unidos para establecer sus relaciones con Cuba, pero llega a la conclusión de que no existe conexión distinta a la de seguir su estrategia de lucha.[120]

A mediados de los años sesenta la guerrilla tiene en control varias zonas, algunas a una hora de la capital. Su actividad no es noticia internacional, pues la opacan las más amplias en El Salvador y en Nicaragua. Después de la Conferencia Tricontinental, el M-13 endurece la lucha y sectores del M-13 y de las FAR se unen. El PGT ayuda a las FAR a organizar sus fuerzas y le da orientación política. Su rompimiento con el PGT en 1968 provoca divisiones dentro de la guerrilla y en el partido. Las FAR se dividen y surgen las Fuerzas Armadas Rebeldes.

Los movimientos armados comienzan a debilitarse y a fraccionarse por conflictos internos, por rivalidades de mando (algunos rechazan la dirección política del PGT) y por la tendencia trotskista del M-13 que algunos cuestionan.[121] A finales de los años sesenta, después de la virtual extinción del M-13, los guerrilleros reconocen que uno de sus errores fue el no haber operado en zonas indígenas para «concienciarlos» e involucrarlos en la lucha.

Violencia y «pacificación»

El gobierno del coronel Enrique Peralta Azurdía (1963-1966) es otra era de terror. Uno de sus primeros actos es el asesinato de ocho dirigentes políticos y sindicales en Puerto Barrios, controlado por la United Fruit. Algunos son aplastados vivos por camiones cargados con piedras.

Peralta se enfrenta a una explosiva situación social: el 87 por ciento del pueblo está en la extrema pobreza, el desempleo y subempleo llegan al 70 por ciento y el 90 por ciento de los campesinos e indígenas carece de tierras o las que tienen son demasiado pequeñas para asegurar su subsistencia. Los grupos guerrilleros siguen dando golpes. Estados Unidos presiona a Peralta para que acepte asesores de sus fuerzas especiales y el aumento de la ayuda militar. No cede porque entiende que el Pentágono quiere usar Guatemala como campo de experimentación de la lucha contrainsurgente. La guerrilla está dirigida por ex militares y el potencial revolucionario del pueblo es el más peligroso de Centroamérica.

La brutal campaña de «pacificación» de Peralta la apoya el ejército. Los allanamientos, asesinatos, torturas y desapariciones están a la orden del día. Bajo su gobierno, escuadrones de la muerte, relacionados con las fuerzas militares y de seguridad y contratados por empresas transnacionales, principalmente la United Fruit, se dedican a la «limpieza de indeseables». Un *memorando* de la embajada de Estados Unidos, de agosto de 1966, recomienda al gobierno la creación de tales grupos para operaciones «antiterroristas».[122] Y el embajador sugiere que «ciertas tareas» represivas las asuman los civiles, pues el rechazo del pueblo al ejército beneficia a los movimientos insurgentes.[123]

Bajo Peralta proliferan los secuestros y los asesinatos a manos de esos grupos clandestinos, de la guerrilla y de la delincuencia común. El país está sumido en una orgía de sangre en la que toman parte muchos actores. Es «una guerra civil a nivel clandestino», al margen del gobierno y fuera de su control, señala el escritor guatemalteco Juan Mestre.[124]

Washington ve que la única salida es el cambio de gobierno por las vías constitucionales y Peralta accede a celebrar elecciones. La víspera, veintiocho dirigentes revolucionarios son capturados y «desaparecidos», pero las elecciones son más o menos limpias. Es elegido el profesor Julio César Méndez Montenegro, candidato de la oposición, reformista moderado, presidente del Partido Revolucionario Ortodoxo (PRO) y decano de la Facultad de Derecho de la Universidad de San Carlos. Los otros candidatos eran militares. Es el primer presidente civil elegido por voto popular en quince años. Pero los militares, antes de su posesión, le plantean sus exigencias, entre éstas la de tener mano libre en la lucha contrainsurgente.

Méndez promete el «tercer gobierno revolucionario» —los otros eran los de Arévalo y Arbenz— y el PGT lo apoya. Turcios Lima dice, en cambio, que las elecciones eran una «trampa» y que los electores eran «cómplices del imperialismo». Méndez anuncia que su prioridad es llegar a un acuerdo con los movimientos guerrilleros para lograr la paz y les ofrece condiciones generosas para que entreguen las armas. Turcios dice que no abandona la lucha mientras persista la injusticia social, pero ofrece una tregua si el ejército suspende las hostilidades. Antes de que Méndez le dé respuesta, el ejército dice que tal condición es inaceptable. Turcios muere poco después, el 20 de octubre de 1966, en un accidente automovilístico cerca de la capital, sobre el cual se dan muchas versiones y se plantean muchos más interrogantes. César Montes, de veintiún años, estudiante de economía, toma el mando de las FAR.[125]

La ayuda militar norteamericana empieza a llegar: armas, bombarderos, bombas napalm, radares, aparatos de sofisticada tecnología y cerca de mil Boinas Verdes. Ese alto número de asesores militares es negado en forma categórica por funcionarios de Estados Unidos, pero confirmado por varias fuentes incluidos altos oficiales de la policía guatemalteca.[126]

Después de la muerte de Turcios, el ejército lanza una brutal campaña de «pacificación» para «secar el mar donde pesca la guerrilla», en la que participan Boinas Verdes. Los movimientos guerrilleros, Frente Edgar Ibarra y Alejandro León del M-13, son liquidados y la población civil diezmada. Cerca de ocho mil campesinos e indígenas son asesinados en las zonas de combate. Líderes guerrilleros capturados son asesinados, entre ellos Yon Sosa y Otto René Castillo, poeta guerrillero, que es capturado en marzo de 1967, torturado durante cuatro días y quemado vivo. Pero la guerrilla sigue asestando golpes contundentes al ejército.

Bajo el gobierno de Méndez —en manos de los militares— surgen los grupos paramilitares Mano Blanca, Movimiento Anticomunista Nacionalista Organizado (MANO), Nueva Organización Anticomunista (NOA), Comité de Represión Antiguerrilla (CRAG), La Rosa Púrpura, Frente de Resistencia Nacional, Rayo y Cadeg. Sus miembros son militares y policías activos o en retiro. Todos anuncian en los diarios su aparición, sus estatutos, sus objetivos y reivindican sus acciones delictivas, publican listas de amenazados a muerte que colocan en lugares públicos con fotografías, algunas de los «ya ejecutados» exhiben huellas de tortura. Los secuestros son a plena luz del día, en vehículos oficiales, por agentes uniformados que actúan «con la impunidad y la tranquilidad de quien se siente protegido», comenta Mestre. La gente sabe dónde están los centros de tortura, los nombres de los torturadores, ve los secuestros y sabe que todo esto es obra de las fuerzas de seguridad.[127]

Víctimas de esos grupos son notables liberales, altos funcionarios del gobierno, destacados dirigentes comunistas, ex altos funcionarios de los gobiernos de Arévalo y de Arbenz, el rector de la universidad, los decanos de Economía, de Derecho y de Medicina, numerosos profesores, dirigentes de las asociaciones de estudiantes —casi todos son asesinados— embajadores, ministros, periodistas, abogados, economistas, líderes sindicales y populares y centenares de campesinos e indígenas. Luego de un allanamiento a la sede del ilegalizado PGT (partido comunista), en donde tiene lugar una reunión secreta, los veintiocho detenidos desaparecen. Entre ellos Víctor Manuel Gutiérrez, ex congresista partidario de Arbenz. Se dijo que había sido lanzado vivo al océano Pacífico desde un avión.[128] La violencia llega a extremos solamente superados por Colombia, en donde las víctimas llegan a trescientos mil, comenta Mestre.

La brutalidad y la sevicia de la represión guatemalteca no tienen parangón en el continente. En 1967 es asesinada Rogelia Cruz, Miss Guatemala, novia de un guerrillero. La violan y torturan brutalmente, le quitan la piel y le cortan los senos. Ese crimen convulsiona al país y es escándalo internacional. Para vengarla, la guerrilla, a plena luz del día, baja a tiros en las calles de la capital a los agregados militar y naval de la embajada de Estados Unidos a la que acusan de alentar esa violencia. Horas después, en una batalla campal entre fuerzas del orden y guerrilleros, con bajas de ambos lados, caen los principales cabecillas de algunos escuadrones de la muerte, entre éstos un tal Alejos, un terrateniente que busca comunistas hasta entre los gringos de la Alianza para el Progreso.

Presionado por los militares Méndez autoriza al coronel Carlos Arana Osorio, comandante en la región de Zapaca, zona de guerrilla, para que la «pacifique». Es un baño de sangre. Usa bombas incendiarias contra las comunidades campesinas e indígenas causando enorme destrucción y muerte. Desde entonces lo llaman el Carnicero de Zacapa. A Arana lo asesora el coronel John Webber, agregado militar de Estados Unidos, y en sus campañas de pacificación operan centenares de Boinas Verdes.[129] Entre 1967 y 1970 más de diez mil guatemaltecos son asesinados por motivos políticos.

La guerrilla asesina a veintiocho soldados norteamericanos, en enero de 1968 remata al coronel Webber y a su lugarteniente Ernest A. Munro y en agosto al embajador de Estados Unidos, John Gordon Mein, quien cae acribillado en pleno centro de la capital. En 1970 secuestra al embajador de Alemania Federal y lo asesina cuando el gobierno rehúsa liberar prisioneros políticos.[130]

El secuestro del arzobispo de Guatemala, monseñor Casariego, alerta a Washington sobre la gravedad de la situación. Los grupos clandestinos de ultraderecha se le han ido de las manos al gobierno y al ejército. El gobierno pone en marcha su maquinaria para encontrar al arzobispo y lo encuentra, pero descubre que sus captores son miembros de la alta burguesía. Encarcela a algunos pero otros logran huir del país. En esa batida desmantela organizaciones clandestinas de ultraderecha y descubre que entre sus miembros hay oligarcas terratenientes, miembros del Movimiento Nacional de Liberación (fundado por Castillo Armas), oficiales de alto rango del ejército y de la policía, y que estos grupos son entrenados por expertos extranjeros. Algunos son sancionados. Después del secuestro del arzobispo, el coronel Arana se exilia en Honduras.[131]

Los que secuestran al arzobispo pretendían que apareciera como obra de la guerrilla. Uno de sus planes era incendiar iglesias. Lo secuestran para castigarlo por haber afirmado que el origen de la violencia era la situación social y económica «tremendamente injusta y desequilibrada» e insistido en la necesidad de «un cambio de nuestras viciadas estructuras […] que se hace sentir en todos los rincones de la patria».[132] Los secuestros son tan frecuentes que ya no causan sorpresa. Con el del arzobispo alguien dice que es «un pie de atleta en una colonia de leprosos».

La guerrilla secuestra y «ajusticia» militares, policías, miembros de las fuerzas de seguridad, terratenientes, oligarcas y a otros que califica de «explotadores del pueblo». Expide boletines con sus propias listas de amenazados a muerte, con nombres de dirigentes de organizaciones de ultraderecha. «Ajusticia» a varios miembros del Movimiento Nacional de Liberación. Los escuadrones de la muerte responden asesinando a familiares de insurgentes y de dirigentes populares y de izquierda.

A pesar de la virtual extinción de la guerrilla y de que ésta ha perdido mucho apoyo popular, sus supervivientes son el embrión de los movimientos armados de los años setenta. Analistas aseguran que después de la Revolución cubana y de la Revolución sandinista, la guerrilla en Guatemala es la que tiene mayor apoyo popular y la que estuvo más próxima a lograr el triunfo.

En 1968, en el declive del movimiento guerrillero, aparece un nuevo frente cerca de la frontera con México. El gobierno, la sociedad guatemalteca, la jerarquía de la Iglesia católica y Washington quedan pasmados cuando descubren que religiosos y monjas de la comunidad Maryknoll, norteamericana, lo apoyan y que un «apreciable número» de jóvenes de las mejores familias son guerrilleros.[133]

En 1970 Arana Osorio, el Carnicero de Zapaca, es elegido presidente con el apoyo de los militares y de la oligarquía. Lo consideran un héroe por el éxito de su «pacificación». La abstención llega al 50 por ciento. Su lema es «Ley y orden». Promete acabar con la guerrilla aunque tenga que convertir Guatemala en un cementerio y actúa en consecuencia. En sólo dos semanas son asesinados mil supuestos izquierdistas y una veintena de políticos de los partidos Social Cristiano y Demócrata Cristiano. El ejército ocupa pueblos enteros, ejecuta a los dirigentes populares, campesinos e indígenas y establece «zonas libres» —al estilo Vietnam— para lanzar bombas incendiarias.[134] Dependiendo de la fuente, en los tres primeros meses el número de muertos es entre tres mil y cinco mil. Los cadáveres son mutilados para impedir su identificación.[135] Miembros de las comunidades cristianas de base son asesinados y otros salen al exilio por amenazas de muerte.

En 1972, en la frontera con México, surge el Ejército Guatemalteco de los Pobres (EGP) y la lucha armada se agudiza y se extiende a varias provincias. Hasta comienzos de los años ochenta es el movimiento más fuerte del país, con amplio apoyo popular.

En las elecciones de 1974, abiertamente fraudulentas, gana el general Efraín Ríos Montt, pero el alto mando «elige» al general Eugenio Kjell Laugerud. Ríos Montt protesta pero luego acepta el cargo de agregado militar en su embajada en España.

Laugerud (1974-1978) continúa la violencia y proliferan las cárceles secretas, las cámaras de tortura y los cementerios clandestinos. Eduardo Guerra, presidente del Comité de Familiares de Desaparecidos, creado en 1974, denuncia la «desaparición» de más cincuenta mil personas a manos de las fuerzas del orden y de paramilitares. Poco después lo asesinan.

En febrero de 1974 Guatemala sufre un terremoto de grandes proporciones. Ciudad de Guatemala queda semidestruida, los muertos son más de veinticinco mil y los heridos cerca de setenta mil. Más de un millón quedan sin techo (el 20 por ciento de la población).[136] Las pérdidas son millonarias. Laugerud decreta ley marcial, da órdenes a las tropas de disparar contra los saqueadores y aprovecha para hacer una «limpieza» de izquierdistas. No se sabe a cuántos asesinan.

El terremoto es crucial para estimular la lucha insurgente y dar mayor impulso a las clases populares, las más afectadas, para luchar por su supervivencia. Crean nuevas organizaciones de masa a escala nacional. El movimiento sindical, prácticamente aniquilado después del golpe contra Arbenz (1954), logra recuperarse. Después de una combativa huelga de trabajadores de la empresa Coca-Cola, apoyada por trabajadores en todo el país y por la solidaridad sindical internacional, crea el Comité Nacional de Unidad Sindical (CNUS) con los sindicatos más importantes. Desde entonces, el CNUS organiza continuas huelgas y protestas, las mayores ocurridas desde 1954, con el apoyo del PGT y de sectores del Partido Demócrata Cristiano.

En 1978, en medio de la violencia militar, paramilitar y guerrillera se realizan las elecciones. Ningún candidato obtiene la mayoría requerida y el Congreso elige al general Romeo Lucas García (1978-1982). Su gobierno es otra orgía de sangre. A los dos meses, el ejército, a plena luz del día, asesina a más de cien indígenas en la región de Panzós, en Alta Verapaz, y hiere a más de trescientos. Tal matanza —según los analistas— está relacionada con el valor estratégico de esa zona para los planes de desarrollo de los militares, de los burócratas y de las empresas petrolíferas y mineras de Estados Unidos. Buscan atemorizar a esas comunidades, cada vez más politizadas, más concientes de sus derechos y más decididas a luchar por ellos. Más de ochenta mil personas marchan por la capital en señal de protesta. Al año de esa matanza más de cien mil manifestantes conmemoran esa tragedia.[137] En 1978, después de la matanza en Panzós, ladinos e indígenas crean el Comité de Unión Campesina (CUC), la organización más amplia del país. Actúa asociada a EGP.[138]

El gobierno desata una campaña de exterminio contra las organizaciones populares y contra sus líderes. Entre 1979 y 1980 son asesinados cuatrocientos estudiantes, profesores universitarios, dirigentes políticos de centro y de izquierda, y entre 1980 y 1981 ciento veinte miembros del Partido Demócrata Cristiano, y en 1981, en Chimaltenango, en una extensa ofensiva militar, más de mil quinientos indígenas.

Después del asesinato de dos dirigentes políticos, aspirantes a la presidencia, se forma el Frente Democrático Contra la Represión (FDCR) con setenta organizaciones populares, sindicales, campesinas, estudiantiles, profesionales y de periodistas, los partidos FUR y PSD y el apoyo de grupos progresistas de la Iglesia católica. Es el primer frente amplio de oposición a la dictadura.[139] El CNUS y el CUC juegan un papel importante en la creación de dicho frente.[140]

El triunfo de la Revolución sandinista en Nicaragua, en julio de 1979, y el avance del FMLN en El Salvador impulsan la lucha armada en Guatemala con la participación, cada vez mayor, de indígenas, principales víctimas de la violencia. Surgen nuevos movimientos político-militares y las FAR se reestructuran. En septiembre de 1979, con un ataque armado, sale a la luz la Organización Revolucionaria del Pueblo en Armas (ORPA), liderada por Rodrigo Asturias, hijo del premio Nobel de Literatura Miguel Ángel Asturias. El 90 por ciento son indígenas. El EGP y ORPA estrechan sus contactos con La Habana. Hubo flujo de armas y entrenamiento de combatientes en la isla. Ambos grupos amplían su base con apoyo indígena, más del 60 por ciento de la población. En octubre de 1980 anuncian la formación de una «vanguardia unitaria»», la Unidad Revolucionaria Nacional Guatemalteca (URNG) para conducir al pueblo a «la victoria final». La guerrilla controla varias regiones del país.

De las atrocidades cometidas por el régimen de Lucas García, la que despierta mayor escándalo internacional es el ataque con lanzallamas a la embajada de España, el 31 de enero de 1980. En la embajada se encuentra una delegación de campesinos e indígenas de la región del Quiché, miembros del CUC, para protestar contra la represión y por la desaparición de sus dirigentes. Mueren quemados treinta y nueve campesinos e indígenas, entre ellos el padre de Rigoberta Menchú, premio Nobel de la Paz. El embajador se salva de milagro.

La Iglesia también es víctima de persecución. Lucas García ordena el cierre de templos, de conventos y de seminarios y son asesinados, entre 1978 y comienzo de los años ochenta, seis sacerdotes y más de una docena de religiosos y laicos, algunos norteamericanos. Más de veinte, incluidos pastores protestantes, son obligados a abandonar el país.[141] En agosto de 1980 varios sacerdotes y religiosos crean la Iglesia Guatemalteca en Exilio para ayudar a los refugiados y apoyar su lucha.[142]

Esa brutal historia de violencia continúa hasta la firma de los acuerdos de paz entre el gobierno civil de Álvaro Arzú y la URNG, en diciembre de 1996.

FIN DE FIESTA

Cuando Carter sale de la Casa Blanca, Centroamérica ha cambiado de forma radical. En Nicaragua la Revolución sandinista se consolida, en El Salvador toma fuerza la guerra civil, liderada por el FMLN, en Guatemala, bajo un estado de terror sin precedentes, se extiende la lucha armada y en Honduras grupos guerrilleros están en acción.

Después de la «ofensiva final» del FMLN en enero de 1981, una semana antes del cambio de gobierno en Washington, El Salvador se convierte en noticia de primera plana en los grandes medios de comunicación del mundo y «corresponsales de guerra» norteamericanos, europeos y latinoamericanos se instalan en el hotel Camino Real en San Salvador. Muchos ven en ciernes otra Revolución triunfante.

3

Los efervescentes años sesenta

La victoria de John F. Kennedy sobre el astuto Richard Nixon en la contienda presidencial de Estados Unidos, en noviembre de 1960, anuncia un renacer interno y un cambio favorable en la tensa atmósfera internacional. Su triunfo, por escasos 118.000 votos sobre un total de 68 millones, significa no sólo el regreso del Partido Demócrata al gobierno, después de ocho años de administración republicana, sino el gran cambio generacional en la Casa Blanca. Sale la senil administración del general Dwight Eisenhower y entra el pujante equipo de Kennedy con «los mejores y los más brillantes» y un programa de avanzada que denomina Nueva Frontera.

Termina la insulsa administración del amado héroe de la Segunda Guerra Mundial, que para sus contemporáneos —escribe la revista *Time* en junio de 1980— es «un blando liderando blandengues, de sonrisa mentecata y bonachona, cuyos libros preferidos son los westerns, siempre jugando al golf o pescando y para quien la Casa Blanca es un agradable lugar de retiro». Con el clan Kennedy llega el hechizo de una sociedad sofisticada, compleja, intelectual y elegante. Es el primer mandatario católico y el más joven de los presidentes de Estados Unidos (diez años mayor que Fidel Castro). Kennedy irrumpe como una esperanza en la escena nacional e internacional de los efervescentes años sesenta. Es «alegre, encantador, irreverente, buen mozo y no muy diligente», dice su profesor en Harvard, John Kenneth Galbraith, pero graduado Magna Cum Laude, acota Theodore Sorensen en la biografía de Kennedy.[1]

Para Estados Unidos la era de Kennedy y de Johnson es de convulsiones. La sociedad está dividida por profundos conflictos sociales, por la rebelión de la juventud —un choque generacional— por la lucha de los negros por sus derechos y por la creciente oposición, interna y externa, a la guerra en Vietnam.

En el pueblo norteamericano hay incertidumbre sobre el rumbo que está tomado el país. La juventud cuestiona los valores, códigos y dogmas tradicionales de la América adulta, opulenta, blanca y puritana como banales y obsoletos. Impone sus propios códigos de conducta. Desecha la convencional unidad familiar y adopta la vida en comunas y, ante todo, su libertad sexual. Homosexuales, hombres y mujeres, exigen respeto a sus derechos. Droga, sexo y meditación. Paz y riqueza interior. Los *hippies*, con sus vestimentas, sus cabellos largos y sus barbas, son la presencia de esa juventud «liberada», opuesta a la violencia, a la guerra en Vietnam, a la hipocresía de la sociedad de sus mayores. «Hacer el amor y no la guerra» es una de sus consignas. Bob Dylan protesta contra los «amos de la guerra» (*Masters of War*) y en una concentración antiguerra en San Francisco, en noviembre de 1969, centenares de miles de jóvenes entonan la canción de John Lennon: «Dadle a la paz una oportunidad» («Give peace a chance»). Las canciones líricas, filosóficas, de protesta, expresiones de la llamada contracultura, de Bob Dylan, Joan Baez, los Beatles, Janis Joplin, la agresiva irrupción del rock'n'roll psicodélico, el acid rock, con Jimi Hendrix, The Doors y muchos otros son el poderoso mensaje de esas bandas juveniles delirantes que marcan la década de los años sesenta.

Los años sesenta, en Estados Unidos, son de una inmensa creatividad, de rupturas, de nuevas expresiones y nuevas convenciones en todas las artes. Surge el teatro de vanguardia, el *living theatre* y el teatro del absurdo, el nuevo movimiento «antiliterario», la abstracción en literatura, el expresionismo abstracto, el op y el pop art, el cine experimental y subterráneo. Las iglesias cristianas no están ausentes de esa ola rebelde que se da en las sociedades occidentales más avanzadas. El escritor norteamericano Jim F. Heath habla de teólogos protestantes radicales que proclaman: «Dios está muerto»; de una «banda» de curas católicos (menciona a Daniel y Philip Berrigan) que lidera movimientos contra la guerra y de clérigos, menos arriesgados, que reviven el Evangelio Social y se involucran en demostraciones de derechos humanos, en huelgas y en marchas por la paz. Protestantes y católicos se empeñan en simplificar y depurar los servicios religiosos para darles mayor significación y hacerlos más comprensibles a los practicantes.[2] Ése es el marco de los maravillosos años sesenta.

«Exploremos las estrellas juntos»

Con el primer vuelo en la órbita terrestre del cosmonauta soviético Yuri Gagarin, en abril de 1961, la superpotencia comunista da inicio a la conquista espacial y cambia la dimensión del mundo. Ocho años más tarde, astronautas norteamericanos —Neil Amstrong, Edwin Aldrin y Michael Collins— realizan la hazaña del alunizaje. Kennedy ha sido el gran impulsor del programa espacial, pero ya ha muerto cuando desde la Luna los astronautas envían su mensaje a la Tierra. Nixon, su opositor, es quien recibe triunfante la primera comunicación interplanetaria.

En su discurso de posesión, en el del Estado de la Unión ante el Congreso y en el que pronuncia ante la Asamblea General de la ONU en 1961, Kennedy habla de la cooperación pacífica en el espacio entre el Este y el Oeste. Dice que éste no debe convertirse en una nueva arena de la guerra fría. Le propone a la Unión Soviética: «Exploremos las estrellas juntos». La URSS no acepta, pues su programa espacial está más avanzado que el de Estados Unidos.[3] Ambos países continúan separadamente las exploraciones a la Luna, a Venus y a Marte. Estados Unidos con el programa Apolo y la URSS con los Vostoks, Vosjod y Soyuz. Los viajes a la Luna se suspenden en 1972. Veinte años después los norteamericanos se preguntan: «¿Por qué se abandonaron?» y, finalmente: «¿Para qué fuimos?». En julio de 1975 los tripulantes del Soyuz y del Apolo tienen su primer encuentro espacial en un ensayo conjunto de rescate. Desde el espacio hablan con la Tierra. Sus mensajes son de paz.

Rupturas en el mundo comunista

En el mundo comunista se producen grandes rupturas con la política liberalizadora de Nikita Kruschev (1955-1964) y con las denuncias que hace contra Stalin. En el XX Congreso del Partido Comunista Soviético (PCUS), en 1956, destapa la represión criminal estalinista, la corrupción y las deformaciones del marxismo que el Estado soviético ha tolerado. Con el descenso abrupto del padrecito Stalin del santoral comunista y con la «desestalinización» del sistema soviético —aprobada por el PCUS en 1961— se está hurgando en treinta años de hermetismo y salen a la luz los horrores de ese régimen, del culto a la personalidad, del abuso de poder, de la corrupción desde la cúpula del gobierno en una orgía de privilegios y deleites, impensables en una sociedad socialista, supuestamente igualitaria. Kruschev desempolva la doctrina de los «diferentes caminos hacia el socialismo» (de Marx, Engels y Lenin) y pone en desuso el centralismo con el que Stalin ha pretendido moldear al mundo comunista a imagen y semejanza del soviético. El PCUS pierde su infalibilidad y Moscú su hegemonía como la Meca comunista.[4]

En 1960, la ruptura entre la Unión Soviética y China, por diferencias ideológicas —enmascaran conflictos geopolíticos— extiende el debate y ahonda en la controversia en el mundo comunista. Se acusan mutuamente de desviaciones de los principios fundamentales del marxismo. Los soviéticos acusan a los chinos de haber usurpado el poder del partido comunista y silenciado por el terror a los verdaderos comunistas chinos, de haber reemplazado el marxismo por el pensamiento de Mao Tse-tung y de estar trabajando por un orden social que nada tiene que ver con el marxismo. Y los chinos acusan a los líderes soviéticos de usurpación de poder con una «revolución palaciega», de haber restaurado el capitalismo y de haberse convertido en una nueva casta burguesa que oprime y explota al pueblo.[5]

En esa confusión, o en esa apertura, crece una corriente herética y cismática que revuelve al mundo comunista que comienza a liberarse del papado soviético. Los partidos buscan sus propios enfoques teóricos y prácticos y surgen nuevos movimientos y partidos marxistas-leninistas, algunos de éstos prochinos.[6] Las masas soviéticas, desengañadas por la corrupción en las cúpulas del Kremlin, no quieren más doctrina sino «mejor goulash», comenta Kruschev.[7]

Juan XXIII, *pontífice de los pobres*

Una gran revolución ocurre igualmente dentro de la Iglesia católica en los años sesenta. La orientación ecuménica y reformista del corto y dinámico pontificado de Juan XXIII (1958-1963) marca un momento revolucionario y liberalizador en esa fosilizada Iglesia. «Nuestra sagrada obligación —dice el pontífice— no es sólo cuidar el precioso tesoro —de la Fe— como si sólo tuviéramos que preocuparnos del pasado, sino dedicarnos con alegría y sin miedo al trabajo de dar a esta antigua y eterna doctrina la relevancia que corresponde a las condiciones de nuestra era». Después de cien años de quietismo, Juan XXIII convoca el Concilio Vaticano II (1962-1965) cuyo propósito es el de «trabajar activamente para alcanzar el gran misterio de su unidad», de acuerdo con los deseos de Cristo.[8] La Iglesia debe abocar los problemas del mundo con un criterio social y socializante y situar el desarrollo económico y social «en el ámbito moral de conformidad con la dignidad del hombre y con el inmenso valor que es la vida de los seres humanos», afirma el Papa en sus encíclicas *Mater et Magistra* (1961) y *Pacem in Terra* (1963). El regreso a la Biblia, como fuente de inspiración, y el compromiso de la «Iglesia de los pobres», que propicia el sumo pontífice, orientan sus deberes con el pueblo cristiano a buscar solución a sus problemas terrenales. Este nuevo espíritu del Vaticano hace a un lado las políticas conservadoras y arcaicas de las viejas jerarquías vaticanas y continentales, encerradas en cuestiones doctrinales y alejadas de la realidad y de las necesidades de los pueblos. Ese rompimiento dentro de la Iglesia también es generacional. Las corrientes jóvenes entienden que su deber es trabajar por los pobres y por la justicia social.

En 1968, en una reunión del CELAM (Consejo Episcopal Latinoamericano), cónclave del obispado continental, en Medellín (Colombia) —el acontecimiento más importante de la década a nivel eclesial— se da lectura a las recomendaciones del Concilio Vaticano II desde el ángulo de la realidad continental. La nueva orientación vaticana y el mensaje social de la Revolución cubana señalan la explosiva situación de injusticia social y económica y de miseria a que están sometidos esos pueblos. En Medellín, el CELAM rompe con los viejos esquemas que rigen a la Iglesia latinoamericana: concluye que su deber es combatir tales situaciones de injusticia y de violencia institucionalizadas a las que califica de pecado.

En América Latina, continente en el que las inmensas mayorías son pobres y de fe católica, surge en 1968 una nueva corriente de la Iglesia comprometida con el pueblo. Toma el nombre de Teología de la Liberación. Es de origen ecuménico, fruto de teólogos católicos y protestantes. Su esencia es la unión de la fe y de la práctica cristiana del credo y de la justicia. Cuestiona el comportamiento de los países ricos frente a los países pobres, la creciente brecha entre ricos y pobres en esas sociedades de privilegios ancestrales de las pequeñas minorías, que no están dispuestas a perderlos. Plantea la necesidad de realizar cambios estructurales profundos para corregir tales injusticias.

El Vaticano —ya sin Juan XXIII— y las jerarquías continentales, se oponen a los teólogos de la liberación. Para los poderosos jerarcas católicos estas corrientes progresistas transitan por los peligrosos caminos del marxismo. Critican que sus análisis de la realidad social se enmarquen en alineamientos de esa doctrina. Esos sectores radicalizados de la Iglesia crean en varios países las comunidades eclesiales de base para concienciar a los campesinos y a los sectores populares marginados sobre sus derechos, organizan e impulsan sus movimientos y dan apoyo a sus luchas. Algunos se involucran con los grupos insurgentes.

La movediza arena internacional

En el campo internacional el panorama está en proceso de cambio. La lucha por el poder geopolítico entre Washington y Moscú —presente desde la posguerra— origina agudas tensiones y la división del mundo en dos bloques antagónicos liderados por las superpotencias. Pero los nuevos polos de poder —Europa occidental, China, Japón y el movimiento de los No Alineados— debilitan su influencia. El Tercer Mundo se fortalece frente a las dos superpotencias. El ingreso a las Naciones Unidas, a comienzos de la década de los años sesenta, de veintisiete naciones africanas recién independizadas y no alienadas, cambia el balance de fuerzas en la organización mundial. Estados Unidos ya no cuenta con fáciles mayorías. El peso político de América Latina, con el que siempre ha contado, se desvanece frente al poder arrollador del grupo afroasiático.

Estados Unidos, la Unión Soviética, China e Israel buscan extender su influencia en África dando ayuda económica y asistencia técnica a esos países. Cuba igualmente comienza a estrechar sus lazos con los recién independizados. Les envía centenares de asesores en distintos campos de su desarrollo, educa a miles de estudiantes becados en sus escuelas, y a los movimientos de liberación les da armas, asesores militares y entrenamiento a sus combatientes. En 1963 los países africanos crean la Organización de Unidad Africana (OUA), con sede en Addis Abeba, Etiopía, para presentarse como grupo cohesionado frente al resto del mundo.

El movimiento de los No Alineados, creado en Belgrado en 1961, es una fuerza del Tercer Mundo frente a los dos bloques de poder político-militar liderados por las superpotencias. Sus objetivos son antiimperialistas, anticolonialistas, antineocolonialistas y de apoyo a los movimientos de liberación nacional del Tercer Mundo. La Declaración de Belgrado ofrece «todo el apoyo y ayuda que sean posibles» a Argelia en lucha por su «liberación, autodeterminación e independencia» de Francia. El gobierno provisional argelino participa en la Cumbre de Belgrado como miembro pleno del movimiento.

Tensión entre los grandes

En los años sesenta el panorama internacional está cargado de tensiones entre Washington y Moscú. El incidente del derribo de un avión U-2 norteamericano sobre territorio soviético aleja las posibilidades de distensión mundial y el avance de las estancadas negociaciones de desarme. Kruschev prueba que Eisenhower le ha mentido. El vuelo del avión no es meteorológico —como afirma el mandatario— sino de espionaje. Kruschev cancela la cumbre con Eisenhower, programada para mayo de 1960 en París, y retira la invitación que le ha hecho a Moscú. Después de ese incidente, la confrontación y la mutua desconfianza empañan de nuevo la atmósfera internacional.

El triunfo electoral de John F. Kennedy, en noviembre de 1960, promete un alivio a la tensión con la URSS. En su campaña, Kennedy cuestiona la política de Eisenhower y de su secretario de Estado J. F. Dulles, de rechazo a ultranza del comunismo y de confrontación con la URSS. En su discurso de posesión, en enero de 1961, dice que los comunistas no son los «enemigos» sino los que se han convertido en «adversarios». Y en una carta a Kruschev le dice: «El comunismo es asunto suyo, pero lo que hace en el mundo es asunto del mundo». Kennedy está abierto al diálogo y a las negociaciones: Dice: «Nunca negociemos sin temor, pero nunca tengamos temor a negociar». Sus diferencias no impiden el diálogo ni la colaboración, esenciales para prevenir la tercera guerra mundial, sostiene.[9] Entre abril de 1961 y diciembre de 1962, los dos líderes se cruzan cerca de cuarenta mensajes en los que tratan asuntos de sus relaciones bilaterales y asuntos mundiales de mutuo interés: tratan sobre desarme, sobre pruebas nucleares, sobre el sudeste asiático —Laos y Vietnam—, sobre la situación del Congo (Leopoldville) —de cuya guerra se ocupa la ONU— y del muro de Berlín, erigido por la URSS en 1961, barrera real y simbólica de la confrontación Este-Oeste.

Antes de que Kennedy llegue a la Casa Blanca, Kruschev ha planteado su política de «coexistencia pacífica entre los estados». Propone que las relaciones entre países capitalistas y socialistas sean de respeto e invita a Estados Unidos a no seguir pretendiendo modificar el mundo a su imagen y semejanza. En la primera y única cumbre de Kennedy y Kruschev, celebrada en Viena en junio de 1961 —tres meses después del fiasco de Bahía de Cochinos— sostienen un diálogo duro y directo pero no llegan a ningún acuerdo. Para Kennedy esa experiencia es enorme-

115

mente frustrante. A su paso por Londres, de regreso a Washington, describe ese encuentro como «sombrío» pero inmensamente útil.

De las graves crisis que ocurren en el período en que Kennedy y Kruschev coinciden en el mando, la peor es la del emplazamiento de misiles nucleares soviéticos en Cuba, en octubre de 1962, pues el mundo estuvo *ad portas* de una conflagración nuclear. Kennedy exige su retiro y Kruschev se pliega. Desde entonces establecen un canal directo entre Washington y Moscú, con el llamado «teléfono rojo», para evitar errores y situaciones que pongan en peligro la paz mundial.

El «balance del terror»

En 1961 la carrera armamentista y nuclear va en ascenso. La URSS explota su primera bomba de hidrógeno de cincuenta megatones —la más potente hasta entonces— y Francia ensaya su primera bomba atómica e ingresa en el club nuclear. El potencial destructivo de las superpotencias llega al súmmum con los misiles balísticos intercontinentales con cabezas nucleares, pues pueden destruirse mutuamente y destruir al mundo. Para Estados Unidos ese «balance del terror» es un freno y una garantía para la paz mundial. Washington y Moscú saben que en una guerra nuclear el mundo sucumbe. Kennedy ve con temor el ingreso de nuevos países al club nuclear, pues aumenta los riesgos de una conflagración. En 1962 Estados Unidos y Gran Bretaña reanudan las pruebas nucleares. Es un duro golpe a las lánguidas y difíciles negociaciones sobre desarme general y completo. Dos años más tarde la República Popular de China ensaya su primera bomba atómica y en 1967 explota su primera bomba de hidrógeno.

El balance de los esfuerzos de Kennedy y Kruschev en favor de la paz es positivo. En 1963 Estados Unidos y la Unión Soviética firman en Moscú el primer Tratado Internacional Limitado para la Prohibición de Ensayos Nucleares en la Atmósfera, la Estratosfera y en el Agua. Lo suscribe también Gran Bretaña. Las grandes potencias, que han envenenado la atmósfera con 336 ensayos nucleares en trece años, se obligan a realizar las pruebas atómicas sólo bajo tierra.

La firma de ese importante tratado no es la culminación de un proceso sino el primer paso del desarme general y completo, dice Kennedy. Desde 1946 la Asamblea General de la ONU lo discute sin ningún avance. El nudo gordiano ha sido la inspección y el control internacionales del desarme, que exige Estados Unidos y que la URSS no acepta.

Irrumpe la Revolución cubana

Cuando Kennedy asume la presidencia de Estados Unidos, la Revolución cubana ya es un grave conflicto para su país: la alianza de Cuba y la URSS se afianza y Fidel, poco después, declara el carácter socialista de la Revolución. La existencia del primer estado socialista, a noventa millas de sus costas, le plantea a Estados Unidos un cambio geopolítico de enormes repercusiones, pues rompe su poder hegemónico en su zona de influencia y amenaza su seguridad y la estabilidad del continente. Cuba se convierte en un factor de la guerra fría, de la confrontación Este-Oeste.

Kennedy reformula la política exterior de Estados Unidos hacia América Latina y el Caribe para hacer frente a la influencia de la Revolución cubana. La expropiación y nacionalización de todas las empresas y latifundios norteamericanos en la isla y su virtual expulsión puede servir de ejemplo a otros países. Además, el discurso antiimperialista y nacionalista de Fidel alienta a los pueblos a tomar las armas contra las dictaduras y contra los gobiernos oligárquicos que los explotan, en defensa de sus derechos y en contra del dominio que ejerce la superpotencia mundial en el continente. Fidel, en efecto, está dando una nueva dinámica a la protesta social y ha abierto compuertas de esperanza a esos pueblos, agobiados por su endémica situación de pobreza, de injusticia social y económica, de explotación y de falsas promesas. La estrechez de los canales democráticos, que impide su participación en esos procesos, deja abierta la lucha armada como única salida posible para lograr el cambio. Casi de inmediato comienzan a surgir en el continente grupos armados procastristas que aspiran repetir la gesta cubana.

Kennedy propone la Alianza para el Progreso, un programa de cooperación para el desarrollo económico y social de la región y plantea una nueva estrategia de defensa hemisférica enfocada a la lucha contrainsurgente. Ahora las armas que Estados Unidos suministra a esos países para hacer frente a la amenaza soviética y a la expansión comunista internacional —política de la guerra fría— son para combatir al «enemigo interno». El objetivo prioritario de esta estrategia es fortalecer a los ejércitos nacionales con armas y entrenamiento en técnicas para combatir la insurgencia.

La era de Kennedy

Cuando Kennedy llega a la Casa Blanca el ambiente internacional está cargado de antiamericanismo en países amigos y en lugares tan distantes como Tokio, Montevideo y Caracas. El prestigio internacional de la gran potencia está disminuido debido a los errores y fracasos de los últimos años del gobierno de Eisenhower. Las relaciones con la URSS, tensas desde el derribo del avión espía U-2 en territorio soviético, alejan la posibilidad de la distensión mundial.

En América Latina la política anticubana de Estados Unidos es enormemente impopular. En las Naciones Unidas, principal foro en el que ambos países ventilan sus controversias, el gobierno cubano constantemente denuncia y prueba las agresiones norteamericanas contra su país y enarbola un discurso antiyanqui y antiimperialista. Nunca antes la gran potencia ha sufrido una afrenta pública semejante de un país de su propio continente.

A nivel interno crece la lucha de los negros por sus derechos civiles y sus protestas se extienden por todo el país. Martin Luther King, líder negro (es asesinado en 1968), aboga por la lucha pacífica para lograr la igualdad de sus derechos con los de los blancos. Frente a esa lucha pacífica, los movimientos negros Black Power, Black Muslims, Black Panthers y Freedom Riders afirman su derecho a responder con violencia a la violencia. Los llamados «veranos calientes», ocurridos en los años sesenta, son la expresión de su rechazo a la discriminación racial y a la violencia oficial. «We Shall Overcome!» (Venceremos), es el canto de esos movimientos, decididos a obtener «su libertad» y el pleno reconocimiento a su igualdad en esa sociedad dominada por los blancos.

En el verano ardiente de 1963, Kennedy es testigo de la más impresionante protesta racial vista en Washington. Doscientos mil negros, acompañados de miles de blancos, marchan en silencio por las calles de la capital. En el Lincoln Memorial, Martin Luther King pronuncia su conmovedora oración «Yo tuve un sueño»: «... Soñé que algún día incluso el estado de Mississippi, un estado desierto, sudoroso del calor de la injusticia y la opresión, se transformaba en un oasis de libertad y justicia [...]. Soñé que desde lo más profundo del sueño americano algún día esta nación se levantará y vivirá el verdadero significado de su credo, que apoyamos como verdad evidente: que todos los hombres son creados iguales».[10]

También crece la protesta contra la intervención norteamericana en Vietnam, que va en aumento. Entre 1961 y 1963 Kennedy envía diecisiete mil soldados. Son los primeros destacamentos de combate. Pujantes movimientos juveniles, en las calles y en los campus universitarios, piden «Manos fuera de Vietnam». En 1963 ocurre la primera y masiva protesta estudiantil que pide el cese de toda intervención norteamericana en Asia.

Alianza hemisférica

Durante su campaña, Kennedy critica duramente la política de Eisenhower y la califica de errada. América Latina fue un tema secundario de su política exterior. Su prioridad son los aspectos militares, estratégicos y de seguridad y da apoyo abierto a las dictaduras. Tal apoyo —dice Kennedy— ha fortalecido a «una de las dictaduras más sangrientas y represivas de la larga historia de represiones en América Latina». Se refiere a la de Batista en Cuba: «Damos la impresión —afirma— de estar más interesados en sacar dinero del pueblo, en aumentar su dependencia y las ganancias de las empresas norteamericanas, que en darles ayuda». Le critica el no haber usado la enorme influencia de Estados Unidos para persuadir a Batista de celebrar elecciones libres y «permitir al pueblo cubano hacer su elección en vez de dejar que Castro tome el poder a través de una Revolución» (2 de septiembre de 1960). Ahora —agrega— el segundo hombre más poderoso en Cuba es el embajador soviético. Responsabiliza a Eisenhower del triunfo rebelde, que califica de «desastre», y señala que el «enemigo» está a noventa millas de sus costas. «Como satélite de la Unión Soviética hará cualquier cosa para ayudar a nuestra caída [...] e intentará propagar su Revolución en Latinoamérica».[11]

Kennedy muestra un especial interés en América Latina. La considera la «zona más crítica del mundo», entiende que la solidaridad de los pueblos con la Revolución cubana obedece a algo más que al idealismo juvenil o a revueltas alentadas por los comunistas. Ve al continente sentado en un volcán de hambre, de enfermedades, de injusticia social y de aspiraciones reprimidas por décadas. La Revolución ha abierto la compuerta a la explosión social y a la lucha armada en el continente.

Kennedy habla de fortalecer las democracias y de apoyar la causa de la libertad en América Latina. Quiere mostrar que su política es distinta de la de Eisenhower. Las relaciones hemisféricas deben ser a través de la OEA y la cuestión cubana debe ser manejada como política continental. No es partidario de las acciones unilaterales, pues despiertan fuertes reacciones contra el «imperialismo yanqui». «Ningún continente ocupó en forma más constante la mente del presidente o tuvo más caluroso interés que América Latina», escribe Theodore Sorensen en su biografía de Kennedy.

En la campaña presidencial, Kennedy plantea las relaciones hemisféricas como una «alianza para el progreso» y la propone en el discurso de posesión. Habla de una «revolución silenciosa». Es una política de tan hondo contenido social como la de «la buena vecindad» de Franklin D. Roosevelt. Es un programa de desarrollo económico y social que busca mejorar las condiciones de vida de esos pueblos, para evitar revoluciones violentas, alentadas por la Revolución cubana. Su mayor motivación es aplastarla.

La Alianza para el Progreso es el primer plan propuesto por Estados Unidos en el que los temas sociales y económicos son igualmente importantes. Es un plan alternativo de desarrollo, dentro de un esquema capitalista y democrático, frente a la propuesta socialista que plantea Cuba. Estados Unidos ofrece veinte mil millones de dólares en ayuda en un plazo de diez años. Dos años antes, en una reunión de «los 21» (ministros de Hacienda y Finanzas de América Latina y Estados Unidos en Buenos Aires), Fidel pide a Estados Unidos dar treinta mil millones de dólares en los próximos diez años, para ayudar al desarrollo de América Latina. Eisenhower rechaza esa propuesta y la califica de demagógica. Algunos bautizan la Alianza como «Plan Castro», pues a él se debe ese cambio favorable del gobierno norteamericano hacia el continente.

La prioridad de la Alianza es mejorar el nivel de vida de la población. Dar techo, trabajo, tierra, salud y escuelas para todos. «Debemos demostrar que las aspiraciones insatisfechas de progreso económico y justicia social pueden lograrse mejor dentro del marco de las instituciones democráticas», dice Kennedy.[12] La concibe como un plan de cooperación. Cada país debe aportar recursos para mejorar las condiciones de vida de sus pueblos y realizar reformas estructurales, necesarias para corregir las desigualdades existentes.

La Alianza es recibida con enorme entusiasmo y esperanza en la región. Víctor Haedo, presidente de Uruguay, al inaugurar la Conferencia Interamericana en el balneario de Punta del Este en agosto de 1961, en donde se adopta la Alianza (con el voto negativo de Cuba), manifiesta que ésta es «finalmente una esperanza para nuestros millones de hambrientos» y Carlos Sanz de Santamaría, ex canciller colombiano, más tarde presidente del Comité Interamericano para la Alianza (CIAP), dice que es un programa «con rostro humano».[13] Kennedy considera a la Alianza como la única alternativa para producir el cambio sin violencia.

Los pueblos y los sectores democráticos del continente ven en Kennedy a un aliado, a un amigo y una esperanza de cambio. En su visita a Colombia en 1961, invitado por el presidente Alberto Lleras —va en compañía de Jacqueline— el pueblo les da una bienvenida multitudinaria. Lleras le dice que ese entusiasmo popular responde a que lo creen de su lado y en contra de las oligarquías.[14]

La estrategia de defensa de Kennedy, en respuesta a la Revolución cubana, da un vuelco total a la política de defensa hemisférica de la guerra fría: la enfoca a la lucha contrainsurgente. Estados Unidos continúa la entrega de armamentos y el entrenamiento militar a los ejércitos nacionales bajo los acuerdos militares bilaterales, Pactos de Asistencia Mutua (PAM), vigentes desde los años cuarenta. Ahora tal entrenamiento, a cargo de las fuerzas especiales —Boinas Verdes— es en técnicas para combatir los movimientos guerrilleros y controlar el orden público. Esas nuevas tareas que se asignan a los ejércitos corresponden a las instituciones policiales y violan preceptos constitucionales que les asignan, exclusivamente, la defensa de la soberanía nacional.

Kennedy da más recursos económicos y mayor liderazgo e imaginación a esa estrategia contrainsurgente que cualquier general del Pentágono y que el mismo Robert McNamara, secretario de Defensa, escribe Sorensen. Dice que el mandatario lee los textos sobre la guerra de guerrillas de Mao Tse-tung y del Che Guevara —fuentes de inspiración de revolucionarios del Tercer Mundo— y que recomienda su lectura a «ciertos» militares, pues está convencido de que los manuales militares del Pentágono no inspiran y son insuficientes.[15]

Para dar entrenamiento a los oficiales latinoamericanos en técnicas de contrainsurgencia, el Pentágono fortalece las Escuelas de Guerra en la Selva (Fort Girlick), la Militar de las Américas (Fort Gulick), la de las Fuerzas Especiales (Fort Bragg) en Carolina del Norte. Entre 1950 y 1975, más de setenta mil oficiales de países en conflicto se gradúan en esas escuelas.[16] En 1962 crea la Academia Interamericana de policía en Fort Davis, en Panamá, para dar entrenamiento en control del orden público y en tácticas de espionaje y contraespionaje a oficiales de policía del continente. Entre 1961 y 1963 entrena a seiscientos oficiales de quince países.[17]

Tal capacitación no es sólo militar y de seguridad. También es de instrucción ideológica anticomunista y de afianzamiento de los principios democráticos. El objetivo es preparar una élite militar, capaz de asumir el mando en los países en donde los conflictos sociales y las protestas sociales y estudiantiles, calificadas de comunistas o filocomunistas, puedan provocar situaciones revolucionarias. McNamara, secretario de Defensa, en 1962 explica al Congreso que tal instrucción se imparte a oficiales «cuidadosamente seleccionados» y que ésta es la inversión militar más productiva para Estados Unidos, pues le permite hacer amistad con «esos hombres conductores, hombres que tendrán de primera mano el conocimiento de cómo hacen las cosas y cómo piensan los norteamericanos».[18]

La estrategia contrainsurgente de Kennedy y la Doctrina de Seguridad Nacional —obra de generales teóricos brasileños— van de la mano. Ambas se basan en el concepto de «Seguridad y Desarrollo», son anticomunistas, y dan preeminencia a lo militar. Tal doctrina tiene vastas implicaciones en los planes de nacionales de desarrollo político y social, y es fuente de inspiración de los militares del continente, afirma Alfredo Vásquez Carrizosa, ex canciller de Colombia.[19]

¿Qué pasa con Cuba?

El conflicto con la Revolución cubana es tema importante en la campaña presidencial en 1960 y es crucial en los debates televisados entre los candidatos Richard Nixon y John F. Kennedy. Kennedy critica duramente la política de la administración republicana —Nixon es el vicepresidente— y afirma que por primera vez Estados Unidos tiene «un enemigo pegado a la garganta». También critica duramente a Fidel Castro. Dice que debe ser «condenado» por ser una fuente de «máximo peligro» y agrega que la mayor tarea de su gobierno será «contener a la Revolución cubana» y al comunismo en el continente (2 de septiembre de 1960).

Arthur Schlesinger, consejero del presidente, dice que Kennedy es el primer presidente de Estados Unidos en sostener que es un error creer que en América Latina «toda agitación está inspirada por el comunismo, que toda voz antiamericana es la voz de Moscú y que la mayoría de los ciudadanos latinoamericanos comparten nuestra dedicación a una cruzada anticomunista para salvar lo que llamamos libre empresa».[20] Y Sorensen señala que en 1963 Kennedy reconoce más claramente que los grandes peligros continentales no tienen relación con Cuba, ni con la actividad comunista en esos países, pero afirma que deben detener la infiltración comunista y la subversión si quieren que la Alianza tenga éxito.[21]

Sin compartir el exacerbado anticomunismo de Dulles, secretario de Estado de Eisenhower, Kennedy continúa la política de guerra fría, de «contención del comunismo internacional». En ese contexto coloca el problema cubano. Considera a Cuba una amenaza para la seguridad de Estados Unidos y del continente. Su política contra la Revolución es más agresiva que la de Eisenhower. Está decidido a aplastarla y a liquidar a Fidel Castro. Corta totalmente la cuota azucarera cubana, de la cual depende su economía, extrema el embargo económico y comercial y presiona a países aliados y amigos —con amenaza de represalias y sanciones— para que se sumen a ese embargo y corten relaciones diplomáticas y comerciales con la isla. En 1964 —Kennedy ya ha muerto— todos los países del continente —exceptuando México— han cortado relaciones con La Habana.

La CIA intensifica los vuelos de aviones pirata que salen de Florida —operaciones con anticastristas exiliados en Estados Unidos— para bombardear las centrales azucareras y las refinerías de petróleo, y acentúa la infiltración de sus agentes para ejecutar actos terroristas, sabotajes y —objetivo prioritario— intentar asesinar a Fidel y a miembros de la alta dirigencia cubana. La mayoría de éstos fracasan. La seguridad cubana los captura, los encarcela y los exhibe, para probar las agresiones norteamericanas a su país.

Kennedy hereda de Eisenhower los preparativos secretos para invadir Cuba con una brigada mercenaria de anticastristas exiliados en Estados Unidos. Continúa ese plan aventurero, a pesar de las profundas reservas que tiene, no por razones éticas, sino por temor al fracaso. Ya es *vox populi* que Estados Unidos es el responsable de esa empresa y su fracaso golpeará la imagen y el prestigio de su país y afectará a su gobierno y a sus planes de reelección.

Para medir el pulso de gobiernos, de sectores de poder político y económico y de la opinión pública del continente hacia la Revolución y hacia Fidel, en febrero de 1961 —al mes de su posesión— envía a América Latina al senador George McGovern y a Arthur Schlesinger, consejero presidencial. La imagen que encuentran es la del apoyo de los pueblos a la Revolución, a Fidel Castro y al Che y el temor de los gobiernos que la ven como un peligro. Importantes líderes demócratas se expresan en favor de la «eliminación de Castro». Dicen que constituye la mayor amenaza a las democracias. En efecto, Raúl Haya de la Torre, líder del APRA, principal partido de masas peruano, Víctor Paz Estensoro, presidente de Bolivia, Juan José Arévalo, ex presidente de Guatemala y Rómulo Betancourt, presidente de Venezuela, critican la Revolución. Betancourt afirma que América Latina se unirá contra Castro como lo había hecho contra Trujillo cuando la OEA descubre que intenta asesinarlo.[22]

Bahía de Cochinos

Sorensen escribe que Kennedy, al heredar el plan para invadir Cuba, hereda también los planificadores y, lo que es más inquietante, la brigada de exilados cubanos, una fuerza armada que porta otra bandera, muy bien entrenada en secreto en bases guatemaltecas, con la sola misión de invadir la isla. Comenta que cuando la CIA lo informa sobre tales planes —antes de su posesión— queda asombrado con su «magnitud y audacia» y que desde ese momento abriga profundas dudas, que son compartidas por sectores del Congreso y del Pentágono. Los informes de la CIA son contradictorios. Unos dicen que los anticastristas cuentan con el apoyo masivo del pueblo cubano y otros afirman que el tiempo corre en su contra, pues Castro es cada día más fuerte.

Kennedy no se atreve a suspender la operación cuyos preparativos están a toda marcha. Es una operación «clandestina» pero sale a la luz pública casi de inmediato: Raúl Roa, canciller cubano, la denuncia en los foros de la ONU y de la OEA; y el New York Times y otros influyentes diarios dan amplia información sobre los preparativos y sobre la existencia de las bases clandestinas en Guatemala, donde asesores militares de Estados Unidos entrenan una brigada de más de mil anticastristas, que Somoza ha cedido a Puerto Cabezas, en Nicaragua, desde donde zarpará la invasión, y que en Costa Rica y en la isla de Vieques, en Puerto Rico, hay otros centros de entrenamiento de mercenarios.[23] Además, en Miami, los anticastristas, reclutados por la CIA, cuentan aquí y allá todo lo que saben.

Para Kennedy ese despliegue de información sobre los planes y preparativos de Estados Unidos para invadir a Cuba es embarazoso. Tiene que definir rápidamente la situación, pues los problemas crecen. En las bases clandestinas en Guatemala, infestadas de culebras venenosas, hierven las tensiones humanas entre gringos y latinos, igualmente venenosas. Los cubanos están hartos de la mala alimentación, de los deficientes servicios médicos y del tratamiento de segunda que les dan sus patrocinadores. Algunos renuncian y se marchan. En enero de 1961 están a punto de liarse a tiros. También el ejército guatemalteco, que no aguanta más el trato discriminatorio, ni el papel de subordinado que le asignan gringos y «mercenarios», los enfrenta.[24]

La brigada cubana se está volviendo inmanejable. No sólo por las grandes tensiones en las bases, sino por los «alivios» que van a buscar afuera. Salen en manada en busca de prostitutas y a veces llegan hasta México. Ydígoras informa a Washington sobre esta «peligrosa» situación y pide ayuda para solucionarla. Tiene que proveer un prostíbulo, cerca de la base, dotado, no con jóvenes guatemaltecas, sino con salvadoreñas y «ticas». Teme que de las intimidades de alcoba salgan secretos embarazosos para su gobierno y para Estados Unidos. La CIA se niega (al menos abiertamente) a que el dinero de los contribuyentes se destine a calmar los ardores de la brigada.[25]

En una reunión en la Casa Blanca el 11 de marzo de 1961, que Arthur Schlesinger describe de «intimidante», en la que participan los secretarios de Estado y Defensa, tres jefes del Alto Comando Unificado —en uniformes y condecoraciones— y numerosos asistentes, los halcones presionan al presidente para que dé la orden de lanzar la invasión. Le plantean: «Si no los sacamos de Guatemala nos tocará traerlos a Estados Unidos y los tendremos vagando por el país contándole a todo el mundo lo que han estado haciendo»; si los desmovilizamos podrán resistirse a entregar las armas y si los dispersamos difundirán por toda Latinoamérica que les hemos vuelto la espalda y esto provocará —le dicen— otras «tomas de comunistas» en el hemisferio. Una semana antes de la invasión, en una rueda de prensa, Kennedy dice que las tropas de Estados Unidos no tomarán parte en una acción contra Cuba. Su interés es mostrar a la opinión pública que la invasión, que ya es *vox populi*, es un asunto entre cubanos.[26]

Para Kennedy la situación es irreversible. Sin entusiasmo conviene en soltar a los anticastristas al destino que ellos han escogido: Cuba. La Brigada 2506 está compuesta por mil quinientos hombres, «magníficamente» adiestrados, con uniformes, armamentos, tanques y aviones suministrados por Estados Unidos. Cuenta con seis batallones de infantería, una compañía de paracaidistas, sesenta y un aviadores y un grupo de hombres rana.[27]

El 15 de abril de 1961 —dos días antes del inicio de la invasión— aviones B-26 bombardean La Habana, San Antonio de los Baños, Santiago de Cuba y otras ciudades, causando muertos, heridos y grandes destrozos a la fuerza aérea cubana. La Asamblea General de la ONU, reunida en Nueva York, tiene que abordar de inmediato la denuncia cubana contra esa nueva y grave agresión norteamericana a su país. Washington sostiene que ésta es una acción de desertores de la fuerza aérea cubana contra el gobierno de Castro, pero el gobierno cubano de inmediato demuestra que fue una burda operación de la CIA. Raúl Roa, canciller cubano, dice en la Asamblea que los aviones fueron pintados con insignias falsas, que ese tipo de aviones no existe en Cuba y que éstos salieron de Florida. Adlai Stevenson, embajador de Estados Unidos en la ONU, defiende con vigor la versión sobre los «desertores» que le da el Departamento de Estado. Pero lo ha engañado. Lo ha puesto a defender una mentira ante la comunidad mundial, situación intolerable para un hombre respetado y admirado en el ámbito mundial por su integridad y honestidad intelectual. La derrota de Estados Unidos en Bahía de Cochinos, cuatro días después, lo avergüenza profundamente. Desde un principio se opuso a esa aventura y así se lo dijo repetidamente al presidente.

En el entierro de las víctimas de esos bombardeos —poco antes de la invasión— Fidel proclama el carácter socialista de la Revolución cubana.

El 17 de abril zarpa la brigada invasora de Puerto Cabezas en Nicaragua. Va en siete barcos escoltados por la armada de Estados Unidos. Desembarca a la madrugada en Bahía de Cochinos (Playa Girón para los cubanos), situada a unos doscientos kilómetros de La Habana. A las setenta y dos horas de intenso combate, el ejército cubano ha hundido cuatro barcos, ha derribado cinco aviones, ha dado de baja a 89 invasores (157 revolucionarios mueren) y ha tomado presos a 1.197. La flotilla, diezmada, regresa a sus puertos. Cuba ha triunfado y Kennedy asume la derrota.

Los capturados, abandonados a su suerte, quedan enfrentados a los tribunales revolucionarios. Varios criminales de guerra batistianos, reconocidos por el pueblo cuando los muestran por televisión, son enjuiciados, fusilados o condenados a largos años de cárcel. Entre los prisioneros hay amargura y resentimiento. Muchos afirman que Estados Unidos los «embarcó» en esa fracasada y peligrosa empresa y manifiestan arrepentimiento. Arthur Schlesinger escribe: «Fidel Castro resulta ser un enemigo formidable, al mando de un régimen más organizado de lo que nadie ha supuesto. Sus patrullas localizan a los invasores desde el primer momento, sus aviones reaccionan con rapidez y vigor, su policía elimina cualquier posibilidad de rebelión o sabotaje detrás de las líneas, y sus soldados permanecen leales y combaten bravamente».[28]

Fidel pide a Estados Unidos una indemnización en especie (quinientos tractores) por las pérdidas sufridas y promete devolver a más de mil prisioneros. Después de largas negociaciones recibe alimentos y medicinas equivalentes, según Estados Unidos, a 53 millones de dólares (dinero donado por el sector privado) y según Fidel sólo a 43 millones. Cuba devuelve a los prisioneros a Miami en diciembre de 1962, para que puedan gozar en familia las fiestas de Navidad.[29] Son recibidos como héroes: son los «héroes de Girón». Otros quedan en las cárceles cubanas.

Derrotar al imperio es una gran victoria militar y política para Cuba, y para Kennedy es un gran fracaso nacional e internacional y una situación embarazosa frente a la opinión pública nacional, pues le ha mentido. No obstante, el pueblo norteamericano le da un sólido respaldo. Al mes, según una encuesta Gallup, el 82 por ciento lo apoya.

La reacción contra Estados Unidos es vigorosa y nutrida en varias partes del mundo. En Nueva York, Roma, Milán, Moscú, Montevideo, Varsovia, Bucarest, Buenos Aires, Bonn, Berlín, Recife, Bogotá, Caracas, Tokio, Guayaquil, Ciudad de Guatemala y en otras ciudades tienen lugar multitudinarias manifestaciones de apoyo a Cuba y de condena al «imperialismo yanqui». En varias capitales las embajadas norteamericanas son atacadas con piedras y sus banderas quemadas en las calles. Congresos, movimientos estudiantiles, políticos e intelectuales y la prensa del continente condenan esta agresión a un país americano. Estados Unidos ha violado normas del derecho internacional y de las cartas de la ONU y de la OEA.

Al asumir la responsabilidad del fracaso, Kennedy recuerda el viejo aforismo «La victoria tiene cien padres pero la derrota es huérfana». Más tarde lamentaría haber impedido que el *New York Times* continuara sus denuncias sobre los preparativos para invadir Cuba. Las detuvo alegando razones de seguridad. Si hubieran continuado —dice— quizá lo habrían disuadido. Poco después comienzan a caer cabezas en la CIA. Kennedy la responsabiliza de ese fiasco. Caen su director Allen Dulles —lo fue durante ocho años— y Richard Bissell, jefe de Operaciones Clandestinas, considerado uno de sus mejores cerebros. Nombra director a John McCone (1961-1965) y a Richard Helms subdirector de Planes (1962-1965). La salida de esa vieja guardia, los torquemadas del anticomunismo de la guerra fría, es —según algunos— el fin de la Edad de Oro de la CIA, para otros es el fin del más siniestro período de la Agencia, caracterizada por atentados y asesinatos de líderes extranjeros y por promover golpes de Estado en otros países.

El gobierno cubano, cada año, celebra el triunfo de Playa Girón, fecha de la «primera gran derrota del imperialismo en América». Otro tanto hacen en Miami los anticastristas, veteranos de la invasión, y los cubanoamericanos desafectos de la Revolución. Cada año conmemoran esa «gesta heroica» frente al monumento que erigieron en honor de los «mártires de Girón». Llevan ofrendas florales y pronuncian discursos en los que «declaman resentimientos y rosarios de promesas incumplidas. Se recuentan errores, entendimientos imperfectos y las instancias en las que la sobreimposición de las abstracciones de Washington sobre las posibilidades de Miami hubieran podido o no hubieran podido estropearse», escribe Joan Didion, escritora norteamericana en su libro *Miami*.[30]

En diciembre de 1962, en Miami —dos meses después de la crisis de los misiles soviéticos en Cuba— Kennedy promete a los veteranos de Bahía de Cochinos devolverles, en una «Habana libre», la bandera cubana que le entregan y que estuvo clavada en esa playa durante la invasión.[31] Didion recuerda las melancólicas palabras de Jeane Kirkpatrick, embajadora de Reagan en la ONU, presente en las efemérides de 1986, quien dice: «Cuán diferente hubiera sido el mundo si la brigada hubiera triunfado».[32]

Para «liberarse» de Fidel

Después del fiasco de Bahía de Cochinos, Kennedy endurece su política contra Cuba, extrema el embargo económico y muestra mayor decisión en derrocar a Fidel. William Colby (director de la CIA entre 1973 y 1976), dice que da orden a la CIA de «utilizar todos los medios disponibles» y realizar cualquier acción para «liberarse» del líder cubano «con toda la ambigüedad que esa frase implicaba».[33] La Agencia pone en marcha la Operación Mangosta. Es la de mayor envergadura y la más costosa que ha emprendido hasta entonces, y la que recibe mayores recursos. Ninguna es tan activamente vigilada, tan secreta, de tanta prioridad y más acelerada que ésta. Queda bajo directo control de Robert Kennedy y del general Maxwell Taylor. Los Kennedy tienen prisa. Quieren resultados pronto. El Grupo Especial, creado para supervisarla, programa la caída de Fidel para octubre de 1962. Cree contar con el apoyo del pueblo cubano. Toda una fantasía.[34]

La CIA procede a reclutar agentes para infiltrarlos en Cuba. La mayoría son exiliados cubanos. También recluta hombres de negocios extranjeros y diplomáticos. El objetivo prioritario es asesinar a Fidel. La Comisión Church, que investiga el escándalo Watergate en los años setenta, confirma varios de los intentos de asesinato a Fidel y que algunos se hicieron en coordinación con la mafia.[35]

Un agente de la CIA dice que Robert Kennedy se enfurece cuando se entera de tales acuerdos, pues pueden malograr la acción que él —fiscal general— adelanta contra Giancana y Roselli, capos de la mafia. Varios agentes testifican que los Kennedy están al tanto de los planes para asesinar al líder cubano.[36]

La CIA instala en la Universidad de Miami un descomunal aparato de espionaje. «La mayor base creada jamás en territorio de Estados Unidos» cuyo nombre en código es «JM WAVE». Tiene un presupuesto anual de cien millones de dólares, seiscientos empleados y más de tres mil agentes.[37] Cuenta con barcos pequeños y buques nodriza disfrazados de naves mercantes, aviones —la Southern Air Transport—, un enorme arsenal, casas y bienes raíces que utiliza como refugios de seguridad. Entre enero y agosto de 1961 realiza 5.780 sabotajes y acciones terroristas contra Cuba, incluidos los intentos contra la vida de Fidel en cooperación con los capos Lansky, Roselli, Giancana y Santo Traficante a quienes la Revolución les ha confiscado sus negocios en la isla.[38]

OEA: «Ministerio de Colonias»

Washington busca en la OEA, en donde cuenta con fáciles mayorías, los formalismos jurídicos y el respaldo continental para desarrollar su política contra Cuba. Kennedy —como Eisenhower— cuenta con la solidaridad incondicional de las dictaduras centroamericanas y caribeñas y de la mayoría de los gobiernos democráticos. No obstante, en el caso de Cuba, no logra el apoyo de los países más influyentes. Washington desarrolla una activa gestión diplomática para aislar a Cuba del resto del continente y para expulsarla del sistema interamericano. Logra que Perú convoque la VIII Reunión de Consulta de la OEA, bajo el artículo 6 del Tratado de Río (TIAR) que sólo se invoca en actos de agresión armada. La mayoría de sus miembros lo apoya, varios se abstienen y México vota en contra. Arguye que Cuba no ha cometido ningún acto de agresión armada, ni de violación territorial, ni está amenazando la independencia de ninguno de esos países. Dice que tal convocatoria, bajo el TIAR, carece de la base legal necesaria.

El tema de esa Reunión de Consulta, celebrada en Punta del Este, Uruguay, en enero de 1962, es considerar, entre otras cosas, «las amenazas a la paz y la independencia política de los estados americanos que puedan emanar de la intervención de potencias extracontinentales» y la «incompatibilidad del sistema interamericano con todas las formas de totalitarismo». Tal es el argumento que utiliza para expulsar a Cuba. El equipo de Kennedy logra la mayoría necesaria comprando el voto de Haití (había anunciado que se abstendría) por 43 millones de dólares. Cuba es «suspendida» —expulsada— de la OEA y del sistema interamericano. Decreta, además, el rompimiento colectivo con el gobierno de La Habana. Argentina, Brasil, Chile, México, Ecuador y Bolivia se abstienen —alegan razones jurídicas— y no acatan el rompimiento. Brasil, Chile, Ecuador y México también se abstienen en una resolución que decreta la suspensión del comercio con Cuba. Entre 1962 y 1963, cuando Argentina, Bolivia, Brasil, Chile, Ecuador y Uruguay caen bajo dictaduras militares, rompen con Cuba. Sólo México las mantiene. Tal reunión es otro episodio lamentable de la historia de la organización regional, siempre doblegada a los dictados de Washington. Esta vez lo apoya a pesar de que en la Carta de la OEA no existe ninguna disposición que contemple la expulsión o la suspensión de uno de sus miembros. El argumento de la «incompatibilidad» del sistema interamericano con «cualquier forma de totalitarismo» y de defensa de la «democracia representativa» era insostenible, pues la mayoría de sus miembros eran dictaduras que nunca habían sido cuestionadas por los defensores de la democracia.

Fidel responde a la Declaración de Punta del Este con la Segunda Declaración de La Habana, que es aprobada —como la Primera— en una masiva concentración en la plaza de la Revolución. La Declaración acusa a Estados Unidos y a las oligarquías latinoamericanas de ser responsables de la miseria de sus pueblos y dice que lo que los une y concita contra Cuba no es el miedo a la Revolución, sino a la Revolución latinoamericana, a que «los obreros, campesinos, estudiantes, intelectuales y sectores progresistas tomen revolucionariamente el poder en los pueblos oprimidos, hambrientos y explotados por los monopolios yanquis y la oligarquía reaccionaria de América».

A las acusaciones que le hacen, de «exportar» la Revolución, Fidel responde que las revoluciones no se exportan, sino que las hacen los pueblos. Dice que Estados Unidos crea, con las «oligarquías reaccionarias», un aparato de fuerza para reprimir a «sangre y fuego» la lucha de esos pueblos, y que la Junta Interamericana de Defensa, las misiones militares de Estados Unidos en el continente, sus escuelas en la Zona del Canal de Panamá y la CIA, entrenan a los ejércitos en «las más sutiles formas de asesinato» y los convierten en instrumento de sus intereses. Exhorta a los pueblos a rebelarse contra sus opresores. Dice que Cuba ha dado el ejemplo: «¡El deber de todo revolucionario es hacer la Revolución!». Concluye con la consigna «Patria o muerte. ¡Venceremos!» entre atronadores aplausos y gritos del pueblo en defensa de su Revolución y de apoyo a Fidel.

La crisis de octubre

En septiembre de 1962 el gobierno y el Congreso de Estados Unidos desatan una tenaz campaña belicista contra Cuba batiendo la bandera de la doctrina Monroe. En una reunión de los Comités de Relaciones Exteriores y de las Fuerzas Armadas del Senado, con funcionarios del gobierno, el 17 de ese mes —dura cinco horas y es tan concurrida que no alcanzan las sillas—, acuerdan la acción directa contra Cuba. Tres días después el Senado aprueba por unanimidad una resolución recomendando evitar por todos los medios, «incluso el uso de la fuerza», que Cuba extienda sus actividades subversivas en cualquier parte del hemisferio. Seis días después la Cámara de Representantes aprueba otra semejante por 384 votos y 7 en contra.[39]

Ese mes Kennedy ordena mantener una estrecha vigilancia, por aire, mar y tierra, sobre la isla e intensificar los vuelos de observación. Cinco aviones U-2 inician vuelos espías, pero el mal estado del tiempo les impide tomar fotografías aéreas. Un informe de la CIA, del 16 de ese mes, sobre las «últimas actividades militares soviéticas en Cuba», dice que está construyendo ocho emplazamientos para misiles tierra-aire, y que «a la larga» construirá veinticuatro más. Tres días después, en otro informe, sostiene que aunque para la URSS el emplazamiento de armas nucleares en Cuba es útil militarmente, no cree que tenga intenciones de hacerlo «por el inmenso riesgo que éste representa».[40] En esa fecha ya han llegado a Cuba treinta misiles soviéticos R-12 y otros vienen en camino.[41]

Washington se alarma con una información de la agencia soviética TASS, del 11 de septiembre, que dice que un ataque a Cuba será respondido por la URSS y que será declarar la guerra nuclear. Theodore Sorensen, consejero del presidente, dice que tal advertencia suscita muchos interrogantes, pues «en ese momento un ataque aquí podía ser retaliado allá». Ese aquí y ese allá es el mapa mundial en donde las dos superpotencias tienen objetivos neurálgicos dispersos en varios continentes. A lo que más le teme Washington es a una acción de represalia en Berlín. En la trascripción de las grabaciones hechas en el despacho oval durante la crisis, esta preocupación sale repetidamente.[42]

En octubre la CIA informa a Kennedy del trasegar de más de un centenar de naves soviéticas y del bloque comunista que llegan a puertos cubanos y sus sospechas de que se trata de cuestiones militares. Sólo el 14 de ese mes detecta, mediante fotografías aéreas, la presencia de misiles soviéticos en San Cristóbal, provincia de Pinar del Río. El presidente exige mayores pruebas y nuevas fotos, ampliadas al máximo. Cuando comprueba la presencia de esos misiles convoca, con el mayor sigilo, a los secretarios de Estado y de Defensa, al director de la CIA, a Robert Kennedy, fiscal general, a Adalai Stevenson, embajador en la ONU. Son quince en total. Es el Comité Ejecutivo del Consejo Nacional de Seguridad (ExCom). Las reuniones se mantienen en el más estricto secreto. El conocimiento de la existencia de armas nucleares a noventa millas de sus costas crearía una grave crisis y pánico no sólo en Estados Unidos sino en el mundo. Kennedy mantiene su rutina y recomienda a los demás hacer lo mismo para no despertar sospechas.

El 18 de octubre el canciller soviético Andrei Gromyko se entrevista con el presidente. Esta cita había sido acordada mucho antes de la crisis. En este momento los soviéticos ignoran que Kennedy está el tanto de la presencia de sus misiles nucleares en Cuba, Gromyko le asegura que la ayuda militar soviética a la isla es sólo de armas defensivas y que el personal militar soviético es para entrenar a los cubanos en el manejo de esas armas. En esa reunión no se mencionan los misiles. Kennedy guarda silencio pero le irrita enormemente la hipocresía de Gromyko, pues mientras hace tales afirmaciones barcos soviéticos navegan hacia Cuba llevando secretamente cuarenta y dos misiles nucleares, más potentes que la bomba de Hiroshima, que sí son una amenaza para Estados Unidos. Es la primera vez que la URSS estaciona armas nucleares fuera de su territorio.[43]

Las distintas opciones estudiadas por el ExCom son: invasión masiva, bloqueo marítimo, bombardeos «quirúrgicos» a los sitios de emplazamiento de los misiles (tal ataque corre el peligro de matar muchos cubanos y soviéticos), presionar a Kruschev para que los retire, proponer una reunión cumbre, ofrecer remover los misiles en Turquía e Italia a cambio de los de Cuba, enviar mensajes secretos a Castro para buscar su alejamiento de la URSS, decretar estado de emergencia, que el Congreso declare la guerra a Cuba, pedir a la ONU o a la OEA una comisión de inspección, manejo de la crisis con la diplomacia secreta o no hacer nada. Esta última es una recomendación de asesores del Pentágono. Le recuerdan al presidente que Estados Unidos ha vivido largo tiempo al alcance de los misiles soviéticos y que Kruschev ha vivido con los misiles norteamericanos alrededor de sus fronteras. Le aconsejan tomar con calma la situación para evitar que Kruschev la infle.[44]

Varios miembros del ExCom son partidarios del ataque aéreo y otros de la invasión. Veinte años más tarde, McNamara dice que en ese momento desconocían la presencia de tropas soviéticas en Cuba y que hubiera sido una matanza terrible. Los cubanos calculaban cien mil bajas entre cubanos y soviéticos.[45] Kennedy sabe que una confrontación con la URSS tiene consecuencias impredecibles, incluso teme la conflagración nuclear.[46] Días y noches el ExCom calcula los riesgos de represalias de Moscú si toman una acción contra Cuba y la reacción de los aliados de la OTAN si Berlín es el objetivo. No puede exponerse a que los europeos crean que Estados Unidos pone en peligro su seguridad en aras de proteger sus intereses en el Caribe, región ajena a ellos.

Robert Kennedy no es partidario de un ataque a Cuba. Dice: «Será un Pearl Harbor al revés que ennegrecerá el nombre de Estados Unidos en las páginas de la historia». Agrega que el ataque de una gran potencia a un pequeño vecino afectaría a América Latina, produciría nuevos Castros y el pueblo cubano no lo perdonaría en muchas décadas.[47]

Mientras que se desarrollan esos tensos cónclaves secretos en la Casa Blanca, los preparativos militares van a toda marcha: movimiento de tropas hacia Florida, los comandos de defensa en el Caribe y el Atlántico son puestos en máxima alerta, movilización de 85.000 hombres y de una poderosa fuerza de guerra hacia el Caribe. El 22 de octubre realizan 368 vuelos espías sobre Cuba.[48]

Ese día, a las siete de la noche, estalla la más grave crisis que enfrenta la humanidad después de la Segunda Guerra Mundial, cuando Kennedy informa a la nación y al mundo que sus servicios de inteligencia han descubierto el emplazamiento de armas nucleares soviéticas en Cuba. Lo califica de «acto deliberado e injustificado de provocación», inaceptable para Estados Unidos. Anuncia que impondrá una «cuarentena» naval a Cuba para impedir nuevos despachos y advierte que un ataque nuclear desde Cuba a su país será considerado como un ataque de la

Unión Soviética que requerirá una «total respuesta de represalia». Ningún discurso del presidente ha sido elaborado con tanto cuidado. Cada concepto y cada palabra son escogidos con extremo rigor.[49]

Una hora antes del discurso del presidente, Foy Kohler, embajador en Moscú, lleva al Kremlin una carta de Kennedy a Kruschev en la que acusa a la Unión Soviética de agresión, con copia de la declaración que leerá a las siete de la noche.

Kennedy no quiere iniciar el bloqueo naval a Cuba sin el apoyo latinoamericano, importante frente a contrincantes y aliados. De no lograrlo, actuaría en legítima defensa y de la seguridad hemisférica. El 23 de octubre convoca de urgencia al Órgano de Consulta de la OEA. Por unanimidad se aprueba la resolución autorizando el uso de fuerza, el bloqueo a la isla y exigiendo la retirada inmediata de los misiles. Varios países ofrecen a Estados Unidos ayuda militar. Venezuela le ofrece barcos, Argentina dos destructores, Honduras y Perú tropas y seis países del área del Caribe el uso temporal de sus bases navales.[50] Estados Unidos procede a bloquear Cuba.[51] La Unión Soviética objeta tal decisión de la OEA pues —dice— carece de capacidad legal para hacerlo.

El Consejo de Seguridad de la ONU se reúne de urgencia el 23 de octubre para atender las peticiones hechas al presidente del Consejo —en sendas comunicaciones— por Estados Unidos, Cuba y la Unión Soviética. Estados Unidos, para ocuparse de la «peligrosa amenaza a la paz y a la seguridad mundiales causada por el secreto emplazamiento de misiles nucleares en Cuba por parte de la Unión Soviética»; Cuba, para considerar «el acto de guerra unilateral del gobierno de Estados Unidos al ordenar el bloqueo naval» a su país, y la Unión Soviética para tratar «la violación de la Carta de la ONU y la amenaza a la paz por parte de Estados Unidos». En declaración adjunta la URSS acusa a Estados Unidos de estar desatando una guerra mundial termonuclear. Expresa —como lo hace Estados Unidos— su disposición a celebrar consultas sobre la situación.

Estados Unidos presenta al Consejo de Seguridad un proyecto de resolución exigiendo el desmantelamiento inmediato de los misiles y que la ONU envíe un grupo de observadores a Cuba para verificar el cumplimiento de esa resolución. El representante de Cuba advierte que su gobierno no acepta observadores en asuntos de su jurisdicción interna.[52]

Esa noche, a través de la radio y de la televisión, Fidel califica el bloqueo de acto de agresión. «Dice que Cuba no tiene que rendir cuentas a nadie de las medidas que tome para su defensa» y rechaza de forma categórica las pretensiones de Estados Unidos de inspeccionar el territorio cubano y decidir la clase y el número de armas que deba tener o no tener su país.

La situación es de extremo peligro. Cualquier incidente entre la fuerza naval y aérea de Estados Unidos y las naves soviéticas puede desatar un conflicto nuclear. El 24 de octubre, dieciocho cargueros soviéticos se dirigen hacia Cuba, escoltados por ocho submarinos, informan las agencias de noticias. En la ONU continúan los debates. Las tensiones empiezan a bajar cuando los noticieros de televisión en Estados Unidos muestran a los barcos soviéticos enfilando sus proas de regreso a su país. Aviones de la fuerza aérea de Estados Unidos los mantienen bajo vigilancia hasta el arribo a sus puertos.

El 23 de octubre Cuba está en pie de guerra. Divisiones de combate de tierra, batallones de artillería, unidades de marina de guerra, artillería antiaérea y aviones de combate son puestas en alerta y moviliza 400.000 combatientes de las tres armas y de la defensa popular. Raúl Castro y el Che Guevara toman el mando político-militar en las provincias de Oriente y Pinar del Río y Juan Almeida de Santa Clara. Cerca de 43.000 soldados soviéticos han llegado con los misiles y se encuentran en Cuba.[53]

El 25 de octubre el Consejo de Seguridad decide suspender sus sesiones por las gestiones que adelanta U Thant, secretario general de la ONU, con los tres países en conflicto. En comunicaciones fechadas el 24 de octubre, U Thant le pide a Kruschev suspender voluntariamente, por un período de tres semanas, el envío de armas a Cuba, a Kennedy levantar la cuarentena y a Fidel ayudar a buscar soluciones al *impasse* y suspender la instalación de los misiles. U Thant ofrece su mediación. Recibe respuestas favorables de Kennedy y de Kruschev y una invitación de Fidel a La Habana para discutir personalmente con él sobre la situación. U Thant llega a La Habana el 30 de octubre y regresa al día siguiente. Dice que las conversaciones con Fidel han sido «fructíferas y cordiales». El Consejo de Seguridad no realiza más sesiones sobre la crisis.[54]

Entre el 22 de octubre y comienzos de diciembre, Kennedy y Kruschev se cruzan más de veinte cartas, unas públicas y otras confidenciales, en las que se acusan mutuamente de haber desatado esa crisis que puede llevar al mundo a una guerra nuclear, pero se llaman mutuamente a la cordura. Kruschev insiste en que las armas enviadas a Cuba son «defensivas» para hacer frente a la agresión norteamericana y acusa a Estados Unidos de injerencia en asuntos que sólo competen a Cuba y a la Unión Soviética. Califica el bloqueo de «acto de bandidaje», «o, si lo prefiere de locura del degenerado capitalismo». Kennedy lo plantea en términos de seguridad hemisférica y de balance de fuerzas. Dice que no tolerará ninguna medida que lo cambie y señala que el suministro secreto de armas ofensivas a Cuba y las declaraciones «falsas» del gobierno soviético son un reto que merece la «cuarentena» y que ésta es una «respuesta mínima».

El 26 de octubre la situación empieza a cambiar, primero con una extraña conversación en un restaurante de Washington de un funcionario de la embajada soviética que invita a un periodista de la cadena de televisión ABC. El funcionario soviético le dice que la URSS accederá a desmantelar las plataformas y a retirar los misiles, a permitir que la ONU supervise su retiro y se compromete a no enviar más armas nucleares a Cuba si Estados Unidos se compromete públicamente a no invadirla. Pocas horas después llega una carta de Kruschev a Kennedy con la misma propuesta.[55]

El ExCom no ha acabado de digerir esa carta cuando llega otra. En ésta Kruschev propone el intercambio de misiles: los de Turquía por los de Cuba. Tal propuesta preocupa a la Casa Blanca, pues considera que está subiendo el precio. Kennedy no quiere comprometerse públicamente, pues la retirada de esos misiles de Turquía y de Italia le crea problemas con la OTAN. El ExCom resuelve dar respuesta a la primera carta sin mencionar ese intercambio. Le dice que acepta las bases que ha propuesto para el arreglo, pero que la instalación de los misiles debe suspenderse y hacerlos inoperantes bajo arreglos efectivos con la ONU.[56]

La opción de la invasión a Cuba sigue sobre el tapete. Kennedy le pide al Departamento de Estado que organice un gobierno civil para la isla. En esa fecha continúa la construcción de las rampas para los misiles y Fidel da órdenes de disparar contra los aviones U-2 que en vuelos rasantes violan el espacio aéreo cubano. Uno es derribado en el oriente de Cuba (la orden la da un general soviético). Tal noticia consterna a Washington.

Fidel teme un desenlace fatal. En ese momento ignora que Kruschev ya ha ofrecido desmantelar las plataformas y retirar los misiles. Va a la embajada soviética, en la noche del 26 de octubre, y allí redacta una carta a Kruschev (es traducida al ruso allí mismo por funcionarios soviéticos). Le dice que ve inminente la agresión a su país en las próximas veinticuatro y setenta y dos horas. Puede ser un ataque aéreo contra determinados objetivos para destruirlos o una invasión, aunque la ve menos probable pues requiere gran cantidad de fuerzas y es la «forma más repulsiva de agresión» que puede inhibir a Estados Unidos. Si la invade, «el peligro que tal política agresiva entraña para la humanidad es tan grande» que la Unión Soviética no debe permitir jamás que «los imperialistas puedan descargar contra ella el primer golpe nuclear» y que «éste es el momento de eliminar para siempre semejante peligro, en acto de la más legítima defensa, por dura y terrible que sea la solución, porque no habrá otra». La carta llega en la madrugada del día 28, hora de Moscú. Kruschev queda aterrado pues cree que lo que Fidel le propone es un golpe nuclear preventivo contra Estados Unidos.[57]

Kruschev sigue apagando la hoguera. En un mensaje difundido por Radio Moscú el 28 de octubre dice que confía en la declaración de Kennedy del día anterior, en la que acepta no invadir Cuba y que la ONU verifique el desmantelamiento de los misiles.[58]

Ese mensaje por radio es recibido con alivio en Washington. Kennedy envía a cuatro funcionarios a Nueva York para pedirle a U Thant que ordene la inspección inmediata en Cuba, pues los soviéticos están de acuerdo. U Thant lo lamenta: dice que esa orden excede sus poderes. Kennedy responde el mismo día el mensaje de radio, reiterando su exigencia sobre la inspección «inmediata» de la ONU y el desmantelamiento de los misiles para que él pueda levantar la cuarentena. Con estas dos cartas termina la etapa más peligrosa de la crisis. El ExCom decide presionar a la URSS para que también retire los bombarderos IL-28 de Cuba, por ser armas «ofensivas».[59]

Cuando Fidel se entera del acuerdo de Kennedy y Kruschev sobre la retirada de los misiles le escribe a U Thant y reitera que «no permite la inspección unilateral, nacional o internacional en territorio cubano».[60] Fidel somete a Kruschev a la humillación de tener que permitir la inspección de los barcos en alta mar por personal militar norteamericano. El 7 de enero de 1963 Kennedy y Kruschev, en carta conjunta, agradecen a U Thant sus gestiones. Fidel le dice, en cambio, que esas negociaciones no llevan a «un acuerdo efectivo que garantice en forma permanente la paz en el Caribe, ni liquida las tensiones existentes». Dice que Estados Unidos no ha «renunciado a su política agresiva e intervencionista» y mantiene una posición de fuerza en violación del derecho internacional.[61]

La crisis desde la distancia

Para analizar la Crisis de Octubre un cuarto de siglo más tarde y establecer qué la origina, cuál es el trasfondo, su desarrollo y cuáles son las lecciones y consecuencias derivadas de esa situación —una de las más dramáticas vividas por el mundo después de la Segunda Guerra Mundial— la Universidad de Harvard, en 1988, reúne a altas personalidades soviéticas y norteamericanas involucradas en esos hechos. Tales reuniones continúan en Moscú en 1989, en Antigua en 1991 y en La Habana en 1992. Las dos últimas reuniones son tripartitas y en éstas participan altos funcionarios cubanos y en la de La Habana participa Fidel.

Del equipo de Kennedy toman parte Robert McNamara, ex secretario de Defensa, McGeorge Bundy, ex asesor de Seguridad, Arthur Schlesinger y Theodore Sorensen, ex consejeros del presidente, Pierre Salinger, ex secretario de Prensa, militares de alto rango y asesores. Del lado soviético participan el canciller Andrei Gromyko, Anatoli Dobrynin, ex embajador en Washington durante la guerra fría, Alexeiev, ex embajador en La Habana, Serguei Kruschev, hijo de Nikita, Serguei Mikoyán, hijo de Anastas, militares de alta graduación y asesores. Y del lado cubano toman parte Fidel, Jorge Risquet, los generales Fabián Escalante y Sergio del Valle y otros altos funcionarios.

Las conclusiones más importantes a que llegan es que el mundo estuvo al borde de la guerra nuclear, que la evaluación de la situación, por parte de Washington y de Moscú, no estuvo exenta de los «profundos errores de percepción» que existen entre las superpotencias «durante cuatro decenios» de guerra fría, que un pequeño error de cálculo o de percepción —dice McNamara— hubiera llevado al mundo a la catástrofe. Sorensen comenta que el 27 de octubre de 1962 Kennedy le dice: «si nos equivocamos en esta ocasión puede haber doscientos millones de muertos». Cree que Kennedy veía la posibilidad de un conflicto nuclear.[62]

Otra conclusión a la que llegan es que el origen de esa crisis es la agresiva política de Estados Unidos contra Cuba y la convicción del gobierno soviético de que existía la amenaza de una invasión norteamericana, que conduce a la decisión de emplazar sus misiles nucleares en territorio cubano para fortalecer su defensa y como medida de disuasión. Serguei Kruschev dice que desde la Cumbre en Viena, en junio de 1961, su padre quedó convencido de que Kennedy, profundamente irritado con el fiasco de Bahía de Cochinos, estaba decidido a derrocar a

Castro. Tal impresión se la comunica Fidel. Fidel tampoco duda que esta vez sea una acción militar directa de Estados Unidos pues ya no puede organizar otra invasión de mercenarios. Dice que no serían muchos los que querrían «embarcarse» en una aventura semejante.

Serguei Kruschev comenta que en 1961 su padre suponía que Cuba no podría oponer mayor resistencia a la invasión mercenaria —estaba en curso— patrocinada por Estados Unidos y creía que detrás de los anti-castristas desembarcarían sus tropas. La idea que prevalecía en la URSS era que la Revolución cubana estaba condenada al fracaso. «Subestimamos los armamentos que Cuba poseía y subvaloramos la decisión cubana de resistir.» Por ello —dice— la noticia de la derrota de Estados Unidos es un momento de celebración no sólo para los cubanos sino para los soviéticos. «Esa fecha marca un cambio en nuestras relaciones con Cuba y se decide que podemos y debemos enviarle armas modernas para que responda a la próxima agresión de Estados Unidos». En septiembre de 1961, Cuba y la URSS firman un acuerdo militar, pero no hablan de armas nucleares. Eso vino después. Entre 1962 y 1963 le despacha —en forma gratuita— aviones MIG de combate, bombarderos, helicópteros, estaciones de radio y radares, artillería de todo tipo y calibre, tanques y carros blindados, vehículos de transporte, equipamiento para aeropuertos, talleres y municiones para toda clase de armamentos.[63] Le da armamento en cantidades suficientes para responder a un ataque limitado.[64]

La decisión de emplazar cohetes nucleares en Cuba es de Kruschev y surge durante un viaje que hace a Bulgaria en mayo de 1962. Está convencido de que sólo las armas nucleares evitarán la intervención de Estados Unidos. La enorme distancia que separa a sus países no permite a la Unión Soviética defenderla con armas convencionales, como puede hacerlo en Polonia o Checoslovaquia. Con esas armas en Cuba, Estados Unidos entendería que un ataque a la isla significaba una posible conflagración nuclear. Kruschev plantea esa posibilidad en el Comité Central del PCUS y la mayoría del buró político la aprueba. Mikoyán es el único en presentar objeciones. Teme a la reacción de Estados Unidos.[65]

El 29 de mayo de 1962 llega a Cuba una importante delegación soviética encabezada por Sharaf Rashidov, miembro suplente del Presidium del Comité Central del PCUS, e integrada por el mariscal Serguei Beriuzov, jefe de las Fuerzas de Misiles Estratégicos, Alexander Alexeiev —poco después es nombrado embajador en Cuba— y otros altos funcionarios. Llegan como una misión agrícola y con nombres supuestos. Van a discutir con la dirigencia cubana la posibilidad de instalar los misiles nucleares en la isla.[66]

La dirigencia cubana estudia la propuesta y Fidel no duda en aceptarla como «un deber elemental de solidaridad e internacionalismo» para fortalecer el campo socialista, aunque ve que tal medida no está exenta de riesgos para Cuba, pues se convierte en objetivo estratégico.[67]

Fidel plantea a los soviéticos que el asunto de los cohetes nucleares se haga dentro del acuerdo militar bilateral entre sus dos países y que sea público, pues es un acuerdo entre dos estados soberanos y dentro de las normas del derecho internacional. Teme que una operación de tal envergadura tarde o temprano sea descubierta por los servicios de inteligencia de Estados Unidos y que reaccionen en forma violenta. Los soviéticos le dicen que lo harán público sólo cuando estén instalados. Dicen que se hace en secreto o no se puede hacer, pues Washington lo impediría. Lo harán público en noviembre con motivo de la visita de Kruschev a Cuba. Raúl Castro, ministro de las FAR, va en mayo a Moscú para discutir los aspectos militares de esa operación.

El texto del acuerdo es aprobado después de un ir y venir de funcionarios entre La Habana y Moscú. Incluye una introducción —redactada por Fidel— con los aspectos políticos y jurídicos que lo sustentan y se titula —a pedido de Fidel— «Defensa mutua cubano-soviética». No llega a firmarse, pues antes estalla la crisis.

La Operación ANADIR —nombre codificado— empieza en los primeros días de junio de 1962. En septiembre ya han llegado treinta misiles R-12 —serían sesenta— los medios para su protección y 43.000 soldados. El traslado desde el centro de misiles soviético hasta su emplazamiento en territorio cubano dura setenta y seis días. Esa proeza militar pasa inadvertida a los servicios de inteligencia norteamericanos. En octubre llegan los últimos misiles R-12. Los R-14 no alcanzan a llegar por el bloqueo naval.

Ese transporte secreto de misiles y de tropas se hace en cien barcos. Los desembarcos son de noche. En esos meses los servicios de inteligencia norteamericanos ven un anormal trasiego de barcos soviéticos y de banderas de países comunistas en puertos cubanos. Y los cubanos ven caravanas nocturnas de inmensos camiones, sin luces, transitando por la isla, con gentes desconocidas, unas con uniformes militares otras no. Las condiciones de camuflaje no son las mejores. Cuba es una isla larga y angosta, su parte más ancha mide ciento veinte kilómetros y la más angosta cuarenta y cuatro, y carece de bosques que permitan esconderlos.

Esto preocupa a la dirigencia cubana. Errores de parte de los soviéticos facilitan el ser detectados por aviones espías de Estados Unidos. Si Cuba hubiera tenido el control de la operación —dice Fidel— las defensas cubanas hubieran disparado contra tales aviones.[68]

Serguei Mikoyán cuenta que cuando su padre va a La Habana después de la crisis de octubre y le pregunta a Fidel que por qué acepta los misiles, Fidel perplejo le responde que había pensado que la Unión Soviética los necesitaba. Era una ayuda a la URSS cuyas fronteras estaban rodeadas de misiles de Estados Unidos, apuntando hacia sus objetivos estratégicos. Hubo un malentendido, comenta Mikoyán, pues «nosotros pensábamos que lo hacíamos por los cubanos y los cubanos que lo hacían por nosotros».[69]

Saldos de la crisis

La determinación de Kennedy de forzar el retiro de los cohetes, a cualquier precio, obliga a Kruschev a plegarse, pues es la única salida para evitar un grave conflicto. Tal decisión tiene un elevado coste político para la URSS en la arena internacional —su imagen queda deteriorada— y para Kruschev. Ésta es una de las razones de su muerte política. Cuando se inicia la retirada de los misiles, el pueblo cubano canta: «Nikita, Nikita, lo que se da no se quita». China —en aguda controversia con la URSS— da pleno apoyo a Cuba y acusa a la URSS de aventurismo y capitulación.

La reacción internacional ante la crisis es ambivalente. El primer ministro británico, Harold Macmillan, le dice a Kennedy que Europa occidental, «acostumbrada a vivir bajo la amenaza nuclear, se pregunta a qué viene tanto alboroto» pero le da su apoyo; Hugh Gaistkell, jefe del Partido Laborista británico, expresa dudas sobre la legalidad de la cuarentena; Charles de Gaulle, presidente de Francia, lo apoya sin dar importancia a las manifestaciones populares de solidaridad con Cuba, ni a las críticas de influyentes medios de comunicación de su país; los dirigentes alemanes, Conrad Adenauer y Billy Brandt, «no vacilan, ni se quejan»; los pacifistas europeos protestan con masivas manifestaciones contra la cuarentena impuesta a Cuba, sin mencionar la cuestión de los misiles. El filósofo británico Bertrand Russell manifiesta públicamente su enérgico rechazo: «Dentro de una semana todos estaréis muertos por complacer a unos locos norteamericanos». Envía un mensaje a Kennedy calificando su acción de temeraria, sin justificación y de amenaza a la supervivencia de la humanidad, y otro a Kruschev le dice: «Su continua prudencia es nuestra gran esperanza».[70]

La reacción de la prensa es también ambivalente. El *New York Times*, sin mayor entusiasmo, comenta que es lo menos que el presidente ha podido hacer; el *New York Post* sostiene que Kennedy ha debido consultar previamente con la ONU y la OEA; el *Times* de Londres pregunta si en realidad hay misiles en Cuba y *The Guardian* afirma que Kruschev le ha dado una lección a Estados Unidos sobre lo que «significan las bases norteamericanas próximas a las fronteras soviéticas».[71]

Superada la más grave crisis de posguerra, los actores del conflicto se preparan a bajar las tensiones y a borrar resentimientos. Kruschev justifica públicamente las razones que tuvo Kennedy para exigir el retiro de los misiles: «El no creerle hubiera sido la guerra».[72] Kennedy y Kruschev instalan el «teléfono rojo» entre Washington y Moscú. El mantenerse en contacto puede evitar accidentes o errores costosos. En octubre de 1963 firman en Moscú el Tratado de Prohibición Parcial de Ensayos Nucleares en la Atmósfera, el Espacio Extraterrestre y Bajo el Agua. Es el mayor avance sobre desarme logrado hasta entonces por las dos superpotencias.

Para la dirigencia cubana ha sido frustrante, ofensivo y humillante el manejo que da Kruschev a esa crisis, pues toma la decisión de retirar sus misiles sin consultarle o siquiera informarle. Se entera por cables internacionales. Fidel le reclama que ha debido hacerlo, que ha debido negociar con Estados Unidos el levantamiento del embargo, el retorno de la base de Guantánamo y exigirle la suspensión de su política de agresión contra Cuba. Le dice que nada de esto se ha resuelto y que las causas que originan esa crisis subsisten. Dice que la promesa de Kennedy de no atacarla no es suficiente. Kruschev le explica que la premura de la situación no le da tiempo de consultarle. Fidel no acepta esa excusa: ha debido exigirle a Estados Unidos la consulta previa con el gobierno cubano y que las negociaciones fueran tripartitas.

Las relaciones con la Unión Soviética son vitales para la Revolución cubana. La superpotencia comunista ha sido un aliado firme y generoso. Después de la crisis, Cuba procede a restablecer la cordialidad. Le reitera su aprecio por la ayuda que le ha dado, le renueva sus expresiones de amistad y reafirma el carácter marxista-leninista de la Revolución. La URSS también quiere borrar resentimientos. Anastas Mikoyán llega a La Habana para suavizar la situación con Fidel. No hablan del pasado sino del presente y del futuro. En Moscú, en el 45.º aniversario de la Revolución bolchevique, se toca el himno nacional cubano. Es un inesperado y caluroso homenaje que le rinde en una ocasión tan solemne.

Fidel es un hueso duro de roer para la Unión Soviética. El líder cubano se sale de todos los cánones tradicionales de sus aliados. Cuenta el Che que Mikoyán la comenta en su primera visita a La Habana, en 1960, que la Revolución cubana «es un fenómeno que Marx no había previsto».[73]

¿Fracasa su política?

En 1963 la política de Kennedy contra Cuba no marcha. El bloqueo económico no la ha debilitado y sus relaciones económicas, comerciales, políticas, culturales y militares con la Unión Soviética y el bloque socialista son cada día más estrechas. La Operación Mangosta, urdida por su gobierno para derrocar a Fidel, se suspende después de la crisis de los misiles en octubre de 1962. Tal operación ha sido un costoso fracaso.

La vigorosa defensa de Kennedy de las democracias y en contra de las dictaduras que hace desde su campaña —los pueblos confían que será un dique contra los golpes de Estado y las dictaduras— también se desploma después de una avalancha de golpes militares contra gobiernos constitucionales, que acaba por reconocer. Entre 1962 y 1963 caen Arturo Frondizi en Argentina, Carlos Julio Arosemena en Ecuador, Manuel Prado y Ugarteche en Perú, Juan Bosch en la República Dominicana y Ramón Villeda Morales en Honduras. Del golpe contra el corrupto y errático general Ydígoras Fuentes, de Guatemala, se dice que fue con el apoyo de Washington.

Enorme alarma causa en el continente la nueva política de la administración Kennedy hacia los militares, explicada por Edwin Martin, subsecretario de Estado para Asuntos Interamericanos, en un artículo publicado en el *Herald Tribune* en octubre de 1963. Dice que hay que «ayudarlos» para que asuman un papel más constructivo en tiempo de paz, ayudarlos a mantener la seguridad interna, a que trabajen en programas cívico-militares y en la formulación de políticas nacionales. Pone de ejemplo a gobiernos militares que —a su juicio— han realizado importantes reformas sociales y económicas.[74] Tal política, contraria a las disposiciones constitucionales que les asigna sólo la defensa de la soberanía nacional, es uno de los más controvertidos legados de la administración Kennedy. La participación de las fuerzas armadas en la seguridad interna y en el control del orden público —bendecida por Washington— se convierte en una brutal represión, en campañas de «pacificación» contrainsurgente y en las guerras sucias contra la población civil por varias décadas.

La Alianza para el Progreso, considerada por los hombres de la Nueva Frontera como una de las iniciativas más importantes de la política exterior de Kennedy, que ha podido ser un legado importante, a los tres años de lanzada ve que comienza a fracasar. Kennedy está «deprimido». Así lo afirma en una rueda de prensa. Ese término era raro en su vocabulario, comenta Sorensen.[75]

Pero la razón principal de este fracaso es la ineficiencia o la renuencia de los gobiernos para realizar los cambios estructurales y políticos a que se han comprometido y la oposición de sectores de poder económico a tales cambios, sobre todo a la reforma agraria. Fidel elogia la Alianza. Dice que sus objetivos son semejantes a los de la Revolución y que es una «estrategia inteligente» pero sin esperanzas, pues las oligarquías no permitirán las reformas.[76] También fracasa por las leyes proteccionistas del Congreso norteamericano que imponen la ayuda bilateral —sujeta a toda clase de condiciones y de dependencias— y no la colectiva acordada en Punta del Este.

La luz que se apaga

Un distante y breve intercambio entre el presidente Kennedy y Fidel Castro se da a través de Jean Daniel, periodista del diario parisino *L'Express*, en noviembre de 1963. Kennedy se entera de que Daniel irá a La Habana a entrevistar a Fidel y pide verlo. Conversan durante media hora y tratan el tema de Cuba. Daniel entiende que el presidente le está enviando un mensaje a Fidel, pues al despedirse le dice que su conversación será más interesante a su regreso de la isla. Encuentra que lo que le dice acerca de Cuba no es usual en los norteamericanos, pues reconoce que ha estado sujeta —más que ningún otro país en el mundo— a la colonización económica, a humillaciones y a explotación, en parte por culpa de las políticas de Estados Unidos con el régimen de Batista. Piensa que Estados Unidos ha creado, construido y fabricado el movimiento castrista sin darse cuenta. «Yo he comprendido a los cubanos —agrega—, aprobé la proclama de Fidel Castro en Sierra Maestra [...].

E iré más lejos: hasta cierto límite Batista es la encarnación de un número de pecados de Estados Unidos y ahora tenemos que pagar por ellos.» No obstante critica duramente la Revolución, habla de «traición» a sus promesas en la Sierra Maestra y acusa a Fidel de convertirse en «agente soviético» en América Latina y de haber llevado al mundo al borde de una guerra nuclear.[77]

El 19 de noviembre, después de haber estado tres semanas en La Habana en espera de ver a Fidel, Jean Daniel se prepara para viajar a México, pero Fidel lo busca. Entre ese día y el 22 de noviembre sostienen un diálogo de cerca de veinte horas. Intrigado con los comentarios de Kennedy sobre Batista, Fidel se los hace repetir una y otra vez. A pesar del tenaz hostigamiento y de la agresión contra Cuba, lo admira y respeta. Dice que puede llegar a ser el presidente más grande de Estados Unidos, más grande que Lincoln, pues es el primero en entender que la coexistencia entre capitalistas y socialistas es posible. Como va a volver a ver al presidente, le pide que vaya como «un emisario de la paz». Dice que no quiere, ni espera nada, pero que hay elementos positivos en lo que Daniel le ha contado.[78]

Fidel y Daniel están juntos en Varadero cuando llega la noticia del asesinato del presidente en Dallas, Texas. Profundamente afectado, Fidel repite varias veces: «Ésta es una mala noticia […], todo cambió y todo va a cambiar». Dice que Estados Unidos ocupa tal posición en el mundo que la muerte de un presidente de ese país afecta a millones de personas en todos los rincones. «La guerra fría, las relaciones con la Unión Soviética, América Latina, Cuba, la cuestión de los negros […], todo tendrá que ser repensado […], este es un asunto muy grave, un asunto en extremo grave», agrega. Y le dice: «Mire, este es el final de su misión de paz».[79]

Mueren tres grandes

Kennedy, Kruschev y Juan XXIII, tres grandes personajes de la década de los años sesenta, propulsores de grandes cambios, brillan simultáneamente y desaparecen casi al mismo tiempo. En 1963 mueren el Papa y Kennedy y en 1964 Kruschev tiene su muerte política. Lo obligan a retirarse. Le cobran su responsabilidad en el rompimiento con la República Popular de China, en 1960, que quiebra la unidad del mundo comunista y la humillación sufrida por la Unión Soviética durante la crisis de los misiles en Cuba.

A la desaparición de estos tres grandes, las puertas de cambio y entendimiento quedan abiertas, pero sus sucesores las van cerrando. Pablo VI regresa suavemente a las posiciones conservadoras, aunque su encíclica *Populorum progressio* sigue el camino marcado por el Concilio Vaticano II, pues reconoce que el progreso de los pueblos es el fundamento de la paz. Los cambios que introduce son sólo de liturgia y de forma. Lyndon Johnson abandona la Alianza para el Progreso y retoma la línea dura del intervencionismo y la política del «gran garrote». Y Leonid Brezhnev pone en marcha su doctrina de «soberanía limitada» —la doctrina Monroe soviética— cuando sus tanques soviéticos y las tropas del Pacto de Varsovia entran en Checoslovaquia en 1968 y aplastan la revuelta popular de liberación, la «primavera de Praga». Brezhnev califica esa intervención brutal de «ayuda fraterna». En 1979 invade Afganistán.

Johnson en la Casa Blanca

Lyndon B. Johnson jura cumplir con la Constitución y con las leyes como nuevo presidente de Estados Unidos en el avión que transporta el cadáver de John F. Kennedy a Washington D.C. Recibe el mandato con el compromiso tácito de continuar con la obra del presidente asesinado, elevado a héroe y a mártir.

Entre Johnson y Kennedy hay un abismo en cuanto a sus orígenes familiares, su educación, su estilo de vida, sus intereses políticos y personales y sus aficiones. Ambos son millonarios. Kennedy es un intelectual y un hombre de mundo y Johnson un avezado político, abierto, sencillo y hasta folclórico. Sus modales, su lenguaje sureño y directo, en ocasiones grosero, y su ingenuidad causan estremecimientos en los sofisticados círculos de Washington, acostumbrados al estilo de corte del clan Kennedy. Johnson, profundamente respetado, temido y admirado como político, es la figura dominante en el Congreso durante treinta años. El país confía en su capacidad de liderazgo, necesaria en esos momentos de dolor y desconcierto.

Aparte de las razones electorales que mueven a Kennedy para escoger como compañero de fórmula a ese importante político texano, muchos se sorprenden. El tiempo demuestra que esa elección fue correcta. Forman una pareja carismática y dinámica y se complementan. Sus diferencias no son de enfoques políticos, sino de prioridades. Para

Kennedy el campo predilecto es el internacional, y muestra un especial interés por América Latina. Los más brillantes asesores de la Nueva Frontera, su programa de gobierno, son expertos en asuntos latinoamericanos. Para Johnson la prioridad es la política interna y poco o nada le interesa Latinoamérica.

Kennedy simpatiza con Johnson, lo admira y tiene hacia él una actitud de especial deferencia. Sabe que es un político activo y entiende la frustración que debe de sentir en tan alto cargo y sin poder alguno. Lo mantiene plenamente informado sobre los asuntos más delicados del gobierno y lo destaca como figura internacional enviándolo en su representación en viajes oficiales (visita más de treinta países). Johnson entiende y agradece la generosidad de Kennedy. El conocimiento de las interioridades del gobierno, que le ha proporcionado es fundamental para que él pueda mantener la continuidad en ese tránsito abrupto.

A pesar del tremendo impacto que causa el asesinato del presidente en el pueblo norteamericano, la transición es suave y sin traumas. Johnson mantiene la calma, el dominio de la situación con una energía sin límites y con extrema dignidad, escribe el historiador norteamericano Theodore White.[80] En los primeros meses los hombres de la Nueva Frontera agradecen la fidelidad que muestra con los compromisos del presidente asesinado. Johnson pide al Congreso aprobar la legislación sobre derechos civiles, por la que tanto ha luchado Kennedy, como el mejor homenaje a su memoria. Habla de unidad nacional y de continuidad y logra que el Congreso apruebe un torrente de leyes sociales: de derechos civiles, de reducción de impuestos, una ley electoral, un programa de salud para los ancianos y medidas para mejorar la educación. Johnson tiene su propio programa de gobierno al que llama la «Gran Sociedad» que resume las glorias del «sueño americano» de poder, prosperidad e igualdad. Quiere una sociedad navegando en la abundancia, sin pobreza, ni injusticia y con libertad para todos.

«Arde Mississippi»

Kennedy y Jonhson son los presidentes que más se preocupan por poner fin a la discriminación racial y por los derechos de los negros, pero bajo sus gobiernos el país atraviesa por la etapa de mayor violencia racial de su historia. En 1963 Kennedy describe un panorama desolador: «Fuegos de frustración y discordia están ardiendo en todas las ciudades, del Norte y el Sur, en donde los remedios legales no están a mano». En los estados de Mississippi, Alabama, Pensilvania, Maryland, Massachussets y en muchas ciudades los negros marchan en defensa de sus derechos, para protestar contra la discriminación racial, contra la segregación en las escuelas, que se mantiene a pesar de la prohibición, y contra la violencia policial.

Marchas pacíficas, manifestaciones, motines y violentas protestas estudiantiles en los campus universitarios de apoyo a los movimientos negros ocurren en ciudades como Boston, Chicago y Nueva York en donde cerca de cuatrocientos mil estudiantes marchan en apoyo a los negros y contra la guerra en Vietnam. Los estados de Alabama, Tennessee y Mississippi —en el «Sur profundo»— son escenario de la más brutal violencia policial contra los negros de todo el país.

El reverendo Martin Luther King, de raza negra, lidera el movimiento pacifista que busca con la no violencia el reconocimiento de los derechos de los negros y su igualdad con los blancos. En medio de la violencia racial que se extiende por gran parte del país, su mensaje es de paz. En 1963 es escogido por la revista *Time* como el «Hombre del año» y en 1964 es galardonado con el premio Nobel de la Paz.

Otro es el mensaje de los movimientos negros Black Power, liderado por Stokely Carmichael, Black Muslims por Malcolm X, y las Black Panthers (Panteras Negras). Están convencidos de que la lucha por sus derechos no se hace sólo con palabras. Hay que responder a la violencia con violencia. Los «veranos calientes» —violentas protestas raciales en todo el país— son frecuentes en los años sesenta. Esa doble forma de lucha logra finalmente el reconocimiento de su igualdad ante la ley.

La violencia continúa. En 1964, en Mississippi, el asesinato de tres activistas de derechos humanos —dos blancos y un negro— causa consternación en el país. Los responsables son miembros del Ku Klux Klan, entre ellos el jefe de la policía del Estado, conocido por otros actos atroces contra los negros. Este horrendo crimen queda consagrado en la estremecedora película de Alan Parker, *Arde Mississippi* (1988), nominada para siete Oscars.

1965 es un año especialmente violento. En Selma es arrestado Martin Luther King con dos mil negros, en una manifestación pacífica, en Nueva York es asesinado Malcolm X, líder carismático de los Musulmanes Negros (Black Muslims) y en Watts (Los Ángeles), en seis días de violentos disturbios raciales, mueren treinta y cuatro negros, mil son heridos, más de cuatro mil detenidos y los incendios ocasionan millonarias pérdidas.

El asesinato de Malcolm X causa un profundo dolor en los movimientos negros y alarma a muchos. Su mensaje ha sido de exaltación de la raza negra para enseñarle a sentirse orgullosa de serlo y de separación entre negros y blancos. Las denuncias que hace sobre las atrocidades que cometen los blancos contra ellos estremecen al país. La policía de Nueva York considera que tiene «demasiado» poder. El Movimiento lo obedece como un solo hombre. El temor es que ese asesinato haya sido cometido por la policía y provoque una reacción violenta de los negros. Pronto se sabe que el crimen lo cometen musulmanes negros por rivalidades personales e internas. Todd Gitlin, joven activista en los años sesenta, se pregunta: «¿Cómo no ver la garra del gobierno en su muerte, cuando la policía, que conoce que su vida está en peligro, no lo protege?».[81] Para la nueva izquierda y para la juventud, Malcolm X es uno de sus héroes, como lo es el Che Guevara.

En 1965 el Congreso aprueba el Acta de Derecho al Voto de los negros (*Voting Rights Act*). Es la culminación de la lucha de muchos años del reverendo King. Es su gran triunfo. Va a Selma (Alabama) para celebrarlo, pues allí es donde los negros han sufrido la peor violencia racial. Selma continuamente aparece en las primeras páginas de los diarios por la extrema brutalidad del gobernador republicano, George Wallace, y del jefe de policía, ambos racistas. Acusan a los negros de comunistas y de estar haciendo guerra de guerrillas en las calles.

En 1967 violentos motines de los negros ocurren en Detroit, en Harlem (un barrio negro y latino en Nueva York), en Rochester (Nueva York) y en Birmingham (Alabama). En 1968 es asesinado Martin Luther King en Memphis, Tennessee. La muerte del que es considerado el líder negro por excelencia, respetado en toda la nación, alarma y enluta no sólo a los negros sino a muchos blancos que han entendido la importancia de su prédica sobre la no violencia. Hay temor de que su prédica de paz quede enterrada en su tumba.

De nuevo el «gran garrote»

América Latina no es un continente que le interese a Johnson. Como texano de frontera, tiene la imagen de pueblos miserables. Su contacto son los «espaldas mojadas» —mexicanos que entran ilegalmente— y se quedan en Texas en busca de trabajo y de mejor suerte. Poco después de llegar a la presidencia hace un agrio comentario a un grupo de periodistas. Dice que «esos latinoamericanos», descalzos y hambrientos se «toman» todo hasta que alguien los detiene.[82]

Johnson no estaba de acuerdo con la política de Kennedy hacia América Latina. Ni con lo que hacía, ni con lo que dejaba de hacer, pero guardaba silencio cuando se discute ese tema en la Casa Blanca. Cuando fue presidente cambió: no toleraría más Cubas, ni más actividades comunistas en el continente. Regresa al apoyo a los golpes militares para impedir la «cubanización» de otros países y de nuevo blande el gran garrote. En 1964 reconoce de inmediato el golpe del general Barrientos en Bolivia, que derroca al presidente constitucional Víctor Paz Estenssoro, y apoya abiertamente el golpe militar en Brasil contra Goulart, otro presidente constitucional. La CIA, su embajador y el coronel Vernon Walters, agregado militar, conspiran con los militares brasileños. A petición del embajador, Johnson envía una escuadra de guerra, lista a intervenir. Walters, de la Inteligencia del ejército, es ficha clave de esa conspiración (en 1972 es nombrado subdirector de la CIA), por su amistad con el mariscal Castelo Branco, líder del golpe. Se conocen veinte años antes, en Fort Leavenworth, Kansas, donde Walters es su instructor militar.[83] Johnson felicita a los generales por la «constitucionalidad» del golpe. Castelo Branco instaura una brutal dictadura neofascista —la primera de los regímenes de la Seguridad Nacional— y mantiene muy estrechas relaciones con Washington. Al final de su mandato su guerra sucia se ha cobrado la vida de veinticinco mil personas, asesinadas o desaparecidas.

La primera crisis internacional de Johnson es en Panamá, en enero de 1964, provocada por estudiantes norteamericanos en la Zona del Canal. Izan la bandera de Estados Unidos en una escuela secundaria en Balboa, en violación de los acuerdos Kennedy-Chiari de 1963. Las banderas de ambos países deben ondear, una al lado de la otra, en lugares públicos en la zona, en reconocimiento a la soberanía panameña. Estudiantes panameños responden la provocación izando la suya, pero es arriada por los estudiantes gringos. La disputa comienza con piedras y cócteles Molotov y crece como una bola de nieve. Es una guerra campal —dura tres días— con las tropas norteamericanas disparando contra los manifestantes. El saldo son veinticuatro panameños y tres soldados norteamericanos muertos, más de trescientos heridos, centenares de detenidos, edificios de empresas norteamericanas incendiados y la embajada de Estados Unidos atacada a pedradas. La crisis continúa con el enfrentamiento diplomático en la ONU y en la OEA y con la ruptura de relaciones a petición del gobierno de Panamá.

El gobierno panameño presenta su queja en el Consejo de Seguridad de la ONU. Califica la agresión de las fuerzas armadas de Estados Unidos estacionadas en la Zona del Canal, contra ciudadanos panameños, de amenaza a la paz mundial. También pide la convocatoria del Órgano de Consulta de la OEA, bajo el Tratado Interamericano de Asistencia Recíproca (TIAR), que sólo se convoca en casos de agresión militar a uno de sus miembros. Es la primera vez que se convoca contra Estados Unidos. Su embajador rechaza los cargos. Dice que su país ha respetado los preceptos del derecho internacional y ha cumplido con la obligación de garantizar la seguridad del «mundo libre» y de defender el canal. América Latina apoya a Panamá. Sólo Chile se abstiene.

Adlai Stevenson, embajador de Estados Unidos en la ONU, expresa la honda preocupación de su gobierno e informa que el presidente Johnson ha llamado al presidente Roberto Chiari y han acordado tomar medidas para detener la violencia. El Consejo de Seguridad aplaza el debate sobre la queja panameña y el *impasse* se resuelve en negociaciones directas. Chiari le plantea a Washington una «completa renegociación» de los Tratados del Canal. Johnson acepta «discutir» la revisión del Tratado del Canal (se niega a utilizar el término «negociación»). Cuando Johnson acepta «negociar» con el nuevo presidente, Marco Aurelio Robles, un hombre moderado (derrota a Arnulfo Arias), advierte que Estados Unidos construirá un nuevo canal en otro país y que cuando esté listo devolverá el de Panamá.

Ese incidente violento en Panamá es calificado en sectores de la opinión pública norteamericana de vergonzoso. Hay críticas contra Johnson por el manejo que da a esa situación. Robert Kennedy lo califica de torpe.[84]

La segunda gran crisis de Johnson es la invasión de la República Dominicana en 1965 porque fuerzas rebeldes, partidarias del presidente derrocado Juan Bosch, intentan un golpe contra la Junta militar para reinstaurarlo. Johnson vislumbra un conato revolucionario y decide meter la mano. El 27 de abril envía cuatrocientos marines para «salvar vidas americanas en peligro» y luego la invade con cuarenta mil soldados. Johnson justifica ese despliegue de tropas como necesario para sofocar un intento de revolución liderado por comunistas que «pueden tomarse el poder». El embajador, W. Tapley Bennett, ha enviado un histérico comunicado al Departamento de Estado en el que dice que vidas de americanos están en peligro y que si Washington lo desea puede desembarcar tropas para proteger su evacuación. El 3 de mayo Johnson «lee» a la nación ese comunicado. Según él, el embajador pide el desembarco inmediato o correrá sangre americana por las calles. El 17 de junio, en rueda de prensa, describe escenas de horror y de sangre: dice que antes del desembarco mil quinientos inocentes han sido asesinados y cortadas sus cabezas, y seis embajadas latinoamericanas allanadas e incendiada. Pero periodistas que cubren el conflicto no ven ninguna embajada incendiada, ni a nadie descabezado, las pérdidas de vidas no han sido considerables y ningún ciudadano norteamericano ha sido herido.[85] Del continente y de los foros de la ONU y de la OEA le llueven críticas por esa nueva violación del principio de no intervención, del derecho internacional, de las cartas de la ONU y la OEA y por el regreso de la política del «gran garrote» y piden el retiro inmediato de las tropas.

En la X Reunión de Consulta de la OEA, en Washington, cuyo tema es esa invasión, Estados Unidos logra la mayoría necesaria para camuflar esa intervención unilateral con la creación de la Fuerza Interamericana de Paz. Chile, Ecuador, México, Uruguay y Perú votan en contra y Venezuela se abstiene. En mayo empieza a llegar a Santo Domingo la contribución de los países a tales fuerzas. La mayoría son unos pocos soldados centroamericanos. Frustrado y molesto por el escaso apoyo de los «latinos», Johnson, frente a un periodista, se expresa groseramente en contra de la OEA.

Stevenson no logra impedir que el Consejo de Seguridad se ocupe de la crisis dominicana (lo hizo in extenso en veintiocho sesiones), ni evitar la intervención del secretario general de la ONU, que designa a José Mayobre, venezolano, como su representante. Debe trasladarse a Santo Domingo e informar sobre la situación. Mayobre hace duras críticas de la intervención militar y de la actividad de las tropas de ocupación norteamericanas.

Johnson, con prepotencia imperial, mantiene las tropas, los asesores especiales e interviene a su antojo en este país hasta colocar en la presidencia a quien le conviene: el ex presidente Joaquín Balaguer, exiliado en Nueva York, quien le ha servido de asesor durante la invasión. Johnson da la orden: «Ésta es nuestra política: pongan allí a ese hombre en el mando». Lo ponen.[86]

La invasión es un escándalo. Alberto Lleras, ex presidente de Colombia y uno de los pilares de la política norteamericana en el continente (se encuentra en Europa), expresa el temor de que nuevos actos de fuerza de Estados Unidos conviertan la guerra fría en guerra caliente;[87] Leoni, presidente de Venezuela, le envía un mensaje a Johnson condenando la invasión, pues es una «violación del principio de no intervención»; y en la OEA el canciller peruano señala que éste ha sido el golpe más duro en los últimos años contra el sistema jurídico interamericano. Para el *New York Times* la presencia de los marines en Santo Domingo no se justifica.[88] Y Robert Kennedy la califica de escándalo.

Si propios y extraños condenan la invasión, encuestas de opinión muestran que la inmensa mayoría norteamericana apoya a su presidente y está satisfecha con la forma eficiente como ha apagado ese nuevo foco revolucionario.[89]

Un fervor mesiánico e intervencionista se apodera de las mayorías en el Congreso. En septiembre de 1965, la cámara de representantes aprueba, por 312 votos contra 54, una resolución autorizando al gobierno a intervenir en los asuntos internos de otro país, incluso con tropas, en casos de riesgo de subversión comunista. Es la legitimación de la llamada «doctrina Johnson». El temor del mundo, y sobre todo del continente por esa hinchazón imperialista e intervencionista que sufre la gran potencia y sus cruzados en el Congreso, se expresa en enérgicos pronunciamientos de gobiernos, prensa, congresos, políticos, partidos e intelectuales de muchas partes del mundo. En las dictaduras del Cono Sur y para los altos mandos militares latinoamericanos esa doctrina despierta enorme entusiasmo. Es el momento propicio para coordinar sus políticas contra la «penetración comunista» en sus países y en el continente.[90]

¿Muere la Alianza?

Cuando Johnson nombra a Thomas Mann subsecretario de Estado para los Asuntos Interamericanos, y consejero especial, los hombres de la Nueva Frontera temen por el futuro de la Alianza para el Progreso. Mann, texano como Johnson, ex embajador en México, es un reaccionario, fanático de la libre empresa y favorable a cualquier gobierno anticomunista. Están seguros de que abandonará las reformas sociales y económicas, que son la prioridad de la Alianza. En efecto, Mann orienta la ayuda al desarrollo económico y al tradicional proteccionismo de sus inversionistas. Opta por la ayuda «selectiva y concentrada» a los países más estables y con razonables estructuras sociales (teoría Galbraith) y no a los de mayor subdesarrollo, como recomienda la Alianza.

En la conferencia de presidentes americanos en Punta del Este (Uruguay), en 1967, en la que participa Johnson, varios concluyen que la Alianza ha dado marcha atrás a las prioridades acordadas. Para el ex presidente dominicano Juan Bosch, la «vitalidad y espíritu» que le imbuía Kennedy «habían muerto con él en Dallas».[91] Robert Kennedy, en 1965 hace un viaje por América Latina para ver los resultados de la Alianza. Dice: «Vi mucho progreso y a la vez mucho retroceso». Señala los golpes militares, las economías estancadas, el crecimiento demográfico sin control, las pequeñas islas de enormes privilegios, «en medio de la enorme pobreza». Esto, y las «tremendas heridas que ha dejado la invasión a la República Dominicana, amenazan la Alianza», afirma.[92]

Carlos Sanz de Santamaría, presidente del CIAP —Comité de la Alianza— sostiene que Johnson sí toma medidas favorables al continente: da apoyo a la capitalización del Banco Interamericano de Desarrollo (BID) para convertirlo en una gran entidad financiera, pide al Congreso aumentar en forma sustancial los recursos de la ayuda a la región, busca mejorar las condiciones de créditos para el desarrollo y eliminar las barreras comerciales y apoya programas de educación, salud y agricultura. Si su política no funciona —agrega— es por la falta de apoyo del Congreso.[93]

¿Qué pasa con Cuba?

Para Johnson el «problema de Cuba» no es prioritario. No puede intervenir pues Kennedy se ha comprometido con la URSS a que Estados Unidos no la invadiría. Esa promesa es parte de los acuerdos con Kruschev durante la crisis de los misiles. No obstante, da orden de revisar la política de Kennedy para comprobar si es efectiva. No la varía. Mantiene su aislamiento, intensifica el embargo, ejerce mayor presión sobre los países aliados y amigos para que se sumen y continúan los vuelos espías sobre la isla. No tiene la animosidad de los Kennedy contra Fidel Castro y se dice que ignora los intentos de la CIA para asesinarlo. Un asesor suyo, Leon Janos, dice, no obstante, que Johnson le comenta: «En el Caribe hemos estado operando una maldita empresa de Homicidios S.A.».[94] Ramiro Valdés, ministro del Interior de Cuba, le cuenta a Tad Szulc, ex corresponsal del *New York Times*, que entre 1964 y 1965 —bajo su gobierno— se registran cerca de treinta atentados contra la vida de Fidel.

Fidel pierde toda esperanza de mejorar las relaciones con Estados Unidos después del violento incidente en Panamá y de la invasión de la República Dominicana. Johnson ha regresado a la política de cañoneras y del gran garrote.

El otoño de Johnson

El futuro político de Johnson naufraga en la guerra en Vietnam, su gran obsesión. Es la alta prioridad de su política exterior. Es una guerra impopular —la más larga de su historia— que ha deteriorado la imagen de Estados Unidos entre aliados, amigos y enemigos, y es profundamente ofensiva para los norteamericanos. Además todos saben que esa guerra la están perdiendo.

A la opinión pública poco le importa el futuro de ese lejano país asiático, en cambio le hiere las enormes pérdidas de vidas humanas, el sacrificio de miles de jóvenes por una causa que pocos aceptan y muchos no entienden. «¿Cuántos chicos vas a matar hoy?», le gritan a Johnson, quien ha enviado a Vietnam cerca de medio millón de soldados. El coste de esa guerra para Estados Unidos son decenas de miles de muertos, miles de lisiados, una juventud alienada y sumas multimillonarias. Estados Unidos ha lanzado más toneladas de bombas y explosivos sobre territorio vietnamita que el total en todos los frentes en la Segunda Guerra Mundial.[95] Su obsesión es no «perder» Vietnam, no ser el presidente que «deje ir» al sudeste asiático. No quiere que se le acuse como a Roosevelt y a Truman, que «perdieron» China. Agobiado por los fracasos militares, por el elevado número de jóvenes sacrificados en esa guerra por las protestas masivas antibelicistas dentro y fuera del país, en diciembre de 1965 anuncia una «ofensiva de paz». Hanoi no le responde. Reanuda los bombardeos con mayor intensidad, para obligar a los vietnamitas a negociar. Y los suspende en 1968 para continuar los diálogos en París que no llegan a nada.

En las principales ciudades y en los campus universitarios las manifestaciones y protestas contra la guerra y contra el reclutamiento, las protestas de los negros por sus derechos —más de cien entre 1964 y 1967— son expresiones del descontento general y creciente contra su política y del grado de desprestigio a que ha llegado su gobierno. Ya no es más el popular personaje que eligen en 1964 con el 61 por ciento de los votos, la más alta votación registrada hasta entonces (dieciséis millones más que el candidato republicano Barry Goldwater). Y al que apoya el 70 por ciento del país. En 1968 tal apoyo apenas llega al 36 por ciento. El más bajo porcentaje después del de Truman.

Johnson mismo mina su imagen y destruye su credibilidad. Su exuberante personalidad y su desbordada imaginación lo llevan a cometer graves errores con la opinión pública y con la prensa. Es evidente su burda manipulación de la información sobre asuntos de inmensa trascendencia para la nación, como es la guerra en Vietnam. Presenta los hechos a su acomodo. Lo que dice es engañoso o totalmente falso. Ya nadie cree en él y se burlan: dicen que sólo dice la verdad cuando no abre la boca. En marzo de 1968 anuncia que no se presentará a la reelección. Sabe muy bien, como lo sabe el país, que sufriría una gran derrota.

FIN DE FIESTA

Para Estados Unidos el final de la década de los años sesenta es el inicio de la presidencia de Richard Nixon (1968-1974) del partido republicano que retoma el poder después de treinta y seis años de administraciones demócratas. Su gobierno intenta ser ejemplar en el campo internacional: distensión con la Unión Soviética, apertura de relaciones con la República Popular de China y fin a la intervención norteamericana en Vietnam. Convencido de que esa guerra no es posible ganarla, desmoviliza las tropas. Otro hecho importante es la llegada a la Luna de cuatro astronautas norteamericanos en julio de 1968.

En relación con Cuba, en el primer año de su mandato, ordena aumentar las operaciones de la CIA, no obstante bajan las tensiones con ese país. Cuba no es una prioridad. Su política exterior está dirigida a las grandes potencias: la URSS y la República Popular de China. Para pulsar la situación de la explosiva América Latina, al mes de tomar posesión de su cargo envía una comisión de exploración, presidida por Nelson Rockefeller. Catorce países están bajo la bota militar y la mayoría están enfrentados a movimientos insurgentes de envergadura. Cuando Nixon llega a la Casa Blanca la mayoría de los grupos armados en los países andinos han desaparecido, pero los Tupamaros en Uruguay y los Montoneros y el ERP en Argentina —los más fuertes— siguen atizando el fuego. Ese año pone el ojo en Chile para impedir que Salvador Allende, candidato socialista, llegue a la presidencia. Después interviene en los asuntos internos.

4

Con las armas en la mano

La década de 1960 se abre como una esperanza para América Latina. La mayoría de los países ha regresado a los procesos democráticos después de períodos más o menos largos de brutales y corruptas dictaduras militares, y civiles —algunos de talla continental— ocupan sus respectivas presidencias. Los caudillos pasan a la basura de la historia y los que quedan ya no cuentan con el apoyo de Washington, su principal soporte. John F. Kennedy se opone a las dictaduras y a los gobiernos *de facto*.

Corren aires de Revolución en el continente. El mensaje nacionalista, antiimperialista y de justicia social de Fidel Castro y del Che Guevara despierta el anhelo de cambio en los pueblos. La lucha armada es la opción para las desigualdades, la injusticia social, los grandes contrastes entre ricos y pobres, que prevalecen en esas sociedades arcaicas, donde los canales de participación popular permanecen cerrados y las demandas sociales son respondidas con la fuerza pública. Una respuesta violenta a la violencia institucional. Surgen grupos armados de orientación marxista dispuestos a repetir la gesta cubana. La *Guerra de guerrillas* del Che —un método de lucha armada— y *¿La Revolución en la Revolución?* de Regis Debray son libros de cabecera de las izquierdas del continente y La Habana es la Meca de perseguidos políticos y de revolucionarios.

Para Estados Unidos la Revolución cubana es una amenaza que se debe liquidar. Cuba es un peligroso ejemplo. Ha expropiado todas las empresas y latifundios norteamericanos y esto puede ocurrir en otros países. Sentimientos nacionalistas y antiimperialistas —fenómeno nuevo en el continente— van desde México hasta la Patagonia y comienzan a surgir movimientos guerrilleros, procastristas, en varios países.

No sólo la Revolución cubana enciende a los pueblos. Los pronunciamientos de la Iglesia católica, orientados por Juan XXIII y el Concilio Vaticano II hacia la justicia social, dan el componente ético y moral a la lucha revolucionaria de los pueblos en defensa de sus derechos. Sus luchas y el debate político adquieren una nueva dimensión. Sectores progresistas de la Iglesia católica, movimientos estudiantiles y populares, políticos e intelectuales de izquierda defienden a las masas pobres y explotadas y apoyan sus luchas.

La estrategia de defensa de Estados Unidos frente a la explosión revolucionaria que se extiende por el continente, alentada e inspirada en la Revolución cubana, está enfocada a la lucha contrainsurgente, en manos del ejército. Ésta no es sólo contra los grupos armados, sino contra las protestas populares. El maccarthismo criollo —en dictaduras y en democracias— las califica de comunistas o alentadas por los comunistas y las combate con igual violencia. Los sectores de poder político y económico, en alianza con los militares y apoyados por las jerarquías nacionales de la Iglesia católica defienden a sangre y fuego el régimen establecido y sus privilegios. El resultado es una creciente y peligrosa polarización social.

Los puntales de la insurgencia armada son los estudiantes. Surgen de sectores disidentes de la juventud comunista que rompe con las jerarquías ortodoxas de los partidos comunistas, opuestas a la lucha armada. En la mayoría de los países son guerrillas rurales compuestas por campesinos. Sólo en Argentina, Uruguay y Brasil son urbanas, lideradas por universitarios y profesionales. Sus militantes son, en su mayoría, de clase media y obreros.

El Che

La presencia del Che Guevara en Bolivia —llega en 1967— es un estímulo para los grupos armados en América Latina. Creen que es el comienzo de la revolución continental. Su mensaje a la Conferencia Tricontinental, reunida en La Habana, los alienta a crear «dos, tres y muchos Vietnams». Su sueño es convertir los Andes en otra Sierra Maestra.

El Che confía en que el Partido Comunista boliviano y otras fuerzas de izquierda lo apoyen y que luchadores del continente se unan al Ejército de Liberación que él comanda. Dice que la lucha armada en Bolivia «será una escuela» en la que muchos aprenderán a combatir.[1] Escoge Bolivia para formar ese foco revolucionario —inicio de la revolución continental, por ser un país políticamente inestable, con un fuerte movimiento campesino, sindical y una fuerte protesta, popular y estudiantil, contra la brutal y corrupta dictadura del general René Barrientos. Está convencido de que esa explosiva situación será caldo de cultivo para la lucha revolucionaria. Y que de allí se extendería a otros países.

Ése es el sueño del Che, pero la realidad es otra. El partido comunista boliviano no lo apoya. El secretario, Mario Monje, quiere la dirección político-militar de la lucha en su país. El Che no lo acepta y califica su actitud de «traidora». Fidel sabe que el partido está dividido e invita a sus dirigentes a La Habana para recomendarle «unidad» y apoyo al Che. No lo logra.

Día a día el Che anota en su diario de campaña el desarrollo de su acción. Hace análisis críticos y recriminaciones, señala las dificultades y las situaciones adversas. El territorio en el que se mueven es agreste y malsano, las enfermedades que sufren —él tiene que soportar su asma sin medicinas— y la falta de alimentos crean desaliento entre los rebeldes. Señala casos de indisciplina en sus filas y de baja moral. También registra la superioridad numérica del ejército boliviano, como también su incompetencia. Desde el primer encuentro, el ELN le inflige derrotas y le causa bajas. En un enfrentamiento, en marzo de 1967, mueren muchos soldados, toma prisioneros y captura doscientas armas. En ese momento aún no se conoce su presencia en Bolivia.

Entre los campesinos no encuentra apoyo sino temor y desconfianza. No logra incorporarlos a la guerrilla. Mes tras mes anota ese fallo y comenta que «será una tarea larga y de paciencia». Esas masas oprimidas, pobres y analfabetas sólo buscan sobrevivir. Que el gobierno y la guerrilla los dejen trabajar en paz. Después vienen la hostilidad y las delaciones, logradas por el ejército con compra de informantes.[2]

En abril el gobierno de Barrientos descubre la presencia del Che en Bolivia y comienza a fortalecer al ejército con asesoramiento de las fuerzas especiales de Estados Unidos —Boinas Verdes—, expertos en la lucha contrainsurgente, y de la CIA.[3]

El sueño del Che se corta el 7 de octubre cuando es herido y capturado en una emboscada del ejército, y es asesinado en cautiverio por órdenes expresas del general Barrientos. En esa operación toman parte entre mil quinientos y dos mil soldados, Boinas Verdes, agentes de la CIA y cubanos, veteranos de Bahía de Cochinos, enviados para capturarlo. Lo logran con la colaboración de delatores e informantes.

«Su muerte es un tremendo golpe para el movimiento revolucionario continental, pues lo priva [...] del más capaz de sus líderes», dice

Fidel, que sostiene, no obstante, que no será el fin de sus teorías, de sus ideas, de sus tácticas y conceptos. Dice que «el Che es un ejemplo y un modelo para nuestro pueblo». El periodista italiano Gianni Miná le pregunta más tarde si la lucha del Che ha sido un error. Fidel responde que no. Que el sueño del Che, desde su encuentro en México en 1953, era hacer la revolución en Sudamérica, y después de la Revolución cubana quería regresar a Argentina para iniciarla allí. El compromiso de Fidel, después del triunfo en Cuba, era dejarlo ir. Dice que es el Che quien escogía el territorio donde quería operar y organizaba su lucha «hasta el último detalle». Lo apoyaba —agrega—, pues «su decisión era correcta». Miná pregunta si Cuba debió darle más ayuda en la última etapa de la lucha. Responde que era imposible pues las leyes de la guerra de guerrillas son diferentes y dependen de lo que haga la unidad guerrillera.[4]

El diario del Che cae en manos de Barrientos, que envía fotocopias a la CIA y al Pentágono. Quiere vender sus derechos por trescientos mil dólares. Pero Antonio Arguedas, ministro del Interior, envía secretamente otra fotocopia al gobierno cubano. Cuando Cuba comprueba su autenticidad, lo publica con una introducción de Fidel. Arguedas tiene que huir del país.

Barrientos informa que el Che ha sido enterrado en un lugar secreto en los Andes. Su intención es impedir que su tumba se convierta en lugar de peregrinación de los millones de admiradores del «guerrillero heroico» y ocultar las pruebas de ese cobarde asesinato. Bajo sus órdenes un oficial borracho le da el «golpe de gracia».

Auge del militarismo

El *New York Times* comenta que la estrategia militar de Kennedy —concebida para la lucha contrainsurgente— modifica en forma radical el concepto de defensa hemisférica.[5] La defensa y el armamento que suministra Estados Unidos a los países del continente es, ahora, para combatir a la guerrilla. Robert McNamara, secretario de Defensa de Kennedy, sostiene ante el Congreso de su país que la insurgencia en América Latina está «inspirada desde el exterior».[6]

Tal estrategia fortalece a los ejércitos nacionales y su nueva política hacia los militares, expuesta en un artículo de Edwin Martin, subsecretario de Estado para asuntos interamericanos, publicado en el *Herald Tribune*, no sólo les asigna el control del orden público —los gobiernos lo aceptan, a pesar de que ésta es una violación de preceptos constitucionales, pues tales funciones le corresponden a la policía— sino su participación en los planes nacionales de desarrollo. Esa política fortalece el militarismo y ahonda el desequilibrio entre el poder civil y el militar en detrimento de la democracia.[7] Su efecto negativo es inmediato: comienzan a caer gobiernos constitucionales en golpes militares que enarbolan banderas anticomunistas.

La estrategia de defensa de Kennedy y la Doctrina de Seguridad Nacional —obra de generales brasileños «teóricos»— le asignan al ejército la tarea de liquidar a la subversión y su participación, como «agente de cambio», en los planes nacionales de desarrollo. Un componente fundamental —y nuevo— de esa estrategia y de esa doctrina son las acciones cívico-militares (construcción de caminos, escuelas, funciones de sanidad y otras tareas necesarias a la población) cuyo objetivo es quitarle base social a la guerrilla y romper la resistencia popular contra el ejército, cuya imagen es de violencia. Es una fórmula con éxito.

En 1961 Estados Unidos dispara la ayuda militar a América Latina: da 21 millones de dólares para el entrenamiento de sus ejércitos y miles de oficiales reciben instrucción en centros militares en Estados Unidos y en sus bases en la zona del canal de Panamá que el Pentágono fortalece para ampliar su capacidad con tal propósito; la CIA y el FBI los entrena en técnicas antisubversivas que incluyen las que deben aplicar en «interrogatorios» de prisioneros, que son prácticas de torturas no detectables. Después del golpe militar contra Goulart (ocurre en 1964 bajo el gobierno de Johnson), Brasil se convierte en centro de experimentación de sofisticados métodos de tortura cuyos instructores son agentes norteamericanos. Tales métodos son luego aplicados en otros países.[8]

Oficiales latinoamericanos de policía y de organismos de seguridad reciben entrenamiento en la Academia Interamericana de Policía (AIP), creada en 1962, en técnicas de contrainsurgencia. Entre 1962 y 1963 pasan por ese centro más de seiscientos oficiales de quince países. Ese mismo año el Pentágono crea el Colegio Interamericano de Defensa en Fort McNair, en Washington. Es una superacademia sobre política económica, social y militar para oficiales de alto rango y para altos funcionarios cuidadosamente seleccionados. También crea una unidad móvil de Boinas Verdes para reforzar sus misiones militares en el exterior —operaba en todos esos países menos en México, Haití y Cuba—. Además comienza a reclutar hispanohablantes[9] para enviar tropas camufladas a países latinos en conflicto.[10]

Después del golpe militar en Brasil comienza la era de las dictaduras neofascistas de la Doctrina de Seguridad Nacional y de las llamadas «guerras sucias». Tal doctrina la adoptan la mayoría de las fuerzas armadas del continente.

ARGENTINA: COMIENZA EL FOGUEO

En 1961 es elegido por abrumadora mayoría Arturo Frondizi, candidato del Partido Radical. El peronismo, aún proscrito, le da un decisivo apoyo. También lo apoyan los comunistas. Es el primer presidente civil después de dieciséis años de dictaduras militares.

Frondizi, intelectual de izquierda, nacionalista y antiimperialista, desconcierta al país cuando anuncia en su discurso inaugural que concederá una amnistía a los militares. No serán juzgados por los crímenes políticos cometidos durante sus dictaduras contra la población civil. Esta es parte de un compromiso secreto adquirido con los generales que incluye el mantener proscrito al peronismo, liquidar su sindicalismo y a los movimientos de izquierda. También tiene otro compromiso con Perón —el peronismo le da el triunfo— que es exactamente lo contrario: debe hacer concesiones a la burocracia sindical y política peronista, seguir la pauta económica de la última etapa de su gobierno (populista, desarrollista y de amplias inversiones del capital extranjero) y preparar las condiciones para legalizar su partido. Pero el mayor conflicto es en el campo económico. Los militares quieren una política neoliberal, pero ésta implica un alto coste social. Si la adopta, las masas irían en su contra. La política que quiere el peronismo, más acorde con la que él defiende y lo lleva a la presidencia, lo enfrenta a los poderosos sectores oligárquicos y a los militares.

Cuando la situación económica comienza a deteriorarse de forma acelerada y crece la agitación laboral, estimulada por el sindicalismo peronista —el pueblo está agobiado con la inflación y las altas cargas tributarias— Frondizi se inclina a la derecha. Nombra ministro de Hacienda a Álvaro Alsogaray, ideólogo neoliberal y librecambista. Los militares, sectores económicos y los inversionistas aplauden ese nombramiento. De espaldas a la retórica antiimperialista que ha ventilado, Frondizi cede a las exigencias del FMI y del Banco Mundial, abre las puertas a la inversión extranjera, paga fuertes sumas a compañías extranjeras y nacionales expropiadas por Perón, aumenta en mil millones de dólares los contratos con las compañías petrolíferas de Estados Unidos —les hace grandes concesiones tributarias— y da lucrativos contratos a la élite oligárquica. También es dadivoso con la Iglesia.

La política exterior de Frondizi es progresista, tercermundista e independiente. Busca acercarse a Janio Quadros, presidente de Brasil, recibe al Che Guevara en la Casa Rosada a su regreso de Punta del Este en donde preside la delegación cubana en la Conferencia Interamericana que adopta la Alianza para el Progreso y en la VIII Reunión del Órgano de Consulta de la OEA. Argentina se abstiene respecto a la expulsión de Cuba y no corta relaciones con el gobierno revolucionario a pesar de las presiones de Washington y de los militares argentinos.

Su política interna es represiva. Aunque el peronismo le ha dado el triunfo lo mantiene proscrito, ilegaliza el Partido Comunista, que también lo apoya, y aplasta a los movimientos sindicales y de izquierda. En 1961 expide la ley de Defensa de la Democracia, retroactiva de tres a cinco años, que impone cárcel a «todos los miembros y no miembros de movimientos o partidos comunistas o favorables al comunismo.[11] Mantiene al país bajo el Plan de Conmoción Interna del Estado (CONITES), versión argentina del estado de sitio, y corta una a una las libertades públicas. Permite arrestos arbitrarios, torturas, allanamientos y confiscaciones por parte de la policía y disuelve una Comisión nombrada por el Congreso para investigar tales atropellos. Controla con extrema rigidez a la prensa. Varios periódicos y revistas son incautados y más de treinta prohibidos. Y permite —o no impide— las actividades de grupos nazis y antisemitas.

A Frondizi comienza a complicársele la situación interior. Los peronistas, perseguidos y hostilizados, lo acusan de traición y crece la oposición de los militares —nunca ha sido santo de su devoción—, pues no están de acuerdo con su política exterior, favorable a Cuba. Le hacen exigencias e intentan derrocarlo. Hasta marzo de 1962 hubo treinta y cinco conatos de golpe de Estado, pero no se atreve a arrestar a los golpistas.[12]

Frondizi decide hacer algunas concesiones a los peronistas y al peronismo. Amnistía a unos cuantos y a otros les devuelve propiedades confiscadas y permite que los peronistas participen en las elecciones provinciales de 1962, pero cuando sus candidatos ganan en importantes provincias —entre éstas Buenos Aires y Tucumán— las ilegaliza. Los militares critican tal medida. Dicen que ha destruido las bases de legitimidad de su gobierno y lo derrocan. Lo arrestan, y lo confinan en la prisión de la isla de Martín García, en el Río de la Plata. Nadie protesta.

Los militares no toman el poder por las profundas divisiones y conflictos que existen dentro de las fuerzas armadas. Colocan en la presidencia a José María Guido, presidente del Senado, para cumplir con la Constitución. Es una ficha manejable. Sólo es un títere y un firmón de sus decretos. Dura un año.

En las elecciones de 1963 gana el doctor Arturo Illía. Su contrincante era el ex presidente, general Aramburu, candidato de los militares. Demócrata y honesto, rechaza la injerencia de los militares en política y de entidades extranjeras en los asuntos internos del país. Al inicio de su gobierno hay paz y cesan los temibles espectáculos de tanques militares de bandos opuestos —Colorados de derecha y Azules legalistas— que dirimen en las calles sus conflictos.

Tal como promete al inicio de su gobierno, Illía corta con el Banco Mundial y con el FMI y cancela contratos con compañías petrolíferas extranjeras, la mayoría norteamericanas. Tales medidas son desastrosas para la economía del país. En 1965 rehúsa enviar tropas a la República Dominicana —a pesar de las presiones militares y de Washington— para conformar la Fuerza Interamericana que aprueba la OEA cuando Johnson tiene invadido a ese país.

La política de Illía es nacionalista y de contenido social, pero tiene que hacer frente a más de cien huelgas sindicales, a protestas de empresarios, a campañas golpistas instigadas por la prensa, a la oposición de sectores militares, de facciones del peronismo —comienza a dividirse—, de sindicatos y de empresarios. Todos lo acusan de desgobierno, de ineficaz, de paralítico y de lento.

El golpe contra Illía, en 1966, es de público y anticipado conocimiento de centenares de políticos y de sindicalistas que son consultados o notificados por los militares. Illía rehúsa renunciar y los militares lo echan a la calle. Lo sacan de la Casa Rosada sin el menor respeto.[13] Así termina esa breve primavera democrática.

La caída de Illía es recibida con alivio por los argentinos, pues el país sale del marasmo en el que está sumido. No intuyen que Argentina está *ad portas* de una larga etapa de dictaduras militares, de violencia y de represión y que de la democracia no quedará ni una brizna.

La «dictablanda» de Onganía

Los militares colocan en la presidencia al general Juan Carlos Onganía (1966-1970), del grupo de los «legalistas» y antigolpistas. Pero Onganía toma el poder para quedarse. Bautiza su programa de gobierno Revolución Argentina y anuncia que estará a cargo del Estado Mayor. De inmediato procede a la «toma militar» de los órganos del poder civil. Cierra el Parlamento, disuelve la Corte Suprema de Justicia, impone dura censura a la prensa, dicta leyes anticomunistas —de acuerdo con el Pentágono—, interviene las universidades y reprime a los estudiantes, disuelve los partidos y prohíbe toda actividad política.[14] Es la «institucionalización de la ilegalidad», comenta alguno.

Católico preconciliar, de ideas falangistas, anticomunista y obsesionado con la lucha contrainsurgente, se rodea de militares, de oligarcas y de políticos fascistoides. Impone en el gobierno y en la sociedad un espíritu y un clima de medievalismo beato y moralista que traduce en medidas que alcanzan los extremos del ridículo, escribe el argentino Mark Kaplan.[15]

Bajo la «dictablanda» de Onganía —así la bautiza el pueblo— ocurre la radicalización política e ideológica de estudiantes, obreros y sectores de la Iglesia y surgen los primeros grupos armados. El malestar popular frente a la crisis económica, a la creciente desocupación y a la represión a la clase obrera y de los estudiantes motiva esa lucha. Esa nueva izquierda está dispuesta a enfrentar con violencia la violencia oficial.

En 1969 estalla en Córdoba un «paro activo» de grandes proporciones promovido por estudiantes y obreros de la industria automotriz. Marchan por el centro de la ciudad quemando automóviles y buses. En el camino se les une la población. Cerca de cuarenta y ocho horas dura su batalla contra la fuerza pública. La desaloja y el ejército tiene que intervenir. El «cordobazo» marca un hito en la historia insurreccional argentina. En motines semejantes en Rosario, en Tucumán y en otras ciudades, por primera vez toman parte grupos armados y ondean sus banderas. El gobierno moviliza unidades del ejército desde Buenos Aires para sofocarlas. El saldo de esos choques son decenas de muertos, centenares de heridos y miles de detenidos.[16] Para Onganía esos violentos motines, las huelgas y protestas populares que ocurren en varias provincias son acciones de peligrosos grupos extremistas, inspirados por el comunismo internacional. El general Leopoldo Fortunato Lanusse sabe que el «cordobazo» no ha sido una acción sólo de movimientos subversivos sino una expresión espontánea de rechazo al gobierno que ha contado con amplio apoyo de sectores políticos, populares y de la Iglesia. Comienzan a circular rumores de golpe.[17]

Después de masivas movilizaciones populares, huelgas, toma de fábricas, del llamamiento de la confederación de sindicatos a un paro general, del secuestro y «ajusticiamiento» del general Aramburu por los Montoneros y del anuncio que hace Onganía de que implantará la pena de muerte para actos terroristas, Lanusse lo derroca.

Los Montoneros, el ERP y la Iglesia

«En ningún otro país de América Latina, excepto en Cuba, las estructuras del Estado y de la sociedad han sido sacudidas más profunda y persistentemente por la guerrilla que en Argentina», escribe el sociólogo alemán Peter Waldmann. Le sorprende que hasta ese momento (1982) no haya ningún estudio sobre esos movimientos insurgentes ni sobre sus actividades.[18]

La guerrilla argentina surge en junio de 1966, bajo el gobierno militar de Onganía, cuando la Junta de Comandantes da a conocer el Estatuto de la Revolución Argentina, una serie de disposiciones que liquidan el poder civil. La juventud peronista opta por la lucha armada como único camino para combatir su dictadura. El grupo armado Fuerzas Armadas Peronistas (FAP) crea un «foco» en Tucumán, compuesto por trece hombres y una mujer. El ejército casi de inmediato los descubre, los detiene, los lleva a Buenos Aires y los tortura.

Después del «cordobazo» surgen otros grupos armados. La juventud del Partido Comunista y del Partido Revolucionario de Trabajadores (PRT) crea el Ejército Revolucionario del Pueblo (ERP), de orientación trotskista. Es uno de los más importantes y el único en crear un «foco» rural, activo en los montes tucumanos.

Los movimientos armados argentinos —como en el resto del continente— se inspiran en la Revolución cubana y admiran a Fidel y al Che. La presencia del Che en Bolivia es un poderoso estímulo a la lucha armada argentina, y su muerte un tremendo golpe. La intención de las FAR era formar parte de un amplio movimiento revolucionario latinoamericano, como apéndice argentino del ELN que lidera el Che, y regresar bajo sus órdenes. «Después vino un período de reflujo, de amargura, de derrota —comenta un dirigente rebelde— y luego vino el destello luminoso del "cordobazo" que marca un ciclo de redefinición tras el cual replanteamos totalmente la estrategia y la táctica y cambiamos los métodos organizativos». Dice que miembros de las FAR reciben capacitación militar en Cuba que la ofrece con máxima generosidad.[19]

Cuatro de los cinco grupos armados más importantes son peronistas Fuerzas Armadas de Liberación (FAL), Fuerzas Armadas Revolucionarias (FAR), Fuerzas Armadas Peronistas (FAP) y Montoneros (en 1970 se unen al peronismo). El ERP es trotskista. Después de realizar golpes espectaculares, esos grupos se fusionan o desaparecen. Quedan los Montoneros, el ERP y las FAL. Son los movimientos guerrilleros más importantes y de mayor impacto en el continente. En los años setenta están en su apogeo militar y político y Argentina está al borde de una guerra civil.[20]

Los Montoneros y el ERP se enfrentan con la fuerza pública y le infligen derrotas humillantes, con saldos de muertos y de heridos. Atacan cuarteles militares y de policía —algunos en pleno Buenos Aires— y capturan armas, asaltan bancos y sustraen grandes sumas de dinero, secuestran gentes prominentes —empresarios, políticos y militares— para cobrar rescates y hacer exigencias al gobierno, acribillan y «ajustician» a militares y policías, colocan bombas en residencias de militares, dinamitan lugares «símbolos» del gobierno y de la aristocracia y denuncian la corrupción imperante en los estamentos de poder —económico y político— y la brutal represión del régimen.

Los Montoneros surgen de sectores nacionalistas de derecha, de asociaciones de la juventud católica (algunos sacerdotes son militantes y otros simpatizantes). Sus miembros son intelectuales, profesionales, estudiantes universitarios y jóvenes de familias acomodadas de clase alta y media. Tienen entre veinte y treinta años y algunos son menores de edad. Cerca de la mitad son mujeres y la mayoría son obreros. Las mujeres intervienen en casi todos los operativos. La prensa destaca su brutalidad y sangre fría. En 1967 una joven de dieciocho años realiza uno de los golpes más audaces contra el jefe de policía de Buenos Aires.[21]

Los Montoneros cuentan con abundantes medios económicos, con emisoras, imprentas (para publicaciones y falsificación de documentos oficiales y de moneda), almacenes de víveres, parques de vehículos, hospitales, campos de tiro y centros de formación de tropas y hasta de fabricación de armas en serie.[22] Su ingreso al peronismo le atrae mayor apoyo popular y estimula la militancia.

El golpe más audaz —reivindicado por los Montoneros— es el secuestro y «ajusticiamiento» del ex presidente general Aramburu, en mayo de 1970, hecho que conmociona al país. La conmoción es mayor cuando la policía allana un lujoso chalet en un exclusivo barrio residencial y después de un violento tiroteo detiene a unos jóvenes —entre éstos a una mujer casada— que resultan ser hijos de las principales familias católicas cordobesas.

En un comunicado dicen que han sometido a Aramburu a la justicia revolucionaria y del pueblo. Le juzgan por «traidor a la patria y al pueblo, por el asesinato de veintisiete civiles, el fusilamiento de ocho militares peronistas, la profanación de los restos de Evita, la anulación de las conquistas sociales de la Revolución Justicialista, la represión al pueblo peronista y por pretender encaramarse nuevamente en el poder para burlar una vez más al pueblo y continuar la entrega de la patria. En cumplimiento de esta justicia lo detuvimos y lo ejecutamos».[23] Perón, desde su exilio en España, se solidariza con ellos. Los califica de «patriotas» y justifica ese acto, pues es respuesta a la violencia oficial. La juventud y los grupos armados peronistas apoyan a Perón y preparan su regreso triunfal. Este apoyo que les da desde el exilio va cambiando a medida que se acerca su regreso a Buenos Aires y se va alejando de ellos.

El día del regreso de Perón a Argentina, la juventud peronista —la Vanguardia— lo recibe con una multitudinaria manifestación. Muestra su inmensa capacidad de convocatoria. En vez de agradarle a Perón tal recibimiento, le preocupa y le molesta. Quiere que cese su lucha pero los jóvenes no le obedecen. Entonces los hostiliza y persigue. Perón se ha rodeado de peronistas de derecha y margina a la juventud. Al final hay un abismo entre ellos.

En 1967 un grupo de jóvenes sacerdotes crea el Movimiento de Sacerdotes para el Tercer Mundo y se une al peronismo, atraído por el contenido social del justicialismo. Dice que la Iglesia no puede permanecer neutral en la confrontación de peronistas y antiperonistas pues es, en esencia, el enfrentamiento de las clases desposeídas y las pudientes. Al año cuenta con cuatrocientos miembros.[24] El Segundo Encuentro Nacional de ese movimiento sacerdotal, a comienzos de 1969, en el que participan sacerdotes de todo el país, concluye que existe un proceso revolucionario en marcha y que muchos sectores creen agotados los medios pacíficos. «Ello implica ineludiblemente —dice un documento— nuestra firme adhesión al proceso revolucionario de cambio radical y urgente de las estructuras», y expresa su rechazo al sistema capitalista.[25]

Después del «ajusticiamiento» de Aramburu, en el que, como ya se ha dicho, aparecen implicados jóvenes —hombres y mujeres— de la alta sociedad argentina, un periodista entrevista al padre Hernán Benítez para conocer su opinión sobre ese asesinato que se apresura a catalogar de «ley de la selva». Le pregunta si su prédica sobre la violencia no es un poco responsable de ese asesinato. «Responsables son todos», responde el sacerdote. Los jóvenes señalados por la policía como ejecutores —señala— son de la alta burguesía, «católicos de comunión y misa regular» que nacen y crecen oyendo pestes contra el peronismo y reaccionan con violencia contra el medio social en el que viven por «la convicción de que sólo la violencia barrerá con la injusticia social, por las buenas jamás los privilegiados han cedido uno solo de sus privilegios», agrega.[26] Los Sacerdotes del Tercer Mundo son una fuerza militante contra la dictadura. En discursos, cartas abiertas y manifiestos protestan contra la injusticia social y la represión política y toman parte en protestas sociales, huelgas y manifestaciones estudiantiles. Públicamente critican a la jerarquía de la Iglesia por no acatar las resoluciones del CELAM.[27] Un número reducido de sacerdotes participa en la lucha armada. Las puertas de sus templos están abiertas para que los estudiantes puedan celebrar sus reuniones. El régimen califica tales actividades de subversivas.[28]

Para los militares, para el Vaticano —ya sin Juan XXIII— y para la poderosa y reaccionaria jerarquía de la Iglesia católica argentina, que apoya a los regímenes militares —ciega y muda ante sus graves violaciones de los derechos humanos— e identificada con los intereses de las oligarquías, los Sacerdotes del Tercer Mundo son un peligro. Los acusan de comunistas. El arzobispo coadjutor de Buenos Aires les prohíbe inmiscuirse en política, continuar con su actividad social y su prédica. No acatan sus órdenes. Rompen con la jerarquía de la Iglesia católica y minan su autoridad.

BRASIL Y LOS GORILAS

Janio Quadros, sucesor de Juselino Kubitschek, gana las elecciones con la mayor votación alcanzada por presidente alguno, pero su gobierno fue agitado y fugaz. Gobierna once meses. A nivel interno decepciona por no poner en marcha los planes de reforma social y desarrollo económico que promete durante la campaña. Lo relevante es su política exterior, tercermundista, de izquierda e independiente. Una intempestiva visita a Cuba, antes de su posesión, desconcierta y alarma a muchos dentro y fuera del país.

Para Estados Unidos las relaciones con Quadros no son fáciles. A Kennedy le preocupa y le molesta su tendencia izquierdista, su temprano acercamiento a los países comunistas y a Cuba. Brasil es la potencia continental de mayor peso militar, político, económico y poblacional. Su amistad con Cuba puede ser desastrosa. Quadros no acepta las reservas de Washington sobre sus relaciones con el bloque soviético. Dice que Estados Unidos las tiene de todo tipo con la Unión Soviética y sus satélites. Su política —afirma— es para ampliar mercados externos. Konrad Adenauer, canciller de Alemania Federal, también se alarma cuando Quadros envía una misión comercial a la República Democrática Alemana, pues teme un cambio de Brasil frente al neurálgico conflicto de Berlín.

Quadros, sin preocuparse con la reacción de Washington, agasaja a personalidades comunistas. Condecora al primer cosmonauta soviético, Yuri Gagarin, y a un alto dignatario del Kremlin y cuando el Che Guevara llega a Brasil —regresa de la Conferencia Interamericana en Punta del Este— lo condecora. Ese homenaje al «guerrillero heroico» colma la copa de poderosos sectores de derecha y de los militares. Creen que su política independiente y de apertura al mundo comunista está influenciada por La Habana.

En medio de una severa crisis económica, de la oposición de militares, de políticos y de las clases dominantes que le acusan de comunista (es conservador) y de las acusaciones de Carlos Lacerda, gobernador de Guanabara —dice que pretende cerrar el Congreso y convertirse en dictador— renuncia abruptamente. No se sabe, ni nadie entiende cuáles son las razones de tan drástica decisión. Algunos la achacan a su vivo e impredecible carácter. El Congreso acepta su renuncia. El pueblo permanece impasible.

Los militares quieren tomar el poder para impedir que João Goulart, vicepresidente, asuma la presidencia (en ese momento se encuentra en visita oficial a la República Popular de China), pues lo consideran comunista. Pero a Goulart, heredero político de Getulio Vargas, lo apoyan un fuerte movimiento popular, sindical y estudiantil, grupos liberales y sectores militares en particular suboficiales. Los militares temen que un golpe provoque una guerra civil. Para evitarlo, Leonel Brizola (cuñado de Goulart), gobernador de Rio Grande do Sul, y Mauro Borges, gobernador de Goias, con brigadas populares y el apoyo de sus respectivas guarniciones militares y policiales organizan un levantamiento.[29]

Los militares, la oligarquía brasileña y Washington están convencidos de que Goulart (1961-1964) llevaría a Brasil a una revolución estilo cubano. Antes de asumir la presidencia los militares le imponen una reforma constitucional que establece el parlamentarismo y restringe los poderes del presidente. Goulart la acepta y se somete al control del Parlamento. Pero en 1963, con apoyo del pueblo, convoca a un plebiscito y la tira abajo. Así recupera sus plenos poderes.

La profunda crisis económica por la que atraviesa el país, con el índice de inflación más alto de su historia, coloca a Goulart en la disyuntiva de dar satisfacción a la clase obrera, su mayor soporte, o tranquilizar a la burguesía y a Washington. Opta por una política de estabilización y desarrollo que no satisface a nadie. El país entra en crisis. El descontento es general: los obreros por la congelación de salarios y por no atender sus demandas y las clases dominantes por su incapacidad para controlar las continuas huelgas, las protestas populares, estudiantiles y campesinas —por primera vez entran en la lucha política— y las «tomas» de tierra por gentes de las «favelas». Tiene que enfrentar también levantamientos y protestas militares y policiales.

En medio de esa confusa situación, Goulart —en un explosivo discurso— anuncia planes de expropiación de tierras. Los terratenientes y los militares se enfurecen y el pueblo no le da el apoyo que buscaba.

Derrocar a Goulart no es fácil porque el poderoso movimiento popular está sólidamente a su lado. Pero la burguesía y la clase media emprenden una campaña de movilización de fuerzas para preparar un ambiente favorable al golpe. Organizan manifestaciones de indiscutible corte fascista. En una en São Paulo —la llaman la «Marcha con Dios, por la Familia y por la Democracia»— toman parte más de quinientas mil personas, la mayoría de clase media. También las organizan en otras ciudades pero no tienen tanto impacto.[30]

Los militares dan el golpe y lo echan del poder en la madrugada del 1 de abril de 1964. Lo justifican como «contrarrevolución preventiva» para evitar el avance del comunismo en Brasil. Goulart no presenta resistencia y esa pasividad neutraliza el potencial combativo del movimiento popular y sindical y de los sectores militares nacionalistas, su principal soporte. Las calles de São Paulo y de Río de Janeiro permanecen desiertas. Las masas desconcertadas y desmotivadas intentan algunas débiles protestas, que son sofocadas por el nuevo régimen con extrema brutalidad. Más tarde Goulart explica que no quiso alentar al pueblo a la lucha para evitar una guerra civil.

Estados Unidos ayuda a preparar el golpe. El embajador Lincoln Gordon y el general Vernon Walter, agregado militar (más tarde subdirector de la CIA) conspiran de forma descarada. En las paredes de la capital aparecen *graffiti*: «Basta de intermediarios. ¡Gordon para presidente!». Antes del golpe llegan a las costas de Río de Janeiro barcos de guerra norteamericanos. Los ha pedido Gordon con carácter de «urgencia».[31]

Antes de que Goulart salga al exilio, el presidente Johnson envía un mensaje de aplauso a los golpistas. Gordon, en un discurso en la Escuela Superior de Guerra, califica el golpe de «defensa de la democracia» comparable al Plan Marshall, al bloqueo de Berlín, a la derrota de los comunistas en Corea, al retiro de los misiles de Cuba y como uno de los momentos más importantes de cambio de la historia mundial de mediados del siglo.[32]

La democracia brasileña fenece. El ejército no respeta, como antes, el orden constitucional. Comienza el largo período de dictaduras militares neofascistas de la Doctrina de Seguridad Nacional. Es una etapa de brutal represión que dura veintiún años.[33]

La Doctrina de Seguridad Nacional, bandera de los regímenes militares que toman el poder después del golpe a Goulart, es la esencia del anticomunismo. Está inspirada en doctrinas maccarthistas, en leyes norteamericanas y en manuales del Pentágono. Es obra de un selecto grupo de oficiales de la Escuela Superior de Guerra, a cuya cabeza está el general Golbery do Cuoto e Silva. Desde su fundación, en 1949, la escuela mantiene estrecha relación con el Pentágono a través de un miembro de su misión militar en Brasil.[34]

Según tal doctrina, basada en la seguridad y el desarrollo, el manejo del Estado, los planes nacionales de desarrollo, el Congreso y el poder judicial son competencia de los militares con exclusión de la sociedad civil. A los organismos de seguridad les compete juzgar y sancionar lo que afecte la seguridad del Estado. El comunismo y las ideologías socialistas son proscritas. Los conceptos de «seguridad interna», «subversión», «enemigo interno», «amenaza al Estado» —incluidos en esa doctrina— emanan de leyes norteamericanas. Varias de las «teorías» de Do Cuoto e Silva son simples copias de manuales del Pentágono.[35]

Una de las teorías de Do Cuoto e Silva es la de las «fronteras ideológicas». Su visión es de un mundo dividido en dos bandos antagónicos: el occidental democrático y cristiano y el del Este comunista y ateo. Estados Unidos, líder del mundo occidental, coordinaría la acción hemisférica, una de éstas la de combatir el comunismo y las ideologías socialistas. Brasil sería el país líder del continente.[36]

El mariscal Humberto Castelo Branco (1964-1967) es el primer presidente de las dictaduras de la Seguridad Nacional. Es una de las más brutales del continente. Sus relaciones con Washington llegan a límites insospechados. Centenares de asesores y técnicos norteamericanos son colocados en puestos clave dentro de la administración pública y en sus instituciones militares y de seguridad. El número de funcionarios de su embajada en Río es sólo inferior al de sus embajadas en Indochina y en la India.[37]

Castelo Branco rompe relaciones con Cuba, a la que considera la más grave amenaza para el hemisferio, envía un general y un policía militar a la República Dominicana para dirigir la Fuerza Interamericana creada por la OEA, después de la invasión de Johnson a ese país, y abre ampliamente las puertas al capital extranjero, principalmente norteamericano, al que entrega importantes recursos del país.

Cierra el Congreso —dura dos años cerrado—, cancela el mandato parlamentario y corta los derechos políticos de 441 brasileños, entre éstos Kubitschek, Quadros y Goulart.[38] Disuelve los partidos políticos, persigue a las organizaciones y partidos de izquierda, destruye las organizaciones populares, obreras, campesinas y los movimientos estudiantiles, interviene los sindicatos y censura la prensa. Además prohíbe obras de arte, canciones, teatro y cine a los que califica de «subversivos».[39]

Las cárceles se llenan de presos políticos que son juzgados por tribunales militares y condenados por «crímenes contra la seguridad del Estado». En los primeros meses, veinticinco mil personas son arrestadas y comienza la guerra sucia con asesinatos, torturas y desapariciones de miles de brasileños.[40]

A la semana del golpe emprende su «legitimación». Adopta el Acta Institucional —la primera— con la que legaliza todos y cada uno de los postulados de la Doctrina de la Seguridad Nacional: la toma militar del Estado, del Congreso y de la Justicia. Los generales comienzan a expedir enmiendas constitucionales, actos legislativos e institucionales, leyes, decretos y resoluciones —emitidos al vaivén de los acontecimientos— para estructurar la política de seguridad del Estado, fortalecer las instituciones militares, ampliar los poderes presidenciales y restringir severamente las libertades públicas.

El general Arthur da Costa e Silva (1967-1969) —sucede a Castelo Branco— decreta el Acta Institucional Número 5, la más inconstitucional, la más antidemocrática, arbitraria y represiva de la historia brasileña. Da poderes absolutos al presidente, decreta «estado de sitio permanente», autoriza al gobierno a disolver el Congreso, a suspender e inhabilitar diputados y a confiscar sus bienes. Los miembros de los órganos de seguridad no pueden ser procesados (es la total impunidad para críme- nes cometidos por las fuerzas del orden); suprime el derecho al hábeas corpus para los delitos contra la seguridad nacional y aumenta las pe- nas para crímenes políticos que abarcaban cualquier actividad molesta al gobierno. Da Costa e Silva aplica esta ley con todo el rigor.

Costa e Silva sufre un derrame cerebral y muere en momentos en que salen a la luz escándalos de corrupción de su gobierno. Algunos creen que ésta es la causa de su deceso. El vicepresidente, de acuerdo a la Constitución, debe sucederlo, pero los militares ignoran ese precep- to, pues es un civil. Colocan al general Emilio Garrastazú Médici en la presidencia.

Las dictaduras militares brasileñas no son tan firmes ni tan estables políticamente como aparentan, pues amplios sectores de la sociedad es- tán en su contra. Se sostienen con la brutal represión. La lucha contra la subversión, contra las organizaciones de masas y sindicales, contra mo- vimientos y partidos de izquierda es una «sangrienta cacería huma- na». Las víctimas son militantes políticos, dirigentes populares, profesores, periodistas, intelectuales, estudiantes, sacerdotes y monjas.[41] Los mili- tares no están exentos de esa represión. En una purga, por cuestiones ideológicas, cae cerca del 10 por ciento de la oficialidad.[42]

A ese cuadro macabro se añaden las ejecuciones «sumarias» y una amplia gama de torturas que aplican en sus centros de reclusión en los interrogatorios de detenidos. Se caracterizan más por su brutalidad que por su «refinamiento», testimonia una torturada. Tales crímenes se co- meten dentro de las cárceles —la mayoría clandestinas— convertidas en cámaras de tortura. De allí «desaparecen» los detenidos políticos.[43] La justicia civil no puede juzgar a los militares, ni a sus fuerzas de seguri- dad, pues esto es competencia de los tribunales militares. O sea, la total impunidad.

De la amplia red del aparato de represión del Estado, la parte visi- ble son las instituciones militares y de policía. La invisible son los gru- pos paramilitares oficiales que operan como «fuerzas especiales de seguridad»— el escuadrón de la muerte — cuyos miembros son ex po- licías, y las organizaciones terroristas de ultraderecha: Comando Caza Comunistas (CCC) y la Milicia Anti-Comunista (MAC).

Cada rama de las fuerzas armadas tiene un centro de detención, convertido en cámara de tortura. El más siniestro es el Centro de In- formaciones de la Marina (CENIMAR). Los departamentos estatales de policía política y social tienen los suyos: Departamento de Orden Político y Social (DOPS), Operación Bandeirante (OBAN) en São Paulo, y el Centro de Operaciones de Defensa Interna (CODI) en Río de Janeiro.

La brutal represión provoca la protesta de organizaciones internacionales de derechos humanos, de juristas, de la ONU, de la OEA y de la Iglesia católica brasileña. Las denuncias de esas instituciones sobre los asesinatos, las torturas y las desapariciones son rechazadas por el gobierno como intromisión en sus asuntos internos. En sus informes dice que en «Brasil no se tortura a nadie».

La insurgencia

«Los militares tomaron el poder con violencia y ellos mismos prepararon el camino a la subversión», comenta Carlos Mariguela, importante líder del Partido Comunista Brasileño y máximo dirigente de la lucha armada contra las dictaduras fascistas. En 1967 crea la Alianza de Liberación Nacional (ALN), uno de los grupos armados más fuertes.

La lucha guerrillera comienza bajo el régimen de terror de Castelo Branco. En ese período surgen un número impresionante de organizaciones revolucionarias de escisiones de los partidos comunistas y de izquierda. En el transcurso de la lucha se juntan o se subdividen. Una característica de la lucha armada brasileña es esa movilidad dentro de los movimientos insurgentes. Del movimiento obrero (POLOP) surgen el Comando de Liberación Nacional (COLINA) y Vanguardia Popular Revolucionaria (VPR) que luego se funden y forman la Vanguardia Armada Revolucionaria (VAR), el Ala Roja. La composición de esos grupos es de gentes de clase media, sobre todo estudiantes, profesionales y ex militares.[44]

La lucha armada se desarrolla en las grandes ciudades con acciones terroristas, sabotajes, bombas, secuestros, captura de armas y explosivos y con ataques a instituciones del gobierno y a empresas norteamericanas. En septiembre de 1969 dan el golpe más osado y espectacular. Un comando conjunto de la ALN y del MR-8 secuestra al embajador norteamericano Charles Elbrick. Una guerrillera seduce a guardias y escoltas para conocer sus rutas, sus itinerarios y seguir sus movimientos. La guerrilla exige la liberación de quince prisioneros políticos y su salida del país en un vuelo especial que debe facilitar el gobierno.[45]

Este secuestro provoca honda consternación y desconcierto en el gobierno y en Washington. Es una humillación para ambos. Es el primer secuestro en Brasil de un embajador. El gobierno está en un momento de transición. Da Costa e Silva ha sufrido un derrame cerebral y es sustituido por una Junta militar. Presionada por el Departamento de Estado que quiere salvar la vida del embajador, la Junta accede de inmediato a las demandas guerrilleras. Los prisioneros son liberados y llevados a México y el gobierno publica en los principales diarios y difunde por la radio el manifiesto rebelde contra la dictadura.

Más tarde la guerrilla secuestra al cónsul general de Japón y a los embajadores de Alemania y de Suiza. En esta ocasión, el gobierno no accede a todas sus exigencias. Los diplomáticos son puestos en libertad.[46]

A los tres años la lucha armada comienza a tocar fondo. Los aparatos represivos del Estado han capturado a importantes líderes guerrilleros, entre éstos a Mariguela, por informaciones obtenidas bajo tortura. Su captura es un duro golpe para la guerrilla.

Aunque los grupos guerrilleros brasileños en ocasiones coordinan sus operativos, a pesar de sus diferencias ideológicas, no logran una acción tan extensa e impactante como la de los Tupamaros en Uruguay o de los Montoneros y el ERP en Argentina. La tendencia «foquista» los mantiene separados, y además se debilitan por conflictos internos, por diferencias estratégicas y por rivalidades de liderazgo. Ninguno se ocupa de involucrar a los obreros y a los campesinos, aunque cuentan con su apoyo. Es un error que luego lamentan.

Los guerrilleros reconocen las razones de su fracaso: algunas acciones son precipitadas, sin la debida preparación, subestiman el riesgo de la inexperiencia política y militar de muchos de sus militantes, la mayoría gente joven y, algo más grave aún, no miden el gran poder de la fuerza represiva del gobierno. Dos factores decisivos del fracaso —anota el periodista Marcio Moreira Alves— son las dificultades que encuentran para actuar en la clandestinidad. Son guerrillas urbanas, compuestas por gentes en su mayoría de clase media que no puede esconderse en las favelas pues pueden ser fácilmente detectadas por la policía. Los guerrilleros están obligados a establecer sus centros de operación en «territorio enemigo», en barrios y edificios de las grandes ciudades donde la policía puede establecer una red de informantes con la ayuda de porteros y de vecinos. Las delaciones son continuas. Otro factor en su contra es la tortura. Por la inadecuada formación política de algunos militantes y por no haber mantenido una estricta «compartimentación» algunos hablan. La información, obtenida bajo tortura, de un estudiante capturado en el asalto a un banco, causa la pérdida de más de cincuenta centros de operación en casas y apartamentos, la destrucción del trabajo del Partido Comunista Revolucionario Brasileño de Río y la captura de toda su cúpula dirigente. Y la tortura de dos curas dominicos conduce a la muerte de Mariguela. Otros llevan a la captura y asesinato de importantes líderes políticos y de centenares de revolucionarios.[47]

La CIA está detrás de las operaciones antisubversivas. Bajo las dictaduras militares, la presencia y la influencia política, económica, militar y de seguridad de Estados Unidos es abierta y abrumadora. «El gobierno vendió nuestro país a Estados Unidos. Los espías de la CIA trabajan aquí con iguales facilidades que en su país, dirigiendo las búsquedas policiales de patriotas brasileños y supervisando la represión gubernamental del pueblo», escribe Mariguela.[48] En 1970 va en aumento el número de prisioneros políticos asesinados. Hay indicios —comenta Moreira Alves— de que a partir de 1971 la política de los militares es la «eliminación» sistemática de prisioneros. Así mueren Joaquim Cámara Ferreira, sucesor de Mariguela en la dirección de ALN, Devanir José de Carvalho, líder del Movimiento Revolucionario Tiradentes, Eduardo Leite, comandante de la VPR y muchos más.

La Iglesia de la liberación

Los generales necesitan el apoyo de la Iglesia católica, no sólo por la enorme influencia que ejerce sobre el pueblo —su inmensa mayoría es católica— sino para su buena imagen dentro y fuera del país. Una Iglesia en contra la han resistido pocos gobiernos. Para el general Do Cuoto e Silva la Iglesia es el símbolo de la cultura occidental, baluarte del anticomunismo y la religión es un arma poderosa para controlar a las masas.

La brutal represión de los regímenes militares y las graves violaciones de los derechos humanos por parte de sus fuerzas del orden provocan la protesta de los obispos. Dom Helder Camara, nombrado arzobispo de Olinda y Recife poco después del golpe a Goulart, es el principal portavoz de la Iglesia contra la represión y en demanda de justicia social. Es el primero en criticar públicamente a Castelo Branco. En julio de 1966 Dom Helder lidera un grupo de quince obispos de los estados de Pernambuco, Paraíba, Rio Grande do Norte y Alagoas —los más pobres del nordeste brasileño— para apoyar el manifiesto de tres grupos de activistas católicos, en el que protestan por la explotación a que están sujetos los trabajadores y por la represión oficial. Castelo Branco va a Recife para apaciguar a Dom Helder, pero él no lo recibe. La Iglesia y el Estado van por caminos distintos.[49]

La Iglesia brasileña es una de las primeras en seguir la orientación que da a la Iglesia el papa Juan XXIII y el Concilio Vaticano II en favor de los pobres y de la justicia social. De esa renovación pastoral y teológica surge la Teología de la Liberación, y sus principales exponentes son brasileños. Pero el Vaticano y las jerarquías continentales acusan a sus seguidores de estar influidos por teorías marxistas. Los teólogos no niegan que el análisis social lo hacen sobre esquemas marxistas pero que esto no implica su adopción a tal doctrina. El papa Pablo VI dice que la subversión comunista a veces se esconde «en la sotana de los curas». Su sucesor Juan Pablo II, aún más conservador, sanciona al franciscano brasileño Leonardo Boff, uno de los más destacados teólogos de la Liberación, y le impone un «período de silencio penitencial».

La archidiócesis de San Pablo, por varios años y en secreto, realiza una investigación —ordenada por el cardenal Paulo Evaristo Arns— sobre la represión en Brasil en los veintiún años de dictaduras militares y en 1985 la publica —los militares siguen en el poder— con el título *Brasil: Nunca Mais*. Documenta casos de asesinatos, torturas y desapariciones, describe los métodos e instrumentos que emplean en las torturas, recoge testimonios de 1.843 presos políticos, da listas de desaparecidos, identifica 242 centros clandestinos de tortura y da nombres de 444 torturadores.[50] Miembros de la Iglesia son también víctimas de la represión. Entre 1964 y 1978 son encarcelados 488 sacerdotes y religiosos, 31 son torturados, 5 asesinados, 11 desaparecen y 28 son expulsados del país.[51]

La guerra sucia queda en la impunidad, pues antes de entregar el mando los militares decretan una amnistía general para impedir que sean llevados ante los tribunales civiles para dar cuenta de sus crímenes. Tal amnistía la extiende a los prisioneros políticos, a la guerrilla y a la insurgencia. Con silencio y olvido cierran esa negra etapa de su historia.

URUGUAY, DEMOCRACIA DE PEGA

Uruguay, un pequeño y ordenado país de dos millones y medio de habitantes, considerado la Suiza de América, es un remanso de paz y de democracia. Los partidos tradicionales Blanco y Colorado se suceden ordenadamente en el mando en procesos electorales libres y justos. Los partidos Socialista y Comunista no son reprimidos, ni ilegalizados, salvo en la corta dictadura de Gabriel Terra (1933-1935) quien los proscribe a todos. La legislación uruguaya es una de las más avanzadas y progresistas del continente, el ejército profesional, sujeto al poder civil, respeta la Constitución, no interviene en política, y la Iglesia no interfiere en los asuntos del Estado. La política económica, nacionalista, coherente y enérgica y de sanas regulaciones sobre el capital extranjero, mantiene a Uruguay menos vulnerable a las presiones externas que sufre el resto del continente.[52]

Esa prosperidad económica y estabilidad política naufragan en los años sesenta en una de las peores crisis de la historia uruguaya. El estancamiento económico afecta los sectores más importantes de su economía y comienza a desaparecer su imagen de nación democrática con la creciente represión popular y el avance paulatino del militarismo. Uruguay comienza a parecerse al resto del continente, lamenta alguno.

El país sufre el deterioro de la situación económica —inflación, recesión, caída vertical del peso en 1963— y el gobierno acude al crédito externo, por escasez de reservas, y a la apertura al capital extranjero. El control de ese capital sobre la banca y sobre importantes sectores productivos afecta a sectores económicos. Las protestas de las clases obreras, de funcionarios públicos y de estudiantes contra esa difícil situación económica son reprimidas por la fuerza pública. El gobierno impone la ley marcial y suprime los derechos constitucionales y las libertades ciudadanas.[53] En ese contexto de agitación interna surge en 1965 el Movimiento de Liberación Nacional Tupamaros, uno de los movimientos guerrilleros más importantes del continente.

En las elecciones de 1966 gana, por un reducido margen, el general en retiro Óscar Gestido, del Partido Colorado. Una reforma constitucional ha restaurado el gobierno unipersonal, hasta entonces ejercido por el consejo de gobierno en el que han estado representados en forma equitativa los partidos.[54]

El poderoso movimiento sindical —controlado por el partido comunista— puede paralizar al país, pues los trabajadores de la banca, la industria y el comercio están sindicalizados. Las huelgas sindicales y de empleados públicos, para protestar por la caída de los salarios, el elevado desempleo y la escasez de viviendas, son masivas y continuas. Lo mismo las de estudiantes contra la represión. Tales manifestaciones son reprimidas por la fuerza.

Uruguay, una de las sociedades más igualitarias del continente, por primera vez se enfrenta a virulentos conflictos de clase por la negativa de los patrones a dialogar con los trabajadores y atender sus justas demandas.

Uruguay cae en la órbita del FMI y cede a sus demandas. El capital extranjero y las transnacionales norteamericanas invierten en sectores clave de la industria y las finanzas. La deuda externa va en ascenso. Tal entrega al capital extranjero, con la consecuente pérdida de su autonomía, no son gratas a muchos sectores económicos. Sólo están satisfechos los agroexportadores y financieros, ligados al capital extranjero y a los monopolios.

La muerte repentina del presidente Gestido en 1967 (gobierna pocos meses), lleva a la presidencia al vicepresidente Jorge Pacheco Areco (1967-1971) —un corpulento ex periodista aficionado al boxeo— del Partido Colorado como su antecesor. Pacheco Areco acentúa la dependencia del capital extranjero y se agudizan las fricciones entre los sectores económicos y políticos favorecidos y desfavorecidos con dicha política.[55]

Como respuesta al malestar general, a la protesta popular, a la radicalización de sectores pequeñoburgueses y de intelectuales de prestigio —favorables a las luchas populares y a la actividad guerrillera— Pacheco Areco decreta «estado de sitio permanente» y va conduciendo al país a una dictadura *de facto* que el pueblo llama «dictadura constitucional».[56]

Pacheco procede a fortalecer el poder presidencial. El Congreso no se opone. Bajo la ley marcial prohíbe a los partidos de izquierda alegando que «intentan destruir el régimen vigente mediante la lucha armada», clausura periódicos, impone censura de prensa y prohíbe las actividades sindicales y de movimientos estudiantiles a los que reprime duramente. Las huelgas y las manifestaciones populares y estudiantiles concluyen en violentos enfrentamientos con la fuerza pública con saldos de muertos, heridos, detenidos —son torturados— y centenares de trabajadores despedidos. Ordena la ocupación de universidades sin respetar su autonomía, interviene la enseñanza y algunos profesores son expulsados por cuestiones ideológicas. Los Tupamaros afirman que el presidente ejerce una represión innecesaria, con el solo propósito de sostener una «democracia burguesa de pega».

Ese abandono del gobierno de principios constitucionales y democráticos es recibido con sorprendente apatía por parte de la clase política. Un juicio que quiere adelantar un diputado contra Pacheco, por la arbitrariedad e ilegalidad de sus medidas, no encuentra apoyo en el Congreso.[57]

En ese mar revuelto prospera la corrupción dentro del gobierno y en pequeños grupos financieros que buscan enriquecerse con frenéticas y dolosas especulaciones y conversiones monetarias (cambian cuantiosas sumas en Argentina y Brasil por pesos y cruzeiros). En operaciones de devaluación monetaria, provocadas por esos grupos y denunciadas por el director del Banco de la República como fraudulentas, aparecen involucrados personajes prominentes.

El veloz enriquecimiento de esos grupos contrasta con el empobrecimiento de las clases media y popular. En junio de 1968, el salario real baja un 47 por ciento comparado con el período 1961-1966; el peso uruguayo pasa de 16 por dólar en 1964 a 250 en 1968; el coste de vida sube al 100 por ciento en junio de 1970 y seis meses después al 118 por ciento; y de 1967 a 1968 la producción global es sólo del 0,3 por ciento (inferior a la de Haití, las más baja del continente).[58]

El descontento general puede medirse en el entusiasmo con que el pueblo apoya los golpes de los Tupamaros, que sacuden la estructura de poder sin que la fuerza pública logre tocarlos. En 1969 el gobierno expide un decreto prohibiendo a la prensa informar sobre la guerrilla. No podrá mencionar la palabra «Tupamaros» ni siete sinónimos de «guerrillero». Los diarios evaden la censura usando términos como «innombrables», «sediciosos», «conspiradores» o «los que toman el nombre del Inca Túpac Amaru».[59]

Las relaciones amistosas de Uruguay con sus poderosos vecinos, Argentina y Brasil, es un asunto neurálgico y casi de supervivencia. Los colosos del sur, bajo dictaduras militares —también enfrentadas a movimientos insurgentes de peso— mantienen el ojo abierto sobre el acontecer uruguayo, listos a intervenir. Creen posible el triunfo tupamaro. La preocupación brasileña se refleja en la profusión de noticias y de comentarios que aparecen en sus medios de comunicación, sobre lo que sucede en Uruguay.[60]

Con el secuestro en Montevideo del cónsul brasileño Aloysio Dias Gomides y del agente norteamericano Dan Mitrione por los Tupamaros, el 31 de julio de 1970, Brasil moviliza tropas a la frontera con Uruguay. Su presencia alarma al pueblo uruguayo. Pacheco Areco protesta enérgicamente contra esa «intervención» pero la prensa uruguaya informa que Pacheco ha pedido la ayuda de tropas al presidente de Brasil, general Médici, para combatir a la guerrilla.[61] Los gobiernos de Argentina, Brasil y Uruguay saben que los guerrilleros burlan sus sistemas de seguridad y que se prestan ayuda a través de sus fronteras. Fuentes militares sostienen que los Tupamaros reunieron en Montevideo a los principales dirigentes de los movimientos armados del continente y que de esa reunión de «coordinación» sale una colaboración entre Montoneros y Tupamaros en el secuestro y asesinato de Aramburu.[62]

La colaboración entre los organismos de seguridad de Argentina, Brasil y Uruguay para capturar activistas y opositores refugiados en otros países es una realidad inocultable. En 1967 un estudiante brasileño, detenido en Uruguay, intenta suicidarse cortándose las venas para impedir que la policía uruguaya lo entregue a la policía política de Brasil (DOPS). Son frecuentes las denuncias sobre la participación de agentes extranjeros en interrogatorios y en sesiones de tortura de presos políticos que a pesar de ser vendados los reconocen por el acento.

«La senda nos la marcó el Che»

Un día, en 1965, el pueblo uruguayo se sorprende y las fuerzas de seguridad se intrigan cuando ven en las paredes de Montevideo escrita la palabra «Tupamaros». Poco después se enteran, por la acción terrorista, la propaganda y las denuncias que encuentran en lugares públicos —firmadas «Tupamaros»— que se trata de un grupo guerrillero. Es el Movimiento de Liberación Nacional Tupamaros, fenómeno nuevo en Uruguay. Su máximo líder es Raúl Sendic, quien tiene larga trayectoria en la organización del movimiento obrero y rural.

Los Tupamaros llevan más de año y medio preparándose militarmente. Sus militantes son estudiantes y profesionales de clase media y burguesa —hombres y mujeres—, algunos hijos de familias pudientes, la mayoría católicos. A medida que crece es más fuerte la militancia de extracción popular. El centro de sus operaciones es Montevideo.

Los Tupamaros comienzan a asaltar bancos, a robar armas y a tener enfrentamientos armados con la policía. Al principio pasan inadvertidos, pues la atención del país está concentrada en la campaña presidencial. La agitación social y sindical por la crisis económica por la que atraviesa el país favorece la lucha guerrillera. Los Tupamaros han consolidado el movimiento y armado a sus combatientes. A comienzos de 1968 lanzan sus primeras grandes ofensivas.

Con el secuestro del doctor Pereyra Reverbel, presidente de UTE y de la Asociación Bancaria, en agosto, el prestigio de los Tupamaros crece como espuma. En un comunicado denuncian la corrupción de banqueros y de financieros, la represión «fascista» contra sindicatos, estudiantes y clases populares, la política económica de «entrega» al capital norteamericano y advierten que «nada quedará impune» y que la justicia popular actuará «en la forma que corresponda y convenga». Tal es la razón —dicen— de la detención de Pereyra, «digno representante del régimen». Señalan que él no ha pagado por el asesinato de un vendedor de periódicos. Ordenó asesinarlo por vocear un diario en el que se le acusaba de homosexualidad. Salió de la cárcel en corto tiempo por sus conexiones con el gobierno. Antes de soltarlo comprobarán si la fuerza pública respeta la integridad de sus compañeros detenidos. La policía no lo encuentra. Lo sueltan cuando tienen a bien.[63]

Los Tupamaros, protegidos por esa simpatía oculta pero efectiva de muchos uruguayos, se mueven como pez en el agua burlando el asedio de la policía. Aplican su propia justicia: «ajustician» oficiales torturadores y a funcionarios corruptos, realizan sus propios allanamientos a bancos y a instituciones financieras, sustraen fondos y capturan documentos que luego entregan a la prensa. Al Casino San Rafael en Punta del Este le sustraen 55 millones de pesos y a la Financiera Monty 6 millones, y publican sus libros de contabilidad para denunciar las operaciones tramposas y fraudulentas en las que aparecen implicadas figuras prominentes de la banca y del gobierno. La justicia se ve obligada a actuar y comprueba la veracidad de las acusaciones de los Tupamaros. El ministro del ramo renuncia. El ataque al Banco Francés Italiano y las denuncias sobre su actuar fraudulento prácticamente lo obliga al cierre. Los Tupamaros ponen a tambalear al sistema bancario uruguayo.[64] El cálculo oficial, en 1970, es que los Tupamaros tienen cerca de tres mil militantes, cerca de cuatro mil simpatizantes y que cuentan con una infraestructura consistente, difícil de desmantelar.[65]

La acción más espectacular y la que tiene mayor repercusión nacional e internacional es el secuestro simultáneo, en julio de 1970, de Dan Mitrione, agente de seguridad de Estados Unidos, del cónsul del Brasil, Aloysio Dias Gomide —fundador del movimiento de extrema derecha Tradición, Familia y Propiedad—, de dos altos funcionarios de la embajada de Estados Unidos (uno escapa y al otro lo sueltan) y de Claude Fly, funcionario de una empresa norteamericana de quien se rumorea que es agente de la CIA. En un comunicado, los Tupamaros acusan a Mitrione de ser «un espía norteamericano colocado por el gobierno uruguayo en el seno de los organismos de seguridad del Estado» que ha reconocido ser «consejero técnico» de la policía de Montevideo. Publican fotocopias de sus documentos de identidad, entre és- tos la credencial del FBI. Lo acusan de ser un «agente de la represión imperialista» disfrazado de asesor de la AID, cuya función es enseñar métodos terroristas y de tortura y que tales funciones las ha desempe- ñado en Brasil. Dicen que enseña a torturar sin que se «pierda» al pri- sionero pues la teoría de Mitrione es que «un policía poco eficaz es el que mata porque pierde al informante».[66]

Los Tupamaros exigen la liberación de cincuenta guerrilleros. Lue- go piden la libertad de todos los presos políticos —más de trescientos, entre éstos treinta mujeres— que deben ser trasladados a Argelia, México o Perú. Pero la captura en esos días de Raúl Sendic, jefe máximo de los Tupamaros, y de otros dirigentes, cambia las reglas del juego. El gobierno se niega a negociar. Cree haber descabezado al movimiento.[67]

Washington dice que no al canje. Cree —como cree Pacheco— que el movimiento está decapitado y que el gobierno lanzará una ofensiva para desbaratarlo. En efecto, trata de hacerlo. Al negarse el gobierno a negociar, los Tupamaros «ajustician» a Mitrione. Su cadáver aparece en la madrugada del 10 de agosto con cuatro balazos de calibre diferente. Dicha historia queda perpetuada en la escalofriante película *Estado de sitio* (1980), del director griego Costa Gavras. Es un testimonio del cine político.

El gobierno decreta duelo nacional y continúa la operación «rastri- llo», ahora con la asistencia de un centenar de policías brasileños.[68] Los Tupamaros liberan a los otros secuestrados.

La Revolución cubana es la principal fuente de inspiración de los Tupamaros, pues es la primera revolución socialista realizada por no comunistas. Admiran profundamente al Che Guevara y al sacerdote colombiano Camilo Torres Restrepo, por su concepción cristiana de la lucha revolucionaria, afirma Urbano, líder Tupamaro, entrevistado en los años setenta «en algún lugar de Montevideo infestado de bayonetas» por la agencia de noticias cubana Prensa Latina. «La senda que nos trazó el Che es la conciencia revolucionaria» que los auténticos revolucionarios seguirán, agrega. Habla de la toma del poder con el pueblo para llegar a la revolución socialista. Los Tupamaros son nacionalistas y antiimpe- rialistas, pero su lucha «a muerte» es contra la corrupción del gobier- no, contra los poderosos sectores económicos nacionales y extranjeros y contra el «enemigo de clase del aparato burgués y sus agentes».[69] Su objetivo es mejorar la situación de los desposeídos y liberar a Uruguay de la dependencia extranjera.[70] Los Tupamaros son uno de los movimientos guerrilleros más importantes de América Latina, el de mayor impacto nacional, el más activo y efectivo, el de mayor imaginación. Su lucha, dura, osada y exitosa dura seis años. Muchos son asesinados, brutalmente torturados o desaparecidos. Pero «los muertos que vos matastes gozan de buena salud», anota Urbano.

Pacheco Areco da vía libre a las fuerzas militares para combatir la subversión. Lo hacen con lujo de violencia. Tiran a matar. Pero en cuatro años no logran derrotarla. No pueden hacerlo por incompetencia, por la habilidad de la guerrilla y por la protección que le brindan amplios sectores de la población. Ésta es la mayor dificultad para capturarlos. «Probablemente todos conocemos a algún Tupamaro, lo que ocurre es que no sabemos que lo es. Lo que juega en última instancia es justamente el apoyo de la población, de esa gente normal, pacífica, insospechable. Es el agua donde se mueve el pez del MLN», afirma un oficial de inteligencia uruguayo.[71]

La luz verde que da Pacheco Areco a los militares pavimenta su camino hacia el golpe. No ocupan posiciones dentro su gobierno, pero son el poder detrás del trono. Juan María Bordaberry, su sucesor —también en manos de los militares—, autoriza la más brutal represión para liquidar la guerrilla. Bajo Pacheco, por primera vez en Uruguay, hay torturas sistemáticas, desapariciones y tiroteos a estudiantes, pero con Bordaberry —títere de los militares— la guerra sucia se extiende y agudiza. Los deja gobernar y luego lo echan abajo.

COLOMBIA, DEMOCRACIA Y VIOLENCIA

Colombia entra a la década de los años sesenta bajo el gobierno de Alberto Lleras Camargo (1958-1962), dirigente del Partido Liberal y primer presidente del Frente Nacional, del cual es artífice. Tal acuerdo, celebrado entre los dos partidos tradicionales —Liberal y Conservador— busca poner fin a la violencia desatada por las dictaduras hegemónicas conservadoras y por la militar del general Rojas Pinilla, de la cual es víctima el pueblo liberal. Los muertos se calculan en cerca de trescientos mil, la inmensa mayoría campesinos. Tal violencia ocasiona el surgimiento de grupos que toman las armas para defender su vida y la de sus familias.

El Frente Nacional, aprobado en un plebiscito nacional por abrumadora mayoría, logra la paz política, pero no el cese de la violencia en el campo. Los más importantes grupos guerrilleros han depuesto las armas acogiéndose a la amnistía «general e incondicional» decretada por el general Rojas Pinilla en 1953. Pero muchos amnistiados han regresado al monte para continuar la lucha, pues el gobierno no cumple la promesa de entregarles tierras y de respetar sus vidas. El ejército continúa asesinándolos. Esa amnistía de Rojas Pinilla también cubre al ejército y a la policía, ejecutores de esa violencia. Sus crímenes quedan impunes. Esto crea una enorme desconfianza y resentimiento en el pueblo, que ha sido su víctima.

El principal empeño de Lleras Camargo es afianzar la paz, no con represión sino con medidas políticas y sociales. La temática predominante de su gobierno es «Amnistía y rehabilitación» con la que busca atraer a los que continúan la lucha armada. En 1959 ofrece una segunda amnistía y pone en marcha programas de asistencia social, de desarrollo de la comunidad y de acción comunal. La amnistía es sólo para aquellos que las autoridades comprueben que buscan la paz y la rehabilitación. Las acciones judiciales no prescriben. Pueden ser renovadas en casos de reincidencia. No es una amnistía de perdón y olvido, como la de Rojas Pinilla, sino de libertad y ayuda con vigilancia.[72]

La experiencia negativa de la amnistía de Rojas está viva y hace fracasar la de Lleras. Aún están frescos los asesinatos de guerrilleros amnistiados por Rojas, entre ellos el de Guadalupe Salcedo, la figura más destacada de la guerrilla liberal en los Llanos orientales. Muere acribillado en una emboscada policial en la capital. Al término legal de la amnistía de Lleras, en julio de 1959, la violencia se agudiza en un círculo vicioso de hostigamiento y atropello militar contra la población civil y de enfrentamientos entre los guerrilleros y el ejército. En enero de 1960, en distintos lugares del país, el ejército, a sangre fría, asesina a tres notables guerrilleros amnistiados y en 1963, después de un intenso tiroteo con su cuadrilla, remata a Chispas, un famoso guerrillero del Tolima también amnistiado por Lleras, quien había reanudado su lucha por el continuo asedio del ejército. Lo acusa de numerosos crímenes y de ser el «bandolero n.° 1». El gobierno ofrece una jugosa recompensa por su cabeza.

Muchos no aceptan la amnistía que ofrece Lleras, pues encuentran sus garantías «insuficientes, sospechosas o engañosas». Varios amnistiados, hostigados por el ejército, regresan al monte. Otros vuelven a la lucha, pues no se adaptan a la vida civil. Algunos toman el camino del vandalismo y de la delincuencia común.[73]

La incapacidad del gobierno para erradicar la violencia —algo imposible de lograr en corto tiempo— es el punto central del debate político contra Lleras. Los conservadores lo acusan de tolerar las que llaman «repúblicas independientes», cinco zonas controladas por la guerrilla comunista (en 1965 se institucionaliza como Fuerzas Armadas Revolucionarias de Colombia, FARC), pues consideran que quebrantan la soberanía nacional. Rojas no pudo erradicarlas.

La continuación de la violencia crea sentimientos de frustración y de impotencia en sectores políticos. Piden que el ejército liquide la guerrilla —que ahora califica de «bandoleros»— aunque muchos se alarman con la brutalidad del ejército que está engarzado en una «guerra punitiva» contra el pueblo: fusila campesinos, viola mujeres y quema sus ranchos acusándolos de apoyar a la guerrilla. Ésta es una nueva etapa de la violencia.

La estrechez democrática del Frente Nacional, la hegemonía bipartidista y su alternación en el poder —impide la participación de los demás partidos— es fuente del creciente descontento popular y de la rebeldía estudiantil. El pueblo busca nuevos caminos. Surgen las centrales obreras: la CSGT (1965), impulsada por el Partido Comunista colombiano, y la CGT por la Democracia Cristiana, cuyo objetivo es romper el monopolio que ejercen la CTC y la UTC, confederaciones sindicales oficialistas.

Y surgen nuevos partidos: el Movimiento Revolucionario Liberal (MRL), disidencia del Partido Liberal, liderado por Alfonso López Michelsen, el Frente Unido del joven sacerdote Camilo Torres Restrepo, la Alianza Popular (ANAPO), creada por Rojas Pinilla y el Movimiento Obrero Estudiantil Campesino (MOEC), movimiento político-militar de estudiantes no comunistas.

El fenómeno de mayor significación en el panorama político, dominado por la alianza liberal-conservadora, es el MRL, opuesto a la alternancia del Frente Nacional. Representa la mayor quiebra numérica y política para el Partido Liberal. Surge como Movimiento de Recuperación Liberal, pero luego cambia el término «recuperación» por el de «revolución», en boga en el continente. En febrero de 1960 sus planteamientos son más radicales: habla de la nacionalización de los recursos naturales, de una verdadera reforma agraria y el apoyo a la Revolución cubana. Jóvenes políticos y dirigentes liberales ingresan al MRL y luego viene la adhesión de movimientos populares y de movimientos guerrilleros atraídos por sus posiciones políticas.

Dentro del MRL surgen dos vertientes: la blanda, liderada por López Michelsen que busca sustituir a la dirigencia del liberalismo, monopolizada por los llamados «jefes tradicionales», con nuevas figuras que cuenten con apoyo popular y llegar al cambio revolucionario dentro de los marcos constitucionales. Y la dura de la juventud (JMRL), apoyada por el Partido Comunista y por sectores populares que quieren un cambio revolucionario y la «toma del poder por el pueblo».[74] El MRL penetra en zonas rurales con una campaña de captación campesina que ofrece cobijar bajo sus banderas a la insurgencia. En las contiendas electorales, las masas campesinas y los grupos armados apoyan al MRL de forma abrumadora, como aliado táctico. El MRL hace alianzas electorales con el Partido Comunista (ilegal de 1949 hasta 1969), aunque esto no es del agrado de López, que no quiere comprometerse con los comunistas ni tomar posiciones extremas.[75]

Para el Departamento de Estado las «veleidades» izquierdistas de López Michelsen son peligrosas. Señala la participación de comunistas y de «compañeros de viaje» en las actividades del MRL. Teme que López, como Jorge Eliécer Gaitán, parta en dos al Partido Liberal para «poner en marcha un movimiento popular que pueda ser tomado por los comunistas». Roy Rubottom, subsecretario de Estado para Asuntos Interamericanos, anota al margen en un documento confidencial de su embajada en Bogotá que hay que «desacreditar a Alfonsito». Desacreditar a los dirigentes de izquierda es parte de la estrategia anticomunista de Washington para minar sus fuerzas. Por esas mismas fechas, Julio César Turbay Ayala, canciller de Lleras Camargo, ofrece a Washington cooperar sobre el «problema del comunismo» en América Latina.[76]

La Revolución cubana, los procesos revolucionarios en la China Popular, la guerra en Vietnam, la independencia de Argelia y la nueva orientación de la Iglesia católica de Juan XXIII, con su compromiso con los pobres y con la justicia social, son incentivos para el drástico viraje en las concepciones y objetivos de la lucha armada en Colombia. Ahora se enmarcan en el contexto más amplio de las contradicciones ideológicas y políticas mundiales y en la lucha de clases. Las motivaciones partidistas de los años cincuenta son asunto del pasado.

En esa década surgen varios grupos armados cuya lucha es político-militar. En 1961 surge el Ejército Revolucionario de Colombia, grupo pionero, en 1962 el Ejército de Liberación Nacional (ELN), procastrista —creado por estudiantes universitarios— en 1965 las Fuerzas Armadas Revolucionarias de Colombia (FARC) —la guerrilla comunista campesina más antigua de Colombia, surgida en los años cincuenta en la época de la violencia partidista de los gobiernos conservadores contra el pueblo liberal— en 1964 el Ejército Popular de Liberación (EPL) —de una escisión en el Partido Comunista— en 1960 el MOEC, y de un rompimiento interno del MOEC surgen las Fuerzas Armadas de Liberación (FAL).[77] Algunos de esos grupos intentan involucrar reductos de la guerrilla de los años cincuenta con resultados negativos. Sus objetivos son otros.

El ingreso del sacerdote Camilo Torres en el ELN, en octubre de 1965, un hombre culto, educado en la Universidad Católica de Lovaina y miembro de una familia prominente, sorprende y alarma a la sociedad y a la Iglesia. Es el primer sacerdote que toma las armas contra el poder establecido. Ese paso tan drástico obedece a la frustración de no haber logrado convencer a la retrógrada y reaccionaria jerarquía de la Iglesia católica colombiana que las injusticias, desigualdades y miserias a que está sometido el pueblo requiere un cambio y que en ese cambio la Iglesia tiene responsabilidad. La Iglesia lo sanciona y él acata las restricciones que le impone. No obstante, está convencido de que su obligación como cristiano no es dar la espalda a los problemas y conflictos sociales, como lo hace la alta jerarquía de la Iglesia. Ve que las soluciones a los conflictos sociales no son posibles en Colombia por vías legales que permanecen cerradas. Ingresa en el ELN pues sus objetivos y motivaciones son los mismos. La noticia de su muerte, abatido por el ejército, causa un tremendo impacto no sólo a nivel nacional sino continental. Camilo es figura destacada del santoral revolucionario latinoamericano.

Para el ELN la Revolución cubana es fuente de inspiración y de conocimientos, afirman Rafael y Felipe, dos de sus militantes en una entrevista con Marta Harnecker, socióloga chilena, en 1988. «Nuestros libros de cabecera durante mucho tiempo —le dicen— son *Guerra de guerrillas*, un método del Che y *¿Revolución en la Revolución?* de Regis Debray.» En Colombia «muchos sacerdotes, monjas y laicos simpatizan y desarrollan un trabajo, un proselitismo orientado hacia el ELN aunque no estén involucrados orgánicamente» —afirman—. Camilo es su comandante por lo que hizo, no sólo como sacerdote sino como revolucionario. Sus investigaciones, estudios, su conducción del Frente Unido, su vida guerrillera, va más allá del mero sacerdocio».[78]

Miembros de los movimientos armados y de la Juventud del MRL reciben instrucción militar en Cuba. En los años sesenta la guerrilla colombiana está en plena acción.

Colombia y Cuba

Ningún país del continente lleva la bandera contra la Revolución cubana con mayor decisión que Colombia, bajo el gobierno de Lleras Camargos, pero sin hacer pronunciamientos públicos. Cuando triunfa, Lleras le comenta en privado a John M. Cabot, embajador de Estados Unidos, que el triunfo de Fidel es como si en Colombia hubiera triunfado Mariachi (un bandolero) y llegara por esos mismos medios a la presidencia de la República. Agrega que a Cuba le tomará muchos años recuperarse de los efectos de la Revolución. Cree —como cree Washington— que es un fenómeno transitorio.[79]

Lleras Camargo goza de prestigio en las altas esferas del continente y es muy apreciado en Washington. Es el artífice de la Organización de Estados Americanos (OEA) y su primer secretario general. Por su conocimiento de los problemas del hemisferio y por el respeto de que goza, Washington lo consulta en forma continua. Son momentos de efervescencia revolucionaria que preocupan enormemente al gobierno de Eisenhower.

Hay conmoción en el continente y paranoia en los gobiernos por la actividad revolucionaria de Cuba. Ven en la sucesión de pequeños y fallidos intentos de «invasión» a Panamá y a países caribeños, que salen de isla, evidencias de las intenciones de Cuba de «exportar» su Revolución y desestabilizar a sus países. El gobierno cubano niega tener responsabilidad en tales incidentes. La OEA investiga la «invasión» a Panamá y lo exonera de ese hecho.

Fulgencio Lequerica, embajador colombiano en La Habana, comunica al gobierno que es «innegable el trasiego de armas en el Caribe», pues un barco de guerra cubano ha decomisado gran cantidad de armamentos de la goleta *Nautilus* que iba con rumbo desconocido y que «en forma nebulosa» exiliados centroamericanos en la isla siguen preparando invasiones a sus respectivos países. Pide a la cancillería que le envíe un par de detectives para que le sirvan de «ojos y oídos», se mezclen con la gente en lugares en los que su dignidad no le permite frecuentar y a donde no tiene acceso la comunidad colombiana en Cuba que «no me sirve para nada», pues son monjas y delincuentes.[80] La prensa colombiana informa que Samuel Moreno Díaz, yerno de Rojas Pinilla, planea una invasión a Colombia en combinación con el Che y que su intención es llevar a cuatrocientos cubanos para reforzar a la guerrilla.

Washington consulta con Lleras Camargo sobre la convocatoria del Órgano de Consulta de la OEA para que estudie la situación del Cari-

CON LAS ARMAS EN LA MANO

be. Su objetivo es condenar a Cuba por «exportar» su Revolución. Quiere que Colombia sea la sede. Lleras está de acuerdo con la conferencia pero le sugiere que sea en Washington. Tuvo lugar en Santiago de Chile en 1959. Turbay Ayala, canciller de Colombia, fue escogido para presidir esa V Reunión de Consulta. Washington no logra la condena a Cuba.

El gobierno de Lleras colabora con Washington en la elaboración de la agenda para la VII Reunión del Órgano de Consulta, en San José, Costa Rica, en 1960, cuyo objetivo es condenar a Cuba por haber aceptado la ayuda militar soviética que le ofrece Kruschev en caso de ataque de Estados Unidos. En esa ocasión Washington tampoco logra su condena. El nombre de Cuba no aparece en ningún documento de esa reunión.

Fidel responde a la Declaración de San José con la Primera Declaración de La Habana en la que acusa «la sumisión miserable de gobernantes traidores» y al imperialismo. Lleras considera que Fidel ha ofendido a los gobernantes y suspende las relaciones con Cuba (lo hace poco antes de que llegue a Colombia el presidente Kennedy en visita oficial). Cuando Turbay Ayala explica ante el Congreso las razones de la ruptura —enormemente impopular en el pueblo— dice que muchos países le han «tomado la delantera». Esos muchos son las dictaduras centroamericanas y caribeñas y Perú, cuyo presidente, Manuel Prado y Ugarteche, es exponente de la rabiosa derecha peruana.

Después de la declaración de Fidel sobre el carácter socialista de la Revolución y del fiasco de Bahía de Cochinos en 1961, Kennedy, con más empeño, intenta dar al traste con la Revolución cubana y con Fidel. Da luz verde a la más extensa operación de la CIA —Operación Mangosta— y moviliza su equipo diplomático para lograr su expulsión de la OEA y aplicarle sanciones. Colombia otra vez aparece liderando la política contra Cuba. Colombia propone en la OEA la convocatoria del Órgano de Consulta y el canciller Turbay va de capital en capital en busca de apoyo. En un ir y venir de funcionarios del Departamento de Estado y de la cancillería colombiana elaboran la agenda de esa reunión. Por ironías del destino, el periplo de Turbay se interrumpe en un vuelo que sale de México, cuando el avión en que viaja es secuestrado y obligado a aterrizar en La Habana. Fidel va a verlo al aeropuerto. En ese momento está reunida la Conferencia Interamericana sobre la Alianza para el Progreso en Punta del Este, Uruguay, y el Che preside la delegación cubana. Cuando se entera del forzado arribo de Turbay a La Habana suelta una sonora carcajada.

Colombia ha propuesto la convocatoria de esa reunión bajo el artículo 6 del TIAR, Tratado Regional sobre Defensa Colectiva. Tal artículo se refiere a agresiones militares, y no puede aplicarse en este caso. La mayoría, no obstante, apoya tal petición. La VIII Reunión de Consulta tiene lugar en Punta del Este, Uruguay, en febrero de 1962 y Cuba es expulsada de la OEA. Los seis países más influyentes del continente se abstienen.

En Colombia —como en el resto del continente— las medidas contra Cuba son recibidas con violentas manifestaciones de protesta, con pedradas a la embajada de Estados Unidos y quema de sus banderas.

La «pacificación» de Valencia

Guillermo León Valencia (1962-1966) es el segundo presidente del Frente Nacional. En ese momento está prendida la guerrilla colombiana y en el continente está en *full swing* la política de contrainsurgencia de Estados Unidos con asesoramiento de sus Boinas Verdes (fuerzas especiales). Valencia y los militares están decididos a liquidar a los «bandoleros» —grupos armados que quedan de la violencia de los años cincuenta— y a la guerrilla surgida al calor de la Revolución cubana.

Ningún gobierno colombiano combate más duramente a la insurgencia que Valencia. Abre las puertas a la intervención de los Boinas Verdes. En 1962 llega al país una misión para entrenar y asesorar al ejército.[81] El ejército emprende la «pacificación» con operativos de «cerco y aniquilamiento» y pone en práctica —desde entonces— las acciones cívico-militares, modalidad de la estrategia contrainsurgente de Kennedy. Ambas nuevas en Colombia. También aplica el Plan LASO (Latin American Security Operation), un plan del Pentágono que combina el concepto de seguridad nacional y desarrollo e involucra al ejército en la seguridad interna y en los planes nacionales de desarrollo.

El general Ruiz Novoa, ministro de Guerra, veterano de la guerra en Corea (Colombia es el único país latinoamericano en enviar fuerzas), es ficha del Pentágono. Pone en práctica su Plan LAZO —copia fiel del plan del Pentágono— y adoctrina a las fuerzas armadas con ideología anticomunista. Muchos ya la han recibido en los centros militares norteamericanos y en sus bases en Panamá.[82] En 1962 el ejército monta las llamadas Defensas Campesinas en las zonas de conflicto. Se convierten en un nuevo factor de violencia.

En 1965 el general Ruiz Novoa lanza un extenso operativo contra Marquetalia —no es el primero—, zona controlada por la guerrilla comunista, liderada por Manuel Marulanda, «Tirofijo». Para ablandar a la población antes del ataque, emprende acciones cívico-militares —construcción de carreteras y caminos de penetración, escuelas, puestos de salud y cargamentos de medicinas, alimentos y ropa— como preparación psicológica con la que busca quebrar la resistencia campesina contra el ejército, ejecutor de la violencia. El ejército pide la evacuación de la población, pero muchos se quedan. Después lanza el ataque. En la operación toman parte mil quinientos soldados del Batallón Colombia, veterano de la guerra en Corea, experimentado en una guerra de verdad contra el «enemigo comunista». Usa las mismas tácticas en Marquetalia. Con helicópteros y aviones bombarderos de caza, ametralla y lanza bombas de cinco toneladas contra la población. El objetivo es aniquilar a la guerrilla. Es una guerra prolongada de escaramuzas, emboscadas y combates en la que mutuamente se infligen bajas. El ejército, con quince mil hombres, toma la población.

El ejército convierte la «toma» militar de Marquetalia en un hecho memorable. Lo celebra con una misa de campaña en la cordillera, a la que asisten los altos mandos militares, ministros del despacho y altas autoridades del gobierno. Y en ceremonia igualmente solemne en la capital, al presidente Valencia el ejército le hace entrega de «Marquetalia libre de bandoleros». No obstante, el ejército ha tomado la «plaza» pero no ha cumplido con su principal objetivo: derrotar a la guerrilla y capturar a Tirofijo, su jefe máximo, por cuya cabeza ofrece cincuenta mil pesos. Los guerrilleros se refugian en el monte y los comunistas mantienen el control militar y político de esa zona, resistiendo el acoso del ejército.

Después de la experiencia de Marquetalia, la guerrilla comunista se organiza como grupo militar. Es el origen de las FARC (Fuerzas Armadas Revolucionarias de Colombia) que se institucionaliza en 1965. La zona continúa cercada por el ejército y Tirofijo continúa ocupando el monte y transitando por los caminos secretos de los indígenas. Entra y sale sin ser visto.

El ejército en varias ocasiones anuncia que ha «liquidado» a la guerrilla, pero después de cada golpe parece resurgir con mayor fuerza. A pesar de los operativos militares, asesorados por Boinas Verdes, el ejército no logra derrotarla, aunque le causa numerosas bajas. El ELN, el ELP y las FARC amplían sus frentes y la lucha continúa.

Fin de la década

Al final de la década, el Frente Nacional ha consolidado la paz política y ha borrado las barreras políticas e ideológicas entre liberales y conservadores. Éstas se esfuman en el transcurso de tres gobiernos compartidos. Su lucha común es contra la subversión y contra la guerrilla. También ha desaparecido el conflicto entre el Partido Liberal y el MRL cuando López Michelsen, su jefe único, acepta el Ministerio de Relaciones Exteriores en el gobierno de Lleras Restrepo. El MRL pierde militantes y peso político y la oposición se debilita. Los movimientos y partidos de izquierda, fraccionados y enfrentados entre sí, no logran aumentar su escaso peso en la arena política, pero el Partido Comunista mantiene el control de las zonas de Sumapaz, Viotá y sur del Tolima. Las FARC amplían sus frentes, el MOEC, duramente golpeado se desarticula, las FAL y el ERC desaparecen y la ANAPO, partido populista de centro, creado por Rojas Pinilla, no logra congregar a las masas.

Las FARC amplían sus frentes y el ELN, procastrista, y el EPL consolidan sus fuerzas, pero no tienen fuerza militar o política de significación, ni constituyen una amenaza para el gobierno. No han sido derrotados y la lucha contrainsurgente está en un punto muerto. Veinte años más tarde, un general retirado sostiene: «Ni el ejército puede derrotar a la guerrilla, ni la guerrilla puede derrotar al gobierno».[83]

En 1970 el ex presidente Rojas Pinilla, candidato de ANAPO, está *ad portas* de la presidencia. Es derrotado por el candidato conservador, Misael Pastrana, por un ridículo margen. Según los analistas —y según muchas autorizadas voces— el gobierno le roba el triunfo con un fraude electoral. Como reacción a ese hecho, en 1973, jóvenes de la ANAPO crean el movimiento armado 19 de Abril (M-19), primera guerrilla urbana con características nuevas en Colombia. Desde su inicio despierta enorme interés y simpatía en sectores populares, intelectuales y de izquierda.

PERÚ, OCASO DE LA OLIGARQUÍA

Perú entra en los años sesenta, bajo el gobierno de Manuel Prado y Ugarteche, en medio de una severa crisis económica y de extrema agitación política y social. El general Manuel Odría tuvo que celebrar elecciones y retirarse, debido a la presión popular.

Prado enfrenta un país en ebullición. Han terminado las dictaduras militares de derecha y el país está en proceso de transformación. El pueblo ha luchado veinte años por la apertura política y la democratización del país.[84] Sectores estudiantiles, populares y de la pequeña burguesía empobrecida se han radicalizado y crece un pujante movimiento popular, sindical, estudiantil y campesino en demanda de cambios. Las huelgas, por cuestiones salariales, son constantes y los conflictos de tierra en la sierra se dan en dimensiones sin precedentes. Los más graves ocurren en 1959 y 1960 en Casa Grande y Paramonga, dos grandes ingenios azucareros, en propiedades de la compañía norteamericana Copper Corporation, y en la hacienda Torreblanca. Terminan en combates con la fuerza pública y en baños de sangre.[85] Pero el gobierno ha estado del lado de los propietarios nacionales y empresas extranjeras.

Prado llega al poder con una alianza con Haya de la Torre, jefe máximo del APRA, el partido más importante y de mayor arraigo popular. Esa alianza, que ellos llaman la «convivencia», es de mutuo beneficio. Haya de la Torre quiere su legalización y abrir canales para llegar al poder. El APRA ha oscilado entre la legalidad y la ilegalidad decretada por gobiernos militares y oligárquicos que lo persiguen por temor a su fuerza popular. Es una lucha constante, muchas veces sangrienta.[86]

Prado y el importante sector oligárquico que lo apoya creen necesario tener al APRA de su lado. Haya de la Torre se compromete a abandonar sus posiciones radicales a cambio de programas y medidas del gobierno que aseguren una distribución justa del ingreso y amplíen los beneficios sociales a los sectores populares.[87]

Haya de la Torre, nacionalista, no comunista, de extracción oligárquica, igual llega *ad portas* del poder que a la cárcel o el exilio. Igual obtiene el triunfo electoral —siempre frustrado por las oligarquías y los militares— o a la derrota con frecuencia fraudulenta. Miembros del APRA rechazan la alianza con Prado y con la oligarquía. Sectores estudiantiles y de la clase media se retiran del partido, crean el APRA Rebelde y luego el Movimiento de Izquierda Revolucionaria (MIR), como grupo armado. Otros sectores se unen a Acción Popular —partido de Fernando Belaúnde Terry— a la Democracia Cristiana, al Movimiento Social Progresista y al Partido Comunista que ha resurgido. El APRA pierde fuerza y Haya de la Torre prestigio. No obstante sigue siendo la mayor fuerza política del país.[88]

Por primera vez las masas campesinas, populares y de barrios marginales entran en la arena política con banderas nacionalistas, antioligár-

195

quicas y de reivindicación social. Piden reforma agraria, vivienda, empleo, salarios justos, educación y salud. Son demandas justas que responden a sus necesidades y son apoyados por sectores militares, estudiantiles y por la Iglesia.

Sectores oligárquicos también están en proceso de cambio. «La presencia de las barriadas pobres en la capital son motivo de preocupación para las clases pudientes y para las clases medias. Ven que esa miseria, que contrasta con el lujo limeño, es una amenaza latente. Los planes de asistencia social no son suficientes para cerrar esa brecha.»[89] Los grandes diarios, cuyos dueños o directores son de la oligarquía, por primera vez se ocupan de temas sociales y recomiendan cambios.

Medidas del gobierno en favor de la transnacional petrolífera, International Petroleum Company (IPC), norteamericana, y el alza del precio de la gasolina provocan un agitado debate político en la Cámara de Representantes contra la IPC, por la nacionalización del petróleo y en defensa de la soberanía nacional. Manifestaciones populares y estudiantiles, con banderas antiimperialistas, la piden. Lo mismo hacen sectores militares y de la Iglesia. Éste es el tema crucial de esa década.

En las elecciones presidenciales de 1962 triunfa Raúl Haya de la Torre, candidato del APRA, por catorce mil votos. Belaúnde Terry, su contendiente, la oligarquía y los militares alegan fraude. A la semana —antes de que Prado entregue la presidencia— los militares dan el golpe.

Toma el poder una Junta militar (1962-1963). Anuncia que pondrá orden a la agitación política y social que convulsiona al país y dará solución a los problemas derivados de esa sociedad injusta, pues con represión no se acallará el malestar del pueblo. En efecto, la Junta toma importantes medidas de corte social: expide una ley de reforma agraria, legaliza la toma de tierras por los campesinos, les reconoce el «control *de facto*» de las tierras que han ocupado, pero exige que sean pagadas. Nunca lo hacen. No obstante, reprime a los campesinos en la sierra para mantener el orden público.[90] En corto tiempo —como lo había prometido— celebra elecciones. Se retira con prestigio. Ha realizado reformas importantes y cumple con su palabra de entregar el poder.[91]

Fernando Belaúnde Terry (1963-1968) es elegido presidente. Derrota a Haya de la Torre. Belaúnde ofrece medidas reformistas, lleva gente nueva al gobierno y promete dar solución al problema con la IPC en noventa días. La nacionalización del petróleo ha sido uno de los temas centrales de su campaña.

El pueblo ve en Belaúnde una promesa de renovación y de cambio. En los primeros noventa días presenta una ley ejecutiva sobre reforma agraria pero el Congreso, dominado por una alianza mayoritaria del APRA y UNO (Unión Nacional Odriísta) la modifica para no afectar intereses de poderosos latifundistas nacionales y extranjeros. Sus propiedades quedan intactas. La reforma sólo se aplica en zonas de conflicto en la sierra. Campesinos e indígenas esperan que Belaúnde cumpla con su promesa de dar solución a los problemas de tierra. El gobierno envía a la sierra comisiones de expertos en reforma agraria, cooperativas, préstamos estatales e investigadores sociales con el propósito de atender sus demandas.

La cuestión no se arregla. A mediados de 1963 en todos los departamentos de la sierra —con excepción de Puno— ocurre una ola de tomas violentas de tierras con la consigna «Tierra o Muerte». En éstas toman parte cerca de trescientos mil campesinos, comuneros, colonos y trabajadores. Son reprimidas con violencia y algunas terminan en baños de sangre. El movimiento campesino toma fuerza con el apoyo de estudiantes, de militares en retiro y de abogados que les ayudan a crear organizaciones comunitarias y sindicales.[92]

El gobierno de Belaúnde pide apoyo y prestigio en amplios sectores. Tiene al Congreso en contra. Sus medidas reformistas son bloqueadas por la Alianza del APRA y UNO frustrando las esperanzas del pueblo. Reacciona con violencia cuando ocurre una inesperada devaluación de la moneda en un 44 por ciento —Belaúnde había asegurado que no se haría— y no ha resuelto el problema con IPC como prometía. En la sierra el MIR y el ELN, grupos armados surgidos bajo su gobierno, están atizando el fuego. Belaúnde promete liquidarlos.

La opinión pública se entera de que Belaúnde ha realizado negociaciones secretas con la IPC y que ha llegado a un acuerdo. Lo hace público. Dice que la IPC entregará pozos a cambio de condonarle una deuda de alrededor de doscientos millones de dólares (otros afirman que son seiscientos millones) con el compromiso de ampliar y modernizar sus instalaciones. Continuaría con el monopolio de la gasolina por un período de cuarenta años. El gobierno le otorga en concesión un millón de hectáreas para nuevas exploraciones de petróleo.

Líderes políticos comprueban que tales acuerdos son lesivos de los intereses nacionales y que Belaúnde ha ocultado partes importantes. Acción Popular, su partido, le retira su apoyo, el APRA se lava las manos y el influyente diario *El Comercio* arremete contra el presidente y le pide al ejército hacerse cargo de la situación.[93]

El gobierno naufraga en una profunda crisis de legitimidad, envuelto en ese escándalo y en otro de contrabando, a gran escala, en el que aparecen implicados congresistas, altos funcionarios y miembros de las fuerzas armadas. Es la corrupción a alto nivel. El engaño de Belaúnde al país y el comportamiento de las mayorías del Congreso que por mezquinas razones políticas han bloqueado importantes reformas sociales y han manejado irresponsablemente los fondos públicos son intolerables para muchos y en especial para los militares. Comparten el clima antioligárquico que se afianza en el país y toman el poder para realizar el cambio. El 3 de octubre de 1968 el general Juan Velasco Alvarado derroca a Belaúnde y lo deporta a Buenos Aires.

La insurgencia de los años sesenta

La situación de Perú, económica y social, es caldo de cultivo de la insurgencia y de la lucha armada revolucionaria. La Revolución cubana les sirve de estímulo. Es una sociedad semirrural en la que las mayorías, campesinas e indígenas —descendientes de los incas—, analfabetas, están sumidas en la miseria, en el total abandono y son explotadas como bestias por gamonales y terratenientes. Al otro lado de la escala social está la reducida clase aristocratizante y antidemocrática, dueña de extensos latifundios, que tiene control de los principales sectores económicos y de los grandes diarios y cuya enorme influencia juega un papel determinante en los destinos del país.

Con el apoyo de estudiantes y de sectores de clase media y de la pequeña burguesía, los campesinos y los obreros continúan organizándose en sindicatos. La figura principal del movimiento campesino e indígena en la sierra es Hugo Blanco, un «disciplinado trotskista», que se instala allí para impulsarlo. Ayudados por abogados cuzqueños comienzan a vincularse a la Federación de Trabajadores del Cuzco, dominada por el Partido Comunista.[94]

Blanco quiere que el Movimiento Sindical Campesino se convierta en una fuerza democrática que pueda enfrentarse al poder patronal, manejado por gamonales. No pretende alentar la lucha revolucionaria por el poder (así lo afirma en 1964 desde la cárcel), pues lo considera prematuro. Su objetivo es dar solución al problema de tierras, defender a los campesinos e indígenas en las ocupaciones de tierra e impedir que sean atropellados por el ejército, por gamonales y por terratenientes.

Alarmados con los levantamientos campesinos y por la toma de tierras, los terratenientes, los gamonales y la prensa limeña —portavoz de la oligarquía— piden al gobierno reprimirlos e impedir que continúen organizándose. La prensa comienza a alertar sobre la labor de Hugo Blanco en la sierra.[95]

En 1963, en una gran ofensiva contra el movimiento campesino —bajo el gobierno de Belaúnde—, Blanco y casi toda la cúpula dirigente campesina e indígena son detenidos. No obstante, la lucha continúa. En las ciudades las corrientes populares toman impulso y ganan espacio político.[96] La respuesta a esos conflictos, que más de una vez se originan en empresas transnacionales, es la violenta represión con saldos de muertos y de heridos.

A pesar de la represión, las fuerzas populares, estudiantiles, intelectuales y de izquierda, cada día más radicalizadas, siguen luchando por la apertura política y democrática. La contienda ideológica chino-soviética del momento produce las consabidas controversias político-ideológicas y el fraccionamiento de los partidos de izquierda. De éstos surgen grupos armados. Del APRA surge el Comité de Defensa de los Principios Apristas y de la Democracia Interna, el APRA rebelde y más tarde el Movimiento de Izquierda Revolucionaria (MIR) y Vanguardia Revolucionaria. Y el Frente de Izquierda Revolucionaria (FIR) y el Ejército de Liberación Nacional (ELN), ambos dirigidos por cuadros que salen del Partido Comunista y de la juventud comunista.

Al ELN, procastrista, lo conforman estudiantes, intelectuales, políticos, obreros comunistas y algunos campesinos. Es de tendencia «foquista» y su proyecto político es el gobierno popular, la expulsión de los monopolios extranjeros, la revolución agraria, la soberanía nacional y la amistad con todos los pueblos. El ELN es «infiltrado» y sufre deserciones y delaciones. De sus filas salen los mejores informantes del ejército y los peores enemigos de la guerrilla.[97] En 1965 el ejército provoca un enfrentamiento con el ELN que es un desastre para la guerrilla.

El MIR siempre está en convulsión, en polémicas, en pugnas y en luchas internas y con una estrategia errada según Héctor Béjar, uno de sus militantes. Pretende, sin hombres suficientes, crear tres frentes para obligar al ejército a dispersarse. Pero la superioridad numérica del ejército —tiene cincuenta mil hombres en armas— le permite llevar la guerra simultánea en varios frentes y lo golpea duramente. A pesar de las discrepancias conceptuales, políticas y estratégicas entre el ELN y el FIR, ambos hacen esfuerzos para unirse y coordinar la acción. No lo logran.

Sin saberlo dan combates más o menos simultáneos contra el mismo objetivo. El MIR y Blanco tampoco logran superar sus discrepancias, que no eran insuperables, comenta Béjar.

A nivel político la situación de la izquierda no es mejor. En 1961, Juan Pablo Chang y un grupo que no milita en ningún partido crean la Asociación para la Unificación de la Izquierda Revolucionaria (APUIR), cuyo objetivo es crear el Partido Único de la Revolución con las organizaciones y partidos de izquierda y dar un fuerte apoyo a la lucha campesina y a Hugo Blanco, que en 1961 aún está en la sierra sin soporte político. En 1963 el ejército lo captura. Los partidos ignoran ese llamado a la unidad y los pocos que apoyan a Blanco no le dan lo que más necesita en ese momento que es dinero, hombres y armas.

Un factor negativo en la lucha insurreccional peruana es el comportamiento político de la «nueva izquierda». Está desunida, fraccionada, se atacan unos a otros públicamente y no tiene planteamientos ideológicos y políticos coherentes. No estudia a fondo la complejidad de la realidad peruana, escribe Béjar.[98] Esa desunión y discordia política también se da en las organizaciones campesinas. Su lucha se debilita y es más vulnerable frente al ejército.

En siete meses de intensos combates el ejército desarticula los movimientos armados, liquida sus frentes y encarcela a sus máximos dirigentes. Muchos guerrilleros se pasan al bando enemigo y facilitan su tarea.[99]

Los «nasseristas» criollos

El general Juan Velasco Alvarado (1968-1975) prepara el golpe contra Belaúnde con un grupo de oficiales sin consultar con nadie. Cuando toma el poder negocia con los altos mandos. Anuncia que el «gobierno revolucionario» —así lo denomina— será colectivo de las fuerzas armadas, liderado por una Junta Revolucionaria, integrada por los generales más antiguos y de más alto rango. Conforma el gabinete con la alta jerarquía castrense.[100]

Los militares del gobierno revolucionario son progresistas, nacionalistas, antiimperialistas y antioligárquicos. Por esa tendencia —ajena a las dictaduras militares del continente— se les llama «nasseristas». El gobierno no es represivo, pero mantiene el orden con la fuerza, no incluye a los sectores populares en el gobierno pero les da participación política a través de cooperativas y de organizaciones comunales y sindicales. Da tierra a los campesinos y a los trabajadores rurales para explotarlas de forma asociativa. Los partidos políticos siguen funcionando pero ya no tienen peso frente al gobierno. No toca a la prensa, bastión de la oligarquía, pero en 1974 la estataliza.[101]

Este gobierno militar pone fin al largo período de la alianza de militares y las oligarquías que por primera vez carecen de fuerza política. Las nuevas fuerzas son las clases media y popular que entran a la escena política. Es un hecho revolucionario —escribe el historiador Pease García—, pues genera el cambio de clases.[102]

Los nasseristas son también una nueva clase militar, distinta a la que rige los destinos del país en los últimos veinte años. Comienzan a modernizarse, a depurarse y a prepararse profesionalmente en el Centro de Altos Estudios Militares (CAEM), creado en 1956. Allí los oficiales reciben preparación científica y analizan y estudian los problemas nacionales. El objetivo del centro es la formación de cuadros para la ejecución de planes nacionales de desarrollo y de política exterior, de modernización del país y del fortalecimiento de Perú en la arena internacional.[103]

La mayoría de la oficialidad, de clase media, es conciente de la situación de desigualdad de la sociedad peruana, de la pobreza del pueblo y del abandono de las masas populares y campesinas por parte de los gobiernos. Entiende que tal situación es la causa del malestar general y de la insurgencia. Entiende que la represión, sin tratar de dar solución a los problemas que originaban el malestar social, es errada y un camino peligroso.[104]

Su diagnóstico sobre la situación del país es pesimista: el subdesarrollo peruano es más agudo que el de los países vecinos, el poder real está en manos de latifundistas, agroexportadores, banqueros y empresas extranjeras —la mayoría norteamericanas— cuyos intereses en general no son los del pueblo ni los del país. El desarrollo debe ser planificado.[105]

En 1969 la poderosa prensa tiene el primer choque frontal con el gobierno cuando intenta controlarla. Sus directores acusan a Velasco de comunista, de atentar contra la propiedad privada y hacen fuertes críticas a su reforma agraria. Cinco años después Velasco la estataliza.

El gobierno monopoliza el manejo de la economía, de los latifundios agroindustriales, del comercio exterior y de la banca. En 1969 expide la Ley de Reforma Agraria para dar tierra a campesinos e indígenas y ampliar la producción de alimentos para cortar el drenaje de divisas. Expropia latifundios nacionales y extranjeros y con la Ley de Reforma Industrial «peruaniza» las empresas privadas, las convierte en empresas mixtas y ensaya el sistema de cogestión obrera siguiendo el modelo yugoslavo.

La expropiación a *manu militari* —a los seis días del golpe— del complejo petrolífero de la IPC, la nacionalización de plantas industriales, de ingenios azucareros, de plantas de productos químicos, de papel —pertenecientes a la W. R. Grace— y de la Corporación Cerro de Pasco —norteamericana—, con sus grandes reservas de cobre, estaño, oro y plata, son aplaudidas por el país.[106] Tal respaldo le da una sustantiva legitimidad al gobierno y le permite avanzar en sus programas de cambio de la estructura económica para centralizar su manejo. La pequeña burguesía intelectual y política apoya al gobierno y algunos colaboran y ocupan cargos de significación.

Tal política le reporta enormes tensiones con Estados Unidos. El gobierno teme que le aplique sanciones como lo hace con Cuba. Pero Washington teme a su vez que un tratamiento semejante pueda llevar a la «cubanización» de Perú y actúa con cautela. Nixon envía un representante para tratar la cuestión de la IPC sin ningún éxito. Pero cuando la armada peruana captura barcos pesqueros norteamericanos en sus aguas territoriales, le corta la ayuda militar y le suspende la venta de armas. El gobierno peruano, en represalia, expulsa la misión militar de Estados Unidos y no permite que la Comisión Rockefeller, en gira por el continente por encargo de Nixon, entre en Perú.[107]

La política exterior de Velasco Alvarado es tercermundista, independiente y de apertura. Estrecha relaciones con los países comunistas, en 1971 reestablece relaciones con Cuba y lidera un movimiento regional para que la OEA levante las sanciones que le impuso en 1964. En 1974 Perú ingresa en el Movimiento de Países No Alineados.

En 1975 comienza una grave crisis económica provocada por la recesión mundial, la caída de los precios de sus principales productos de exportación y la reducción de sus exportaciones. La deuda externa, el déficit fiscal y de la balanza de pagos y la inflación van en ascenso. En contra de su retórica tercermundista, Velasco se somete a las exigencias del Fondo Monetario Internacional.

Esta crisis provoca movilizaciones populares, protestas sindicales y huelgas —el gobierno las «ilegaliza»—, una de la policía deja Lima sin control policial. Tal situación es aprovechada por miles de maleantes para saquear el comercio. Esta huelga es sofocada con máximo rigor. La tensión crece con conflictos fronterizos con Bolivia y Chile en julio y agosto de 1975.

Los militares están descontentos con la situación y el 29 de agosto lo obligan a renunciar. Velasco sale solo del palacio presidencial, inadvertido para el pueblo limeño.[108] Se va, pero deja un nuevo Perú. Le ha dado el vuelco. Ha favorecido a las masas y ha reducido el poder de las oligarquías. Pero las graves dificultades económicas, sociales y políticas que afectan a todo el país abren las puertas a la oposición, tanto de izquierda como de derecha. Todos están descontentos. El general Francisco Morales Bermúdez (1975-1980), su sucesor, entierra la Revolución nasserista y el país regresa a lo de antes. Es el final de una experiencia extraordinaria, manejada por militares progresistas, con conciencia social, que ha despertado grandes esperanzas en las masas peruanas y es admirada más allá de sus fronteras.

VENEZUELA: EL PARTO DE LA DEMOCRACIA

Rómulo Betancourt (1959-1964), dirigente de Acción Democrática (AD), partido de masas, es elegido presidente de Venezuela con el apoyo masivo del pueblo. Es una figura liberal de talla continental y considerado uno de los políticos más sagaces y lúcidos de su época. Es el primer presidente civil después de una larga etapa de dictaduras militares, sangrientas, brutales y corruptas. Con él comienza el parto de la democracia.

Betancourt se enfrenta al surgimiento y desarrollo de un pujante movimiento guerrillero en la ciudad y en el monte, a una intensa agitación social, a levantamientos militares y a intentos de golpe de militares de derecha «nostálgicos de dictadura». Muchos se preguntan: «¿Por qué esa contradicción?».

Hay amargura en las izquierdas, marginadas a pesar de que la Junta Patriótica, promovida por el Partido Comunista, lleva a la caída de la dictadura de Pérez Jiménez. De esa Junta formaron parte Acción Democrática (AD), Copei y URD y sus máximos líderes Rómulo Betancourt, Rafael Caldera y Jóvito Villalba. En la euforia por la caída del tirano los comunistas ordenan a las fuerzas populares posponer las luchas sociales hasta que se afiancen la constitucionalidad y la democracia y se elija a un presidente por voto popular. Están tan «deslumbrados con el triunfo de la democracia» —afirma un ex combatiente veinte años

más tarde— que no negocian su representación en el gobierno. «No atis-
bamos —dice— que los políticos de siempre, aves de presa, buscaban las
sillas del poder.» Con cierta amargura, Pompeyo Márquez, uno de los
cinco comandantes de la insurgencia, lo recuerda: «Mientras corríamos
por los estadios gritando vivas a la libertad, los sectores dominantes
corrían a Miraflores [casa presidencial] para tomar el gobierno».[109] Las
valerosas jornadas populares de enero de 1958, con los comunistas a la
cabeza, son cosa del pasado. Quedan con las manos vacías.

Betancourt, anticomunista visceral, también los excluye. Desde el
exilio —antes de la caída de Pérez Jiménez— advierte que no quiere
ni tendrá ninguna relación con los comunistas. No forman parte de la
coalición de su gobierno —Punto Fijo— en la que sólo están representados AD, URD y Copei.[110]

La violencia social y la represión comienzan en los primeros meses
de su gobierno. El país atraviesa por una grave situación económica:
recesión, crisis fiscal, reservas agotadas, caída del precio del petróleo,
déficit presupuestario y elevada tasa de desempleo. Betancourt la enfrenta
con drásticas medidas de emergencia, profundamente impopulares.
Reduce los salarios (por primera vez en la historia de Venezuela), despide a miles de empleados públicos, eleva los impuestos y suprime el
Plan de Emergencia. Tal plan era de la Junta Cívico-Militar —primer
gobierno después de la caída de la dictadura— para ayudar a los desempleados.

Una manifestación de desempleados en la plaza de la Concordia en
Caracas en agosto de 1959, para protestar contra las leyes de Betancourt,
es disuelta a tiros por la fuerza pública con un saldo de cuatro muertos
y varios heridos. La violenta represión contra las clases populares y los
desempleados, la alianza de Betancourt con las oligarquías, su apertura
al capital extranjero y su política anticomunista, anticubana y de hostilidad hacia las izquierdas radicaliza a los partidos y movimientos de izquierda y genera un fuerte movimiento de oposición al gobierno.

En abril de 1960 un sector importante de las juventudes de AD
—partido de Betancourt— se retira y funda el Movimiento de Izquierda
Revolucionaria (MIR) que se declara marxista-leninista. En julio, Jóvito
Villalba, líder de la URD, se retira de Punto Fijo, coalición de gobierno, pues no está de acuerdo con la política interna ni exterior de Betancourt y es solidario con la Revolución cubana.[111]

En ese ambiente de gran tensión, en abril de 1960 se produce un
levantamiento militar de derecha, liderado por el general J. M. Castro

León, ex ministro de Defensa del gobierno anterior (es sofocado) y cuatro días después Betancourt sufre un atentado contra su vida (una comisión de la OEA comprueba que es obra del generalísimo Trujillo, dictador dominicano). En noviembre tiene lugar una gigantesca manifestación de obreros y campesinos de apoyo al gobierno. Pero continúan las contradicciones entre el gobierno y el pueblo. Las manifestaciones y protestas estudiantiles en universidades y en liceos, con incendio de buses, son enfrentadas por la policía con saldos de muertos y heridos. El periódico del MIR pide el cambio de gobierno y Betancourt ordena apresar a los periodistas y a diputados del MIR, pues considera que están alentando el golpe.

En enero de 1961 la situación económica comienza a mejorar con el alza del precio del petróleo —su principal producto de exportación— en los mercados exteriores. Pero la situación política se complica con más levantamientos militares. En febrero, oficiales de derecha intentan tomar la escuela militar y el cuartel de la guardia presidencial y otro, en junio, trata de tomar el cuartel Pedro María Freites. Ambos fracasan.

En enero de 1962 ocurren masivas protestas populares, entre éstas una de transporte de proporciones nunca vistas, y en junio y julio estallan nuevas sublevaciones militares en La Guaira, Carúpano y Puerto Cabello, éstas de oficiales progresistas. Fracasan pero causan gran revuelo en la población y honda preocupación al gobierno. Después de esos fallidos intentos, un contingente de altos oficiales crea las Fuerzas Armadas de Liberación Nacional (FALN) y comienza la lucha armada. Jóvenes de izquierda, del Partido Comunista, del MIR y de la URD se suben al monte.

Analistas califican al gobierno de Betancourt de constitucional pero antidemocrático. Su anticomunismo a ultranza lo lleva a ejercer una dura represión contra la guerrilla, contra los comunistas y contra sectores populares. La violencia venezolana de los años sesenta coincide (se supone que no por casualidad, según comenta el ex comandante Alfredo Maneiro) con una década violenta en toda América Latina cuyo detonante es la Revolución cubana.[112]

En los dos últimos años del gobierno de Betancourt la situación interna mejora. La economía está en proceso de recuperación y el apoyo al gobierno crece con la Ley de Reforma Agraria y el reparto de tierras en zonas de conflicto, con el impulso que da a la industria y con la nueva política petrolífera. Betancourt asegura una mayor participación del Estado, cambia el régimen de concesiones a las empresas extranjeras y crea la Corporación Venezolana de Petróleo para manejar ese sector prioritario de su economía.[113] Pero la represión a las izquierdas y su política anticubana genera una explosiva protesta del pueblo y malestar en sectores militares. Las manifestaciones, en defensa de la Revolución cubana, que aglutinan al pueblo, a estudiantes e intelectuales, son reprimidas con violencia por la fuerza pública. «Sólo Betancourt y la policía están en contra del sentir del pueblo», comenta Luben Petkoff, uno de los ex comandantes más destacados de la guerrilla.[114]

La política exterior de Betancourt es firme, coherente y vertical. Es uno de los más fervientes defensores de la democracia y tenaz opositor de las dictaduras de Trujillo y Somoza y de los gobiernos *de facto*. Insiste en que la OEA tome medidas en defensa de los principios democráticos y las expulse por ser contrarias al sistema interamericano. En julio de 1963, en carta a Kennedy, le dice que está «agobiado de preocupación ante el sombrío panorama que se perfila en América Latina» y le recuerda sus palabras en defensa de los valores democráticos.

Betancourt corta relaciones diplomáticas con las dictaduras de Trujillo en la República Dominicana, del coronel López Arellano en Honduras y de Duvalier en Haití. Después del golpe militar contra el presidente Prado en Perú, pide una reunión del Órgano de Consulta de la OEA para condenar este hecho y cuando los militares brasileños derrocan a João Goulart pide a los gobiernos latinoamericanos no reconocer ese gobierno.

La OEA confirma que el atentado contra su vida es obra de Trujillo, y Venezuela logra que la Organización le imponga sanciones y que los gobiernos corten relaciones con Trujillo.

Betancourt es también un duro opositor de la Revolución cubana y el mayor crítico de Fidel. No le da crédito a Cuba para compras de petróleo y apoya la política de Estados Unidos en la ONU y en la OEA contra Cuba. En la OEA la acusa de intentos de sabotaje a los campos petrolíferos de Maracaibo y de «interferencia en los asuntos internos de Venezuela». El ejército captura un desembarco de armas que viene de la isla y descubre la presencia de militares cubanos en la guerrilla de su país. En 1964 —Betancourt ya ha salido del gobierno— la OEA le impone sanciones económicas y diplomáticas a Cuba por esos hechos. México, Chile, Uruguay y Bolivia votan en contra. Dean Rusk, secretario de Estado norteamericano, acusa a Cuba de querer destruir la democracia venezolana.[115]

En efecto, Fidel da apoyo económico, armas, «asesores» y entrenamiento a la guerrilla venezolana para ayudar a desalojarlo del poder. En algún momento se habla de que el Che se involucre en la lucha armada venezolana. El Partido Comunista venezolano se opone. «Habría agravado indeciblemente el proceso revolucionario venezolano y dado veracidad a la afirmación de Betancourt de que el castrocomunismo manejaba nuestro movimiento insurgente», comenta más tarde Petkoff. Pompeyo Márquez señala: «Hubiera tergiversado por completo el contenido nacional de nuestra lucha».[116]

Betancourt denuncia muchas veces la explotación por parte de las transnacionales norteamericanas de los recursos petrolíferos de Venezuela y toma medidas para cambiar los términos de las concesiones con esas empresas y les aumenta los impuestos. Las empresas toman represalias. Con manipulaciones —denunciadas por Betancourt— bajan los precios del crudo. En 1960, por iniciativa de Venezuela, se crea la OPEP (Organización de Países Exportadores de Petróleo) para unir a los países productores —Venezuela y los países árabes— y controlar su precio en el mercado mundial. Desde esta posición de fuerza pueden negociar con las potencias capitalistas consumidoras de petróleo.

Betancourt es represivo y atropella derechos ciudadanos pero afianza la democracia. Los sectores de poder más importantes del país lo apoyan. Es el primer presidente venezolano en completar su período y en entregar el mando a Raúl Leoni, elegido con el 90 por ciento de los votos.

Los comandantes

El puntal de la insurrección armada venezolana de los años sesenta —la década de la violencia— son las universidades, las juventudes del Partido Comunista y otros partidos de izquierda. Forman grupos con profesores, con jóvenes de clase media y cuando se suben al monte crean «focos» y nutren sus filas con campesinos. Esos grupos armados son parte de la explosión revolucionaria continental que surge después del triunfo de la Revolución cubana.

No todos los que se suben al monte se quedan. Esa vida al aire libre, llena de peligros, exige fortaleza física y mental, sobre todo a los que están acostumbrados a las comodidades de la ciudad. Algunos se desmoralizan, piden la baja y regresan. Cuando el número de defecciones crece, los comandantes hacen un alto: de ahí en adelante el que quiera salirse será considerado desertor y «al que pida la baja se le fusila». Hay fusilamientos.[117] Los «paredones» venezolanos escandalizan a la opinión pública dentro y fuera del país y crean un profundo malestar dentro de las izquierdas y entre los mismos guerrilleros.

El grueso de los grupos guerrilleros son campesinos. Elegido Sibada, «Magoya», un ex comandante, comenta que la mayoría son analfabetos, sin preparación militar y sin posición ideológica, que algunos ni siquiera saben que el Partido Comunista existe y que aprenden a leer en los libros marxistas. Se unen a la guerrilla porque quieren pelear, ser el ejército del pueblo, que su lucha sea por los pobres. Son gente del monte que le teme a la ciudad. La ven como «un cementerio de revolucionarios», agrega.

También son los campesinos las víctimas del fuego cruzado entre el ejército y la guerrilla. El ejército los asesina, los tortura, viola a sus mujeres y a sus hijas y los roba. Va a las zonas donde supuestamente está la guerrilla y las bombardea desde aviones y helicópteros. Las tropas los combaten con «operaciones embudo» y de «cerco y aniquilamiento». «Mucha tropa y soldados asesinos se metieron en la sierra y nos obligaban a replegarnos [...], pero aprendimos a burlarlos», comenta Sibada. Dice que los guerrilleros también hostigan a los campesinos: «Nos paseábamos por caseríos enteros y les decíamos:"Si ustedes se ponen a hablar tonterías los vamos a fusilar". Nos convertimos en foquistas y empezamos a echar a perder la vaina», agrega.[118]

Dentro de los partidos de izquierda existen profundas contradicciones. Sectores jóvenes no están de acuerdo con la vieja dirección del Partido Comunista y la controversia se plantea entre los «civiles», acusados de querer sabotear la lucha armada, y los «militaristas» de querer apoderarse de la dirección del partido. Ambos actúan aisladamente. Los movimientos armados son el MIR, marxista-leninista, el Frente de Liberación Nacional (FLN), las Fuerzas Armadas de Liberación Nacional (FALN) y las Unidades Tácticas de Combate, células urbanas del Partido Comunista.

La lucha guerrillera venezolana no es como la cubana, ganando terreno, sino perdiéndolo en el campo político y en el militar, comenta el ex comandante Pablo. «Estábamos en el páramo Fabricio Ojeda, Luben Petkoff, Lunar Márquez y otros [...], celebrábamos el aniversario de la Revolución cubana y nos dijimos [...]:"Fidel a los dos años llegó en un tanque al Campamento Columbia y nosotros, a los tres años, estamos sentados como unos 'bolsas' aquí arriba de esta piedra".»[119]

Frente al triunfo cubano, la frustración es muy grande, pues «toda aquella política de unidad nacional en nombre de la constitucionalidad de la que el Partido Comunista había sido el abanderado, parecía sin sentido [...], la montaña había parido un ratón», comenta Alfredo Maneiro.[120]

¿Por qué fracasa la guerrilla? Los ex comandantes reconocen que la lucha armada y en general la insurgencia estaban plagadas de errores y de contradicciones. Señalan el foquismo, el aventurerismo, la emotividad, la improvisación, las marchas apresuradas para corregir errores, el desconocimiento del momento político. También las ambivalencias políticas del Partido Comunista, las contradicciones políticas e ideológicas en el seno de los partidos de izquierda, la falta de unidad en la dirección y directivas dadas tarde o fuera del contexto político y el querer copiar esquemas extranjeros y el tratar de imitar el ejemplo cubano.[121]

Otro grave error que reconocen consiste en haber pretendido que el pueblo apoyara una lucha contra un ejército regular, sostén de un presidente elegido popularmente y con el soporte del *establishment*. El pueblo no la hace, en primer lugar porque no la entiende. Los partidos y los movimientos guerrilleros no han hecho trabajo político con las masas. El Partido Comunista no les explica por qué lucha contra un gobierno constitucional después de haber peleado treinta años por la constitucionalidad violada por las dictaduras. Los comandantes les imponen directrices sin escucharlos. Se dedican a la lucha armada, se aíslan y están cada vez más solos.

Varios ex comandantes afirman que en 1962 Betancourt estuvo a punto de caer por la extrema debilidad de su gobierno. No cae por errores de la guerrilla. Dicen que si los levantamientos militares ocurridos ese año en La Guaira, Carúpano y Puerto Cabello se hubieran concebido dentro de un plan insurreccional general, con otras acciones simultáneas y una política coherente de la izquierda, hubiera caído.

En el campo político los errores y los fracasos de la insurgencia son graves. Después de una vigorosa campaña para que el pueblo se abstenga de participar en las elecciones, vota masivamente (el 90 por ciento). Un error mayúsculo es el ataque a un tren en El Encanto, en el que viajan familias con niños y ocasiona muertos y heridos. Este hecho torna al país en su contra. El gobierno ordena un juicio militar a los responsables y castiga en forma arbitraria a los parlamentarios del Partido Comunista y del MIR, a los que acusa de ser instigadores del ataque. Son encarcelados y sus partidos ilegalizados. El Tribunal Supremo aprueba tales medidas.

Otro grave error es el Plan Caracas, concebido para dar un golpe contundente al gobierno con una serie de enfrentamientos directos con la fuerza pública. Un cargamento de armas les llegaría de Cuba. Las armas llegan a las costas de Falcón, pero también llega el ejército. Años más tarde, vistos estos hechos desde la distancia, varios ex comandantes expresan alivio. La captura de esas armas evita un baño de sangre y una «matazón» incalculable de gentes de izquierda. De error en error y de fracaso en fracaso el movimiento insurgente entra en decadencia. El Plan Caracas es su último coletazo.

El Partido Comunista pierde ascendencia en los movimientos sindicales, en las organizaciones gremiales, en las fuerzas campesinas, entre estudiantes y en capas medias profesionales y técnicas. Y pierde las mayorías que había logrado arrebatarle al gobierno en el Congreso.

¿Se justifica esa lucha armada? En testimonios de los actores de la llamada Década de la Violencia, contenidos en una colección de libros de la Universidad Central de Venezuela, muchos ex comandantes expresan frustración por haber perdido el «momento revolucionario» debido a fracasos y a los innumerables errores que cometen. Pero la lucha tiene heroicidad y obtiene triunfos en el plano militar sin llegar a ninguna parte. No logra trascendencia política —afirman— ni compensa los inmensos sacrificios y esfuerzos que hicieron. Para Petkoff era necesaria. En todos los procesos revolucionarios —afirma— el camino de la victoria está empedrado de derrotas y de equivocaciones sin las cuales no es posible avanzar. Ortega la considera un retroceso en la Revolución venezolana, pues produce la dispersión de las izquierdas que después no logran unirse, ni siquiera para presentar un candidato único cuando saben que van a ganar. Para Pompeyo Márquez, su máximo error personal es el haber contribuido a la línea insurreccional, y su acierto el promover «el proceso de reflexión, que no se limita a un simple cambio de táctica o a un mero cambio operacional» sino entrar a «una vía de búsqueda intelectual, teórica y política» que fuera conformando un pensamiento fundamental para el futuro revolucionario. Para Maneiro el período de la violencia está cancelado y la tarea no es «soplar las brasas sino reunir la leña para el incendio que viene».[122]

La guerrilla venezolana recibe ayuda externa clandestina de Cuba, la Unión Soviética, China, Argelia, Albania e Italia. Le dan fondos, armas, entrenamiento y algunos «asesores» (uno de ellos —se supo veinte años después— es Arnaldo Ochoa, más tarde figura estrella de la cúpula militar cubana, lidera sus tropas en Angola, y es fusilado por un grave escándalo de narcotráfico). Es una guerra con muchos recursos de exterior y de los «levantados por aquí», comenta el ex comandante Luis Correa. Pero en ese tráfico clandestino de armas y de envíos de dinero para la lucha armada, hay corrupción y malversaciones. Algunos de los que son enviados de «compras» al exterior se quedan viviendo como pachás en Europa, y el Partido Comunista emplea ese dinero para mantener su burocracia y las necesidades del partido, y no para la lucha armada a la que está destinado.[123]

En 1966 Petkoff recibe ayuda directa de Fidel. No le da los cien hombres que le pide sino quince. «Si te matan —dice— quedan cien hombres cubanos sin conocer el territorio, sin nada, solos y van a quedar como intrusos».[124] Los cubanos llegan el 24 de julio, fecha del nacimiento del libertador Simón Bolívar. Por eso bautizan la operación Simón Bolívar. «Venían con toda una experiencia de guerra y eran unos hombres bien armados.» Al grupo de Petkoff poco a poco se van uniendo otros destacamentos guerrilleros. «Éramos setenta y pico —comenta Sibada—, un gentío bien armado y pura gente veterana [...], era una columna para dar golpes, tomar poblaciones grandes, pero nada se hizo. Llegábamos a los caseríos y era comiendo, bailando y echando vaina [...] Hicimos sólo dos o tres operaciones para salir de la inquietud de la gente».[125]

Al comienzo, Cuba les ofrece una ayuda ilimitada, mientras que el Partido Comunista venezolano le cuenta un montón de embustes para que no la suspenda, cuenta el comandante Correa. Le dicen a Fidel que ya tienen un ejército de montaña, que la lucha armada va en ascenso y le muestran mapas de «zonas liberadas». Iguales embustes les meten a los partidos comunistas de Corea, China y Vietnam.[126] Con los cubanos surgen desavenencias por contradicciones con el Partido Comunista venezolano cuando éste plantea una política de «repliegue». El comandante Douglas Bravo dice que seguirá luchando y los cubanos lo apoyan. Su columna es, en algún momento, la mejor en armas, en personal y en asesores cubanos. Más tarde se desilusionan de él.

Fidel enfila sus baterías contra el Partido Comunista venezolano. Con la autoridad gigantesca que tiene, estos ataques son demoledores, pues les da una imagen de cobardes, comenta un ex comandante. Cuba critica duramente el repliegue, pues representa un grave reverso para sus planes revolucionarios continentales. El Che está en Bolivia para prender la mecha de la revolución continental. Quiere convertir los Andes en una Sierra Maestra.[127]

¿Los traiciona la dirigencia cubana, como algunos comandantes sostienen? A los cubanos les duele haber sido engañados, aunque algunos aseguran que les da la ayuda, pues en ese momento lo más importante es impulsar el fervor revolucionario por incipiente que sea. El cambio de Cuba respecto a la guerrilla venezolana hay que verlo —dicen— en el contexto internacional, teniendo en cuenta su creciente dependencia de Moscú, la política de Kruschev de coexistencia pacífica con el mundo occidental y la oposición del Partido Comunista de la Unión Soviética (PCUS) a la lucha armada. Moscú no está de acuerdo con el apoyo que da Cuba a los movimientos insurgentes en América Latina. La ayuda que ofrece Fidel a Douglas Bravo y a Petkoff es el último «esfuercito» que hace para ver si estas mentiras son verdades. Sólo deja de hacerlo «cuando ya no pudo más».[128]

La «pacificación» de Leoni

Cuando Raúl Leoni (1964-1969) asume la presidencia, el movimiento insurreccional está prácticamente liquidado y hay un ambiente de paz. El Partido Comunista venezolano decreta una «tregua unilateral» para que el presidente desarrolle los planes de paz ofrecidos en su campaña; luego propone «paz democrática», política aprobada por el pleno del partido a pesar de las discrepancias internas y, al final, decreta el «repliegue».

La política de «pacificación» de Leoni es de extrema represión y de ofertas de amnistía a los ex combatientes. La policía allana universidades, detiene centenares de estudiantes y militantes de partidos de izquierda. Algunos son asesinados o «desaparecidos» y sus cadáveres aparecen terriblemente torturados.[129] Con esa política de exterminio, los movimientos insurgentes entran en decadencia.

Después de Leoni es elegido Rafael Caldera, dirigente del Copei. El camino está pavimentado para la sucesión de presidentes constitucionales elegidos por voto popular. Los golpes de Estado y el militarismo son cosas del pasado. De ahí en adelante, los candidatos de la élite social y política de los grandes partidos, Copei y Acción Democrática, se suceden unos a otros sin traumas.

Betancourt, Leoni y Caldera, demócratas de principios y de ideas, no tienen limitaciones morales o éticas para violar los derechos humanos y negar las garantías constitucionales. Se creen eximidos de esas obligaciones, pues la prioridad es defender las instituciones democráticas contra la amenaza comunista. Todos los sectores del poder los apoyan. Los ex guerrilleros entran en la arena política nacional sin obstáculos y sin que nadie atente contra sus vidas. Privilegios de un país con vocación democrática, abierto al juego político y al cambio.

FIN DE FIESTA

Los años sesenta en América Latina pasan de la efervescencia revolucionaria a la virtual liquidación de la insurgencia armada. Sólo los Montoneros y el ERP en Argentina y los Tupamaros en Uruguay están en plena efervescencia. Las motivaciones, objetivos, procesos y períodos de auge de la lucha armada y las razones de su decadencia son semejantes, aunque su efectividad e impacto no sea el mismo. Algunos producen conmociones internas de envergadura pero no constituyen un verdadero peligro para sus gobiernos. Contrariamente a lo que ha sucedido en Cuba, donde la lucha armada se da contra una dictadura corrompida y sangrienta y en el Cono Sur contra las dictaduras neofascistas, en Colombia, Perú y Venezuela se da contra gobiernos constitucionales del llamado «renacer democrático».

El final de la década es la fiesta de la contrainsurgencia, que cabalga en la estrategia de defensa norteamericana y en la Doctrina de Seguridad Nacional. Washington sigue apoyando a las dictaduras y Nixon llega a la Casa Blanca con el ojo puesto en Chile, en donde gobierna el socialista Salvador Allende. Después le pone la mano.

5

¿Y de Cuba qué?

En los años sesenta se consolida la Revolución cubana. Ningún otro proceso en el continente ha sido más rápido, más profundo y más espectacular. Da un vuelco total a las estructuras políticas, económicas y sociales existentes y emprende medidas de justicia social —educación, salud, vivienda y trabajo—, pues la Revolución es para todo el pueblo. En un proceso sostenido y acelerado, y en medio de crecientes tensiones y agresiones de Estados Unidos, desembaraza a Cuba del tutelaje «imperialista» que le impone desde su intervención en la guerra de Independencia contra España. La frustra y le impone su yugo. Fidel ordena la salida de su misión militar y expropia y nacionaliza todas las empresas y latifundios norteamericanos, y en abril de 1961, después de un bombardeo organizado por la CIA a la fuerza aérea cubana por aviones piratas, preludio de la invasión a Playa Girón, Fidel declara el carácter socialista de la Revolución.

El conflicto de Estados Unidos y Cuba ya es irreversible. Las rápidas y profundas transformaciones que ocurren en la isla marcan una nueva ruta en sus relaciones y los dos países se engarzan en una contienda verbal de una agresividad sin precedentes en el hemisferio, y menos aún de un pequeño país americano contra la superpotencia.

La agresión económica y las operaciones encubiertas, que comienzan a los tres meses de su triunfo, son denunciadas por el gobierno cubano en los foros internacionales de la ONU y de la OEA. Las medidas económicas que le imponen son coercitivas y constituyen una violación del derecho internacional y de las cartas de ambas organizaciones. Y denuncia los planes para invadir a su país que ya son *vox populi* dentro y fuera de Estados Unidos. Washington niega que esto sea cierto y a su vez acusa a Cuba de distorsionar los hechos y de adelantar una propaganda antiamericana con falsedades y verdades a medias. A través de sus poderosos medios de comunicación, Estados Unidos mantiene una intensa campaña de descrédito contra la Revolución y contra Fidel, al que acusa de ser satélite de la Unión Soviética y de amenaza continental.

La invasión a Cuba, con una brigada mercenaria de cubanos anti-castristas, exiliados en Miami —Operación Pluto de la CIA—, es aprobada por Eisenhower a los tres meses del triunfo de la Revolución, pues está convencido —como lo estará Kennedy— de que Estados Unidos dará al traste con la Revolución cubana y con Fidel. Kennedy sigue con los preparativos a pesar de sus inmensas reservas. Teme un fracaso. En abril de 1961 —a los tres meses de su posesión— autoriza su lanzamiento y en setenta y dos horas Cuba la derrota en Bahía de Cochinos, para los cubanos Playa Girón. Es un triunfo resonante. Es la primera derrota del imperio en suelo americano, declara Fidel.

Después del triunfo, Cuba comienza a recibir toneladas de armamento de la Unión Soviética —incluidos aviones MIG de combate— para su defensa frente a la agresión norteamericana. Tal ayuda es gratuita. Esta sólida alianza político-militar con la URSS y con el mundo socialista es un escudo contra una intervención directa de Estados Unidos. Kruschev le advierte que una agresión a Cuba es una agresión a su país. Las fuerzas armadas cubanas se convierten en el más poderoso ejército del continente y sus servicios de inteligencia —con asesoramiento soviético— se colocan entre los primeros del mundo. Cuba logra infiltrar sus agentes en la CIA y en los grupos anticastristas en Miami y así se entera de los planes que urden contra su país.

Después del fiasco en Bahía de Cochinos, Kennedy está decidido a destruir la Revolución y a «liquidar» a Fidel. En noviembre de 1961 pone en marcha la Operación Mangosta para «ayudar» a los cubanos a deshacerse del régimen comunista. Es la operación más extensa, más secreta y más costosa realizada hasta entonces por la CIA. Para ponerla en marcha incrementa la infiltración de agentes —la mayoría cubanos anticastristas— con planes de actos terroristas y de sabotajes cuya prioridad es asesinar a Fidel. Las más de las veces fracasa, pues son capturados o dados de baja por las defensas cubanas con el consiguiente escándalo que promueve el gobierno cubano para exponer las agresiones norteamericanas contra su país. En septiembre del año siguiente, la CIA reconoce que no ha podido tender la red de agentes dentro de Cuba. Pero da apoyo a la contrarrevolución y armas y fondos al grupo armado que se encuentra en las montañas del Escambray, liderado por Huber Matos, ex comandante de la Revolución. Los bombardeos a sus centrales azucareras, refinerías de petróleo y otros objetivos económicos, por aviones piratas que salen de Florida, son constantes y aumentan los actos terroristas y los sabotajes, sobre todo en La Habana. Algunos de estos atentados contra Fidel son en colaboración con los capos de la mafia norteamericana.

A través de sus poderosos medios de comunicación, Estados Unidos orquesta una intensa campaña de descrédito contra la Revolución y contra Fidel. La presenta como satélite de la Unión Soviética y como amenaza continental. Kennedy despliega una amplia actividad diplomática en el continente y entre sus aliados para aislarla y lograr el corte de relaciones diplomáticas y comerciales con el gobierno revolucionario. Eisenhower fue el primero en hacerlo. Varios países lo siguen. Los primeros son las dictaduras centroamericanas y caribeñas; en 1961 las cortan Colombia y Venezuela y en 1962 Argentina, Brasil y Ecuador cuando caen bajo dictaduras militares. En enero de 1962 Kennedy logra la expulsión de Cuba de la OEA y en febrero le decreta embargo total, en marzo lo extiende a productos cubanos y más tarde a los barcos que atraquen en Cuba con armas.

Envía a Europa a los más altos funcionarios de su gobierno —Dean Rusk, secretario de Estado, Walt W. Rostow, subsecretario de Estado, Richard Goodwin, consejero del presidente y McGeorge Bundy, consejero nacional de Seguridad— para convencer a sus aliados de la OTAN a unirse al embargo. Algunos se pliegan a pesar de que éste representa pérdidas económicas para sus empresas. En septiembre, en una resolución conjunta de ambas cámaras, el Congreso autoriza al gobierno usar la fuerza militar contra Cuba cuando Estados Unidos se sienta amenazado. La agresión es en todos los campos.

Kennedy está obsesionado con Cuba. En una visita oficial a Canadá, invitado por el primer ministro Pierre Trudeau, aborda ese tema como asunto prioritario, y le pide apoyar su política para aislarla. Pero el gobierno canadiense, reacio a someterse a la férula norteamericana, mantiene las relaciones diplomáticas y comerciales con la isla y sus empresas aéreas continúan los vuelos entre Ottawa y La Habana a pesar de las presiones de Washington. México y Panamá también las mantienen, pero permiten que la CIA controle las listas de pasajeros que van y vienen de Cuba, y Canadá autoriza la inspección de los aviones de Cubana de Aviación que hacen escala en Ottawa en vuelos entre La Habana y Praga. Todos los países —con excepción de México— ordenan el cierre de las oficinas de Prensa Latina, agencia de noticias cubana, y prohíben el viaje de sus nacionales a la isla. En la ONU el grupo *ad hoc* de América Latina excluye a Cuba de sus reuniones, en julio de 1964, cuando la OEA le decreta sanciones en atención a una queja de Venezuela por un envío de armas cubanas para la guerrilla en ese país.

Una política norteamericana contra Cuba, desde el gobierno de Eisenhower, es la de estimular las salidas ilegales de cubanos hacia Estados Unidos. A medida que esa comunidad crece y se hace fuerte, se convierte en una fuerza política con implicaciones electorales. Hay que atacar Cuba para obtener su apoyo, determinante en el estado de Florida. Ese estímulo a las salidas ilegales es cada día más irritante para el gobierno cubano, pues salen en embarcaciones robadas a los pescadores que Estados Unidos no devuelve y los cubanos son recibidos como héroes con grandes despliegues publicitarios y amplia propaganda contra la Revolución. La copa se colma y en septiembre de 1965, en una concentración en La Habana, Fidel anuncia que todos los que quieran salir para Estados Unidos podrán hacerlo desde el puerto de Caimarioca. Johnson a su vez anuncia que firmará una nueva Acta de Inmigración y que los cubanos que quieran buscar refugio en América lo tendrán, y pedirá al Congreso fondos adicionales para atenderlos. En el éxodo de Caimarioca llegaron tres mil cubanos a Florida.[1] Tal ley es el mayor incentivo para las salidas ilegales hasta el gobierno de Clinton, que les suspende tales privilegios.

Cuba no está sola frente a la agresión norteamericana. El firme apoyo soviético es un escudo de defensa, y sus relaciones económicas con el mundo comunista y con los países del Movimiento de los No Alineados —Cuba es miembro fundador— le permite resistir el embargo económico de Estados Unidos y quebrar el aislamiento. Las estrechas relaciones que establece con los países africanos, recién independizados, a los que da amplia ayuda con centenares de asesores y técnicos en distintos campos de su desarrollo y el apoyo con armas, entrenamiento y asesores a los movimientos de liberación nacional, afianzan su papel en la arena internacional.

La Meca de la Revolución

Fidel quiere unir a los revolucionarios de Asia, África y América Latina contra el imperialismo e impulsar la revolución continental y liderar el Tercer Mundo. En enero de 1966 convoca la Primera Conferencia Tricontinental en la que participan más de quinientos representantes de los movimientos de liberación nacional de África y Asia y de la guerrilla de América Latina. De esta reunión surge la Organización de Solidaridad con los Pueblos de África, Asia y América Latina (OSPAAAL) y la Organización de Solidaridad con América Latina (OLAS), ambas con sede en La Habana.

Una de las conclusiones más importantes de la Tricontinental es la reafirmación de la «ayuda incondicional» a los movimientos revolucionarios y de liberación y el estímulo de su lucha en el Tercer Mundo. En un mensaje del Che a esa conferencia —se encuentra en Bolivia prendiendo el «foco» de la revolución continental— afirma que la «liberación real de los pueblos es a través de la lucha armada» y que en América Latina, «casi indefectiblemente», será una Revolución socialista. Lo extraordinario de la Tricontinental no es la retórica antiyanqui sino el tono antisoviético de la conferencia, señala la escritora norteamericana Carla Ann Robbins. Dice que Fidel usa ese foro para afirmar su compromiso con la lucha armada revolucionaria a la cual se opone el Kremlin, pues va en contradirección de la política de Kruschev de «coexistencia pacífica» con Occidente.[2] Éste es un tema de fricción entre La Habana y Moscú y de controversia entre Cuba y los partidos comunistas del continente, que siguen la línea del PCUS, opuesto a la lucha armada. Las divergencias entre jóvenes comunistas y los cuadros de sus partidos, que siguen la línea ortodoxa de Moscú, ocasionan fraccionamientos y de éstos surgen grupos armados procastristas.

Las resoluciones y recomendaciones aprobadas en la Tricontinental levantan una polvareda de críticas y de denuncias de Estados Unidos y de gobiernos latinoamericanos contra Cuba. En carta al presidente del Consejo de Seguridad de la ONU, dieciocho embajadores de América Latina —México no firma— denuncian que el objetivo de esa conferencia es «estimular y promover» el cambio violento de los gobiernos y de las instituciones de sus países y atentar contra su soberanía y estabilidad política, en violación del derecho internacional y de la Carta de la ONU.

Fidel, en carta al secretario general de la ONU, los acusa de «cínicos», de «cómplices de la subordinación, dominio y explotación de sus propios países por el imperialismo norteamericano», que «se reserva el derecho» de ocupar militarmente la República Dominicana (Johnson la invade en 1965). Denuncia esta política intervencionista, «claramente expresada» en una reciente resolución aprobada por la Cámara de Representantes de Estados Unidos que la autoriza. Agrega que en La Habana los revolucionarios de los tres continentes han decidido intensificar la lucha y apoyar a los pueblos que combaten por su independencia. Una resolución, adoptada en la OEA —sin el apoyo de México— condena «enfáticamente» la política de intervención y de agresión de la Tricontinental y pide que una comisión especial investigue lo que pasa en esa conferencia e informe al Consejo de la OEA.[3] Tan enérgica condena contrasta con su silencio frente a la agresión norteamericana contra Cuba.

El año siguiente, Fidel convoca la Primera Conferencia de OLAS. En el discurso inaugural declara la «guerra a muerte» de los pueblos contra los intereses monopolistas de Estados Unidos y de las oligarquías del continente que se han plegado, y afirma que las condiciones están dadas para iniciar y desarrollar una guerra revolucionaria y que el ejército del pueblo derrotará a los ejércitos de las oligarquías.

El aliado distante

El vacío que deja en Cuba el corte de la dependencia de Estados Unidos lo van llenando la Unión Soviética y los países socialistas. Sus relaciones son cada día más estrechas en todos los órdenes —político, económico, científico, cultural y militar— y en abril de 1961 Fidel declara el carácter socialista de la Revolución. Algunos analistas sostienen que la política de Estados Unidos de agresión contra Cuba lanza a Fidel y a la Revolución en brazos de la URSS y del comunismo. Otros dicen que cualquiera que hubiera sido su política el resultado sería el mismo, pues Fidel es comunista y se identifica con el modelo soviético y con su política antiimperialista y de confrontación con Estados Unidos. Cuando triunfa la Revolución Fidel no es comunista. Su adhesión al marxismo-leninismo es más tardía.

Las relaciones de Cuba con la URSS, vitales para el desarrollo de la Revolución, no cambian la línea independiente de la política exterior cubana. Fidel no es un aliado incondicional ni tiene vocación de satélite. Es neutral en la abierta y aguda controversia entre la URSS y la República Popular China —su ruptura ocurre bajo el gobierno de Kruschev—, asunto de enorme importancia para la URSS, y establece relaciones diplomáticas con China (Fidel lo anuncia en la Primera Declaración de La Habana en 1960) y en camino contrario a los dictados del PCUS, y de la política del Kremlin de «coexistencia pacífica» con Occidente, apoya los movimientos guerrilleros y de liberación nacional del Tercer Mundo. Kruschev, empeñado en la «coexistencia pacífica», califica la política cubana de «aventurera» y «golpista». Los partidos comunistas del continente, que siguen la línea de Moscú, también se oponen a la ayuda cubana a los movimientos insurgentes. No obstante, Kruschev aprecia la independencia, la claridad política y la extraordinaria habilidad de negociador de Fidel, pues le muestran que es un aliado útil, comenta Tad Szulc en su libro sobre Fidel. No obstante, tal independencia tiene consecuencias. La URSS toma represalias: demora los envíos de petróleo —vitales para Cuba— y la firma de los acuerdos de intercambio comercial, de enorme importancia para el gobierno cubano.

La primera desavenencia pública entre Moscú y La Habana ocurre durante la crisis de los misiles soviéticos en Cuba, en octubre de 1962. Fidel le reclama a Kruschev el no haberle informado ni consultado las negociaciones con Estados Unidos, y que el acuerdo a que llega con Kennedy, para la retirada de los misiles, lo hubiera hecho a sus espaldas. Los dirigentes cubanos se enteran por cables internacionales. Le dice que la promesa de Kennedy de no invadir Cuba no es suficiente, que antes ha debido exigir el fin del embargo económico y la entrega de la base de Guantánamo, que Estados Unidos retiene contra la voluntad del pueblo cubano.

En febrero de 1965, en su último discurso público, en un seminario de la Organización de Solidaridad Afro-Asiática en Argel, el Che acusa a la URSS de ser como los «imperialistas» en su trato con los países africanos recién independizados, pues les exige excesivos requisitos, establece acuerdos de «mutuo beneficio comercial» y que en cierta medida es «cómplice de la explotación imperialista» y del «carácter inmoral» del intercambio. El Che —después de Fidel— es el principal y más vigoroso portavoz del gobierno revolucionario.[4] En marzo, Fidel también critica a los soviéticos por no ayudar en forma más efectiva a Vietnam —víctima de la agresión de Estados Unidos— y por no reaccionar con mayor fuerza en contra de los bombardeos norteamericanos que comienzan un mes antes.

En mayo de 1967 el Partido Comunista cubano, en un comunicado publicado en *Granma Semanal*, critica la política de coexistencia pacífica, pues no garantiza la integridad, la soberanía y la independencia de los países y pregunta cuál es la coexistencia practicada por Estados Unidos en Vietnam. En su mensaje a la Tricontinental, el Che señala la soledad de Vietnam. «No se trata —dice— de desear suerte al país agredido, sino de correr su misma suerte, acompañándolo en su muerte o en la victoria» y acusa a la URSS de ser tan responsable como Estados Unidos de su tragedia por rehusar defenderlo.[5]

En el calendario cubano, 1967 es el Año del Vietnam Heroico. Para Fidel, Cuba y Vietnam tienen mucho en común. Ambos son países pequeños luchando contra el imperialismo norteamericano, peligrosamente aislados, a miles de millas de distancia de sus aliados del bloque socialista. La URSS no defiende a Vietnam por temor a una confrontación con Estados Unidos. Después del manejo soviético de la crisis de octubre, Fidel ve posible que otro tanto le pase a Cuba. En varios discursos trata de presionarla para que dé un decidido apoyo a Vietnam. Es la supervivencia de ambos países.

Moscú no es indiferente a tales críticas, ni a la independencia política de los dirigentes cubanos en asuntos que considera de importancia y sus relaciones se van complicando. La costosa «solidaridad fraternal» que le da, le impone a Cuba compromisos políticos. En momentos cruciales debe darle apoyo. Su reto es hacerlo sin renunciar a sus principios: la defensa y el respeto a la soberanía, a la independencia y a la no intervención. La prueba de fuego llega en agosto de 1968, cuando tanques soviéticos y seiscientos mil soldados de los países del Pacto de Varsovia invaden Praga. Esa «ayuda fraternal» a Checoslovaquia —como la define Brezhnev— en defensa del socialismo, sofoca violentamente el levantamiento nacionalista checo, la Primavera de Praga. Es el inicio de la doctrina Brezhnev, de «soberanía limitada», que impone a los países del bloque soviético, tan controvertida e intervencionista como la doctrina Monroe norteamericana.

Esa intervención soviética es condenada por los países europeos y por el resto del mundo occidental. Tres días después, en una alocución televisada, Fidel expone la posición de su gobierno. «Es un reto intelectual grandioso —escribe Tad Szulc— que Fidel maneja igualmente de forma grandiosa.» La califica de «flagrante» e «ilegal» violación de las fronteras checas pero, ante el hecho consumado, dice: «Aceptamos la amarga necesidad que requería el despacho de esas fuerzas a Checoslovaquia y no condenamos a los países socialistas que tomaron esa decisión [...], era imperativo impedir, a cualquier costo, que Checoslovaquia se cambiara hacia el capitalismo y cayera en brazos del imperialismo [...]. Como revolucionarios tenemos derecho a exigir que se adopte una posición consistente respecto a todas las cuestiones que afectan los movimientos revolucionarios en el mundo». Y pregunta: «¿El Pacto de Varsovia enviaría una división a Cuba si el imperialismo yanqui ataca nuestro país y si nosotros les pedimos esa ayuda cuando sea amenazada por un ataque imperialista?». De esta forma —continúa Szulc— Castro demuestra su solidaridad con la intervención en defensa del socialismo y compromete a la Unión Soviética a defender a Cuba con una acción militar ante un ataque de Estados Unidos.[6] Los países europeos repudian esta intervención y se distancian de Moscú. Sin ocuparse de las sutilezas de Fidel, partidarios y amigos de la Revolución cubana, intelectuales, partidos comunistas, socialistas y movimientos de izquierda europeos y del mundo condenan el apoyo que da Cuba a la invasión. No le perdonan que enarbole banderas de independencia y de respeto a la soberanía y que a la vez dé la espalda a un pequeño país atropellado por una superpotencia.

La política exterior cubana de los años 1968 y 1969 ya no es la de antes. La línea independiente se esfuma en compromisos ineludibles con su principal aliado. Aunque la dirigencia cubana maneja esa situación con innegable habilidad, ante el mundo parece hundirse en la órbita soviética como el más peculiar y errático de sus aliados. Fidel, siempre erguido y díscolo, es un quebradero de cabeza para el Kremlin. Esto afirma Anatoli Dobrynin, embajador soviético en Washington desde la administración Kennedy hasta la de Reagan. Es un largo período de intensa guerra fría.

Fidel, en repetidas ocasiones, destaca y agradece el aporte fundamental de la URSS y de los países socialistas al desarrollo de todos los sectores económicos, industriales, técnicos y científicos de su país, sin los cuales la Revolución —dice— no habría sobrevivido. En enero de 1969, en la celebración del décimo aniversario del triunfo de la Revolución, señala la importancia de esa ayuda, pero también hace referencia a sus discrepancias: «En ocasiones hemos tenido en algunas cuestiones criterios distintos y los hemos expresado con toda honradez, pero a la vez esa misma honradez nos obliga a señalar que esa ayuda fue decisiva para este país en estos difíciles años». Menciona el envío de alimentos cuando la producción era baja, de armamentos gratuitos cuando las amenazas eran mayores y de personal especializado cuando Cuba carecía de técnicos.[7]

Para la URSS, la alianza con Cuba es conveniente frente a Estados Unidos. Es un enclave aliado a noventa millas de sus costas y la acerca a América Latina. El apoyo generoso que le da atrae simpatías en sectores progresistas del continente, pues creen que también podrían tenerla en casos de necesidad.

La Revolución y los curas

Las relaciones conflictivas de la Revolución con la Iglesia católica han sido un tema que siempre se ha utilizado para atacarla. La controversia con la jerarquía de la Iglesia cubana se plantea de inmediato. El cardenal Manuel Arteaga y parte del obispado mantenía excelentes relaciones con el régimen de Batista, y Batista y Marta Fernández, su segunda esposa, eran dadivosos con la Iglesia. La jerarquía no abría la boca contra la brutalidad del régimen, a pesar de que sacerdotes y religiosos eran arrestados y torturados. La abre cuando Batista va cuesta abajo. La mayoría de los seglares y sacerdotes se oponen a la dictadura pero también están en contra de la lucha armada de los rebeldes. Unos pocos los apoyan y algunos suben a la Sierra Maestra. Después del triunfo, Fidel agradece la ayuda decidida que han dado los católicos a la «causa de la libertad». Muchos sacerdotes saludan con júbilo el triunfo revolucionario. El obispo auxiliar de La Habana y el director de la principal revista católica defienden la justicia revolucionaria cuando Cuba es atacada en el mundo por los «paredones» en los que son ajusticiados los batistinianos después de someterlos a juicios del pueblo.

En entrevista con el sacerdote brasileño Frei Betto, en los años ochenta, Fidel explica ese conflicto. Dice que las tensiones con la Iglesia comienzan con las leyes de Reforma Agraria y de Reforma Urbana, pues chocan con los intereses de las clases privilegiadas con las cuales se identifica. En Cuba —dice— la Iglesia era una institución de clase alta y para la clase alta. Gran parte del clero era extranjero, la mayoría español, muy «permeado» de ideas reaccionarias, de derecha, incluso franquistas. La Iglesia no era del pueblo, pues no había un solo templo ni un solo sacerdote en el campo, ni la Iglesia lo evangelizaba aunque el 70 por ciento de la población era campesina. La educación católica tampoco era para el pueblo. Las escuelas privadas, regidas por religiosos, eran para los hijos de la aristocracia y de la burguesía. Sostiene que la Revolución no desocupa los templos, sino el pueblo que estaba alejado de la Iglesia, como la Iglesia lo estaba del pueblo y era cercana al régimen.

En Cuba una cuarta parte de la población es negra y mantiene vivas las tradiciones africanas, y a la Iglesia católica le es difícil evangelizarla. La Iglesia no les es necesaria. Fidel dice que los conflictos no son por cuestiones de creencias, sino por cuestiones políticas. Es con las instituciones católicas por su actividad contrarrevolucionaria. Sacerdotes, principalmente españoles, conspiran abiertamente y el gobierno decide suspender el permiso de permanencia a los curas extranjeros y ordenar el retiro de algunos. Un 70 por ciento de sacerdotes sale de Cuba en los primeros años. Cuando las escuelas privadas se convierten en centros de conspiración, las nacionaliza. Por muchos años, las relaciones del gobierno y la Iglesia son distantes, pero no hay persecución religiosa oficial, no cierra los templos ni prohíbe el culto. Sin embargo, el creyente está en contrasentido de los principios marxistas-leninistas de la Revolución. El que quiere ascender en el escalafón burocrático mejor se abstiene de practicar en público o de confesar sus creencias.

Cuba en los años setenta

La década de 1970 es la etapa de la «institucionalización» socialista del Estado cubano, de la «democratización» de su sistema político —en el marco socialista y de «centralismo democrático»—, de reestructuración de los mecanismos del Estado y del Partido Comunista (PCC) —espina dorsal de la Revolución— y de la apertura interna. En esos años, Cuba afianza su liderazgo en el Tercer Mundo y su papel en la arena internacional.

En 1970 reorganiza, reestructura y fortalece el liderazgo del Partido Comunista en la orientación y dirección de los planes nacionales de desarrollo y sus funciones frente al Estado. Amplía el secretariado, crea departamentos por áreas (crea uno para América) y aumenta el número de miembros del Comité Central. En cinco años el partido dobla el número de sus militantes. En junio y julio de 1974 pone a prueba el poder popular en elecciones para las asambleas municipales en la provincia de Matanzas. Por primera vez, el voto es directo y secreto. En 1975 celebra el Primer Congreso del PCC, evento de extraordinaria importancia para el país, y en febrero de 1976 el pueblo cubano aprueba, en un referéndum, la nueva Constitución nacional. El texto ha sido discutido durante un año en las organizaciones de masa de todo el país.

En diciembre de 1976 realiza el Primer Período de Sesiones de la Asamblea Nacional del Poder Popular (ANPP), «órgano supremo del poder del Estado» y expresión de la «voluntad soberana de todo el pueblo trabajador» (artículo 57 de la nueva Constitución). En esa sesión elige al Consejo de Estado, máximo órgano del gobierno. Fidel es reelegido presidente y Raúl Castro primer vicepresidente. Ese Consejo designa al Consejo de Ministros, al Tribunal Supremo Popular, a los fiscales generales y aprueba una nueva división político-administrativa —catorce provincias en vez de seis— y reduce el número de municipios.

En 1977, Año de la Institucionalización, echa a andar todo lo aprobado. Celebra elecciones en todo el país y el pueblo elige por primera vez, en voto directo y secreto, a sus representantes en las asambleas municipales, provinciales y nacionales. Es el paso más importante de todo ese proceso, afirma Fidel.[8]

Pero esa década se inicia con el fracaso de la «zafra de los diez millones de toneladas de azúcar», plan que lanza Fidel el año anterior, bautizado Año del Esfuerzo Heroico. En mayo anuncia que no se ha logrado esa meta (llega a ocho millones que es, no obstante, una cifra récord), a la cual se había entregado el pueblo durante un año. Más de medio millón de técnicos, trabajadores, estudiantes y maestros abandonan sus oficios para cortar caña. Y llegan a Cuba brigadas de voluntarios extranjeros a ayudarlos. Fidel y la cúpula dirigente, machete en mano y a pleno sol, dan el ejemplo. El empeño de Fidel de llegar a esa cifra récord se debe a la grave situación económica por la que atraviesa el país, efecto de errores, de fracasos, de bajo rendimiento laboral —causa del absentismo y del desarreglo administrativo— de las enormes pérdidas en el sector agropecuario causadas por el paso del huracán Inés, en 1967, por una intensa sequía que aqueja a la isla, y por la coyuntura económica internacional. El precio del azúcar —base de su economía— ha caído en los mercados exteriores y esto ocasiona la escasez de divisas que obliga a la reducción de la importación de artículos indispensables del área capitalista, que no puede adquirir en los países socialistas. Fidel habla de la «agonía del país».

En estado de profunda depresión, en su discurso del 26 de julio, en el decimoséptimo aniversario del ataque al cuartel de Moncada, Fidel dice que esa batalla no la ha perdido el pueblo «sino nosotros», los dirigentes. Reconoce que ese «esfuerzo heroico» ha conducido a desequilibrios en la economía, pues se han abandonado otros sectores y esto ha ocasionado disminución en la producción de sectores importantes. Anuncia que las dificultades serán peores en los próximos años.

Habla de renunciar. La moral del pueblo está por el suelo y afloran problemas sociales y brotes de delincuencia.

Cinco años después, en 1975, al presentar el informe al Primer Congreso del PCC, Fidel señala importantes avances económicos en el quinquenio en distintas ramas de la industria y de la producción y en los sectores prioritarios de la educación y la salud. «Hoy podemos proclamar con orgullo —dice— que somos un país sin desempleo, sin discriminación racial, sin hambrientos, ni mendigos, sin prostitución, sin drogas, sin analfabetismo, sin niños descalzos y carentes de escuela, sin barrios de indigentes y sin enfermos abandonados a su suerte. Nuestra educación y nuestra salud pública son modelos de éxitos sociales que causan admiración a muchos en el mundo». Es un duro contraste con la situación reinante en América Latina.

En la arena internacional

La política exterior cubana, basada en el «internacionalismo proletario», en la «amistad fraterna» con la Unión Soviética y los países socialistas y en el avance del socialismo en el mundo, queda consignada en el preámbulo de la nueva Constitución. Cuba es solidaria con los gobiernos socialistas, progresistas y antiimperialistas del Tercer Mundo y con los movimientos de liberación. Les da asistencia técnica, ayuda militar y apoyo político. A mediados de los años setenta tiene programas de cooperación en treinta y siete países de África, Asia y América Latina. Miles de asesores cubanos cooperan —en especial en África— en campos fundamentales de su desarrollo y decenas de miles de jóvenes de esos países reciben educación gratuita en Cuba. Esa asistencia es superior a la que les da Israel hasta la guerra de los Seis Días, en 1967, cuando todos cortan relaciones con Israel por haber ocupado territorios árabes. En esa década Cuba establece relaciones diplomáticas con más países africanos y asiáticos, y con la Organización de Liberación Palestina (OLP).

La política exterior de Cuba es de grandes proyecciones. Jorge Domínguez, cubano, profesor de la Universidad de Harvard, afirma que es una política de gran potencia a pesar de ser un pequeño país. Su influencia se extiende a varios continentes, traspasa la reducida órbita continental y no queda confinada al bloque soviético, aunque éste es prioridad para su desarrollo y para su defensa. En 1972 Cuba ingresa en el Consejo de Ayuda Mutua Económica (CAME), órgano económico del bloque soviético, y desarrolla su economía como parte integrante de ese mercado. Suple a esos países de productos tropicales. Su intercambio llega al 85 por ciento del total. En 1976 firma un nuevo acuerdo quinquenal con la URSS que le reporta el doble de la ayuda económica y técnica.

La política cubana hacia América Latina cambia de rumbo en los años setenta. Abandona el apoyo a los movimientos insurgentes y busca acercarse a sus gobiernos. «Estamos en este hemisferio, en este lado del Atlántico. Somos latinoamericanos [...]. Pensamos que algún día estaremos integrados política y económicamente con el resto de los pueblos de América Latina», afirma Fidel en un discurso en 1972.[9]

En 1970, con la elección del ex presidente ecuatoriano Galo Plaza como secretario general de la OEA, se inicia un movimiento favorable hacia Cuba con la adopción del «pluralismo ideológico» en el continente. En 1971 Perú (gobierno de Velasco Alvarado) propone levantarle las sanciones (impuestas en 1964 por petición de Venezuela). No lo logra, pues Washington cuenta con la mayoría. En 1972 aprueba una resolución para reexaminar la cuestión del embargo y de las relaciones diplomáticas con la isla, por catorce votos, ocho abstenciones (incluido Estados Unidos) y ninguno en contra. En 1974 Colombia (gobierno de López Michelsen) pide una reunión del Órgano de Consulta para que estudie el levantamiento del embargo. Tampoco logra la mayoría requerida.[10] Sólo hasta 1975 le levanta las sanciones por dieciséis votos a favor, incluido Estados Unidos (gobierno de Gerald Ford), tres en contra (Chile, Paraguay y Uruguay bajo dictaduras militares) y dos abstenciones (Nicaragua y Brasil, igualmente bajo dictaduras).[11] Washington advierte que su política hacia Cuba depende de un «cambio de actitud de Castro», esencialmente de su política exterior.[12] No «tolera» su presencia en África. Varios países son favorables al reingreso de Cuba a la OEA, pero Cuba no está interesada por el dominio que ejerce Estados Unidos sobre sus miembros. Quiere una organización regional que lo excluya.

En 1970 comienza a desvanecerse en el continente el aislamiento de Cuba. Ese año, Chile, con Salvador Allende, y Perú, con el general Velasco Alvarado, restablecen relaciones y entre 1974 y 1975 lo hacen Argentina con Perón, Venezuela con Carlos Andrés Pérez, Colombia con Alfonso López Michelsen y Panamá con el general Omar Torrijos. Barbados, Trinidad y Tobago, Guyana y Jamaica —ex colonias británicas, independizadas en los años sesenta— abren embajadas en La Habana. En 1975 el grupo latinoamericano *ad hoc* en la ONU acoge de nuevo a Cuba (la excluye en 1964 cuando la OEA aprueba sanciones contra el gobierno cubano).Y en 1979 adquiere nuevos aliados con el triunfo de Maurice Bishop en Granada y de la Revolución sandinista en Nicaragua.

El embargo económico también comienza a agrietarse. En 1970 el presidente de Chile, Eduardo Frei, firma con Cuba un acuerdo comercial por 11 millones de dólares; en 1973 Héctor Cámpora, presidente de Argentina, le da un crédito de 1.200 millones de dólares, a mediados de 1974 hombres de negocio argentinos firman con Cuba acuerdos comerciales por 100 millones de dólares y en 1975 el presidente de México, Luis Echavarría, le da un crédito de 20 millones para compra de maquinaria, equipos y otros productos mexicanos, y poco después firma convenios de cooperación en sectores de la industria, la agricultura y el turismo por cerca de 1.200 millones de dólares.[13]

El embargo también se rompe con Europa occidental. En 1971 Gran Bretaña envía una misión comercial a Cuba, España firma un acuerdo comercial por cuatro años y, a mediados de 1972, los ministros de Relaciones Exteriores de la Comunidad Económica Europea (CEE) acuerdan extender preferencias comerciales a países del Tercer Mundo, incluida Cuba. Entre 1971 y 1975 las importaciones de Cuba a estos países corresponden al 49 por ciento del total de su intercambio. Los acuerdos comerciales, créditos bancarios y empréstitos con las potencias occidentales son posibles, pues Cuba goza de un sólido crédito. No es un «riesgo».[14] En enero de 1975 la República Federal Alemana establece relaciones diplomáticas con la isla.

A mediados de la década, el prestigio de Cuba en el Tercer Mundo está en la cumbre de su popularidad, principalmente por el papel decisivo de sus tropas —con apoyo soviético— en el triunfo de Angola y de Etiopía contra sus agresores. Con el apoyo de la mayoría de los países no alineados —representan dos terceras partes de los miembros de la ONU—, obtiene la sede de la Sexta Cumbre y Fidel la presidencia del Movimiento de Países No Alineados en tres años cruciales.

Juntos en África

Para la dirección cubana, África es el continente con mayores posibilidades para adoptar el socialismo. Su ayuda a países progresistas y a movimientos de liberación es amplia y generosa. En 1960 envía armas y un equipo médico al Movimiento de Liberación Nacional de Argelia, liderado por Ahmed Ben Bella, y, ya independiente de Francia, instala en ese país un campamento para entrenar guerrilleros y le envía un batallón para ayudarle en su guerra contra Marruecos, por cuestiones territoriales. En Ghana y en Guinea instala campos de entrenamiento militar. En Guinea mantiene quinientos hombres, una especie de guardia pretoriana, para defender al presidente Sékou Touré amenazado por la inestabilidad interna promovida por la oposición.

Fidel y el Che realizan largos viajes al África. En 1965 el Che, en una misión de tres meses, visita ocho países. Su propósito es estimular su unión política, económica y militar, y fortalecer su lucha contra el colonialismo y el imperialismo. Después de ese viaje, cuando entra en contacto con Agostino Neto, líder del Movimiento Popular de Liberación de Angola (MPLA), exiliado en el Congo Brazzaville (Zaire), Cuba comienza a enviarle armas y asesores. Lo mismo hace con FRELIMO, movimiento de liberación de Mozambique. El Che se involucra en la guerrilla congoleña en lucha contra el presidente Moïse Tshombé. Cuba le envía doscientos soldados y armas. Se retiran cuando la guerrilla se lo pide pues quiere firmar un armisticio con el nuevo gobierno.

En 1972 Fidel realiza una larga gira oficial —dura sesenta y tres días— a seis países africanos, a Yemen del Sur, a países de Europa del Este y va a Moscú. En África es recibido con multitudinarias manifestaciones populares y expresiones de admiración hacia él y de solidaridad con la Revolución por parte de sus mandatarios. En algunos países inauguran obras realizadas con ayuda cubana y les dan su nombre. Los comunicados conjuntos son emotivas declaraciones revolucionarias y antiimperialistas, de condena a la política de Estados Unidos contra Cuba y a su intervención en Vietnam, a los regímenes racistas de Rodesia (Zimbabwe) y de Sudáfrica y a su política de *apartheid;* de apoyo a la reunificación de Corea, a la lucha del pueblo palestino, de condena a la ocupación de Israel a territorios árabes y de apoyo al presidente chileno Salvador Allende —en graves conflictos internos—, a las medidas nacionalistas de los militares peruanos y a la lucha del pueblo panameño para recuperar el canal de Panamá.[15]

Aunque las posiciones de La Habana y de Moscú en la arena internacional no son idénticas, ambos encuentran áreas de mutuo interés y de mutuo beneficio en el África. Sus planes son compatibles y a veces complementarios. Cuba no es un peón soviético como afirma Washington. Su política en ese continente no es imposición de Moscú. Por el contrario, Cuba logra involucrar a la Unión Soviética en la guerra de

Angola contra Sudáfrica y luego en la de Etiopía contra Somalia. Sin su ayuda no habría sido posible realizar operaciones militares de tal envergadura. Cuba le abre el camino a la URSS. Su ayuda indirecta, con armas y asesores, es bien recibida y sirve para mejorar su imagen en ese continente.

La ayuda militar de Cuba al MPLA, primer movimiento independentista de Angola, comienza en 1965 después del viaje del Che a África. Le envía doce asesores militares al Congo, en donde está asilado Agostino Neto, su líder. Cuando las tropas sudafricanas invaden Angola, en octubre de 1975, Neto le pide ayuda urgente a Cuba y a la URSS. Al día siguiente Cuba pone en marcha la Operación Carlota y la URSS el envío de armas y de asesores militares. Por aire y por barco llega secretamente un batallón de dieciocho mil soldados cubanos y asesores militares y armas. En ese momento, las tropas sudafricanas están a veinticuatro kilómetros de Luanda.[16] Y Estados Unidos ya le está dando armas e instructores al Frente de Liberación Nacional (FNLA), liderado por Holden Roberto, y a la Unión Nacional para la Independencia Total de Angola (UNITA), cuyo jefe es Jonas Savimbi. Las ayudas de las superpotencias y de Cuba internacionalizan el conflicto angoleño y se convierte en factor de confrontación en el contexto de la guerra fría.

El 11 de noviembre de 1975 Portugal se retira y Agostino Neto declara la Independencia de la República Popular de Angola. Más de treinta países la reconocen. El Congreso de Estados Unidos prohíbe la ayuda al FLNA y a UNITA, que estuvo a punto de desintegrarse.

En diciembre, treinta y seis mil soldados cubanos y el ejército angoleño luchan en cuatro frentes y obligan a las tropas sudafricanas a salir del país. En marzo de 1976 salen los últimos soldados. El triunfo de Angola, con la ayuda decisiva de Cuba, y la derrota de la racista Sudáfrica son aplaudidos en el continente africano. Es «un Girón africano», dice Fidel, en referencia a la victoria cubana en Playa Girón (Bahía de Cochinos) contra Estados Unidos.[17]

Fidel va a Conakry, invitado por Sékou Touré, para celebrar ese triunfo en compañía de Agostino Neto y de Luis Cabral, presidente de Guinea Bissau. En una masiva manifestación, los mandatarios expresan su gratitud a Fidel por la ayuda internacional que da Cuba a los países africanos.[18] En junio de 1976 Estados Unidos veta en el Consejo de Seguridad la admisión de Angola en la ONU.

La guerra de Angola contra Sudáfrica y contra UNITA (apoyada por Sudáfrica y por Estados Unidos) —dura doce años— continúa. Cuba mantiene un promedio de cuarenta mil soldados combatiendo y la URSS continúa el envío de armas y mantiene a sus asesores militares. Esa operación militar en Angola ha sido coordinada por la URSS y Cuba, pero la lideran los cubanos. En 1976, en el Primer Congreso del PCC, al referirse a la presencia de las tropas cubanas en Angola y explicar su molaridad con ese continente, Fidel dice: «Somos una nación latino-africana».

La agresión de Sudáfrica contra Angola es condenada constantemente por el Consejo de Seguridad de la ONU. Sus brutales bombardeos causan enorme destrucción y numerosas muertes entre la población civil. También mueren cubanos. Repetidamente le pide el inmediato retiro de sus tropas. El gobierno de Pretoria ignora tales pedidos.

La guerra concluye en marzo de 1988. Después de tres meses de fieros combates en Cuito Cuanavale, las tropas cubanas y angoleñas derrotan a las sudafricanas y las obligan a retirarse. Es un triunfo de las tropas cubanas, pues son las que lideran los combates desde el inicio de la guerra. Después comienza el difícil proceso de las negociaciones de paz entre Angola y Sudáfrica y por la independencia de Namibia, con la intervención de Estados Unidos y de Cuba. Se inician en mayo, en agosto llegan a dos acuerdos tripartitos para el retiro de las tropas sudafricanas y cubanas de Angola y sobre la Independencia de Namibia. Se firman en la ONU en diciembre. En enero de 1989 Cuba inicia el retiro de sus tropas. Salen en medio de calurosas manifestaciones de afecto y de agradecimiento del pueblo angoleño.

En esa guerra, Cuba se ha jugado el prestigio de la Revolución —dice Fidel—, pues una derrota hubiera tenido un altísimo coste político interior y exterior. Durante todo un año el líder cubano se entrega a dirigirla a larga distancia, hasta lograr la derrota de Sudáfrica, única forma de lograr la paz. Pero la paz no llega. UNITA sigue combatiendo. En 1990 Eduardo Dos Santos, presidente de Angola (Agostino Neto ha muerto), acusa a Estados Unidos de continuar su apoyo a UNITA. Los últimos soldados cubanos salen en mayo de 1991, una semana antes de que Dos Santos y Savimbi firmen un acuerdo de paz.[19]

En 1977 Cuba de nuevo involucra sus tropas en un conflicto africano. El teniente coronel Mengistu Haile Mariam, jefe de Estado de Etiopía, le pide ayuda cuando Somalia invade la provincia de Ogaden. Ésta es otra operación conjunta de Cuba y la URSS. Carter advierte al gobierno cubano de que esto es un obstáculo para la «normalización» de sus relaciones. Ese mes habían acordado establecer oficinas de intereses en Washington y en La Habana. Fidel le pregunta que «con qué moral» le hace esos reclamos cuando tropas norteamericanas están estacionadas en Guantánamo. Sería «ridículo» —dice— que Cuba a su vez le exija a Estados Unidos retirar sus tropas de Filipinas, de Turquía, de Grecia, de Corea del Sur o de cualquier otro país como condición para mejorar sus relaciones.[20]

En febrero de 1978 llegan veinte mil soldados cubanos, armamentos y asesores militares soviéticos a Etiopía. Un mes después las tropas cubanas y etíopes, lideradas por un general soviético, obligan la salida de las tropas somalíes de Ogaden. Carter acusa a Cuba de ser «un peón soviético en África».

La intervención cubana en el conflicto de Etiopía contra Somalia —ambos países no alineados— le reporta conflictos: Somalia corta relaciones con Cuba, y el mariscal Tito de Yugoslavia, pilar del Movimiento de Países No Alineados, acusa a Cuba de estar ayudando a la expansión soviética en África. Tito ha sido un duro crítico de su alianza con la URSS y de los esfuerzos que hace Fidel para que los No Alineados acepten el bloque soviético como su «aliado natural», pues rompe la neutralidad del movimiento frente a los dos bloques. Ésta es una de las razones que alega Yugoslavia para oponerse a que la Sexta Cumbre se realice en La Habana. Tales críticas debilitan a Cuba en vísperas de esa cumbre, vital para sus aspiraciones de liderazgo en el Tercer Mundo.

De Estados Unidos —Congreso y gobierno— le llueven críticas a Cuba y Carter de nuevo le advierte que su presencia militar en África es un obstáculo para normalizar sus relaciones. Zbigniew Brzezinski, consejero nacional de Seguridad, opuesto a la distensión con Cuba, le aconseja endurecer su política. La plantea en el contexto del conflicto Este-Oeste y de la distensión con la Unión Soviética. Sostiene que Cuba «amenaza los intereses vitales» de Estados Unidos en África y no excluye la intervención militar en la isla. No duda en distorsionar y manipular informes de la CIA para afirmar que Cuba aumenta sus tropas en Angola y en Etiopía. Cyrus Vance, secretario de Estado, no está de acuerdo con Brzezinski. Considera que es peligroso convertir la cuestión de Etiopía en una confrontación de las superpotencias. Dice que Estados Unidos no puede obligar la retirada de soviéticos y cubanos de África que, además, no amenazan sus intereses en ese continente o en otro lugar del Tercer Mundo.[21] Fuera de las declaraciones enérgicas contra Cuba, Carter no modifica su política.

Estados Unidos y Cuba

Nixon continúa la política de agresión contra Cuba. Promueve su aislamiento político y diplomático, mantiene el embargo económico y las operaciones encubiertas de la CIA —a las cuales es adicto—, incluidos los atentados contra la vida de Fidel (en 1971 intenta asesinarlo durante su visita a Chile).

A pesar de todo lo anterior y de la agresiva retórica anticubana, durante su gobierno hay un relativo relajamiento de las tensiones. La prioridad de su política exterior son las grandes potencias —la URSS y la República Popular China— y la guerra en Vietnam. Sabe que la están perdiendo y que es inmensamente impopular. En febrero de 1970, en un discurso pronunciado en el Congreso, en el que plantea su política exterior, no menciona a Cuba. Es un problema secundario frente al creciente nacionalismo en América Latina. Chile y Perú expropian poderosas empresas norteamericanas. Nixon no sanciona a Perú por temor a que corra el mismo camino de Cuba. Kissinger, que lleva la voz cantante en política exterior, recomienda una política de bajo perfil para América Latina. Es una posición pragmática. Estados Unidos está cada día más aislado.

En septiembre de 1970 un avión espía U-2 descubre que Cuba está construyendo una base para submarinos en la bahía de Cienfuegos. Pero Nixon no está interesado en desatar la «histeria» anticubana en momentos en que se desarrolla la campaña para las elecciones del Congreso, más importante para él y para los republicanos. Minimiza el hecho. En enero de 1971, en una entrevista televisada, dice que esa base no representa una amenaza para la seguridad de Estados Unidos, pues la Unión Soviética ha reiterado que no habría misiles «ofensivos» en Cuba. No obstante, pide al Pentágono estudiar planes para minar el puerto y bloquear a Cuba.[22] En febrero de 1973 Estados Unidos y Cuba firman un acuerdo sobre secuestro de aviones, Washington autoriza el viaje de congresistas a La Habana y en 1974, bajo presiones internas y de gobiernos del continente, permite que subsidiarias norteamericanas comercien con la isla.

Nixon, hundido por el magno escándalo de Watergate, renuncia y Gerald Ford (1974-1977) asume la presidencia. Ford intenta reducir las tensiones con Cuba a través de diálogos secretos. En noviembre de 1974 William Rogers (ex secretario de Estado de Nixon) y Lawrence Egelburger, subsecretario de Estado, inician una serie de reuniones «exploratorias» para clarificar los mayores puntos de controversia y buscar soluciones. Las conversaciones continúan en 1975.[23]

En el Primer Congreso del PCC en diciembre de 1975 —Nixon ya ha salido— Fidel señala que en los años sesenta —era de Kennedy y de Johnson— Cuba tuvo cerca de trescientos mil hombres en armas para su defensa, pero que en los últimos años «en medio de un relativo clima de paz», pudo consagrarse a los problemas de desarrollo económico y reducir sus defensas en más de ciento cincuenta mil hombres.[24]

El acercamiento a Cuba tiene apoyo en sectores del Congreso. La política de hostilidad ha minado el prestigio de Estados Unidos entre sus aliados y en especial en América Latina. Para algunos, el embargo económico ha sido un fracaso. En marzo de 1975 el senador Edward Kennedy presenta un proyecto para levantarlo. Anticastristas de Florida dicen que es un «acto de extrema villanía» y anuncian actos violentos si llega a aprobarse.[25]

Cuando Cuba envía tropas a Angola, a pedido del MPLA para detener la invasión de Sudáfrica, en octubre de 1975, Washington corta los diálogos secretos con Cuba e incrementa su ayuda al FNLA y UNITA para impedir el triunfo del MPLA. Después de su independencia sigue apoyándolos para lograr un cambio de gobierno en Luanda.

Un mayor conflicto se presenta en octubre de 1976 cuando explota un avión de Cubana de Aviación que salía de Barbados, en el que mueren setenta y tres personas, entre éstas el equipo de esgrima de jóvenes cubanos que regresan cargados de medallas. Fidel acusa a la CIA de ese sabotaje (el director es George Bush), rompe el acuerdo con Estados Unidos sobre secuestro de aviones y anuncia que no firmará otro hasta que esa campaña terrorista termine «de una vez por todas». Kissinger y otros altos funcionarios niegan que la CIA esté implicada en este hecho.[26] En noviembre de 1975 el Comité de Inteligencia del Senado de Estados Unidos publica un informe —347 páginas— sobre las implicaciones de la CIA en asesinatos o intentos de asesinato de líderes extranjeros, que revela que entre 1960 y 1965 han tenido lugar cerca de ocho intentos de asesinato contra Fidel y otros líderes cubanos. En febrero de 1976, Ford expide una orden presidencial para prohibir la intervención de la CIA o de agentes de inteligencia de Estados Unidos en atentados contra la vida de dirigentes extranjeros.[27]

Carter procede a relajar las tensiones con Cuba. Cyrus Vance, secretario de Estado, dice ante el Comité de Relaciones Exteriores del Senado que cree necesario remover los obstáculos para normalizar sus relaciones. Carter lo condiciona a una mejora de la situación de derechos humanos (la liberación de los presos políticos), al retiro de sus tropas de Angola, a suspender su interferencia en los asuntos internos del hemisferio y a compensar a los ciudadanos norteamericanos cuyas propiedades han sido confiscadas por el gobierno cubano. Fidel responde que está dispuesto a hacerlo «siempre y cuando Estados Unidos acepte compensar a Cuba por los perjuicios causados por el embargo».[28]

Carter quiere una política exterior de paz, de no intervención y de relajamiento de la guerra fría. Con Cuba es un período de relativa distensión política, apoyada por sectores del Congreso. En 1977 varios congresistas viajan a La Habana, hablan con Fidel y a su regreso proponen levantarle el embargo. En abril, Terence Todman, subsecretario de Estado, va a Cuba para firmar un acuerdo sobre pesca y sobre fronteras marítimas y para establecer contactos diplomáticos entre sus países. En septiembre abren las oficinas de intereses en Washington y en La Habana, cubiertas respectivamente por las embajadas de Suiza y de Checoslovaquia.

Carter no renueva la prohibición a los norteamericanos de viajar a Cuba —debe hacerse cada seis meses—, levanta la prohibición de usar dólares en ese país, suspende los vuelos espías (la vigilancia continúa por satélites) y permite vuelos charter de compañías privadas entre Miami y La Habana. En 1979 autoriza a cubanos, residentes en Estados Unidos, a viajar a Cuba. Es el plan de «reunificación familiar», promovido por magnates cubanos exiliados en Estados Unidos y acordado con el gobierno cubano.

La política de Carter, de defensa de los derechos humanos, con Cuba se centra en la liberación de prisioneros políticos. Entre 1978 y 1979 Cuba libera cerca de cuatro mil entre estos centenares de «plantados» —rehúsan a usar uniforme— y doscientos cincuenta permanecen en la cárcel. La Oficina de Intereses de Estados Unidos es el canal para obtener su liberación y la de norteamericanos presos en Cuba.

En mayo de 1978 Washington acusa a Cuba de haber promovido la invasión de katangueños —exiliados en Angola— a Shaba (Katanga), provincia de Zaire inmensamente rica en minerales. Isidoro Malmierca, canciller cubano, lo niega en forma enfática. Brzezinski, consejero nacional de Seguridad, y el almirante Stanfield Turner, director de la CIA, afirman que las pruebas contra Cuba son «abrumadoras». Un Comité del Senado realiza su propia investigación y concluye que las informaciones de la CIA «no son convincentes». Fidel dice públicamente que él había advertido a Estados Unidos sobre un posible levantamiento en Katanga. Carter reconoce que lo que dice Fidel es verdad pero que ha debido hacerlo «mucho antes».[29] A pesar de esas tensiones, en 1978 el diálogo entre los dos gobiernos se mantiene. Sus representantes se reúnen en Washington, Nueva York, Atlanta y Ciudad de México. Las conversaciones se centran en la cuestión de los prisioneros políticos en Cuba. Se limitarán a ese tema hasta que Cuba retire sus tropas en África. En junio, el Senado aprueba una resolución que pide el corte de «todos» los lazos con Cuba. Implica la retirada de su Oficina en La Habana. El Departamento de Estado se opone, pues perjudica los intereses del país.[30]

A mediados de agosto de 1979 Brzezinski divulga un informe de la CIA sobre el «descubrimiento» de una «brigada de combate soviética» en Cuba. Carter hace la denuncia en septiembre, coincidiendo con la Sexta Cumbre de los No Alineados en La Habana, y ordena reanudar los vuelos de aviones U-2 sobre Cuba. Esa brigada se encuentra en Cuba desde 1962, cuando la URSS instala sus misiles en la isla, y esto lo saben varios funcionarios de su gobierno. Saben también que no son de combate y no amenazan su seguridad. Ese escándalo, orquestado por Brzezinski, es rechazado por congresistas. El senador Robert C. Byrd, líder de la mayoría demócrata, lo califica de «pseudocrisis». En La Habana delegados a la Cumbre se mofan de Carter.

Con los No Alineados

Cuba es uno de los miembros fundadores del Movimiento de Países No Alineados (único país latinoamericano) desde su creación en Belgrado (Yugoslavia) en 1961. Es un movimiento de países del Tercer Mundo creado para oponerse al liderazgo mundial de los dos bloques de poder político-militar de las superpotencias. Sus principios son el antiimperialismo, el anticolonialismo, el antineocolonialismo y el antirracismo y contra el *apartheid*.

En 1970, en su Tercera Cumbre en Lusaka, Zambia, Cuba comienza a ventilar la teoría de que los países socialistas son los «aliados naturales» de los No Alineados y el sostén más sólido contra el imperialismo. A tal tesis se opone la mayoría.

En la Quinta Cumbre en Argel, en 1973, calificada de «cumbre de las cumbres», por primera vez se da igual atención a los temas políticos y económicos y se utiliza el petróleo como arma de presión. Los países árabes, productores de petróleo, decretan el embargo del crudo a los países que apoyan a Israel en contra del pueblo palestino. La restricción del petróleo, del que dependen las potencias occidentales, el alza vertiginosa de su precio y el anuncio de las potencias árabes petrolíferas de retirar los fondos de los bancos occidentales crea pánico. Washington y las potencias occidentales, que se han opuesto a los No Alineados, cambian de opinión a partir de esa cumbre. Ya no lo consideran las «Naciones Unidas de los pobres» —como despectivamente lo llaman— pues surgen como un sexto polo de poder en un mundo multipolar.

En Argel, Fidel continúa promoviendo el acercamiento de los No Alineados al bloque soviético. En su discurso señala la división del mundo «entre países capitalistas y países socialistas, países imperialistas y países neocolonizados, países colonialistas y países colonizados, países reaccionarios y países progresistas; en gobiernos que apoyaban al imperialismo, al colonialismo, al neocolonialismo y al racismo», y los que están en contra de todo esto. Sobre la teoría de los dos imperialismos, liderados por las superpotencias, pregunta dónde están las empresas monopolistas soviéticas, sus multinacionales, sus industrias, minas o yacimientos en el mundo subdesarrollado y qué obrero es explotado por el capital soviético en esos países. Les recuerda que las armas que le sirven a Cuba en Playa Girón (Bahía de Cochinos) para defenderse de Estados Unidos y las que da a los países árabes, africanos y asiáticos para su lucha contra el imperialismo, vienen de países socialistas, principalmente de la URSS. Alerta sobre el enfrentamiento que se está provocando dentro del movimiento con el campo socialista, pues sólo favorece a los «intereses imperialistas» de Estados Unidos. Yugoslavia, India, Argelia —miembros fundadores— y Tanzania se oponen firmemente a tales planteamientos.

El gobierno cubano desarrolla una intensa actividad diplomática en los tres continentes para obtener la sede de la Sexta Cumbre. Durante un año delegaciones de Cuba y Yugoslavia van y vienen entre Belgrado y La Habana para limar puntos de controversia y preservar la unidad del movimiento. El tema de mayor conflicto es la alianza de Cuba con la URSS. Tito teme que Fidel lo incline hacia el bloque soviético.

La Sexta Cumbre tiene lugar en La Habana en septiembre de 1977, con una amplia participación latinoamericana y caribeña. En este momento son miembros Argentina, Cuba, Panamá, Perú, Guyana y Jamaica. En La Habana ingresan Bolivia, Nicaragua, Granada y Surinam. Como observadores asisten Brasil, Colombia, Costa Rica, Venezuela, Dominica y Santa Lucía. Participan noventa y cinco países.

Washington conoce de antemano el proyecto de Declaración Final preparado por Cuba como sede. En rápidas gestiones con sus aliados y amigos, busca modificar las numerosas y duras acusaciones en su contra. Un país amigo le da a Cuba el texto de las modificaciones que pretende y que ha circulado entre sus aliados y amigos. Fidel, en su discurso inaugural, denuncia tales maniobras.

Antes de la cumbre, muchos países presentan enmiendas. India y Yugoslavia, miembros fundadores y guardianes de sus principios, para afirmar la posición del movimiento frente a los dos bloques, a pactos y alianzas militares. No permiten hacer concesiones al bloque soviético. Su enmienda queda en el texto final. En las comisiones —las decisiones son por consenso— se va modificando y desradicalizando el proyecto de declaración presentado por Cuba. Los latinoamericanos logran suprimir un párrafo que pide la disolución del TIAR, de CONDECA y de la Junta Interamericana de Defensa, pues no pueden aspirar a deshacer de un plumazo compromisos y dependencias con la superpotencia norteamericana sin que sus países sufran consecuencias.

En octubre de 1979 Fidel, como presidente del movimiento, va a Nueva York para presentar ante la Asamblea General de la ONU el resultado de la Sexta Cumbre. Cuando entra en el salón, atestado de delegados y las galerías de periodistas y de público, recibe un homenaje nunca dado antes a un gobernante en la organización mundial. De pie lo aplauden varios minutos, su discurso es interrumpido varias veces por aplausos y, al concluir, de nuevo lo ovacionan largamente y de pie.

«No he venido —dice— a hablar de Cuba. No vengo a exponer en el seno de esta asamblea la denuncia de las agresiones de que ha sido víctima nuestro pequeño país durante veinte años. No vengo tampoco a herir con adjetivos innecesarios al vecino poderoso en su propia casa.» Su discurso, en efecto, no está dirigido a Estados Unidos, pero sus denuncias sobre las injusticias, las desigualdades, la opresión, la explotación y la situación angustiosa de los países en desarrollo son críticas implícitas. Con estadísticas señala los niveles de la «insoportable» deuda externa, los multimillonarios gastos militares que debían usar en favor del desarrollo, reitera su llamado a la distensión, afirma que la explotación de los países ricos a los países pobres debe cesar y relaciona la paz con el desarrollo. Para terminar dice: «Digamos adiós a las armas y consagrémonos civilizadamente a los problemas más agobiantes de nuestra era.

Ésa es la responsabilidad y el deber más sagrado. Ésa es, además, la premisa indispensable de la supervivencia humana.»[31]

Cuba tiene la presidencia de los No Alineados y ahora cabildea para ingresar en el Consejo de Seguridad de la ONU. El grupo latinoamericano un año antes se compromete a apoyar su candidatura, pero Estados Unidos está decidido a impedírselo. Por «sugerencia» de Estados Unidos, Colombia presenta su candidatura. Un delegado colombiano dice que es embarazosa la actividad de la delegación norteamericana para obtener votos en su favor. En las 142 votaciones que se llevan a cabo, Cuba lleva la delantera sin lograr la mayoría necesaria. Colombia no se retira y obliga la prolongación de las sesiones hasta enero de 1980, caso insólito en la historia de la organización. Cuando la Unión Soviética invade Afganistán, en diciembre de 1979, la balanza se inclina en contra de Cuba. Por primera vez Colombia obtiene mayoría, pero no la requerida. Rápidamente el canciller cubano le ofrece a México retirar su candidatura en su favor. Colombia también la retira y México es elegido.

Cuba no condena la invasión soviética en Afganistán. Su embajador en la ONU, Raúl Roa Kourí, lo plantea como otra confrontación entre el imperialismo y los socialistas. Tal posición le hace perder credibilidad no sólo dentro de los No Alienados. La mayoría de los delegados le hacen duras críticas. De nuevo Cuba es calificada de «peón» de Moscú por el gobierno de Estados Unidos.

Mariel

El final de la década de los años setenta es en extremo difícil para Cuba en el aspecto interno e internacional. La situación económica es crítica y Fidel pide sacrificios al pueblo. Cuba debe enfocar sus esfuerzos a la industrialización. En diciembre, en sesión cerrada de la Asamblea Nacional del Poder Popular —sus deliberaciones se filtran y son divulgadas por la prensa de Estados Unidos—, Fidel enumera las graves dificultades: la caída vertical del precio del azúcar en los mercados exteriores, la disminución de las importaciones del área capitalista por la escasez de divisas y se queja de que los países socialistas envíen productos que no son indispensables y no les llegue los que necesitan. Dice que es imposible prever qué pasará en los próximos cinco años. Señala los graves problemas agrarios causados por plagas a la caña —afecta a la tercera parte de su producción de tabaco —destruye el 90 por ciento— y la fiebre africana al ganado porcino —todo es sacrificado—. Todas esas plagas son controladas pero Fidel señala que «extrañamente» se presentaron al mismo tiempo y acusa a Estados Unidos.[32] Ha sido una guerra bacteriológica.

El malestar interno y el descontento por la crisis económica va en ascenso. A esto se agregan las tensiones que crean centenares de ex presos políticos a los que Estados Unidos se ha comprometido a dar visado de entrada y no lo ha hecho. Tal demora es intencionada para provocar el malestar interno, dice Fidel. También crea tensiones el plan de «reunificación familiar». No todos están de acuerdo. Unos por razones morales e ideales revolucionarios. No aceptan que se reciba a los que siempre han combatido y califican de «gusanos» por haber abandonado el país y «traicionado» a la Revolución y se han prestado a realizar actos terroristas contra Cuba en colaboración con el «enemigo». Otros porque consideran injusto que los que tienen familiares en Estados Unidos tengan el privilegio de recibir productos de los que carece la población. En efecto, miles de exiliados llegan llenos de regalos para sus familiares y esto crea animosidad y desconcierto. Con la lluvia de regalos comienza el mercado negro. El gobierno establece límites y abre un almacén de productos importados —con precios exorbitantes— para que la «comunidad» los compre en Cuba. Es una forma de adquirir divisas.

En 1979 aparecen en las calles grafitos y hojas sueltas contra el gobierno. En diciembre, en la Asamblea Nacional, Fidel advierte que «aplastarán» el creciente extremismo. El ambiente se caldea con el aumento de las salidas ilegales de cubanos hacia Florida, con secuestros de embarcaciones. Tales salidas son estimuladas por una guerra por radio de los cubanos anticastristas de Miami. A su llegada los reciben como héroes y los medios de comunicación dan amplia publicidad a sus declaraciones, todas en contra la Revolución. Es la condición que les exigen. Los muestran como «disidentes», desafectos al régimen que han huido del «infierno cubano».

Con el nombramiento de Ramiro Valdés, ministro del Interior —héroe del *Granma* y uno de los duros del régimen— comienza la persecución de «antisociales», del mercado negro y del pequeño crimen. La policía requisa y detiene a los campesinos que venden sus productos «por libre». Tales medidas crean mayor malestar y descontento en la población.

Un problema que exacerba al gobierno es el ingreso violento de cubanos a las sedes diplomáticas en La Habana, pues le crea fricciones con los gobiernos. En septiembre de 1977 un grupo logra penetrar en la embajada de Venezuela. Por presiones del gobierno de Carlos Andrés Pérez, a su vez presionado por la influyente comunidad cubana residente en ese país, Cuba autoriza su salida pero no les da salvoconducto, pues no son perseguidos políticos, como ellos mismos afirman. Cede, pues no quiere problemas con Venezuela, un país importante, ni con Carlos Andrés Pérez, a quien aprecia y respeta. Tampoco le conviene crear un conflicto en un momento en que las relaciones con Estados Unidos son tensas por la cuestión de sus tropas en África, y que algunos países no alineados están molestos con Cuba por la ruptura de relaciones con Somalia.[33]

La salida del grupo de refugiados cubanos hacia Venezuela, en avión venezolano, estimula nuevos ingresos a esa embajada. En una ocasión la policía militar que la custodia dispara para impedir la entrada de otro grupo. No causa víctimas pero el gobierno venezolano protesta. Dice que esa «vigilancia» restringe sus derechos y pide retirarla.

A finales de 1979 un policía militar se asila en la embajada de Perú. Según el derecho de asilo interamericano —suscrito por ambos gobiernos— Perú debe entregarlo a las autoridades cubanas. No lo hace. El gobierno cubano advierte que no permitirá su salida. En abril de 1980 entra por la fuerza en esa embajada un grupo de veintisiete personas entre hombres, mujeres y niños y matan a uno de los policías que la custodian. Este hecho enfurece al gobierno cubano. El embajador peruano, Edgardo de Vich, los saca y publica una nota en el diario *Granma* advirtiendo que no aceptará nuevos ingresos, pues son una violación a la sede diplomática. Por los agrios ataques de la influyente comunidad cubana en Caracas contra el embajador, el gobierno peruano le pide regresarlos y concederles «asilo político». Así lo hace. En este momento hay cuarenta cubanos refugiados en las embajadas de Venezuela y de Perú.

Fidel, en un airado discurso, acusa de «fraude y cobardía» a los gobiernos latinoamericanos y les llama «vendidos» a Estados Unidos, pues participan en el embargo económico y en el boicot diplomático a Cuba y acusa a Venezuela y a Perú de proteger en sus embajadas a «criminales comunes, holgazanes y antisociales» y anuncia que retirará la guardia a la embajada peruana. En menos de setenta y dos horas la sede diplomática es invadida por 10.800 cubanos, hombres, mujeres y niños. Y siguen llegando. La sede, de los jardines hasta el techo, está atestada de cubanos. El olor es nauseabundo. Dos días después el gobierno anuncia que todos los que quieran irse de Cuba podían hacerlo, pero no los que han ingresado por la fuerza a las sedes diplomáticas. El 18 de abril, un editorial del diario *Granma* informa de que el gobierno no se opone a los que quieran salir por barco a Florida. Fidel dice que en forma reiterada, por canales diplomáticos y públicamente, ha advertido a Estados Unidos sobre las consecuencias que puede tener esta política de estímulo a las salidas ilegales y de negar visados de entrada a los que la solicitan legalmente. «Camarioca puede abrirse de nuevo», agrega. Se refiere al éxodo que permite el gobierno de miles de cubanos hacia Florida, en octubre de 1965, desde ese puerto.

Después del anuncio de *Granma* comienzan a llegar al puerto de Mariel embarcaciones procedentes de Florida a recoger familiares. En una semana llegan más de seis mil y treinta y dos aviones. Las autoridades cubanas colaboran, funcionarios de INTUR (Instituto de Turismo) les atienden —compran ron y tabaco— y barcos guardacostas cubanos los acompañan en aguas internacionales hasta divisar las costas de Florida.

El Primero de Mayo, en una masiva concentración en La Habana, Fidel dice que no los recibirá a «cañonazos», pues no vienen en son de guerra y serán atendidos con cortesía. Estados Unidos ha abierto la puerta y ahora verá cómo la cierra, dice. «Están haciendo un servicio sanitario óptimo», agrega.

Aunque el presidente Carter dice que recibe a los cubanos —«marielitos»— con «brazos y corazón abiertos» sabe que tiene ante sí una posible invasión de refugiados. Anuncia maniobras militares —Solid Shield 80— que comenzarán el 8 de mayo con un desembarco aéreo y naval en la base de Guantánamo. El gobierno cubano moviliza al ejército en las provincias de Oriente y anuncia maniobras militares —Girón 19— que comenzarán un día antes.

El 19 de abril, aniversario de la victoria en Playa Girón (Bahía de Cochinos), por la Quinta Avenida de La Habana tiene lugar la Marcha del Pueblo Combatiente. Participan más de un millón de personas que portan pancartas y cantan consignas de apoyo a la Revolución y a Fidel, contra Estados Unidos y piden a gritos a los refugiados en la embajada peruana que se vayan. El Primero de Mayo otro millón de cubanos, igualmente en ánimo combativo, se congrega en la plaza de la Revolución. El pueblo está en plan de lucha. Ese día Fidel anuncia la creación de las Milicias de Tropas Territoriales (MTT). Serán «el pueblo en armas». En 1980 son un millón y medio de jóvenes, hombres y mujeres, con armas enviadas por la URSS, y están en posición de combatir. Ese día noticias de Washington informan que Estados Unidos suspende los planes de desembarco en Guantánamo. Myles Frechette (más tarde embajador en Colombia), jefe de la Oficina de asuntos cubanos del Departamento de Estado, confirma que las maniobras se cancelan «totalmente».[34] Cuba cancela las suyas.

En el éxodo de Mariel llegan a Florida cerca de 129.000 cubanos. 20.000 son confinados en campos de refugiados y cerca de 2.000 en correccionales federales. En la llamada «flotilla de la libertad» han llegado miles de criminales y de enfermos mentales. Estados Unidos acusa a Cuba de haberlos sacado de las cárceles y de los hospitales y de obligar a los responsables de las embarcaciones a llevarlos a Estados Unidos. El gobierno cubano lo niega. El diario *Granma*, en un editorial, dice que los «antisociales» salen por su voluntad.[35]

La simpatía que al inicio hubiera podido tener el pueblo norteamericano hacia los «marielitos» cambia cuando se convierten en una invasión desordenada que crea enormes problemas a las autoridades de Miami y de Florida, a la población y también a sus familiares. Carter intenta negociar con Cuba la repatriación de los antisociales y enfermos, a cambio de normalizar el otorgamiento de visados. El gobierno cubano dice que estudiará caso por caso y que sólo aceptará a los que lo hagan de forma voluntaria. Pero nadie quiere regresar.

La conclusión de este episodio, que se origina en una política errada y prepotente de Estados Unidos con la que quiere golpear a la Revolución estimulando tales salidas, es un duro golpe para el gobierno de Carter y para el prestigio de Estados Unidos. El 62 por ciento de los norteamericanos —según encuestas de opinión— están convencidos de que Fidel se ha burlado de su gran nación.

FIN DE FIESTA

El éxodo de Mariel puede haber alarmado al gobierno cubano por su volumen, no obstante es una válvula de escape a las tensiones internas. La consecuencia más grave es para el gobierno de Carter, por los conflictos internos que crea esa masa de refugiados para las autoridades y para el pueblo. Este éxodo es un golpe de muerte a sus aspiraciones de reelección. El sentimiento nacional es de extrema frustración y de humillación por el fardo de fracasos internacionales que lleva Carter a sus espaldas. Los rehenes norteamericanos siguen en manos de extremistas iraníes en su embajada en Teherán, las tropas soviéticas siguen en Afganistán, donde Moscú coloca a un gobierno «amigo», sin que Estados Unidos pueda ejercer represalias, y a esto se añade la invasión de Mariel que crea innumerables e inmensos problemas. A Miami se la están tomando los cubanos y ellos, por razones humanitarias o porque no les queda de otras, les toca aceptarlos. Esa masa de ilegales que invade Florida llega porque los anticastristas de Miami con una agresiva campaña la ha venido estimulando y el gobierno, presionado por esa comunidad vociferante, tiene que aceptarla. Y lo más preocupante es que ese éxodo no tendrá fin.

El triunfo abrumador de Ronald Reagan es el «triunfo de la derecha» que tendrá una inmediata y grave implicación para América Latina. «Su elección es un peligro», advierte Fidel.

6

Las guerras internas

Los años setenta en el Cono Sur son de extrema violencia. Argentina, después de los gobiernos del «peronismo del retorno», y Brasil están bajo las dictaduras neofascistas de la Doctrina de la Seguridad Nacional, y Chile y Uruguay, ejemplos de democracia, en tortuosos procesos y por distintos caminos, caen bajo la bota militar. Esta década se caracteriza por las «guerras internas» contra poderosos movimientos guerrilleros y las «guerras sucias» contra sus pueblos en las que son asesinados, «desaparecidos» y torturados decenas de miles de hombres, mujeres e incluso niños. Estos conflictos continúan en la década siguiente. Nunca antes, en la historia del continente, la violación de los derechos humanos ha sido más brutal, más extensa y más profunda.

A finales de los años ochenta los movimientos armados han sido virtualmente liquidados y los militares, decadentes, desprestigiados y presionados por la creciente oposición interna e internacional, convocan a elecciones y son elegidos presidentes demócratas. A la paz interna, amenazada por el «malestar» militar, llegan concediendo amplias amnistías a los militares y a las fuerzas de seguridad. Tales leyes, bautizadas por sus pueblos de «Punto Final», los exoneran de ser llevados ante tribunales civiles para dar cuenta de sus crímenes. Sentados en ese peligroso precedente, que legitima la impunidad y viola el principio de la igualdad de todos ante la ley, emprenden el difícil camino de la reconstrucción democrática. Los militares pueden dormir tranquilos. Aquí no ha pasado nada.

ARGENTINA: DICTADURAS E INSURGENCIA

Argentina entra en la década de 1970 bajo la «dictablanda» del general Juan Carlos Onganía (1966-1970), que ese año —él no lo sabe— llegará a su fin. Después del «cordobazo», ocurrido el año anterior en la provincia de Córdoba —una explosiva manifestación de protesta, promovida por estudiantes y trabajadores de la industria automotriz y apoyada por sectores de las clases media y popular—, la lucha insurreccional se extiende como pólvora en las provincias de Tucumán y Rosario, en las que por primera vez aparecen grupos armados de izquierda y ondean banderas guerrilleras. Estas protestas no son —como afirma Onganía— organizadas por comunistas y extremistas, sino expresiones del repudio popular a su gobierno y a las fuerzas armadas. Así lo ven con preocupación varios generales.

En marzo de 1970 el grupo armado Frente Argentino de Liberación (FAL), secuestra al cónsul paraguayo (luego lo suelta) y en junio los Montoneros secuestran y «ajustician» al ex presidente, general Aramburu. Tal hecho colma la copa de los altos mandos y el general Leopoldo Lanusse echa a Onganía. Nadie protesta. Para el pueblo es sólo otro de los tantos relevos entre militares.

Lanusse no toma el mando. Escoge a dedo al general Roberto M. Levingston (1970-1971), ex oficial de inteligencia, representante de Argentina en la Junta Interamericana de Defensa en Washington, creyendo que es una ficha manejable. Pero Levingston tiene su propio programa de gobierno y da mano libre a los militares para combatir la insurgencia.

Los Montoneros, las FAL —ambos peronistas— y el Ejército Revolucionario del Pueblo (ERP), trotskista, están en plena actividad. Hay una racha de detenciones, de secuestros, de asesinatos y de desapariciones de líderes populares, de militantes de izquierda y de personas sospechosas de pertenecer o de apoyar a la guerrilla. Grupos paramilitares clandestinos reivindican la mayoría de estos crímenes. La intranquilidad ciudadana llega a la paranoia. Cualquiera puede ser detenido por simple sospecha y todos sospechan de todos. Los detenidos son juzgados por la Cámara Federal Penal —mecanismo creado por los militares— que es una especie de tribunal de la Inquisición.

Una huelga de dos mil quinientos obreros de la FIAT-Concord en Córdoba, en febrero de 1971, para protestar por el despido de dos compañeros, genera una reacción en cadena: la toma de la fábrica y retención de rehenes por los obreros, nuevos despidos y exigencia de Levingston para que la desocupen y entreguen a los rehenes o enviará a la fuerza pública. La huelga se extiende con el apoyo de sindicatos de otras empresas, de estudiantes y de sectores populares y políticos. El gobernador de Córdoba, Bernardo Bas, se niega a cumplir la orden de reprimirla y renuncia. En apoyo a los huelguistas, la CGT en Córdoba decreta un «paro activo» y convoca una manifestación en la que ondean banderas del ERP. La multitud marcha por la avenida de Colón, ataca con petardos el exclusivo Jockey Club y edificios del gobierno y frente a la cárcel de Encausados, donde están detenidos peronistas y Montoneros, pronuncian airadas arengas contra la dictadura. Desde la cárcel los detenidos hacen otro tanto.

El nuevo gobernador, Camilo Uriburu, califica la protesta de «siniestra organización antiargentina […], en la que se anida una venenosa serpiente cuya cabeza —dice—, pido a Dios me depare el honor de cortar de un solo tajo». El pueblo se amotina, construye barricadas —cerca de doscientas— y declara «territorios liberados» a zonas donde no deja entrar a la fuerza pública. Cien hombres de la Brigada Antiguerrilla (Policía Federal), enviados desde Buenos Aires, poco a poco van ocupando esos «territorios». Uriburu renuncia.[1] Los obreros son reintegrados y el gobierno muerde humillación.

El «viborazo» es un campanazo contra Levingston y contra las fuerzas armadas. El país entero las quiere fuera del gobierno. En diciembre, amplios sectores políticos —peronistas, radicales, conservadores, socialistas y movimientos de oposición— publican el comunicado «La hora del pueblo» pidiendo elecciones libres y un gobierno civil. En marzo de 1971 Lanusse echa del poder a Levingston y esta vez toma el mando como presidente de una Junta de Comandantes.

El programa de gobierno de Lanusse, para salvar la patria, lo llama «Gran Acuerdo Nacional». Convoca a todas las fuerzas democráticas para luchar contra la subversión y ofrece celebrar elecciones y dar paso a un gobierno civil. Forma su gabinete con figuras «acuerdistas», partidarias del diálogo, levanta las restricciones impuestas a los partidos políticos y a los sindicatos y entabla un diálogo secreto con los peronistas. Sabe que no es posible seguir ignorando a Perón. Cree que detrás de esa agitación social está el caudillo, manipulando desde su exilio en Madrid a las poderosas fuerzas peronistas políticas, armadas y sindicales.

Las masas sindicales, las juventudes y los movimientos guerrilleros —la mayoría son peronistas— se oponen al Gran Acuerdo. Dicen que las elecciones son una trampa para frenar las luchas populares y que los militares las anularán si el resultado les es adverso. Los Montoneros y las FAP (Fuerzas Armadas Peronistas) anuncian que seguirán la lucha. Quieren el regreso de Perón.

Aunque Lanusse habla de reconciliación nacional, lanza una «guerra sucia»: comienza una ola de secuestros, de asesinatos y de desapariciones de líderes peronistas, de sindicalistas y de activistas de izquierda, pero la protesta social, la beligerancia sindical y la actividad guerrillera no amainan. Entre marzo y julio de 1971 la prensa reporta 316 actos terroristas del ERP (la mayoría) y de los Montoneros con tomas de cuarteles militares y de policía, captura de armas y pertrechos, asaltos a bancos, sabotajes con bombas y explosivos a instalaciones militares, a instituciones del gobierno y a los «símbolos» de la aristocracia, y secuestros y asesinatos de gentes prominentes y de militares. El ERP, las FAP y los Montoneros, en audaces operativos conjuntos en varias cárceles del país, liberan a sus compañeros. En Córdoba rescatan a Mario Santucho, a Enrique Gorriarán, a Jorge Ulla y a Humberto Toschi —la alta dirigencia del ERP— capturados pocos días antes. En esa operación mueren seis guardianes (ese mismo día en Uruguay los Tupamaros toman la cárcel de Punta Carretas y rescatan a 106 guerrilleros sin disparar un solo tiro).[2]

En marzo de 1972 el ERP ametralla a un comandante y a un bodeguero, los Descamisados —nuevo grupo guerrillero— dinamita el Club Hípico Militar San Jorge —símbolo de la oligarquía castrense—, los Montoneros atacan la sede del partido Nueva Fuerza, otro comando da muerte a Roberto Mario Uzal, dirigente de ese partido, y en un asalto al Banco Nacional sustrae 402 millones de pesos. Es una suma récord.

El ERP secuestra al director general de la FIAT-Concord, Oberdan Sallustro, y pide a cambio la liberación de obreros y de dirigentes de los poderosos sindicatos SITRAC-SITRAM, el traslado a Argelia de cincuenta guerrilleros prisioneros y la entrega de un millón de pesos para «indemnizar» al pueblo. Pero el gobierno, en un impresionante operativo, encuentra el lugar donde lo tienen detenido. Hay un intenso tiroteo. El comando guerrillero logra escapar, pero antes «ajusticia» a Sallustro al que llama «explotador del pueblo». Ese mismo día un comando combinado del ERP y las FAR da muerte en la ciudad de Rosario al general Juan Carlos Sánchez, comandante del Segundo Cuerpo del Ejército. Lanusse quiere que Perón condene esos crímenes pero el caudillo guarda silencio. Más tarde explica: «No he hecho ninguna declaración porque pienso que la violencia del pueblo responde a la violencia del gobierno».[3] En abril de 1972, en la provincia de Mendoza, estalla una masiva manifestación de protesta por el drástico aumento de las tarifas eléctricas impuesto por el gobernador. La CGT decreta un paro y se suman otros sindicatos. Hay un enfrentamiento con la fuerza pública frente a la Casa de Gobierno, con decenas de heridos, centenares de detenidos y un muerto. Los amotinados queman vehículos, arman barricadas y obligan a la policía a retirarse. El gobierno declara a Mendoza «zona de emergencia», destituye al gobernador (civil) y nombra a un general. El «mendozazo» es más violento que el «cordobazo» y que el «viborazo». Lanusse ordena suspender las controvertidas tarifas. El pueblo gana esa batalla.

Uno de los episodios más siniestros del régimen de Lanusse es la «masacre de Trelew» en agosto de 1972. El ERP, las FAP y los Montoneros, en un extenso operativo conjunto, rescatan de la cárcel de Rawson a sus máximos dirigentes. Más de cien logran llegar al aeropuerto, secuestran un avión de la línea Austral, vuelan a Chile y piden asilo al gobierno de Allende. Poco después llega un grupo de diecinueve, pero no alcanza a abordar el avión. Acosados por las tropas, se atrincheran y ofrecen pactar. Exigen que se les respete su integridad física, piden exámenes médicos para que quede constancia del buen estado de su salud y piden su reingreso al penal de Rawson. El ejército los confina en la base aérea-naval Almirante Zar de Trelew en la Patagonia y los mata en un supuesto «intento de fuga». Los tres que logran sobrevivir, heridos gravemente, cuentan que en la madrugada los ponen en fila y los rocían con ráfagas de ametralladora. «Se escuchaban quejidos, estertores de compañeros, hasta *puteadas* y empezaron a sonar disparos aislados. Me di cuenta de que estaban rematando», dice uno de ellos. Ana María Villarreal, la mujer de Mario Santucho, máximo dirigente del ERP, es una de las víctimas. Santucho había logrado escapar a Chile. Esa matanza provoca la repulsa nacional contra Lanusse y exalta los ánimos de la guerrilla: «Ya van a ver, ya van a ver cuando venguemos a los muertos de Trelew», es su consigna. Poco después las FAR asesinan al contralmirante en retiro, E. R. Berisso.[4]

La materialización de Perón

Los gobiernos post-Perón, incluido el de Arturo Frondizi, intentan acabar con el peronismo. Lo ilegalizan, desbaratan sus sindicatos, persiguen a sus militantes y los sacan de la administración pública. No obstante, el peronismo sigue siendo la fuerza política más importante del país y crece

con nuevos y jóvenes adeptos. La mayoría de los movimientos guerrilleros —FAP, FAR, FAL, Descamisados y Montoneros— son peronistas. También se une al peronismo el movimiento Sacerdotes del Tercer
Mundo, atraído por la orientación social del justicialismo. Todo converge
hacia el peronismo, fuerza aglutinante contra la dictadura. Perón es el
imán de esa inmensa y heterogénea fuerza, cada vez más confusa, más
contradictoria y más militante.

Poderosos sectores económicos y financieros, la oligarquía terrateniente —apoyan al Gran Acuerdo Nacional— y grandes empresas
extranjeras son partidarias de llegar a un acuerdo con Perón, pues es
el único capaz de controlar a esa «chusma» desatada y poner un dique
al peligro que se les viene encima. Antes sus acérrimos enemigos ya
no le temen. Perón no amenaza su sociedad, ni su sistema, ni sus intereses.

Lanusse, a espaldas de sus compañeros de Junta, en 1971 entabla —a
través de mensajeros— negociaciones secretas con Perón. Perón las divulga al año siguiente en una entrevista con la revista italiana *L'Expresso*.
Cuenta cuáles han sido sus propuestas, las negociaciones, los desafíos, los
insultos y la oferta —con visos de soborno— de entregarle cuatro millones de dólares y sus sueldos atrasados de retiro si renuncia a su candidatura. Lanusse queda en ridículo y en grave problema con el resto de
la Junta.

Perón no quiere pactar. Nombra al anciano Héctor Cámpora, odon-
tólogo y sin figuración política pero firme peronista, secretario general del
Movimiento Justicialista y a Rodolfo Galimberti, secretario general de las
Juventudes Peronistas, representante de la juventud en el Consejo Superior Justicialista. Su nombramiento es un respaldo a las «formaciones especiales» del peronismo, como él llama a los movimientos guerrilleros.

Lanusse se desquita. Crea impedimentos legales a su candidatura: el
decreto dice que sólo pueden ser candidatos los que residan en Argentina seis meses. Perón anuncia que no regresará pero que mantendrá su
candidatura. Lanusse lo reta: debe volver. Cámpora sale para Madrid y
regresa con la buena nueva: Perón vuelve. Los peronistas ponen en marcha el Operativo Retorno para preparar su regreso triunfal.

Perón quiere regresar con la imagen de «mensajero de la paz», de
«unificador del pueblo argentino», de «servidor de la patria», mostrar que
su regreso a la política es un sacrificio. A comienzos de 1972, en una
entrevista ampliamente divulgada, acusa al gobierno de estar al servicio
de la oligarquía y de haber convertido Argentina en un «satélite del

252

imperialismo yanqui». La revista *Primera Plana* comenta que las declaraciones de Perón están «teñidas de guerrillerismo».[5]

Galimberti une las siete organizaciones regionales de la Juventud Peronista para ampliar su actividad política y dar apoyo a la lucha guerrillera. Esta alianza abre las compuertas al protagonismo político de los Montoneros. La meta de la juventud peronista es el regreso de Perón a Argentina y al poder. Lo apoya con fervor, cada día más militante y más combativa. En octubre Perón anuncia su regreso y envía un documento con las «bases mínimas para el acuerdo de reconstrucción nacional». A sectores de la juventud peronista no les gusta, pues esa disposición al diálogo ayuda a la dictadura que está tambaleando. El ERP acusa a Perón de estar «negociando con la sangre de los caídos, los sufrimientos de los presos, la miseria del pueblo y la ruina del país». Los Montoneros no lo cuestionan. Dicen que es parte de la estrategia de la guerra revolucionaria.

Perón vuelve a sentirse fuerte y necesario. La juventud lo apoya con inmenso fervor y el régimen militar busca un entendimiento con él y con el peronismo. Desde el exilio puede asumir posiciones duras contra la dictadura, radicalizar su discurso y bendecir «como Dios Padre» —dice—, a los grupos armados, a las luchas sindicales, a la «guerra revolucionaria» y justifica el «ajusticiamiento» de opresores, como lo hizo con el de Aramburu. Muestra su complacencia con la Juventud Peronista y habla de la necesidad del cambio generacional, pues de lo contrario el peronismo «se anquilosará y morirá». Elogia a esa «juventud maravillosa» que ha asumido la lucha frontal contra la dictadura. A Perón le conviene halagar a esa juventud efervescente y triunfante. Pero cuando se acerca la fecha del regreso, su posición y su discurso van cambiando. Dice: «No tengo odios ni rencores. No es hora de revanchas. Retorno como pacificador de ánimos». Tales palabras contrastan con el ánimo de combate de la Juventud Peronista. Perón se distancia de la lucha revolucionaria, preludio de horas de tormenta.

El movimiento peronista prepara el retorno triunfal del caudillo y promueve activamente la candidatura de Cámpora, pero el poder es para Perón. En ese momento de efervescencia juvenil y guerrillera, Galimberti convoca al pueblo a movilizarse en el aeropuerto de Ezeiza el 17 de noviembre, para darle un recibimiento multitudinario. El impresionante operativo de seguridad que monta el gobierno para impedir su acceso a Ezeiza —treinta y cinco soldados con tanques y artillería pesada— y la lluvia torrencial que cae no los detiene.

La presencia de Perón en Buenos Aires copa la atención nacional. Sigue siendo la figura política más importante de los últimos treinta años de la historia argentina. Su residencia se convierte en el centro de la actividad política y por ella desfila la plana mayor, amigos y antiguos contrincantes. Y nadie falta a una reunión que convoca en un restaurante bonaerense para discutir el futuro del país. Para el pueblo peronista son días de fiesta. Las masas están con Perón y las altas esferas de poder le respetan y le temen.

Perón, le guste o no, tendrá que lidiar con la explosiva juventud peronista. La Tendencia Revolucionaria —vanguardia del movimiento— liderada por las FAR y los Montoneros, está resuelta a ampliar la guerra, a formar un ejército peronista, a lograr el triunfo del socialismo nacional argentino y a tomar el poder. Sabe que gracias a ella ha sido posible el regreso de Perón a Argentina, del peronismo a la arena política y la derrota política de la dictadura. Quiere un nuevo país y no sólo la reivindicación personal del viejo caudillo.

En enero de 1973 empieza la campaña presidencial. La candidatura de Perón está excluida por el «golpe legal» de Lanusse. Cámpora es el candidato del peronismo. Para asegurar su triunfo forma el Frente Justicialista de Liberación (FREJULI), al que se unen otros grupos. La campaña es virulenta.

La progresiva radicalización programática de Cámpora y el sesgo proguerrillero de la Juventud Peronista alarman a los militares. En febrero emiten un documento de cinco puntos, base de lo que serán las relaciones de las fuerzas armadas con el nuevo gobierno. Descarta las «amnistías indiscriminadas». FREJULI lo rechaza, pero Lanusse ya no puede echar atrás el proceso electoral a pesar de que será una entrega sin resguardos.

Las juventudes peronistas apoyan entusiastas al «Tío», como llaman a Cámpora, quien es elegido el 11 de marzo con el 49,59 por ciento de los votos. No llega al 50 por ciento impuesto por Lanusse, lo que implica una segunda vuelta. El gobierno prefiere reconocer su victoria pues no hacerlo puede ser un costoso error.

El país espera que con el triunfo del peronismo y el retiro de los militares a sus cuarteles cese la actividad guerrillera. No es así. Para la Tendencia Revolucionaria y para el ERP la guerra no ha terminado. Dos semanas después del triunfo de Cámpora, el ERP toma la central termonuclear de Atucha, cinco días después pone una bomba en un comando de la armada, una semana más tarde secuestra al contraalmirante Francisco A. Alemán y al día siguiente asesina al coronel Héctor Iribarren. Cámpora se encuentra en Roma con Perón cuando Iribarren es asesinado. Regresa de inmediato por temor a la reacción militar. Al llegar desautoriza esas acciones guerrilleras y les pide una tregua para que su gobierno pueda cumplir con sus objetivos. Necesita paz y el pueblo la espera de un gobierno justicialista. El ERP le responde negativamente. Dice que los verdaderos intereses de la clase obrera y del pueblo exigen redoblar la lucha y ampliar los frentes para no dar tiempo al «enemigo» de preparar la contraofensiva. Las FAR y los Montoneros, en un comunicado conjunto en vísperas de la posesión de Cámpora, anuncian que continuarán la guerra hasta la conquista del poder, pues el peronismo ha ganado una batalla pero no la guerra. Seguirán combatiendo al imperialismo, a los monopolios, a la oligarquía, a los gorilas, al resto de la camarilla militar proimperialista y a los «traidores» del FREJULI a los que califican de «enemigos del pueblo».[6]

Perón monta en cólera cuando Galimberti propone crear milicias populares. Lo convoca a Madrid y, en presencia de un grupo de destacadas figuras del peronismo de derecha, lo destituye. Es un rudo e inesperado golpe a la vanguardia juvenil y guerrillera y una amenaza velada a los sectores peronistas de izquierda. Perón comienza a rodearse del más selecto, del más granado y del más reaccionario peronismo.

El 25 de mayo, día de la posesión de Cámpora, es una jornada revolucionaria. Multitudes de jóvenes, de sindicalistas y de estudiantes se concentran en la plaza de Mayo con brazaletes rojinegros, portando pancartas y coreando consignas contra los militares, contra la dictadura, contra el imperialismo y contra la oligarquía y de firme adhesión al caudillo y a la guerrilla. No hay el desfile militar tradicional, pues los militares quieren evitar enfrentamientos.

En el discurso de posesión ante la Asamblea Legislativa, Cámpora elogia a la Juventud Peronista. «Es una juventud maravillosa —afirma—, que supo responder a la violencia con la violencia y oponerse con la decisión y el coraje de las más vibrantes epopeyas nacionales a la pasión ciega y enfermiza de una oligarquía delirante. ¿Cómo no ha de pertenecer también a esa juventud este triunfo?»

Ese día la Juventud Peronista se enfrenta a la fuerza pública y la obliga a retroceder. Impide que William Rogers, secretario de Estado de Estados Unidos —representante de Nixon— llegue a la Casa Rosada después de la ceremonia en el Congreso. Rodea su vehículo y tiene que retirarse en medio de gritos y de consignas antiyanquis y antiimperialistas; en cambio, los presidentes Dorticós de Cuba y Allende de Chile reciben una ovación. Y Cámpora, en un gesto de rebasada deferencia, les pide a Dorticós y a Allende suscribir el acta de transmisión de mando.

La Juventud Peronista entra por la fuerza a la Casa Rosada y los dirigentes de sus organizaciones regionales aparecen en el balcón al lado de Cámpora cuando saluda al pueblo. Cuando despega un helicóptero de la terraza de la Casa Rosada con los miembros de la Junta Militar, la multitud los despide con gritos: «Se van, se van, y nunca volverán».

Los acontecimientos atropellan a Cámpora. A media noche de su primer día de gobierno tiene que indultar a todos los presos políticos, pues una turba de cuarenta mil personas, frente a la cárcel de Villa Devoto, lo exige. El «devotazo» obliga su liberación. El indulto es legalizado al día siguiente por el Senado y por la Cámara con leyes de amnistía, adoptadas por unanimidad, en medio de ovaciones y de discursos grandilocuentes.

Cámpora deroga todas las leyes y disposiciones represivas expedidas por los militares y disuelve la Cámara Federal Penal, monumento a la arbitrariedad militar. Pero la paz que tanto busca le es esquiva. Las luchas populares continúan, la lucha guerrillera no da tregua y la Universidad de Buenos Aires sigue siendo el fortín de la insurrección.

«Cámpora en el gobierno y Perón en el poder» es la consigna de la juventud peronista y una realidad conocida por todos. Perón gobierna desde el exilio. El heterogéneo gabinete —reúne personajes del peronismo de derecha, de centro y de izquierda— es obra suya. La Juventud Peronista queda representada por los ministros de Relaciones Exteriores y del Interior, los sindicatos por el Ministerio de Trabajo —es un importante dirigente de la CGT— y los ministerios clave de Hacienda y de Bienestar Social los pone en manos de sus más cercanos adeptos: José Ber Gelbard y José López Rega, ambos de extrema derecha.

La Juventud Peronista «triunfante» ocupa las gobernaciones de las provincias de Buenos Aires, Santa Cruz, Mendoza, Salta y Córdoba, las más importantes. No obstante, en el reparto del poder, ve el avance del peronismo de derecha, promovido por Perón.

En efecto, en el heterogéneo gabinete de Cámpora sobresale la figura siniestra de López Rega, quien de ex cabo de la Policía Federal pasa a ser el secretario privado de Perón, su hombre de confianza, su confidente y el confidente de su tercera esposa, María Estela Martínez. «El Brujo», como lo llaman por su afición a las cuestiones esotéricas, es nombrado ministro de Bienestar Social. Él lo llama «Ministerio del

Pueblo». Es el superministro de los tres gobiernos peronistas, encargado de la política social. Desde los años gloriosos de Eva Perón, ésta es
el arma política más poderosa del justicialismo. Los tres gobiernos le asignan cuantiosos recursos con los que López Rega alimenta la Triple A —escuadrón de la muerte— y a grupos de extrema derecha. Los
secuestros, desapariciones y asesinatos de políticos, obreros, estudiantes,
dirigentes populares y de izquierda comienzan a proliferar. Son reivin-
dicados por esos grupos clandestinos.

Las grandes y peligrosas contradicciones que existen dentro del
peronismo salen a la luz en el gobierno de Cámpora. También salen las
tensiones entre Perón y la juventud peronista y guerrillera y dentro del
movimiento sindical, donde se desarrolla una guerra a muerte. De un
lado están los sectores fieles a Perón, apoyados política y militarmente
por los Montoneros, y del otro los «vandoristas», liderados por Augusto
Vandor, dirigente del sindicato metalúrgico —el más poderoso dentro
de la CGT— quien promueve el «peronismo sin Perón».

Desbordado por esa violencia de izquierda y de derecha, Cámpora
pierde autoridad, prestigio y algo más valioso: el respaldo político de
Perón. Perón —en el exilio— ve peligrar su proyecto de Pacto Social
y decide regresar. Su llegada triunfal a Buenos Aires —el 20 de junio
de 1973— se torna en una gran tragedia. Una multitud de más de dos
millones de peronistas marcha al aeropuerto de Ezeiza a recibirlo. A la
cabeza van los Montoneros cantando consignas de apoyo a Perón y Evita
y a la patria socialista.

Este multitudinario recibimiento al caudillo muestra el poder extraordinario de convocatoria de las juventudes peronistas y montoneras —la Tendencia Revolucionaria— y su fuerza popular. Pero la derecha
peronista decide enfrentarla. Es una batalla campal entre sindicalistas
armados y los Montoneros. Mueren no decenas de personas sino centenares. Muchos aseguran que López Rega ha tutelado a las fuerzas de
derecha, causantes de esta tragedia. El avión de Perón tiene que desviarse
a un aeropuerto militar.[7]

Los errores de esa izquierda peronista la «condujeron indefensa al
desfiladero del 20 de junio», escribe el periodista argentino Horacio
Verbitsky. Señala que plantea la pugna con sus adversarios internos en
términos de lealtad a Perón «cuyas ideas no conocía a fondo» y sin tomar en cuenta que las posiciones de sus contrincantes eran tan peronistas
como las suyas. Se había acostumbrado a «interpretar la realidad en términos de estrategia militar, sin prever que se recurriría a las armas para

frenar su marcha impetuosa. Fue a un tiempo prepotente e ingenua»,
agrega.[8]

Lejos de deslumbrarse con el multitudinario recibimiento, Perón lo
ve como un peligro. Teme que los Montoneros le disputen el liderazgo. Al día siguiente, en un enérgico discurso, señala el rumbo de su
política: «Somos justicialistas, somos los que las veinte verdades peronistas
dicen: "… los que ingenuamente piensan que pueden copar nuestro
movimiento o tomar el poder que el pueblo ha reconquistado, se equi-
vocan"». La «juventud maravillosa» no intuye que el caudillo comienza
a verla como a un enemigo en potencia y que usará sus poderes, abiertos y ocultos, para tratar de destruirla. La tragedia de Ezeiza es el comienzo de una nueva ola de violencia, más sangrienta que las anteriores, por
la guerra a muerte entre la izquierda militante y revolucionaria y la
derecha y ultraderecha fascistoide del peronismo, patrocinada por López Rega. Algunos creen que es el principio del fin del «fenómeno
montonero» y el comienzo de la guerra de exterminio contra toda la
izquierda.

Cámpora es presidente cuarenta y nueve días. Sin el apoyo de Perón y en el limbo político, renuncia el 13 de julio. En realidad es su destitución. Su retiro causa un profundo desconcierto. Es el ascenso al poder
de los sectores más reaccionarios del peronismo. La pieza teatral —maquinada por Perón para preparar su regreso a la presidencia— tiene dos actos: la salida de Cámpora y el nombramiento de Raúl Lastiri —yerno de
López Rega—, presidente de la Cámara de Diputados, como presidente
provisional. De acuerdo con la Constitución, tal cargo le corresponde a
Alejandro Díaz Bialet, presidente del Senado, pero días antes lo hacen
salir apresuradamente del país para crear el «vacío» y justificar el nombramiento de Lastiri. Con esa turbia maniobra, el Brujo cimienta su
posición y el ascenso de la ultraderecha peronista a las altas esferas del
mando. En su breve paso por la Casa Rosada —antesala de las elecciones que llevan a Perón a su tercera presidencia—, Cámpora cumple con
la tarea de «limpiar» al gobierno de los peronistas de izquierda para
abrirle paso a la derecha que llega con Perón.

Perón será de nuevo presidente, pero existe la incógnita de quién será
el vicepresidente. Muchos nombres se barajan. Nadie sospecha que el
taumaturgo e hipnotizador de multitudes hará tragar entero al país y en
silencio a los peronistas la vicepresidencia de su tercera esposa, María
Estela Martínez. Todos saben que la ex bailarina no da el ancho para tan
alto cargo. El mayor temor es el extraño poder que ejerce sobre ella

López Rega. Su designación deja aturdido al país, que esperaba una fórmula de alto nivel, de contenido político y de unión nacional.

Los Montoneros parecen convencidos —o aparentan estar convencidos— de que tal derechización del gobierno obedece a un cerco que el Brujo le ha tendido a Perón para aislarlo. En julio convocan a una manifestación de apoyo al caudillo —participan ochenta mil jóvenes— y contra el Brujo para romper el cerco. Cantan consignas alusivas: «Si Evita viviera mataría a López Rega». Perón se irrita y ya no les oculta su hostilidad. Respalda a López Rega y lo nombra su representante ante las Juventudes Peronistas. Ahora todo es claro: las decisiones son de Perón, la ultraderecha peronista asciende promovida por él y no existe tal cerco.

El enfrentamiento se produce casi de inmediato. Con tres días de diferencia —en la CGT y en una conferencia de gobernadores—, Perón hace una crítica demoledora de la juventud. Dice que ha tomado un «camino equivocado» y que su obligación es evitarlo. La culpa de la tragedia de Ezeiza.

Para la izquierda peronista, la matanza de Ezeiza, la destitución de Cámpora, el ascenso de la derecha peronista, la vicepresidencia de María Estela, el creciente poder de López Rega y de José Ignacio Rucci, secretario general de la CGT —los personajes más cercanos a Perón— han sido una cadena de reveses, pero los virulentos ataques que les hace son una catástrofe. En su revista *Militancia* expresan desconcierto y desencanto. Perón los ha defraudado y se rodea de la derecha. Consideran injusto ese ataque, pues ellos han llevado la carga de la lucha contra la dictadura militar. Critican el Pacto Social por favorecer primero a la burguesía y luego al pueblo.

En septiembre, en un audaz operativo en pleno Buenos Aires, el ERP ataca al Comando de Sanidad Militar. En el intenso tiroteo muere el teniente coronel Raúl Duarte Hardoy. La toma fracasa y el comando rebelde es capturado. La opinión pública se escandaliza cuando ve que se trata de guerrilleros amnistiados por Cámpora que regresan a la lucha.

Tres días después de este ataque el influyente diario *Clarín* de Buenos Aires, uno de los de mayor tiraje en Argentina, es campo de batalla entre izquierdas y derechas peronistas. El diario había publicado comunicados del ERP contra el gobierno para salvar la vida de su apoderado, Bernardo Sofovich, en manos de ese grupo. El diario es atacado con bombas incendiarias y explosivos. Los daños se calculan en cien millones de pesos. Los atacantes son sindicalistas y son capturados. Uno confiesa que iban a «reventar esto que está lleno de zurdos». Perón justifica ese acto. Dice que es provocado por «un mal procedimiento» del diario al publicar lo que ha querido la guerrilla.

En una movida táctica, en vísperas de las elecciones que lo llevan a la presidencia, Perón recoge velas. Cita a su residencia a Firmenich, a Quieto y a Mendizábal —máximos dirigentes de los Montoneros, de las FAR y de los Descamisados— y a los líderes de las Juventudes Peronistas regionales. Les ofrece dejar en sus manos la reorganización de los movimientos juveniles. No es la primera vez que los reúne, pero es la última antes de que sus relaciones se vayan al abismo.

Ascensión, pasión y muerte de Perón

En septiembre de 1973 son elegidos Juan Domingo Perón e Isabel Martínez a la presidencia y vicepresidencia argentina con el 62 por ciento de los votos. Es el mayor triunfo electoral de Perón. El 17 de octubre, día soñado por millones de argentinos, Perón, con setenta y ocho años a cuestas, toma posesión por tercera vez de la presidencia, tras dieciocho años de exilio. En flamante uniforme militar aparece de nuevo en el balcón de la Casa Rosada para dirigirse al pueblo, esta vez detrás de un vidrio blindado. En un corto y deslucido discurso plantea su Pacto Social y dice que el mayor reto de su gobierno es integrar a la juventud a los proyectos de reconstrucción nacional. Mientras habla, en la plaza de Mayo las FAR y los Montoneros reparten volantes anunciando la fusión de sus movimientos.

Perón reestructura el gabinete pero mantiene en su cargo al superministro López Rega. Pone en marcha su Pacto Social y adopta una serie de medidas para aplicar su férreo puño sobre la clase obrera: reforma la Ley de Asociaciones de Profesionales, reforma el Código Penal con medidas más represivas que las impuestas por los militares (derogadas por Cámpora) e impone sanciones más duras para los delitos de terrorismo subversivo que las de Onganía (también derogadas por Cámpora). El terrorismo de los grupos de ultraderecha no está contemplado en ese código.

Las derechas y los escuadrones de la muerte desatan una campaña de amenazas y de atentados contra los movimientos y dirigentes de izquierda. Bandas de matones atacan y allanan las sedes de las Juventudes Peronistas, colocan bombas en sus diarios —*El Descamisado*, *El Mundo* y *Militancia*— y miembros de la Juventud y obreros son secuestrados, asesinados y «desaparecidos». Muchos de estos actos los reivindica la Triple A. El atentado contra Hipólito Solar Irigoyen, senador radical —reivindicado por la Triple A—, después de haber hecho un enérgico alegato contra dichas leyes, atemoriza a los diputados de la Juventud Peronista. Las aprueban sin chistar. A finales de 1972 también votan a favor de la Ley de Prescindibilidad, aún más lesiva de los intereses de los trabajadores, pues permite al gobierno despedir, sin causa ni explicación, a quien quiera y sólo da un mes de salario de indemnización. Tal ley los lanza a la miseria.

En enero de 1974 el ERP realiza un audaz ataque al más importante regimiento del ejército en Azul, provincia de Buenos Aires, en el que mueren el coronel Camilo A. Gay, comandante de ese regimiento, su esposa y un recluta y secuestra al teniente coronel Jorge Alberto Ibarzábal. Perón se enfurece. Con uniforme militar, y rodeado de sus ministros y de los comandantes de las tres armas, pronuncia por la televisión uno de sus más encendidos discursos con el que busca el apoyo del pueblo. Anuncia que se retirará si no lo obtiene.

La hostilidad de Perón contra las juventudes peronistas caldea el ambiente. Los Montoneros rehúsan acudir a una rueda de prensa convocada por él. A comienzos de 1974 son detenidos Firmenich, Quieto —máximos dirigentes montoneros— y Carides de la Juventud Trabajadora Peronista (JTP) y sus periódicos son clausurados. El general Miguel Ángel Iñíguez, jefe de la fuerza policial, renuncia y expide un comunicado denunciando la violencia oficial.

Perón ya no es el adalid revolucionario del exilio, ni la Argentina de su tercer gobierno la que soñaban los que han luchado contra las dictaduras y prepararon su regreso triunfal. No es la patria que anhelaban vivir bajo el liderazgo de quien han respetado, defendido y —cuando ha sido necesario— exculpado en una muestra de fe ciega o de ingenuo oportunismo. La imagen del caudillo se derrumba.

Para las celebraciones del Primero de Mayo, Perón quiere una ordenada fiesta de la clase trabajadora con espectáculos amables, como la coronación de la reina del Trabajo por María Estela, tal como antes lo hiciera Evita. Pero las juventudes peronistas y montoneras quieren que ese día, el pueblo frente a Perón y Perón frente al pueblo, pongan en claro las cosas. Unos y otros saben que la brecha que los separa es inmensa. Es la hora de la verdad en la que todos —juventud, guerrilla, sindicalistas y Perón— deben hacer frente a una situación que amenaza con su propio derrumbe.

Presintiendo esa confrontación, Perón ordena medidas de seguridad para impedir que el Primero de Mayo se convierta en otra fiesta montonera. Pero la juventud logra burlar los cordones policiales, desplegar sus pancartas y cantar consignas que hieren sus oídos. De nuevo demuestran su fuerza, su militancia y por primera vez el rechazo a su política. «Compañeros —alza la voz Perón—, hoy hace veinte años en este mismo balcón y en un día luminoso como éste hablé por última vez a los trabajadores argentinos…». Recuerda los tiempos difíciles (los Montoneros lo interrumpen cantando «¿Qué pasa, qué pasa, qué pasa, general, que está lleno de "gorilas" el gobierno popular?»). Perón continúa y los cantos continúan hasta que exacerbado y ofendido los llama «mocosos imberbes e imbéciles», con pretensiones de contar con mayores méritos que los que han luchado durante veinte años… (de nuevo los cantos: «¿Qué pasa, qué pasa, general…?»). Perón continúa explicando las bondades del Pacto Social, dice que es la salvación de la República, agradece el apoyo que le da el pueblo y promete días mejores (los cantos siguen). Las columnas montoneras empiezan a retirarse de la plaza cantando las mismas consignas. Cuando Perón concluye su corto y virulento discurso, la plaza de Mayo está casi vacía. Tal es la descripción que hace Óscar Anzorena de ese famoso Primero de Mayo.[9]

El peronismo está amenazado por la guerra intestina de facciones irreconciliables: los ciegamente leales a Perón y los que aún siendo fieles comienzan a cuestionarlo, y el sindicalismo peronista, de izquierda y de derecha, ambos armados y empeñados en aniquilarse mutuamente. Tales divisiones, contradicciones y la polarización de sus fuerzas es fruto de la política ambigua y contradictoria de Perón. Los ha fortalecido y los ha enfrentado. Su posición oscilante hacia la juventud, su viraje hacia la derecha, su abandono de los principios antiimperialistas, antioligárquicos y de defensa del «socialismo nacional» que engalanaron su discurso desde el exilio, son los vórtices de esa tormenta. La imagen del gran caudillo revolucionario, defensor de los descamisados de Evita, comienza a esfumarse y a surgir otra, más parecida a la de los «gorilas» contra los cuales ha combatido esa juventud.

El 29 de junio de 1974 Perón firma sus últimos decretos, uno aceptando la renuncia de Cámpora a la embajada en México y otro delegando provisionalmente la presidencia a María Estela o Isabelita (así le gusta que la llamen). Dos días después, el primero de julio, Perón muere de un paro cardíaco. Su muerte produce lo que debe producir: un vacío de poder, un dolor profundo y general y una sensación de orfandad. El pueblo llega a Buenos Aires de todos los rincones del país para rendir el último homenaje a quien ha sido su conductor, la figura política más importante de las últimas tres décadas de su historia, el que ha defendido los derechos del pueblo, de la clase trabajadora y creado el justicialismo y la primera revolución de contenido social del continente. Los cambios en las estructuras de poder realizados por el peronismo son los más radicales hasta el triunfo de la Revolución cubana. Le arrebata el poder a los sectores oligárquicos pero, a diferencia de la Revolución cubana, no toca sus intereses económicos. Coloca a la clase obrera, los «descamisados», en palco de primera de su política. Pero fue un militar y un hombre de derechas, anticomunista, antimarxista y populista. No amenazó al sistema, ni preocupó seriamente a los inquisidores maccarthistas interiores y exteriores.

Perón quiso extender el peronismo en el continente, bajo su liderazgo. No lo logró, pero varios mandatarios intentaron imitarlo, hacer lo que él hizo: crear fuerzas sindicales controladas por el gobierno y con esa fuerza enfrentar a las clases dominantes.

En el tercer gobierno de Perón pasó lo que no tenía que pasar: para defender su Pacto Social castró a la clase laboral, persiguió al sindicalismo de izquierda, a la juventud militante y combatiente que lo llevó de nuevo al poder y abandonó los principios que motivaron su lucha.

Isabel al borde de un ataque de nervios

María Estela Martínez o Isabelita (1974-1976) llega a la primera magistratura de la República Argentina porque Juan Domingo Perón la impone como vicepresidenta. Ocupa tan alto cargo sin preparación y sin mérito distinto al de haber sido la esposa de turno del caudillo. Repite, en cierta forma, la historia de Evita, la cenicienta moderna. Ambas salen de familias humildes, ambas son artistas de farándula, ambas cautivan a Perón, comparten su lecho y de su brazo llegan al altar y al poder.

Aleccionada por López Rega, su confidente, Isabel trata de proyectar la imagen de una segunda Eva. Intenta copiar su estilo oratorio, repetir las campañas de ayuda a los «descamisados» y se tiñe el cabello de rubio como ella. Pero para el pueblo argentino «Eva no hay sino una» y no le permite usurpar su puesto. Como protesta —comenta la revista *Time*— rasgan los carteles de Isabel y le sacan los ojos.

El país sigue sumido en la violencia de la extrema derecha y la extrema izquierda y el Pacto Social —en el que Perón ha comprometido su prestigio— naufraga. Para las clases populares y para la juventud peronista Isabel está lejos de ser una esperanza.

Isabel —aleccionada por López Rega, quien sigue frente al Ministerio de Bienestar Social— procede a limpiar el gobierno de peronistas de izquierda. Gobernadores, que han sido elegidos, son destituidos por decreto; sindicatos de izquierda en Buenos Aires y en Córdoba son intervenidos, SMATA y Luz y Fuerza —dos importantes sindicatos— son ilegalizados y detenidos sus dirigentes; los diarios *Noticias*, *Crónica*, *La Calle* y la revista *Satiricón* son clausurados y, a punta de fusil, la fuerza pública toma los canales de televisión.

El gobierno o desgobierno de Isabel —algunos la llaman «María Sangrienta»— es el más represivo de los peronistas. Es un período de terror en el que campean escuadrones de la muerte, patrocinados por López Rega. La Triple A publica listas de amenazados a muerte en las que aparecen nombres de figuras prominentes —entre éstos Cámpora—, de políticos, ex ministros, ex congresistas, de un obispo y un general, de abogados, artistas, actores, cantantes (uno de ellos Nacha Guevara), de profesores universitarios y periodistas. En una, cinco nombres están señalados con una pequeña cruz. Son los ya «ejecutados». Entre ellos Sylvio Frondizi, hermano del ex presidente.

Los secuestros se hacen en las calles, en pleno centro de la ciudad y a la luz del día, en los hogares y en lugares de trabajo. Los ejecutores son oficiales del ejército, de la policía y de organismos de seguridad vestidos de civil y usan vehículos sin identificación. Aparecen cadáveres dentro de barriles en el Río de la Plata o carbonizados e irreconocibles. Algunos han sido arrojados desde aviones al mar o en las selvas tucumanas, vivos o muertos. Los testigos son muchos, pero nadie ve nada, nadie sabe nada, nadie dice nada por temor. Algunos llegan a justificar las detenciones y desapariciones con un «¡Por algo será!» o con el consabido «¡No te metás!».

En los diarios aparecen avisos de gentes que piden información sobre familiares desaparecidos. Esa ola de terror provoca un éxodo hacia otros países. Pero la «cacería» continúa en el exterior, pues existe un plan coordinado con las fuerzas de seguridad de las dictaduras vecinas.

En agosto de 1974 el ERP asalta una fábrica de explosivos, sustrae abundante armamento y secuestra al mayor Julio Argentino del Valle Larrabure (estuvo un año cautivo y luego lo asesina). Ese mismo mes

—en golpes simultáneos de extrema audacia— ataca los cuarteles en Córdoba y en Catamarca. Fracasa, pues el ejército monta un gigantesco operativo y captura dieciséis guerrilleros que luego ejecuta. Otros logran huir. El ERP acusa al ejército de haberlos fusilado a pesar de haberse rendido y amenaza con vengarse. Esa venganza es una matanza indiscriminada de uniformados.

Los crímenes del ERP provocan la repulsa general contra la guerrilla. La protesta es mayor cuando en un atentado en Tucumán mueren el teniente Humberto Viola y su pequeña hija de tres años y otra de cinco es gravemente herida. El ERP suspende esa absurda guerra punitiva de la que son víctimas soldados y policías, gente del pueblo, clase que se supone es objeto de su lucha. Después del asesinato por un comando montonero del comisario Alberto Vilar, odiado jefe de policía, y de su esposa, en febrero de 1975, Isabel implanta el estado de sitio, firma un decreto autorizando al ejército a «neutralizar o aniquilar» el foco guerrillero en Tucumán (es del ERP). El Congreso aprueba una nueva ley antisubversiva, más severa que las anteriores, y abre las compuertas a la guerra sucia.

Las fuerzas armadas se han mantenido al margen de los gobiernos peronistas. No han querido navegar en las aguas turbias de la violencia, la corrupción y del caos económico de Isabelita. Pero la amplia autorización que les da para combatir la subversión es otro cuento. Las tres fuerzas desatan una brutal guerra contra la guerrilla. Cada arma forma su propia red de inteligencia, unidades operativas y centros de detención clandestinos, convertidos en cámaras de tortura. De allí pocos salen con vida. Los militares dicen que los frenos legales son simples «formalismos».

En octubre de 1975 los Montoneros expiden su propio Código de Justicia Penal Revolucionaria para aplicarla a sus militantes. Incluye penas de confinamiento, destierro, degradación, expulsión y fusilamiento por delitos de traición, deserción o delación. «Los guerrilleros comienzan a parecerse a los militares», comenta Jorge Rulli, ex militante del peronismo revolucionario, pues aparece gente «igual de inescrupulosa que los militares […], gente que está mutilada éticamente como ellos».[10]

La violencia oficial y paramilitar está desenfrenada. En abril de 1975 el ritmo de asesinatos es de cincuenta por semana. La revista *Time* va registrando en distintas entregas el ascenso del número de víctimas: cuatrocientos en abril, quinientos en junio, seiscientos en julio. La Triple A reivindica la mayoría de esos crímenes.

A Isabel sólo la apoya un reducido grupo de gentes que más que servirla la usan para sacar ventajas personales del gobierno. El país —en medio del caos económico— está sacudido por la violencia y por escándalos de corrupción cuyos principales acusados son la presidenta y el superministro López Rega. El Congreso investiga esos escándalos con apoyo de peronistas.

El balance del gobierno de Isabel es incompetencia, represión, violencia y corrupción. Es errático e inestable. Las inesperadas renuncias a alto nivel y los cambios en el gabinete —orquestados por López Rega para colocar sus fichas— son continuos. También los súbitos cambios de rumbo de su política económica. En menos de dos años desfilan cuarenta ministros y cinco equipos por esa cartera. Los conflictos laborales, huelgas, manifestaciones y paros nacionales —expresiones del explosivo malestar social— obedecen al profundo deterioro de la economía. Si a Perón le tocó una situación económica favorable al intercambio comercial, a Isabel le tocan los coletazos de la crisis del petróleo —Argentina importa el crudo— la recesión mundial y la caída de la exportación de la carne argentina, un 25 por ciento, por una epidemia de fiebre aftosa.

López Rega es el primero en abandonar el barco que naufraga. Isabel acepta la renuncia del superministro, confidente y amigo, el más odiado y controvertido personaje de su gobierno. El Brujo, acompañado de sus escoltas, sale para España en el avión presidencial con el cargo de embajador «plenipotenciario» en Europa. El gobierno no aclara cuáles son sus funciones, pues en cada capital tiene un embajador también plenipotenciario. Isabel destituye al general Leandro Anaya, comandante del ejército, por negarse a usar las tropas para sofocar una huelga y por denunciar las actividades delictivas de la Triple A. Nombra en su reemplazo al general Numa Laplane, pero los militares le exigen la renuncia y lo retiran del servicio activo. Imponen al general Jorge Videla, el más opuesto a que las fuerzas armadas se mezclen con ese gobierno, y crítico de López Rega. Ha exigido investigar a la Triple A.

Isabel está al borde de un ataque de nervios y el país del abismo. Pide una baja por enfermedad. Por la televisión —desde la Casa Rosada— dice que es «sólo un adiosito». Hay rumores de golpe. Ítalo Luder, peronista, presidente del Senado, asume la presidencia.

A pesar de su interinidad, Luder echa a los ministros de Defensa, Interior y Relaciones Exteriores (uno de ellos el nuevo confidente de Isabel) y firma un decreto para colocar a la policía bajo el control del ejército. Luder quiere que Isabel prolongue su descanso en forma indefinida y lo deje gobernar. Ella sería la cabeza visible. Para lograr el apoyo de los militares expide un decreto autorizando a las fuerzas armadas a liquidar a la guerrilla. Y Videla, comandante del ejército, emprende operaciones de «tierra arrasada». En la Undécima Conferencia de Ejércitos Americanos, en Montevideo, en octubre de 1975, dice: «Si es preciso, en Argentina deberán morir todas las personas necesarias para lograr la seguridad del país».

Isabel regresa recuperada y sus adeptos quieren darle un gran recibimiento. Pero el entusiasmo peronista por ella no da para tanto. Su salud tampoco da para tanto. A los quince días se interna en una clínica privada en Buenos Aires. Otra vez se habla de golpe. Desde su lecho envía un mensaje grabado al país en el que dice: «No he renunciado ni pienso renunciar. No he solicitado licencia, ni lo haré». Dice que continuará en la lucha pues «su misión» es «el triunfo argentino contra las fuerzas antinacionales» para lo cual cuenta con «el apoyo incondicional» de las fuerzas armadas, de la Iglesia católica, del movimiento obrero organizado, de las centrales de empresarios y de los partidos políticos. Como quien dice, de toda la nación.

Pero las fuerzas con las que dice contar se mueven en sentido contrario: los altos mandos militares preparan el golpe y la Iglesia lo alienta desde los púlpitos. Monseñor Victorio Bonamín, provicario castrense, en una homilía pide a los militares «ponerse al frente de todo el país hacia grandes destinos futuros» y bendice al derramamiento de sangre —va a ocurrir— como símbolo de redención. Monseñor Adolfo Tortolo, presidente de la Conferencia Episcopal Argentina, aprueba esas palabras.[11] Isabel sigue aferrada al mando, de allí la sacarán muerta, asegura: «Cumpliré con los deberes que Dios y sus inescrutables designios me han impuesto». Dos semanas después, el 24 de marzo de 1976, el general Jorge Videla la acusa de corrupción administrativa y un destacamento la secuestra. Le dan la casa por cárcel. Para la mayoría del pueblo argentino, agobiado con la represión, el caos económico y el desgobierno de Isabel, el golpe militar es un mal menor.

Con la caída de Isabel se cierra el ciclo de los gobiernos del llamado «peronismo del retorno». Es un fin desgraciado. El peronismo, la fuerza política más importante en Argentina, está hecho pedazos, sin líderes, en manos de los grupos más reaccionarios y de la gente más sospechosa. En ese «despelote» en que se encuentra el partido y en ese caos en que se encuentra el país, ninguna fuerza amenaza a Videla y él podrá actuar a su antojo.

El reino de los «desaparecidos»

El general Jorge Videla (1976-1981), comandante en jefe del ejército argentino, toma el poder con tanques y metralletas. Anuncia que es «el fin de un ciclo histórico y el comienzo de otro». Es, en efecto, el fin de la democracia, con todas las libertades que ésta implica, y el comienzo de una larga etapa de dictaduras militares neofascistas de la Doctrina de Seguridad Nacional que implantan la más extensa y más brutal guerra sucia.

Videla emprende la «guerra interior» contra los movimientos insurgentes y contra las izquierdas. Ignora la Constitución, cierra el Congreso, borra toda traza del peronismo en el gobierno, cancela los sindicatos, liquida la CGT, prohíbe las huelgas, restringe las libertades públicas, cierra periódicos, encarcela decenas de periodistas, mientras que bandas clandestinas asesinan y «desaparecen» a miles de una amplia gama de «enemigos interiores».

Videla no respeta a la Iglesia. El asesinato de sacerdotes, de seminaristas y de religiosas alarman al Santo Padre y a la Conferencia Episcopal Argentina. Le piden hacer algo para detener la racha de crímenes contra los servidores de Dios y de su Iglesia.[12] Decenas de cadáveres aparecen en las costas uruguayas del Río de la Plata, con las manos atadas a la espalda, sin uñas y mutilados. Emilio Mignone, viceministro de Educación en el gobierno de Lanusse, es uno de los primeros en acusar a la dictadura de graves violaciones a los derechos humanos. En carta abierta denuncia la detención de su hija Mónica, por comandos clandestinos de la Marina, y el secuestro de dos sacerdotes católicos y de quince seminaristas.

La Escuela de Mecánica de la Armada es el principal centro de tortura del régimen. En septiembre, oficiales de esa escuela le entregan al brigadier Landaburu el cadáver de su hija, torturada durante cinco meses. Cuando la capturan tiene en su poder papeles con el testimonio de una joven que ha logrado fugarse de la cárcel y relata las atrocidades que se cometen en ese centro de tortura.[13] Las capturas se hacen en extensos operativos en los que toma parte numeroso personal militar, policial y de seguridad vestido de civil. Las víctimas son encapuchadas y golpeadas brutalmente, sus residencias son destrozadas y saqueadas, pues además de asesinos son ladrones. Las víctimas las arrastran a vehículos sin matrículas y parten con rumbo desconocido. Otros son capturados, a plena luz del día, en las calles o en sus lugares de trabajo. Todos van a parar a centros clandestinos de detención y tortura de donde miles no salen con vida. A la caída de los militares aparecen 340 de estos centros.

Videla conforma su gabinete con militares. El único civil es el ministro de Economía, José A. Martínez de Hoz (1976-1981), miembro de la oligarquía terrateniente y figura destacada de la banca, a quien en su momento llaman el «Mago de Hoz» por los milagros que hace en los primeros años para salvar la economía. Después de sus brillantes logros, en 1980 entra la recesión, la quiebra de la industria y de importantes bancos. Luego de una repentina devaluación del sobrevaluado peso hay un éxodo masivo de capitales especulativos calculado en 2.000 millones de dólares. La deuda externa pasa de 8.500 millones de dólares en 1979 a 25.300 millones en 1981.[14] El gasto militar, desbocado, es la causa de esa voluminosa deuda externa.

Bajo la dictadura de Videla «desaparecen» treinta mil argentinos. «Tenemos la certidumbre de que la dictadura produjo la más grande tragedia de nuestra historia y la más salvaje», escribe Ernesto Sábato, presidente de la Comisión Nacional sobre Desaparecidos (CONADEP), creada por el gobierno de Alfonsín para investigar esos crímenes. La comisión documenta doce mil desapariciones de hombres, mujeres y niños menores de siete años.[15] La sevicia de los métodos de tortura es tan excesiva que lleva a la locura a sus ejecutores. En septiembre de 1976 ocho oficiales de la Escuela de Mecánica de la Armada, en donde se cometen los peores crímenes, son dados de baja por perturbaciones mentales. Su especialidad eran violaciones, amputaciones, vivisecciones sin anestesia y despellejamiento de prisioneros. Una junta médica detecta sus graves trastornos cuando comprueba que también torturan a sus familiares.[16]

Un caso muy sonado en el ámbito mundial es la detención y tortura de Jacobo Timerman, director y propietario del diario *La Opinión*, y la confiscación de su diario. Timerman apoya a Videla pero se convierte en víctima cuando el periódico empieza a denunciar las desapariciones y la tragedia de las madres de la plaza de Mayo. En su libro, *Prisionero sin nombre, celda sin número* (un *best seller* sobre el cual se hizo una película), compara la tragedia argentina con el Holocausto judío. Su caso es muy controvertido. No todos creen que su posición frente a las dictaduras haya sido erguida y valerosa. En 1980, en una reunión de la Sociedad Interamericana de Prensa (SIP), en San Diego, California, Máximo Gainza, dueño del diario *La Prensa* de Buenos Aires, le dice que no entiende por qué él dice que los gobiernos militares son fascistas cuando él tuvo el apoyo de esos gobiernos. Responde que él sólo cataloga de fascista al de Videla.[17]

Las continuas denuncias de organizaciones de derechos humanos nacionales e internacionales y de la prensa extranjera sobre la brutalidad del régimen argentino preocupan a Videla, pues dañan la imagen del país y pueden dificultar las negociaciones sobre la abultada deuda externa argentina con los centros financieros de Europa y de Estados Unidos. Los militares acusan a los Montoneros y al ERP de la «mala prensa» y de hacer una campaña «antipatriótica» contra su país.[18]

Jimmy Carter y el Congreso norteamericano le suspenden la venta de armas y la ayuda militar como sanción por las graves violaciones a los derechos humanos por parte de ese régimen. La Junta Militar considera que esto es inmiscuirse en sus asuntos internos y a la primera oportunidad le devuelve el golpe. En efecto, en 1980, cuando Carter decreta el embargo de trigo a la URSS, como represalia por su invasión a Afganistán, Argentina le vende el suyo. Es un negocio favorable a ambas naciones y pavimenta su acercamiento.[19] Intercambian misiones militares y comerciales y prosperan sus negocios. El acercamiento argentino a la URSS es un fiasco político para Carter.

Argentina rechaza las acusaciones sobre violaciones a los derechos humanos que le hacen en la OEA y amenaza con retirarse de la organización si continúa esa campaña. No obstante, la Asamblea General adopta una resolución que pide respeto a los derechos humanos y reitera las denuncias sobre desapariciones, métodos ilegales usados en las detenciones y la falta de información sobre tales arrestos.[20] Próximo el cambio en la Casa Rosada, son arrestados los principales líderes de movimientos defensores de derechos humanos y allanadas y saqueadas sus sedes y residencias. También son detenidos sesenta y cuatro familiares de «desaparecidos».[21]

En 1981, último año del gobierno de Videla, la guerrilla está prácticamente liquidada. Mario Santucho, dirigente del ERP, ha muerto, Mario Firmenich, dirigente de los Montoneros, está exiliado en Italia y los guerrilleros que no están en el exilio o enterrados se pudren en las cárceles. Los que están en otros países no están seguros, pues hasta allí llegan los organismos de seguridad argentinos a secuestrarlos.

Con Videla, Argentina está a la cabeza de los países violadores de los derechos humanos en el hemisferio. La ha convertido en el «reino de los desaparecidos». Todos los jueves las madres de la plaza de Mayo marchan en silencio frente a la Casa Rosada pidiendo la entrega con vida de sus hijos. También está en bancarrota: cincuenta instituciones bancarias han quebrado, la deuda externa es de veinticinco mil millones de dólares y el peso argentino cae en picado.[22]

Sin fanfarria, pero con un buen despliegue militar y la asistencia del cuerpo diplomático y de invitados especiales, el 29 de marzo de 1981 Videla entrega el mando al general Roberto Viola. Tal relevo —por decisión de los altos mandos— se hace sin traumas. Son amigos, colegas desde la academia militar y compañeros de armas. Círculos castrenses los consideran «moderados». El país está al borde del colapso económico, con una explosiva situación social, pero está en camino de estrechar de nuevo sus relaciones con Estados Unidos. Ronald Reagan llega a la Casa Blanca dos meses antes y ya busca acercarse a los «gorilas» argentinos.

Antes de asumir el poder, Viola va en visita privada a Washington y durante una hora conversa en privado con el presidente, con Haig y con Weinberger, secretarios de Estado y de Defensa, y en Capitol Hill con varios congresistas. Regresa lleno de planes y de promesas. Reagan los necesita para sus operaciones militares en Centroamérica. Además es país clave para los planes norteamericanos de seguridad hemisférica y para el proyectado Pacto del Atlántico Sur (OTAS) —semejante a la OTAN— con los países del Cono Sur y Sudáfrica.[23]

Reagan pide al Congreso levantar el embargo de armas a Argentina —impuesto por Carter— y de inmediato envía misiones militares y comerciales a Buenos Aires. Los militares argentinos aceptan colaborar en la operación clandestina de la CIA contra Nicaragua. Su tarea es entrenar a las fuerzas mercenarias nicaragüenses terroristas —los «contras»— y al ejército salvadoreño enfrentado a una guerra civil en técnicas de lucha contrainsurgente. La Casa Blanca le asigna veinte millones de dólares anuales para tal fin.[24]

El país que está al borde de la bancarrota, no obstante Viola sigue gastando sumas exorbitantes en compra de armamentos. La represión es extrema, hay corrupción en el gobierno y por primera vez se ve en las calles a gente con hambre pidiendo limosna. Los precios de artículos de consumo crecen en espiral, los bancos no dan préstamos por más de un mes, el desempleo es del 12 por ciento, la inflación está desbocada y la deuda externa llega a treinta mil millones de dólares. Los sindicatos —como en los viejos tiempos— amenazan con una huelga general.

A los militares les preocupa esa crisis que Viola no puede controlar y les molestan sus planes de «apertura» y «democratización» y la mano blanda con los peronistas. La liberación de Isabel Martínez de Perón (la deja ir exiliada a España) colma el vaso. En junio de 1982, el general Fortunato Leopoldo Galtieri, lo obliga a renunciar, dice que es necesario por el mal estado de la economía, y se coloca la banda presidencial. Nadie se sorprende.

Cinco semanas antes del minigolpe, Galtieri va a Washington y se entrevista con altos funcionarios del gobierno. Se dice que les ofrece bases militares en la Patagonia a cambio de inversiones en un nuevo gasoducto y en la industria del petróleo. Ofrece mantener la ayuda a la operación de la CIA en Centroamérica.[25]

Galtieri quiere acercarse al pueblo y ofrece «asados» populares en las provincias. El vulgo dice que su programa de gobierno es «el Gran Asado Nacional». La situación económica empeora. Los índices de recesión y de inflación constituyen un récord mundial. El peso argentino pasa en un año de 2.000 frente al dólar a 12.000; el déficit presupuestario llega a 2.600 millones de dólares,[26] y a mediados de 1982 la deuda externa sube a 35.000 millones de dólares[27] (con Viola sube 8.000 millones más).

En 1982, para distraer la atención sobre el desastre económico, Galtieri desempolva el conflicto con Chile sobre el canal del Beagle. Como no logra exaltar los ánimos nacionalistas, revive el de las islas Malvinas (o Falkland Islands) con Gran Bretaña, sobre las cuales Argentina reclama su soberanía. Lanza una campaña de resonancia nacional con el estribillo: «Las Malvinas son argentinas». El pueblo, encabezado por Adolfo Pérez Esquivel, premio Nobel de la Paz, corea: «También lo son los desaparecidos».

El plan secreto de los generales es invadir por sorpresa esas islas, en una fecha histórica memorable, como gesto simbólico del heroísmo argentino. Pero el pueblo, agobiado con la situación económica, protesta cada vez con más fuerza: las amas de casa por el alto coste de vida y por el alza de impuestos, los movimientos sindicales por el lamentable estado de la economía y movimientos defensores de los derechos humanos por la violencia oficial. El 23 de marzo tiene lugar una de las más grandes y agitadas manifestaciones de protesta. El pueblo corea el estribillo: «Se va a acabar, se va a acabar la dictadura militar».[28] Galtieri decide lanzar de inmediato la invasión.

La pequeña y fea guerra

En 1966 la Asamblea General de la ONU, con el pleno respaldo de América Latina, reconoce la soberanía argentina sobre las islas Malvinas, tomadas por la fuerza por Gran Bretaña en 1833. El gobierno británico ignora tal reconocimiento.

En marzo de 1982 suben las tensiones cuando un grupo de argentinos desembarca en la isla San Pedro del archipiélago de Georgia del Sur, para desmontar una fábrica procesadora de ballenas, e iza su pabellón nacional. En represalia, los isleños atacan las oficinas de una empresa aérea argentina e izan la bandera británica. El gobierno británico presenta una queja al gobierno argentino y busca el apoyo de sus aliados. Reagan llama al general Galtieri y le advierte que un ataque a esas islas tendrá graves consecuencias: Argentina será acusada de «agresora» y sometida a sanciones. Ofrece enviar a George Bush, su vicepresidente. Galtieri no acepta a menos que trate la cuestión de la soberanía; además —no se lo informa—, la invasión ya está en marcha.

En efecto, el 2 de abril las fuerzas armadas argentinas reconquistan las islas Malvinas, reducen a la impotencia a cuarenta y nueve marinos británicos —son todos— y los lleva, junto con el gobernador de las islas, a Montevideo. Argentina nombra gobernador al general Mario Menéndez, rebautiza Port Stanley, su capital, con el nombre de Puerto Argentino e iza su bandera azul y blanca. El gobierno manda refuerzos militares y decreta «máxima alerta». De allí no los saca nadie. El canciller británico, lord Carrington, dice que la situación es «potencialmente peligrosa».

Margaret Thatcher, primera ministra, no está dispuesta a tolerar que una desprestigiada dictadura latinoamericana ofenda al imperio y se prepara a despachar a la armada británica al Atlántico Sur. Para ambos países el conflicto se convierte en cuestión de honor nacional, y de vida o muerte para sus maltrechos gobiernos. El pueblo argentino da un delirante apoyo a la invasión. En cambio, la señora Thatcher enfrenta problemas. La invasión sorprende a sus servicios de inteligencia —y a los norteamericanos— y el Partido Laborista pide su renuncia. La Dama de Hierro se enfrenta al Parlamento: dice que no renuncia. «Es la hora de la fuerza y la decisión», declara con firmeza. Rompe relaciones con Argentina, congela sus fondos en Gran Bretaña, prohíbe la importación de productos argentinos y logra la solidaridad —renuente— de la Comunidad Económica Europea. En Londres comienzan a caer cabezas: lord Carrington, abrumado con la «humillación» que ha sufrido el imperio sin que él lo haya previsto, renuncia. Otro tanto hace el secretario de Defensa, John Nott, pero la primera ministra no la acepta. Francis Pym es el nuevo canciller.

El gobierno británico condena esa «flagrante agresión», exige la retirada inmediata de las fuerzas argentinas, fija el 5 de abril como fecha límite, pero seguirá buscando una solución negociada. De no lograrlo, despachará una fuerza naval de guerra a las Falkland Islands (Malvinas). El Consejo de Seguridad de la ONU apoya a Gran Bretaña: una resolución pide el cese de hostilidades, el retiro incondicional de las fuerzas argentinas y la búsqueda de una solución diplomática, respetando la autodeterminación de los isleños. Panamá —miembro no permanente de ese consejo— es el único país que vota en contra.

El 5 de abril la armada británica zarpa rumbo al Atlántico Sur con cuarenta navíos de guerra, dos portaaviones, con aviones y helicópteros, una flotilla de tanques ligeros, veinticinco mil hombres y un batallón de *gurkas*, mercenarios nepalíes, conocidos por su extrema crueldad. Nott anuncia el bloqueo de las islas en una franja de doscientas millas. En esa zona los barcos argentinos serán atacados. Ese mismo día, en un vuelo charter, viajan a las Malvinas miembros del gobierno argentino, opositores, peronistas, sindicalistas, «gorilas» e intelectuales, unidos por el triunfo, para asistir a la posesión del gobernador Menéndez.

Reagan, en medio de un conflicto entre dos aliados y dos alianzas militares —OTAN y TIAR— habla de «neutralidad». En viajes relámpago entre Washington, Londres y Buenos Aires, su secretario de Estado, Alexander Haig, trata de mediar. Le exige a Argentina cumplir con la resolución de la ONU sobre la retirada de sus fuerzas y propone un gobierno compartido —Argentina, Gran Bretaña y Estados Unidos— para las islas. Galtieri no acepta pues no garantiza la soberanía argentina. «Haig no es un mediador sino un aliado de Gran Bretaña», comenta. Sin lograr un acuerdo, Haig anuncia que su misión de mediación ha concluido. Y el 30 de abril Reagan anuncia su «apoyo incondicional» a Gran Bretaña, acusa a Argentina de «agresora», le impone severas sanciones económicas y comerciales y le suspende la ayuda militar. Argentina acusa a Reagan de «traición», de causar un daño irreparable a las relaciones hemisféricas y de dar un golpe mortal al sistema interamericano.

Las gestiones de Haig han servido de cortina de humo a la ayuda que ya está dando Estados Unidos a Gran Bretaña con las cartas de triunfo: información de inteligencia a través de satélites, apoyo logístico y toneladas de sofisticados armamentos, incluidos doscientos cohetes Sidewinder, cuya precisión es casi infalible. El traspaso se hace en alta mar y en la isla Ascensión, fortín militar anglo-norteamericano en mitad del Atlántico. Agencias de noticias informan que la Unión Soviética ha movido un satélite al Atlántico Sur para dar información de inteligencia a Argentina.

De todos los rincones del continente salen duras críticas a Estados Unidos por haber dado la espalda a América Latina e incumplido sus obligaciones como miembro del TIAR. Y los gobiernos de Brasil, Cuba —Fidel Castro es presidente de los No Alineados— Perú y Venezuela ofrecen apoyo militar a Argentina.

Con la armada británica avanzando hacia Atlántico Sur, Argentina pide una reunión urgente del Órgano de Consulta de la OEA bajo el TIAR —obliga la acción colectiva cuando uno de sus miembros es agredido— y una semana después —ya ha comenzado la guerra— aprueba una resolución de condena a Gran Bretaña por el «injusto y desproporcionado ataque armado» y pide a Estados Unidos levantar las sanciones económicas y militares impuestas a Argentina. Es aprobada por diecisiete votos, cero en contra y cuatro abstenciones: Estados Unidos, Chile, Colombia y Trinidad y Tobago. El virulento discurso de Nicanor Costa Méndez, canciller argentino, acusando a Estados Unidos de dar ayuda «ilegal y repugnante» a Gran Bretaña, es aplaudido con fervor. Y en mayo, en plena guerra, el Buró de Coordinación de los No Alineados, en La Habana, con participación del canciller Costa Méndez, le da pleno apoyo.

Pérez de Cuéllar, secretario general de la ONU, propone un gobierno interino de varios países, bajo la bandera de la ONU.

Colombia es el único país de América Latina que no acompaña a Argentina. Cuando pide la reunión del Órgano de Consulta, invocando el TIAR, para plantear la amenaza de la agresión británica, se abstiene. El embajador Carlos Bernal dice que su gobierno abriga dudas sobre la aplicación de ese tratado en este caso, pues la ONU ya se ocupa del asunto. Agrega que la OEA no debe desconocer su pedido de la retirada de las tropas, ni actuar, pues esto crea un «grave precedente» que puede debilitar a la organización mundial y provocar una seria crisis. Ignora que en repetidas ocasiones ambas organizaciones han actuado de forma simultánea sobre asuntos que amenazan la paz. Colombia también se abstiene en la resolución que condena a Gran Bretaña, alegando que es el rechazo al uso de la fuerza. Colombia es criticada por romper la unidad continental. En Argentina le merece el mote de «Caín de América» y es objeto de protestas frente a su embajada en Buenos Aires y del boicot de sus productos. En Colombia la posición del gobierno provoca sentimientos de frustración y vergüenza. El ex canciller, Vásquez Carrizosa, califica de «pésimo precedente» el negarle a Argentina ese derecho y se refiere a dos cartas contradictorias del presidente Turbay Ayala a Galtieri. En una le expresa su pleno apoyo —no critica el uso de la fuerza— y en la otra le dice que no puede compartir el paso que ha dado.[29] Aisladas pero poderosas voces colombianas apoyan la posición del gobierno y Turbay recibe mensajes de felicitación de Reagan y de la señora Thatcher.

Más que una posición jurídica —como alega el gobierno colombiano— es política, pues no existen bases legales para negarle a Argentina su derecho a convocar al Órgano de Consulta bajo el TIAR cuando está en peligro. Negárselo es prejuzgar sobre su contenido. El ex presidente del Tribunal Internacional de Justicia, el peruano Bustamante y Rivero, justifica el derecho de Argentina de recurrir al TIAR.

El 23 de abril de 1982 la armada británica emprende la «reconquista» de las Falkland Islands. Desembarca sus tropas en Georgia del Sur e iza de nuevo el pabellón británico. Ese primer parte de guerra es recibido con delirante júbilo por el gobierno y el pueblo británico y «Maggie» obtiene un resonante triunfo en las elecciones municipales en Inglaterra y en Escocia.[30] En Buenos Aires la reacción es de ira. Miles de personas se congregan frente a la Casa Rosada gritando consignas contra Gran Bretaña y contra Galtieri. En Caracas manifestantes queman banderas británicas y de Estados Unidos.

La manipulación de la opinión pública es fácil para la dictadura argentina. A través de comunicados mantiene en alto el fervor patriótico. Informa que sus fuerzas militares van de triunfo en triunfo. Algunos diarios, a grandes titulares, anuncian que Argentina está ganando la guerra.[31] En mayo de 1982, en medio de la guerra y de la euforia patriótica y triunfalista, Galtieri organiza un festival de rock al que asisten cerca de sesenta mil jóvenes. Cuando León Gieco, cantante de la Patagonia, entona su famosa canción *underground*, «Sólo le pido a Dios […] que la guerra no me sea indiferente», el festival se convierte en un motín contra la dictadura. Piden la paz y miles se enfrentan a la policía cantando el estribillo que enfurece a los militares: «¡Se va a acabar, se va a acabar la dictadura militar!».[32]

El papa Juan Pablo II quiso mediar para evitar la guerra. Antes de que estalle, pide a ambos gobiernos suspender las hostilidades, pero la señora Thatcher le responde que seguirá adelante, pues no deben permitir que la agresión triunfe, el derecho internacional debe ser defendido y respetada la libertad de los habitantes de las Falkland Islands.[33] El Papa va a Londres en junio, en el más controvertido de sus peregrinajes. Va a tender puentes con la Iglesia anglicana. El Vaticano aclara que esta visita había sido concertada antes del conflicto. No quiere que su presencia en Londres se interprete como un apoyo a Gran Bretaña. Desde allí anuncia un viaje a Buenos Aires. En las treinta escasas horas que permanece en territorio argentino, en los mares del Sur se libran violentos combates con barcos hundidos, aviones derribados y cerca de mil muertos. Cuando aborda el avión de regreso a Roma, las tropas británicas avanzan sobre Port Stanley. Dos días después se rinde Argentina.

El estupor nacional llega al paroxismo cuando el régimen de Galtieri anuncia la derrota. Más de once mil soldados, muchos de ellos adolescentes, se han rendido. Ha sido una derrota contundente e ignominiosa.[34] En una sobria y breve ceremonia en Port Stanley, el general Menéndez firma el acta de rendición en la que tacha la palabra «incondicional», escrita por los británicos. Miles son hechos prisioneros y varios oficiales son llevados a Londres para ser interrogados. La humillación va hasta el fondo.

En Buenos Aires hay violentos disturbios y el pueblo se enfrenta a la fuerza pública. Hay decenas de heridos de ambas partes. Galtieri no puede pronunciar un discurso desde los balcones de la Casa Rosada por los silbidos y el abucheo de la multitud. Lo hace por televisión. «No habrá paz definitiva si Gran Bretaña mantiene las islas», anuncia. En las manifestaciones de protesta se oyen más gritos contra Estados Unidos por su «traición» que contra Gran Bretaña, su agresora.

La multitud exige un juicio inmediato a los miembros de la Junta. Deben responder por esa derrota y por los miles de muertos en esa guerra. Costa Méndez renuncia. Raúl Alfonsín, dirigente de la Unión Cívica Radical (UCR), el segundo partido después del peronismo, pide la inmediata renuncia de la Junta Militar «a fin de emprender el camino hacia la democracia».

Gran Bretaña ha sufrido cuantiosas pérdidas. La fuerza aérea argentina le hunde el barco de guerra más moderno de su armada, otro de transporte de tropas, un destructor, dos modernas fragatas, avería un destructor e inutiliza otro, derriba cinco cazas. Argentina pierde la mitad de sus aviones y un número importante de pilotos irremplazables. La armada británica hunde al barco argentino *General Belgrano*, su único crucero de guerra, con 1.042 hombres a bordo (Argentina dice haber rescatado cerca de 800). Argentina acusa a Gran Bretaña de haber atacado el barco fuera de las doscientas millas de la zona de exclusión de la guerra. Tal hecho es condenado en el continente. La pérdida de tantas vidas en esa absurda guerra conmociona al mundo. Gran Bretaña alega que ha sido en legítima defensa. La armada argentina se mantuvo en sus costas por temor a los submarinos nucleares británicos. Cerca de dos mil jóvenes argentinos mueren y el costo de esa guerra se calcula en más de dos mil millones de dólares. Los militares argentinos pierden lo más preciado y lo poco que les queda: su prestigio militar. El pleito diplomático que estaba ganando Argentina en la ONU se hunde.

A mediados de julio, en medio de estrictas medidas de seguridad, llegan a Buenos Aires los últimos 593 soldados capturados por los británicos. Las autoridades militares impiden a los periodistas acercarse. El resentimiento de esos jóvenes, víctimas de la dictadura y de la guerra, es profundo. No llegan como héroes sino como renegados. Algunos intentan suicidarse. Esa juventud alienada es el costo mayor de esa guerra, desatada en forma irresponsable por la dictadura para obtener dudosas ganancias políticas.

Epílogo de una horrenda historia

La guerra de las Malvinas o de las Falkland Islands, la «pequeña y fea guerra», la «ridícula guerra», como la caracteriza la prensa norteamericana, esa «guerra chapucera y absurda», como la define el escritor colombiano Gabriel García Márquez, premio Nobel, es algo más que la historia de una humillante derrota argentina, militar y política, o de un triunfo británico. Es un juego de poder, una historia de cambiantes e impensables alianzas, de lealtades occidentales y deslealtades hemisféricas, es la evidencia de un mundo irremediablemente dividido entre el Norte y el Sur, el escenario de la inexistente solidaridad del Tercer Mundo, de la quebradiza unidad europea, de la incapacidad de América Latina para unir la lucha política y la respuesta inmediata y adecuada contra las imposiciones arbitrarias de las grandes potencias. Es, además, el despliegue de la prepotencia norteamericana frente al continente y una ocasión más en que la ONU, en donde priman los intereses de las grandes potencias, muestra su incapacidad para evitar el conflicto y detener la guerra. Es también una prueba más de que la voz de la OEA es sólo una pluma en el viento.

Esa absurda y chapucera guerra en la que mueren más de dos mil argentinos y centenares de británicos, que acaba de arruinar a Argentina y estrangular la economía británica, esa guerra *non sancta*, con la que una desprestigiada dictadura pretende borrar su ineptitud, su corrupción y su violencia es, para los «amos de la guerra», el escenario para sus juegos bélicos. El Atlántico Sur ha sido campo de ensayo de sofisticados armamentos —aún desconocidos en los mercados de armas— y la primera guerra «de microchips y de ordenadores, más rápidos que el cerebro humano», escribe la revista *Time*.[35]

Cuando la guerra es sólo un episodio doloroso del pasado de la historia argentina, un programa de la televisión británica, *An Ocean Apart*, pasado por el Canal 13 en Nueva York, cuenta la «pequeña historia». Altos funcionarios de Estados Unidos y de Gran Bretaña, que han jugado un papel importante en este conflicto, confirman que la ayuda norteamericana fue tan amplia que divulgarla hubiera sido «demoledor» pues exhibiría la débil defensa británica. El león rampante, emblema del imperio británico, no tenía dientes. Sin esa ayuda Gran Bretaña hubiera sido derrotada, afirma John Lehman, secretario de la Armada de Estados Unidos. Y un detalle curioso: el Pentágono le hizo entrega a Gran Bretaña de un «librito extremadamente útil», dice un alto funcionario británico, con su evaluación sobre las tácticas de guerra argentinas y en particular las submarinas, obtenida en las maniobras militares conjuntas. Los militares argentinos jamás se habrían imaginado que el Pentágono lo entregaría a sus «enemigos» para que lo usara en su contra.[36]

¿Ha dañado Reagan de forma irreparable las relaciones de Estados Unidos con el continente, como muchos afirman? «No debemos tomarlo a la ligera, pero en seis meses todo estará olvidado», comenta un alto funcionario norteamericano.[37] Reagan escribe cartas personales a varios presidentes. Les dice que «aunque entiende las frustraciones argentinas, Estados Unidos tenía que apoyar el principio de no utilizar la fuerza para resolver disputas».[38] Algunos debieron asombrarse o tal vez indignarse con su cinismo. Su afición a las medidas de fuerza estaba expuesta —en contra de la opinión mundial— en sus guerras *non sanctas* en Centroamérica.

Esa guerra es también el comienzo del fin de los regímenes militares de la Doctrina de Seguridad Nacional en Argentina. Único resultado favorable. El pueblo, indignado con el engaño, humillado con la derrota, dolido con el sacrificio de miles de jóvenes en las Malvinas y enfurecido con la prolongación de su brutal guerra sucia en la que han muerto o han desaparecido decenas de miles de argentinos, está resuelto a poner fin a la presencia de los militares en la Casa Rosada. Exige justicia y llevar a los responsables de ambas tragedias ante los tribunales civiles. Tres días después de la rendición, Galtieri es obligado a renunciar y los comandantes de las tres fuerzas son retirados de sus cargos.

El gobierno del general en retiro Reynaldo Bignone, quien reemplaza a Galtieri, es de transición. Ternos y corbatas comienzan a aparecer en la Casa Rosada y en las primeras filas del gobierno. Su gabinete es de nueve civiles y un militar: el ministro del Interior. En el año y medio en que calienta silla presidencial (junio 1982 a diciembre 1983) prepara el camino para el regreso a la democracia como lo exige el pueblo.

Y empieza el destape. Llueven las denuncias sobre asesinatos y desapariciones señalando a las fuerzas armadas, de seguridad y a la policía como responsables de esos crímenes y comienzan a aparecer restos de desaparecidos, sepultados como N.N. (*No Name*), en fosas comunes. El gobierno asegura que son «cadáveres de pordioseros e indigentes». No puede explicar por qué tienen balazos de gracia en la cabeza y en sus cuerpos muestras de tortura.

Los sectores «duros» de las fuerzas armadas no están de acuerdo con la apertura de Bignone, ni con la entrega del poder. Quieren imponer condiciones antes de las elecciones para asegurar su «presencia constitucional» en el gobierno civil y enterrar con una ley de amnistía las investigaciones y los procesos que se vendrán en su contra. Corren rumores de golpe de Estado. La «guerra sucia» continúa. Grupos clandestinos de ultraderecha, relacionados con sectores militares, realizan actos terroristas, sabotajes, secuestros, asesinatos de políticos y de dirigentes populares y de izquierda e, incluso, de militares favorables a la apertura. Tales hechos crean un ambiente de intranquilidad que puede malograr las elecciones y el tránsito a la democracia.

Un mes antes de los comicios, la Junta Militar decreta la ley de amnistía. La llama de «pacificación nacional». Después de casi una década de guerra sucia, los militares quieren dejar en claro que lo que ha pasado es una «guerra interna» contra la subversión. Las fuerzas armadas, «en cumplimiento de su deber», han evitado la destrucción de la República y de sus instituciones. Con esta ley se ponen a salvo de los tribunales, de las investigaciones sobre las violaciones a los derechos humanos, de los juicios de responsabilidad sobre la guerra de las Malvinas, de las investigaciones sobre corrupción y de dar explicaciones sobre la voluminosa deuda externa que llega a cuarenta y tres mil millones de dólares, resultado de sus multimillonarias compras de armamentos.

La Ley de Amnistía provoca la repulsa nacional. Populosas marchas de protesta, encabezadas por Pérez Esquivel, premio Nobel de la Paz, y por las madres y abuelas de la plaza de Mayo muestran a las cúpulas castrenses que no van a permitirla. Los dos candidatos presidenciales, Raúl Alfonsín, del UCR, e Ítalo Luder, peronista de derecha, prometen revocarla. Pero es tal el temor a que los militares no entreguen o pospongan las elecciones que el diario *La Nación* califica una huelga general —decretada pocos días antes de las elecciones por las dos más poderosas uniones sindicales— de «una especie de suicidio colectivo». No deben tentar a los uniformados.

Alfonsín y la casta militar

Raúl Alfonsín, líder de la Unión Cívica Radical, partido de centro-izquierda, es elegido presidente de Argentina con el 52 por ciento de los votos. Es la primera derrota electoral del peronismo. «Ganamos, pero no hemos derrotado a nadie. Es el triunfo de Argentina», dice a las entusiastas multitudes que lo aclaman. Entra en la Casa Rosada por la puerta grande, con un inmenso apoyo popular, por su carisma y honestidad, por su posición erguida y valerosa frente a las dictaduras y por las promesas que hace de hacer justicia y de llevar a los militares a los tribunales civiles.

El país está al borde de la bancarrota y con una sociedad traumatizada y desmoralizada por la violencia política y por la humillante derrota en las Malvinas. Los índices económicos son catastróficos: recesión, inflación anual del 1.000 por ciento (1982), 15 por ciento de desempleo, una deuda externa de cuarenta y tres mil millones de dólares —la tercera en el mundo— y escasez de divisas. Hay pánico por las sucesivas quiebras de bancos, de instituciones financieras y de empresas industriales. El deterioro de las condiciones de vida ha llegado a niveles intolerables. El peso argentino va en vertiginoso descenso, los salarios no alcanzan a cubrir las necesidades de las mayorías, hay escasez de vivienda y alzas desmedidas en los alquileres. Cerca de quinientas mil personas —comenta la revista *Time*— han tenido que abandonar sus viviendas y refugiarse en pensiones, con frecuencia «sucias y destartaladas».[39]

Alfonsín tiene ante sí el monumental reto de sacar al país a flote de la bancarrota y de llevar ante la justicia a la intocable casta militar. El pueblo se lo pide. Familiares de las víctimas publican listas de miles de «desaparecidos» y piden justicia. Aparecen fosas comunes y cadáveres en las montañas de Tucumán. También soldados y oficiales, veteranos de la guerra de las Malvinas, denuncian errores estratégicos y políticos cometidos en esa guerra por Galtieri y sus asesores, incompetencia y corrupción en las filas del ejército y actos de cobardía de sus superiores. Enfrentarse al estamento militar, doblegarlo y llevarlo ante los tribunales no es tarea fácil, ni exenta de peligros para la frágil democracia. La poderosa casta militar, por su origen social, por la excelencia de su preparación profesional —de tradición prusiana— y porque por más de medio siglo ha ejercido el poder hegemónico, se considera a sí misma una aristocracia. Ningún presidente llega al poder sin el acuerdo previo de los militares.[40] La historia argentina está plagada de presidentes militares. Ejercer el poder lo consideran un deber y un derecho.

Uno de los más graves errores de Alfonsín es no meterse de inmediato con las fuerzas militares cuando están debilitadas y él tiene un amplio apoyo nacional. La alternativa era: ahora o nunca. Ha debido desmantelar los aparatos represivos y las unidades de inteligencia —centros de detención y de tortura— de las tres armas, reestructurar las instituciones militares y limpiar sus filas plagadas de criminales y de golpistas en potencia. Al dejarlas intactas expone a su gobierno y al país a graves peligros.

A los tres días, Alfonsín autoriza los juicios a los nueve comandantes de las juntas militares, ex generales Videla, Viola, Galtieri, Bignone y ex almirante Massera, pero entrega esa tarea al Consejo Supremo de las Fuerzas Armadas, máxima instancia de la justicia castrense. Tal medida provoca duras críticas. Nadie cree en la eficiencia e imparcialidad de la justicia militar. Para remediarlo, Alfonsín introduce reformas en el Código de Justicia Militar que dan a los tribunales civiles poder para actuar en casos de «indebida demora» del tribunal militar y a la sociedad civil para apelar sus sentencias. El Congreso las aprueba, pero la mayoría de los sectores políticos, organizaciones y grupos de derechos humanos las critican, pues los militares pueden obstruir la justicia.

Alfonsín nombra la Comisión Nacional de Personas Desaparecidas (CONADEP) y designa al escritor Ernesto Sábato para presidirla. Su función es esclarecer los crímenes cometidos por las dictaduras militares contra la población civil en los siete años de «guerra interna», pero no la faculta para denunciarlos ante la justicia.

Los militares exigen al gobierno amnistía total. No aceptan ser llevados frente a tribunales civiles, pues su lucha contra la subversión —afirma Videla— ha sido una guerra justa y necesaria de la cual los militares han salido victoriosos. Considera que los juicios son una «injusticia» con las fuerzas armadas y «mancillan el honor militar». En actitud de reto y desacato al gobierno y a la justicia, los altos mandos ascienden a oficiales acusados de graves violaciones a los derechos humanos.[41]

El Consejo Supremo de las Fuerzas Armadas congela durante tres años y medio los juicios a los militares y más de dos mil demandas legales presentadas por los familiares de los desaparecidos. En cambio, absuelve al controvertido capitán de navío Alfredo Astiz, acusado de veinte asesinatos, entre éstos el de dos monjas francesas y de una joven sueco-argentina de dieciséis años. Alfonsín pide la retirada de Astiz, pero los altos mandos no acatan la orden y, además, lo ascienden.

Ante la inacción del Tribunal Militar, la Corte Federal de Apelaciones de Buenos Aires, en 1985, inicia los procesos contra los ex comandantes Videla, Viola y el ex almirante Massera. Los juicios duran cinco meses. Se presentan cerca de mil testigos. Multitudes, agolpadas frente a la Corte, gritan consignas contra los militares y le piden declararlos culpables.[42] La Corte condena a Videla y a Massera a cadena perpetua por homicidios, torturas, detenciones ilegales y robos y a Viola a diecisiete años por los mismos delitos. Con menores condenas son sentenciados otros militares de alto rango. En cambio, absuelve a Galtieri, al ex almirante Jorge Anaya y a otros militares responsables de la derrota en las Malvinas.[43] La Corte también condena a los generales Menéndez, comandante de las fuerzas argentinas en las Malvinas, y a Carlos Suárez Masón. Masón huye a Estados Unidos con documentos falsos, pero es capturado y extraditado a Argentina en 1987 y condenado a veinticinco años de cárcel por asesinatos, secuestros, detenciones arbitrarias, torturas y por la desaparición de 171 ciudadanos uruguayos (35 eran estudiantes). También es condenado el ex general Ramón J. Camps, ex jefe de policía de la provincia de Buenos Aires, considerado uno de los más sádicos ejecutores de la represión. Lo sentencia a veinticinco años por numerosos asesinatos, torturas y desapariciones, entre éstas la de un grupo de estudiantes de secundaria. Este horrendo crimen queda registrado en la película argentina *La noche de los lápices*, dirigida por Héctor Olivera (1986). La Corte Suprema ratifica todas las sentencias.

En desacato a la justicia y de reto a la autoridad del gobierno, ex generales y ex almirantes, acusados por los tribunales, rehúsan comparecer ante las cortes. La corte ordena el arresto de doce altos oficiales de la Marina, entre éstos cuatro almirantes retirados y el oficial de navío Alfredo Astiz.[44]

La popularidad de Alfonsín va en declive por su debilidad frente a los militares y por el manejo que da a la grave crisis económica. Su plan austral —cambio de moneda— para combatir la hiperinflación provoca violentas huelgas con destrozos de lunas y saqueos a comercios. Son sofocadas por la fuerza pública con saldos de muertos y heridos. También recibe críticas de bandos contrarios en relación con los juicios a los militares. Unos señalan la lentitud de la justicia —en tres años sólo diez han sido condenados— y otros por llevarlos ante los tribunales, pues sólo sirve para azuzar el nerviosismo en los cuarteles y perturbar la tranquilidad ciudadana. Quieren la paz con los militares a cualquier coste, incluso su exoneración. En efecto, a medida que avanzan los juicios y los tribunales civiles los condenan, aumenta el malestar en las filas castrenses y el nerviosismo de la población, pues los sabe propensos a golpes.

El país entero sufre la zozobra del creciente «malestar» militar. Bajo esa carga de alta tensión, Alfonsín ordena acelerar los juicios y presenta al Congreso un proyecto de ley —una amnistía sesgada— que llama de «Reconciliación Nacional» y que el pueblo bautiza como «Punto final». Fija un término de sesenta días para convocar a los militares sindicados de violaciones a los derechos humanos; vencido ese plazo, ningún tribunal, civil o militar, puede llamar a juicio a ningún miembro de las fuerzas del orden, sin importar la gravedad de sus crímenes, ni apelar las sentencias. La Ley de Punto Final suscita un agrio debate nacional, virulentos enfrentamientos en el Congreso y violentas protestas populares, con choques con la policía con decenas de heridos y de detenidos. Sectores políticos y populares, movimientos y organizaciones de derechos humanos, las madres de la plaza de Mayo y familiares de las víctimas de la guerra sucia la impugnan por inconstitucional pues viola el principio de la igualdad ante la ley y acusan al gobierno de «encubrir genocidas». No obstante, la Cámara y el Senado la aprueban por amplias mayorías, el presidente la sanciona y la Corte Suprema de Justicia la declara constitucional. Entra en vigor el 24 de febrero de 1987.

De todos lados llueven críticas contra el gobierno, contra el Congreso y contra el tribunal. Un grupo de familiares de muertos por la subversión objeta que el gobierno no haga nada para regresar al país a los terroristas que «andan sueltos en el exterior». El peronismo de derecha apoya al gobierno. Dice que esa ley es «el punto de partida para pacificar al país».[45]

Golpeado por las críticas, Alfonsín sostiene que la historia lo recordará más por ese proyecto de ley, destinado a la reconciliación entre civiles y las fuerzas armadas, que por el juicio de los ex comandantes de las Juntas militares. Cree que los crispados nervios de los uniformados cederán cuando comprendan que esa ley los beneficia. No es así. Ni sus nervios se calman, ni ceden en sus pretensiones. Exigen amnistía total para reivindicar el honor mancillado de las fuerzas armadas.

Infarto militar

Con la Ley de Punto Final, Alfonsín da respiración boca a boca al militarismo. De ahí en adelante tiene que enfrentar graves levantamientos militares. Comienzan el 15 de abril de 1987 con una rebelión del comandante y del regimiento militar en la provincia de Córdoba en apoyo al mayor del ejército Ernesto Barreiro, acusado de graves violaciones a los derechos humanos. Es dado de baja por negarse a comparecer ante un tribunal civil. La policía intenta detenerlo pero sus compañeros de armas se lo impiden. Barreiro huye. El comandante del regimiento es acusado de sedición y retirado del cargo. Los amotinados se rinden.

El Viernes Santo, dos días después de esa rendición, cerca de doscientos oficiales, al mando del teniente coronel Aldo Rico, se sublevan en el Campo de Mayo, a veinticinco kilómetros de Buenos Aires, en apoyo a Barreiro. Aparecen en uniformes de combate, con chaquetas antibalas, fuertemente armados y con las caras pintadas de negro. Piden amnistía total para los militares inculpados en esa revuelta y suspensión de los juicios a los militares.

Alfonsín se niega y decreta el estado de sitio. «Democracia o dictadura» es su consigna. La plaza de Mayo se llena de gentes gritando vivas al presidente, a la democracia y contra los militares. Cuando el presidente se presenta ante el Congreso para dar cuenta de los hechos y declara que la democracia no es negociable, el recinto se estremece en aplausos.

Medio millón de personas en la plaza de Mayo, con banderas y pancartas, grita a los amotinados: «No se atreven, no se atreven, si se atreven quemamos los cuarteles». Miles de personas desarmadas intentan penetrar en el cuartel. La policía trata de detenerlas, pero rompen el cerco y llegan hasta sus puertas pidiendo «Paredón a los traidores de la patria».

La multitudinaria y espontánea manifestación de apoyo al gobierno, a la democracia y de rechazo a los amotinados, las declaraciones de solidaridad de todos los sectores políticos —incluida la oposición—, la amenaza de huelga general de la CGT de respaldo al gobierno y el de mandatarios del continente, de Europa y Estados Unidos muestra que todos, dentro y fuera del país, están con el presidente. El domingo de Pascua, Alfonsín se traslada en helicóptero a Campo de Mayo para dialogar con los amotinados, y una hora después da parte de su rendición incondicional. «Como corresponde, serán detenidos y sometidos a la justicia», anuncia.[46]

Pero el triunfo del presidente tiene una cara oculta. Su orden de sofocar de inmediato la rebelión de Campo de Mayo ha sido boicoteada por el comandante en jefe del Estado Mayor, general Ríos Ereñú. Para cumplirla ordena traer un cuerpo del ejército —entre mil y dos mil hombres—, que está acantonado a más de 350 kilómetros de Buenos Aires. El convoy avanza con lentitud. «Ningún oficial con mando de tropa está dispuesto a reprimir por las armas a sus camaradas», afirma a los periodistas un carapintada en el Campo de Mayo. Ríos Ereñú acata la orden pero no la cumple.[47]

Los presidentes Sarney de Brasil y Sanguinetti de Uruguay mantienen permanente comunicación con Alfonsín. Temen el efecto «ejemplarizante» de esos levantamientos en sus países. Paralelismos, comparaciones, peculiaridades, diferencias de las situaciones en cada país, apoyos o discrepancias al manejo que está dando Alfonsín al problema militar, reavivan en Uruguay y en Brasil los debates sobre el truculento tema de los militares y la justicia, con la consecuente alarma nacional.

Noticias de primera plana muestran a Alfonsín triunfante, a la democracia fortalecida, a los amotinados bajo control. Aldo Rico y demás sublevados han sido arrestados y dados de baja. Un diario bonaerense titula: «Ya todo está en calma». No obstante, el epílogo de esa historia no es tan brillante. Con la Ley de Punto Final la democracia queda montada sobre arenas movedizas. El desacato pasivo de los militares a las órdenes del presidente es una muestra patética de la indefensión del gobierno civil frente al poder militar.

Las sublevaciones y el crónico malestar castrense llevan a Alfonsín a hacer más concesiones. Presenta al Congreso un apéndice a la Ley de Punto Final que consagra el concepto de la «obediencia debida» en el juzgamiento a los militares. Quedan exentos de culpa los que han cometido violaciones a los derechos humanos en cumplimiento de órdenes superiores bajo «presión» o «coerción irresistible». Cerca de cuatrocientos militares, acusados de esos crímenes, se benefician. El robo —hay

muchos y a alto nivel— sí será castigado, pues las «órdenes» son de matar
y torturar pero no de apropiarse de lo ajeno. En mayo de 1987 la Ley
de Obediencia Debida es adoptada por amplias mayorías en la Cámara
y en el Senado, y la Corte Suprema de Justicia la declara constitucional. Sólo un magistrado vota en contra.[48]

Esta ley divide a los argentinos. Políticos, intelectuales, jueces, representantes de organismos de derechos humanos y el pueblo en general
la critican, critican al Congreso y a la Corte y de nuevo acusan al gobierno de propiciar la impunidad. Señalan que esa ley es injusta, arbitraria, inconstitucional, antijurídica, antimoral y antipolítica, aprobada en
«una maniobra escandalosa, con argumentos pseudojurídicos, el 99 por
ciento de los responsables de los crímenes cometidos durante la dictadura militar pueden eludir la justicia». Dicen que ésta convierte a Argentina en «el primer país en donde la tortura y el asesinato son legalizados».[49]

Alfonsín de nuevo cree que esta ley calmará el extenuante «malestar» militar. Pero las altas cúpulas castrenses le dejan saber que no es
suficiente. Siguen exigiendo amnistía total, una solución política al «hecho político» como es la guerra contra la subversión, y reivindicación
moral de las fuerzas armadas.[50] La popularidad de Alfonsín sigue cayendo.
En septiembre de 1987, en las elecciones para gobernadores, diputados,
intendentes y concejales, su partido sufre una apabullante derrota y el
peronismo retoma las riendas de las mayorías políticas. El pueblo peronista se vuelca a las calles para celebrar el triunfo. Es un voto de castigo al presidente.

Las sublevaciones continúan. El ex teniente coronel Aldo Rico escapa de su lugar de detención, se refugia en la guarnición de Monte
Caseros en Buenos Aires y arma otra rebelión con el apoyo de doscientos oficiales y soldados. Juran luchar, «a cualquier coste», para redimir el
honor de las fuerzas armadas argentinas. Las tropas los rodean y, después
de un breve tiroteo y de seis horas de tensión, se rinden. Rico es confinado en una prisión militar. Otra vez Alfonsín puede decir que la democracia sale consolidada y que «la casa está en orden». El pueblo de
nuevo aplaude al presidente.

Otra vez, en noviembre, más de doscientos oficiales «carapintadas», liderados por el coronel Mohamed Alí Seineldín —«el Turco»— se amo-
tinan en la Escuela de Ingeniería de Campo de Mayo. Seineldín empuña
la consabida bandera de la reivindicación de las fuerzas armadas, pide
amnistía total para los militares condenados o acusados de violaciones

de derechos humanos y la liberación de los ex comandantes miembros de las juntas. También pide mejoras salariales, aumento del presupuesto de Defensa —reducido por Alfonsín a la mitad— y la destitución del general Dante Carriquí, comandante en jefe del Estado Mayor. De nuevo el pueblo se agolpa frente a Campo de Mayo en defensa de la democracia y de nuevo la policía trata de dispersarlo con gases lacrimógenos.[51]

La orden de Alfonsín de sofocar la rebelión —se encuentra en Washington en visita oficial— es atendida con igual reticencia. Caridi escoge un cuerpo del ejército acantonado en Córdoba, a setecientos kilómetros de Buenos Aires, pero su comandante se niega a tomar parte en la operación contra Seineldín. Tropas, a órdenes de Caridi, sofocan la rebelión. Hay un muerto, cinco heridos y más de cien detenidos. Cuando emprenden su retirada el pueblo les grita: «¡Cobardes, cobardes! Caridi es igual a Seineldín».[52]

El primero de diciembre, un pelotón de 53 oficiales y marinos de la policía costera desertan de su guarnición en Buenos Aires, en apoyo a Rico. En tres camiones y armados con más de doscientos fusiles aparecen en Campo de Mayo entre los trescientos amotinados que lidera Seineldín. También en diciembre, 855 soldados, liderados por un oficial, se toman la base de Villa Martinelli en demanda de la consabida amnistía para los militares. Otras guarniciones y regimientos intentan sublevarse pero son controlados. Otra vez la democracia sale fortalecida, otra vez Alfonsín sale airoso, otra vez afirma que no ha habido negociación, ni ha hecho concesiones a los amotinados. Pero otra vez las negociaciones se han hecho por debajo de las mesas. Un diario de Buenos Aires titula: «Pacto no hay, pero se va cumpliendo».

La crisis y la descomposición militar son muy hondas. El ministro de Defensa (civil), asegura que la «intranquilidad» militar obedece a causas más profundas que van desde los bajos sueldos, el peso emocional de la humillante derrota militar en las Malvinas y el rechazo nacional por la represión en su «guerra» contra la subversión. Todas son dolencias crónicas.

En la madrugada del 23 de enero de 1989 ocurre un ataque al regimiento de La Tablada en Buenos Aires, por un grupo armado de más de 65 hombres y 5 mujeres. Alfonsín ordena a las fuerzas armadas sofocarlo. Esta vez sus órdenes son atendidas con inusitada rapidez y violencia. Casi de inmediato aparecen trescientos soldados frente al regimiento. El ejército no intenta negociar ni presta atención a las banderas blancas de los rebeldes. Arrasa con todo. El contraataque es masivo. Con tanques, morteros, armas de largo y mediano alcance y bombas de fósforo (prohibidas por la Convención de Viena) atacan el cuartel. Unidades de las fuerzas especiales son aerotransportadas al lugar de los hechos.

Después de treinta horas de feroces combates los atacantes se rinden. Mueren 36 personas entre éstos ocho militares y un policía y 63 son heridos. El edificio queda destruido y en llamas. Dentro del cuartel encuentran cinco cadáveres carbonizados. Testigos afirman haber visto a dos detenidos que luego aparecen muertos. La cifra de guerrilleros detenidos se reduce a medida que crece la de desaparecidos. Se dice que hay fusilamientos y torturas. En los cinco años del gobierno de Alfonsín, éste es el hecho de orden público más violento, más sangriento, más confuso y más manipulado.

Las fuerzas armadas presentan la toma de La Tablada como una gran conspiración internacional de izquierda y señalan que es el resurgimiento de la guerrilla. Es evidente que el asalto no ha tomado por sorpresa al ejército. Versiones de soldados —confirmadas por el diario *La Nación* de Buenos Aires—, indican que días antes unidades militares y policiales son puestas en «estado de alerta», que las defensas son reforzadas y que realizan ejercicios de entrenamiento para repeler «un ataque proveniente del exterior». El día del asalto el ejército llega en minutos al cuartel.[53]

La versión de que el ejército ha tendido una celada al Movimiento Todos por la Patria (MTP) —responsable del ataque— es corroborada por guerrilleros supervivientes. Dicen que fueron infiltrados por la inteligencia militar y que la operación fue «cantada» y convenida con el ejército.

Las fuerzas armadas capitalizan la «exitosa» toma de La Tablada y la rendición del grupo subversivo. El presidente les agradece su defensa al sistema democrático. El gobierno parece aceptar la versión militar del resurgimiento guerrillero y anuncia la creación del Consejo de Seguridad Nacional, cuya función es ocuparse de las situaciones de orden público y de la subversión. El Consejo queda compuesto por nueve miembros, entre ellos los comandantes de las tres armas, algunos ministros y está presidido por el presidente.[54]

El MTP es un grupo de izquierda, creado tres años antes por Jorge Manuel Baños, de treinta y cinco años, respetado abogado de Buenos Aires y ex director de un organismo defensor de los derechos humanos (muere en La Tablada). Enrique Haroldo Gorriarán, del ERP, ingresa a su dirigencia. Seis meses después de ocurrido el ataque, en un proceso plagado de vicios de procedimiento, todos los detenidos son condenados.[55]

El caos

En 1988 la economía argentina va hacia el abismo. Los índices económicos y sociales son catastróficos: la inflación, el desempleo, el alza de los precios de artículos de primera necesidad suben en espiral. La baja del salario real de la clase trabajadora lleva a millones de argentinos a la pobreza absoluta. La astronómica deuda externa supera los sesenta mil millones de dólares (la tercera en el continente), los intereses de demora (más de dos mil millones de dólares) le ocasionan al gobierno serios conflictos con la banca internacional.

El Plan Austral y el Plan Primavera —decretan drásticos ajustes— con los que Alfonsín intenta amainar la crisis, provocan una ola de paros y de protestas laborales. Una huelga general, decretada por la CGT en septiembre de 1988 —en cinco años ordena trece huelgas que paralizan al país— se convierte en una jornada de violencia y de pillajes sin precedentes.

En esa tensa situación son persistentes los rumores de golpe. El presidente admite que éste es posible. Sus relaciones con los militares han sido un campo minado. Las cúpulas castrenses siguen dispuestas a dar la «batalla de los generales» para que el gobierno —ya agotado— pase página y los reivindique públicamente.[56] También siguen las protestas de movimientos y organizaciones de derechos humanos y de las madres y abuelas de la plaza de Mayo contra Alfonsín por propiciar la impunidad, con la complicidad de los tribunales militares que no dejan prosperar los juicios, y cuestionan la debilidad de los tribunales civiles. En los cinco años de democracia —después de siete de dictaduras genocidas—, sólo diez militares han sido condenados, y los responsables de las sublevaciones y motines —detenidos en sus propias instituciones—, no han sido sometidos a juicio.

El pueblo no olvida la complicidad de jerarcas de la Iglesia con las dictaduras militares y la represión. La apoyan y guardan silencio sobre sus crímenes. Algunos la justifican, otros presencian impasibles los interrogatorios y asesinatos bajo tortura.[57] Cuando la curia —once años después de canceladas las dictaduras militares— nombra al padre Christian von Wernich párroco de Bragado —a cien kilómetros de Buenos Aires—, el Consejo del pueblo lo declara persona *non grata* y pide al obispo que lo destituya. El obispo no acepta, pues Von Wernich —dice— no ha roto ninguna ley eclesiástica. Pero el pueblo recuerda su pasado oscuro como capellán de la policía de Buenos Aires (1976-1977) y no olvida su amistad con el ex general Ramón Camps, ex jefe de la policía de la provincia de Buenos Aires, de quien ha sido su confesor (Camps ha sido condenado a veinticinco años de prisión por numerosos homicidios, secuestros y torturas). Según el testimonio de un ex policía a la Comisión Nacional sobre la Desaparición de Personas (CONADEP), Von Wernich presenciaba las torturas y los asesinatos y dice que, un día, después de haber visto torturar y asesinar a dos hombres y una mujer, le había comentado: «Lo que hemos hecho es necesario. En un acto patriótico. Dios sabe que es para bien del país». Familiares de ocho desaparecidos también recuerdan que Von Wernich va a visitarlos para darles la falsa noticia de haber visto a sus parientes —están desaparecidos— salir para Uruguay y que están a salvo. Por su compromiso con la represión, fue llamado a atestiguar en los juicios a los militares.[58]

En diciembre de 1988 corre la noticia de que Von Wernich va a oficiar una misa con el obispo Gillian en la iglesia de Santa Rosa de Lima en Bragado. Más de dos mil personas lo esperan frente a la iglesia. Cuando un automóvil con un cura adentro se detiene, la multitud se abalanza sobre él gritándole «Asesino, torturador, ¿en dónde está Cecilia?» (una mujer de Bragado, de veinticinco años, torturada y desaparecida). Una mujer le propina dos bofetadas. Alguien le grita: «¡Ése no es Von Wernich!», pero otra ya le ha dado una patada en los testículos. El obispo Gillian, con quien lo confunden, entra al templo doblado en dos, comenta el semanario uruguayo *Brecha*.[59]

En enero de 1989 —último año del gobierno de Alfonsín— ocurre, en pleno verano, una grave crisis energética provocada por una prolongada sequía. El país queda semiparalizado. El gobierno tiene que ordenar el cierre de las oficinas oficiales, de los bancos y parte del comercio, las clínicas y hospitales tienen que reducir sus servicios. Los alimentos se echan a perder en los supermercados y la industria reporta pérdidas diarias millonarias. El gobierno pierde a diario entre 15 y 42 millones de dólares. El país le echa la culpa a Alfonsín por no haber previsto esa emergencia, que ha sido anunciada por expertos meses antes. Él dice que no es el único responsable, pues ha sido una sucesión de errores que viene de décadas atrás.[60]

La campaña presidencial se desarrolla en medio de esa crisis, del profundo malestar nacional por el estado lamentable de su economía y de manifestaciones de protesta, de marchas de amas de casas batiendo cacerolas y de saqueos a los supermercados. Cuatro días antes de las elecciones, la economía se dolariza. Ante la caída precipitada del austral (nueva moneda que reemplaza al peso) y de la oscilación cambiaria minuto a minuto, la gente negocia todo con dólares.

Carlos Saúl Menem —candidato del peronismo a la presidencia— amenaza con entablar un juicio político contra Alfonsín por su «nefasta» política económica. Hay relevo en la cartera de Hacienda y los índices se disparan de nuevo sin que nadie pueda explicar a qué se debe. Antonio Troccoli, ex ministro del Interior, dice que lo que les queda a los argentinos es rezar.

La sensación general es de estar al borde del abismo. Alfonsín ha perdido el control de la economía y del país. Los periódicos se ocupan más de las alzas de precios y de las oscilaciones del dólar que de la campaña. Esa decepción con Alfonsín obra en contra del candidato del URD, su partido, Eduardo Angeloz. El 14 de mayo, día de las elecciones, en medio de esa pesadilla, el pueblo acude masivamente a las urnas. Carlos Saúl Menem, peronista, populista y demagogo, obtiene el 48,7 por ciento de los votos y Angeloz el 37,3 por ciento. En varias ciudades, los peronistas celebran con desbordada alegría el triunfo de Menem. Al día siguiente el país regresa a la dura realidad.

La situación económica no se deteriora día a día sino hora a hora. Alfonsín anuncia un plan de «economía de guerra» con nuevos impuestos, control único de cambio y reducción del gasto público, pero ofrece aumentos en las jubilaciones y ayuda familiar. Mientras plantea tales medidas, en la ciudad de Rosario el pueblo se lanza a saquear supermercados y comercios de alimentos. Al día siguiente, ante la ola de saqueos que comienza a extenderse por todo el país —con muertos y centenares de heridos—, Alfonsín decreta el estado de sitio por treinta días.

Alfonsín ya es una figura incómoda. Por fin su renuncia deja de ser un rumor. Anuncia que ha llegado a un acuerdo con Menem, para bien de Argentina, y «resignará» (término que emplea) antes de cumplir el término de su mandato. Para obviar las cuestiones jurídicas de ese insólito caso, acuerdan que renuncie ante el Congreso y que el Congreso confirme a Menem. Así se hace.

Menem: del perdón y el olvido

El 8 de julio de 1989, cinco meses antes de terminar el período presidencial de Alfonsín, Menem asume la presidencia de Argentina. Acepta tomar las riendas en ese momento de profunda crisis pues no hay otra salida. Presenta juramento ante su hermano Eduardo, presidente del Senado.

En el discurso de posesión, Menem anuncia que el país vivirá un ajuste duro, costoso y severo. «Sólo puedo ofrecerle al pueblo sacrificio, trabajo y esperanza. [...] Venimos a decirle a la Argentina, levántate y anda. Argentinos de pie para terminar con nuestra crisis.» En claro mensaje a las fuerzas armadas, asegura que «entre todos los argentinos vamos a encontrar una solución definitiva y terminante para las heridas que aún faltan cicatrizar. No vamos a agitar los fantasmas de la lucha, vamos a serenar los espíritus». Es ovacionado largamente.[61]

Después se dirige a la Casa Rosada para recibir de Alfonsín el bastón de mando y la banda presidencial. El traspaso se cumple en una breve ceremonia. La furia y la frustración del pueblo se vuelcan contra Alfonsín. Lo despiden con insultos y gritos de «hijo de puta». Se le ve cansado y con grandes ojeras. Pero a pesar del catastrófico fin de su gobierno, hasta el final de su mandato garantiza la vigencia del estado de derecho, de las instituciones, de la democracia representativa y el respeto a los derechos ciudadanos y a las libertades públicas. Esto lo reconocen muchos.

A los tres meses, Menem indulta a centenares de militares procesados y condenados por violaciones a los derechos humanos, a 435 «carapintadas», a otros responsables de sublevaciones —ocurridas durante el gobierno de Alfonsín— y a los culpables del descalabro en las Malvinas. También indulta guerrilleros que están en la cárcel (no incluye a Mario Firmenich, máximo dirigente montonero, quien cumple treinta años de condena). Quedan en libertad y eximidos de las causas que obran en su contra en los tribunales civiles. «Yo sé que habrá descontentos como en todos los hechos de la vida, pero también estoy convencido de que muchos millones de argentinos están aplaudiendo esta medida», afirma Menem.[62]

A finales de diciembre, Menem anuncia el indulto de Videla, Viola, Massera, Suárez Masón —ex miembros de las juntas militares— y de Camps. Esta vez incluye a Firmenich. Encuestas de opinión muestran que entre el 60 por ciento y el 80 por ciento está en contra del indulto de esos militares responsables de una de las tragedias más grandes y más hondas de la historia argentina. El traslado de los ex comandantes a Campo de Mayo —lugar donde deben recibir la notificación de su liberación— se hace en el mayor sigilo y entre fuertes medidas de seguridad. Menem no quiere que esto se convierta en espectáculo periodístico. *Página 12*, diario de centro-izquierda, titula: «Aquí no ha pasado nada».

De los éxitos económicos de Menem, en los primeros años de su gobierno, y de lo que viene después otros se ocuparán. Sólo hay que agregar que han quedado heridas abiertas, que veinte años no es nada, como reza el tango de Gardel. En marzo de 1989 —aniversario del golpe de Videla— populosas manifestaciones en Buenos Aires piden de nuevo que se abran los juicios contra los militares exonerados por Menem y la Cámara de Diputados deroga, por abrumadora mayoría, las leyes de Punto Final y Obediencia Debida. El tiempo tampoco ha borrado la mala conciencia de algunos de los ejecutores de esos crímenes. Ex militares y sacerdotes poco a poco han ido revelando aspectos espeluznantes de la «guerra interna» contra la subversión en la que ellos tomaron parte. El pueblo sigue pidiendo justicia y las madres y abuelas de la plaza de Mayo —símbolos de la conciencia nacional— siguen desfilando para pedir que les devuelvan vivos a sus hijos y a sus nietos desaparecidos.

BRASIL BAJO «SU» DOCTRINA

En los primeros meses de los gobiernos militares de la llamada «Revolución» —mejor conocidos como las dictaduras de la Doctrina de Seguridad Nacional— la prensa brasileña contabiliza más de 25.000 arrestos y publica centenares de testimonios de casos de tortura, datos que contrastan con las estadísticas oficiales que —en trece años de dictadura— sólo registran 4.700 detenciones por crímenes políticos y ningún muerto en prisión «porque en Brasil no se tortura».[63]

Brasil entra en la década de los años setenta bajo la férrea mano del general Emilio Garrastazú Médici (1969-1974) —tercer gobierno de la «Revolución»— con la imagen seriamente deteriorada en el ámbito internacional por la brutal represión de esos regímenes. Los militares tienen amordazada a la prensa con una estricta censura oficial y le impiden informar sobre asuntos de orden público. Las denuncias sobre las graves violaciones a los derechos humanos por parte de los regímenes militares las hacen organizaciones defensoras de esos derechos, dentro y fuera del país, juristas nacionales y extranjeros, la prensa internacional y la jerarquía de la Iglesia católica brasileña desde los púlpitos, en cartas pastorales, en declaraciones públicas. El mundo está al tanto de lo que está pasando en Brasil.

A Médici y a otros generales les preocupa esa mala imagen del país en el exterior, pero reconocen que la insurgencia y la agitación social, que continúan a pesar de la represión, obedecen a las profundas desigualdades e injusticias existentes en esa sociedad y consideran que es necesario un cambio de política. Para mejorar esa imagen, Médici promete poner fin a la tortura, desactivar la represión y tomar las medidas necesarias para acabar con las actividades del Escuadrón de la Muerte, organización clandestina responsable de innumerables crímenes, y acortar la brecha entre ricos y pobres con la integración social y la participación de las masas en programas de desarrollo. Para contrarrestar las acusaciones que hacen a los militares de haber «entregado» Brasil a Estados Unidos y a las transnacionales, adopta —sin estridencias— una política nacionalista y de mayor apertura hacia América Latina.[64]

Las promesas son una cosa, pero la realidad es otra. Médici —firme seguidor de la Doctrina de Seguridad Nacional— expide decretos ejecutivos y enmiendas constitucionales para legitimar la concentración de poder en el ejecutivo y reducir las atribuciones de la justicia y del Congreso. Con «decretos secretos o reservados» trata los asuntos de la seguridad nacional. Pero la laxa interpretación de los militares del concepto «amenaza a la seguridad» cubre todo aquello que simplemente les incomode.

La represión del régimen de Médici es más brutal que la de sus predecesores. Los casos de tortura en los centros de detención aumentan en forma alarmante. Además restablece la pena de muerte (suspendida en 1822), y establece el destierro para personas calificadas de «indeseables, perjudiciales o peligrosas» para la seguridad nacional. En los primeros tres meses de su gobierno ocurren más de seiscientos casos de tortura, entre estos el de 52 policías y militares, acusados de subversión, que son torturados por sus compañeros. El cardenal Paul Arns, arzobispo de São Paulo, pide a los sacerdotes rezar por ellos.

La jerarquía de la Iglesia es la principal portavoz de las denuncias contra la represión oficial. El cardenal Arns, Dom Helder Camara, arzobispo de Olinda y Recife —el empobrecido nordeste brasileño— y otros obispos condenan en forma constante la brutalidad del régimen de la que no están exentos los miembros de la Iglesia. Algunos sacerdotes y laicos de las comunidades eclesiales de base que trabajan con los pobres son arrestados y torturados.[65] Sin que la represión del régimen los detenga, la Organización de Abogados de Brasil hace públicos los resultados de una investigación que realiza sobre las actividades del Escuadrón de la Muerte —del que forman parte policías activos y en retiro, algunos de la más alta graduación— y revela los nombres de sesenta policías y militares torturadores, los métodos que usan y las muertes, ocurridas bajo tortura, dentro de las cárceles. Tal información la obtiene de un documento, firmado por treinta y cinco prisioneros políticos, en el que relatan los tormentos a que son sometidos en los centros de detención.

Aunque los grupos guerrilleros brasileños no tienen la dimensión, ni causan el impacto de los Tupamaros en Uruguay o de los Montoneros y el ERP en Argentina, son un quebradero de cabeza para los militares y, en ocasiones, hacen temblar al régimen por la repercusión internacional de sus golpes. A Médici le toca enfrentar, en septiembre de 1969, el secuestro del embajador de Estados Unidos, Charles Elbrick, por un comando de dos grupos guerrilleros (una guerrillera ha seducido a sus guardias para establecer sus rutas y horarios). Ese grave hecho agarra a Médici fuera de base. Acaba de asumir la presidencia, pues el presidente Castelo Branco ha tenido que retirarse víctima de un derrame cerebral. Por temor a que al embajador le pase algo, los militares se pliegan a las exigencias de los guerrilleros. En marzo de 1970 secuestra al cónsul de Japón en São Paulo y al embajador de Alemania Federal —los agobia con su prepotencia— y después al embajador suizo. Los diplomáticos son dejados en libertad a los pocos días, pues el gobierno cumple con liberar a los guerrilleros presos, los traslada a otros países (México, Argelia y Chile) y publica sus comunicados. Al embajador suizo lo retienen cuarenta días, pues la negociación con el gobierno sobre la lista de prisioneros —son setenta— toma más tiempo. Tales golpes humillan al régimen y atraen la atención internacional hacia la represión en Brasil.

Médici aspira a convertir a Brasil en una potencia mundial y en líder del continente. Eso mismo quiere Washington. «Sabemos que adonde se incline Brasil se inclinará el resto de América Latina», comenta Nixon cuando Médici va en visita oficial a Washington en 1971. Es el paraíso de sus inversores y de las multinacionales y es su principal aliado en el continente.

Con ese sueño de grandeza y «en conexión con la triunfal extravagancia de su gobierno», Médici emprende la construcción de un puente gigantesco —entre Río de Janeiro y Niteroi—, de la supercarretera transamazónica y de estadios de fútbol en varias ciudades, deporte favorito del pueblo brasileño.[66] La construcción de la supercarretera, a través de la selva, por importante que sea, ocasiona enormes tragedias. Implica despojos violentos de tierras de indígenas y colonos y de matanzas cuando intentan oponerse; la tala de bosques selváticos causa daños ecológicos irreparables. En abril de 1972, cuando empieza su construcción, un nuevo grupo armado —Fuerzas Guerrilleras del Araguaía— asume la defensa de indígenas y de campesinos para impedir que los expulsen de sus tierras.[67]

Médici también aspira a convertir Brasil en potencia nuclear. Mantiene la negativa de firmar el Tratado de Tlatelolco, sobre no proliferación nuclear en el continente; en 1975 firma con Alemania Federal un acuerdo de cooperación nuclear y de asistencia técnica, y con Israel firma otro para la explotación de sus reservas de uranio. Brasil desarrolla su industria militar y se convierte en exportador de armamentos.

Brasil atrae la admiración mundial con el llamado «milagro brasileño». Ha logrado un crecimiento que lo coloca en el octavo puesto del desarrollo industrial mundial. Ese maravilloso avance lo logra, no obstante, con un alto endeudamiento externo y con la apertura a la inversión extranjera. La atrae con amplios incentivos fiscales, exenciones tributarias —por diez años libre exportación de ganancias y el «clima de tranquilidad política» que ofrece el país. La mayoría de la multimillonaria inversión extranjera es norteamericana —penetra sectores claves de su economía— y hay una afluencia de sus multinacionales en Brasil. En cinco años el crecimiento económico llega a la cifra récord del 11,4 por ciento anual.[68]

El coste del «milagro» es la dependencia que le imponen al gobierno las multimillonarias inversiones, pues está obligado a consultar con sus gobiernos y con las transnacionales su política económica.[69] Tal política ha conducido a una excesiva concentración de la riqueza —la mayor registrada hasta entonces— que beneficia a las minorías pudientes —banqueros, terratenientes y comerciantes nacionales y extranjeros— y amplía la brecha entre ricos y pobres. En 1974, último año del gobierno de Médici, el «milagro» comienza a dejar de serlo. El índice de crecimiento baja al 4 por ciento, el siguiente al 3 por ciento y empieza la recesión económica, la inflación sube al 100 por ciento y la deuda externa llega a 21.000 millones de dólares, suma impagable para el país.

El empobrecimiento no es sólo de las clases populares, también llega a las clases medias y a sectores empresariales. El malestar se generaliza y crece un movimiento de masa que protesta contra la crítica situación económica y contra la brutal represión. Huelgas, paros, «tomas» de tierra, manifestaciones estudiantiles y populares piden justicia, apertura democrática, fin de la represión y supresión de las actas institucionales y demás medidas represivas. La violenta oposición no es sólo contra Médici, sino también contra las dictaduras castrenses.

El parto de la democratización

Cuando el general Ernesto Geisel (1974-1979) —cuarto régimen de la Doctrina de Seguridad Nacional— asume el mando, los grupos insurgentes sólo quedan las Fuerzas Guerrilleras de Araguaía. Están en la selva defendiendo a los indígenas y campesinos en la Amazonia del despojo de sus tierras y de la brutal represión del ejército.

Los gobiernos militares se han sostenido por el terror. A medida que crecen y se profundizan las tensiones sociales, expiden leyes, decretos, actas institucionales para afianzar su poder y legalizar la represión. Pero esa maraña de disposiciones, adoptadas al calor de los hechos, ha creado contradicciones dentro del estamento militar. No todos comulgan con esa política. Uno de ellos es Geisel.

Geisel sabe que el mundo está al tanto de que el precio del «orden» interno ha sido una brutal represión. Ya no puede hablar del «milagro» económico, sostenido artificialmente en una deuda externa astronómica, pues ya no existe. En su discurso inaugural habla de la «redemocratización» gradual del país, de apertura con seguridad, de aligerar la censura de prensa y de involucrar a la sociedad civil en planes de desarrollo. La prensa extranjera registra con optimismo sus palabras. Son una promesa de cambio. Geisel entiende que el repliegue es necesario pero debe hacerlo sin crear conflictos dentro de las fuerzas armadas.[70] Opta por la política de «descompresión» que ha prometido. Alivia la censura de prensa y la represión policial y abre un espacio político al Movimiento Democrático Brasileño (MDB) —único partido legal de oposición— que no amenaza a los militares, pues el gobierno tiene la mayoría en el Congreso con el partido Alianza Nacional Renovadora (ARENA), creado por ellos.

Pero en noviembre de 1974, en las elecciones parlamentarias y de asambleas provinciales (son los primeros comicios directos bajo los regímenes militares), el MDB casi dobla su representación en el Senado y en la Cámara y derrota a ARENA en las asambleas provinciales de São Paulo, Río de Janeiro y Rio Grande do Sul, que son las más importantes. El gobierno se sorprende y alarma con esos resultados, pues el MDB puede ganar en la elección de gobernadores que tendrá lugar al año siguiente.[71]

Geisel encuentra la oposición de sectores militares. No están de acuerdo con su política de apertura y boicotean sus planes de reducir la represión cuyo objetivo principal es mostrar una mejor imagen de Brasil en el exterior. El comando del ejército no le permite controlar los aparatos de seguridad que siguen actuando como rueda suelta. Las detenciones y las prácticas de tortura ejercidas por esos aparatos son denunciadas por la prensa extranjera. El mayor escándalo es la detención y tortura de un ex misionero metodista norteamericano —ocasional corresponsal de la revista *Time* y de la agencia de noticias AP— por la enérgica protesta que presenta Washington. Tales hechos preocupan a Geisel, pues dañan la imagen de su gobierno. El cardenal Arns, arzobispo de São Paulo, duro crítico de los militares, le entrega a Geisel una lista documentada de veintidós «desaparecidos» —veintiuno durante su gobierno— y le pide investigarlos. Geisel promete hacerlo pero incumple, pues no controla los aparatos de seguridad.[72]

El asesinato del periodista Vladimir Herzog, en los calabozos militares de São Paulo, en octubre de 1975, provoca un gran escándalo nacional e internacional. La versión oficial es de que su muerte fue por suicidio. Nadie la cree. El cardenal Arns, desde el púlpito de la catedral, rechaza la versión del suicidio[73] y luego oficia un «dramático funeral ecuménico» —Herzog es judío— en la catedral. La comisión militar que nombra el gobierno para que investigue la muerte de Herzog «confirma» la versión del suicidio y la investigación se suspende. Las muertes en los lugares de detención por «suicidio» son usuales en los cuarteles de São Paulo y de Río de Janeiro. Cuando algún oficial es declarado culpable, sólo es retirado de su cargo.[74]

En 1976 se desata una ola de represión contra servidores de la Iglesia. En julio es asesinado el padre Rodolfo Lunkenbein, misionero alemán, dedicado a trabajar con indígenas en la Amazonia, y en octubre la policía asesina al padre João Bosco Penido Brunier, por haber protestado contra la tortura de una mujer. En septiembre es secuestrado Dom Adriano Hypolito, obispo de Nova Iguazú. Lo golpean y lo dejan desnudo en una carretera.

A pesar de las declaraciones sobre sus intenciones de «desactivar» la represión, Geisel utiliza a su acomodo el Acta Institucional n.º 5 (AI-5), monumento a la arbitrariedad militar. En 1977 —amparado en esa acta— cierra el Congreso por la negativa del MDB a aprobar una reforma judicial propuesta por el gobierno. El MDB alegó que no tiene sentido aprobarla, pues primero el gobierno debe abolir el Acta AI-5 y la Ley de Seguridad Nacional.[75]

No obstante, la política de «descompresión» de Geisel ha abierto la compuerta a manifestaciones de protesta, populares y estudiantiles, apoyadas por vastos sectores de la población y por la jerarquía de la Iglesia católica, contra la represión y en demanda de la restauración de la democracia. Y los medios de comunicación —por primera vez bajo los regímenes militares— denuncian la violencia oficial y señalan a los aparatos represivos del ejército como responsables de esa violencia. En mayo de 1978, el Colegio Nacional de Abogados, en una declaración pública, pide el regreso al estado de derecho, una nueva Constitución, amnistía y la revisión completa de la legislación laboral. El gobierno cada día siente más la presión popular y la creciente demanda para que permita el regreso a la democracia y suprima las leyes represivas, en particular el Acta AI-5, pues impiden la democratización del país.

El peso del MBD —partido de oposición— es suficiente para que el Congreso apruebe una enmienda constitucional para abolir el acta AI-5, restablecer el *habeas corpus* para los detenidos políticos, suprimir la censura a los medios de comunicación, la pena de muerte y la cadena perpetua y restaurar los poderes al sistema judicial. El presidente ya no puede ordenar —como antes— el cierre del Congreso, ni despojar a los congresistas de su mandato, ni a los ciudadanos de sus derechos políticos. No obstante, artículos de esa enmienda dan nuevos y extensos poderes al ejecutivo. El Colegio de Abogados y la oposición dicen que éstos son «la resurrección de la AI-5».

Geisel restablece los derechos políticos a más de ciento veinte personas —la mayoría en el exilio—, pero excluye a ocho prominentes figuras políticas, entre éstas Leonel Brizola, ex gobernador de Rio Grande do Sul, y Carlos Prestes, ex secretario general del Partido Comunista, que se encuentran en el exilio.[76]

Geisel escoge al general João Baptista Figueiredo, candidato de ARENA (partido oficial) para sucederlo en la presidencia. Es elegido por el colegio electoral por 355 votos contra 266. La elección no es directa. Sigue siendo competencia del colegio electoral, imposición de los militares después del golpe contra Goulart en 1964, para controlar la elección de presidentes.

Figueiredo (1979-1985) es el quinto y el último presidente de la llamada Revolución. Promete continuar con la política de Geisel de apertura y democratización gradual. Concede amnistía para «crímenes políticos», aprobada por el Congreso en agosto de 1979, que no incluye actos terroristas, ni resistencia armada contra el gobierno, y restaura los derechos políticos, suprimidos por actas institucionales. Muchos exiliados regresan al país, entre éstos Leonel Brizola, Luis Carlos Prestes y Marcio Moreira Alves, periodista y congresista. También regresan comunistas y trotskistas. Brasil muestra, por primera vez en muchos años, una cara democrática. La popularidad de Figueiredo, dentro y fuera del país, es enorme.[77]

Cuando Figueiredo asume el mando está en marcha una masiva huelga en São Paulo de ciento sesenta mil obreros metalúrgicos, apoyada por trabajadores de otras empresas y por vastos sectores populares. La agitación social, que toma fuerza con el gobierno de Geisel, va en ascenso con el apoyo de la Iglesia, liderada por el cardenal Arns. Entre enero y octubre de 1979 tienen lugar cuatrocientos paros laborales en Río de Janeiro, São Paulo, Belo Horizonte y Rio Grande do Sul, en los sectores de transporte, acero, maestros, recolección de basura, construcción, puertos, camioneros, bancos, telecomunicaciones y de funcionarios públicos. Los empresarios optan por solucionar los conflictos laborales en negociaciones directas con los trabajadores, pues entienden que la represión que se ha empleado no es el camino adecuado. Tal política favorece a los trabajadores.

La economía está en un acelerado proceso de deterioro por la crisis de petróleo, los efectos de la recesión mundial y el coste del *boom* del «milagro», basado en la deuda externa, que es abrumadora. Los índices económicos son catastróficos: déficit fiscal, inflación, desempleo y el coste de la vida son los peores en muchos años. Hay fuga de capitales, las reservas se reducen en 2.900 millones de dólares y la inversión extranjera baja de 10.100 millones de dólares en 1978 a 6.500 millones en 1979.[78] No obstante el mayor coste del «milagro» es la miseria de las clases más pobres. El ministro de Planificación anuncia que el «milagro» ha dejado de existir. Pero la élite económica, que ha vivido once años de *boom* en el que florecen la industria y los negocios y las clases pudientes hacen grandes ganancias, no quiere oír malas nuevas. El ministro tiene que renunciar. Figueiredo nombra en su reemplazo a Delfim Neto, el arquitecto del «milagro». Tal nombramiento es recibido con desbordado entusiasmo por esas élites.

Figueiredo ha gozado de una popularidad de la que carecieron sus antecesores, por eso el infarto cardíaco que sufre, en septiembre de 1981, alarma al país. Su enfermedad no dura mucho. Es operado en Ohio, Estados Unidos, y poco después regresa y se reintegra.

Bajo Figueiredo, el avance civil continúa. En las elecciones de gobernadores, en 1982 (las primeras directas bajo los regímenes militares), vuelven a ganar los candidatos de oposición con el 59 por ciento de los votos. Triunfan en nueve estados, entre éstos São Paulo, Río, Minas Gerais y Paraná. Brizola es elegido gobernador de Río. No obstante, el MDB continúa siendo minoría en el Congreso y en el colegio electoral que es la instancia que elige al presidente. Tal elección debe realizarse en 1984.

La situación económica sigue siendo en extremo difícil y, en enero de 1983, Figueiredo firma un acuerdo con el FMI y obtiene un voluminoso empréstito. Reputados economistas se alarman y lo cuestionan. Las metas que le fija el Fondo a Brasil —austeridad, drástica reducción de la abultada inflación y del déficit del sector público— no son realistas. Dicen que Figueiredo se ha comprometido a un imposible. En septiembre firma otro, menos exigente. Un funcionario del FMI dice que el Fondo se ha ajustado a la realidad del país. En 1984 Brasil registra el cuarto año de reducción del ingreso per cápita.[79]

Escándalos de corrupción y de desfalcos financieros de sumas gigantescas, que involucran a altas personalidades del régimen, salen en las primeras planas de los diarios. Éstos golpean duramente al gobierno. Las denuncias no son sólo contra Figueiredo, sino contra las fuerzas armadas y contra la dictadura militar.[80] Figueiredo convoca a elecciones presidenciales. El 15 de enero de 1985 el colegio electoral elige a Tancredo Neves y a José Sarney, candidatos de la oposición, por 400 votos sobre 606. El candidato oficial, Paulo Maluf, obtuvo 100 votos.

Neves promete democratizar al país, lograr el crecimiento económico controlando la inflación y deteniendo la «sangría del pago de intereses de la deuda externa» con la «filosofía» de la negociación. Ofrece convocar en 1987 una asamblea constituyente para fijar las reglas de juego de la nueva república y remover los «escombros autoritarios», sin revanchismos. Promete hacer justicia social. Dice que la deuda social es tanto o más explosiva que la deuda externa —la mayor del mundo— y que tampoco puede esperar.

Neves muere antes de posesionarse y el pueblo lo llora «como si perdiera a un salvador». La presidencia la ocupa José Sarney, su compañero de fórmula, por mandato constitucional. El pueblo no cree en él, pues ha sido «uno de los más conspicuos servidores civiles» de los militares. «Comandó la batalla parlamentaria que derrotó la enmienda constitucional que restablecía las elecciones directas [...] acción responsable de la amargura del pueblo».[81] Lo acepta porque ésa es la ley.

Subimperialismo brasileño

Brasil es la gran potencia continental. Es el país más grande y más rico que ha ejercido un liderazgo indiscutible. Su política exterior ha sido un ejemplo de equilibrio, de independencia y pragmatismo, orientada al beneficio económico y comercial para el país. Ésa es también la política que siguen los militares. Sin tomar posiciones de principio, Médici apoya la política de Portugal contra los movimientos de liberación en sus provincias de ultramar, no obstante Brasil es el primero en reconocer el triunfo del MPLA en Angola; con Sudáfrica mantiene un fuerte y nutrido intercambio comercial —representa la cuarta parte del que tiene con África—, pero condena el *apartheid*.[82]

Con los países vecinos mantiene una política imperialista, intervencionista y de penetración a través de inversiones del sector privado —en especial en la banca—, de planes de explotación de sus riquezas y en la construcción de grandes obras de ingeniería y de impulsar la emigración de campesinos hacia las zonas fronterizas. Es la teoría de las «fronteras vivas» como vía de penetración. Pero también, por debajo de la mesa, interviene en sus asuntos internos. En 1971, colabora en la preparación del golpe del general Hugo Bánzer en Bolivia, contra el general Juan José Torres, considerado izquierdista. Ese golpe es un complot de gorilas brasileños, argentinos y bolivianos y de Estados Unidos.[83] La intervención brasileña es tan abierta que hace exclamar al presidente Allende: «Chile ya tiene frontera con Brasil».

Las relaciones con Argentina y Uruguay —ambos bajo regímenes militares— son óptimas, sobre todo en asuntos de seguridad. Sus organismos de inteligencia intercambian información sobre sus respectivos movimientos insurgentes y colaboran en la «cacería» de rebeldes, en interrogatorios de detenidos, en sesiones de tortura y en la eliminación de activistas y de opositores. Denuncias sobre esa «colaboración» son frecuentes.

Con Estados Unidos las relaciones son cambiantes. En 1964 su embajada conspira con los golpistas para derrocar a Goulart. Luego hay una invasión de asesores norteamericanos a Brasil —parte de su ayuda al nuevo gobierno— que son colocados en sitios clave de la administración, en las fuerzas armadas, en la policía y en las fuerzas de seguridad. La política contrainsurgente norteamericana y la Doctrina de Seguridad —obra de generales brasileños— son hermanas gemelas.

Para Estados Unidos, Brasil es la superpotencia latinoamericana y su aliado más importante en el continente. En un viaje relámpago de Henry

LOS AMOS DE LA GUERRA

Kissinger, secretario de Estado de Nixon, por algunos países del continente, en febrero de 1976, le dice a Geisel que Brasil es la «gran potencia [...] llamada a unirse al club de los ricos», y firma con él un acuerdo que cubre asuntos económicos, políticos, de seguridad, educación, justicia, cultura y tecnología. También hablan del Tratado para el Atlántico Sur (OTAS), al que sectores militares brasileños se oponen. Nixon, no obstante, le congela la ayuda, cuando los militares expiden el Acta Institucional n.º 5 (AI-5) que da poderes absolutos a esos regímenes.

Con la llegada de Carter a la Casa Blanca, en 1977, las relaciones se malogran por su política de defensa de los derechos humanos, que son violados gravemente por sus regímenes. Habla de cortarle la ayuda a Brasil. Geisel considera que es una intromisión en sus asuntos internos y rompe el acuerdo militar bilateral (PAM). La ayuda militar y económica norteamericana se suspende. Para la oposición, en cambio, Carter es una esperanza.

Brasil busca una cooperación más estrecha con Europa y con Japón, desarrolla su propia industria militar —se convierte en exportador de armamentos—, emprende programas nucleares con Alemania Federal (Washington trata de impedirlos) y con Israel para explotar sus fuentes de uranio. Con la llegada de Reagan las relaciones vuelven a ser óptimas. Ambos baten rabiosamente banderas anticomunistas y contrainsurgentes. Entre fieras se entienden.

URUGUAY EN «GUERRA INTERNA»

Uruguay entra en la década de los años setenta —último año del mandato de Jorge Pacheco Areco— arrastrando una aguda crisis: quiebra económica, agitación social y luchas sindicales y creciente actividad guerrillera. Los Tupamaros tienen en jaque a su gobierno.

El país sufre los efectos de diez años de recesión económica. La inflación, el déficit fiscal y la deuda externa van en ascenso, la moneda se devalúa en forma acelerada (de seis pesos frente al dólar en 1959, pasa a cuatrocientos en 1970).[84] Hay fuga de capitales y un alto desempleo. Las clases asalariadas, popular y media, las más afectadas, protestan con huelgas, paros y populosas manifestaciones. Pacheco las enfrenta con mano dura. El país sigue bajo las Medidas de Seguridad (MPS), que impuso en 1968 para hacer frente a la actividad guerrillera y a la agitación social y estudiantil. Las mayorías de los partidos Nacional (Blanco) y

Colorado aprueban las medidas represivas que pide el gobierno, a pesar de que con éstas sucumben las libertades públicas: limitan la libertad de prensa, de asociación, de reunión y la actividad sindical. La ejemplar tradición democrática uruguaya desaparece. Sin oposición frontal, pues los partidos están atomizados y sin liderazgo, y con el apoyo de sectores de poder, político y económico, Pacheco Areco poco a poco va consolidando una dictadura *de facto*. El decir popular es que está imponiendo una «dictadura constitucionalista» o una democracia de «pega».

En Montevideo —principal escenario de esa violencia— reina un ambiente de zozobra y de inseguridad, pues la represión no es sólo contra la subversión, sino contra los movimientos y organizaciones populares, sindicales y de izquierda. Contra esa represión está el movimiento sindical, la Confederación Nacional de Trabajadores (CNT) —conformada por la mayoría de los sindicatos del país— y los Tupamaros, que gozan de enorme simpatía entre los estudiantes y en sectores políticos, profesionales, intelectuales y en los movimientos de izquierda. Es el agua en la que se mueve el pez de la guerrilla.

Los audaces golpes de los Tupamaros contra empresas financieras, industriales y bancarias, despiertan enorme entusiasmo entre las mayorías populares, pues están exponiendo la corrupción del gobierno y de poderosos sectores económicos. En los asaltos a esas instituciones sustraen fondos millonarios y documentos que hacen llegar a la prensa y salen a la luz fraudes y nombres de personalidades involucradas en esos delitos. Tales escándalos hacen tambalear al sistema bancario. Los Tupamaros se convierten en «uno de los vectores centrales del panorama político» uruguayo.[85]

El gobierno no logra detener la agitación laboral, ni aplastar la creciente actividad guerrillera. En abril de 1970 los Tupamaros «ajustician» al inspector de policía Héctor Morán Charquero, al que acusan de torturador; en julio secuestran al embajador británico y a tres diplomáticos y en agosto secuestran y «ajustician» a Dan Mitrione, un agente de seguridad norteamericano que asesora a la policía uruguaya. Ese hecho es traumático para Pacheco, pues Estados Unidos no quiere que negocie con la guerrilla y Mitrione es asesinado. Cuando aparece su cadáver —con varios tiros de diferente calibre—, Pacheco decreta el estado de excepción. En septiembre de 1971, en audaces operativos, liberan a sus compañeros detenidos en tres cárceles y en otro, en la prisión de Punta Carretas, liberan a cien guerrilleros sin disparar un solo tiro. En abril de 1972 —el *D-Day*— «ajustician» a cuatro personajes a los que acusan de ser miembros del Escuadrón de la Muerte. Es su respuesta al asesinato de tres guerrilleros por grupos paramilitares. La aparición de esos grupos de ultraderecha —un fenómeno nuevo en Uruguay— es el inicio de la guerra sucia contra las izquierdas.[86]

La sociedad uruguaya está alarmada con esa violencia y la mayoría del Congreso aprueba las medidas represivas del gobierno. Entre septiembre de 1972 y en marzo de 1973 en tres ocasiones acuerda mantener las MPS, medidas de seguridad, para combatir la subversión.[87]

Para participar en las elecciones presidenciales que se aproximan, sectores políticos crean el Frente Amplio. Incluye al Partido Comunista (ilegal pero tolerado), movimientos y partidos de izquierda, democracia cristiana, facciones de los partidos Colorado y Blanco, sectores independientes y militares en retiro. El Frente lo apoyan la poderosa Central Nacional de Trabajadores (CNT) y los Tupamaros. El candidato del Frente es Liber Seregni, general en retiro de gran prestigio. El del Partido Blanco es Wilson Ferreira Aldunate y el oficial —apoyado por Pacheco— es José María Bordaberry.

Dos meses antes de las elecciones, Pacheco Areco da vía libre a las fuerzas armadas para combatir a la guerrilla. Las MPS y el estado de excepción les da base legal para desatar una brutal represión contra la subversión, contra organizaciones y dirigentes populares, sindicales, políticos de izquierda y contra el Frente (sus miembros sufren más de trescientos atentados, uno de éstos contra Seregni). En esa violencia toman parte los grupos paramilitares clandestinos de ultraderecha.

Como en el resto del continente, las fuerzas militares y de seguridad uruguayas reciben entrenamiento y asesoramiento de Estados Unidos. Ésa era la misión de Mitrione.[88]

Donde manda general no manda Bordaberry

En octubre de 1971, en un ambiente enrarecido por la violencia, se celebran las elecciones presidenciales; según muchos, las más turbias de su historia. Sale elegido José María Bordaberry, candidato oficial por un margen de cien mil votos sobre Ferreira Aldunate, candidato del Partido Blanco, quien afirma que ha sido un «triunfo pírrico, sucio y fraudulento». A pesar de que durante la campaña se desata una ofensiva maccarthista —otro fenómeno nuevo en Uruguay— contra Seregni, candidato del Frente, obtiene el 20 por ciento de los votos en el país y el 30 por ciento en Montevideo (es la más alta votación). No obstante ese avance de la oposición, la fuerza oficialista no se debilita.[89] El triunfo Bordaberry fortalece a la ultraderecha. Miembro de la oligarquía terrateniente, católico preconciliar y de inclinaciones fascistas (confeso admirador de la dictadura brasileña como «modelo político») inicia su período presidencial de seis años (1971-1977) como prolongación del pachecato.

La extrema actividad guerrillera y la movilización popular, promovida por el Frente, la campaña de agitación sindical lanzada por la CNT —paros, protestas y huelgas— para pedir reforma agraria, nacionalización de la banca y del comercio exterior, alza de salarios y control de precios, dan pie a los militares y a Bordaberry para extremar la represión. A la semana de su posesión, envía al Senado un proyecto de ley Sobre Seguridad del Estado y Orden Público —más dura que las MPS que da más facultades a los militares— que es aprobado de inmediato. Tal ley les pavimenta el camino hacia el poder.

Después de un paro nacional de amplitud desconocida hasta entonces y de cuatro operativos en abril de 1972, en los que los Tupamaros eliminan personajes del régimen a los que acusan de pertenecer al Escuadrón de la Muerte, el ejército inicia una ola de allanamientos y detenciones y logra que el Congreso apruebe de urgencia una ley declarando al país en «estado de guerra interna». Tal figura no existe en la Constitución uruguaya.[90] Los diputados del Frente son los únicos en oponerse. El gobierno suspende las garantías individuales y expide un decreto que califica los delitos políticos y los actos subversivos de «actos de guerra» que serán juzgados por la justicia militar.

Bajo el «estado de guerra interna» las fuerzas armadas ahogan al país. Es una guerra indiscriminada contra las izquierdas. Allanan las sedes de sus partidos y de los sindicatos, detienen centenares de personas, de forma sistemática, aplican la tortura en los interrogatorios y eliminan a activistas y a supuestos guerrilleros. Nueve miembros del Partido Comunista son rematados en sus sedes y a los Tupamaros los matan en donde los encuentran. En noviembre —según fuentes militares— dan de baja a 62 guerrilleros y 2.873 son capturados. En los enfrentamientos también mueren 18 militares.

El gobierno está en manos de los militares y Bordaberry es cada día más impopular y está más solo. Muchos piden su renuncia.[91] Los partidos tradicionales, que han aprobado las medidas antidemocráticas y fascistoides de Pacheco Areco y de Bordaberry, ahora se alarman con la represión sin límites que ejercen los militares. Bordaberry les da mano libre para el «control del orden público», funciones no contempladas en la Constitución. Se alarman con ese avance del militarismo pero carecen de fuerza para detenerlo. La clase política, cada día más marginada del poder, ve que los militares han invadido su terreno. La amenaza es real. Algunos intentan recuperarlo con una tímida campaña antimilitarista. No obstante, cuando Bordaberry necesita su respaldo, frente al desacato público del ejército y de la fuerza aérea, no lo respaldan. Después de que se niegan a cumplir su orden de destituir al recién nombrado ministro de Defensa, optan por pedir la renuncia del presidente y pedir que se llame a una consulta nacional.

Los militares, sin oposición, tienen el camino abierto para intervenir en el manejo del Estado y asestan el primer zarpazo. En febrero de 1973 firman con Bordaberry el Pacto de Boisso Lanza (nombre de una base militar donde se reúnen) que les permite tomar el control de sectores de la administración. Crean el Consejo de Seguridad Nacional (COSENA), compuesto por el presidente, los ministros de Defensa, Relaciones Exteriores, Economía y Planificación y los comandantes de las tres fuerzas militares. Ese pacto reduce el poder formal del presidente —del real poco le queda—; no obstante, Bordaberry no protesta, el Parlamento y los partidos políticos guardan silencio y la izquierda muestra una «relativa pasividad y neutralidad».[92]

Con poderes extraconstitucionales y el campo libre, los militares dan el segundo golpe. El 27 de junio de 1973, al amanecer, militarizan a Montevideo y a las siete de la mañana divulgan por la radio una orden ejecutiva cerrando el Congreso. Anuncian que será reemplazado por un Consejo de Estado y que la Constitución será reformada y aprobada en un plebiscito nacional. Esa noche, a través de todos los medios de comunicación, Bordaberry se hace responsable de ese golpe *sui generis* que establece una igualmente *sui generis* dictadura cívico-militar: Bordaberry sigue siendo el presidente constitucional pero el poder lo tienen las fuerzas armadas. Queda convertido en una marioneta. «Donde manda general, no manda Bordaberry», dice el pueblo.[93]

Este segundo golpe sí provoca la protesta de los partidos y el Frente Amplio. La CNT decreta una huelga a la que se suman sectores populares y de izquierda. Dura quince días y paraliza al país. Seregni pide la renuncia de Bordaberry.[94] La oposición nada logra y el país regresa a su rutina bajo una dictadura «cívico»-militar consolidada. La clase política y la oportunista y «pragmática» burguesía económica comienzan a acomodarse con el poder.[95] En julio detiene a Seregni (permanece en la cárcel más de diez años).

Los militares comienzan a arrasar con las instituciones democráticas. Cierran el Congreso —por haberse negado a retirar a Enrique Erro, senador del Frente, al que califican de sedicioso—, ilegalizan la CNT, prohíben la actividad política de los partidos, clausuran periódicos independientes, imponen censura de prensa a los restantes, intervienen la universidad y declaran a la oposición como un peligro para la seguridad del Estado. Las cárceles están llenas. Instalan campos de concentración y acondicionan lugares de detención, incluso vagones de ferrocarril y botes abandonados. «Una nueva cárcel se abre cada mes. Es, lo que los economistas llaman, un plan de desarrollo», escribe Eduardo Galeano.[96]

En Uruguay —como en Argentina y en Brasil— se ponen de moda los «suicidios» dentro de las cárceles, y las bajas en «intentos de fuga». Y van en aumento las desapariciones, las detenciones arbitrarias y las denuncias de tortura en los lugares de detención. Los allanamientos —como en Argentina— se hacen con palizas, saqueos y destrucción de bienes, y los ejecutores —como en Argentina— no se molestan en borrar las huellas que groseramente dejan estampadas en todas partes. No hay peligro porque tales atropellos no los investiga nadie.

Bordaberry —aún calentando silla presidencial— estrecha los lazos de amistad con las dictaduras vecinas. En abril de 1976 condecora con la Gran Cruz de Protectores de los Pueblos Libres —medalla creada por él— al dictador chileno Pinochet, que lleva a cuestas el asesinato y las desapariciones de miles de chilenos, y a Stroessner, que lleva veinte años sofocando a los paraguayos con su dictadura; visita a Bánzer, dictador boliviano, que asciende al poder en uno de los golpes más sangrientos de la agitada historia de su país, e invita a Geisel, gorila brasileño, a Montevideo. Esa vida social a alto nivel es la única actividad que le queda. Más de un centenar de uruguayos, exiliados en Argentina, Chile y Brasil, son asesinados, secuestrados o «desaparecidos» en operaciones coordinadas entre sus fuerzas de seguridad. Ese año son asesinados en Buenos Aires —con dos horas de diferencia—, Héctor Gutiérrez Ruiz, presidente de la Cámara de Diputados uruguaya, y Zelmar Michelini, senador por muchos años. Ese mismo día y en esa misma ciudad, «desaparece» el médico uruguayo Manuel Liberoff. El ministro de Defensa argentino afirma que tales asesinatos son una «operación uruguaya», pero que aún no sabe si es «oficial o no».[97]

No todo es sangre en Uruguay. El gobierno cívico-militar se enfrasca en una revolución cultural: echa a la hoguera miles de libros, prohíbe canciones (incluso tres tangos de Gardel), censura obras de teatro, decreta cárcel —de uno y medio a seis años— a los que canten en ceremonias públicas su himno nacional dando especial énfasis a la frase «Tiemblen, tiranos» y a los que denigren de las fuerzas armadas. La universidad queda bajo control militar (permanece cerrada varios meses), encarcela a profesores y decanos, clausura las facultades de Ciencias Sociales y Economía y los institutos de investigación científica y económica por «subversivos». Ninguna reunión puede realizarse (incluso cumpleaños) sin el permiso de la policía.[98]

En 1976 el país está en quiebra, la deuda externa llega a mil millones de dólares, el déficit, la inflación y el desempleo crecen de forma acelerada. La economía se desnacionaliza, pues sectores importantes han pasado a manos del capital extranjero y de las multinacionales. La carne —principal renglón de exportación— la controlan capitales norteamericanos y británicos, la lana los holandeses; los cueros y los aceites, los belgas.

Uruguay está convertido en una gran cárcel, los detenidos políticos son más de 8.000, y cerca de 800.000 uruguayos han salido al exilio. Con una población de 2,8 millones de habitantes, proporcionalmente Uruguay bate el récord en el continente de represión y de éxodo de sus nacionales. El país se desocupa. Alguien escribe en una pared del aeropuerto internacional de Carrasco, en Montevideo: «El último en irse que apague la luz».[99] Otro, que cree en la lucha, escribe: «Compa, no te vayas».

En 1976 los Tupamaros ha sido virtualmente desmantelados por la brutal represión. Muchos han muerto, otros agonizan en los pudrideros de las cárceles y otros están en el exilio. Pero los sabotajes contra el gobierno y el ejército continúan, y la resistencia popular sigue. Más de cincuenta huelgas tienen lugar a pesar de estar prohibidas. La dictadura cívico-militar comienza a tocar fondo. Sólo la apoyan sectores de ultraderecha y grupos oligárquicos conectados con el capital extranjero y agroexportador. Ya nadie aguanta a Bordaberry y menos aún a los militares.

En 1976 Bordaberry está obligado, por mandato constitucional, a convocar a elecciones. Pero no podrán celebrarse porque los militares no se lo permitirían. Antes de que se las prohíban, él las proscribe en forma definitiva. En junio los militares toman el control del gobierno pero mantienen a Bordaberry en la presidencia. No obstante, agobiado por las humillaciones de los militares, que ha sufrido sin chistar, y de la burla del pueblo por el papel ridículo y nefando que ha jugado, renuncia...

El Consejo de Estado —por decreto— nombra al doctor Alberto Demichelli presidente. El día de su posesión firma las actas institucionales n.º 1 y 2 que suspenden las elecciones —deben celebrarse en noviembre— y crean el Consejo de la Nación, como máximo órgano del gobierno. En septiembre, cuando él se niega a firmar el Acta Institucional n.º 4, que prohíbe toda actividad política, el Consejo lo saca y nombra presidente al doctor Aparicio Méndez. En una especie de juego de «sillas musicales» los militares continúan cambiando presidentes.

Del Estado de derecho no queda nada. Con una intrincada maraña de leyes y de actas institucionales, los militares aseguran su plena autonomía. Ya han limpiado sus fuerzas de los desafectos y dudosos. La comunidad internacional se alarma por lo que está sucediendo en Uruguay y denuncia la arbitrariedad y la brutalidad de ese régimen y pide el regreso a la democracia. La presión internacional y las denuncias sobre las violaciones a los derechos humanos, los obliga a tomar medidas para mejorar su imagen. Decretan el Acta n.º 5, que reconoce los derechos humanos y los derechos individuales.[100] Es sólo un gesto insuficiente que a nadie engaña.

En mayo de 1980 Méndez envía al Consejo de Estado el proyecto de la nueva Constitución —elaborado por los militares— que debe ser aprobada en un plebiscito nacional. Un artículo designa al Consejo de Seguridad Nacional —controlado por los militares— como parte de la rama ejecutiva. Así aseguran la participación de las fuerzas armadas en el gobierno. Las elecciones presidenciales quedan fijadas para noviembre de 1981, con un solo candidato y sin la participación de los partidos de izquierda. En las de 1986 permitirían dos candidatos. Con una gran campaña, los militares buscan el apoyo popular a la nueva Constitución y sólo en las últimas semanas permiten la propaganda limitada de los que se oponen. En noviembre se celebra el plebiscito —limitado a un «Sí» o a un «No»—. El 58 por ciento vota en contra y el 42,2 por ciento a favor.[101]

Esa derrota en las urnas debilita a los militares y estimula la protesta popular contra la dictadura. El pueblo y los movimientos civiles piden el regreso a la democracia. Pero los militares no están dispuestos a negociar, sino a imponer condiciones y mantener su autonomía en el nuevo gobierno.

Los partidos Blanco y Colorado no aceptan el ultimátum de los militares, ni los cambios que quieren imponer en la Constitución. Los diálogos se suspenden. La represión y la censura de prensa continúan. En mayo de 1984, una coalición de partidos —Colorado, Blanco, Frente Amplio y Unión Cívica— publica una declaración pidiendo elecciones sin restricciones, sin exclusión de los partidos de izquierda y que cualquier reforma constitucional sea sometida a plebiscito.

Ferreira Aldunate regresa del exilio y los militares lo encarcelan. El Partido Blanco anuncia que no continuará negociando hasta que lo liberen. En agosto llegan al acuerdo conocido como el Pacto del Club Naval. Ambas partes ocultan el resultado. Se supone que los partidos les dan garantías de no llevarlos ante los tribunales y de permitirles salir «limpios» del gobierno.[102]

Las elecciones presidenciales se celebran en noviembre. Las candidaturas de Ferreira Aldunate —sigue en prisión— y de Seregni fueron proscritas, lo mismo que la participación de los partidos comunista y de izquierda y no pudieron votar cinco mil personas por inhabilidades políticas, impuestas por los militares. Julio María Sanguinetti, candidato del Partido Colorado, es elegido presidente. Aunque se va con el visto bueno de los militares y que las elecciones estaban lejos de ser democráticas, era una victoria civil.

¿Democracia «tutelada»?

Julio María Sanguinetti (1985-1990) es el primer presidente civil después de doce años de dictadura. Toma posesión en marzo. Quiere la paz nacional y una política de «reparación de daños». De inmediato restituye en sus cargos a miles de empleados públicos destituidos por los militares por razones políticas, aprueba una ley para dejar libres a los presos políticos que han cumplido no menos de once años de cárcel y ofrece la revisión de los juicios a los que han cometido «delitos de sangre» y los años que han pasado en la cárcel serán contados por el doble. Raúl Sendic, máximo líder de los Tupamaros —trece años en prisión—, sale libre.[103]

Sanguinetti tiene ante sí una inevitable y peligrosa situación con el estamento militar. El pueblo en masa le pide que lleve ante la justicia a los responsables de la guerra sucia. Los militares han cometido graves violaciones a los derechos humanos y deben pagar por sus crímenes. Este tema está todo ese año en debate público. Sanguinetti sabe que la oposición es débil, que los partidos están fraccionados y suelta la bomba: propone una amnistía que conduzca a la «convivencia nacional».

Amplios sectores populares, movimientos de derechos humanos, familiares de las víctimas, el Frente Amplio y los Tupamaros —legalizados como partido político— protestan. El ambiente se caldea cuando los militares advierten que no comparecerán ante la justicia. Los partidos Blanco y Colorado y el Frente Amplio presentan distintas fórmulas de amnistía, pero Sanguinetti presenta al Congreso un proyecto de ley titulado «Caducidad punitiva del Estado», que es la renuncia del Estado a juzgar y castigar a los miembros de las fuerzas militares, de seguridad y de policía, acusados de crímenes políticos. Astutamente la bautiza «Ley de Conciliación Nacional». El pueblo la llama «Ley de la Impunidad» o de «Punto Final». Es aprobada el 22 de diciembre de 1986 por las dos terceras partes del Parlamento. El Frente Amplio y un sector del Partido Blanco votan en contra.

Un movimiento nacional, liderado por Matilde Rodríguez Larreta (viuda de Héctor Gutiérrez Ruiz, ex presidente de la Cámara de Diputados, secuestrado y asesinado en Buenos Aires en 1978), con el apoyo del Frente Amplio, de sectores del Partido Blanco y por los Tupamaros, emprende una campaña para anular esa ley de Punto Final en un plebiscito. Sus consignas son la «igualdad de todos ante la ley» y la «búsqueda de la verdad». Sectores militares la apoyan, pues quieren la depuración de sus filas y limpiar la mala imagen de la institución castrense.

El debate y la propaganda en favor y en contra de la amnistía dura tres años. El 16 de abril de 1989 se realiza el referéndum —limitado al «Sí» o al «No»—. El 52,62 por ciento vota en favor de mantenerla y el 40,1 por ciento en contra. El resto son votos en blanco o nulos. En Montevideo, en donde se concentra la mayoría de la población, gana el «No» con el 54 por ciento. No hay festejos para celebrar el triunfo del «Sí». Un diario de Montevideo titula: «Ganaron pero no convencieron». No obstante los responsables de la guerra sucia pueden dormir tranquilos. También el gobierno.

El 26 de noviembre de 1989, en medio de la apatía, el pueblo uruguayo concurre a las urnas para elegir al nuevo presidente. Gana el candidato de la oposición, Luis de Lacalle, del Partido Blanco —de centroderecha— con el 39 por ciento de los votos. El candidato de los Colorados, Jorge Battle, obtiene el 28 por ciento y Liber Seregni, del Frente Amplio, el 13 por ciento. De Lacalle toma posesión en 1990 y Uruguay sigue su marcha por los conocidos caminos democráticos.

LA MANO EN CHILE

En los años sesenta y setenta en Chile no se da la violencia política y social que plaga al resto de América Latina por su firme tradición democrática. Es un paraíso de tolerancia. Los partidos comunista y socialista pueden desarrollar su actividad proselitista y acuden a las urnas con sus candidatos sin impedimentos de ningún orden. Allí encuentran refugio los perseguidos por las dictaduras. Pero la histeria anticomunista desatada por Washington contra la Revolución cubana también llega al país austral.

La administración Kennedy teme el triunfo del socialista Salvador Allende en las elecciones presidenciales que tendrán lugar en septiembre de 1964. Tal temor lo comparten las derechas chilenas y las transnacionales norteamericanas emplazadas en ese país y mutuamente se retroalimentan. Contra Allende se monta un complot patrocinado por el Partido Demócrata Cristiano. Su candidato, Eduardo Frei, lanza una dura y bien financiada campaña (2,6 millones de dólares, la mitad son fondos de la CIA) presentando a Allende como un peligro para Chile y para todo el continente. Su gobierno —dice— será al estilo cubano y el comunismo y la subversión se extenderán por el continente. Es la teoría del dominó aplicada a América Latina. A partir de 1963 la CIA comienza a repartir fuertes sumas de dólares entre líderes políticos, fuerzas democráticas, partidos de centro y de derecha, periódicos y periodistas y a individuos que considera «útiles» a la causa, afirma William Colby, jefe de Operaciones de la CIA (Nixon lo nombra director en 1973).[104] El periodista norteamericano Thomas Power (premio Pulitzer) escribe que Chile recibe de Estados Unidos en esos años más ayuda per cápita que ningún otro país exceptuando Vietnam, pero que tales sumas, distribuidas con largueza por la CIA, pocas veces logran los resultados esperados. Comenta que algunos políticos «beneficiarios» de la CIA, la consideran su banco particular.[105]

Kennedy quiere fortalecer Chile y mostrarlo como modelo de desarrollo democrático, frente al modelo comunista cubano. Estimula la inversión de magnates —entre ellos los Rockefeller— y da luz verde a la CIA para bloquear la candidatura de Allende. La CIA orquesta una impresionante campaña anticubana, anticomunista, anti-Allende y contra el Partido Socialista de los Trabajadores —partido de Allende— al que describe como estalinista y sostenido con fondos soviéticos. En 1964 (Kennedy ya ha muerto) aparecen carteles en Santiago mostrando tanques soviéticos en las calles de Budapest y fusilamientos en los «paredones» cubanos. El propósito es amedrentar al pueblo chileno. Si votan por Allende sucederá lo mismo en Chile. Frei gana holgadamente las elecciones y la CIA logra lo que busca: polarizar al electorado en favor de Frei y producir divisiones en los movimientos de izquierda.[106]

En 1965 estalla un escándalo cuando Álvaro Bunster, secretario general de la Universidad de Chile, denuncia un plan del Pentágono para realizar una investigación socio-científica en Chile con fondos multimillonarios y camuflada con un contrato entre las universidades de Chile y la de América en Washington. Es el proyecto Camelot cuyo objetivo es medir el potencial subversivo en América Latina y diseñar una política contrainsurgente para el continente. Los medios de comunicación y columnistas chilenos denuncian dicho plan de intromisión indebida en los asuntos internos de su país, y la comunidad internacional de sociólogos lo califica de «caso clásico de intervención» y de «espionaje» con claros objetivos políticos.[107] Este escándalo en Chile obliga al Pentágono a cancelar el proyecto. No lo había consultado con el Departamento de Estado,[108] ni informado al embajador.

Cuando Richard Nixon llega a la Casa Blanca en enero de 1969, la situación en América Latina es mucho más delicada y más compleja que en 1958, durante su visita de «buena voluntad» a varios países, y es recibido en Caracas y en Lima con piedras y huevos podridos. En los años setenta la mayoría de los países están bajo dictaduras militares y engarzados en guerras contra movimientos armados marxistas-leninistas. Los más poderosos son los del Cono Sur. En Panamá y Perú los generales Torrijos y Velasco Alvarado, con tendencias izquierdistas y antiamericanas, le plantean conflictos: Panamá busca apoyo en los foros de la ONU y de la OEA para obtener el canal y recuperar la soberanía sobre la zona, los militares peruanos nacionalizan sus transnacionales y en el democrático Chile el Congreso debate la «chilenización» del cobre —su principal producto—, en manos de Anaconda Copper y Kennecott, multinacionales norteamericanas. Frei ha anunciado que está listo para realizar la prometida nacionalización en forma paulatina.[109] Otro problema es Cuba. A pesar de los esfuerzos que ha hecho Estados Unidos para aislarla, en los años setenta varios gobiernos restablecen relaciones y reabren sus embajadas en La Habana. Sin embargo, Cuba no le quita el sueño, pues la prioridad de su política externa son las grandes potencias: la URSS y la República Popular de China.

La política de Nixon hacia América Latina —por consejo de Henry Kissinger, secretario de Estado— es de baja intensidad. No es una región prioritaria, sus experiencias en el continente no han sido gratas y Kissinger nada sabe sobre esa región, ni le interesa. Así lo expresa —con una buena dosis de cinismo— a funcionarios de la embajada chilena en Washington en 1969: «No estoy interesado —dice— ni nada sé de la parte sur del mundo abajo de los Pirineos».[110] A pesar de ese desinterés, Nixon y Kissinger tienen el ojo puesto en Chile. Quieren impedir que Allende —de nuevo candidato— llegue a la presidencia y su intervención es a fondo. Estados Unidos no puede permanecer de observador mientras que ese país se «comuniza» por la «irresponsabilidad» de sus gentes, dice Kissinger. Ve a Allende como una amenaza continental y afirma que Chile es más peligroso que Cuba, pues tiene más capacidad para minar otras naciones y sostener la insurgencia, y que la ideología comunista recibiría el oportuno apoyo soviético.[111]

En 1969 los rumores de golpe —fenómeno desconocido en Chile— comienzan a circular. El brigadier general Roberto Viaux, comandante de un minúsculo regimiento en Tacna, se subleva. Según documentos secretos de la ITT —publicados en 1972 en el *Washington Post* por Jack Anderson—, Viaux, con el consejo directo de la CIA, prepara un golpe «preventivo» para detener la candidatura de Allende.[112] El «tacnazo» es controlado pero demuestra que existen divisiones dentro de las fuerzas armadas y politización de algunos sectores, otro fenómeno desconocido en Chile.[113]

La campaña presidencial empieza en enero de 1970, en medio de un ambiente de agitación y de pugnacidad política y social. Viaux sigue haciendo pronunciamientos de tinte golpista. Acusa a Frei de «desgobierno», al Congreso de «anarquía», pide un ejecutivo fuerte y reformas políticas, económicas y sociales. El general René Schneider, comandante en jefe del Ejército, condena esos intentos golpistas: «Nuestra doctrina y nuestra misión —dice— es apoyar y respetar la Constitución».[114] Allende y Jorge Alessandri, de la Democracia Cristiana, son los principales contendientes.

Contra la candidatura de Allende se monta una conspiración orquestada por la transnacional norteamericana ITT y por la CIA. Con sobornos a los militares intentan fomentar el golpe. El embajador norteamericano, Edward Korry, es autorizado para contactarlos. A su vez, Washington toma medidas para estrangular la economía chilena. Después del golpe que preparan, Frei saldrá al exilio y regresará a los seis meses —ya todo será normal— y presentará de nuevo su candidatura a la presidencia, a la que «todas las fuerzas democráticas» le darán apoyo.[115]

En mayo de 1970, dos grupos militares de derecha, uno liderado por Viaux (en retiro) y otro por el general Camilo Valenzuela, deciden secuestrar al general Schneider por ser el mayor obstáculo a sus planes golpistas. El 22 de octubre lo intentan. Schneider opone resistencia y es herido de gravedad. Muere a los tres días en un hospital. Cinco de los atacantes, jóvenes de derecha y miembros de prominentes familias, huyen del país. Frei decreta el estado de emergencia.[116] La CIA tiene contactos con los dos grupos de conspiradores a los que —según Colby, ex director de la CIA— les da armas pero no toma parte en el hecho.[117] Frei nombra al general Carlos Pratt comandante en jefe del ejército, reemplazando a Schneider.

En septiembre, en una gran concentración popular, Allende se refiere a los complots que se están fraguando para desestabilizar al país. Habla de sobornos a miembros de las fuerzas armadas y de las intenciones de crear un caos económico. Anuncia que el pueblo se opondrá con un paro nacional.[118]

Allende

Salvador Allende gana en las elecciones del 4 de septiembre de 1970 con el 36 por ciento de los votos —39.000 más que Alessandri—, pero no obtiene la mayoría requerida. El Congreso tendrá que elegir cuál de los dos debe ser el presidente. De inmediato empiezan las maniobras políticas para impedir que salga Allende, en las que participan la CIA, la embajada de Estados Unidos, las transnacionales norteamericanas (en especial la ITT), políticos y sectores económicos chilenos. Dicen que el golpe militar será apoyado por Washington.[119] Jorge Edwards, de la oligarquía chilena, director y propietario del influyente diario *El Mercurio*, va a Washington a gestionar la intervención de Estados Unidos.[120]

En un ambiente de extrema tensión, el 4 de noviembre, Allende es nombrado por el Congreso y asume la presidencia (1970-1973), no sin antes acatar el Estatuto de Garantías Constitucionales —exigencia de la Democracia Cristiana— para impedirle «comunizar» Chile. Al día siguiente, en una concentración en el Estadio Nacional en Santiago, Allende habla de una vía socialista de desarrollo para Chile, de poner fin a su dependencia y de abrir relaciones con los países socialistas. Las abre con la República Popular de China y las restablece con Cuba.

Allende —en forma cauta pero firme— comienza a expropiar poderosos monopolios nacionales y extranjeros y latifundios y a comprar acciones en los principales bancos —dos de éstos de Estados Unidos—. El Congreso, por unanimidad, aprueba la nacionalización de la producción del cobre. Estados Unidos responde con medidas para estrangular la economía chilena. Le suspende la ayuda del Eximbank y de la AID y le cierra los créditos del FMI, del Banco Mundial y del Banco Interamericano de Desarrollo, instituciones dominadas por Washington. Tales medidas provocan la fuga de capitales nacionales y extranjeros. Allende habla de un «bloqueo secreto» contra su gobierno.[121]

Allende invita a Fidel Castro a Chile. Llega en noviembre de 1971 y se queda cerca de un mes. Su presencia enfurece a la derecha chilena y a los militares. Lo acusan de interferir en sus asuntos internos. En sus discursos, Fidel califica a la oposición de fascista y a la autogestión obrera —propuesta por la Democracia Cristiana— de «demagogia criminal», dice que Chile y Cuba van hacia el socialismo por diferentes caminos, pero que sus objetivos son los mismos.[122]

Durante el primer año, la política económica del gobierno socialista de Allende obtiene grandes logros. Baja la inflación, reduce el desempleo, sube los salarios, congela los precios de productos de primera necesidad y aumenta la producción. Pero al poco tiempo empieza a deteriorarse: la inflación sube, cae el precio del cobre en los mercados externos y disminuyen las importaciones y las reservas. Chile renegocia con éxito parte de su deuda externa y encuentra nuevos mercados para el cobre, pero la situación empeora de forma acelerada.

Instigados por la CIA comienzan los sabotajes, el acaparamiento de productos alimenticios —para producir escasez—, la especulación monetaria, el mercado negro del dólar y una sucesión de paros de camioneros, de ingenieros, de médicos y de abogados. A tales paros se oponen las masas. Para hacer frente a esa crisis, Allende nombra militares de alto rango en su gabinete. Sectores de la derecha chilena y Estados Unidos presionan a los militares a dar el golpe. En noviembre comienza a gestarse.

Los mil días del gobierno de Allende son de constantes conflictos con los principales sectores políticos y económicos, con los militares, con las transnacionales y con Washington. Le toca hacer frente a huelgas de distintos sectores —instigadas por la CIA y por las derechas chilenas—

y sortear la oposición en el Congreso. Para buscar soluciones sostiene diálogos con los partidos políticos y realiza más de diez cambios en el gabinete. En uno de los últimos nombra ministros a los comandantes de las tres fuerzas militares y de los carabineros. Lo llama Gabinete de Seguridad Nacional. Hay una ola de represión que él no puede impedir. Bajo la Ley de Control de Armas, el ejército allana fábricas y domicilios de trabajadores y reprime a las izquierdas.

Aunque Kissinger dice, después de la elección de Allende, que Chile no es una preocupación mayor para Estados Unidos, sí es lo suficiente como para que Nixon —en persona— autorice a la CIA a bloquear el gobierno de Allende. Está convencido de que Chile va por el camino de Cuba y que la Revolución se extenderá al resto del continente. Eso mismo creen el Congreso y las transnacionales norteamericanas.

El Pentágono se mantiene en contacto con los militares chilenos, les suministra armas y la CIA continúa alentando el golpe. Reparte cerca de seis millones de dólares entre los partidos de oposición, los periódicos, la radio, los sindicatos, los gremios profesionales y sostiene las huelgas. Sin los fondos de la CIA las huelgas no hubieran sido tantas, ni tan prolongadas. El componente ideológico anticomunista demostró ser en extremo efectivo para polarizar las fuerzas políticas y fraccionar los movimientos de izquierda.

El golpe empieza a tomar fuerza el 20 de agosto de 1973 con motivo de una crisis dentro de las fuerzas armadas. El general César Ruiz, comandante de la fuerza aérea y ministro de Obras Públicas y Transporte —a quien le corresponde poner fin a una prolongada huelga de camioneros— renuncia al ministerio, y Allende le pide su renuncia a la comandancia. Cuando él se niega, el general Pratts, ministro de Defensa, amenaza con tomar el control de la fuerza aérea. En solidaridad con el general Ruiz, centenares de esposas de oficiales protestan frente a la residencia de Pratts y entregan una carta a su esposa pidiendo su renuncia. La manifestación es disuelta con gases por la policía. Pratts pide a los generales una declaración de apoyo. No se la dan y molesto renuncia al Ministerio de Defensa y a la Comandancia del Ejército. Allende nombra en su lugar al general Augusto Pinochet. Pinochet se sorprende, pues él no es —comenta— de los generales amigos del presidente.[123]

Desde esa fecha hasta el 11 de septiembre de 1973, día del golpe, continúa la ofensiva contra el presidente. En el Congreso la oposición busca destituirlo. Un diputado lo acusa de tomar medidas dictatoriales y pide a los ministros militares poner fin de inmediato a todas las situaciones *de facto* que violan la Constitución. Una amplia mayoría lo apoya (81 contra 41).

Allende continúa los diálogos con la Democracia Cristiana y propone que un plebiscito decida si él debe permanecer en la presidencia o si debe retirarse. Mientras tanto, la huelga de camioneros continúa, los militares le exigen cambios en el gabinete, en las calles se suceden manifestaciones a favor y en contra del presidente y se agudiza la crisis económica. La Democracia Cristiana pide la renuncia del Congreso y del presidente y la convocatoria de nuevas elecciones. Ya es muy tarde para que Allende negocie una solución democrática y constitucional. En medio de esa crisis, frente a las costas de Chile las fuerzas navales chilenas y de Estados Unidos realizan maniobras militares conjuntas, las llamadas UNITAS. Se trata de una acción de hostigamiento al gobierno.

El 11 de septiembre, a las seis de la mañana, Allende es informado sobre la toma de Valparaíso por fuerzas de la marina. A las ocho y media Radio Agricultura —emisora anti-Allende— anuncia que el golpe está en marcha. A las nueve Allende aparece brevemente en el balcón del Palacio de la Moneda y a las nueve y media —a través de la radio— pronuncia un dramático y último mensaje. Dice que no renunciará y que pagará con su vida la lealtad al pueblo chileno para que sirva de lección en «esta ignominiosa historia, a aquellos que usan la fuerza y no la razón». El palacio es rodeado por tanques, a las doce menos cinco la fuerza aérea lo bombardea. La Moneda arde en llamas. A la una y media sale el personal de palacio. Un médico dice haber visto a Allende dispararse con una ametralladora que sostiene entre sus piernas. Es enterrado en Viña del Mar en el panteón familiar.

Y Pinochet

El 11 de septiembre de 1973, con el golpe militar liderado por el general Augusto Pinochet, sucumbe la democracia chilena. Es una tragedia para su pueblo y para América Latina, pues Chile ha sido un ejemplo de civilismo y de democracia.

La fuerza aérea bombardea la Casa de la Moneda y las fuerzas armadas toman la ciudad como un ejército de ocupación. Pinochet llega al poder en medio de la sangre del pueblo. Ese día comienza uno de los procesos represivos más brutales de los muchos que se han visto en el continente. Las cárceles se llenan de presos políticos y las calles de muertos. Amnistía Internacional calcula que en los primeros días no menos de cuarenta y cinco mil personas son detenidas y miles asesinadas por el ejército. Algunos logran asilarse en embajadas, cerca de ochocientos refugiados políticos piden protección de las Naciones Unidas y de la Iglesia chilena y muchos son expulsados del país.

A las dos semanas la Junta Militar decreta el «estado de guerra». Bajo el Código de Justicia Militar en Tiempo de Guerra, niega las libertades ciudadanas y da vía libre a las fuerzas del orden para detener, interrogar, juzgar y ejecutar a «allendistas» y a gentes de izquierda e implanta la tortura —prohibida en la legislación chilena— y las ejecuciones extrajudiciales

Los medios de comunicación pro-Allende son clausurados y sus directores asesinados, arrestados o forzados a exiliarse; los partidos que forman las Unidad Popular —coalición del gobierno de Allende— son ilegalizados y sus miembros detenidos; la Central Única de Trabajadores es declarada ilegal y se cancelan los derechos de huelga y de asociación. De ahí en adelante, los «crímenes políticos» son competencia de los tribunales militares. Las confesiones obtenidas bajo tortura son consideradas pruebas en los juicios. Organizaciones internacionales de derechos humanos, periodistas nacionales y extranjeros, la Iglesia católica chilena, abogados, diplomáticos y familiares de las víctimas comienzan a investigar, a documentar y a denunciar las violaciones a los derechos humanos del régimen. La consternación por lo que está pasando en Chile es general en todo el mundo. Al mes llega una delegación de la Federación Internacional de Derechos Humanos y del Movimiento Internacional de Juristas Católicos y al mes siguiente otra de Amnistía Internacional. En sendos informes destacan la tragedia que está viviendo el pueblo chileno bajo la represión militar. El Estadio de Santiago se convierte en campo de concentración y de muerte. Allí son ejecutadas miles de personas, entre ellas el famoso cantante Víctor Jara, cuyo cadáver aparece acribillado a balazos, mutilado y con las manos cercenadas. Este crimen da la vuelta al mundo.

De ahí en adelante crece el clamor nacional e internacional contra tal carnicería. El cardenal chileno Raúl Silva Henríquez se convierte en la más firme voz de protesta contra la represión. Documentos de la Iglesia católica revelan la existencia de diecisiete centros de detención en donde ocurren a diario muertes bajo tortura. La Comisión Interamericana de Derechos Humanos de la OEA también denuncia torturas físicas y psicológicas a prisioneros. El sadismo de los ejecutores de la represión y de las torturas alarma al mundo entero.

A finales de 1973, la Junta crea el Directorio Nacional de Inteligencia (DINA) —bajo control directo de Pinochet—, con centenares de agentes de las tres fuerzas militares y de los carabineros y de civiles contratados por el gobierno, instala centros clandestinos de detención y cuenta con una flotilla de vehículos sin matrícula. La DINA es la espina dorsal de la represión del régimen militar.[124]

Pinochet toma el poder para quedarse. Así lo advierte en la Declaración de Principios del Gobierno de Chile, divulgada en marzo de 1974. No fija un término, pues su tarea —dice— es la reconstrucción moral, institucional y material del país que demanda una profunda y prolongada acción. Cambiar la mentalidad de los chilenos es un imperativo, afirma. Dice que las elecciones se realizarán en un tiempo oportuno y que las fuerzas armadas no se desentenderán de la selección del gobierno sucesor. Habrá una nueva Constitución para salvaguardar la seguridad nacional que asegurará la participación de las fuerzas armadas en el gobierno.[125]

Pinochet promulga el Estatuto de la Junta de Gobierno: el gobierno queda en manos de las fuerzas armadas y el poder en manos del presidente de la Junta. Según este estatuto, tal orden sólo podrá ser cambiada si el comandante en jefe del ejército —Pinochet— deja de ser presidente de la Junta por «muerte, renuncia o por total incapacidad». O sea, que Pinochet, cuyo nuevo título es el de jefe supremo de la nación, no podrá ser retirado de su cargo. El gabinete queda compuesto por generales.[126]

A los seis meses de expedido el estatuto, por medio de un nuevo decreto, introduce un cambio de tremenda significación: Pinochet ya no es jefe supremo de la nación sino presidente de la República con plenos poderes. La Junta continúa bajo su mando. Comienza a distanciarse de los demás miembros, para que nadie dude, ni dentro ni fuera del gobierno, que él es el poder.

La cuestión ideológica anticomunista —motivación aparente del golpe— queda definida en el documento «Objetivo Nacional del Gobierno de Chile», basado en la seguridad nacional y en el neoliberalismo económico. Los mensajes presidenciales, las disposiciones legales y las actas institucionales —números 2, 3 y 4— señalan que el *leit motiv* del gobierno es la lucha contrainsurgente. Califica al marxismo de «enemigo» y de doctrina «perversa al servicio del imperialismo soviético». Su deber es liquidarla.[127] La política económica de la Junta, neoliberal y monetarista, es manejada por un equipo llamado los «Chicago Boys». En el primer año reduce la inflación del 600 por ciento anual al 350 por ciento. Dentro y fuera del país se habla del «milagro chileno». Pero a finales de 1974 sube los precios de los productos básicos, la inflación se dispara y el país se enfrenta de nuevo a una crisis económica. En abril los Chicago Boys ocupan los ministerios de Finanzas, de Economía y la presidencia del Banco Central.

El año 1975 es de crisis económica. La producción se reduce en un 13 por ciento y la recesión es catastrófica. Centenares de industrias se paralizan, las inversiones públicas bajan a la mitad, la inflación anual es del 343 por ciento y el desempleo llega al 20 por ciento. Pero en 1977 comienza el auge del «milagro chileno». La tasa de crecimiento anual es del 9,9 por ciento y así continúa en 1978 y 1979. Los Chicago Boys prometen un crecimiento semejante al de los países europeos y al de los tigres asiáticos: Taiwan, Singapur y Corea del Sur. El mundo está asombrado con ese «milagro» y muchos —dentro y fuera del país— justifican la brutal represión, pues ha traído el progreso al país. Pero el asesinato de Orlando Letelier, ex canciller de Allende, junto con su asistente estadounidense Ronni Moffit en las calles de Washington, los devuelve a la cruda realidad: el régimen de Pinochet es de los más brutales del continente. El asesinato de Letelier provoca la repulsa mundial. El FBI y otras agencias norteamericanas responsabilizan a la DINA, a su director, general Manuel Contreras Sepúlveda, y a otros militares de ese crimen. Washington pide la extradición de Contreras, pero el gobierno y la Corte de Justicia chilena se niegan.

Con la llegada de Jimmy Carter a la Casa Blanca, en enero de 1977, a Pinochet se le complican las relaciones con Estados Unidos. Carter presiona a la Junta para que suspenda las violaciones a los derechos humanos y políticos, le impone sanciones y las extrema cuando Chile rehúsa extraditar a Contreras.

En julio de 1977, en un discurso en Chacarillas, Pinochet habla por primera vez de «democratización» y plantea un programa en tres etapas: las fuerzas armadas dejarán paulatinamente el gobierno pero no el poder. El proceso concluirá en 1991 con la «total democracia».[128] En agosto, con motivo de la visita a Chile de Terence Todman, subsecretario de Estado para Asuntos Interamericanos, la Junta disuelve la DINA y crea en su lugar el Centro Nacional de Informaciones (CNI), que en realidad es lo mismo con otro nombre. La intención es amortiguar la presión internacional y congraciarse con Washington.

Pinochet continúa asignándose títulos, funciones y exaltando su propia autoridad. Ahora, además de presidente, es generalísimo de las fuerzas armadas y de las fuerzas del orden. El récord de criminalidad del régimen chileno no disminuye el entusiasmo de sectores económicos nacionales y extranjeros sobre el «milagro». Muchos chilenos han recuperado sus propiedades —expropiadas por Allende— y se benefician con la política económica del gobierno. Las transnacionales regresan. Pero el «milagro» tiene una cara oscura: ha producido una acelerada concentración de riqueza y la apertura económica, y las bajas tarifas han disparado las importaciones y debilitado la industria nacional. Muchas pequeñas y medianas empresas van a la quiebra. El recorte en el gasto gubernamental ha incrementado el desempleo de profesionales y de empleados de cuello blanco, mientras que los salarios de los militares gozan de generosos aumentos. Los empréstitos de la banca extranjera al sector privado para inversiones en la industria se han usado para compras de acciones, en negocios con el Estado y en comprar empresas débiles. Los imperios económicos no han beneficiado la inversión, particularmente baja en esos años.[129] Un alto porcentaje de los millonarios empréstitos al gobierno de la banca internacional y privada van destinados a la compra de armamento. Con esa política los ricos —el 5 por ciento de la población— son más ricos y los pobres más pobres. La mortalidad infantil crece de forma dramática.[130] A finales de 1980 la deuda externa chilena es de 1.820 millones de dólares (en 1977 era de 481 millones). Aún así, Chile muestra su prosperidad. El peso se ha revaluado, las clases alta y media viajan por el mundo, el mercado está lleno de productos extranjeros suntuarios y las relaciones del gobierno y del sector privado con instituciones financieras internacionales y con inversores extranjeros son excelentes.

«Dios me colocó en el poder»

Respaldado por la boyante situación económica, Pinochet convoca un plebiscito nacional para aprobar la nueva Constitución, cuyo texto ha sido redactado por una comisión —nombrada por la Junta— sin participación de abogados independientes. Autoritaria y antidemocrática, incluye disposiciones de decretos y de actas de la Junta que cercenan las libertades públicas. Tal proyecto ha sido aprobado previamente por el Consejo de Estado y por la Junta Militar.

El plebiscito —limitado al sí o al no— se celebra el 11 de septiembre de 1980 —séptimo aniversario del golpe—, bajo «estado de emergencia» —decretado un mes antes—, con todos los partidos políticos proscritos, sin registros electorales, con papeletas transparentes —permiten controlar el voto— y el proceso supervisado sólo por funcionarios del gobierno.[131] El resultado es —según datos oficiales— el 67 por ciento a favor de la nueva Constitución y el 30 por ciento en contra. La nueva Constitución «institucionaliza» la prolongación del mandato de Pinochet hasta el año 1989 (ocho años más) y deja abierta la posibilidad de su reelección; crea el Consejo Nacional de Seguridad —máximo órgano del gobierno—, en el que están representadas las tres fuerzas por sus respectivos comandantes, y los militares tienen derecho al veto.

El plebiscito es denunciado dentro y fuera del país por fraudulento. Ha sido un proceso totalmente controlado por el gobierno, sin supervisión de la oposición, y no es la expresión libre del pueblo, pues Chile no es un país libre. El voraz apetito de poder de Pinochet ha impuesto un nuevo orden constitucional que le da poderes absolutos.

Después de haber impuesto una Constitución a su medida, no todo es euforia para la Junta, pues el «milagro» empieza a desinflarse. La prosperidad no refleja una recuperación económica, la inversión no ha sido en sectores productivos y muchas industrias quiebran. Hay recesión económica y una profunda crisis en los sistemas bancario y financiero. La deuda externa es exorbitante y la acumulada por el sector privado y los conglomerados financieros (más de cuatro mil millones de dólares), concedida sin garantías gubernamentales, es inasequible.

La crisis se agudiza y en noviembre de 1981 el gobierno tiene que tomar bajo su control cuatro bancos y cuatro instituciones financieras que están al borde de la quiebra. Entre 1981 y 1983, para evitar el colapso del sistema bancario que arrastraría al resto de la economía, toma diecisiete más. La política económica neoliberal de los Chicago Boys termina en otra controlada por el Estado.[132] La situación de la industria es igualmente dramática: quiebras, suspensión de pagos de empréstitos y despidos masivos. La crisis económica ha incubado otra mayor: la política y social. En el primer semestre de 1983 el desempleo (incluyendo el subvencionado) es del 34 por ciento, y en los sectores más pobres llega al 50 por ciento. Las clases populares están reducidas a la miseria.[133] Tal situación provoca la protesta de amas de casa de clases alta y media. Salen a las calles batiendo cacerolas vacías.

El pueblo y los debilitados sindicatos comienzan a enfrentarse a la dictadura en manifestaciones y en huelgas. Y los partidos políticos forman movimientos de oposición moderada. La Democracia Cristiana

—la más activa en los años más duros de la dictadura— forma con cinco partidos de derecha, centro e izquierda la Alianza Democrática (AD); y el Partido Comunista —excluido de esa alianza— crea el Movimiento Democrático Popular con el MIR, con el sector del Partido Socialista liderado por Clodomiro Almeyda —ex ministro de Allende— y con partidos y movimientos de izquierda. Algunos son favorables a la lucha armada contra la dictadura.

Pinochet nombra a Sergio Onofre Jarpa, de extrema derecha, ministro del Interior —es el primer civil en ocupar ese cargo bajo la dictadura— y le encarga iniciar el diálogo con la oposición democrática.[134]

Un movimiento civil de protesta comienza en mayo de 1983 con una «marcha de las cacerolas», sigue en junio con una manifestación convocada por la Unión de Trabajadores del Cobre para protestar por el arresto de su líder Rodolfo Seguel. En julio hay otra —pocos días antes ha sido arrestado Gabriel Valdés, ex ministro de Relaciones Exteriores de Frei—. Todas estas protestas son sofocadas por la fuerza pública con un balance de muertos, heridos y centenares de detenidos. El gobierno decreta el toque de queda. Durante otra protesta en el mes de agosto, Pinochet anuncia que dieciocho mil soldados ocuparán la capital con órdenes de actuar con «dureza». La represión es masiva. Según datos oficiales, los muertos en choques con la policía son veintinueve y cien heridos. Según organizaciones de izquierda, los muertos son ochenta.

Las manifestaciones siguen de forma esporádica y cada vez con menor participación de las clases alta y media, en cambio las populares y estudiantiles aumentan. En noviembre de 1984 el gobierno decreta un estado de sitio, y bajo el toque de queda las tropas allanan a media noche viviendas en barrios populares. Van de casa en casa y detienen a todos los hombres mayores de quince años. La población está aterrorizada y las protestas fracasan.

Con el arzobispo de Santiago, monseñor Juan Francisco Fresno, como mediador, Jarpa inicia la farsa de los diálogos con la AD. A las seis semanas se suspenden. Nunca se reanudan. Son inútiles, pues Pinochet dice que los diálogos pueden llevar a acuerdos pero que él no hará concesiones.[135]

En marzo de 1984, en otra protesta, el Frente Popular Manuel Rodríguez (FPMR) —primer movimiento armado contra la dictadura— coloca bombas en el metro subterráneo, ataca trenes y autobuses y asesina a carabineros y militares. En 1986 reivindica el secuestro del coronel Mario Kaeberie, y en 1987 el del teniente coronel Carlos Carreño. Destruye torres eléctricas de alto voltaje que dejan sin energía a vastas regiones del país. En 1988 deja la ciudad de Santiago en total oscuridad. El gobierno sostiene que ese movimiento guerrillero es el «brazo armado» del Partido Comunista.

Escenas callejeras que muestran la brutalidad de las fuerzas del orden contra el pueblo chileno son trasmitidas al mundo por los telediarios extranjeros. Tales actos de brutalidad oficial provocan la protesta internacional contra el régimen chileno. El crimen más monstruoso es la incineración de dos jóvenes manifestantes, detenidos por patrullas militares en Santiago en julio de 1986. Los rocían con parafina y les prenden fuego. El joven muere y la joven queda con el rostro desfigurado. De los veinticinco militares acusados de este crimen, sólo un teniente es condenado por «casi homicidio» y dejado en libertad bajo fianza. La manifestación de protesta que provoca este hecho es disuelta con la acostumbrada brutalidad del régimen.

En agosto de 1986 el gobierno dice haber descubierto un poderoso arsenal en la costa norte de Chile y afirma que ha sido llevado hasta allí con la colaboración cubana y soviética. Muestra tres mil armas «capturadas». Muchos dudan de su veracidad. Pero el gobierno se cubre con la declaración de Bruce Ammerman, portavoz del Departamento de Estado norteamericano, quien afirma que las armas iban para el FRML y que existen «evidencias» de la implicación de grupos terroristas extranjeros. Las relaciones de Pinochet con el gobierno de Reagan son excelentes.

Al mes siguiente, en septiembre de 1986, tiene lugar un atentado contra Pinochet. Él sale ileso pero mueren varios de sus escoltas. El FPMR lo reivindica. Éste es el primer atentado contra un presidente en la historia de Chile. El gobierno decreta el estado de sitio y responde con una oleada de represión sin precedentes. Grupos clandestinos paramilitares asesinan brutalmente a cuatro activistas a quienes han sacado de sus casas. El incidente de las armas y el atentado le sirven a Pinochet para afianzarse dentro de las fuerzas armadas, con sus adeptos de los sectores conservadores y de derecha y con la oposición moderada de los partidos de la AD. Pocos días después, el 11 de septiembre —decimotercer aniversario del golpe— tiene lugar una manifestación masiva de apoyo a Pinochet. Sectores de la oposición afirman que ésta ha sido organizada por el gobierno para lanzar la candidatura de Pinochet a la presidencia. Estos dos incidentes también le sirven a Pinochet para agudizar la represión alegando peligros para la estabilidad interior. El 21 de septiembre anuncia una nueva ley antiterrorista, más dura que las anteriores, y en octubre reitera su negativa al diálogo con la oposición.

Pinochet necesita endulzar su imagen antes del plebiscito sobre el candidato a la presidencia, y en su mensaje de fin de año anuncia que levantará el estado de sitio —ha durado dos años— y que permitirá el retorno de algunos exiliados. En enero de 1987 aprueba una legislación sobre partidos políticos y su organización futura (los marxistas están prohibidos) y en febrero abre los registros electorales.

El papa Juan Pablo II va a Chile en abril de ese año —visita igualmente Argentina y Uruguay—, único país aún bajo una dictadura militar, y en el que la Iglesia católica es no sólo la más acérrima detractora del régimen sino el mayor apoyo a la lucha del pueblo contra Pinochet. La Vicaría de Solidaridad, creada por el cardenal Silva Henríquez para ayudar al pueblo contra la brutal represión, publica un boletín en el que denuncia sistemáticamente las graves violaciones a los derechos humanos por parte del régimen. Las relaciones de la Iglesia y del gobierno son tensas. Pinochet recomienda a los obispos que es mejor que se dediquen a rezar.

La visita del Papa tiene una connotación política a la cual le temen por igual la Iglesia, el pueblo y el régimen. Sus palabras serán escrutadas minuciosamente. Pero el Papa —siempre cauto en sus palabras— da apoyo a la lucha de la Iglesia. En sus homilías hace un llamamiento a la convivencia, se manifiesta contra la violencia y condena la tortura física y moral. Visita el Estadio Nacional —después del golpe ha sido un lugar de detención, de muerte y tortura— en donde lo esperan noventa mil jóvenes. Besa el suelo y recuerda que en épocas pasadas ha sido un lugar de «sufrimientos». En las concentraciones populares —vigiladas por grandes despliegues policiales— tienen lugar violentos enfrentamientos con decenas muertos y heridos. Cuando el Papa sale de Chile, la oposición ha tomado fuerza y pide el regreso a la democracia a través de elecciones libres.

El gobierno fija la fecha para el plebiscito. Será el 5 de octubre de 1988. Pinochet está empeñado en su reelección. «Dios me colocó en el poder», dice. La oposición forma el Comando Nacional del No y sus manifestaciones son recibidas a balazos por la fuerza pública con centenares de heridos y de detenidos. Cuando la Junta anuncia que su candidato es Pinochet, hay masivas marchas de protesta y enfrentamientos en las calles entre los partidarios del Sí y del No y entre los del No y la policía. Los detenidos son miles y sube el número de muertos. Esa noche, en traje de civil, Pinochet aparece sonriente en la televisión para pedir el apoyo del pueblo a la nueva democracia y pide perdón por cualquier error que hubiera cometido.[136]

Los resultados del plebiscito en el que está en juego el futuro del país —dictadura o democracia— sorprenden a muchos. Los sondeos de opinión han mostrado el ascenso del No, pero existe el temor del fraude en favor de Pinochet. Los del No obtienen el 54,68 por ciento y los del Sí el 43,04 por ciento. Pinochet ha sido derrotado, pero no es el fin de la dictadura. La elección del nuevo presidente será en diciembre de 1989 y la entrega del mando en marzo del año siguiente. Pinochet seguirá en el poder año y medio más de acuerdo con la Constitución, aprobada en un plebiscito fraudulento. Durante ese difícil trayecto, la oposición obtiene, en duras negociaciones con el gobierno, algunas reformas constitucionales. Son aprobadas en un plebiscito por el 85,7 por ciento de los votos. Una de ellas fue para incluir un civil en el Consejo Nacional de Seguridad —máximo órgano del gobierno—, en el que los militares tienen poder de veto. El nuevo gobierno queda bajo la tutela del «suprapoder castrense», señala el Partido Comunista. La oposición confía en que el nuevo Congreso reformará la Carta Magna para restaurar la verdadera democracia.

El camino hacia la democracia

El 14 de diciembre de 1989 Patricio Aylwin, de la Democracia Cristiana, candidato de una coalición de diecisiete partidos, es elegido presidente con el 55,2 por ciento de los votos; Hernán Buchi, candidato oficial, obtiene el 29,4 por ciento. También es elegido el nuevo Parlamento. En marzo de 1990 el nuevo presidente toma posesión de su cargo. Sus primeras declaraciones son: «No habrá en Chile una democracia tutelada por los militares», pues —explica— las fuerzas armadas están sometidas al poder civil. No obstante, Pinochet, comandante de las fuerzas armadas, es, por mandato constitucional, miembro del Consejo Nacional de Seguridad, tiene un puesto vitalicio en el Parlamento y no puede ser retirado de ninguno de estos cargos.

El pueblo pide justicia y juicios a los militares por las violaciones de los derechos humanos y que el nuevo gobierno derogue la Ley de Amnistía decretada por la Junta en 1978, que cubre la época más dura de la represión, y la nueva, expedida dos días antes de las elecciones. Esta amnistía impide al nuevo parlamento investigar a los funcionarios oficiales que han servido durante el mandato de Pinochet. Éste es el tema más candente para la nueva democracia. Aylwin le pide a Pinochet mantenerse al margen del quehacer político y renunciar a la comandancia del ejército, pero él rehúsa.

En marzo —presionado por la demanda pública— Aylwin nombra la Comisión de la Verdad y la Reconciliación, cuya función es investigar las violaciones a los derechos humanos a lo largo de los diecisiete años de dictadura militar. A pesar del fallo de la Corte Suprema, en octubre de 1990, confirmando la Ley de Amnistía de 1978, Aylwin reitera su voluntad de esclarecer tales hechos.

En esa situación de ambigüedad, obligado a soportar la arrogancia de Pinochet —apoyado por el estamento castrense y por poderosos sectores de derecha que organizan manifestaciones en favor del general— e incapacitado para detener la represión y los abusos de las fuerzas del orden, Aylwin reconoce públicamente que: «Habrá justicia mientras no esté en riesgo la estabilidad democrática y que la correlación de fuerzas no es favorable a la justicia».[137]

Aylwin aplaude la decisión del pueblo de trasladar los restos de Allende del Cementerio de Santa Ana a Santiago. Es un «acto de reparación», dice el presidente. La ceremonia tiene lugar el 4 de septiembre de 1990. A pocos metros de su tumba colocan la primera piedra de un mausoleo en homenaje a los muertos y desaparecidos bajo la dictadura. El 11 de ese mes —aniversario del golpe— tiene lugar una manifestación de los adeptos de Pinochet frente a su residencia para «agradecerle» su gobierno.

En febrero de 1991 la Comisión de la Verdad presenta su informe al presidente —dos mil folios en seis volúmenes— y en marzo Aylwin lo da a conocer a la nación. La prensa lo califica de «escalofriante». Documenta 2.279 asesinatos —la mayoría ejecuciones sumarias—, 965 desapariciones, muertes bajo tortura a manos de los organismos de seguridad del Estado y saca a la luz atentados terroristas de la DINA (creada y disuelta por Pinochet) y su implicación en los asesinatos del general Carlos Prats y de su esposa, en Buenos Aires, y de Orlando Letelier, ex canciller de Allende, en Washington. Para Pinochet tales actos son parte de la «guerra interna» que libraba contra la subversión.

Aylwin anuncia que no anulará la Ley de Amnistía pero que ésta no será un obstáculo para adelantar la investigación judicial y determinar las responsabilidades, sobre todo en los casos de desaparecidos, y pide perdón a los familiares de las víctimas en nombre de todo el país, pues por «acción u omisión» la sociedad entera es responsable. Les ofrece reparación moral y material y anuncia la creación de una institución que continúe la búsqueda de los desaparecidos y mantenga los archivos sobre las violaciones a los derechos humanos. Aylwin pide al pueblo y a las fuerzas armadas superar ese pasado doloroso.

FIN DE FIESTA

Al final de la década de los años ochenta en los países del Cono Sur —libres de dictaduras y de los movimientos insurgentes que han sido virtualmente liquidados— sus gobiernos entran en el difícil camino de la consolidación de la democracia. Aunque han dejado los estamentos castrenses intactos, pues ninguno se ha atrevido a tocarlos, los militares ya no son una amenaza. Sólo Pinochet, arrogante, cínico y testarudo, sigue aferrado a los puntales de poder que él mismo enclavó en la Constitución nacional para perpetuarse en el panorama político chileno. Su presencia en el Parlamento, como senador vitalicio por precepto constitucional —última etapa de su talante dictatorial—, es una afrenta al pueblo y al gobierno chilenos y una deformación de su democracia. Las protestas populares y de sectores democráticos, cuando hace su aparición en el recinto del Parlamento para que el Congreso revoque ese «derecho» adquirido en forma fraudulenta, fracasa. Pinochet permanecerá en el panorama político chileno, quizá hasta su último aliento.

Con excepción de Chile, las dictaduras militares han dejado a sus países en quiebra, con inflaciones desbocadas, recesión económica y con voluminosas deudas externas cuya causa principal han sido las multimillonarias compras de armamentos con los que asesinaron y sofocaron a sus pueblos. Éste es otro asunto que ningún gobierno se atreve a investigar. La prioridad de las nuevas democracias es dar solución a los problemas económicos que heredan y todas entran en la onda de la política economía neoliberal, con la que se ha acentuado la brecha entre ricos y pobres. Con este panorama de grandes problemas y grandes esperanzas, los colosos del Cono Sur inician esa nueva etapa de su historia.

7

Las guerras de Reagan

Cuando Ronald Reagan irrumpe en la contienda presidencial de Estados Unidos, con una avalancha de ideología conservadora y anticomunista y una belicosa retórica antisoviética como no se veía desde la era maccartista, la opinión pública interior y exterior vislumbra tiempos de tormenta. La «relajación» de los años setenta pasa a la historia. Su enfoque es militarista y su prioridad es fortalecer el poderío militar de Estados Unidos frente a la Unión Soviética, a la que hace responsable del terrorismo mundial y de la «expansión comunista» en el continente a través de Cuba y Nicaragua.

Sus planteamientos, los de la plataforma de la Convención republicana —lo elige candidato—, y los del documento del Comité de Santa Fe —elaborado para su campaña por conservadores de la nueva derecha y entidades civiles vinculadas al complejo militar industrial— señalan un cambio de rumbo en la política exterior norteamericana. El Comité de Santa Fe pide «guerra, no paz» como norma de sus relaciones con el continente, recomienda fortalecer el aparato de seguridad del hemisferio, bajo el Tratado Interamericano de Asistencia Recíproca (TIAR) —acuerdo militar regional sobre acción colectiva en casos de ataque a uno de sus miembros— y revitalizar los lazos militares con sus ejércitos; plantea las crisis centroamericanas como una «conspiración comunista» cuyo plan, en cuatro etapas (la última es la guerra total), es «subvertir el orden capitalista, transformar al mundo» y desestabilizar y derrocar a los gobiernos. Tal proceso —dice— se cumplió en Nicaragua y el próximo «probablemente» será El Salvador».[1]

El ascenso a la presidencia del más conservador, del más anticomunista y del más viejo de los mandatarios (a las dos semanas de su posesión cumple setenta años), significa un cambio radical en la escenografía política de Estados Unidos y en la mentalidad del pueblo norteamericano. Reagan llega a Washington flanqueado por sus poderosos y multimillonarios amigos californianos, magnates de la industria, que dejan altas posiciones en el mundo de los grandes negocios para conformar su gabinete y el pequeño y cerrado círculo de los consejeros presidenciales: la «Troika» de la Casa Blanca. Con Ron y Nancy también entra el mundo rutilante de Hollywood, el *glamour*, el lujo, la ostentación, la opulencia de una exitosa clase media, que no tiene pretensiones de ancestros del *Mayflower*, como las tiene el sofisticado clan Kennedy. Washington es el nuevo escenario del ex actor de cine y lo copa plenamente.

Reagan cautiva al gran público y a la esquiva prensa y así los mantiene hasta el final de su mandato. Es el presidente de «teflón», del que se ríen por sus frecuentes equivocaciones, inexactitudes y exageraciones, al que le perdonan sus graves errores, su cinismo y la violación de sus leyes. Sale ileso de uno de los mayores escándalos de la historia política norteamericana: el Irán-contra. El «gran comunicador» hipnotiza al país. El pueblo se siente seguro y satisfecho. Reagan es un buen tipo.

La fuerte motivación ideológica de Reagan significa el regreso al pasado, a la «guerra fría», a la contienda Este-Oeste, a la confrontación con la Unión Soviética a la que llama «Imperio del Mal». Su visión simplista y maniquea del mundo es en blanco y negro: los buenos capitalistas y los malos comunistas, Estados Unidos y el «mundo libre» —concepto que desempolva— están amenazados por el comunismo internacional liderado por la URSS.

El nombramiento del general Alexander Haig, ex comandante supremo de las fuerzas de la OTAN, como secretario de Estado, sorprende y alarma a amigos y enemigos. La entrega de la cartera de la política exterior a un general de su calibre indica que las cuestiones militares —o bélicas— estarán en el primer plano en las relaciones internacionales. Haig, un militar «politizado», es el mejor soporte de la cruzada anticomunista que emprende el nuevo mandatario.

Con la elección de Reagan las derechas y los militares del continente expanden el tórax. Se identifican con él. La ultraderecha guatemalteca lo celebra con fuegos artificiales, con una serenata de mariachis frente a la embajada de Estados Unidos[2] y con alegres fiestas en sus residencias, y los oligarcas salvadoreños disparando al aire sus revólveres.[3] Desde su elección, coincidencia o no, se agudiza la violencia militar y paramilitar en Centroamérica.

«Fabricando» una política

El general Haig plantea que la prioridad de la política exterior no son los derechos humanos —política de Carter—, sino la lucha contra el terrorismo internacional del que hace responsable a la Unión Soviética. En su lista de países terroristas están Libia, Irán, Corea del Norte, Cuba y Nicaragua. Dice que en Centroamérica Estados Unidos mostrará su determinación de obligar el retroceso (*rollback*) del expansionismo soviético y cubano y «trazará una línea» en El Salvador que enfrenta un conflicto armado liderado por un movimiento guerrillero marxista-leninista. La solución de ese conflicto —afirma— será «drástica y militar» y ve la victoria fácil y rápida. «¡Ésta una guerra que usted puede ganar, señor presidente!», le dice a Reagan.[4]

Haig anuncia que restablecerá las buenas relaciones con los gobiernos anticomunistas —las genocidas dictaduras militares del Cono Sur y Centroamérica— e incrementará el hostigamiento a Cuba y a Nicaragua.[5] Su prioridad es Cuba, a la que responsabiliza de ser fuente de la subversión en el continente y punta de lanza de una conspiración comunista que intenta expandirse en Centroamérica. Advierte que «irá a la fuente». Esa fuente es Cuba. Le impondrá un bloqueo naval para cortar el flujo de armas que —asegura— salen de la isla para la guerrilla salvadoreña.

En marzo de 1981, ante el Comité de Relaciones Exteriores de la Cámara, expone un truculento plan soviético para «tomar» Centroamérica (el mismo del documento del Comité de Santa Fe) y le pide 6.500 millones de dólares para frenar el «aventurerismo» soviético en «áreas estratégicas, vitales para Estados Unidos». No menciona a América Latina.[6]

Mensajeros de Reagan comienzan a viajar por el mundo para llevar su mensaje anticomunista. Thomas Enders, subsecretario de Estado para Asuntos Interamericanos, va a Colombia y a Venezuela. Al llegar al aeropuerto de Bogotá, en junio de 1981, dice a los periodistas que el propósito de su visita es concertar una política contra el régimen cubano al que califica de peligro para el hemisferio. Dice que cuenta con modernos armamentos soviéticos —treinta y seis aviones MIG— y tiene «un amplio y concertado plan» de intervención en el área en colaboración con Nicaragua y Granada. Agrega que «su país no rechazará la solicitud de compra de armamentos, que ya ha hecho Venezuela, para hacer frente a esa amenaza». La venta de armas es un objetivo importante de su misión.[7] Al presidente Julio César Turbay le plantea la necesidad de actuar coordinadamente para buscar una solución militar al problema del Caribe. Estados Unidos quiere crear una fuerza naval interamericana para impedir el tráfico de armas en la región.[8]

La política de Reagan y Haig hacia Centroamérica es de una sola vía: la militar. Pero de inmediato encuentra la oposición de sectores del Congreso, de influyentes diarios y de la opinión pública a la ayuda militar que comienza a darle a El Salvador, y al envío a ese país de asesores militares —Boinas Verdes—. El temor general es que Reagan lleve a su país a un nuevo Vietnam. Casi de inmediato comienzan a surgir grupos y movimientos en favor de la lucha del pueblo salvadoreño. Su fervor es comparable al que despierta en los años sesenta la guerra en Vietnam. A los dos meses de su toma de posesión las encuestas de opinión muestran que el 60 por ciento está en contra de la ayuda militar a El Salvador. Sólo el 2 por ciento la aprueba.[9]

En las altas esferas del gobierno hay preocupación por la oposición interna que se extiende por el país —hay protestas callejeras en varias ciudades— y por el aislamiento que comienza tener en el continente. La mayoría de los gobiernos están en favor de las soluciones negociadas a esos conflictos. A la administración no le conviene esa imagen militarista de su política, ampliamente criticada, y para equilibrarla propone un plan de ayuda económica. En julio de 1981 Haig convoca a los cancilleres de Canadá, México y Venezuela a una reunión en Nassau, Bahamas, para estudiar la «situación del Caribe» y presentar un programa de ayuda económica para la región (el canciller colombiano protesta porque Colombia no ha sido invitada). En esa reunión Haig sienta las bases de la Iniciativa para la Cuenca del Caribe (CBI) —la presenta como un «miniplan Marshall»— que será lanzada por Reagan en febrero del año siguiente. Los donantes, aparte de Estados Unidos, son México, Venezuela, Canadá y Colombia, y los países beneficiados serán todos menos Cuba, Granada y Nicaragua. La Iniciativa, más modesta que la Alianza para el Progreso en fondos y objetivos, da acceso a los mercados de Estados Unidos —libres de impuestos— a los productos no tradicionales de esos países. Los trescientos cincuenta millones de dólares que ofrece para ponerlo en marcha son una suma modesta. A la postre este plan beneficia en particular a las transnacionales y a los inversores de Estados Unidos y fortalece la dependencia de esos países de los mercados norteamericanos.[10]

En la cocina política de la Casa Blanca, congestionada de chefs, son varios los que se oponen a los planes militaristas de Haig. Las divergencias dentro de la cúpula del gobierno quedan expuestas en noviembre, en entrevistas sucesivas a Weinberger, secretario de Defensa, a Edwin Meese —el miembro más importante de la Troika— y a Haig por las cadenas de televisión CBS, NBC y ABC. Meese y Weinberger descartan de forma categórica la intervención militar en Cuba y en Nicaragua que ventila Haig. Weinberger y los altos mandos militares no creen posible una «victoria» militar, ni que el congreso y la opinión pública la acepten.[11]

No obstante la prepotencia y tozudez que los caracteriza, Reagan y Haig saben que tienen que convencer a la opinión pública y sobre todo al Congreso de que el apoyo militar a Centroamérica es necesario para combatir al comunismo y para a la seguridad de Estados Unidos. Exageran los hechos, distorsionan la verdad, ventilan falsedades, dicen mentiras y a veces calumnias para justificar la creciente presencia militar norteamericana en El Salvador y en Honduras, y cimentar las medidas extremas que puedan tomar más adelante.

Prendiendo la mecha

En el estrecho esquema de la política exterior de la administración Reagan, las crisis centroamericanas son parte de la confrontación Este-Oeste. Ve el triunfo de la Revolución sandinista en Nicaragua y la lucha guerrillera en El Salvador como amenaza de la expansión del comunismo internacional promovido por la Unión Soviética, con la ayuda de Cuba y Nicaragua. Reagan convierte esa región en el escenario principal, por no decir el único, de su política hacia el continente en los ocho años de su mandato. Pocos días antes de su toma de posesión la guerrilla salvadoreña, el Frente Farabundo Martí de Liberación Nacional (FMLN) lanza lo que llama «ofensiva final». Carter envía ayuda militar de emergencia y asesores de las fuerzas especiales —Boinas Verdes— expertos en lucha contrainsurgente y Reagan, a la semana de su toma de posesión, la incrementa substancialmente. Es el inicio de la inmersión de Estados Unidos en la guerra civil salvadoreña, de la cual comienza a apoderarse.

Reagan, con banderas anticomunistas, emprende la militarización de Centroamérica cuyo objetivo es la derrota militar de la guerrilla salvadoreña y derrocar al gobierno sandinista en Nicaragua. La CIA comienza a organizar una fuerza paramilitar con contrarrevolucionarios nicaragüenses. Esa operación clandestina, a espaldas del Congreso, es la «guerra secreta» de Reagan contra Nicaragua, a la que apoya hasta el último día de su mandato. Convierte Honduras, país con fronteras con los tres países en conflicto, en punta de lanza de las operaciones militares en la región. A pesar de que no descarta una intervención militar en esos países, la estrategia que emplea es la de «conflicto de baja intensidad», que consiste en dar amplia y multimillonaria ayuda militar y asesores de sus fuerzas especiales —los Boinas Verdes— expertos en la lucha contrainsurgente, sin involucrar a sus tropas.

Durante su gobierno, las maniobras militares en el Caribe y en Honduras —en la frontera con Nicaragua— se suceden casi sin interrupción. Su volumen y extensión no tienen precedentes. Son amenazantes despliegues de fuerza en los que toman parte centenares de aviones de combate, barcos de guerra, fragatas, gigantescos portaaviones y miles de tropas, con simulacros de invasión y operaciones en la base de Guantánamo.[12] Tales despliegues de fuerza atemorizan a los gobiernos del continente, ya que los ven como el preludio de una intervención militar en Cuba, en Nicaragua o en El Salvador.

A esta agresiva política militarista se oponen mandatarios del continente por peligrosa y porque no es la solución de esos conflictos que emanan de la pobreza, de las desigualdades, de los endémicos y graves problemas sociales y económicos nunca resueltos, de la frustración de sus pueblos acumulada en décadas de injusticia, de atropellos, de violencia y de brutal represión. En 1983, después de una rápida y exitosa gira de Belisario Betancur, presidente de Colombia, surge el grupo de Contadora —Colombia, México, Venezuela y Panamá—, cuyo objetivo es forzar una paz negociada y poner fin a la intervención militar norteamericana en esa región. La administración Reagan, desde el inicio, boicotea tales esfuerzos.

Para Centroamérica los ocho años del gobierno de Reagan son el período histórico de mayor violencia, de más altas tensiones, de mayores peligros, de mayor polarización social, de las mayores y más brutales violaciones a los derechos humanos. En esos conflictos mueren en El Salvador setenta y cinco mil personas —la inmensa mayoría población civil— y en Nicaragua, en la «guerra secreta» de Reagan, más de treinta mil entre civiles y combatientes de ambos bandos. Después de esas guerras sus países quedan devastados y en la ruina.

Costa Rica en el juego

Reagan involucra a la neutral Costa Rica en los conflictos centroamericanos. El presidente Luis Alberto Monge (1982-1986) permite, secretamente, la militarización de la policía a cambio de ayuda —el total son 626,1 millones de dólares— a su maltrecha economía. Asesores norteamericanos, israelíes y de otros países entrenan cuatro batallones de policías en técnicas de contrainsurgencia. (Costa Rica no tiene ejército, pues fue disuelto cuarenta años antes. Ahora tiene diez mil hombres armados y otros tantos de milicias civiles. Es, en realidad, un ejército camuflado de policía civil.)[13]

La sacrosanta neutralidad costarricense desaparece. Monge deja que Edén Pastora, el ex comandante Cero de la Revolución sandinista, instale una banda de «contras» en la frontera con Nicaragua y no pone objeciones a las operaciones de la CIA ni a las actividades clandestinas del embajador de Estados Unidos, Lewis Tambs, para dar apoyo a la guerra contra Nicaragua. Permite a la CIA construir una pista de aterrizaje en Santa Helena que usa —no se lo dice— para vuelos clandestinos con armas y pertrechos para los «contras». Esa base está a cargo del ex general de la Fuerza Aérea de Estados Unidos, Richard Secord, con larga experiencia en operaciones paramilitares y de inteligencia en las guerras de Estados Unidos en el sudeste asiático.

Con Oscar Arias, elegido presidente en 1986, tales operaciones se malogran. Arias quiere liderar la paz en la región y a los pocos días informa al embajador Tambs que cerrará la pista de Santa Helena. Tambs le asegura que los vuelos serán suspendidos. No es cierto. Cuando Arias se entera, enfurecido, convoca una conferencia de prensa para anunciar su cierre. Según anotaciones de Tambs, hechas públicas más tarde, Elliot Abrams, subsecretario de Estados), para Asuntos Interamericanos (ocupa ese cargo desde 1985), y el teniente coronel Oliver North (ambos implicados más tarde en el escándalo Irán-contra) lo llaman para que trasmita a Arias que Estados Unidos cortará la ayuda económica a su país y que él nunca pisará la Casa Blanca. La razón es evitar que salgan a la luz las actividades clandestinas —e ilegales— de Estados Unidos en Centroamérica. Arias cancela la conferencia de prensa, pero la cuestión de la pista aparece en los medios de comunicación costarricenses. William Casey, director de la CIA, va a San José, pero Arias se niega a recibirlo y le envía a su canciller.[14]

La policía costarricense comienza a desarmar y a arrestar a los sospechosos de pertenecer a los «contras», el ministro de Salud cierra una clínica en las afueras de San José en donde son atendidos los «contras» heridos y las autoridades de inmigración no permiten que Adolfo Calero y otros líderes de la cúpula política de los «contras» entren en Costa Rica. Arias le sugiere a Reagan que, en vez de apoyar la actividad guerrillera y contraguerrillera, apoye el desarrollo económico de sus países.

LA OCUPACIÓN DE HONDURAS

La militarización de Honduras, el país más pobre de la región, comienza de inmediato. Por tener fronteras con los tres países en conflicto, Estados Unidos la convierte en la base de su actividad militar en Centroamérica. En 1982, cuando Roberto Suazo Córdova asume la presidencia —es el primer mandatario civil no impuesto por los militares en décadas de dictaduras—, el coronel Gustavo Álvarez —«hombre fuerte» de Honduras—, jefe de las fuerzas de seguridad del régimen anterior, ya ha acordado con el Pentágono y con la CIA que su país sea la base de las operaciones militares contra Nicaragua y de apoyo a la lucha antiguerrillera en El Salvador. Antes de su posesión le advierte públicamente que el orden público y las relaciones exteriores serán manejadas por las fuerzas armadas y que él no podrá inmiscuirse en los asuntos castrenses.[15] Suazo tiene que aceptarlo. Inicia su gobierno en manos de los militares y de Washington. Por presiones del Departamento de Estado, Álvarez es ascendido a general y Suazo lo tiene que nombrar ministro de Defensa.

Honduras y Estados Unidos proceden a enmendar el Programa de Asistencia Militar (MAP) de 1954 para legalizar la ocupación militar norteamericana (en 1988 lo modifican de nuevo para hacerla más extensa). Estados Unidos procede a construir diecinueve bases y pistas de aterrizaje y a abrir caminos de acceso a Nicaragua. Instala en esas bases a quince mil soldados de sus Fuerzas de Despliegue Rápido y Boinas Verdes y a la Fuerza Democrática Nicaragüense (FDN), nombre que da la CIA a las fuerzas de los «contras» nicaragüenses. La base militar de Palmerola, en el centro del país, a sesenta y cuatro kilómetros de Tegucigalpa, se convierte en la base más importante de Estados Unidos en la región —más importante que sus bases en Panamá—. En Palmerola entrena al ejército de Honduras, al de El Salvador y a las fuerzas de los «contras» y realiza constantes maniobras. Instala estaciones de radar en la isla del Tigre, en el golfo de Fonseca —Honduras lo comparte con

Nicaragua y El Salvador— y en la Sierra del Mole[16] y toma el control de los puertos acondicionándolos para fondear barcos de guerra. En el golfo de Fonseca instala una base aérea y naval. Según los acuerdos, todas esas instalaciones pertenecen a Honduras pero quedan bajo el control de Estados Unidos por tiempo indefinido y fuera del control del gobierno hondureño.

Honduras se convierte en un «inmenso portaaviones», comenta la revista *Time*. Aviones militares entran y salen sin autorización del gobierno hondureño. El que llega al aeropuerto internacional de Toncontín, en Comayagüela, cerca de Tegucigalpa, puede ver los aviones de transporte de tropas y helicópteros militares norteamericanos en sus pistas y *Crew-cuts*, en uniformes de fauna, rondando por todas partes. Los gringos llaman a Honduras «nuestra puta en Centroamérica».[17]

Honduras queda ocupada por fuerzas de Estados Unidos y de los «contras» —impuestas por Estados Unidos—, cuyas bases son territorios extranjeros fuera de su control. Sus fronteras quedan abiertas al ir y venir de las fuerzas «rebeldes» en sus incursiones en Nicaragua y a las tropas salvadoreñas que entran para capturar guerrilleros. El entrenamiento de las tropas salvadoreñas en Palmerola es una afrenta al pueblo hondureño después de la derrota sufrida por Honduras en la llamada «guerra del fútbol» contra El Salvador.

En los ocho años del mandato de Reagan, la ayuda militar y económica a Honduras es la segunda más alta del continente.[18] No obstante, parte sustancial de la ayuda económica debe trasladarla a la CIA para sostener las operaciones de las FDN. Es la forma que emplea Washington para evitar la supervisión del Congreso que las ha prohibido expresamente.

El gobierno hondureño colabora en todas las actividades ilegales de la administración Reagan para sostener la guerra secreta contra Nicaragua. Ayuda a la red clandestina, maquinada por el teniente coronel Oliver North, para armar a la FDN, produce certificados de importación falsos y el ejército toma parte en maniobras militares conjuntas con Estados Unidos en su territorio (operaciones que el Pentágono utiliza para construir, a espaldas del Congreso, la infraestructura militar y dar armas a los «contras») y da apoyo logístico a los «contras», cubriendo sus retiradas de Nicaragua.

En Tegucigalpa la CIA instala una estación, la más importante en ese momento. Es el centro de comando de la mayor operación paramilitar norteamericana desde la guerra en Vietnam. Sus jefes son los «comandantes en la sombra» de la FDN. En 1983 tiene más de ciento cincuenta agentes y ex agentes, ex Boinas Verdes, personal retirado del Pentágono, cubanos veteranos de Bahía de Cochinos y extranjeros contratados. Para un país de tres millones de habitantes la presencia militar norteamericana y la nube de sus agentes secretos es abrumadora.

La CIA instala su cuartel general, de alta seguridad, en una casa arrendada cerca del aeropuerto de Toncontín y lo llena de sofisticados y potentes aparatos de comunicación, conectados por satélites con su sede en Langley, Virginia. Desde ese centro, con la colaboración de asesores argentinos, dirige la guerra contra Nicaragua.[19]

Reagan nombra a John Negroponte embajador en Tegucigalpa, con una amplia trayectoria en actividades clandestinas y de inteligencia en el sudeste asiático. Su nombramiento en Honduras indica la importancia que da Reagan a la guerra contra Nicaragua. La embajada en Tegucigalpa pasa de cuarta categoría —la más baja en la clasificación del Departamento de Estado— a segunda. Cuenta con 147 funcionarios diplomáticos —algunos son agentes de la CIA— y 97 militares. Es la más numerosa en América Latina después de las de México y Brasil.[20] Las relaciones del general Álvarez, ministro de Defensa, con el embajador —los hondureños lo llaman «el Amo»— son óptimas, pues comparten el poder: «Discuten sobre lo que debe hacerse y Álvarez hace lo que Negroponte le dice que haga», comenta un oficial hondureño.[21]

La política exterior de Suazo —paralela a la de Washington—, la abrumadora presencia militar norteamericana y de la «contra», crean un profundo malestar en el pueblo hondureño y en sectores militares. En manifestaciones populares y estudiantiles protestan —fenómeno nuevo— contra el gobierno por la «entrega» de Honduras a Estados Unidos y por colaborar en la guerra contra Nicaragua. Suazo sufre agrias críticas de los medios de comunicación.

En 1979 surgen las primeras guerrillas hondureñas: el Movimiento Cinchonero de Liberación Nacional y las Fuerzas Revolucionarias Populares Lorenzo Zelaya. Ambos reivindican asaltos a bancos, secuestros y asesinatos. En 1981 secuestran un avión, hacen explotar una bomba en el Congreso, atacan a balazos la embajada de Estados Unidos y asesinan a dos oficiales norteamericanos y en 1982 ocupan la Cámara de Comercio de San Pedro de Sula y retienen ciento cinco rehenes.[22]

Honduras comienza a parecerse a sus vecinos. Es un caldero de violencia militar, paramilitar y guerrillera, y el pueblo es víctima de la guerra sucia desatada por Álvarez y de asesinatos, raptos, violaciones y robos por parte de los «contras». Los crímenes, la prostitución y las enfermedades venéreas aumentan en forma alarmante y aparecen los primeros enfermos de SIDA.

La guerra sucia

El general Álvarez, ministro de Defensa, monta su propia guerra sucia. Con su ayuda surgen escuadrones de la muerte y comienzan a aparecer asesinados líderes políticos, sindicales, populares y estudiantiles con señales de tortura, y crece la lista de desaparecidos. También aparecen cementerios clandestinos. Tales fenómenos son nuevos en Honduras.

Álvarez crea una unidad secreta de inteligencia del ejército —el Batallón 316—, que opera como escuadrón de la muerte. Para no involucrar al ejército en esa guerra, recluta pistoleros en la Penitenciaría Central de Tegucigalpa a los que luego ordena liquidar para mantener sus actividades en secreto. Los asesores argentinos le aconsejan usar a los «contras» en tareas de «limpieza» social.[23]

Esa guerra sucia provoca protestas, denuncias y un creciente malestar en los sectores militares. En 1984 Álvarez, por órdenes del alto mando, es detenido en el aeropuerto de San Pedro de Sula. Esposado lo encierran en un avión y lo mandan al exilio. Un grupo de coroneles comienza a investigar los 247 asesinatos políticos y las desapariciones ocurridos en los cuatro años de la «cruzada» anticomunista de Álvarez y salen a la luz las actividades de algunos «contras» en la guerra sucia. Ricardo Lau, el Chino, ex coronel de la ex policía secreta de Somoza y jefe de contrainteligencia de las FDN —tiene su propio escuadrón de la muerte—, aparece comprometido en numerosos casos de desapariciones. Al interrogarlo reconoce haber hecho «pequeños trabajos» para las fuerzas armadas de Honduras. Le piden que abandone el país.[24]

NICARAGUA Y LA GUERRA «SECRETA»

Los sandinistas saben que con Reagan no habrá paz. La agresión es inmediata. Retira a Nicaragua la ayuda económica, autoriza a la CIA a crear una fuerza paramilitar con contrarrevolucionarios nicaragüenses y lanza una campaña para desprestigiar a la Revolución sandinista. La presenta como «amenaza» militar para la región y para la seguridad de

Estados Unidos y desarrolla una activa ofensiva diplomática para aislarla.

La CIA encuentra el terreno abonado para formar la fuerza paramilitar de contrarrevolucionarios. Ex guardias somocistas ya reciben instrucción militar en campos clandestinos en Florida y en centros militares en Argentina. La cuestión es juntarlos. En Miami se encuentra la alta oficialidad de la ex Guardia Nacional que había huido con Somoza. Otros están en países vecinos (en Honduras hay tres mil) y centenares han quedado en las cárceles en Nicaragua.[25]

El ex coronel Enrique Bermúdez, ex agregado militar de Somoza en Washington —pagado por la CIA desde 1980— y un grupo de ex guardias somocistas —escondidos en una hacienda en Guatemala—, forman la Legión Septiembre 15 y se proclaman Ejército de la Guardia Nacional Nicaragüense. Incluye un contingente de guardaespaldas personales de Somoza que llegan a Guatemala después de que un comando guerrillero argentino lo «ajusticie» en Paraguay —destroza su automóvil con un bazuca— el 17 de septiembre de 1980. Bermúdez sostiene la Legión con fondos de Luis Pallais Debayle, primo de Somoza, con pagos que le hace Mario Sandoval —padrino de los escuadrones de la muerte en Guatemala— por «operaciones especiales» (robos, extorsiones, secuestros, torturas y asesinatos),[26] y con los fondos que le da el ejército argentino a cambio de su ayuda para cazar argentinos refugiados en Nicaragua.[27]

Otras figuras de esas fuerzas son Luis Fley, desertor de las filas sandinistas, en 1981 se une a los «contras» y toma el nombre de guerra «Jhonson», escrito así pues así le gusta, y Pablo Emilio Salazar —«comandante Bravo»—, exiliado en Honduras, considerado por los sandinistas como el más feroz de los ex oficiales de Somoza, y que cuenta con un grupo contrarrevolucionario propio. Tomás Borge, ministro del Interior de Nicaragua, convence a una de las novias de Bravo de viajar a Tegucigalpa para eliminarlo. Su cadáver es encontrado a los cuatro días prácticamente desfigurado. «La cabeza de un sector contrarrevolucionario ha sido cortada. Los enemigos de nuestro pueblo caerán uno por uno», comenta fríamente Borge en una alocución por radio cuando aparecen sus restos.[28]

Bermúdez reúne pequeños grupos de ex guardias acampados en Honduras, en Guatemala y en Florida. Al mes ya cuenta con seiscientos hombres armados. El general Vernon Walters —embajador *at-large* de Reagan— exige que esas fuerzas queden bajo el mando de los ex guardias por su preparación militar. No le importa la mala imagen que tienen dentro y fuera del país por los innumerables y horrendos crímenes que cometen bajo la dictadura de Somoza. Algunos de los «rebeldes» aceptan quedar bajo su mando, pues sin la ayuda de Estados Unidos no llegan a ninguna parte. La Legión se une formalmente a esas fuerzas contrarrevolucionarias. Es el núcleo principal.[29]

A esas fuerzas también se unen voluntarios por convicción, como Johnson, o por haberse desilusionado de los sandinistas por haberles confiscado sus tierras o cerrado sus pequeños negocios o porque los hostigaron y los llamaron contrarrevolucionarios por no colaborar o por negarse a trabajar en las cooperativas estatales. También los hay por necesidad: exiliados muertos de hambre, aventureros y desempleados hondureños. La CIA también recluta mercenarios en América Latina.

Otra figura de la contrarrevolución es Edén Pastora, ex comandante Cero, quien deserta de las filas sandinistas por la tendencia izquierdista del gobierno. Forma un grupo y se instala en Costa Rica, en la frontera con Nicaragua. También se unen a esa fuerza indígenas miskitos. Steadman Fagoth crea MISURA y Brooklyn Rivera MISURASATA.[30]

La CIA bautiza a las fuerzas de los «contras» con el pomposo nombre de «Fuerza Democrática Nicaragüense» (FDN) y nombra comandante a Bermúdez. Es un hombre sin ningún lustre y sin ninguna experiencia militar, pero lo quiere para pagar y organizar la Fuerza, reclutar gente, obedecer órdenes y no para comandar.[31]

La ayuda secreta de Washington a la FDN sale a la luz el 23 de diciembre de 1982 cuando el *New York Times* y otros diarios informan sobre la existencia de campos clandestinos en Florida en donde son entrenados ex guardias nicaragüenses por ex Boinas Verdes y por cubanos veteranos de Bahía de Cochinos, y que en Honduras se está formando una fuerza de contrarrevolucionarios nicaragüenses. En Florida un «rebelde» dice que «bajo los gobiernos de Carter y de Nixon» esas actividades eran un «crimen» pero que con Reagan nadie los molesta. Enders, subsecretario de Estado para Asuntos Interamericanos, exculpa tal actividad, pues no están violando ninguna ley, ni preparan una invasión en particular.

Cada día es más evidente y más preocupante para el Congreso el apoyo de la administración Reagan a esas fuerzas paramilitares. La Comisión de Relaciones Exteriores de la Cámara quiere que Haig le informe si el gobierno le está dando ayuda o está alentando a los exiliados nicaragüenses para derrocar al gobierno sandinista y si piensa imponer el bloqueo naval a Nicaragua, pues tales actos violan sus leyes de neutralidad. Haig se limita a reiterar sus acusaciones contra el gobierno sandinista, al que califica de totalitario, y del bloqueo manifiesta que «sería una medida sensata» contra un gobierno como ése. «Con base en sus respuestas —señala un congresista—, si yo fuera nicaragüense comenzaría a construir refugios antibombas esta misma tarde».[32]

Preparando la guerra

Reagan envía de inmediato al general Vernon Walters, nombrado embajador *at-large*, a Argentina y pide al Congreso levantarle el embargo de armas a ese país (impuesto por Carter). Necesita la colaboración de militares argentinos —maestros de la guerra sucia— en las operaciones en Centroamérica. Los necesita para que entrenen a las fuerzas «rebeldes» nicaragüenses. La tarea es fácil, pues ya se encuentran en la región entrenando a los ejércitos y a las fuerzas de seguridad de El Salvador, Honduras y Guatemala y asesoran a sus servicios de inteligencia. Además, desde 1980, están dando instrucción militar a ex guardias somocistas en sus centros militares.[33]

A finales de 1981 los gobiernos de Estados Unidos, de Honduras y de Argentina llegan a un acuerdo no escrito —reunión Tripartita— para desarrollar la guerra contra Nicaragua y definir sus tareas: Estados Unidos financiará, armará y dirigirá las operaciones, militares argentinos entrenarán a los «contras» y al ejército salvadoreño y serán los intermediarios para la entrega de la ayuda militar y económica que el gobierno de Reagan no puede hacer por habérselo prohibido el Congreso. Honduras será la base de esa operación.[34]

Con fondos de la CIA los argentinos alquilan la hacienda La Quinta —propiedad de un francés—, a once kilómetros del aeropuerto internacional de Toncontín— y allí instalan la base secreta. «Autoritarios» y «distantes» —comenta un «contra»—, los argentinos les advierten que están ahí para aprender cómo hacer la guerra y no deben hacer preguntas sobre quiénes son sus maestros. El único contacto que les permiten es dentro de sus propios comandos y no pueden salir de la base. Después de varias semanas de entrenamiento les dan uniformes azules, los arman, los cargan con explosivos y detonadores y los llevan a la frontera. En diciembre de 1981 está lista la primera «unidad de combate». Las salidas de La Quinta son de noche y van escondidos en camiones militares hondureños.[35] A pesar del secreto y de las precauciones que toman, a finales de 1981 periodistas comienzan a averiguar sobre el misterioso movimiento de camiones y de gentes uniformadas que salen de esa destartalada hacienda.

Los asesores argentinos son la mano derecha de la CIA, pues entrenan a la FDN y planean y dirigen sus operaciones. En 1982 Argentina reduce su colaboración después de la «traición» de Reagan en la guerra de las Malvinas y la suprime cuando es elegido presidente Raúl Alfonsín en octubre de 1983. Con su retirada, la CIA asume la dirección y Bermúdez emerge como «verdadero comandante». Es un desastre, puesto que la guerra va a la deriva.

Cuando salen los argentinos, los gringos construyen sus cuarteles en La Quinta, lejos de los «contras», y mantienen los comandos separados unos de otros. «Compartimentación» es la palabra. Los «contras» comentan que son más amigables aunque tampoco les permiten salir de la base. La alimentación también es mejor. Los fines de semana la mayoría de los gringos —nunca usan uniformes militares—, van a Tegucigalpa a emborracharse. Uno queda en la base, una especie de «niñera», comenta un «contra». Encerrados en sus comandos ignoran que la FDN es sólo uno de los cuatro ejércitos que patrocina la CIA. No saben que existen dos bandas de indios miskitos, otra de Edén Pastora en Costa Rica y una quinta —más pequeña y más mortífera—, una élite técnica en sabotajes, compuesta por mercenarios de Colombia, Ecuador, Honduras y de otros países latinoamericanos, que está bajo control directo de la CIA.[36]

La CIA tiene grandes esperanzas en Pastora, el flamante comandante Cero, quien renuncia a su cargo de viceministro de Defensa, escapa a Panamá a comienzos de 1982, va a Costa Rica e instala un grupo de contrarrevolucionarios en la frontera con Nicaragua. Durante un año la CIA le da ciento cincuenta mil dólares mensuales para sostenerlo. Cuando le propone que forme un frente sur y se una a la FDN y él se niega, le corta la ayuda. Pastora dice que nunca se unirá a los «fascistas» y «genocidas» ex guardias somocistas a órdenes de la CIA y de Washington. «Antes de trabajar con ellos —dice— la CIA tendrá que matarme.»[37]

En mayo de 1984, durante una rueda de prensa en La Penca, Costa Rica —pequeño caserío sobre el río San Juan—, con periodistas extranjeros —varios son norteamericanos y europeos— sufre un atentado. Algunos mueren y otros quedan gravemente heridos. Pastora es herido de gravedad. Detrás de ese atentado muchos ven la larga mano de la CIA. Cansado y frustrado por no haber logrado apoyo para su movimiento, en 1986 anuncia su retiro de la guerrilla. «No hay ninguna razón

—dice— para la muerte de otro nicaragüense porque no hay posibilidad de una victoria militar.» El gobierno de Óscar Arias le había dicho que ya no era bienvenido en su país.[38]

La CIA y Bermúdez pierden un valioso aliado cuando el general Álvarez es detenido y expulsado a otro país por sus compañeros de armas. Los militares hondureños se distancian, pero aceptan cooperar. En adelante —dicen— las operaciones serán «totalmente responsabilidad de Estados Unidos».[39]

En diciembre de 1981 la FDN lanzan su primera operación contra Nicaragua —«Navidad Roja»—, cuyo objetivo es establecer una «zona liberada» e instalar un «gobierno provisional» al que Estados Unidos dará apoyo militar. Sería el comienzo del declive del sandinismo. No lo logran pero matan a sesenta campesinos y torturan y asesinan a siete soldados sandinistas.[40]

Los sandinistas movilizan a ocho mil quinientos indios miskitos y sumus de la región del río Coco, en la frontera con Honduras —región continuamente atacada por los «contras»—, a un campo a ochenta kilómetros de distancia. La movilización y la militarización de esa zona —con quema de siembras y de ranchos— provoca el éxodo de diez mil miskitos a Honduras. Esa movilización suscita duras críticas internas y en el exterior contra el gobierno. La jerarquía de la Iglesia católica, en un enérgico comunicado, condena el traslado forzoso de indígenas y denuncia violaciones a los derechos humanos. Washington lo acusa de genocidio, otro tanto hace la embajadora Jeane Kirkpatrick en las Naciones Unidas y Haig exhibe fotos de soldados quemando cuerpos de miskitos. Dos días después el semanario francés *Le Figaro*, responsable de esas fotos, aclara que lo que muestran es a la Cruz Roja quemando cadáveres de gentes asesinadas por la Guardia Nacional somocista en la Costa Pacífica en 1978. Americas Watch desvirtúa las acusaciones de Fagoth, líder de MISURA, quien es llevado a Washington por una organización de ultraderecha para que presente sus denuncias al Congreso y a funcionarios del Departamento de Estado. Fagoth acusa al gobierno sandinista del asesinato de trescientos indígenas y de la desaparición de miles.

Tiempo después los sandinistas reconocen haber cometido terribles atropellos en esas movilizaciones y en 1986 anuncian que compensarán a las familias de los muertos y desaparecidos.[41]

De diciembre de 1981 a junio de 1982 los operativos de los «contras» son brutales actos terroristas. Emboscan patrullas militares, atacan poblaciones, destruyen instalaciones del gobierno y cooperativas agrícolas, asesinan a funcionarios y a asesores cubanos y matan y secuestran a campesinos para obligarlos a unirse a sus filas. En ese período reclutan a seiscientos.

La CIA comienza a intervenir. La voladura simultánea de dos puentes principales sobre el Río Negro, cerca de las poblaciones de Somolino en Chinandega y de Ocotal en Nueva Segovia, al norte de Nicaragua, en marzo de 1982, advierte a los sandinistas que Estados Unidos se involucra directamente en esa «guerra». Acusa a la CIA de esos sabotajes. La Casa Blanca rehúsa confirmar o negar tal acusación, pero dos meses después, ante el Comité de Inteligencia de la Cámara, la CIA reconoce que uno de sus equipos especializado en demoliciones destruye esos puentes. Tal confirmación no provoca objeciones por parte del comité —comenta el *Washington Post*—, pues dice que tales puentes servían para el tráfico ilegal de armas para la guerrilla salvadoreña.[42]

El gobierno sandinista declara el estado de emergencia, pone al ejército en total alerta, impone censura de prensa, limita los derechos ciudadanos, prohíbe las huelgas y el libre tránsito en zonas de guerra y aumenta la vigilancia sobre los disidentes, pues Nicaragua es víctima de la agresión externa.[43] Daniel Ortega convoca de urgencia al Consejo de Seguridad de la ONU para denunciar tales hechos, pero a la vez expresa su voluntad de diálogo con Estados Unidos para mejorar sus relaciones.

Aunque a Washington no le interesa tal diálogo, no quiere aparecer contrario de la negociación. En agosto Enders va a Managua con un plan de *modus vivendi* con Nicaragua. Le pide suspender su apoyo a la guerrilla salvadoreña, parar su armamentismo, reducir el pie de fuerza a quince mil hombres —tiene veintitrés mil— y cortar de forma sustancial las relaciones militares con Cuba y con la URSS. Le ofrece en cambio no aislar a Nicaragua, ni económica ni diplomáticamente, reanudara la ayuda y no dar apoyo a los contrarrevolucionarios nicaragüenses.[44]

Los sandinistas califican el plan de ultimátum, pues no es negociable. Arturo Cruz, embajador de Nicaragua en Washington, comenta que «parecen condiciones de una potencia victoriosa». Los sandinistas dicen que no están enviando armas a El Salvador, que las que circulan en la región son a título personal y ofrecen su ayuda para detener su flujo si Estados Unidos les informa de lo que sabe sobre este asunto. No aceptan el plan que les propone. «Es cuestión de principios», le comenta el comandante Bayardo Arce a Stephen Kinzer, corresponsal del *New York Times*. No pueden llegar a compromisos con un hombre como Reagan.[45] Enders regresa con las manos vacías.

Ni la CIA ni los argentinos están satisfechos con las acciones de la FDN, pues a pesar del entrenamiento que recibe, de las armas con que cuenta y de que las operaciones son planeadas cuidadosamente, su actividad militar es nula. Los comandos no logran quedarse dentro de Nicaragua, ni tomar un pedazo de tierra para declararlo «zona liberada», objetivo prioritario de sus mentores. Su actividad se reduce a incursiones de corta duración en zonas cercanas a la frontera, a asesinatos, torturas, mutilaciones y secuestro de campesinos y violaciones y raptos de jóvenes y de niñas, y al regreso silencioso a sus bases en Honduras.[46]

Si los resultados de esa «guerra» son pobres, los del Departamento de Estado no lo son menos. En marzo de 1982 queda expuesta la falsedad de sus denuncias. Haig quiere comprometer a Cuba y a Nicaragua con la guerrilla salvadoreña y demostrar las peligrosas conexiones de la subversión en Centroamérica con el testimonio de un guerrillero nicaragüense, Orlando Tardencillas. Se había unido a la guerrilla salvadoreña y había sido capturado el año anterior en El Salvador. Lo sacan de la cárcel en San Salvador —violando las normas jurídicas internacionales— y lo llevan a Washington para presentarlo en la televisión. Debía decir —ante las cámaras— que había recibido entrenamiento militar en Cuba y en Etiopía y que había sido enviado a El Salvador por el gobierno sandinista. Dice en cambio que ha sido «torturado física y psicológicamente antes de ser llevado a Estados Unidos», que funcionarios de la embajada norteamericana en El Salvador le indicaron lo que debía decir y le plantearon como opción: «Venir o enfrentarme a la muerte». Afirma que las acusaciones sobre su entrenamiento en Cuba y en Etiopía son falsas, que el gobierno de Nicaragua nada tiene que ver con su decisión de unirse a la guerrilla salvadoreña y que no ha visto a ningún cubano, ni a ningún nicaragüense involucrado en la guerrilla salvadoreña. Tardencillas regresa a Nicaragua como héroe. «Fue un desastre. No sé si reírme o llorar», comenta un alto funcionario norteamericano.[47]

La CIA necesita con urgencia una victoria rápida y espectacular de los «contras». Prepara una gran ofensiva militar para la «toma» de la ciudad de Jalapa, en la provincia de Nueva Segovia, al norte de Nicaragua, declararla «zona liberada» e instalar un gobierno provisional al que Estados Unidos daría apoyo inmediato. Jalapa es un objetivo fácil —según la CIA— por estar cerca de la frontera y bordeada por tres lados por Honduras. A finales de 1982, mil «contras», entrenados y bien armados con artillería ligera y morteros, se lanzan sobre Jalapa, pero las defensas sandinistas les impide ocuparla. Es una derrota decisiva. Pedro Javier Núñez —«el Muerto»— capturado en esa operación, confirma que el objetivo era instalar un gobierno provisional. Otros cuatro intentos de tomar Jalapa, entre marzo y junio de 1983, también fracasan.[48]

A finales de 1982 los ataques de bandas de la FDN son casi diarios. Queman y destruyen edificios e instalaciones estatales, pero su principal actividad siguen siendo los brutales ataques a la población civil. El padre James Feltz, pastor protestante en Bocana de Paiwas, en la región de Matagalpa, es testigo de varios de esos ataques. Dice que cuando los ve cruzar el Río Grande e invadir el área es «como si descendiera la muerte». Los compara con las hordas de Atila.[49]

En las redadas de campesinos secuestrados por los «contras», los sandinistas infiltran a sus agentes. En 1982, por información de uno de los suyos, ubican la base de Wina, al norte de Nicaragua, liderada por Francisco Baldivia —«Dimas Tigrillo»—, campesino rebelde. Centenares de soldados, cubiertos por helicópteros, la rodean y la destruyen. Matan decenas de «contras».[50]

La «resurrección»

La imagen de la FDN, los «luchadores de la libertad», como los llama Reagan, y cuya moral compara con la de los Padres Fundadores, es lamentable. Son sólo bandas terroristas y asesinas, dominadas por ex guardias somocistas que ocupan el 99 por ciento de los cargos de comandancia y dirección. Sus atrocidades ya son del dominio público. La CIA ha resucitado a la Guardia Nacional de Somoza.[51] Es urgente cambiarle la imagen.

A finales de 1982 la CIA apresuradamente crea el Directorio Político de la FDN, para que sirva de pantalla civil decorosa, no contaminada de somocismo. Lo forman Adolfo Calero, político conservador, gerente de Coca-Cola en Nicaragua, Alfonso Robelo, ex miembro de la Junta sandinista y presidente del Movimiento Democrático Nicaragüense (MDN) —facción del movimiento ARDE creado por Pastora—, Edgar Chamorro, portavoz de la FDN (ex jesuita que cuelga la sotana en 1969), Alfonso Callejas, ex vicepresidente de Nicaragua hasta su ruptura con Somoza en 1972, Lucía Salazar, viuda de Jorge Salazar, conspirador antisandinista asesinado, Indalecio Rodríguez, médico, ex decano de la universidad y el ex coronel Enrique Bermúdez (el único somocista), comandante de la FDN. Calero acepta la presidencia del directorio y el cargo de comandante en jefe de las FDN y se traslada a Miami.

Arturo Cruz, ex embajador sandinista en Washington, dice que los miembros de ese directorio, pagados generosamente por la CIA e instalados en lujosas oficinas y en residencias en barrios exclusivos de Miami, son la «mafia de Key Biscayne». En marzo de 1985, reclutado por el teniente coronel North, Cruz ingresa a esa mafia,[52] y comienza a dar público apoyo a la ayuda de Estados Unidos a la FDN, a defender a los «rebeldes», a justificar sus atrocidades —culpa de descuido a los sandinistas— y a cabildear en el Congreso para que les renueve la ayuda militar. En algún momento admite haber recibido secretamente dinero de una organización conectada con la CIA.[53] Renuncia en 1987.

A mediados de 1983 la CIA descubre que los «contras» tienen su propia justicia, sus propias cárceles, sus propias cámaras de tortura y cementerios clandestinos donde entierran a los que «ejecutan». Otros cadáveres los arrojan al río o los sepultan en Nicaragua para no dejar rastro. La violación de prisioneras es diaria. Este despliegue de brutalidad aterroriza hasta a los mismos «contras».[54]

En casi tres años de «guerra», la CIA no se ha ocupado ni preocupado de esos crímenes. No es por ignorancia, pues desde el año anterior controla sus actividades. Uno de sus agentes, el mayor Ricardo, de origen colombiano, va cada día de campo en campo, de refugio en refugio, de comandante en comandante haciendo preguntas y tomando notas de lo que ve y oye para comunicarlo a sus superiores. También paga a informadores que tiene en sus filas, en todas las bases y en todas las unidades. Uno de éstos es Ernesto Ortega, ex teniente de la ex guardia somocista, secretario personal de Bermúdez.[55]

La CIA no se escandaliza con los crímenes pero sí con los robos y desfalcos que descubre. Por lo menos la mitad de las partidas que da a Bermúdez para el sostenimiento de esas fuerzas y para el pago de salarios va a parar a su bolsillo y a los del personal del comando más allegado a él. Las fuerzas tienen hambre y los comandantes no reciben su paga. También se entera de que venden armas a la guerrilla salvadoreña. Pero lo que más le irrita es comprobar que en esos tres años Bermúdez y la comandancia, instalados en Tegucigalpa, se ocupan cada vez menos de la «guerra». «Pasan las noches en los bares o jugando a la ruleta en el casino del hotel Maya, rodeados de prostitutas, mientras que la "guerra secreta" se convierte en un secreto a voces en Estados Unidos y el Congreso comienza a estudiar el corte de fondos a las operaciones de la CIA en Centroamérica», escribe el periodista norteamericano Sam Dillon, en su libro sobre los «contras».[56]

Decenas de comandantes firman peticiones para que la CIA expulse a Bermúdez, a Lau, jefe de la contrainsurgencia de la FDN, y a toda la comandancia, no sólo por el robo de sus salarios, sino porque siguen instalados en Tegucigalpa, a trescientos kilómetros del «teatro de operaciones».[57] Bermúdez comienza a sobornar a sus acusadores y Lau —un asesino— a advertirles de que no responde por su vida y a pasar listas de los que va a «ejecutar». Algunos de los firmantes se esconden. Las «ejecuciones» de prisioneros, de «contras» e incluso de comandantes, alegando que son «infiltrados» sandinistas, ha creado una psicosis de terror y de desconfianza en sus filas.[58]

La CIA defenestra a los miembros de la comandancia pero no toca a Bermúdez. Retirarlo sería destapar el escándalo de corrupción, devastador para la FDN, pero más aún para la CIA. Lo engalana con el título de comandante general del comando estratégico de la FDN y acuerda que Bermúdez nombre nuevos ayudantes y traslade su sede a Las Vegas, cerca de la frontera con Nicaragua.[59] Borrón y cuenta nueva.

De la «guerra» y de la paz

A petición del presidente, el Congreso de Estados Unidos aprueba multimillonarios fondos para dar ayuda militar a El Salvador, y otros, igualmente abultados, para frenar el supuesto flujo de armas en el Caribe. Los congresistas no saben que las partidas estaban destinadas a sostener la guerra contra Nicaragua. William Casey, director de la CIA, responsable de informar a sus comités de inteligencia sobre las operaciones en Centroamérica, se encarga de darles informaciones falsas: les asegura que esas partidas se usan sólo para lo que han sido asignadas por el Congreso.

Haig, por su parte, continúa haciendo denuncias contra Nicaragua. Señala que el «inusitado» incremento de su potencial militar, con armamento soviético, amenaza la seguridad de sus vecinos y la de Estados Unidos. Otro tanto hace Enders, subsecretario de Estado, quien afirma que Cuba la está convirtiendo en una «base de avanzada» para operaciones militares en el Caribe.

Humberto Ortega, ministro de Defensa, responde: Nicaragua no tiene que darle cuenta a nadie de los armamentos que adquiere y «mucho menos a los que están impulsando una campaña contra nosotros». A su vez denuncia los planes de Washington de invadir su país con mercenarios nicaragüenses que entrena en campos clandestinos en Florida.

En la Asamblea General de la OEA, en la isla caribeña Santa Lucía, en diciembre de 1981, Haig continúa sus ataques. Dice que la política de Nicaragua es militarista e intervencionista y advierte que Estados Unidos no permitirá que Centroamérica se convierta en una «plataforma de terror y de guerra». No obstante, expresa la voluntad de su gobierno de mejorar sus relaciones. «No hemos cerrado la puerta», afirma. Desde Managua, Daniel Ortega responde que la puerta que deja abierta es tan pequeña que para pasar por ella tendrían que ponerse de rodillas.

En enero de 1982, en la ceremonia de posesión de Suazo Córdova como presidente de Honduras, a la que asisten varios presidentes latinoamericanos, Enders saca de su «chistera» una propuesta para crear la Comunidad Democrática Centroamericana». No incluye a Guatemala, pues el régimen genocida del general Efraín Ríos Montt dañaría la imagen de esa institución, creada en momentos de crisis en «defensa de los valores democráticos». Los presidentes de Colombia, Turbay Ayala, y de Venezuela, Herrera Campins, presentes en esas ceremonias, se adhieren. Enders anuncia que Estados Unidos también formará parte de esa comunidad. Es un mecanismo concebido contra Nicaragua.

José López Portillo, presidente de México, en una reunión de la COPPAL (Conferencia de Partidos Políticos de América Latina) en Managua, en febrero de 1982, propone un plan de paz y se ofrece de «comunicador» entre las partes para resolver lo que llama los tres nudos de la crisis: el conflicto en El Salvador, las tensiones entre Estados Unidos y Nicaragua y las relaciones de Washington y La Habana. Propone varios pactos de no-agresión, la desmilitarización de Nicaragua, la retirada de las fuerzas de Estados Unidos de la región, la desmovilización de la FDN y la suspensión del entrenamiento de exiliados en Estados Unidos. Nicaragua apoya de inmediato la propuesta de México.[60] El día de la llegada a Managua de López Portillo, explota una bomba en el aeropuerto internacional. Cuatro trabajadores mueren y tres quedan gravemente heridos.[61]

La visita de López Portillo a Nicaragua y su propuesta de paz molestan profundamente a Washington. Haig le da una fría recepción. La encuentra insuficiente, pues no garantiza que Cuba y Nicaragua suspendan sus actividades subversivas. A los pocos días, en una sesión especial en la OEA, Reagan presenta su iniciativa para la cuenca del Caribe e ignora olímpicamente la propuesta de México. También ignora la petición de cien congresistas de su país que le urgen a aceptar dicha mediación.[62]

Poco después Jorge Castañeda, canciller de México, tiene una larga conversación con Haig en Nueva York, a la que ambos se refieren de forma positiva.[63] Después va a La Habana y se entrevista con Fidel Castro. En carta a López Portillo, Fidel le expresa su voluntad de cooperar, pero antes Estados Unidos debe comprometerse a no atacar a los vecinos, a poner término a sus continuas amenazas, a suspender la ayuda a los «gobiernos genocidas» de Centroamérica y su actividad subversiva en la región.

Anthony Quaiton, ex director de la Oficina para Combatir el Terrorismo del Departamento de Estado, nuevo embajador en Nicaragua, llega a Managua con un plan de ocho puntos que es, en esencia, el propuesto por Enders —rechazado por los sandinistas— con una adición: Nicaragua debe democratizar su política y celebrar elecciones.[64] Nicaragua responde con un plan de trece puntos y reitera su disposición a dialogar con Washington. Pide que sus representantes se reúnan en México, que participen mediadores mexicanos, y que sea de alto nivel. Estados Unidos responde que será a nivel de embajadores y sin mediadores mexicanos.[65]

Honduras y Nicaragua están al borde de la guerra por las actividades terroristas de los «contras» que operan desde territorio hondureño. Todo indica que Washington está detrás de ese conflicto y que su intención es provocar la confrontación para luego intervenir. Los presidentes Herrera Campins y López Portillo ofrecen mediar y Suazo Córdova, presidente de Honduras, lo acepta de inmediato. Reagan, sin dar respuesta a los presidentes, se apresura a organizar en Costa Rica lo que llama Foro por la Paz y la Democracia, del cual excluye a Nicaragua. México y Venezuela se excusan de asistir. Esa reunión es una farsa.

A mediados de 1982 el *Miami Herald* y la revista *Newsweek* revelan que la guerra de los «contras» es una operación de la CIA y que Reagan está violando la ley. Las partidas para el flujo de armas las usa para sostener la guerra contra Nicaragua. Hasta el momento no ha presentado pruebas de capturas de armamentos, ni de que tal flujo exista. Deanne Hinton, ex embajador en El Salvador, le asegura al Comité de Relaciones Exteriores del Senado que no han cogido «ni una pistola», y el capitán González, del ejército hondureño, comandante de la flotilla de lanchas rápidas —Pirañas—, cuya función es frenar ese tráfico en el golfo de Fonseca, dice que en todo un año no ha visto ni un arma.[66]

Para impedir que esto continúe, en diciembre la Cámara de Representantes aprueba por unanimidad la llamada enmienda Boland —presentada por Edward «Tip» Boland— prohibiendo a la CIA, al Departamento de Defensa y a cualquier otro departamento o agencia de inteligencia usar fondos del año fiscal 1983-1984, directa o indirectamente, en operaciones cuyo objetivo sea derrocar al gobierno de Nicaragua o alentar la guerra entre Nicaragua y Honduras. Tales fondos sólo podrán usarse para detener el flujo de armas para la guerrilla salvadoreña. Según analistas, los términos de esa enmienda son ambiguos y dan pie para que la CIA continúe las operaciones contra Nicaragua. Reagan sanciona la ley y la ignora.

Ese mes Reagan emprende un viaje de cinco días a Brasil, Colombia, Costa Rica y Honduras. Va con la intención de convencer a sus gobiernos de dar apoyo a su política en Centroamérica. La mayoría del continente está en contra. Reagan llega rodeado de una nube de agentes secretos, que son reforzados en cada país con tropas, policías y agentes de seguridad. Los lugares por donde transita su limusina blindada —enviada desde Washington— son aislados por cordones de policías fuertemente armados. Reagan no ve las airadas manifestaciones de protesta que provoca su presencia.

Washington ha anunciado que tal visita obedece a invitaciones de los gobiernos, pero Belisario Betancur, presidente de Colombia, en el banquete que ofrece en honor de Reagan dice que esa invitación ha sido por sugerencia de Washington, critica su política en Centroamérica y en contra de Cuba y de Nicaragua y lamenta que Cuba siga excluida de la OEA.

Reagan se entrevista en San José, Costa Rica, con los presidentes Monge y Álvaro Magaña de El Salvador, en Honduras con Suazo Córdova y vuela a San Pedro de Sula, en la frontera con Guatemala, para hablar con el general Ríos Montt, a quien le da —según sus palabras— «un golpe en el culo». Desde Managua, Daniel Ortega profetiza: «El abrazo que trae Reagan viene lleno de sangre, muerte y tragedia».[67]

La prensa comenta las embarazosas equivocaciones de Reagan en esa gira. En el banquete que ofrece en su honor el presidente de Brasil, general João Figueiredo, brinda por el «presidente de Bolivia». Se corrige:

«Es el próximo país que visitaré». Es Colombia. A su regreso a Washington comenta que ha «aprendido mucho» acerca de América Latina y que le sorprende ver que sean países independientes. Cuando el *Washington Post* hace burla de su ignorancia, Reagan comenta en privado que lo que ha querido decir que no es un solo ente como muchos la ven.[68]

Contadora: alarma continental

América Latina no puede permanecer al margen mientras que Estados Unidos asola la región. Betancur, presidente de Colombia, va a Caracas, a Panamá y a México y en una rápida y exitosa gestión acuerda con sus presidentes buscar una solución negociada a esa explosiva situación. En enero de 1983 los cancilleres de esos cuatro países se reúnen en la isla Contadora, en Panamá, y firman una declaración que expresa —sin mencionar a Estados Unidos— su «profunda preocupación» por la «interferencia extranjera directa o indirecta en los conflictos centroamericanos» y porque tales conflictos se incluyan dentro del marco de la confrontación Este-Oeste. Urge a las naciones en conflicto a establecer el diálogo y reducir las tensiones y a «todos los estados abstenerse de usar amenazas o la fuerza en las relaciones internacionales» y de cualquier acción que pueda empeorar la situación y crear el peligro de generalizar el conflicto a toda la región.[69] Es el primer llamamiento de alarma del continente frente a la grave crisis regional y de crítica a la política de Estados Unidos.

Ese año, entre abril y mayo, los cancilleres de Contadora y de Centroamérica acuerdan la forma de iniciar el proceso de paz y la agenda de las negociaciones. La mayor preocupación es la tensión entre Honduras y Nicaragua, que están al borde de la guerra.[70] En julio, en Cancún, México, los presidentes del grupo de Contadora promulgan otra declaración en la que expresan su «honda preocupación» por el rápido deterioro de la situación en Centroamérica y urgen a esas naciones a firmar compromisos para cesar las hostilidades, congelar los niveles de armamentos, eliminar los asesores extranjeros y prohibir las bases militares extranjeras. Nicaragua la apoya y anuncia que participará en las negociaciones multilaterales.

El 19 de julio, cuarto aniversario del triunfo de la Revolución sandinista, Daniel Ortega expresa su apoyo a Contadora y presenta una propuesta de paz de seis puntos sobre cuestiones de seguridad. Propone un tratado de no agresión con Honduras, el corte del envío de armas a El Salvador, la suspensión de la ayuda militar a fuerzas opuestas a cualquier gobierno centroamericano, dar garantías de respeto a la libre determinación y a la no intervención, la suspensión de la discriminación económica y la hostilidad a cualquiera de sus países, prohibir las bases militares extranjeras en Centroamérica y suspender las maniobras con fuerzas extranjeras.[71]

Estados Unidos y sus aliados en Centroamérica, aunque señalan la importante contribución de la Declaración de Cancún, dicen que ha dejado fuera muchos asuntos importantes, entre éstos la democratización y la verificación. Son las prioridades de Estados Unidos. En carta a los cancilleres de Contadora, Shultz, secretario de Estado, afirma que «sólo asegurando la libre y abierta participación en el proceso democrático, los pueblos de Centroamérica pueden alcanzar la reconciliación».[72]

En una cuarta reunión en Panamá, en septiembre de 1983, los cancilleres aprueban el Documento de Objetivos —conocido como los Veintiún Puntos de Contadora— y anuncia las negociaciones realizadas con los cancilleres de Centroamérica para llegar a acuerdos y establecer mecanismos que ayuden a formalizar y desarrollar los objetivos del documento. Otra vez, sin mencionar a Estados Unidos, hacen una crítica a su política, buscan poner fin a la guerra contra Nicaragua, a la presencia militar de Estados Unidos en Centroamérica, que debe retirarse treinta días después de la firma.

En octubre Nicaragua propone —en el marco de Contadora— cuatro tratados de no-agresión de Nicaragua con Honduras y con Estados Unidos y uno sobre el conflicto salvadoreño. Estados Unidos rechaza esta propuesta.

En las altas esferas de Washington hay alarma por la creciente oposición en el continente a su política en Centroamérica, por la exclusión de Estados Unidos de los foros regionales de negociación y por el enorme apoyo que tiene Contadora en el Congreso. Su boicot a Contadora es cada día más impopular dentro y fuera del país y más criticada su política militarista. En marzo de 1983 Reagan nombra al ex senador republicano Richard Stone como su enviado en Centroamérica para buscar soluciones con esos gobiernos (Stone desempeña su inocua misión hasta febrero de 1984) y en julio crea una comisión bipartidista —seis republicanos y seis demócratas—, liderada por Henry Kissinger, para que visite esos países —incluida Nicaragua— y trace una política de largo plazo para la región. Ambas son medidas cosméticas que no sirven para nada.

La Comisión Kissinger hace dos breves visitas a Centroamérica (Oliver North la acompaña). A Managua llega el 15 de octubre y permanece menos de un día. Habla con Daniel Ortega y con otros miembros del gobierno, pero la mayor parte del tiempo la dedica a entrevistas con líderes de la oposición. Nora Astorga, viceministra de Relaciones Exteriores y embajadora de Nicaragua en la ONU, dice que Kissinger va con ideas preconcebidas y que sólo quiere confirmarlas. Comenta que en la entrevista con Ortega oye a alguien que le dice al oído a Kissinger: «No sigamos escuchando a este hijo de puta».

En enero de 1984 la Comisión publica su informe —132 páginas—, en el que propone mayor ayuda militar a El Salvador, condicionada a la mejora de la situación en derechos humanos (exigencia de Henry Cisneros, alcalde de San Antonio, uno de sus miembros), apoyo a la guerra contra Nicaragua (Cisneros presenta sus reservas), y un programa de ayuda económica de ocho mil millones de dólares en cinco años (no es realista dadas sus enormes dificultades económicas). La Comisión no ofrece solución al conflicto en el Congreso, profundamente dividido sobre el tema de ayuda a la FDN.

Los «combatientes» al ataque

En 1983 la guerra contra Nicaragua comienza a extenderse y a ser más encarnizada. Raymond Doty, jefe de estación de la CIA en Tegucigalpa (1982-1985), ex sargento del ejército y veterano de la guerra en Laos, empuja a los «contras» a penetrar en Nicaragua y a permanecer más tiempo en «combate». El comando del fiero Luis Moreno Payán —«Mike Lima»—, ex subteniente de la ex Guardia somocista, avanza cien, ciento treinta y hasta ciento sesenta kilómetros dentro del territorio nicaragüense causando a su paso muerte y destrucción. El teatro de sus operaciones cubre amplias zonas campesinas.

Edgar Chamorro, portavoz de la FDN, asegura que las fuerzas «rebeldes» —cuatro mil hombres en armas— ya están listas para enfrentar a las fuerzas sandinistas. Dice que la CIA las ha transformado en una fuerza de combate bien organizada, bien armada, bien equipada y bien entrenada «capaz de infligir gran daño a Nicaragua».[73] Crea el Comando de Operaciones Especiales, fuerza de élite de sabotajes, con doce de sus mejores hombres (Johnson es uno de ellos) y lo instala en la región de Las Vegas, cerca a la frontera con Nicaragua. Es la sede del Comando Estratégico de la FDN al mando de Bermúdez. En Las Vegas la CIA crea su propia unidad.[74]

A pesar de tantos avances y tanta preparación el Comando de Operaciones Especiales va de fracaso en fracaso. Algunas de las operaciones —planeadas por los argentinos— las lidera Johnson. Fracasa en dos intentos de destruir doce nuevos tanques soviéticos estacionados en la base militar de La Laguna, a escasos veinte kilómetros de Chinandega, y en tres intentos de volar el Puente de Pasa Caballos, el más grande sobre el Pacífico y de especial importancia estratégica (un equipo de sabotaje de la CIA también fracasa), pues está fuertemente protegido por las fuerzas sandinistas. Entre marzo y junio de 1983 de nuevo fracasa en cuatro nuevos intentos de tomar Jalapa, y cinco columnas de miskitos, cada una de ciento veinticinco hombres, que tratan de tomarse el Puerto Cabezas en la costa Atlántica, son dispersadas por los sandinistas. En la mayoría de estas operaciones el objetivo sigue siendo «liberar» un pedazo de territorio para instalar el «gobierno provisional».

La Operación Maratón —plan de ataques simultáneos a poblaciones cercanas a la frontera—, comienza en septiembre de 1983 con ataques a Ocotal y a Somoto, al norte de Nicaragua. En octubre Mike Lima, un hombre con obsesión de matar y de violar campesinas —comenta uno de sus hombres—, ataca con cuatrocientos «contras» otras poblaciones, al norte de Nicaragua, causando enorme destrucción y muerte.[75] Su ofensiva contra la población de Pantasma, a ciento treinta kilómetros de Managua, es uno de las más devastadoras y más sangrientas de esa guerra sucia. Sus hombres destruyen parte sustancial de la población, roban al banco y congrega en una plaza a la aterrorizada población y en su presencia asesinan a cuchillo a varias personas. Diez funcionarios del Ministerio de Educación, entre éstos tres maestras, armados de fusiles, presentan la más fiera resistencia. Cuando los «contras» les gritan que se rindan le responden: «¡Coman mierda, guardias cochinos! ¡Somos sandinistas!». Cerca de treinta y cinco «contras» rodean el lugar donde se encuentran, lanzan granadas al interior y prenden fuego. La población oye los gritos de las maestras atrapadas entre las llamas, mientras que el edificio se desploma. Los muertos son cerca de cincuenta y las pérdidas materiales se calculan en treinta y cuatro millones de córdobas (cerca de dos millones de dólares). El gobierno sandinista dice que ese ataque es una «masacre», una «atrocidad» y lo muestra como ejemplo de su salvajismo.[76]

Mike Lima es recibido como héroe por sus compañeros cuando regresa a Honduras y la CIA envía un helicóptero para llevarlo a Tegucigalpa, pues Doty y otros agentes quieren felicitarlo. Para la CIA y para la FDN es una «brillante» toma —una de las pocas que han logrado— y una «gran victoria». Adolfo Calero, desde su guerra en seco en Miami, promete: «¡Habrá más Pantasmas!».

Carente de los fondos que le niega el Congreso, la Casa Blanca busca financiar a la FDN con el apoyo de gobiernos amigos y del sector privado norteamericano. Promueve la creación de fundaciones y de organizaciones humanitarias, pseudoprivadas, para recoger fondos. A la «noble causa» de apoyar al pueblo nicaragüense en su lucha por la «liberación» de su patria contribuyen organizaciones no gubernamentales, gobiernos amigos, reyes, príncipes y jeques —dueños de las riquezas petroleras del Oriente Próximo— y un puñado de potentados «altruistas» y viudas millonarias que abren sus carteras para que los «rebeldes» puedan matar comunistas *down there*.

En ese momento de necesidad, Weinberger, secretario de Defensa, le ofrece al presidente el «amplio» apoyo secreto del Pentágono a las operaciones de la CIA en Centroamérica. Les dará armas y personal militar. Procede a enviar equipos militares y armamentos con destino a la FDN, incluidos tres aviones Cessna (han sido modificados para cargar misiles), helicópteros, y personal de sus divisiones de inteligencia. Tal personal toma parte en las operaciones terroristas, en los sabotajes dinamiteros, en ataques con misiles a los puertos, en la voladura del oleoducto en Puerto Sandino —el único de Nicaragua— y de varios puentes. También toma parte en las actividades militares de los «contras».[77]

En abril de 1983 Reagan pide al Congreso una sesión conjunta de ambas cámaras para exponer su política en Centroamérica. En un discurso, descrito por la revista *The Nation* como «feroz, distorsionado e inflamatorio», lleno de «falsas analogías históricas» y de «falsedades», plantea esa crisis como un problema de interés nacional. Dice que la proximidad geográfica de la región «afecta directamente la seguridad y el bienestar de nuestra gente». Tanta verbosidad y tanta alarma sobre la «amenaza roja» no convencen al Congreso. La Cámara y el Senado deciden enviar misiones a Centroamérica. A su regreso ambas concluyen que Reagan viola, cuando menos, el «espíritu» de la enmienda Boland.

En mayo el Comité de Inteligencia de la Cámara corta los fondos a las operaciones de la CIA en esa región tras comprobar que no se utilizan para interceptar armamentos —como asegura el gobierno—, sino para intentar derrocar al gobierno sandinista. Ese mes, Casey, director de la CIA, y Enders aseguran a los comités de inteligencia de ambas cámaras que la FDN tiene «buenas posibilidades» de derrocar al gobierno, que caería al final de ese año. «Nos dijeron —comenta un representante— que si cortamos la ayuda seremos responsables de abortar una gran oportunidad de hacer retroceder los avances comunistas en Centroamérica.»[78]

En junio la prensa revela que el gobierno quiere internacionalizar ante la opinión pública la cuestión de Nicaragua y provocar una crisis semejante a la de los misiles soviéticos en Cuba. En efecto, fuentes oficiales informan que los sandinistas tienen intenciones de recibir tropas cubanas y de instalar una base nuclear soviética en su país. Si esto sucede, informa el *Miami Herald,* serán bombardeadas las instalaciones militares «soviéticas o cubanas», y si Nicaragua adquiere aviones MIG, le impondrá un bloqueo naval —quizás, también a Cuba— y emplazará fuerzas de combate y aviones militares en Honduras. Tomás Borge niega enfáticamente tales consejos. [79]

En julio de 1983 —Contadora acaba de presentar su primera propuesta de paz—, Estados Unidos envía flotas de guerra al Pacífico y al Caribe y anuncia maniobras conjuntas con Honduras —«Big Pine II»—, en territorio hondureño.[80]

Comienzan a aparecer informes de inteligencia, filtrados a la prensa, que señalan grandes avances de la FDN y de su «victoria» en seis meses. En las altas esferas de Washington hay prisa y hay preocupación. Un documento del CNS, de ese mes, dice que el Pentágono ve que la situación en Centroamérica está llegando a un «punto crítico», pero que aún es posible cumplir con los objetivos sin el uso directo de tropas, siempre y cuando se tome una acción efectiva.

También en julio el *New York Times,* en un artículo titulado «Reagan planea incrementar la actividad militar en Centroamérica» informa que las maniobras navales y aéreas que comenzarán en agosto servirán para aumentar su presencia militar en la región y para preparar el bloqueo a Nicaragua. Las maniobras duran seis meses. Un barco espía queda fondeado en el Pacífico, frente a las costas de Nicaragua, equipado con helicópteros de combate y con la fuerza de mercenarios latinoamericanos (UCLA). Desde ese «barco madre» la CIA comienza a realizar sabotajes contra objetivos industriales y comerciales a lo largo de sus costas.[81]

Después de la invasión norteamericana a Granada, en octubre de ese año, Nicaragua teme ser el próximo blanco. Moviliza al ejército, a los reservistas, a las milicias populares y a los Comités de Defensa Sandinista, prepara refugios en todo el país y sistemas de asistencia médica de emergencia y de evacuación. El mensaje que envía a Washington es que una invasión a Nicaragua le costará mucho más que la de Granada. A la vez toma medidas para reducir las tensiones con Washington: relaja la censura de prensa, pide a la insurgencia salvadoreña mover sus oficinas a otro país y a Cuba retirar sus técnicos y educadores (salen cerca de dos mil). En diciembre libera a los miskitos prisioneros, decreta amnistía a los insurgentes del norte de la provincia de Zelaya y anuncia que permitirá el regreso de exiliados y de «contras», pero excluye a los ex guardias somocistas. Dice que si regresan podrán participar en el reparto de tierras de la reforma agraria, a los que las perdieron les serán devueltas y serán compensados. A mediados de diciembre han regresado más de cien.

Nicaragua vuelve a presentar propuestas de paz. El canciller D'Escoto propone cuatro tratados, dentro del marco de Contadora, pero Langhorne Motley, subsecretario de Estado para Asuntos Interamericanos (Enders ha sido retirado por «blando») los rechaza. Esta nueva negativa de Washington a una negociación con los sandinistas molesta a congresistas demócratas. El representante Michael Barnes dice que no es cierto lo que afirma el gobierno, que las operaciones encubiertas contra Nicaragua son para obligar a los sandinistas a sentarse en la mesa de negociaciones, pues Nicaragua ha tratado de tener ese diálogo desde un principio y que es Estados Unidos el que se ha negado a negociar. Agrega que ahora se enteran de que el propósito verdadero de esas operaciones es derrocar a la Revolución en Nicaragua, prohibidas por el Congreso.

La invasión a Granada, aplaudida por la opinión pública norteamericana como una «victoria», da nuevas ínfulas a Washington para avanzar en la solución militar contra Nicaragua. Los militares centroamericanos ven próxima esa invasión y el hundimiento de los sandinistas. Con el consejo del Comando Sur resucitan a CONDECA —acuerdo regional de sus ejércitos—, pues Washington necesita unificar esos ejércitos para usarlos en una eventual intervención en el país. En reuniones secretas en Tegucigalpa, el 22 y el 23 de octubre de 1983, sus altos mandos y el Comando Sur estudian la posibilidad de una acción militar conjunta para la «pacificación de Nicaragua» y hablan de dar apoyo al «gobierno provisional» que instalen los «rebeldes» en algún lugar del país. El general Álvarez, ministro de Defensa de Honduras (cae en 1984) manifiesta la intención de celebrar su cumpleaños, el 12 de diciembre, en Managua.[82]

La Cámara de Representantes también ve que Nicaragua puede ser el próximo objetivo de Reagan y el 17 de noviembre —tres semanas después de la invasión a Granada— aprueba una resolución de apoyo a Contadora. Su mensaje es que no permitirá que lo de Granada se repita en Centroamérica. La solución debe ser negociada.

El terrorismo de los «contras»

La «guerra secreta» contra Nicaragua se ha convertido en una «piñata» internacional en la que toman parte, de una forma u otra, criminales, terroristas, mercenarios, paramilitares, soldados de fortuna, desempleados de varias nacionalidades, ex Boinas Verdes, cubanos veteranos de Bahía de Cochinos, militares retirados, ex agentes de la CIA, gorilas argentinos y asesores israelíes (en 1983 tiene cerca de treinta).

En agosto de 1984 llegan a la base en Las Vegas Dana Parker y Jim Powell, mercenarios norteamericanos, ex veteranos de la guerra en Vietnam y miembros de la organización paramilitar de ultraderecha, Asistencia Civil Militar (Civil Military Asistance) —fundada por miembros del Ku Klux Klan y de la John Birch Society—. Los lleva Mario Calero —hermano de Adolfo—, para que sirvan de entrenadores. Al mes, Bermúdez los autoriza a lanzar un ataque contra la base militar en Apalí, a unos diecisiete kilómetros de la frontera con Honduras, uno de los objetivos de la CIA. Llenan tres pequeños aviones Cessna y un helicóptero de la «fuerza aérea» de la FDN —donados por el Pentágono— con misiles, ametralladoras y munición suficiente para «matar comunistas desde el aire», dicen. Los Cessna, pilotados por nicaragüenses, bombardean la base y matan a una mujer, asistente de cocina, y a tres niños. No hieren a ningún soldado. Los sandinistas derriban el helicóptero y mueren Powell, Parker y Marco Pozo, nicaragüense. Los sandinistas publican documentos y mapas hallados entre los escombros para mostrar que el Tío Sam está sumergido en esa «guerra».

Tal incidente ocasiona un escándalo en Estados Unidos y todos se enfurecen: el Congreso con la CIA, a la que responsabiliza de haber ordenado ese ataque, la CIA con Bermúdez por haberlo autorizado sin su permiso y Bermúdez, tembloroso, con esos «gringos idiotas» que le han convencido de ese ataque.[83]

Otro gran escándalo comienza a gestarse cuando Adolfo Calero, máximo líder político de las FDN, ayuda a Frank Wohl, joven norteamericano de veintiún años, amante de las causas de ultraderecha que está «enamorado» de esa guerra, a relacionarse con los *right guys* en Honduras. Llega a mediados de 1984, se presenta al Comando de Bermúdez como fotógrafo independiente y él lo autoriza a ir a la base de Las Vegas. Ahí le dan un uniforme azul —distintivo de la FDN— y él adopta el pseudónimo de «Rata Asesina». Conoce a Benito Centeno, «Mack», ex guardia somocista, en cuya base, La Lodosa, ocurren crímenes que alarman a los mismos comandantes. Pero Mack está rodeado de viejos colegas —un puñado de asesinos— y tiene buenas relaciones con Bermúdez, con los argentinos y con los agentes de la CIA —trío que desconoce el respeto a los derechos humanos— y nadie le dice nada.

Wohl y Mack se hacen amigos y Mack lo invita a La Lodosa. Pasa tres meses con sus hombres y los acompaña en incursiones en Nicaragua. De un primer viaje regresa a Estados Unidos lleno de fervor por los «contras» y por su guerra, del segundo llega desilusionado: los comandantes no combaten, se quedan en Honduras «cuidando el pellejo» y las patrullas vuelven diciendo que han destruido objetivos que ni siquiera han atacado. Trae treinta rollos de fotografía y una serie de treinta y dos diapositivas en colores. Se las muestra a un amigo y éste queda espantado.

La serie muestra el asesinato de un hombre, desde el momento en que cava su fosa hasta en el que un joven indígena le hunde un largo cuchillo en el corazón.[84] La revista *Newsweek* publica cuatro fotos de esa serie, en abril de 1985, bajo el título: «Ejecución en la selva» y provoca un tremendo escándalo. Calero, la CIA y North, furibundos, no objetan el horrendo crimen sino su publicación. Comienzan las declaraciones a alto nivel para asegurar que «son falsas», son un «truco», que es propaganda arreglada por los sandinistas. Johnson sabe que ese crimen es obra de los hombres de Mack. La CIA le exige a Bermúdez investigar ese asunto. A Mack no le pasa nada, ni su nombre se menciona en relación con ese crimen.[85] La Cámara de Representantes rechaza (248 votos contra 180) una ayuda adicional que pide el gobierno para la FDN. Washington, Calero y los «contras» atribuyen ese fracaso a las fotos.

En marzo de 1985 los principales diarios y las cadenas de televisión de Estados Unidos divulgan el informe de la Comisión de Investigación, liderada por Reed Brody, ex procurador asistente del Estado de Nueva York, titulado «Terror de la "contra" en Nicaragua», que recoge testimonios de miles de víctimas y de testigos presenciales de hechos ocurridos desde el inicio de sus operaciones, en diciembre de 1981, hasta enero de 1985. Además incluye casos investigados, documentados y publicados por organizaciones defensoras de derechos humanos y los citados en el informe del gobierno sandinista al Tribunal Internacional de Justicia, basado en una lista preparada por la jerarquía de la Iglesia católica de Nicaragua.[86]

El Informe Brody levanta ampollas en la administración Reagan, pues expone los crímenes de los «rebeldes» y esto puede malograr su campaña en el Congreso para obtener fondos. En un discurso, en una de las fundaciones que recogen fondos para las FDN, Reagan dice que la «llamada investigación independiente» ha ignorado «la brutalidad comunista, el asesinato de indígenas y el arresto, la tortura y el asesinato de disidentes» y que Brody ha sido «pastoreado» a través de Nicaragua por sandinistas. El periodista Anthony Lewis, en su columna en el *New York Times,* acusa a Reagan de usar «lenguaje orweliano» y «tácticas maccartistas» en sus acusaciones contra Brody.[87]

La imagen de las FDN es de incompetencia y de brutalidad, la de Bermúdez y de la comandancia de ineficiencia y corrupción y la del directorio político, cuyo presidente es Adolfo Calero, de inútil y corrupta. Calero tiene en los puestos más lucrativos a amigos y familiares. Además la situación económica de esa operación es crítica y esto se debe a despilfarros o a robos, advierte Oliver North a Calero y a Bermúdez en una reunión en Miami.[88] La cruda realidad para los halcones de Washington es que «su guerra» ha sido un costoso fracaso y que los corruptos «luchadores de la libertad» están haciendo su agosto a sus expensas...

Terrorismo USA

Irritada con la incapacidad militar de la FDN, la CIA decide tomar en sus manos, de forma más descarada, la acción contra Nicaragua, aunque la hace aparecer como obra de los «contras». El gobierno sandinista desvela un intento de asesinato de la CIA al canciller D'Escoto. Una doble agente nicaragüense, reclutada por la CIA en su embajada en Tegucigalpa, da la información y las pruebas. Nicaragua expulsa a tres diplomáticos norteamericanos implicados en el atentado. En represalia, Estados Unidos cierra sus seis consulados en Nicaragua y expulsa a veintiún funcionarios consulares nicaragüenses.[89]

En diciembre de 1982 Tomás Borge, ministro del Interior, denuncia un plan de sabotaje de la CIA y muestra a la prensa los explosivos plásticos, camuflados en linternas y en «loncheras» que iba a colocar en salas de cine, en supermercados y en vehículos de transporte público la víspera de la Navidad. El nombre en código de esa operación era «Navidad Amarga».[90]

Desde el «barco madre», fondeado frente a las costas de Nicaragua, la CIA lanza una serie de acciones terroristas: en septiembre ataca con misiles Puerto Sandino; el mes siguiente hombres rana vuelan en ese puerto el oleoducto submarino —el único del país—; en octubre ataca con morteros, misiles y granadas Puerto Corinto —el más grande de Nicaragua—, ocasionando la explosión de cinco grandes tanques de petróleo y de gasolina. Más de cien personas resultan heridas y el feroz incendio, incontrolable durante dos días, obliga la evacuación de veintitrés mil personas.[91]

El 8 de septiembre de 1983, al amanecer, dos pequeños aviones cruzan el territorio de Nicaragua y bombardean un barrio residencial de Managua, cerca de la vivienda del canciller D'Escoto, el aeropuerto internacional y una base militar adyacente. Uno es derribado y se estrella contra la torre de control. Parte del terminal de pasajeros queda destruido pero no hay víctimas. Los dos pilotos mueren. ARDE, organización de Edén Pastora, reivindica esos sabotajes, pero documentos capturados muestran que el avión derribado, un Cessna, tiene registro de una compañía aérea en Virginia, donde la CIA tiene su sede.[92]

Pero el más grave sabotaje de todos, por las repercusiones nacionales e internacionales que tiene, es la colocación de minas en los puertos de Corinto, Puerto Sandino y El Bluff, en enero de 1984. Ante el aluvión de críticas y de protestas de Francia y Gran Bretaña y de los gobiernos cuyos barcos han sido hundidos o averiados, el Congreso entra en pánico. Es «una violación del derecho internacional», es «un acto de guerra que no sé cómo vamos a explicar», escribe enfurecido el senador republicano Barry Goldwater, presidente del Comité de Inteligencia del Senado, a Casey, director de la CIA. *Barricada Internacional*, diario nicaragüense, informa que esas minas han causado daños a embarcaciones de nueve naciones, hundido siete barcos pesqueros de Nicaragua y ocasionado la muerte de siete pescadores nicaragüenses. En marzo una de esas minas avería un barco tanque soviético y hiere a varios de sus tripulantes. El *Wall Street Journal* señala que la responsabilidad de tales hechos recae sobre Estados Unidos, pues son obra de la CIA.

No obstante, la CIA, antes del escándalo, intenta esconder la mano. Edgar Chamorro, portavoz de la FDN, cuenta que en la madrugada del 5 de enero de 1984 uno de sus agentes lo despierta para entregarle un comunicado de prensa, redactado en «excelente español», que él debe trasmitir de inmediato por la emisora de los «rebeldes» antes de que los sandinistas lo hagan. Decía que la FDN había colocado minas en varios puertos en Nicaragua. No era la primera vez que la CIA daba crédito a los «contras» de operaciones que desconocían, comenta Chamorro. Y agrega que cuando ocurre el incidente del buque soviético, el mismo agente le urge para que niegue toda responsabilidad de las FDN en ese hecho.

Imposibilitada para negar su responsabilidad en el minado de los puertos, la administración Reagan pasa al ataque. Altos funcionarios declaran que éste fue un acto de «defensa propia» ajustado al derecho internacional, pues el apoyo que da Nicaragua a la guerrilla salvadoreña es un «acto de agresión» al que ha dado respuesta. Reagan asegura cínicamente que esas minas son de industria casera y que no pueden hundir barcos. «Pienso que es mucha bulla por nada» (*much ado about nothing*), agrega.[93]

En abril el gobierno sandinista denuncia ese hecho y otros actos de agresión de Estados Unidos y de los «contras» a su país ante el Tribunal Internacional de Justicia de La Haya. Nicaragua gana la demanda. Al mes, el Tribunal, por unanimidad, ordena a Estados Unidos suspender de inmediato cualquier intento de bloquear o minar los puertos de Nicaragua y respetar su soberanía, que no debe ser puesta en peligro «por ninguna actividad militar o paramilitar» (en esta parte se abstiene el juez norteamericano). Reagan advierte que Estados Unidos no reconocerá la jurisdicción del Tribunal en relación a Centroamérica por un período de dos años.

En octubre estalla otro escándalo mayúsculo cuando influyentes diarios informan sobre la existencia de un manual de terrorismo —elaborado por la CIA— para uso de la FDN. El manual —semejante a otro para el uso de sus tropas en Vietnam— recomienda el terrorismo selectivo: el asesinato de funcionarios del gobierno, de líderes campesinos, de jueces, de policías, de funcionarios de Seguridad del Estado, de jefes de los Comités de Defensa Sandinista (CDS), etcétera. Ese «etcétera» —comenta un analista— es una autorización implícita para extenderlos a otras categorías. Recomienda el secuestro de personalidades y de civiles, pues siempre habrá una «excusa», «ejecuciones» públicas y contratar «cuando sea posible» a criminales profesionales y a desempleados para «trabajos selectivos». También propone la «creación de mártires» provocando tiroteos con las autoridades.[94]

Edgar Chamorro ayuda a traducir el manual al español y suprime los pasajes que recomiendan la contratación de criminales y la creación de mártires por inmorales y peligrosos. «No me interesaba convertirme en mártir de la CIA», afirma. El manual completo, editado y traducido por un «soldado de la fortuna», ya circula entre los «contras». Reagan no niega la existencia del manual pero dice que es sólo un proyecto.

Bajo la administración Reagan, Estados Unidos es el súmmum de un Estado terrorista, el tema que él más combate.

El «dueño del circo»

Nicaragua se prepara a celebrar las primeras elecciones de la Revolución y Reagan lanza una campaña para calificarlas de antemano de «farsa estilo soviético». Su embajada en Managua presiona y soborna a los partidos y a los políticos de oposición para que no participen. Virgilio Godoy —candidato del Partido Liberal Independiente— anuncia la retirada de su candidatura y de su partido después de una visita que le hiciera el embajador. Se dice que recibe un soborno de trescientos mil dólares.[95]

El 5 de noviembre de 1984, dos días antes de la reelección de Reagan, Nicaragua celebra sus elecciones con supervisión internacional. Daniel Ortega y Sergio Ramírez son elegidos presidente y vicepresidente, con el 63 por ciento de los votos y el Frente Sandinista obtiene 61 de los 96 escaños de la nueva Asamblea Legislativa. Nicaragua legitima su revolución a pesar de los esfuerzos de Washington para que los comicios fracasen.

La mayoría de los observadores internacionales aseguran que las elecciones han sido libres y justas. Washington sostiene que han sido fraudulentas. «Lo más fraudulento en las elecciones en Nicaragua —escribe John Oakes, ex editor del *New York Times*—, es el papel que juega la embajada de Estados Unidos», pues sus «funcionarios en Managua admiten haber ejercido presiones para obligar a los políticos de la oposición a retirarse de los comicios, para aislar a los sandinistas y para desacreditar al régimen».[96]

El 6 de noviembre de 1984, cuando millones de norteamericanos siguen el desarrollo de las elecciones en su país, la CBS informa que fuentes oficiales dicen que un carguero soviético se dirige a Nicaragua con un cargamento de aviones de combate MIG-21 y que Washington ha advertido a Moscú que no tolerará su entrega y que tomará medidas militares apropiadas —bombardeos selectivos— para destruir los aviones y sus instalaciones en Nicaragua.[97] Daniel Ortega, tres semanas antes de ese pseudoescándalo, había dicho a periodistas que Nicaragua no esperaba ningún avión MIG de la URSS y que no había logrado comprar aviones de combate en otros países.

Simultáneamente a esa ofensiva de intimidación, con mensajes amenazantes de altos funcionarios, el Pentágono acentúa el hostigamiento militar a Nicaragua, con maniobras conjuntas en Honduras, cerca de sus fronteras, y en el Caribe y fondea un barco de guerra frente al Puerto de Corinto, en el Pacífico, donde atracan los barcos soviéticos, y atemoriza a la población con vuelos diarios sobre Managua, a la misma hora —las nueve de la mañana—, durante una semana de un avión supersónico Blackbird SR-27 —el más sofisticado de la fuerza aérea de Estados Unidos—. Mientras tanto, el Centro de Información de Defensa anuncia que unidades de las divisiones 82 Aerotransportada y de la Aérea de Asalto —en ese momento en ejercicios de combate en Fort Stewart, en Georgia— «serían la punta de lanza de cualquier invasión de Estados Unidos».[98]

Tantas demostraciones de fuerza alarman a Nicaragua, pero también al Congreso y a la opinión pública de Estados Unidos, pues temen que estén en marcha los preparativos para invadir a Nicaragua. Altos funcionarios niegan que tal plan exista, pero el *New York Times*, el 8 de noviembre, recuerda que eso mismo dijeron antes de la invasión a Granada.

El gobierno sandinista se prepara para lo peor. Moviliza las fuerzas armadas, las reservas y las milicias y rodea Managua de tanques y de defensas antiaéreas. Después de la invasión a Granada, Nicaragua puede ser la próxima víctima.

Tales despliegues de fuerza y de amenazas a Nicaragua alarman al continente. El grupo de Contadora continúa sus esfuerzos para lograr una paz negociada en Centroamérica, con el apoyo de la mayoría de los gobiernos, del Congreso, de los medios de comunicación más influyentes y de sectores de la opinión pública de Estados Unidos. Nada de esto le importa a Reagan. Sus halcones continúan el boicot sistemático a todo acuerdo de paz. Daniel Ortega dice que para que las negociaciones funcionen deben hacerlo directamente con el «dueño del circo», pues la paz no es posible sin que Estados Unidos se comprometa formalmente a respetar tales acuerdos.

Es obvio que la administración Reagan no está dispuesta a negociar. Sólo quiere la solución militar. Los diálogos bilaterales que realiza con Nicaragua en Manzanillo (México) —se inician en junio de 1984— llevan ocho rondas sin llegar a nada. Son una farsa para contentar a la opinión pública y al Congreso mientras se realizan las elecciones presidenciales (la reelección de Reagan es segura). Las condiciones que plantea Harry Shlaudeman, negociador de Estados Unidos, son tan extremas que no pueden tomarse en serio. Sus instrucciones son dialogar sin llegar a un acuerdo.[99] En efecto, después de la reelección de Reagan, Estados Unidos se retira abruptamente, no sin antes acusar a Nicaragua de querer usar los diálogos para minar el acuerdo de Contadora.[100]

En septiembre, antes de la reelección de Reagan, el grupo de Contadora presenta un tratado de paz de veintiún puntos. El Salvador, Honduras y Costa Rica, grupo de Tegucigalpa aliado de Estados Unidos (el régimen militar de Guatemala se mantiene al margen) expresan su acuerdo y Shultz, secretario de Estado, dice que es un «importante paso hacia adelante» pues tiene elementos positivos.[101] Cuando Nicaragua anuncia que lo firmará sin modificaciones, Estados Unidos y sus aliados centroamericanos comienzan a expresar objeciones. Nicaragua los cogió «fuera de juego», comenta un alto funcionario norteamericano. Nadie creía que lo firmaría por las enormes exigencias que se le hacen.

El tratado es fruto de dieciocho meses de intensas y difíciles negociaciones, obstaculizadas por Washington, que continúa dando apoyo a los «contras». La CIA prosigue los ataques terroristas y el Pentágono sigue realizando maniobras militares conjuntas con Honduras, cerca de la frontera con Nicaragua, y en el Caribe. Los cancilleres de Colombia y de México protestan. Quieren que el tratado se firme antes de las elecciones en Estados Unidos, pues temen que con la reelección de Reagan la guerra se prolongará cuatro años más.

Washington alega que el texto del tratado no es satisfactorio, es parcial y que no es claro respecto a las cuestiones de seguridad y de verificación, que incluye los principales objetivos de Nicaragua —el cese del apoyo de Estados Unidos a la FDN y la suspensión de su presencia militar en la región— y sólo ofrece vagas promesas de «democratización» y de «verificación» que son su principal preocupación. Objeta la suspensión de la ayuda militar a Honduras y a El Salvador —contemplado en el tratado— mientras que Nicaragua no reduzca sus fuerzas militares.[102] Sus aliados centroamericanos presentan las mismas objeciones.

Sepúlveda, canciller de México, expresa su irritación. Afirma que la clara intención de Washington es bloquear el tratado y señala que desde un comienzo fue aceptado como un documento «final» por todos, incluidos los funcionarios norteamericanos.

La Cámara de Representantes rechaza una nueva solicitud de Reagan —pide veintiún millones de dólares— de ayuda a la FDN. El apoyo a Contadora es generalizado. A Washington le llueven críticas, dentro y fuera del país, por intentar obstaculizarlo.

Los tres países del grupo de Tegucigalpa presentan su propuesta de enmiendas que eliminan todo lo que no es aceptable para Washington. Proponen que la verificación sea función de los cancilleres centroamericanos y plantea la paridad del potencial militar de las fuerzas armadas de esos países.[103] Nicaragua se opone. No acepta —entre otras cosas— la paridad militar, pues es el único país del continente bajo la agresión militar norteamericana. Insiste en que Estados Unidos firme un protocolo adicional en el que se comprometa a cumplir los acuerdos y suspenda su ayuda a los «contras».[104]

La sujeción del grupo de Tegucigalpa a Washington queda explícito en un documento del Consejo Nacional de Seguridad en el que celebra el «éxito» de sus gestiones: «Hemos derrotado el último esfuerzo nicaragüense/mexicano de acelerar la firma del tratado no satisfactorio de Contadora», y que después de intensas consultas los centroamericanos presentaron una modificación que «refleja muchas de nuestras preocupaciones y cambia el foco de Contadora a un documento ampliamente consistente con los intereses de Estados Unidos».[105]

En julio de 1985, durante la posesión de Alan García como presidente de Perú, los mandatarios de Argentina, Brasil, Uruguay y el propio Perú (todos gobiernos democráticos) crean el Grupo de Apoyo a Contadora. Tal medida, inesperada, es aplaudida por el continente y por sectores del Congreso y de influyentes diarios de Estados Unidos. Es un importante apoyo a Contadora y una manifestación de rechazo a la política de Reagan.

La creación del Grupo de Apoyo causa un enorme desagrado a la administración Reagan. Antes de la reunión de cancilleres del grupo de Contadora, programada para el mes de septiembre de 1985, pone en marcha su maquinaria para tratar de boicotearlo. Envía a Shlaudeman —negociador en Manzanillo— a esos países para que obliguen al gobierno sandinista a negociar con los «contras»; Abrams ordena a los embajadores centroamericanos desarrollar una «activa diplomacia» para oponerse a cualquier intento de Contadora que sea contrario a los intereses de Estados Unidos; y el secretario de Estado, Shultz, plantea al grupo de Tegucigalpa los intereses de su país y señala la importancia de la reconciliación interna en Nicaragua. Quiere obligar a los sandinistas a dialogar con los «contras». Diarios mexicanos informan sobre una misión que ha enviado Washington a varios países para que desistan de firmar el Tratado de Contadora.[106]

En septiembre el grupo de Contadora presenta un proyecto revisado del tratado de paz que da mayor atención a la verificación y la ejecución del tratado e incluye las enmiendas propuestas por el grupo de Tegucigalpa. El gobierno sandinista anuncia que no lo firma por ser «totalmente» favorable a los intereses de Estados Unidos, ni firmará ningún otro acuerdo hasta que Estados Unidos se comprometa a cumplirlo y a suspender la ayuda a los «contras»[107]. No obstante, acepta cien de los ciento diecisiete puntos del proyecto revisado. Los diecisiete que no acepta se refieren a asuntos de seguridad. El tratado modificado suprime la prohibición a las maniobras militares, las garantías de seguridad a Nicaragua contra la agresión norteamericana y su propuesta para un «balance razonable» de las fuerzas armadas de la región. Nicaragua pide que tales puntos sean incluidos de nuevo. No se hace. Entonces propone que se suspendan las negociaciones durante cinco meses, hasta que se realicen las elecciones presidenciales en Costa Rica, Guatemala y Honduras. En ese momento el decir general es que Contadora no está muerta pero sufre una enfermedad terminal.[108]

Shultz, de camino hacia la Asamblea de la OEA en Cartagena, en diciembre, dice que no suspenderá la ayuda a la FDN y mantendrá su política contra Nicaragua, a la que califica de «cáncer» en Centroamérica.[109]

Sandinistas al ataque

Entre 1984 y 1985 Nicaragua fortalece su potencial militar con modernos y sofisticados armamentos soviéticos, cuyo coste aproximado —según datos de Washington— es de quinientos cincuenta millones de dólares. Tiene un ejército de sesenta mil hombres, ciento cincuenta mil jóvenes —hombres y mujeres— de las milicias populares, armadas y entrenadas, nuevas instalaciones militares cerca de la frontera con Honduras y un batallón de mil hombres frente a la base de los «contras» en Las Vegas.[110]

Los sandinistas se lanzan al ataque en campo «enemigo». Las hostilidades en la frontera aumentan en intensidad y en frecuencia. Sus fuerzas armadas son superiores en número, en armamentos y en motivaciones. Con modernos proyectiles atacan la base de las FDN en Las Vegas. En un ataque, las tropas sandinistas, respaldadas por helicópteros, lanzan cohetes a las bases de los «contras» y matan a cuatro y a un caporal hondureño y hieren a varios soldados de ese país. La población hondureña evacua esa zona.[111]

El volumen de muertos y heridos y los destrozos causados a sus campamentos tienen atemorizados a los «contras». Un mortero le despedaza una pierna a Mike Lima, uno de los más brutales y más apreciados por la CIA; al Tigrillo, otro comandante estrella, otro mortero le arranca una rodilla y después de un ataque a La Lodosa —campamento de Mack— se traslada a una zona lejos de la frontera.[112]

El número de heridos sobrepasa las capacidades de la clínica de la CIA, instalada en una mansión a unos veinte kilómetros de Tegucigalpa (es sólo para cincuenta), y tiene que habilitar tiendas de campaña en su base de El Aguacate. El constante tráfico de heridos a esa base —se hace en helicópteros—, saca a la luz la intensidad de esa guerra. Diarios hondureños dan amplia información sobre los ataques y sobre el movimiento de heridos. El gobierno de Honduras se alarma y los militares protestan.[113]

Los militares hondureños, hartos de los ataques sandinistas que ponen en peligro su seguridad, ocasionan muertes y daños a la población y, más que hartos con los «contras», ordenan a Bermúdez salir de Las Vegas y envían aviones para cubrir su retirada a Yamales, varios kilómetros al norte, fuera del alcance de los misiles sandinistas.[114]

Las derrotas militares y los fracasos de los «contras» tienen enfurecidos a sus mentores. Su mala imagen desalienta al Congreso a dar apoyo a Reagan. En una reunión en Miami, a mediados de 1985, Oliver North, a cargo de esas operaciones, le pide a Bermúdez atacar las principales ciudades. A su regreso Bermúdez ordena una ofensiva contra La Trinidad, población de ocho mil habitantes, cerca de la carretera Panamericana, a ciento veinticinco kilómetros de Managua y la destrucción de varios puentes. Despacha un comando de dos mil hombres. Los «contras» entran en La Trinidad pero son recibidos con descargas de las fuerzas sandinistas, cubiertas por aviones de combate y helicópteros. Más de cien «contras» son dados de baja. El fuego aéreo y las bajas que sufren los aterrorizan. Ese año no vuelven a salir de Honduras y miles de los que se encuentran dentro de Nicaragua, muertos de hambre y sin provisiones, regresan.

Borge, ministro del Interior, monta una red de inteligencia para detectar los focos contrarrevolucionarios dentro del país y a los individuos que los ayudan. Hay detenciones masivas, movilizaciones de la población de las zonas más expuestas y reasentamientos de centenares de campesinos en zonas lejanas a las fronteras. Tales medidas son calificadas de draconianas. También realiza bombardeos contra lugares considerados nidos de contrarrevolucionarios.[115]

Los soldados cometen excesos —incluso hay casos de torturas y asesinatos— contra supuestos colaboradores. Un pastor protestante denuncia tales atropellos. El gobierno detiene a los soldados y policías responsables de esos hechos y publica las sentencias para demostrar que en Nicaragua se hace justicia. El gobierno maneja con rudeza su política de seguridad pero busca ganarse a los campesinos pagando mejores precios por sus productos y repartiendo tierras, ya que reconoce que fue un error entregarlas sólo a las cooperativas controladas por el gobierno y comienza a darlas a individuos y a familias. Tales medidas mejoran las relaciones con los campesinos[116] y estimulan el regreso de exiliados a Nicaragua.

La Iglesia al ataque

Otro frente de batalla para los sandinistas es el que sostienen con la jerarquía de la Iglesia católica. El arzobispo Miguel Obando y Bravo, duro crítico de la Revolución, se opone a que representantes de la Iglesia colaboren con la Revolución y quiere que los prominentes sacerdotes que ocupan altos cargos en el gobierno renuncien. Ellos son Ernesto Cardenal, ministro de Cultura, Fernando Cardenal —su hermano—, jesuita, de Educación y Miguel D'Escoto, de la comunidad Maryknoll, de Relaciones Exteriores. Otros sacerdotes ocupan otros altos cargos en la administración y muchos apoyan y cooperan en programas sociales del gobierno.

En ningún otro proceso revolucionario en el continente el factor religioso juega un papel tan determinante como en Nicaragua. Tomás Borge, uno de los fundadores del FSLN (ministro del Interior de la Revolución), busca el apoyo de sacerdotes progresistas en la lucha contra la dictadura de Somoza. El primero en hacerlo es Ernesto Cardenal. El FSLN establece una alianza entre revolucionarios y cristianos. Las contradicciones que puedan existir pueden superarse, pues la lucha es contra la dictadura y en favor de los derechos del pueblo, afirma Borge. Sacerdotes y monjas —seguidores de la Teología de la Liberación— movilizan a las masas y luego se involucran en la construcción de la «Nueva Nicaragua» ayudando al pueblo.

A medida que la Revolución se radicaliza, el arzobispo Obando y Bravo va agudizando su crítica a los sandinistas y a la llamada «Iglesia de los Pobres», pues —dice— crea una jerarquía paralela. Sus relaciones son tensas, con altas y bajas. Los ministros sacerdotes tienen que hacer frente a las presiones del arzobispo y resistir respetuosamente las de la alta jerarquía del Vaticano, pues ambos les piden dimitir.

Estados Unidos vierte sumas millonarias, no sólo para actividades terroristas, sino para fortalecer a la oposición interna. Líderes políticos, partidos conservadores, organizaciones privadas y la jerarquía de la Iglesia reciben fondos a través de la AID. A la Comisión de Promoción Social Arquidiocesana, creada por monseñor Obando y Bravo, le da 493.000 dólares para ponerla en marcha.[117]

El arzobispo Obando y Bravo trabaja activamente para quitarle base popular al gobierno, a través de cartas pastorales y de críticas ampliamente divulgadas por la prensa y desde los púlpitos. Retira párrocos progresistas y los reemplaza por curas conservadores. Su posición es acorde con la del papa Juan Pablo II. En 1981 la Conferencia de Obispos nicaragüenses da un ultimátum a los ministros sacerdotes: deben renunciar y regresar a su misión pastoral. De no hacerlo lo considerará un abierto desafío a la autoridad de la Iglesia y serán sancionados por sus leyes. Las comunidades cristianas de base organizan protestas contra tal ultimátum y el gobierno sandinista envía a Roma un delegado para que trate con el Vaticano tan «delicada» situación. Los sacerdotes no renuncian. En su respuesta dicen: «Declaramos nuestro inquebrantable compromiso con la Revolución en lealtad a nuestro pueblo, que es lo mismo que decir en lealtad a la voluntad de Dios».[118]

El gobierno considera los ataques del arzobispo Obando y Bravo y, sobre todo, los de monseñor Pablo Antonio Vega, nostálgico de la dictadura, de intromisión de la Iglesia en política, función ajena a su misión pastoral. Al mes de divulgada la carta pastoral le suspende el permiso para transmitir por televisión los oficios de la misa y los sermones del arzobispo —tradición de muchos años— y suspende la licencia a Radio Católica. Cuando autoriza de nuevo sus emisiones le advierte que no puede divulgar noticias.

La jerarquía de la Iglesia apoya la política de Reagan. Uno de los primeros en defender públicamente a los «contras» y en abogar por la ayuda de Estados Unidos es monseñor Vega. Pero los jerarcas que hablan en su favor nada dicen sobre sus crímenes, ni sobre los actos terroristas de la CIA que causan enorme daño a su país. Guarda silencio cuando sale a la luz que Estados Unidos patrocina la guerra contra Nicaragua y abre la boca para condenar el llamamiento del gobierno al servicio militar patriótico, en julio de 1983, que es una necesidad, pues el país está en guerra. En una declaración, ampliamente divulgada, dice que nadie está obligado a alistarse, pues el ejército representa al FSLN y no al país.[119] El gobierno dice que tal declaración es «traicionera».

La visita del papa Juan Pablo II a Nicaragua en 1983 está plagada de tensiones, de incomprensiones y de informaciones tendenciosas y distorsionadas. Para algunos fue un desastre. El discurso de bienvenida, pronunciado por Daniel Ortega en el aeropuerto —la prensa norteamericana lo califica de «encerrona»—, contiene innumerables citas de la carta de un obispo a un cardenal, en 1921, en la que denuncia la ocupación de los marines a Nicaragua. No es un tema que le interese al Papa, que trae entre ceja y ceja el de la «unidad» de la Iglesia, preocupado por su división y por la colaboración que dan a la Revolución prominentes sacerdotes y religiosos. La quiere unida bajo el liderazgo del arzobispo (en 1985 lo nombra cardenal). El discurso del Papa tampoco le interesa al pueblo, víctima de la agresión de Estados Unidos y de los crímenes de los «contras».

Las masas acompañan al Papa en su tránsito por Managua y León. La burguesía quiere presentar ese entusiasmo popular por la presencia del Santo Padre, como apoyo del pueblo a la jerarquía de la Iglesia nicaragüense. El pueblo espera del Papa palabras de apoyo, de reconocimiento a los logros de la Revolución, espera que condene esa guerra o, por lo menos, que dé palabras de consuelo. Pero el Papa sólo habla de la unidad de la Iglesia. Al pronunciar su homilía durante la misa que celebra en Managua —el día anterior en ese mismo lugar han tenido lugar los funerales de diecisiete jóvenes asesinados por los «contras»— el pueblo lo interrumpe con cantos de «Queremos paz». Las madres y viudas portan fotos de sus hijos y esposos asesinados. El Papa se exacerba y grita: «Silencio». La recriminación pública del Santo Padre a Ernesto Cardenal, profundamente respetado por el pueblo y héroe de la Revolución, ofende a muchos. No aceptan que se oponga a que sacerdotes y religiosos colaboren con la Revolución y que quiera obligarlos a retirarse del gobierno. La sensación es que «el Papa ha deshecho en un día lo que ellos han construido en cuatro años».[120]

En febrero de 1986, el cardenal Obando y Bravo va a Washington y expresa su apoyo a la ofensiva de Reagan para obtener cien millones de dólares para la FDN y el obispo Vega se manifiesta a favor de la política de Estados Unidos contra su país. El canciller D'Escoto, claramente ofendido, en un discurso le dice al cardenal que sus manos están «manchadas de sangre» y que está traicionando al pueblo.[121]

En julio de 1986 el gobierno expulsa a varios sacerdotes y monjas que están en favor de los «contras» y no permite que el obispo Vega regrese a Nicaragua después de una publicitada visita a Estados Unidos en donde expresa su apoyo a los «rebeldes». No es la primera vez que lo hace. Siempre que va a Washington, coincidiendo con los debates del Congreso sobre ese tema, da respaldo a las peticiones de Reagan.[122]

Subiendo el tono

Fortalecido por el triunfo electoral, Reagan emprende con mayor determinación su guerra contra Nicaragua. Está decidido a ganarla. En esta segunda etapa Nicaragua es el tema central de su política exterior, al que dedica más tiempo y más discursos importantes, comenta Robert Pastor, miembro del CNS en la administración de Carter.[123] En su discurso ante el «Estado de la Unión» en enero de 1985, plantea la ayuda a los «rebeldes» como una mesiánica política nacional, como cruzada anticomunista, como deber moral de Estados Unidos. Apoyarlos —dice— «es nuestra propia defensa», pues «su lucha está atada a nuestra propia seguridad».

Determinación y exacerbamiento dan el tono del discurso del mandatario. Con más saña enfila sus baterías para «remover» al gobierno sandinista y califica a Nicaragua de «Estado comunista totalitario». Después de otro incendiario discurso un periodista le pregunta a Reagan si su intención es derrocar a los sandinistas. Su respuesta es: «No. Si el presente gobierno cambia, veremos».[124] O sea, su capitulación: o negocia o sigue la guerra.

Reagan y sus halcones están convencidos de que con más armas y muchos millones de dólares ganarán esa «guerra». North asegura a Poindexter, consejero nacional de Seguridad, que con apoyo adecuado la FDN llegará a Managua a finales del año.[125]

Washington ahora insiste en la «democratización» de Nicaragua y exige el diálogo directo de los sandinistas con los «rebeldes». Pero esa «democratización» tiene una lectura distinta: Estados Unidos necesita deshacerse de esas fuerzas mercenarias y la solución es obligar a los sandinistas a absorberlas. Es obvio que no ganarán la guerra y sostenerla es cada día más difícil, más impopular y más costoso. Altos funcionarios temen que la guerra concluya en una humillante derrota. Que sea para Reagan un nuevo Vietnam u otra Bahía de Cochinos.

Washington también tiene un serio problema con el gobierno de Honduras, pues quiere a los «contras» fuera de su país. Teme que la falta de fondos —la Cámara sigue votando en contra de la ayuda— la deje abandonada y a la deriva. Más de 56.000 nicaragüenses —entre «contras», sus familias y refugiados— ocupan veinte poblaciones y 450 kilómetros cuadrados de su territorio al que ya llaman «Nueva Nicaragua». Al pueblo de Capire lo llaman «Managüita».[126]

En marzo de 1985, Calero, Robelo, Alfonso Callejas y Arturo Cruz, directorio de las FDN, reunidos en San José, Costa Rica, firman con Pedro Joaquín Chamorro hijo Steadman Fagoth, líder de MISURA, y otros «contras» el «Documento de la Resistencia Nicaragüense concerniente a un Diálogo Nacional». El texto ha sido redactado en Miami con la ayuda de North y de otros funcionarios norteamericanos. Llama a la «reconciliación nacional», al pluralismo político auténtico y a la economía mixta en Nicaragua. Edén Pastora y Alfredo César se niegan a firmarlo. [127]

Para rematar la Declaración de San José, Washington propone al Congreso dar ayuda «humanitaria» a la FDN durante un período de sesenta días de cese del fuego, al cabo del cual, si el gobierno de Nicaragua no ha llegado a un acuerdo de paz con los «rebeldes», los fondos revertirán a la ayuda militar. Tip O'Neill, portavoz de la Cámara, dice que es un «truco sucio» y Betancur, presidente de Colombia, sostiene que «ésta ya no es una propuesta de paz, sino una preparación para la guerra».[128]

Reagan convierte el viaje de Daniel Ortega a Moscú, a finales de abril de 1985, en un asunto de seguridad. Declara «emergencia nacional» y afirma que Nicaragua es «una amenaza insólita y extraordinaria a la política nacional y exterior de Estados Unidos» y por ello decreta un embargo económico.[129] Reagan obtiene el amplio respaldo del Congreso, y la Cámara aprueba veintisiete millones de dólares de ayuda «humanitaria» a las fuerzas «rebeldes». En varias ciudades hay manifestaciones de protesta contra el embargo y cerca de dos mil personas son detenidas. En las universidades crece la oposición a la intervención en Centroamérica.

La fuerte campaña del gobierno para satanizar el viaje de Ortega a Moscú —lo señala como evidencia del fortalecimiento de los lazos de Nicaragua con la URSS—, debilita a los demócratas que se han opuesto a la ayuda a la FDN. Alguno dice que ese viaje es una «estupidez», pues lo hace cuando el Congreso debate el tema de la ayuda. Varios demócratas ya no se oponen a darla.[130] Portavoces del gobierno sandinista dicen que el viaje de Ortega es una «importante misión de negocios» a varios países de Europa del Este y a siete de Europa Occidental, pues Nicaragua necesita ayuda económica, carece de petróleo y señalan que una votación en el Congreso de Estados Unidos no es motivo para suspender un viaje crucial para las necesidades de su país.

En los medios oficiales de Washington la intervención militar en Nicaragua es el tema del día, informa el *New York Times* en junio de 1985. En dos extensos artículos se refiere al avance de los preparativos militares y señala que el «aparente consenso» en el gobierno y en el Congreso es que Estados Unidos puede «fácil y rápidamente derrotar a los sandinistas». El estado mayor pide cautela: se necesitarían ciento veinticinco mil soldados, las bajas podrían ser entre tres mil y cuatro mil en los primeros días y expresa duda de que la opinión pública respalde «tal esfuerzo.»

Después de un incendiario discurso en marzo de 1988 que *Los Angeles Weekly* describe como «plagado de mentiras, falsedades, distorsiones, desinformaciones y engaños» sobre Nicaragua, y que Anthony Lewis en su columna en el *New York Times* señala como «flagrante distorsión de los hechos», Reagan pide al Congreso una partida de cien millones de dólares para ayuda militar a la FDN. La Cámara vota en contra.

A los cinco días se produce una incursión de soldados sandinistas en Honduras en persecución de los «contras» —no es la primera— y Reagan la convierte en una «invasión». Obliga al presidente Azcona a pedir «por escrito» ayuda militar y le envía de inmediato veinte millones de dólares. Y helicópteros norteamericanos, estacionados en Honduras, transportan tropas hondureñas a la frontera. Llegan cuando los sandinistas ya han salido.

A través de declaraciones de altos funcionarios del gobierno hondureño el Congreso se entera de la farsa de la «invasión». El canciller López Contreras afirma que tal incidente no significa «ninguna amenaza» para su país y otro funcionario dice que Estados Unidos pretende usar ese hecho para obtener la ayuda del Congreso y llevar a su país a un enfrentamiento con Nicaragua. Tales declaraciones causan enorme irritación en Washington.[131]

La ofensiva de los cien millones no ha muerto. Reagan no cede. En junio logra que la Cámara la apruebe (221 votos contra 209). Cynthia Arnson, escritora norteamericana, señala que después de la derrota sufrida con la enmienda Boland ésta es una gran victoria de Reagan, pues logra su mayor objetivo: el apoyo bipartidista a la ayuda a los «rebeldes».[132] Y Holly Sklar, otra escritora norteamericana, dice que los «cien millones son un perdón *de facto* al fraude de la administración, a las atrocidades de la "contra", al manual de la CIA sobre terrorismo, al minado de los puertos de Nicaragua, al sabotaje a Contadora y a la extendida ilegalidad de su gobierno, condenada por el Tribunal Internacional de Justicia».[133]

Tal «triunfo» lo logra con lo que los periodistas llaman su «ministerio de propaganda». Es una maquinaria de presión montada por los departamentos de Estado y de Defensa, el CNS y las organizaciones pro-Reagan y pro-«contras», en la que la carta ideológica maccarthista juega un papel principal. El fuerte componente ideológico, característico de su gobierno, ha limitado la expresión liberal, la oposición demócrata y el debate y la controversia sobre su política, según comentan analistas.

En el verano de 1986 Reagan y sus halcones se regodean con el triunfo de los cien millones, la CIA con la lluvia de dólares que le permite agudizar la «guerra» y los «rebeldes» respiran a sus anchas. También el gobierno hondureño puede respirar, pues es la oportunidad para que los «contras» trasladen su «guerra» a Nicaragua. A otros les abre las agallas. Oficiales hondureños montan un «supermercado» de armamentos para venderlos a la CIA. Pero a la CIA le huele que esa millonaria inversión puede venir del narcotráfico y se abstiene de comprarlos.

La euforia se desvanece en octubre, cuando un misil sandinista derriba sobre su territorio un decrépito avión carguero C-123, que lleva más de diez mil kilos de municiones y pertrechos para los «contras» y Eugene Hasenfus, encargado de soltar los bultos, se salva lanzándose en paracaídas. Es capturado. La tripulación, tres norteamericanos, perece.

Hasenfus, veterano de Vietnam, comienza a hablar. Dice, frente a las cámaras de televisión, que fue contratado por la CIA para transportar armas para los «rebeldes». Los documentos capturados sacaron a la luz la extensión de la red que tiene la CIA para armar a la FDN y por primera vez salen nombres de los miembros de esa red clandestina maquinada por North.[134] Reagan y altos funcionarios niegan las conexiones del gobierno con ese vuelo. Hasenfus es condenado a treinta años de cárcel —la máxima pena— acusado de terrorismo. Es liberado en diciembre, en vísperas de la Navidad. Daniel Ortega dice: «Es un muy concreto mensaje de paz».[135]

El Comité Jurídico del Senado le pide a Edwin Messe, fiscal general, nombrar un investigador especial para que establezca las posibles violaciones a la ley relacionadas con ese incidente. Es el comienzo del magno escándalo conocido como Irangate o Irán-contra. Estalla un mes después, cuando una revista libanesa informa sobre un negocio de cambio de armas por rehenes entre los gobiernos de Estados Unidos e Irán. Comienza a desarrollarse obstruido por la maquinaria de la Casa Blanca.

Estertores de la «guerra»

En 1987 se ve el efecto de la lluvia de los cien millones de ayuda a los «contras». A mediados de ese año diez mil están dentro de Nicaragua: emboscando convoyes, volando torres de fluido eléctrico, quemando cooperativas agrícolas y matando decenas de campesinos. La mitad de los helicópteros de la fuerza aérea nicaragüense han sido derribados y han destruido varios radares soviéticos.[136]

En mayo los sandinistas atacan la nueva base del comando de las FDN en San Andrés. Según Daniel Ortega, es la operación militar más grande realizada hasta ese momento. Después de varios días de feroces ataques con misiles, morteros y cubiertos por su fuerza aérea, obligan el retiro de los «contras». Bermúdez traslada el comando a El Aguacate.[137]

A finales de diciembre las FDN tienen el primer combate con los sandinistas en seis años de «guerra». Atacan el mayor complejo minero de Nicaragua. Esta operación ha sido manejada a larga distancia por la CIA y los Boinas Verdes, sin la participación del comando de las FDN. Las instrucciones las dan sus agentes, los mensajes sobre el desarrollo del combate los reciben sus agentes y la euforia por los destrozos que están causando es de los gringos. Don Johnson, Boina Verde, da las órdenes: «Fírmeme esto coronel», le dice a Bermúdez. Y él firma órdenes que no le han consultado y desconoce.[138]

Sorprendidos los «contras» con la conmoción dentro del complejo de la CIA en El Aguacate, algunos comandantes se acercan y ven a los agentes coordinando sobre mapas los movimientos de las fuerzas «rebeldes» dentro de Nicaragua. Víctor Sánchez, del Comando Estratégico de las FDN, comenta: «Ésta es una fiesta de los gringos dentro de su casa y están jugando con soldados de plomo. ¿De quién es esta guerra?», pregunta. Bermúdez, profundamente desmoralizado, es llevado a la base de San Andrés. También son transportados periodistas extranjeros para que dialoguen con el «comandante en jefe» de la FDN sobre esa «victoria». Los periodistas comentan que lo ven distraído y que sus respuestas son vagas. Al segundo día Bermúdez les informa que ha dado la «orden de la retirada» de las tropas. Fotos tomadas en ese encuentro lo muestran señalando en mapas movimientos de tropas que desconoce.[139] Johnson sigue ordenando ataques para impresionar al Congreso con las «victorias» de las FDN. Pasan desapercibidos, pues el país está inmerso en las audiencias televisadas del escándalo Irán-contra, en el que están implicados el presidente, el vicepresidente y los más altos funcionarios de su gobierno.

En 1987 la CIA descubre una amplia red de espionaje sandinista. Tiene agentes en cada unidad de la FDN, incluso en la base de El Aguacate. Comprueba que numerosos «accidentes», ocurridos entre 1983 y 1986, son sabotajes sandinistas. Entre éstos dos aviones-cargo que se estrellaron y la continua captura de armas y provisiones que lanzan desde aviones para los «rebeldes». El diario *Los Angeles Times* publica los comentarios de un oficial norteamericano que declara que se trata de un «sistema de operación de sabotajes, en función desde 1983, en extremo sofisticado, muy bien hecho y que ha funcionado por un largo tiempo».[140]

La guerra ha arruinado la economía de Nicaragua. El 50 por ciento del presupuesto nacional va para la defensa y el país se sostiene con emisiones de dinero que es puro papel; la inflación va en desenfrenado ascenso, los precios están fuera de control y la industria sufre un colapso. Hay niños mendigando en las calles, y los hospitales no tienen anestesia, ni las farmacias aspirinas, las tiendas están vacías y crece la desesperación del pueblo, comenta un corresponsal.

El gobierno entiende que esta situación no puede continuar, que debe parar la hemorragia de la guerra. En noviembre de 1987 anuncia que está dispuesto a dialogar con los «contras».

El calvario de la paz

En tres años de difíciles negociaciones, de la presentación de tres proyectos de tratados de paz para Centroamérica, revisados, modificados y vueltos a modificar, Contadora y el Grupo de Apoyo ven frustrados sus esfuerzos por el bloqueo sistemático por parte de la administración Reagan, con el apoyo de sus obsecuentes «aliados» centroamericanos. Tal situación cambia con la elección de nuevos presidentes. En 1986 son elegidos Óscar Arias en Costa Rica y Vinicio Cerezo en Guatemala. Por primera vez, Centroamérica tiene presidentes civiles elegidos por voto popular y todos quieren la paz. Cerezo, el día de su posesión, propone a sus colegas, presentes en la ceremonia, la creación de un parlamento centroamericano y los invita a una cumbre en la ciudad de Esquipulas para estudiar ese proyecto. Los nuevos mandatarios apoyan a Contadora, pero ven que es necesario realizar un esfuerzo conjunto para lograr la paz en la región. En Esquipulas (mayo de 1986) crean el Parlamento y abren el camino a su propio proceso de paz.

Por una nueva incursión de tropas sandinistas a Honduras, en diciembre de 1986, Estados Unidos vuelve al ataque. El general John Galvin, jefe del Comando Sur, llega a ese país para supervisar la operación. De nuevo sus helicópteros, en violación de las prohibiciones del Congreso, transportan tropas hondureñas a la frontera. Aviones hondureños atacan una base en Nicaragua, con un saldo de siete soldados sandinistas muertos y doce heridos, incluidos dos niños.

Los cancilleres de Contadora y del Grupo de Apoyo, reunidos en Río de Janeiro, se refieren en un documento conjunto a ese incidente como «exacerbación de políticas y acciones intervencionistas de países fuera del área de Centroamérica, claramente violatorias del derecho internacional». Anuncian que irán a Centroamérica en compañía de los secretarios generales de la ONU y de la OEA, João Baena Soarez y Javier Pérez de Cuéllar. Ambos han ofrecido la ayuda de sus respectivas organizaciones para lograr la solución pacífica de esos conflictos. Estados Unidos trata de impedirlo. No obstante, van en enero de 1987 sin ningún éxito, pues los gobiernos centroamericanos siguen señalando a Nicaragua como el «problema».

En febrero Óscar Arias reúne en San José a los presidentes centroamericanos pero no invita a Daniel Ortega. Propone un plan de paz que contempla el inmediato alto el fuego, diálogos con la oposición no armada, fin del apoyo externo a los insurgentes, amnistías en el término de sesenta días y fija un calendario ra la «democratización» regional. Todos lo apoyan, pero anuncian que no lo firmarán hasta que Nicaragua dé su acuerdo. Fijan una próxima reunión en tres meses, esta vez con Ortega. En un comunicado, «Tiempo para la paz», recomiendan la reconciliación nacional, la democratización de Nicaragua y «el fin de las dictaduras que continúan existiendo en la región».[141] Ortega anuncia que participará en la próxima cumbre en Guatemala.

Los cancilleres de Contadora y del Grupo de Apoyo manifiestan su apoyo al Plan Arias, pues complementa sus esfuerzos por la paz. Estados

Unidos pone en marcha el boicot, esta vez a través del presidente Azcona. En julio, en una reunión de los cancilleres de Centroamérica y de
Contadora en Tegucigalpa para estudiar el Plan Arias, los sorprende con
una propuesta de paz —redactada en inglés y en español— que según
Arias son las objeciones de Estados Unidos a su plan de paz. La propuesta
de Azcona cae en el vacío.[142]

En agosto, en vísperas de la «cumbre» de Esquipulas, Jim Wright,
portavoz de la Cámara de Representantes, presenta el plan de paz Rea-
gan-Wright. Propone el alto el fuego inmediato antes de la retirada de
la ayuda militar a la FDN, continuar la ayuda «humanitaria», el cese inmediato de la ayuda soviética a Nicaragua; Nicaragua debe suspender el
estado de emergencia y declarar amnistía general. En un anexo la Casa
Blanca dice que la ayuda a la FDN se reducirá gradualmente a medida
que los «rebeldes» se reintegren en la sociedad nicaragüense y que Nicaragua debe celebrar elecciones «mucho antes» de las programadas para
1990. Si los sandinistas no cumplen, Estados Unidos queda en libertad
de reanudar la ayuda militar. Tal plan es criticado por parlamentarios de
ambos bandos pues lo encuentran excesivo. Dicen que los sandinistas no
lo aceptarán y que Reagan podrá reanudar la ayuda militar a la «contra». «Si la Casa Blanca hubiera pensado que el Plan era aceptable a los
sandinistas, lo habría cambiado», comenta un funcionario.[143]

Ese mes de agosto de 1987, los presidentes centroamericanos firman
en Guatemala el «Acuerdo de Paz para Centroamérica», conocido como
Esquipulas II, cuya base es el Plan Arias. Acuerdan tomar pasos simultáneos para lograr la reconciliación nacional, a través del diálogo con
todos los grupos de oposición interna que dejen las armas y se acojan
a la amnistía; en un término de diez días cada país debe nombrar una
Comisión de Reconciliación Nacional. Deben asegurar la participación
ciudadana y dar garantías en los procesos democráticos, deben decretar
el alto el fuego inmediato y celebrar elecciones generales de acuerdo con
sus constituciones. Además prohíben el uso de su territorio para agredir otros estados. Una Comisión Internacional de Verificación compuesta
por los ministros de relaciones exteriores de Centroamérica y de Contadora y por los secretarios generales de la ONU y de la OEA, velará
por su cumplimiento. Después de firmado, en el término de noventa días,
debe entrar en vigencia en los cinco países.

El Tratado Esquipulas II es recibido con enorme entusiasmo y esperanza en el continente y por el Congreso y la opinión pública de
Estados Unidos. Duarte, presidente de El Salvador, lo califica de «segunda

declaración de Independencia de Centroamérica». Diez días después de la firma, Nicaragua crea la Comisión de Reconciliación Nacional y nombra al cardenal Obando y Bravo, duro crítico de la Revolución, para que la presida. Es el primer país en hacerlo y en perdonar prisioneros y en tomar otras medidas para bajar las tensiones internas. Rescinde la ley de expropiaciones para los que abandonan el país, levanta la censura al diario *La Prensa* y crea una comisión de paz, con la cooperación de la Cruz Roja y de la Iglesia, para que vigile la amnistía. El Departamento de Estado dice que tales medidas son «cosméticas».[144]

El Tratado de Esquipulas II no supone la segunda independencia de Centroamérica ni tampoco la paz. Aunque incluye las demandas de Estados Unidos, Reagan persiste en su ayuda a la FDN.

En la Asamblea General de la ONU, Reagan insulta a Daniel Ortega. Se dirige a él y le dice: «Ni nosotros ni la comunidad mundial aceptará la falsa democratización de su país diseñada para enmascarar la perpetuación de la dictadura». Al día siguiente Daniel Ortega critica a Estados Unidos por violar el acuerdo de paz de Centroamérica y por las agresiones a su país para derrocar a su gobierno. La delegación de Estados Unidos se retira de la sala. Ortega continúa: «Algunas personas sienten que les duelen los oídos cuando oyen la verdad [...] Ellos se han empeñado en agredirnos, han matado a nuestra gente, pero ahora se molestan cuando se les dice la verdad». Pide a Estados Unidos que se comprometa a un diálogo bilateral sin condiciones, firme acuerdos que garanticen su mutua seguridad y haga posible la normalización de sus relaciones. Dice que escuchó a Reagan cuando habló en la Asamblea y que espera que él no rechace su propuesta y que antes de consultar con los que ponen «ideas calientes» en su cabeza, como las opciones militares y la invasión, recuerde que Rambo sólo existe en las películas.

Un mes más tarde, en la OEA, Reagan hace un voto solemne: «Hasta tanto tenga un aliento en mi cuerpo hablaré y trabajaré, me esforzaré y lucharé por la causa de los luchadores de la libertad de Nicaragua».

En noviembre el gobierno sandinista anuncia que está dispuesto a entablar el diálogo con los «contras» y presenta un plan de alto al fuego. En diciembre, en pleno ataque de los «contras» al complejo minero —una de sus mayores ofensivas contra Nicaragua—, representantes de la FDN y sandinistas, a través de mediadores instalados en hoteles distintos en Santo Domingo, República Dominicana, inician el diálogo. No

llegan a nada por las excesivas demandas de los portavoces de la FDN
—piden el control de más de la mitad del territorio de Nicaragua, no
entregarán las armas después del alto el fuego sino hasta la plena «democratización» del país, las granjas colectivas deben abolirse y todos los
prisioneros políticos deben ser liberados. A través de los jefes «rebeldes»,
Estados Unidos pretendía la rendición de los sandinistas. En enero de
1988, en San José, Costa Rica, negocian cara a cara, otra vez sin resultados.[145]

El colapso de «su» guerra

En febrero de 1988, con el agua al cuello por el escándalo Irán-contra,
Reagan pide al Congreso treinta y seis millones de dólares de ayuda militar a la FDN y la Cámara de nuevo la niega. El margen es estrecho (219
contra 211) pero suficiente para enterrarla definitivamente.

Este fracaso es un golpe de gracia a la guerra de Reagan contra
Nicaragua y a la moral de los «contras». Los sandinistas aprovechan la
desmoralización y la debilidad del «enemigo» y ese mes lanzan seis batallones de 4.500 hombres contra la base de San Andrés. Bermúdez
manda 1.500 hombres a defenderla y él vuela a Tegucigalpa. Es un duelo
de morteros con decenas de bajas de ambos bandos. Los «contras» abandonan la base. La CIA y oficiales norteamericanos, aterrados y frenéti-
cos, piden refuerzos a Washington. Cerca de 3.200 soldados llegan a la
base de Palmerola. Tal despliegue militar provoca manifestaciones de
protesta en varias ciudades de Estados Unidos con centenares de detenidos.[146]

Hay una desbandada de «combatientes» de regreso a sus bases en
Honduras. Con ellos van centenares de civiles. Son los nuevos reclutas. Bermúdez ha dado órdenes de regresar. Intenta unir las fuerzas «rebeldes», obligar a Estados Unidos a reanudar la ayuda militar y continuar la «guerra».

Cuatro días después de la derrota en San Andrés, Calero, Alfredo
César y Arístides Sánchez, cúpula política de los «contras», acuerdan reanudar las negociaciones de paz. Se reúnen en Sapoá, pequeña población de Nicaragua, en la frontera con Costa Rica. Ese diálogo entre
enemigos atrae a centenares de periodistas y de activistas extranjeros.
Aunque el pueblo quiere la paz, a muchos les repugna llegar a acuerdos con los representantes de la ex guardia de Somoza. Cuando Calero

y el resto de delegados de la FDN —vienen de Costa Rica— aparecen, son recibidos con gritos y hay intercambio de insultos.

Al tercer día, a medianoche, concluyen las negociaciones y se preparan a firmar el acuerdo que decreta la suspensión total de las hostilidades durante sesenta días, y en ese lapso deben llegar a un acuerdo para poner fin a la guerra.

El gobierno sandinista, exhausto con esa guerra, hace grandes concesiones. Se compromete a decretar amnistía general para los acusados de violar la Ley de Seguridad Nacional y a ex guardias somocistas por crímenes cometidos antes del 19 de julio de 1979, fecha de su triunfo; liberar de forma gradual a los prisioneros políticos, dar garantías a los exiliados para permitir su regreso y su participación en los procesos políticos, económicos y sociales, sin condiciones distintas a las impuestas por la ley de la República. Los «contras» acuerdan ubicarse en zonas que fijen comisiones especiales. No se habla de entrega de armas. La Comisión de Verificación, presidida por el cardenal Obando y Bravo, y Baena Soares verificarán el cumplimiento de dicho acuerdo.

Calero, César, Sánchez y demás dirigentes de la FDN, al lado del presidente Daniel Ortega, Sergio Ramírez, vicepresidente, Humberto Ortega, ministro de Defensa, y de otros líderes sandinistas entonan el himno nacional. Baena Soares lee el texto del acuerdo. La ceremonia es emocionante. El acuerdo de Sapoá es el primer paso en el difícil proceso de «reconciliación nacional» y el principio del fin de ocho años de guerra fratricida que ha causado más de treinta mil muertos y la ruina del país.[147]

Pero la paz no es posible mientras que Reagan ocupe la Casa Blanca. El boicot está en marcha antes de la firma del Acuerdo de Sapoá. Bermúdez intenta sabotearlo con maniobras contra Calero a través de emisoras en Costa Rica. Cuestiona su autoridad como negociador y anuncia que «sus hombres» «nunca» dejarán las armas hasta «la victoria final». Monta en cólera cuando se firma. En Miami exiliados nicaragüenses y cubanos —los cubanos son el grueso de los que presionan en favor de los «contras»—, orquestan agrias campañas contra el Acuerdo de Sapoá. A través de emisoras latinas acusan a Calero y el resto de negociadores de haber «vendido» a los «rebeldes». A su vez, doce comandantes (de treinta y dos) y más de cien «contras» acusan a Bermúdez de «servil» con los gringos, de corrupto e ineficaz.

En abril de 1988, Calero y César van a Managua para continuar las negociaciones. Los sandinistas plantean el desarme de la «contra», implícito en el Acuerdo de Sapoá. No aceptan. Además piden una nueva Constitución, suspender el reclutamiento y liberar a todos los prisioneros políticos. A los tres meses de firmado el Acuerdo de Sapoá, las conversaciones se rompen.[148]

Al Tratado Esquipulas II no le va mejor. Al año de su firma, Reagan y sus «aliados» del grupo de Tegucigalpa lo han llevado al borde del colapso. Azcona —con su país ocupado— no puede cumplir con el compromiso de obligar a Estados Unidos a retirar sus tropas y asesores de Honduras, a suspender su apoyo a los «contras» y a sacarlos de Honduras.

Después de una manifestación antisandinista, en el mes de julio de 1988, el gobierno arresta a treinta y ocho de sus líderes, cierra el diario *La Prensa* y la Radio Católica por «deformar» los hechos y confisca la mayor empresa privada de caña de azúcar. A los pocos días el canciller D'Escoto expulsa al embajador de Estados Unidos, Richard Melton, y a siete funcionarios de su embajada por inmiscuirse en los asuntos internos de Nicaragua. Los hace responsables de esos disturbios. «Ésta es una dura medida», dice Melton. «Nada comparable a la sistemática política de asesinato y terror que el gobierno del señor Reagan ha llevado contra Nicaragua», le responden. Washington expulsa a Carlos Tunnermann, embajador de Nicaragua.[149]

En el último tramo del gobierno de Reagan el Congreso aprueba, de tanto en tanto, partidas «humanitarias» para la FDN. Así, el obstinado mandatario puede cumplir su voto solemne de dar apoyo a los «luchadores de la libertad», no hasta el último aliento de su vida, sino de su mandato.

EL VÍA CRUCIS DE EL SALVADOR

Cuando Reagan llega a la Casa Blanca en enero de 1981, El Salvador está en guerra. Nueve días antes, en medio de un estado de terror sin precedentes y bajo una «ofensiva total» del ejército, el movimiento guerrillero FMLN, frente unificado de los cinco grupos armados principales, lanza lo que llama su «Ofensiva Final». Su propósito es derrocar a la Junta Cívico-Militar —presidida por José Napoleón Duarte— y presentar un hecho cumplido e irreversible al nuevo mandatario cuyo rabioso anticomunismo y agresiva retórica contra la Unión Soviética, Cuba y Nicaragua estremecen al continente.

En apoyo a la «ofensiva» del FMLN, el Frente Democrático Revolucionario (FDR), brazo político de la insurgencia y principal fuerza de oposición, convoca una huelga general. A los cinco días la mitad del comercio ha cerrado sus puertas y cerca de veinte mil funcionarios oficiales no acuden al trabajo. El FDR, conformado el año anterior como frente amplio del pueblo en defensa de su lucha de liberación, aglutina a las organizaciones revolucionarias y populares, a partidos de izquierda, a gremios y a personalidades democráticas opuestas al régimen.

La Ofensiva Final no logra su objetivo, ni constituye una amenaza al régimen. El pueblo no le da el apoyo esperado, la huelga se queda corta y es evidente que el FMLN carece de suficiente preparación militar para realizar una operación militar de envergadura. Es un ejército en formación. Duarte, la embajada norteamericana, Washington y la prensa extranjera la califican de fracaso. Algunos creen que es el fin de la guerrilla. Reagan se burla de los «solitarios guerrilleros» y el embajador Robert White comenta: «Hicieron una guerra pero nadie vino».[150]

En efecto, la guerrilla no aparece en la capital. Más tarde reconoce que éste ha sido uno de sus principales errores. Pero la Ofensiva Final no es el rotundo fracaso exaltado por sus «enemigos». El FMLN toma varias ciudades, realiza masivos ataques contra las guarniciones en la mayoría de las ciudades y poblaciones, logra la retirada del ejército de grandes áreas en el campo, ataca instalaciones de la fuerza aérea y destruye parte importante de su equipo. En Santa Ana, la segunda ciudad más grande del país, la guarnición se levanta, el comandante es ejecutado y una compañía se pasa al lado de los rebeldes, no sin antes volar el depósito de municiones.[151] Pero su logro más importante es la coordinación de su acción en casi las dos terceras partes del país.

Después de la Ofensiva Final comienza a llegar a El Salvador la ayuda militar norteamericana. A la semana de su posesión, Reagan envía veinticinco millones de dólares de ayuda de «emergencia» en armamentos de todo tipo, helicópteros artilleros y cincuenta y seis Boinas Verdes (Carter ya había enviado cinco millones de dólares de ayuda letal, armamentos, helicópteros artillados y diecinueve Boinas Verdes). La insurgencia salvadoreña ve venir un cambio radical de la situación por la intervención de Estados Unidos. También lo ven venir el gobierno y la ultraderecha. «Con Reagan eliminaremos a los bellacos y a los subversivos en El Salvador y en Centroamérica», es el mensaje que deja un escuadrón de la muerte sobre un cadáver mutilado, dejado en una calle de San Salvador al día siguiente de su elección.[152]

Estados Unidos comienza a adueñarse de esa guerra civil y la convierte en un conflicto Este-Oeste. El general Haig, secretario de Estado, anuncia que la solución será «drástica y militar» y que en ese país Estados Unidos mostrará su determinación de combatir la subversión comunista «apoyada por la Unión Soviética, Cuba y Nicaragua».[153] Cree que la victoria será «fácil y rápida».

En febrero el Departamento de Estado, con gran fanfarria y «gran preocupación», presenta a los embajadores de América Latina y el Caribe un *white paper* sobre la «injerencia comunista en El Salvador», basado —según dice— en diecinueve documentos incautados al Partido Comunista y a la guerrilla. Señala que en tales documentos hay «pruebas indiscutibles» de que «la dirección política, organización e intendencia de la insurgencia salvadoreña» está «coordinada y fuertemente influida por Cuba con el activo apoyo de la Unión Soviética, Alemania Oriental, Vietnam y otros estados comunistas», y que la URSS le está enviando toneladas de armas a través de Cuba y de Nicaragua. Afirma que la insurrección en El Salvador se ha transformado, de forma progresiva, en un «caso clásico de agresión armada indirecta de las potencias comunistas a través de Cuba».[154] El mensaje implícito es el «derecho» que tiene Estados Unidos de actuar en «legítima defensa», pues su seguridad y la del continente están amenazadas.

Las afirmaciones y conclusiones del Papel Blanco, sin presentar pruebas, alientan a Robert G. Kaiser del *Washington Post* y a Jonathan Kwitny del *Wall Street Journal* a estudiar tales documentos. En junio el *Post* concluye que éstos no dan base a las denuncias del Departamento de Estado y el *Journal* señala que la única «ayuda soviética a los rebeldes» que encuentra es un billete de avión de Moscú a Vietnam para un guerrillero salvadoreño. Jon Glassman —autor del Papel Blanco—, entrevistado por el *Post*, reconoce que algunas partes del documento son engañosas, otras han sido «embellecidas en exceso» o tienen «errores» y que algunas conclusiones las basa en «suposiciones». No obstante defiende la veracidad de las fuentes.[155]

La revista *Newsweek*, en un artículo titulado «Haciendo trizas el *white paper*», señala que el *Journal* y el *Post* —contrariamente a lo que sostiene el Departamento de Estado sobre un flujo de armas de los países comunistas para los rebeldes salvadoreños— afirman que según uno de los documentos «capturados» la guerrilla sólo tiene 626 armas para más de nueve mil combatientes.[156] El Departamento de Estado insiste: los cargos sobre errores en el informe no invalidan sus conclusiones básicas. Haig reitera su denuncia: la URSS envía «toneladas» de armas a la guerrilla salvadoreña a través de Cuba y Nicaragua y que «irá a la fuente» —Cuba— para impedir que el flujo de armas continúe.[157]

Robert White, ex embajador de Carter en El Salvador, en un testimonio ante un Comité del Congreso, critica que la administración Reagan enfoque el conflicto salvadoreño de «agresión comunista» y que no tome en cuenta que la causa de la insurgencia es la injusticia social y no la injerencia comunista exterior. Pide al Congreso no aumentar la ayuda militar a ese país, pues sus fuerzas de seguridad son los «mayores asesinos» del pueblo. Lo reta a no aprobarla. ¿Quieren acaso asociarse a esas matanzas? Reagan sigue enviando armamento y asesores y anuncia que ampliará la ayuda militar.[158]

James LeMoyne, corresponsal del *New York Times* en Centroamérica, señala las causas de la insurgencia. El Salvador está en guerra —dice— porque «es una de las sociedades más enfermas en América Latina». Su arcaica estructura está dominada por una élite urbana y una casta militar que «manda» pero no gobierna y la mayoría campesina y de habitantes de tugurios, analfabeta, enferma y frustrada, es reprimida con violencia. Dice que en ese país no existe un sistema legal justo y que «los rebeldes tienen amplios motivos para liderar una revolución».[159]

Jeane Kirkpatrick, embajadora ante la ONU, sostiene lo contrario. Esa violencia —dice— no la causa la injusticia social, pues ha «existido durante décadas» y el pueblo está acostumbrado, sino las armas que le llegan a la guerrilla desde el exterior».[160]

La política militarista de Reagan en su país alarma al arzobispo de San Salvador, Arturo Rivera y Damas. Va a Washington para abogar por una solución negociada al conflicto de El Salvador pero encuentra oídos sordos. A su regreso señala que tal política es un «grave peligro» para su país y para la región. En abril, en su homilía durante una misa en la catedral, lamenta «intensamente» la intervención extranjera en los asuntos internos de su país. Ese conflicto —dice— no se resolverá por medios militares, sino políticos, humanitarios y civilizados. Pide a Estados Unidos y a los países socialistas suspender el envío de armas y a la Junta le pide reconocer al FDR —fuerza política de oposición—, y liberar a los presos políticos.[161]

La oposición a la política de Reagan es inmediata en Estados Unidos. Sectores del Congreso y de la opinión pública temen que lleve a Estados Unidos a un nuevo Vietnam y le cuestionan que califique ese conflicto de «agresión comunista» para justificar su intervención militar.

Haig asegura que no enviará tropas, pues no es «necesario». En efecto, su estrategia en El Salvador es de «conflicto de baja intensidad»: hace la guerra sin involucrar sus tropas. Pero la voluminosa y creciente ayuda militar requiere un multimillonario presupuesto y el Congreso es reacio a darlo, principalmente porque El Salvador está a la cabeza de los países violadores de los derechos humanos en el mundo. Pocos días después de la posesión de Reagan son asesinados en San Salvador, en el hotel Sheraton, el director del Instituto de Reforma Agraria, un salvadoreño, y dos técnicos norteamericanos, y un mes antes (durante el gobierno de Carter) fueron asesinados cuatro religiosas norteamericanas. Esos crímenes conmueven y enardecen al Congreso y al pueblo. En febrero Reagan desiste de la investigación del asesinato de las monjas —atribuido al ejército—, pues no le conviene molestar a los altos mandos.

En Estados Unidos el debate sobre El Salvador se centra en las graves violaciones a los derechos humanos por parte de las fuerzas del orden. En varias ciudades surgen grupos, movimientos y organizaciones de estudiantes, de profesores, de intelectuales, de profesionales y de la Iglesia de apoyo a la lucha del pueblo salvadoreño, contra la militarización de Centroamérica y contra la agresión a Nicaragua. Se oponen por razones políticas antiimperialistas, por razones morales —respeto a la libre determinación de los pueblos— y por temor a que Reagan repita en El Salvador la tragedia de Vietnam. Las iglesias católica y protestante, opuestas a la solución militar en El Salvador y a la agresión a Nicaragua, crean centros de ayuda a los refugiados de esos países que ingresan ilegalmente huyendo de esas guerras.

El gobierno puede medir la impopularidad de su política por la intensa actividad de protesta y de apoyo a la lucha del pueblo salvadoreño de esos grupos. Populosas manifestaciones ocurren en las principales ciudades —Nueva York, Chicago, Washington (una de cien mil personas) y Los Ángeles—, cuyo fervor es comparable al de los años sesenta en contra de la guerra en Vietnam. La mayoría de esas marchas son organizadas por el Comité de Solidaridad con el Pueblo Salvadoreño (CISPES), el más extenso y más activo. CISPES tiene grupos de apoyo en todo el país. A la Casa Blanca llega nutrida correspondencia de todo el país para protestar contra la política de Reagan en Centroamérica.

Para contrarrestar esa creciente oposición, la Casa Blanca y el Departamento de Estado desarrollan una activa campaña en todo el país para «vender» su política. Afirman que la oposición es alentada desde el exterior. El FBI vigila a los grupos de activistas y a sus líderes, en particular al CISPES y a las organizaciones de las iglesias que acogen a los refugiados centroamericanos. Tal labor ilegal de espionaje —requisas clandestinas de sus sedes y hostigamiento— dura cinco años. La suspende cuando el *New York Times* y el *Washington Post* la denuncian a mediados de los años ochenta.

Las peticiones para una paz negociada le llegan a Reagan de todas partes del mundo. En marzo de 1981, en la ONU, Jorge Castañeda, canciller de México, ofrece los buenos oficios de su gobierno; en julio el presidente de Francia, François Mitterrand —recién elegido—, expresa su apoyo a la lucha del pueblo salvadoreño; el papa Juan Pablo II, respaldado por los cinco obispos salvadoreños, aboga por el diálogo del gobierno y la guerrilla. La opinión pública y los medios de comunicación del continente y de Europa critican la política militarista de Estados Unidos en Centroamérica. Y la Internacional Socialista, en un comunicado, expresa su «honda preocupación», pues Washington está convirtiendo la lucha del pueblo salvadoreño por su liberación en un conflicto Este-Oeste.

En marzo de 1981 Reagan va en visita oficial a Canadá invitado por Pierre Trudeau, y es recibido con ruidosas manifestaciones de protesta y con pancartas contra su intervención en El Salvador.[162] Y Haig sufre pitadas en las universidades a donde va a exponer la política del gobierno. Pero el golpe más fuerte es la declaración conjunta de Francia y México —publicada en agosto— que dice que «sólo el pueblo salvadoreño», sin intervención extranjera, puede encontrar un arreglo «justo y duradero» a la «profunda crisis» por la que atraviesa el país, y reconoce a la alianza del FMLN y el FDR como «fuerza política representativa» con derecho a participar en las negociaciones de paz.[163] Legitima a la insurgencia como parte beligerante.

En una acelerada y efectiva gestión diplomática, Washington logra que una decena de gobiernos latinoamericanos —incluso los que apoyan la solución negociada— condenen la declaración franco-mexicana y la señalen de «intervencionista». Y Haig, en la Asamblea General de la OEA en Castries, Santa Lucía, en diciembre de 1981, obtiene la condena formal y la adopción de una resolución —presentada por el canciller de El Salvador— de apoyo a las elecciones salvadoreñas en la que «sugiere» a los gobiernos aceptar la invitación de Duarte y enviar observadores. México, Nicaragua y Granada votan en contra y Panamá, Trinidad y Tobago, Surinam y Santa Lucía se abstienen.[164]

En octubre de 1981, Daniel Ortega, presidente de Nicaragua, presenta en la Asamblea General de la ONU una propuesta del FDR-FMLN para iniciar un diálogo «directo e incondicional» con el gobierno salvadoreño para lograr la paz.

Las abrumadoras presiones que ejerce la Casa Blanca sobre el Congreso, ignorando la carnicería que ocurre en El Salvador, obligan al Comité de Relaciones Exteriores del Senado a exigirle a Reagan «certificaciones» sobre la situación de derechos humanos en ese país —debe hacerlo cada seis meses— antes de aprobar la ayuda militar.

La administración Reagan necesita algo para reducir la cuestionada imagen militarista de su política en El Salvador y anuncia su apoyo a la reforma agraria y a las elecciones para una Asamblea Constituyente que debe aprobar una nueva Constitución, elegir un gobierno provisional y fijar la fecha para las elecciones presidenciales. Dice que la guerrilla puede tomar parte si deja las armas y puede compartir el poder sólo como resultado de las urnas. Pero hablar de elecciones «libres» en un país en guerra, donde el respeto a la vida no existe, y de entrega de tierras a los campesinos que son expulsados por los terratenientes y masacrados por el ejército, es una utopía o una falacia.

El debate sobre el conflicto salvadoreño —guerra, elecciones y fórmulas de paz— no se desarrolla en El Salvador sino en Washington: gobierno, Congreso y medios de comunicación. El destino de ese país lo decide la Casa Blanca. La guerra está en manos del Pentágono, de la CIA, del Departamento de Estado y del Consejo Nacional de Seguridad y se desarrolla de acuerdo al Plan Nacional para El Salvador, elaborado por el Comando Sur, que combina la estrategia militar y planes de desarrollo económico. Duarte está sujeto a Washington. No le permite negociar la paz con la guerrilla aunque él quiere hacerlo. La cúpula militar y la oligarquía salvadoreñas apoyan la política de Washington.

La violencia y la represión, bajo la Junta Cívico-Militar —presidida por Duarte—, son peores que bajo la dictadura del general Humberto Romero, condenado por la comunidad mundial por las graves violaciones a los derechos humanos cometidas por su régimen. La nueva ola de brutal represión es obra del coronel Jaime Abdul Gutiérrez, miembro de la Junta, del general José Guillermo García, ministro de Defensa, y del coronel Carlos Eugenio Vides Casanova, comandante de la Guardia Nacional. Los militares están en contra de lo acordado con los miembros civiles de la Junta. Esa «dictadura» ocasiona continuas renuncias de los civiles del gobierno. En su tercera reestructuración, en marzo de 1980 —por presiones de Carter—, Duarte es nombrado miembro de la Junta.

La violencia sigue en medio de la endémica impunidad. Los crímenes de las fuerzas del orden contra la población civil no son investigados. El gobierno los niega o los oculta. Si algún oficial aparece demasiado visible por denuncias de la prensa extranjera, es trasladado o enviado al extranjero con un cargo diplomático.

León Gómez, consejero principal del Instituto de Reforma Agraria (abandona el país después del asesinato de sus compañeros en el hotel Sheraton), en un testimonio ante el Comité de Relaciones Exteriores de la Cámara de Representantes de Estados Unidos, en el mes de marzo, critica duramente el apoyo que da Washington a la Junta. Señala que el ejército es el problema «fundamental» de El Salvador, pues comanda las fuerzas de seguridad y los escuadrones de la muerte. Dice que las matanzas han traumatizado al pueblo. «Uno tiene mucho cuidado de levantarse contra el gobierno cuando ha visto cuerpos de gentes partidos en dos, gente viva en tanques de ácido y cuerpos con todos los huesos rotos».[165]

La realidad salvadoreña es de espanto. Un periodista norteamericano que llega a ese país a mediados de 1981 cuenta que cuando sale por la mañana a cubrir su primera historia ve, esparcidos en las calles de San Salvador, los cuerpos de los asesinados la noche anterior. Dice que son de gente pobre, de izquierdistas, de servidores de la Iglesia, de intelectuales o de los que han tenido la mala suerte de ser capturados en la calle después del toque de queda. Los ve con los pulgares arrancados, las costillas hundidas, los rostros mutilados y las gargantas cortadas tan hondo que al mover el cuerpo las cabezas cuelgan de unos pocos músculos. «Cualquiera puede matar pero éste es un trabajo de monstruos. Yo me obligo a mirar, a escuchar (a oler) cada atrocidad», escribe.[166]

Varias de las horrendas matanzas de campesinos, que oculta el gobierno, se conocen más tarde por denuncias de la prensa extranjera. Así se conocen las matanzas en la frontera con Honduras —«Operaciones Sándwich»— en las que colaboran ambos ejércitos. En una, ocurrida en marzo de 1981 son asesinados miles de refugiados que intentan cruzar el río Lempa hacia Honduras. El ejército los bombardea desde helicópteros mientras que soldados los atacan con morteros y ametralladoras. En abril ocurre otra, conocida como la «masacre de Monte Carmelo», un suburbio de San Salvador. Personal uniformado asesina a veinte personas, la mayoría obreros y estudiantes, a los que saca a la fuerza de sus hogares.

En octubre ocurre otra matanza en el río Lempa en una operación de «seguridad» del ejército: 147 campesinos son asesinados.[167] Una de las peores —denunciada por periodistas norteamericanos— tiene lugar en diciembre de 1981 en El Mozote y en nueve aldeas vecinas, región cercana a la frontera con Honduras. Testigos presenciales dicen que ha sido una matanza «deliberada y sistemática» de toda la población, en la que toman parte varios batallones del ejército. Entre seiscientos y mil campesinos —hombres, mujeres y niños (cerca de trescientos)— son asesinados. El gobierno y el ejército niegan que esto haya sucedido. También lo niegan la embajada de Estados Unidos, el Departamento de Estado y Thomas Enders, subsecretario de Estado, ante una comisión del Congreso que lo cita para que explique lo ocurrido.

Un informe de la Oficina de Socorro Jurídico del arzobispado de San Salvador —creada y dirigida por monseñor Arturo Rivera y Damas (es nombrado arzobispo después del asesinato de monseñor Romero)—, certifica que entre 1980 y 1981 han ocurrido veintiún mil asesinatos «políticos» de civiles a manos de las fuerzas del gobierno.[168] Esto es sólo una parte de la tragedia del pueblo salvadoreño.

La guerra del pueblo

A pesar de la masiva ayuda militar de Estados Unidos, el ejército salvadoreño no está en capacidad de derrotar a la guerrilla, afirma el Pentágono en un documento que se filtra a la prensa en el mes de febrero de 1981. Weinberger, secretario de Defensa, dice que éste es un «juicio errado» sobre el ejército. En este momento el FMLN tiene ocho frentes militares, controla una extensa franja cerca de la frontera con Honduras y áreas en los cuatro grandes volcanes. El ejército muestra signos de desmoralización por las continuas y numerosas bajas que le causa la guerrilla. Un mapa, publicado por la revista *Newsweek* a mediados de marzo, muestra que las ofensivas del FMLN son por todo el país.[169] La mayoría de los ataques son contra objetivos económicos: vuela puentes, redes de fluido eléctrico, quema fábricas y depósitos de productos de exportación,[170] incendia buses, camiones y medios de transporte y bloquea carreteras para impedir el tránsito del comercio.

Lo que más irrita al gobierno, a las fuerzas armadas y a Washington son los ataques guerrilleros contra objetivos militares. En enero de 1982, en un ataque a la base aérea de Ilopango —la más importante del país, usada por Estados Unidos para dar apoyo a las operaciones contra Nicaragua— liquida la mitad de la fuerza aérea. A la madrugada, con morteros, dinamita y ametralladoras destruye —según fuentes oficiales— seis aviones y seis helicópteros Huey de los catorce donados por Estados Unidos, y causa serias averías a once aviones más. Según la guerrilla los aviones destruidos son veinte. Nueve personas mueren. Ilopango se convierte en un infierno, informa la revista *Time*.[171] Después de la demolición con dinamita del Puente de Oro sobre el río Lema —el más importante, pues une el oriente y el occidente del país—, ocurrido en octubre del año anterior, el ataque a la base de Ilopango es el golpe más devastador de esa guerra[172] y el más demoledor para la imagen y unidad de las fuerzas armadas, pues personal de la base ayuda a la guerrilla.

Al día siguiente del ataque a Ilopango el FMLN da parte de una serie de ofensivas y de emboscadas al ejército, en el departamento de Usulután, en los que da de baja a treinta y cuatro soldados. El ejército responde con bombardeos en el campo y batidas en las ciudades. En Nueva Trinidad asesina a ciento cincuenta civiles y treinta y dos más en San Antonio Abad, barrio de San Salvador. La mayoría son estudiantes y obreros. A las mujeres las violan antes de matarlas.[173]

En enero de 1982 Reagan presenta al Congreso la primera certificación sobre la situación de derechos humanos en El Salvador. Registra una «mejora», pues el número de muertos es menor, seis soldados, responsables del asesinato de las religiosas norteamericanas, han sido capturados y condenados, y la reforma agraria y el «proceso democrático» —los preparativos de las elecciones para la Asamblea Constituyente— progresan. Reconoce, no obstante, que los problemas están lejos de estar resueltos.[174]

Esa misma semana Americas Watch y la Unión Americana de Libertades Civiles (UCLA), en un informe conjunto —297 páginas—, denuncian la continuación de los asesinatos políticos —cerca de doscientos por semana—, de las torturas y de las desapariciones a manos de las fuerzas de seguridad salvadoreñas. Un mes antes ocurre la horrenda matanza en El Mozote. Washington acusa a la guerrilla de los crímenes políticos.

Amnistía Internacional, el Concilio Mundial de Iglesias, el Tribunal Russell, la Oficina de Socorro Jurídico de la archidiócesis de El Salvador, periodistas y observadores independientes en forma unánime rechazan la certificación de Reagan, y miembros del Congreso presentan una resolución para declararla nula. No pasa.

El devastador ataque guerrillero a la base de Ilopango le da un respiro a Reagan. Ese avance de la guerrilla plantea a los congresistas un gran dilema: si niega la ayuda militar a El Salvador —basado en la situación de derechos humanos—, puede ser culpados de provocar la derrota del ejército. La Cámara aprueba sesenta y seis millones de dólares de ayuda militar de emergencia. La mitad de la que pide Reagan.[175] La posibilidad de una victoria militar —como supone el fogoso Haig—, es cada día más remota. Duarte reconoce públicamente que la guerra se está perdiendo.

Después de la certificación de Reagan el FMLN le dirige una carta para recordarle que el pueblo salvadoreño ha estado los últimos cincuenta años bajo regímenes militares y que su lucha es contra la dictadura —que Estados Unidos apoya— responsable de la muerte de 30.000 salvadoreños en los últimos dos años y del asesinato de las cuatro religiosas norteamericanas. Le señala que el enfoque del conflicto salvadoreño como confrontación con la URSS, está «totalmente alejado de la realidad» y que las elecciones para la Asamblea Constituyente —próximas a realizarse— son una «farsa», pues en medio de la represión indiscriminada no puede haber garantías para un proceso democrático. «Respetuosamente» le pide que cambie su política.[176]

El advenimiento de la «democracia»

En medio de la violencia militar, paramilitar, guerrillera y de la delincuencia común, continúan los preparativos de las elecciones para la Asamblea Constituyente. Reagan ve la necesidad de mostrar el progreso democrático de El Salvador para quebrar la resistencia del Congreso a la ayuda militar. El general García, ministro de Defensa, asegura que se realizarán aunque sea «en medio de las balas» y que las fuerzas armadas respetarán los resultados «sean cuales fueren».[177]

En ese período preelectoral la situación de los derechos humanos es crucial para Duarte y para Washington. Tienen que mostrar que el ambiente es de paz y que habrá garantías, que de hecho no existen. Por eso la noticia del asesinato de cuatro periodistas, de un equipo de televisión holandés, en Chalatenango, once días antes de las elecciones, crea pánico en ambos gobiernos. El ministro de Defensa, en un escueto comunicado, se apresura a afirmar que el «incidente» ha ocurrido en un cruce de fuego entre el ejército y la guerrilla. Eso mismo afirma Washington, basándose —según dice— en una investigación realizada por su embajada en San Salvador. Poco después testigos anónimos informan que los ha asesinado una patrulla del ejército.[178]

Con el país en guerra, dos años bajo estado de sitio, sin garantías constitucionales, con la prensa de oposición clausurada o autoamordazada y un pueblo traumatizado por la violencia oficial y paramilitar —doscientos asesinatos políticos por semana y más de treinta mil muertos— , el 28 de marzo de 1982 tienen lugar las elecciones para la Asamblea Constituyente. De los sesenta gobiernos invitados sólo nueve envían observadores. Pocos desean involucrarse en un proceso que despierta tantas dudas y respaldar a ese gobierno para complacer a Washington.

La Junta ha preparado las condiciones para controlar las elecciones. El voto queda estampado en las cédulas de identificación con tinta indeleble, las urnas y las papeletas de votación son transparentes y numeradas, así es posible saber quién vota. «No votar es una traición», advierte el ministro de Defensa. Cerca de setecientos periodistas extranjeros —la mayoría de Estados Unidos— cubren ese evento, pero pocos conocen la compleja realidad del país. Informan de que el pueblo ha participado en forma masiva y publican fotos de filas de campesinos frente a las urnas. Califican las elecciones de libres, democráticas y legítimas, ignorando la realidad. En todo ese proceso ha intervenido de forma abierta Estados Unidos, con asesores y fondos millonarios para apoyar a la Democracia Cristiana —partido de Duarte— y no ha participado el FDR, la mayor fuerza de oposición, por falta de garantías. En la prensa norteamericana no se mencionan tales hechos. Ungo, líder del FDR, exiliado en México, dice que no participa, pues hubiera sido un «suicidio». Dos años antes —cuando comienza a hablarse de esas elecciones— las fuerzas armadas publican una lista de ciento treinta «traidores» a los que hacen responsables de la subversión y anuncian que serán perseguidos «sin descanso». En esa lista están todos los líderes del FDR.[179]

Esa participación masiva en las elecciones, destacada por la prensa extranjera, es explotada con entusiasmo por Reagan y por Duarte. Las filas de gente frente a las urnas, en espera de consignar el voto, es la imagen que necesitan. Es el «triunfo de la democracia». La votación ha superado sus cálculos, dicen Reagan y Haig. El embajador Hinton habla de derrota de la guerrilla, que ha pedido la abstención, por la evidente falta de apoyo del pueblo a la insurgencia.[180]

La Democracia Cristiana obtiene la mayoría: el 35 por ciento de los votos y obtiene veinticuatro de los sesenta escaños de la Asamblea. ARENA, partido de ultraderecha, creado por Roberto D'Aubuisson, obtiene dieciséis. Este resultado frustra la euforia de Reagan y de Duarte por el éxito de las elecciones, pues la Asamblea queda en manos de la ultraderecha: ARENA se alía con el Partido de Conciliación Nacional (PCN) —partido de los militares—, logra la mayoría y D'Aubuisson es elegido presidente de la Asamblea y puede ser elegido presidente provisional de la República. D'Aubuisson es acusado de ser el jefe de los escuadrones de la muerte y el ex embajador Robert White lo califica de «asesino psicópata» y lo señala como autor intelectual del asesinato de monseñor Romero. Reagan envía al general Vernon Walters, embajador *at large*, para advertirle a militares y diputados que si D'Aubuisson es elegido presidente Estados Unidos suspenderá toda ayuda a El Salvador.

Cerca de un mes duran las agitadas y agrias negociaciones entre diputados, partidos políticos y militares para elegir al presidente provisional, presionados y amenazados por el embajador Hinton y por los enviados de Reagan. Varias veces la Asamblea no puede sesionar por falta de quórum. Finalmente, el 29 de abril, entre gritos y aplausos es elegido por treinta y seis votos Álvaro Magaña —presidente durante diecisiete años del Banco Nacional Hipotecario— con el apoyo de la Democracia Cristiana y de los militares. Hugo Barrera, candidato de ARENA, obtiene diecisiete votos.

El Salvador —en quiebra después de tres años de guerra y virtualmente sostenido por Estados Unidos— queda con un nuevo presidente, Álvaro Magaña (1982-1984), con un gobierno dominado por la ultraderecha y con la vieja cúpula militar intacta. Firmes en sus cargos quedan el general García, ministro de Defensa, y el coronel Vives Casanova, comandante de la Guardia Nacional, responsables de la guerra sucia. En los cuatro ministerios más importantes son nombrados miembros de ARENA, en otros cuatro los «sugeridos» por las fuerzas armadas y los tres que da a la Democracia Cristiana no tienen peso político ni social.

El nuevo ministro de Agricultura, de ARENA, le da la puntilla a la reforma agraria. En la nueva Constitución de 1983 no se menciona, y en cambio enfatiza la obligación del Estado de respetar y garantizar la propiedad privada.[181] Charles Percy, presidente del Comité de Relaciones Exteriores del Senado de Estados Unidos, advierte: «Ni un centavo irá para el gobierno de El Salvador» si la reforma agraria se detiene.[182]

Magaña lanza una publicitada campaña para «demostrarle al mundo» —dice— que la distribución de tierras continúa. En una ceremonia en el palacio presidencial, flanqueado por militares de alto rango, hace entrega de títulos a los campesinos. «Es puro teatro», comenta con sorna un alto funcionario salvadoreño.[183]

Bajo el débil gobierno de Magaña la guerra sigue con mayor intensidad, la represión es más brutal y el número de asesinatos políticos sigue subiendo. Entre los treinta mil asesinados hasta ese momento, setecientos son de la Democracia Cristiana. Los escuadrones de la muerte siguen matando y el arzobispo Rivera y Damas en sus homilías sigue denunciando los asesinatos, las torturas y las desapariciones de los que hace responsables a las fuerzas del orden. «Aparentemente son libres para secuestrar y asesinar civiles a plena luz del día, sin que enfrenten el castigo de las autoridades», afirma. En agosto las culpa de los 270 asesinatos políticos ocurridos en las últimas dos semanas.[184] Ese mes Magaña nombra una comisión de paz para explorar las posibilidades de negociación con la guerrilla. Los militares se oponen.

A finales de julio de 1982 Reagan presenta al Congreso su segunda certificación sobre la situación de derechos humanos en El Salvador y de nuevo registra «progresos». Enders va a defenderla ante el Congreso. Sostiene que el número de muertos es menor, que la distribución de tierras se está haciendo, que el gobierno controla a las fuerzas armadas y que el país ha celebrado elecciones «libres y democráticas» pero —reconoce— todavía les queda «un largo camino para lograr un éxito total». El representante demócrata Ferry Studds lo acusa de utilizar estadísticas «ridículamente inadecuadas» y con ochenta representantes presenta una resolución declarándola «nula e inválida». No obtiene mayoría. La Cámara aprueba 61 millones de dólares de ayuda militar.[185]

¿Perdiendo la guerra?

El avance de la guerrilla y el pobre desempeño del ejército salvadoreño preocupan y molestan al Departamento de Estado y al Pentágono, pues el ejército recibe un amplio apoyo de Estados Unidos. De sus incompetencias culpan al general García, ministro de Defensa, por no seguir las instrucciones de los Boinas Verdes que planean las operaciones y dirigen la lucha contrainsurgente (en ocasiones participan). Washington le dice el consabido «Debe irse».[186] Además necesita progresos en la situación de derechos humanos y no le conviene que en más de año y medio el gobierno no haya capturado a los culpables de los asesinatos de ciudadanos norteamericanos, y que siga libre el subteniente Rodolfo Isidro López Sibrián, responsable de los asesinatos en el hotel

Sheraton por confesión de sus autores. El tribunal lo deja libre por no encontrar suficientes evidencias para condenarlo. La captura y condena de esos asesinos es una exigencia del Congreso para aprobar la ayuda militar a El Salvador.

Después de las elecciones las fuerzas armadas le piden al FMLN que deje las armas, pero el FMLN responde con una serie de ataques en el departamento de Morazán. En cinco días da de baja a 200 soldados y toma dos ciudades que luego abandona. El ejército las bombardea con aviones Dragón Fil, recién adquiridos. Ese mes el FMLN derriba un helicóptero del ejército en el que viajan el viceministro de Defensa, coronel Adolfo Castillo y el comandante de Morazán (muere en el accidente). La guerrilla captura a Castillo (lo deja libre a los dos años a cambio de la liberación de un grupo de prisioneros políticos)

El FMLN y el FDR lanzan una doble ofensiva —política y militar— para obligar al gobierno a negociar la paz. El FDR le propone un diálogo directo e incondicional para poner fin a esa guerra y bajar las tensiones en Centroamérica. Mientras tanto el FMLM realiza extensos ataques al norte y al este del país, da de baja a 189 soldados y toma noventa «prisioneros de guerra». En una rueda de prensa en México, Ungo, líder del FDR, y Ana Guadalupe Martínez del FMLN —exiliados en ese país—, dicen que el gobierno no ha respondido a sus propuestas de paz. D'Aubuisson, presidente de la Asamblea Legislativa, advierte que no permitirá el diálogo o la negociación con la guerrilla. El Departamento de Estado califica la propuesta de FDR de «cosmética».[187]

Las derrotas que gota a gota le propina la guerrilla al ejército crean profundo malestar y divisiones dentro de las fuerzas armadas. Unos son partidarios de continuar la guerra, otros quieren llegar a un acuerdo que dé fin al conflicto y están molestos con el pobre desempeño del alto mando. Esa crisis interna estalla cuando el ministro de Defensa retira del mando del batallón en el departamento de Cabañas al coronel Sigifredo Ochoa —comandante estrella de la contrainsurgencia—, lo nombra agregado militar en Uruguay para alejarlo, pues ha sido acusado del asesinato de un sacristán, y él se niega a acatar la orden. Ochoa pide la renuncia del ministro, lo acusa de «traidor» y de prolongar la guerra sin ofrecer otras opciones. A Magaña le pide ponerse los pantalones y no dejarse manipular del ministro. Advierte que no cederá hasta que García renuncie. Radio Venceremos, emisora rebelde, señala que ésta es «una pelea entre asesinos del alto mando fascista». La crisis dura tres meses. Concluye cuando García —presionado por el alto mando— renuncia.

Vides Casanova, comandante de la Guardia Nacional, es nombrado ministro de Defensa.[188]

En 1983 la política de Reagan en Centroamérica está haciendo agua. Fracasa en Nicaragua y en El Salvador y es duramente criticada dentro y fuera del país por gobiernos aliados y amigos. «Reagan tiene la guerra en dos frentes, uno en Washington y otro en El Salvador y en ambos la está perdiendo», comenta un congresista.[189]

La insurgencia sigue con su doble ofensiva. La guerrilla continúa los ataques al ejército causando bajas y derrotas, y el FDR-FMLN insiste en la negociación. En marzo de 1983 presenta una nueva propuesta de paz: pide un gobierno de consenso que incluya a la guerrilla y a sus aliados moderados, que el gobierno desmovilice los diez mil hombres de las fuerzas de seguridad, avance las reformas económicas, incluida la reforma agraria, y realice acuerdos con la guerrilla que le den garantías en las futuras elecciones. «No somos tan estúpidos de participar en las elecciones y terminar en un cementerio», dice Ungo.[190] En junio presenta otra, de cinco puntos: el país debe recobrar su soberanía y realizar un diálogo directo e incondicional entre las partes en conflicto, y critica el creciente intervencionismo de Estados Unidos, pues impide la paz, la justicia y la independencia de su país. Dice que ningún acuerdo podrá lograrse sin la participación del FDR-FMLN y pide los buenos oficios de terceras partes en los procesos de paz.[191]

En marzo de 1983 Reagan defiende su política en Centroamérica y muestra mayor determinación para lograr sus objetivos. Insiste en que la ayuda militar es indispensable para ganar la guerra contra la expansión comunista en esa región. Es en especial duro en relación con la situación de El Salvador. Una victoria de la «guerrilla comunista» llevará a ese país a unirse a Cuba y a Nicaragua y el «efecto dominó» se extenderá en toda la región, incluidos Panamá y México, afirma.[192]

En abril, en una sesión conjunta de la Cámara y el Senado, pedida por el presidente —poco usual en la historia de Estados Unidos—, Reagan reitera que en Centroamérica están en juego «intereses vitales» de Estados Unidos y de nuevo señala la cercanía de El Salvador como amenaza para su seguridad. Sólo un mayor apoyo militar —dice— les permitirá ganar esa guerra.[193] Los más influyentes diarios critican duramente ese discurso mientras que otros, republicanos, lo defienden.[194]

La guerrilla lanza una gran ofensiva al noroeste del país, toma la carretera Panamericana y la población de Santa Rosa de Lima y por

Radio Venceremos anuncia que ésta es su respuesta a la «guerra declarada por Reagan».[195]

Para la administración Reagan su política en Centroamérica no ha cumplido con sus objetivos y culpa de esto a los funcionarios que la diseñan. El Departamento de Estado procede a cambiar a gente de ese equipo. Enders y Deane Hinton, embajador en El Salvador, son retirados. Reagan nombra a Richard Stone, ex congresista republicano, como su enviado especial en Centroamérica, y en julio nombra una comisión bipartidista, liderada por Henry Kissinger, para visitar esos países —incluida Nicaragua— y diseñar una política para la región. A la vez mantiene el hostigamiento militar. Los diálogos de Stone con Guillermo Ungo y Rubén Zamora, líderes del FDR, y con comandantes del FMLN en Costa Rica y en Colombia, no llegan a nada. Stone los limita condicionando su participación en las elecciones presidenciales a su desmovilización.[196]

O el gobierno de El Salvador cambia de estrategia o perderá la guerra, concluye el coronel John Waghelstein, director de los Boinas Verdes en El Salvador, en una reunión con el presidente Magaña, con su ministro de Defensa y con el embajador de Estados Unidos. Enseña documentos que muestran que la insurgencia tiene bajo su control una cuarta parte del país y varias poblaciones cuyo número va en aumento. Además ha destrozado la economía. Un informe de su embajada en San Salvador estima en seiscientos millones de dólares las pérdidas sufridas desde 1979 y otro, de la Universidad Nacional, menciona doscientos diez sabotajes en once de las catorce provincias. Ha arruinado el 33 por ciento de las redes eléctricas, destruido el 30 por ciento del transporte público y ha devastado el 10 por ciento del sector agrícola. Sólo un puente principal queda en pie.[197]

Otra de las actividades de la guerrilla es el «ajusticiamiento» de militares, de paramilitares, de potentados y de políticos. En mayo de 1983 las Fuerzas Populares de Liberación (FPL) —el grupo más radical— asesinan al subteniente Albert Schaufelberger, norteamericano, frente a la Universidad Católica en San Salvador cuando va a recoger a su novia. Los guerrilleros advierten que devolverán otros asesores en ataúdes.

El FMLN continúa su ofensiva. Entre octubre y noviembre cerca de siete mil guerrilleros atacan más de sesenta poblaciones y en diciembre atacan la base militar de El Paraíso —la más grande del país— y dan de baja a cien soldados. Es un golpe devastador. A los dos días vuelan el puente de Cuscatlán.[198]

Las derrotas, las bajas y la baja moral del ejército causan estragos en sus filas. Cerca de la mitad de las tropas —entrenadas por Estados Unidos— se retiran entre septiembre y diciembre, más de 300 soldados han muerto en combate o han sido gravemente heridos y 450 son «prisioneros de guerra». En noviembre, un batallón de 135 hombres se rinde. La guerrilla dice que los entregará a la Cruz Roja Internacional y se queda con el arsenal.[199]

Otro aspecto que alarma a Washington es el incremento de los asesinatos atribuidos a escuadrones de la muerte, pues muestra que están fuera del control del gobierno. El Departamento de Estado elabora dos listas de sospechosos de pertenecer a esos grupos, una en El Salvador y otra en Miami. Da nombres de potentados —exiliados en Miami— que los financian. Hasta ese momento Washington y Magaña han guardado silencio sobre los escuadrones de la muerte aunque hay claras evidencias de sus conexiones con militares en servicio y que D'Aubuisson, presidente de la Asamblea Legislativa, es su jefe. La revista *Newsweek* comenta que cuando D'Aubuisson levanta la voz contra alguien, generalmente prominente, a los pocos días aparece muerto.[200]

Reagan, incapacitado para seguir hablando de «mejoras» en la situación de derechos humanos en El Salvador, en noviembre de 1983 veta el proyecto de ley que le exige seguir presentando al Congreso las certificaciones. Ese mes invade Granada.

Duarte a la presidencia

En 1984 El Salvador se prepara para elegir al primer presidente civil después de cincuenta años de dictaduras militares. El país está sumido en una grave crisis económica y política y en una violencia —militar, paramilitar y guerrillera— sin precedentes. El FMLN ya controla una tercera parte del país y el malestar del pueblo va en ascenso.

Esas elecciones son cruciales para El Salvador, pues están en juego su futuro, el desarrollo del conflicto armado y el papel que jugará de ahí en adelante Estados Unidos. Para Reagan, con un ojo puesto en su reelección, también son cruciales, pues de sus resultados depende el apoyo del Congreso a su controvertida ayuda militar a ese país y, por lo tanto, el futuro de la guerra. Los candidatos con mejores opciones de los siete que compiten son José Napoleón Duarte, de la Democracia Cristiana, de centro-izquierda, y Roberto D'Aubuisson, de ARENA, de extrema derecha. Washington ha trabajado febrilmente en organizar los comicios y en apoyar a Duarte.

La campaña presidencial ha sido agria y en medio de la violencia. La víspera de las elecciones el ejército —cerca de treinta mil hombres— y la guerrilla —calculada en diez mil—, intensifican sus ofensivas. El FMLN ha dicho que no impedirá los comicios, que el que quiera votar puede hacerlo libremente, pero los califica de «farsa» y ventila la consigna: «No a la Farsa Electoral. Sí a la Guerra del Pueblo». En algunos lugares la guerrilla obstruye caminos, confisca cédulas de identidad, necesarias para votar, embosca al ejército y da de baja a treinta soldados, derriba un avión carguero, avería una pista militar y en la capital ocupa tres emisoras y durante quince minutos transmite un comunicado para alertar al pueblo sobre esa «farsa» electoral que no es una solución para el conflicto salvadoreño, sino una medida que necesita Reagan para su reelección.[201]

En mayo el pueblo acude a las urnas. Las agencias AFP, AP, EFE y Latin-Reuters señalan el caos y la desorganización: urnas que llegan tarde, otras que no llegan a zonas dominadas por la guerrilla, escasez de papeletas de votación, confusión en las listas que indican lo sitios de votación y extremas medidas de seguridad desplegadas en cada centro electoral. Con una semana de retraso el Consejo Central de Elecciones da los resultados: Duarte obtiene el 43,41 por ciento de los votos y D'Aubuisson el 29,76 por ciento. En una segunda vuelta —ningún candidato obtiene la mayoría requerida— Duarte triunfa con el 53,6 por ciento. Toma posesión en junio.

La elección de Duarte es exaltada en Estados Unidos —gobierno, Congreso y prensa— como un triunfo de la democracia. Dicen que Duarte es un «demócrata genuino», un reformador y que quiere la paz. En la campaña Duarte ofrece un pacto social, promete poner fin a los asesinatos políticos, investigar a los escuadrones de la muerte y suspender los abusos que han caracterizado los pasados gobiernos. A los pocos meses, cuando esas promesas son papel mojado, dicen que es «víctima» de la extrema derecha y de la «intransigencia» de la guerrilla. Nadie menciona que cuando él es presidente de la Junta El Salvador está a la cabeza de los países violadores de los derechos humanos, con una tasa de mil asesinatos políticos mensuales a manos del ejército y de grupos paramilitares.[202]

Duarte va a Washington invitado por Reagan y recibe aplausos y elogios por parte del gobierno y de los medios de comunicación y es escuchado con entusiasmo y respeto por los Comités de Relaciones

Exteriores del Senado y de la Cámara. El Congreso aprueba 61 millones de dólares de ayuda militar suplementaria, tres meses después 132 millones más y 120 millones de ayuda económica.[203]

En octubre de 1984, ante la Asamblea General de la ONU, Duarte invita a los jefes de la insurgencia a una reunión —el 15 de octubre— en la población de Las Palmas en Chalatenango. Muchos se sorprenden con su propuesta de diálogo con la guerrilla, pues a éste se oponen firmemente los militares y la derecha y más aún Washington. Analistas concluyen que Duarte, en luna de miel con la administración Reagan y con el Congreso de Estados Unidos, se siente fuerte para ignorar esa poderosa y peligrosa oposición.

Una semana antes de la reunión de Las Palmas, Fides Casanova, ministro de Defensa (Duarte lo ratifica por imposición de los militares), lanza una ofensiva contra la guerrilla, gesto elocuente de su rechazo al diálogo. No obstante acompaña a Duarte a ese encuentro. La reunión tiene lugar en la iglesia de Las Palmas. Guillermo Ungo y Rubén Zamora del FDR —exiliados en México— y los comandantes Eduardo Sancho —«Fernán Cienfuegos»—, Facundo Guardado y otros jefes guerrilleros del FMLN son la delegación de los insurgentes. El arzobispo Rivera y Damas es el mediador. No llegan a ningún acuerdo sustancial pero se comprometen a nombrar una comisión de paz —cuatro miembros de cada lado— que debe reunirse en noviembre.

La reacción militar es inmediata. Le hacen saber a Duarte que no debe ir muy rápido ni aceptar un alto el fuego o tendrá problemas. Cuatro días después la guerrilla derriba un helicóptero y mueren el teniente coronel Domingo Monterrosa (comandante en la zona de El Mozote cuando ocurre la matanza en 1981) y otros tres oficiales de alto rango. Enfurecido, el alto mando le advierte a Duarte que mantendrá el poder de veto sobre las gestiones de su gobierno. Y un grupo de sesenta oficiales le dice que no debe aceptar la propuesta de los insurgentes de compartir el gobierno y de formar parte de las fuerzas armadas, ni el cese de fuego. Duarte no objeta tales condiciones.[204]

El FDR-FMLN pide un gobierno de transición de amplia participación, formar parte de las fuerzas armadas y nuevas elecciones, Duarte no acepta y le exige deponer las armas, reconocer la legitimidad de su gobierno y participar en forma pacífica en la reconstrucción del país. O sea su rendición.

Duarte sigue en manos de los militares y de Washington, ambos empeñados en intensificar la guerra para liquidar a la guerrilla. Los diálogos de paz amenazan sus planes. Washington continúa el envío de armas y de helicópteros, y aumenta su personal militar. El ejército continúa los bombardeos a zonas controladas por la guerrilla —causando gran destrucción y muerte— y la guerrilla incrementa sus ataques a objetivos económicos y militares —bases y cuarteles—, emboscando al ejército —causándole un alto número de bajas—, atacando la base de El Paraíso y diezmando una patrulla del ejército. Toma la hidroeléctrica de Cerrón Grande —la más importante del país— y destruye parte de su equipo.

El Departamento de Estado sigue asegurándole al Congreso que la situación de derechos humanos en El Salvador mejora, pero la Comisión de Derechos Humanos salvadoreña afirma que desde la llegada de Duarte al poder han tenido lugar cuatrocientos asesinatos políticos y ochenta y siete desapariciones, dos grandes masacres y más de cien bombardeos a regiones campesinas. Y Ungo, líder del FDR, en una entrevista con el diario mexicano *Uno más Uno*, en noviembre, dice que en cinco meses Duarte ha ordenado ciento veintisiete bombardeos con más de mil bombas en diez de las catorce provincias del país y nuevas masacres en Chalatenango, Cabañas y Cuscatlán. En ese período el FMLN da de baja a quinientos cuarenta y siete soldados.[205] En noviembre Reagan es reelegido presidente.

En marzo de 1985 la guerrilla «ejecuta» al general retirado José Alberto Medrano (según Duarte uno de los peores asesinos), creador de ORDEN, organización paramilitar del gobierno que actuaba como escuadrón de la muerte, disuelta en 1979. Cuatro días después mató al teniente coronel Ricardo Arístides Cienfuegos, dentro de un exclusivo club de tenis en San Salvador. En junio, en un café de la exclusiva Zona Rosa en San Salvador, un grupo guerrillero acribilla a cuatro infantes de marina norteamericanos —guardias de seguridad de la embajada—, a dos hombres de negocios norteamericanos y mueren siete salvadoreños y quince son heridos. El Partido Revolucionario de Trabajo Centroamericano (PRTC), en un comunicado, reivindica el atentado y anuncia que éstos son los «primeros», que los marinos no son «inocentes», pues «ningún yanqui invasor» está libre de culpa. Lamenta «profundamente» la muerte de salvadoreños. En los últimos seis meses la guerrilla ha secuestrado y asesinado a un alto número de alcaldes, de funcionarios y de militares.[206]

El secuestro de Inés Duarte Durán, de treinta y cinco años, hija del presidente, en septiembre de 1985, por un comando del FMLN cambia las reglas del juego. Duarte se pliega a lo que piden los guerrilleros: libera a veintidós prisioneros políticos y permite el traslado a Cuba de

LOS AMOS DE LA GUERRA

noventa y seis guerrilleros heridos. ARENA, la derecha y los militares protestan. Dicen que esa muestra de debilidad del presidente afecta la moral del ejército y la credibilidad del gobierno. Duarte dice que son «cantos de sirena», pues ellos han sacado su dinero del país y han pagado rescates para liberar miembros de sus familias secuestrados, y que con ese dinero la guerrilla compra armas, «mata soldados» y hace la revolución. La guerrilla libera a Inés y a veintiocho de los treinta y ocho alcaldes que tiene secuestrados. Duarte envía su familia a Washington.[207]

Esas concesiones hechas por Duarte a los guerrilleros crispan sus relaciones con los militares —siempre difíciles—, pero ambos saben que Washington no tolerará un golpe.

El gobierno se erosiona políticamente. El pueblo critica a Duarte por la grave crisis económica y rechaza su sumisión a Washington, su apoyo a la guerra contra Nicaragua, su colaboración al boicot de Contadora y el haber suspendido el diálogo de paz por presiones de Estados Unidos y del ejército.

En 1986 organizaciones nacionales e internacionales, defensoras de los derechos humanos, denuncian el incremento de la violencia militar y paramilitar en El Salvador. Amnistía Internacional señala que los asesinatos, torturas y desapariciones son ahora «selectivos» contra opositores del gobierno, crímenes que no son investigados, ni los responsables llevados a juicio. El 24 de marzo —aniversario del asesinato de monseñor Arnulfo Romero—, una populosa manifestación en San Salvador pide «juicio y condena a sus asesinos». Después de seis años tal crimen sigue impune.

Después de la suspensión del diálogo de paz en Ayagualo, en noviembre de 1984, Duarte rechaza cinco propuestas de paz que propone el FDR-FMLN, pero en junio de 1985 anuncia que está dispuesto a reanudarlas. Dos reuniones preparatorias tienen lugar en México y en Panamá. La tercera, que debe celebrarse en Sesori, la guerrilla la cancela porque antes de la reunión el ejército militariza la población. Duarte acusa a la guerrilla de torpedear las negociaciones de paz. En 1986 de nuevo el ejército boicotea los intentos de negociación con la guerrilla.

La oposición al gobierno de Duarte crece y en enero de 1987 circulan rumores de golpe. Los militares critican abiertamente a Duarte, la derecha está en su contra, veintisiete diputados de la oposición decretan «huelga parlamentaria» por la subida de impuestos y una manifestación de ciento cincuenta mil estudiantes protesta contra el «reclutamiento forzado». La guerrilla continúa las emboscadas al ejército, el bloqueo al transporte y las voladuras de torres de fluido eléctrico que dejan sin luz a vastas áreas del país. El 24 de ese mes, una huelga de comerciantes, el paro de transporte decretado por el FMLN y el bloqueo de las vías por la guerrilla paralizan el país. Muchos piden la renuncia de Duarte, no obstante los militares anuncian que apoyan la autoridad presidencial.[208]

La firma del tratado de paz regional, Esquipulas II, por los cinco presidentes centroamericanos, en agosto de 1987, abre las compuertas a la solución de los conflictos internos en El Salvador y en Nicaragua. Los gobiernos están obligados a tomar medidas inmediatas para lograr la convivencia nacional. Duarte presenta ante la Asamblea Legislativa un proyecto de amnistía parcial para los responsables de delitos políticos o conexos que no hayan sido procesados y un plan de repatriación de exiliados. En octubre, bajo la protección de las iglesias católica y protestante y de organismos internacionales, regresan miles de refugiados. Duarte convoca a la tercera ronda de negociaciones —suspendidas durante tres años—, pero el FDR-FMLN anuncia que no participará como protesta por el asesinato de Hebert Ernesto Anaya, director de la Comisión de Derechos Humanos de El Salvador, ocurrido en octubre.

En noviembre, después de siete años de exilio, regresan Guillermo Ungo y Rubén Zamora, líderes del FDR. Anuncian que mantendrán su apoyo a la lucha del pueblo. Duarte los llama terroristas y dice que si desean participar en política deben romper sus lazos con la guerrilla.[209] Ese mes Duarte presenta a la Asamblea Legislativa una ley de amnistía «total y absoluta» y es aprobada por amplia mayoría de la Asamblea, Tal ley exonera a los miembros de las fuerzas del orden, responsables del asesinato y desaparición de decenas de miles de salvadoreños, de ser llevados a los tribunales y se suspenden los procesos y las investigaciones sobre crímenes cometidos hasta el 22 de octubre de ese año. Más de cuatrocientos —condenados por crímenes políticos— quedan libres, entre éstos los asesinos de los expertos en reforma agraria en el hotel Sheraton. Los delitos de secuestro, extorsión y narcotráfico quedan excluidos. En atención a una petición de la Iglesia, los responsables del asesinato de monseñor Romero no serán amnistiados. Americas Watch, en un informe, señala que después de aprobada esa ley aumentaron los crímenes políticos.[210]

Duarte no ha podido parar la guerra, pues los militares y Washington se lo impiden. Tampoco ha podido mejorar la difícil situación económica —efecto de la guerra— y el país subsiste sólo con la ayuda económica de Estados Unidos. Las medidas de emergencia que toma son rechazadas por la izquierda y por la derecha. El Pacto Social que ha prometido no funciona. El país está sumido en la miseria y en la guerra. El peso de esa grave crisis económica recae sobre las clases más pobres: seis de cada diez salvadoreños están sin empleo y los precios de productos de consumo están fuera del alcance del pueblo.

Después de siete años de guerra la sociedad está profundamente polarizada y el pueblo está traumatizado con la violencia militar y paramilitar. El país está devastado y en la ruina, y el saldo de la guerra sucia son decenas de miles de civiles muertos, miles de lisiados, decenas de miles de viudas y de huérfanos. Una cuarta parte de la población —la inmensa mayoría campesina—, está desplazada, refugiada en otros países o en la guerrilla.

En el último año de su gobierno, Duarte está totalmente desprestigiado y enfermo de gravedad, aquejado de cáncer en el hígado. En marzo de 1988, en las elecciones para las asambleas Legislativa y Municipal, la Democracia Cristiana —su partido— sufre una abrumadora derrota. ARENA, partido triunfante, es el primer sorprendido. Obtiene la mayoría absoluta en la Asamblea y gana en 200 de los 244 municipios. Su triunfo en las elecciones presidenciales, el próximo año, es casi seguro.

Todo ese año sigue la lucha encarnizada entre el ejército y la guerrilla. Cristo está de espaldas, la paz no viene y el cáncer consume al presidente. «Así terco, orgulloso y solo, como siempre ha vivido, Napoleón espera la muerte luchando desde el timón de mando, contra el cáncer», escribe el corresponsal del diario español *El País* en noviembre. Después de casi un año de luchar contra la muerte, los salvadoreños hablan de «milagro».

En enero de 1989, con el país en guerra, avanza la campaña presidencial. El FDR-FMLN presenta otra propuesta de paz a través del arzobispo Rivera y Damas. Dice que acatará los resultados de las elecciones si el ejército no interviene y suspende la represión, y que participará en los comicios si el gobierno los pospone hasta septiembre y prepara las condiciones que den garantía de imparcialidad y de limpieza. Pide un nuevo consejo electoral en el que participe Convergencia Democrática —frente democrático creado por Ungo y Zamora—, un nuevo consejo fiscalizador, compuesto por organizaciones religiosas, humanitarias y cívicas, y que observadores internacionales vigilen las elecciones. A Estados Unidos le pide mantenerse al margen. Duarte la rechaza aduciendo que es inconstitucional. Los militares y ARENA también la rechazan.

El 20 de enero de 1989 sale Reagan y entra George Bush, republicano también. La nueva administración entiende que es absurdo seguir sosteniendo esa guerra y ve en la propuesta del FMLN-FDR una salida política. El Departamento de Estado dice que es «seria» y que tiene elementos «positivos» y deben estudiarse. Ese cambio de posición de Washington obliga a un giro de la política de Duarte y de los partidos, incluido ARENA.

D'Aubuisson propone una «amnistía parcial» para permitir a los jefes guerrilleros llegar a San Salvador y reunirse con los partidos. En febrero se reúnen en Oaxtepec, México, pero no llegan a nada. Duarte ofrece posponer las elecciones hasta abril si la guerrilla decreta una tregua unilateral hasta el 1 de junio, día en que él debe entregar el mando. El FMLN la ofrece por sesenta días y propone una nueva reunión con los partidos en San Salvador. Pero el ambiente político está demasiado enrarecido para lograr un cambio. Vides Casanova, ministro de Defensa —opuesto al diálogo—, advierte que un golpe de Estado es posible si se viola la Constitución.

El ejército continúa las operaciones militares contra la guerrilla y la guerrilla intensifica las suyas. El Consejo Central de Elecciones ratifica la fecha de las elecciones: serán el 19 de marzo de 1989. Es un puntillazo a cualquier esperanza de acuerdo. Radio Venceremos —emisora de los rebeldes— alerta: «Estamos en una encrucijada histórica ante dos caminos: la negociación o la intensificación de la guerra».[211]

La violencia genera más violencia. Se producen más asesinatos políticos —entre éstos el de tres periodistas, uno de ellos un holandés—, más atentados con dinamita de la guerrilla y constantes disturbios callejeros. Duarte militariza el país. El FMLN anuncia el boicot a las elecciones, bloquea el transporte, vuela torres de fluido eléctrico, ataca cuarteles y amenaza de muerte a los funcionarios que tomen parte en esa «farsa». Renuncian 136 alcaldes.

Alfredo Cristiani, candidato de ARENA, obtiene el 53,81 por ciento de los votos, Fidel Chávez Mena, de la Democracia Cristiana, el 35,59 por ciento, y Guillermo Ungo, de Convergencia Democrática, un ridículo 3,20 por ciento. La altísima abstención —un 50 por ciento—, la más alta de su historia, Chávez Mena y Ungo la atribuyen al boicot del FMLN y lo culpan de sus respectivas derrotas. Los portavoces de la guerrilla dicen que la escasa votación evidencia la ilegitimidad del gobierno que no representa a la mayoría nacional.

El coste de la paz

Con Cristiani (1989-1993) el poder queda en manos de las fuerzas más reaccionarias del país —oligarquía y ejército— representadas en ARENA, partido surgido del seno de los escuadrones de la muerte. La derrota de Democracia Cristiana y de Convergencia Democrática indican que la opción de cambio hacia una sociedad justa y de lograr la paz ya no son posibles. La única alternativa es seguir la guerra.

Cristiani, en su discurso inaugural, propone reanudar los diálogos con la guerrilla. El FMLN desata una intensa ofensiva militar para participar en las negociaciones desde una posición de fuerza. El ejército se declara en estado de «máxima alerta» y muestra más bríos para liquidar a la guerrilla.

Las difíciles negociaciones se desarrollan durante tres años, en medio de una extrema violencia, sin llegar a acuerdos tangibles. El 11 de noviembre el FMLN lanza una audaz ofensiva en San Salvador y el ejército bombardea barrios populares en donde se han parapetado mil quinientos guerrilleros. El FMLN toma el hotel Sheraton. Allí están alojados cuatro Boinas Verdes y João Baena Soares, secretario general de la OEA. Bush envía un comando de la Fuerza Delta, que se presenta frente al hotel. La evacuación sin problemas de los Boinas Verdes evita que entre en acción. Horas antes Baena Soares sale con ayuda de la guerrilla. Los combates duran cinco días y mueren mil personas entre civiles y combatientes, la mayoría víctima de los bombardeos.

Cinco días después son asesinados en los predios de la Universidad Católica (UCA) seis jesuitas, entre éstos el rector, padre Ignacio Ellacuría, una empleada doméstica y su hija. Tal crimen conmociona al mundo. El gobierno inculpa al FMLN, pero casi de inmediato se sabe que es obra del ejército. Washington exige el esclarecimiento de este crimen y el Congreso condiciona su ayuda hasta que se aclare y los culpables sean castigados. Una comisión de veinte representantes norteamericanos procede a investigarlo.

Los acuerdos de paz entre el gobierno de Cristiani y el FMLN, que ponen fin a doce años de guerra, se firman en una dramática sesión en las Naciones Unidas en Nueva York, en la madrugada del 1 de enero de 1992, pocas horas antes de que Javier Pérez de Cuéllar, secretario general, deje su cargo. El júbilo en El Salvador y en el mundo es inmenso. No obstante quedan asuntos clave por resolver y éstos dependen de la voluntad política de ambas partes: el gobierno debe reducir las fuerzas armadas —de cincuenta y seis mil a veinte mil—, depurar sus filas, llevar a juicio a los miembros de las fuerzas del orden, responsables de graves violaciones a los derechos humanos —a lo cual se oponen firmemente los militares—, y el FMLN se compromete a desmovilizar sus fuerzas. El alto el fuego definitivo será el 1 de febrero de 1992.

La Comisión de la Verdad de la ONU —que parte de esos acuerdos— publica su informe, en marzo de 1993. Su función ha sido investigar «los más graves crímenes políticos» cometidos en los doce años de guerra. El informe recibe el apoyo mundial. Por fin salen a la luz crímenes que han permanecido impunes. El presidente Bill Clinton lo elogia y «poco le faltó —comenta el *New York Times*— para que responsabilizara de esas matanzas a las administraciones de Reagan y de Bush por el fuerte apoyo que dieron a las fuerzas armadas salvadoreñas».

La Comisión certifica que el 85 por ciento de los crímenes son responsabilidad del ejército, de las fuerzas de seguridad y de los escuadrones de la muerte. Con «suficientes pruebas» acusa a oficiales de alto rango de haber sido los autores intelectuales del asesinato de los jesuitas. Menciona a los generales René Emilio Ponce y Vives Casanova, ex ministros de Defensa, y a Juan Rafael Bustillo, comandante de la fuerza aérea, y acusa a otros oficiales de haber dado la orden de asesinar a las cuatro religiosas norteamericanas, a los cuatro periodistas holandeses y a monseñor Romero, cuyo autor intelectual —señala— es D'Aubuisson.

Al día siguiente de divulgado el informe Cristiani —en rueda de prensa— urge a la Asamblea Legislativa a que apruebe una «amnistía total y general» que —dice— es esencial para culminar la reconciliación nacional y «dejar atrás el pasado». La Asamblea, controlada por ARENA, la aprueba. «Este impropio apresuramiento para proteger a los culpables —comenta el *New York Times*—, constituye una afrenta al proceso de paz promovido por la ONU, a la ley internacional de los derechos humanos y a la memoria de las víctimas en El Salvador».[212]

La amnistía entra en vigor a finales de marzo y comienzan a salir de las cárceles militares confesos y convictos. De esa amnistía no se benefician los guerrilleros responsables de asesinatos de ciudadanos norteamericanos. Es una medida discriminatoria sin base legal. Las acusaciones de la Comisión de la Verdad quedan como simple constancia para la historia, pues no tiene competencia para someterlas a la justicia.

La invasión de Granada

Otra de las guerras de Reagan es la invasión a Granada consumada el 25 de octubre de 1983. Es una invasión anunciada. Maurice Bishop, primer ministro, la ha visto venir muchas veces y muchas veces denuncia ante el mundo el peligro que se cierne sobre la pequeña isla. La prensa norteamericana califica los temores de Bishop de «paranoia». Cuando ocurre él ya está muerto.

En marzo de 1979 Bishop, líder del movimiento Nueva Joya, derroca al régimen represivo y corrupto de Eric Gairy. Miles de granadinos salen a las calles para saludar al nuevo gobierno. La clase obrera y las organizaciones de masas lo apoyan.[213] Al mes Bishop establece relaciones diplomáticas con Cuba, y Washington se alarma.

Granada es otra revolución que irrumpe en el convulso Caribe y comienza a tener impacto en sus vecinos: en Dominica es derrocado el régimen dictatorial de Patrick John por un amplio movimiento popular, en Santa Lucía el Partido Laborista, de izquierda, gana en las urnas y derrota al régimen derechista —dura más de quince años— y en las Antillas Holandesas triunfa MAN-MER, coalición popular.

Tales cambios alarman e irritan a Washington, pues le complica la vida en el Caribe, donde Cuba ha extendido su influencia. Michael Manley, primer ministro de Jamaica, Forbes Burnham, de Guyana, y Eric Williams, de Trinidad y Tobago —líderes progresistas y no alineados—, mantienen estrechas relaciones con La Habana.

Fidel celebra el triunfo de Bishop y de inmediato comienza a darle ayuda. Ni a Washington ni a Gran Bretaña (Granada es miembro de la Comunidad Británica de Naciones y tiene un gobernador que representa a la reina) les agrada la tendencia izquierdista del gobierno de Bishop, ni su acercamiento a Cuba y a la Unión Soviética. La administración Carter le advierte que tal política le acarreará el retiro de la ayuda norteamericana y busca aislarlo. Presiona a los miembros de CARICOM —Comunidad de los Países del Caribe—, para que no reconozcan el gobierno de la Nueva Joya —no lo logra— y ofrece un plan económico de desarrollo para la región, con préstamos del FMI y del Banco Mundial, que sólo será para países «amigos». Su intervención es indirecta.

Bishop establece el Gobierno Revolucionario del Pueblo. «Con el pueblo trabajador —dice— construiremos y avanzaremos al socialismo y llegaremos a la victoria final.» El país está en la ruina, en medio de una corrupción rampante, sin servicios sociales y con una tasa de desempleo que llega al 50 por ciento. Bishop desmantela el ejército y crea uno nuevo y una milicia, busca la participación popular a través de organizaciones de masa, amplía los servicios de salud y educación —establece la educación secundaria gratuita—, promueve la sindicalización de la clase obrera —llega al 80 por ciento— y promulga leyes sociales para dar igual trato laboral al hombre y a la mujer. El crecimiento económico en 1982 es del 5,5 por ciento —superior al de las islas vecinas que es del 1,1 por ciento— y el sector privado crece el 10 por ciento.[214]

El pueblo ama a Bishop, apoya su política y aplaude su posición erguida frente al imperialismo y a las acusaciones de Reagan contra su país. Algunos sectores políticos y económicos no están de acuerdo con la orientación socialista de su gobierno y presentan resistencia. Pero son una minoría que no amenaza su gobierno.

Reagan no está dispuesto a dejar que la Revolución de Bishop progrese. Desde su campaña presidencial comienza a acusarlo de comunista —palabra mayor en sus labios— y a calificar a Granada de «amenaza» para la seguridad de Estados Unidos. Es una alarma un tanto ridícula del representante de la superpotencia mundial. Granada es una diminuta isla caribeña, de 110.000 habitantes, de 344 kilómetros cuadrados de territorio, cuya economía se basa en la exportación de nuez moscada y que no tiene ejército ni fuerza naval. De esa amenaza también trata el documento del Comité de Santa Fe —preparado por un grupo de republicanos para la campaña de Reagan—. Afirma que Granada forma parte —con Cuba y Nicaragua— de una «conspiración comunista», que lidera la Unión Soviética, y que constituye una amenaza directa a la seguridad de Estados Unidos.

El mayor ataque de Reagan es contra el aeropuerto internacional que se ha construido con ayuda cubana. Dice que será una base militar soviética y cubana. Bishop le asegura que éste se construye para estimular el turismo y que no será utilizado por la Unión Soviética ni por Cuba.

Bishop intenta mantener relaciones normales con Estados Unidos pero recibe un tratamiento hostil. El Departamento de Estado no acepta las credenciales del embajador de Granada —propuesto por Bishop— y acredita el suyo con sede en Barbados. Reagan no responde dos cartas de Bishop en las que le plantea las buenas intenciones de su gobierno hacia Estados Unidos. En la última, fechada en agosto de 1981, le menciona la política hostil de su gobierno hacia su país y las gestiones que realizan sus funcionarios con la Comunidad Económica Europea para disuadir a esos países de darle ayuda para la construcción del aeropuerto. También se refiere al entrenamiento que reciben mercenarios de Granada en Miami, con miras a invadir a su país, y al bloqueo de Estados Unidos a las solicitudes de préstamos de Granada en el Banco Mundial y el FMI, y que los fondos que ofrece al Banco Caribeño de Desarrollo los condiciona a que se excluya a Granada.[215]

En 1981 las extensas maniobras militares de Estados Unidos en el Caribe —Ocean Venture 81—, y los simulacros de invasión y de rescate de norteamericanos —supuestamente secuestrados— en la isla Vieques en Puerto Rico, tienen el nombre en clave de «Ambar Ambarinas», en clara alusión a Granada y Granadinas. Bishop entiende el mensaje y lanza una campaña en la ONU, en la OEA, en los No Alineados, con gobiernos amigos y con partidos políticos del mundo para denunciar que Estados Unidos amenaza a su país con una invasión.

En marzo de 1983 el Pentágono publica fotografías aéreas que muestran instalaciones militares en Granada y señala que son de «tipo soviético» y que tiene emplazada artillería antiaérea.[216] Y ese mes, en un discurso televisado, Reagan muestra fotografías «secretas» para denunciar, una vez más, que el aeropuerto es un peligro para la seguridad de Estados Unidos por la evidente militarización de Granada por la Unión Soviética y por Cuba. En una visita oficial a Barbados, Reagan alerta a Tom Adams, primer ministro, y a Edward Seaga, primer ministro de Jamaica, sobre la «propagación del virus del comunismo desde Granada» en la región. Los dos mandatarios comparten esa preocupación.

Bishop califica de «paquete de mentiras» las acusaciones que le hace Reagan de estar militarizando al país, de estar construyendo una base naval, una aérea, depósitos para almacenar municiones y cuarteles, y de tener campos de entrenamiento militar en la isla.[217] Por la radio alerta a sus «hermanos y hermanas» sobre una inminente invasión de «bandas contrarrevolucionarias organizadas, financiadas, entrenadas y dirigidas por el imperialismo norteamericano».[218]

En abril de 1983 la delegación de Granada en la ONU rechaza las acusaciones del mandatario norteamericano y ridiculiza el despliegue fotográfico que ha hecho para satanizar el aeropuerto. Dice que Estados Unidos es el primer país al que le solicita ayuda para su construcción pero que se ha negado. Reagan se ha convertido en «el hazmerreír del mundo», comenta el diario *Granma*, órgano oficial del Partido Comunista cubano, en referencia a esa campaña contra Granada.[219]

En junio Bishop va a Washington —no ha sido invitado— y habla con congresistas, con periodistas, con intelectuales y con los habitantes de Granada residentes en ese país. Busca apoyo para que convenzan a Washington de suspender su hostilidad. En un discurso en Hunter College, en Nueva York, habla sobre la situación de su país, sobre los avances económicos y sociales logrados por su gobierno, se refiere a las dificultades que tiene y a la hostilidad de la administración Reagan, pese a los esfuerzos que ha hecho para mejorar las relaciones. Menciona un informe secreto del Departamento de Estado en que afirma que la Revolución en Granada es «peor» para Estados Unidos que la cubana y la nicaragüense, porque el pueblo habla inglés y puede comunicarse directamente con el pueblo de Estados Unidos. En Granada el 95 por ciento son negros y sus dirigentes pueden ser «un ejemplo peligroso para los treinta millones de negros norteamericanos». Ese aspecto —señala Bishop— es, sin duda, uno de los más sensibles de ese documento.[220]

El general Hudson Austin da un golpe de Estado el 19 de octubre de 1983 y Bishop, tres miembros de su gabinete y dos dirigentes sindicales son asesinados. En los disturbios que estallan después del golpe mueren diecisiete personas. El asesinato de Bishop y la toma del poder por un grupo marxista —supuestamente más radical—, es el pretexto que usa Reagan para invadir Granada. Ventila la manida excusa de «salvar la vida de norteamericanos» y restablecer el orden interno. En la isla estudian medicina tropical seiscientos jóvenes norteamericanos en una escuela de Estados Unidos.

El Pentágono ordena a una flota con 1.900 infantes de marina que se dirige al Líbano —en esa ciudad acaba de ocurrir un grave sabotaje con un coche-bomba a un cuartel de Estados Unidos en el que mueren 325 marines— desviarse hacia Granada. Un avión militar de Estados Unidos y un helicóptero, cargados de soldados, aterrizan en Barbados. Poco después llega un DC-9 con más soldados. Las órdenes son de estar listos para una posible evacuación de los norteamericanos residentes en Granada.

La historia oficial

La historia oficial sobre la invasión a Granada —su nombre en clave es Furia Apremiante (Urgent Fury)— es de un desembarco multinacional. Así lo registran en grandes titulares algunos de los más importantes diarios norteamericanos. El Pentágono informa que en la madrugada del 25 de octubre dos mil marines y tropas de asalto han desembarcado en la capital de Granada, San Jorge —de 4.800 habitantes—, al que luego se unen cerca de doscientos soldados de seis países caribeños. La invasión comienza con un desembarco de cuatrocientos soldados, llevados en helicópteros que despegan del barco de guerra *U.S.S Guam*, anclado al este de la isla. Asaltan el aeropuerto de Pearls y centenares de rangers —fuerza de élite norteamericana— descienden en paracaídas en Punta Salinas donde se construye el controvertido aeropuerto internacional. Los rangers —dice un comunicado del Pentágono— son recibidos con fuego antiaéreo desde cuarteles donde se alojaban los constructores cubanos. En los primeros informes menciona que dos soldados norteamericanos han muerto y veintitrés han sido heridos y que la «mayoría de los objetivos» han sido «tomados» en doce horas. El Pentágono, durante cinco días, impide el acceso de periodistas a la isla (es la primera vez que esto sucede). Luego «pastorea» a un reducido grupo a lugares restringidos.

Las tropas invasoras —escribe la revista *Time*— encuentran a seiscientos cubanos bien armados y entrenados militarmente y Schultz, secretario de Estado —en rueda de prensa—, dice que los cubanos están «resistiendo y disparando» y «por supuesto esto nos obliga a responder». Cerca de mil doscientos soldados y entre dos mil y cinco mil milicianos de Granada se enfrentan a los rangers.[221] Al tercer día —según el Pentágono— sus tropas son cinco mil paracaidistas, quinientos marines y quinientos rangers. Noticias posteriores mencionan una fuerza combinada de doce mil hombres. El 25 de octubre comienza la evacuación de los quinientos o mil estudiantes y profesores norteamericanos.

Poco después de iniciada la invasión, Reagan se dirige a la nación para decir que ha recibido «un pedido urgente» de las cinco naciones miembros de la Organización de Estados Orientales del Caribe «para ayudar en un esfuerzo conjunto encaminado a restaurar el orden y la democracia en la isla» y que ha «accedido» al pedido de integrarse a las fuerzas multinacionales. La «necesidad capital» —dice— es proteger vidas humanas, «evitar un caos todavía peor» y establecer la ley y el orden donde un «grupo brutal de izquierdistas malhechores se apodera violentamente del gobierno». Reagan asesina a Bishop y a los miembros de su gabinete. Pide que no se malinterprete esa «acción colectiva», pues ha sido «impuesta por acontecimientos sin precedentes en el Caribe».[222]

El gobierno cubano acusa a Estados Unidos y dice que «la invasión, puesta en marcha desde esta madrugada, fue preparada y ensayada hace más de dos años en la isla puertorriqueña de Vieques» y que el desembarco «no se improvisó» aprovechando la situación creada por la muerte de Bishop. «Se trata de una agresión premeditada de Washington», denuncia el diario *Granma*.[223]

La resistencia cubana —informan las agencias de noticias— cesa el 26 de octubre. «Se inmolaron por la patria», son las palabras de Fidel, que les ha dado la orden de no rendirse. Ese día llegan nuevos refuerzos militares norteamericanos. Weinberger, secretario de Defensa, informa que seis soldados han muerto, ocho se han «perdido» y treinta y tres han sido heridos y que han encontrado «mucha más resistencia de la esperada».[224]

La «victoria» en Granada provoca inmensa euforia en la opinión pública norteamericana y el prestigio de Reagan sube como la espuma. Una encuesta de opinión registra que el 71 por ciento aprueba la invasión. Reagan habla del hecho en superlativos. Dice que la invasión es el «éxito más grande de su política exterior», a los marines los llama «héroes de la libertad» pues han «derrotado» a 750 cubanos y a «sus amigos de Granada». «Es una gran ganancia no sólo política sino estratégica», agrega. Un alto funcionario señala que «¡con esa invasión Estados Unidos le demostró al mundo que no es un tigre de papel!». El Pentágono habla de «victoria militar» con pocas bajas (diecinueve mueren en accidentes). En combates o en los bombarderos mueren veinticuatro cubanos y cuarenta y cuatro de Granada, según informan los medios de comunicación de Estados Unidos.

La invasión no ha sido una «gloriosa demostración para los militares», escribe Joseph Treaster, corresponsal del *New York Times*, cinco años más tarde, cuando las verdades salen a la luz. La operación estuvo plagada de errores —destruyen un hospital de enfermos mentales— y de improvisaciones. Los comandos de las distintas fuerzas no pueden comunicarse, pues sus radios son incompatibles y los mapas que usan son turísticos.[225]

Uno se sorprende del amplio apoyo que tuvo Reagan para su «belicosa acción» en Granada, escribe Steven Volk, periodista norteamericano, pero la explica pues la opinión pública necesitaba una «victoria» para sacarse de encima las humillaciones en Vietnam, en Irán y la tragedia más reciente de la muerte de los 235 marines en el Líbano, ocurrida dos días antes de la invasión. «Mientras que la administración Reagan preparaba el plato de Granada para el consumo público, los medios electrónicos e impresos de la nación preparaban la mesa», escribe Volk. Los medios sólo transmiten el mensaje oficial: no se trata de una invasión de Estados Unidos a Granada, sino de una confrontación de Estados Unidos con Cuba y con la Unión Soviética. Así lo registran el *Washington Post* y el *New York Times*.[226]

Repulsa internacional

La invasión a Granada provoca indignación, estupor y repudio en la comunidad mundial. Gobiernos, instituciones, organizaciones, iglesias, personalidades y parlamentos de varios países condenan al gobierno norteamericano. La primera ministra británica, Margaret Thatcher, su fiel aliada, critica que sin el conocimiento de Su Majestad, Estados Unidos hubiera invadido una isla de la comunidad británica y violado su soberanía. A Reagan le sorprende y le duelen las críticas de Maggie. No lo esperaba después de la amplia y generosa ayuda que le da a Gran Bretaña en la guerra de las islas Falkland/Malvinas con la que asegura su triunfo.

Fidel dice que ésta es una «victoria pírrica y una desastrosa derrota moral». Para América Latina es el renacer de los peores momentos de la doctrina Monroe y del gran garrote.

Reagan asocia la invasión a Granada con el ataque terrorista en el Líbano. Dice que Moscú no sólo ha ayudado y alentado la violencia en ambos países, sino que les ha dado asistencia a través de una red de terroristas y agentes. En cambio, muchos en el mundo la comparan con la invasión soviética a Afganistán. Esto sí le duele a Reagan. La «invitación» a Reagan de los micropaíses caribeños es tan equívoca como la invitación del gobierno afgano a Brezhnev.

Para mostrar la legitimidad de la intervención «multinacional» en Granada, Maria Eugenia Charles, primera ministra de Dominica, pide una reunión extraordinaria del Consejo Permanente de la OEA, pero que sea sólo «protocolaria» y sin debates. Quiere evitar la avalancha de críticas que vendrán en contra de esa invasión. No obstante, vinieron. La mayoría pudo expresar su repulsa, señalar la flagrante violación de Estados Unidos a los principios de libre determinación y de no intervención y a la Carta de la OEA. No hubo ninguna resolución. En el Consejo de Seguridad de la ONU —reunión pedida por Nicaragua—, se «ablandan» los términos de la resolución para que Estados Unidos no la vete. La veta. Es el único voto en contra. A favor votan once y se abstienen Gran Bretaña, Togo y Zaire. Poco después la Asamblea General adopta una resolución condenando la invasión, por ciento ocho votos a favor, nueve en contra (Estados Unidos y los países caribeños que participan en la invasión) y veintisiete abstenciones. La mayoría de los sesenta y tres oradores acusa a Estados Unidos de violar el derecho internacional y «claros principios en los que se fundan las relaciones en mundo civilizado». Reagan comenta que tal noticia no le «enfría» el desayuno.

A Reagan no lo importan la soledad de Estados Unidos en la ONU, la pérdida de credibilidad de su administración en la comunidad mundial, la condena general, ni que ninguno de sus aliados de la OTAN lo acompañen con su voto. Tampoco le importan las críticas internas por las barreras que pone a la prensa. Con ese hecho sin precedentes impide que la opinión pública conozca la realidad y permite que el Pentágono pueda manipularla. Ese episodio es un despliegue de prepotencia nunca antes visto.

Cinco años después

Cinco años después de la invasión, o de la «operación rescate» como la recuerdan los de Granada, el país comienza a florecer. Goza de una nueva democracia «con todas sus flaquezas». Bajo el primer ministro, Herbert Blaize, elegido en 1984 (elección maquinada por Estados Unidos), crecen nuevos negocios, prospera la industria agrícola, el gran aeropuerto internacional en Punta Salinas está funcionando (construido en gran parte por cubanos y concluido con ayuda norteamericana, británica y canadiense) y los hoteles, que han permanecido desocupados durante cuatro años, comienzan a recibir unos pocos turistas, la mayoría británicos.

Pero no todo es de color de rosa. Las dificultades económicas crecen y la ayuda norteamericana —nunca suficiente aunque trata de reparar la destrucción causada por los bombardeos— disminuye; el desempleo es entre el 20 y el 30 por ciento, los servicios de salud y educación decaen con la retirada de los médicos y maestros cubanos, y las tropas norteamericanas han hecho florecer la prostitución y las enfermedades venéreas. El aeropuerto internacional ha atraído el narcotráfico. El creciente consumo de droga obliga a Blaize a emprender una campaña en contra. «Ahora estamos viendo crímenes que nunca habíamos visto», comenta un habitante de Granada.[227]

Cinco años después de su asesinato, el bienamado Maurice Bishop persiste en la memoria de la mayoría de ese pueblo que añora las leyes sociales de su revolución, desmontadas en el corto período de semicolonia impuesta por los invasores. A comienzos de diciembre de 1988 van a la horca catorce personas implicadas en el asesinato de Bishop, entre ellos Hudson Austin, comandante de las extintas Fuerzas Armadas Revolucionarias, que se había apoderado del gobierno y el viceprimer ministro, Bernard Courd, cerebro del golpe, y su esposa, alta dirigente del movimiento Nueva Joya.[228]

FIN DE FIESTA

En enero de 1989 termina la era de Reagan —el presidente de teflón—, el «comunicador» que hipnotiza a su pueblo, que lo hizo «sentir bien», al que le perdonan el magno escándalo del Irán-contra. En su discurso de despedida asegura que deja al país «más próspero, más seguro y más feliz». La realidad es otra: lo deja con el más alto déficit presupuestario y comercial de su historia y a la cabeza de los deudores del mundo. Su política económica fortalece a los ricos y empobrece a los pobres —la mayoría— a quienes corta los programas de beneficencia. Hay quiebras de pequeñas empresas y negocios. Bajo su gobierno crece la horda de los «sin hogar» que deambulan por las calles de Nueva York, de Washington y de otras ciudades, que duermen entre cartones o en túneles de los trenes subterráneos.

El más militarista de los presidentes lleva a la superpotencia mundial al fracaso en Nicaragua y en El Salvador, dos pequeños y pobres países. Cuando sale de la Casa Blanca, a pesar de la masiva y costosa ayuda militar que da a El Salvador para derrotar a la guerrilla, ésta sigue su guerra hasta que el gobierno tiene que buscar la paz negociada. Su «guerra secreta», con las bandas de los «contras» ha sido un costoso fracaso, los sandinistas, a quienes quiso derrocar con esa guerra, siguen gobernando. Llegan a acuerdos de paz sólo cuando ha dejado la presidencia.

Las investigaciones sobre el escándalo Irán-contra continúan. Ese episodio —según el informe final de la comisión del Congreso que lo investiga, ha sido de engaño, menosprecio de la ley y de persistente carencia de honradez del presidente. Pero al presidente de teflón nadie lo reta en el Congreso, nadie contradice sus inexactitudes, sus distorsiones y mentiras y le tolera el «No recuerdo...» (*I don't recall*) con el que evade su responsabilidad en ese magno escándalo, el más serio abuso de poder cometido por mandatario alguno. Engaña al Congreso, a la opinión pública y a sus aliados, contradice su propia política exterior (rompe secretamente el embargo de armas impuesto a Irán, al que obliga a sus aliados a unirse), negocia con terroristas y viola el acta de neutralidad de Estados Unidos. Pero él sale ileso y nadie va a la cárcel. North sale como potencial candidato a la presidencia y Bush —ya derrotado por

Clinton—, en uno de sus últimos actos perdona a las principales figuras de ese escándalo: Weiberger, Abrams, Fiers, McFarlane y dos más. El *New York Times* titula un editorial «El imperdonable acto de Bush». Con ese perdón, con el que se perdona a sí mismo, cierra este episodio vergonzoso de la historia norteamericana, que determina el período más sangriento y más doloroso de las relaciones de la gran potencia con los pequeños países centroamericanos. Tal es el fin de esta historia.

8

Panamá: «La agonía del difunto»

Los años ochenta —«década perdida» para América Latina—, concluyen con la brutal invasión de Estados Unidos a Panamá en la madrugada del 20 de diciembre de 1989, cuando el pueblo dormía. En una operación masiva por aire, mar y tierra, veintidos mil, veinticuatro mil, veinticinco mil o veintisiete mil soldados —todas estas cifras se mencionan— ocupan ese pequeño país de sólo dos millones de habitantes. Es la «saturación del teatro de la guerra» de la estrategia de despliegue rápido. El objetivo —declarado— es la captura del general Manuel Antonio Noriega, al que se acusa de narcotráfico, para llevarlo ante sus tribunales y «restaurar» la democracia panameña.

El objetivo no declarado son los Tratados del Canal, que obligan a Estados Unidos a desmantelar sus bases militares y abandonar ese país antes del año 2000. Estados Unidos no está dispuesto a hacerlo, necesita colocar en el poder a un gobierno manipulable para modificarlos. Así, en medio de los bombardeos, de la destrucción, de la masacre, del pánico y de la humillación del pueblo panameño, en el Fuerte Clayton, base militar norteamericana, tiene lugar una insólita ceremonia: el jefe del Comando Sur nombra a Guillermo Endara como nuevo presidente de la República.

La Operación Causa Justa —nombre en clave que da el Pentágono a la invasión— es la acción bélica más extensa emprendida por Estados Unidos después de la guerra en Vietnam. La justifica como un acto de «legítima defensa». Ese ataque de la superpotencia mundial a un pequeño país del Tercer Mundo provoca sentimientos de indignación y de consternación. Una vez más el mundo comprueba que para los habitantes de turno de la Casa Blanca el respeto a principios del derecho internacional es pura retórica.

Ese acto de guerra, contrario a la distensión mundial que promueve el líder soviético Mijaíl Gorbachov —a la que Ronald Reagan se une con un pie en el estribo y un ojo en la historia—, pone en evidencia la nueva realidad de la posguerra fría. La Unión Soviética, sin sus aliados de Europa del Este y en proceso de su desintegración interna, ha dejado de ser la superpotencia que enfrenta a Estados Unidos durante medio siglo de guerra fría. Ya no tiene peso en la arena internacional, Estados Unidos tiene la batuta mundial y fija las reglas.

Pacto con el diablo

Desde el inolvidable «I ton Panamá» de Theodore Roosevelt en 1902 —conduce a la secesión de Colombia—, Panamá queda sujeto al dominio norteamericano. Roosevelt construye el canal entre los dos océanos y en los tratados que firma con el recién instalado gobierno panameño, Estados Unidos adquiere el dominio a perpetuidad sobre una franja de dieciséis kilómetros de ancho y el «derecho» a intervenir en los asuntos internos panameños. Tales derechos quedan incluidos en su primera Constitución. El águila imperial extiende sus alas protectoras —y sus garras— sobre la nueva república a la que convierte en semicolonia.

El historiador colombiano Eduardo Lemaitre califica la invasión de «desastre» y describe la trágica realidad panameña: «... los panameños tienen que convencerse que desde el momento en que, protegidos por el escudo norteamericano, se separaron de Colombia para constituirse en lo que ellos creyeron que podía ser una nación absolutamente soberana, le vendieron su alma al diablo. Porque es materialmente imposible que un pueblo pueda gozar de tales prerrogativas cuando su territorio está dividido en dos por una zona en que una potencia gigantesca tiene tantos y tan vitales intereses».[1]

Panamá paga con parte de su territorio su independencia, compromete su soberanía y su identidad como nación. Con ese enclave extranjero en sus entrañas y sometido a su continua injerencia, su pueblo vive bajo el síndrome de su dominio, con el complejo de su propia impotencia y gobernado por una clase política blanca (el 90 por ciento de la población es negra, mulata y mestiza) sumisa a los militares, ligada al capital extranjero y aliada incondicional de Washington. Torrijos cambia esas reglas del juego, sólo por un corto tiempo.

La injerencia norteamericana, el fraude electoral, los cambios de gobiernos por decisión de los «hombres fuertes», siempre «legitimados» por la Asamblea Legislativa y reconocidos por Washington, son una constante en su historia política. La invasión es parte de esa historia.

Los «hombres fuertes»

Torrijos no es el primer hombre fuerte panameño, ni su gobierno una «dictadura» militar, como afirma Estados Unidos. El primero es el coronel José Antonio Remón Cantera, comandante de la policía, quien en 1948 —no es presidente— toma la batuta del poder político en el marco de insólitos desarrollos electorales. Es el primero en manejar al país desde los cuarteles, por encima de los presidentes. En 1952 es elegido presidente. A su muerte sigue el desfile de los hombres fuertes —Torrijos es uno de ellos— que ponen y deponen presidentes. La ronda sigue hasta el general Manuel Antonio Noriega.

A la muerte de Torrijos, Noriega (es jefe de inteligencia del ejército), con un maquiavélico pacto, manipulado con la cúpula militar, asume la comandancia de la Guardia Nacional y —como los demás— comienza a manejar a los presidentes desde los cuarteles. Noriega cuenta con el apoyo de Washington. Por tres décadas ha estado en la nómina de la CIA como informante. También da informaciones al Pentágono y al Consejo Nacional de Seguridad. A comienzos de 1970 —según un analista— él es la pieza más importante de la nueva y dominante estación de la CIA en la Ciudad de Panamá.

Panamá es el centro de espionaje político y militar de Estados Unidos para todo el continente. En la Zona del Canal tiene catorce bases, navales y aéreas, y la Escuela de las Américas (en los años ochenta el presidente Jorge Illueca la hace salir de Panamá) donde da instrucción militar sobre métodos de contrainsurgencia y adoctrinamiento ideológico anticomunista a militares del continente. Noriega recibe instrucción en esa escuela.

Durante tiempo, Washington está al tanto de que Noriega da información de inteligencia al gobierno cubano sobre Estados Unidos, pero sus servicios a la CIA y a otras dependencias de inteligencia son más importantes. En abril de 1976 Stansfield Turner, director de la CIA en el gobierno de Carter, descubre que ha infiltrado sus redes y lo saca de su nómina. El Sargento Cantante en el Comando Sur —supuestamente un puertorriqueño— le vende la transcripción de conversaciones telefónicas, interceptadas por los servicios de inteligencia, de miembros de las cúpulas del gobierno, del ejército y de políticos panameños. El negocio sigue y se amplía. Dos o tres soldados norteamericanos le venden material clasificado. Así adquiere el plan completo de «vigilancia electrónica» de Estados Unidos para todo el continente y los manuales técnicos secretos de la Agencia Nacional de Seguridad con la lista de los teléfonos interceptados en todos los países. La CIA no castiga a los «cantantes» a cambio de su colaboración para poder establecer la dimensión del daño.[2]

Reagan: extirpando a Noriega

Según algunos, las relaciones de Estados Unidos y Noriega comienzan a deteriorarse en septiembre de 1985 cuando depone al presidente Nicolás Ardito Barletta, ex alto funcionario del Banco Mundial, y coloca en su lugar al vicepresidente Eric Arturo Delvalle. Es derrocado por haber nombrado una comisión para que investigue el asesinato de Hugo Spadafora, y Noriega es acusado de ser el autor intelectual. Spadafora, ex viceministro de Salud, ex combatiente de la guerrilla sandinista y ex «contra» bajo el comando de Edén Pastora, es figura prominente de la oposición y uno de los primeros en acusar a Noriega de narcotráfico. Su cuerpo aparece decapitado y brutalmente torturado en la frontera con Costa Rica.

La versión de Noriega es distinta. Dice que las relaciones empiezan a deteriorarse después de que el almirante John Poindexter, consejero nacional de Seguridad, va a Panamá en diciembre de 1985, para pedirle que las fuerzas de defensa panameñas tomen parte en una invasión a Nicaragua y él se niega. Dice que Poindexter lo amenaza y le advierte que «debe atenerse a las consecuencias». Ésa es la razón —según Noriega— de la campaña de descrédito contra él en Estados Unidos. La versión de Noriega es confirmada por el *Miami Herald*. Citando fuentes oficiales norteamericanas, dice que Poindexter y Noriega tratan el tema de Nicaragua y le pide el apoyo de Panamá a los «contras», a lo cual Noriega se niega. El embajador Everet Briggs —presente en la reunión—, sostiene que ese tema no se toca y que en esa reunión, «larga y penosa», Poindexter humilla a Noriega delante de sus subordinados al mencionar las sospechas que existen sobre sus relaciones con el narcotráfico, el contrabando de armas y el blanqueo de dólares en Panamá.

En junio de 1986, coincidiendo con una visita de Noriega a Estados Unidos, el *New York Times* y la cadena de televisión NBC divulgan esas historias y afirman que tales actividades ilícitas las desarrolla como jefe de inteligencia del ejército —ejerce esas funciones trece años— y que las continúa como comandante en jefe de las fuerzas de defensa.

También mencionan las sospechas que existen en su contra en relación con el asesinato de Spadafora y sobre las informaciones de inteligencia que da al gobierno cubano. En julio la Cámara de Representantes de Estados Unidos hace las mismas acusaciones.

El *New York Times* comenta que el Departamento de Estado se «sorprende» con tales acusaciones y ordena una investigación. Sin embargo, WOLA (Oficina de Washington para América Latina) sostiene que dicha información la suministra a los medios de comunicación Elliot Abrams, alto funcionario de ese departamento, con autorización de Poindexter.[3] Ese acoso publicitario precipita el regreso de Noriega a Panamá. De inmediato se reúne con sus asesores en el palacio presidencial y disminuye con gracejos la importancia de tales acusaciones: «son cosas de gringos y gringueros» que conspiran contra mí, dice.[4]

El presidente Eric Arturo Delvalle, en carta dirigida a Javier Pérez de Cuéllar, secretario general de la ONU, acusa a Estados Unidos de esa «campaña orquestada» de presiones y descrédito contra las autoridades panameñas en la que toman parte el Congreso y la prensa de ese país para desestabilizar a Panamá. Afirma que las acusaciones son «calumniosas, de origen anónimo, basadas en supuestas fuentes secretas y en aseveraciones de funcionarios que han pedido no ser identificados». Anota que el momento escogido coincide con la campaña de algunos norteamericanos para impedir el cumplimiento de los Tratados del Canal.[5]

Las opiniones dentro de la administración Reagan están divididas. La Casa Blanca, el Departamento de Estado —alentado por Abrams— y el Congreso quieren destruir a Noriega, pero William Casey, director de la CIA, el Pentágono y el vicepresidente George Bush (ex director de la CIA) creen que Noriega es en extremo útil y ponderan su trabajo de inteligencia. No quieren crear un conflicto en momentos en que está en marcha la extensa operación clandestina —maquinada por el teniente coronel Oliver North—, para sostener —a espaldas del Congreso y de la opinión pública— la «guerra secreta» de Reagan contra Nicaragua. La CIA le da a Noriega once millones de dólares para la compra de armas para la «contra». Él no quiere que esto se sepa y advierte que la suspenderá de inmediato si se divulga. En documentos de la investigación sobre el escándalo Irán-contra sale a la luz que Noriega ofrece a Poindexter y a North asesinar a los dirigentes sandinistas a cambio de que Washington limpie su imagen y levante el embargo de armas a las fuerzas de defensa panameñas. Estados Unidos no acepta, pues la ley prohíbe al gobierno comprometerse en planes de asesinato.[6]

La DEA conoce las vinculaciones de Noriega con el narcotráfico pero necesita su colaboración para controlarlo en Panamá, principal centro de tránsito de la droga hacia Estados Unidos, de blanqueo de dólares y de contrabando de armas. La DEA, en cartas a Noriega, califica de efectiva y valiosa su cooperación. Alexander Cockburn, periodista británico, destaca esa doble moral. Mientras que la DEA elogia a Noriega, Norman Bailey, ayudante de la Casa Blanca, afirma que tiene suficientes pruebas «para anunciar con veintiún cañonazos» que es traficante de drogas.[7] «Los panameños sabían que nosotros sabíamos», sostiene un ex consejero del Comité de Inteligencia del Senado y según el periodista norteamericano Seymour Hersh, la opinión pública tiene la convicción de que Washington ha contribuido a «crear uno de los mayores secuaces de los últimos tiempos».[8]

Comienza la crisis

A mediados de 1987 Panamá es un remanso de paz y de prosperidad en comparación con la convulsa situación de sus vecinos centroamericanos. El presidente Delvalle (puesto por Noriega después de un fraude) es la cabeza visible del gobierno y la supuestamente invisible es Noriega, comandante de las fuerzas de defensa. Esa calma empieza a desaparecer en el mes de junio, cuando el coronel retirado Roberto Díaz Herrera, primo hermano de Torrijos, acusa a Noriega de corrupción a gran escala, del fraude electoral de 1984 y de complicidad en el asesinato de Spadafora y en la muerte del general Torrijos. Tales acusaciones, del que tres días antes es el número dos del ejército, desatan la más grave crisis política de la historia panameña. Díaz Herrera devuelve con creces el golpe que le ha dado Noriega al forzar su retiro del ejército y frustrar su ascenso a la jefatura de la comandancia de las fuerzas de defensa acordado con él y que además le correspondía. En agosto Díaz Herrera es detenido y en declaraciones al fiscal general se retracta. Dice que carece de pruebas, en especial respecto al narcotráfico.[9]

Al día siguiente de las acusaciones de Díaz Herrera el pueblo se lanza a las calles para exigir la renuncia de Noriega, la destitución de los militares acusados de corrupción, una investigación sobre las denuncias hechas contra ellos y el regreso a la democracia. La turba bloquea las principales vías con barricadas y con la quema de neumáticos y se enfrenta a la fuerza pública. La ciudad se paraliza.

La oposición forma la Cruzada Cívica, con más de cuarenta gremios y asociaciones empresariales de comerciantes, profesionales y estudiantes. Es apoyada por la jerarquía de la Iglesia católica. Es un movimiento de clases media y alta —no hay sectores populares—, a las que el pueblo llama «radiblancos». La Cruzada llama a la «desobediencia civil» y miles de personas se lanzan a las calles con silbatos, cacerolas y automóviles tocando sus bocinas para exigir la renuncia de Noriega. Los colegios, la banca y el comercio cierran sus puertas.

Después de tres días de motines, con decenas de heridos y de detenidos, el gobierno decreta «estado de emergencia» y suspende las garantías constitucionales —libertad de opinión, movimiento, reunión, *habeas corpus* e inviolabilidad de domicilio— e implanta censura de prensa. Delvalle responsabiliza a Díaz Herrera y a «fuerzas externas» de los disturbios. Al otro lado de la valla, el Comando Sur pone a sus diez mil soldados en «estado de alerta».[10]

En junio, el Senado norteamericano adopta, por abrumadora mayoría (82 votos contra 2), una resolución en la que hace una fuerte crítica al gobierno panameño y a las fuerzas de defensa, pide ordenar a Noriega y demás oficiales acusados de narcotráfico renunciar o retirarse mientras se conocen los resultados de las investigaciones, y al gobierno restituir las garantías constitucionales y celebrar elecciones «libres y justas».[11]

El presidente Delvalle dice que tal resolución es «inconcebible, intolerable e inaceptable intromisión» en los asuntos internos panameños; el alto mando militar emite un virulento comunicado contra Estados Unidos y afirma que el Senado de ese país se ha convertido en un «centro de conspiración política contra Panamá». El canciller panameño envía una nota de protesta a Washington y retira a su embajador; y la Asamblea Legislativa califica tal resolución de «ultrajante», declara *persona non grata* el embajador Arthur Davis y pide su inmediato retiro.[12]

Más de quince mil personas protestan frente a la embajada de Estados Unidos gritando consignas antiyanquis: «Los brutos del Senado creen que somos su ganado», «Afuera el Comando Sur», «Yankees go home», «Fuera Davis», «Davis o Noriega». Hay apedreamientos y lanzamiento de botes de pintura roja contra la sede diplomática.[13] Washington cierra su consulado en Panamá, corta la ayuda militar y económica —cerca de catorce millones de dólares—, suspende la cuota azucarera y presenta una protesta al gobierno, en «los términos más enérgicos», por el ataque a su sede en el que —afirma— ha participado el gobierno en violación de sus obligaciones internacionales de proteger las misiones diplomáticas. Le exige pagar el coste de los daños materiales causados a su embajada.

Panamá eleva una queja a la OEA para acusar al Senado de Estados Unidos de injerencia en sus asuntos internos y pedir el fiel cumplimiento de los Tratados del Canal. La resolución es adoptada por diecisiete votos contra uno (Estados Unidos) y ocho abstenciones (Costa Rica, Honduras, Haití y las pequeñas islas del Caribe del Este). Cuatro países están ausentes y Paraguay no participa.

Las protestas contra Noriega y contra Delvalle continúan más de un mes. Miles de personas vestidas de blanco —símbolo de la oposición—, batiendo pañuelos, salen a las calles para pedir elecciones libres y la renuncia de Noriega. Son disueltos con violencia por las Fuerzas Especiales Antimotines —los «doberman»— con decenas de heridos y centenares de detenidos. Los partidarios de Noriega organizan manifestaciones de respaldo y antiyanquis atacan con piedras a empresas y a bancos norteamericanos. El diario La Prensa, que acusa a Noriega de «terrorismo de Estado», es incendiado. Empresarios y comerciantes organizan paros para protestar por la destrucción de sus empresas y tiendas. Algunos bancos cierran sus puertas por temor al vandalismo. La universidad suspende clases después de que los «doberman» tirotean a los estudiantes y hieran a cuarenta. Empresas y tiendas de lujo son saqueadas y algunas destruidas. El saqueo y los atracos también ocurren en residencias privadas.

La ciudad es militarizada y el gobierno prohíbe las demostraciones públicas. Pero a los tres días miles de personas vestidas de blanco se lanzan de nuevo a las calles. En choques con los «doberman», ciento cincuenta manifestantes son heridos y trescientos detenidos. La oposición protesta contra la violencia oficial. Delvalle decreta amnistía general para los detenidos en los disturbios contra el gobierno.[14]

El 31 de julio, aniversario de la muerte de Torrijos, en una ceremonia a la que asisten Delvalle, Noriega, el alto mando militar y más de cien mil personas, los militares hacen un llamamiento a la unión del pueblo por la paz y expresan su enérgica condena a la injerencia extranjera en sus asuntos internos.[15]

El 5 de agosto, en vísperas de una concentración anunciada contra el gobierno, son arrestados seis conocidos hombres de negocios, líderes de la oposición, y en un allanamiento a la Cámara de Comercio, sede de la Cruzada Cívica —ya congrega más de un centenar de organizaciones políticas, gremiales y profesionales—, el gobierno dice haber encontrado un plan para derrocar a Delvalle, disolver la Asamblea Legislativa y entregar el poder a una Junta Civil.[16] A los dos días son puestos en libertad.

En noviembre de 1987 Delvalle anuncia a Washington que Panamá no participará en las maniobras militares conjuntas —previstas para enero—, ordena el retiro de los funcionarios de la AID y la Asamblea Legislativa aprueba la decisión del gobierno de suspender los visados al personal militar norteamericano.[17]

En Panamá corren muchos rumores. Se habla de una posible renuncia de Noriega, de conspiraciones y de golpes que se están fraguando en Washington y en Panamá contra Noriega y de negociaciones secretas de Noriega con emisarios de Estados Unidos para su salida honrosa del poder. En octubre la revista *Newsweek* informa que José Blandón, cónsul general de Panamá en Nueva York —hombre de confianza de Noriega—, entrega a Abrams, subsecretario de Estado para Asuntos Interamericanos, un plan para «restituir la completa democracia en Panamá».[18] Le da a entender que Noriega está de acuerdo. El plan prevé el retiro de Noriega de la comandancia de las fuerzas de defensa en abril de 1988 y la convocatoria de elecciones en 1989. Como contrapartida, pide la inmunidad de Noriega respecto a los juicios que cursan contra él en Panamá y en los tribunales de Estados Unidos y una garantía expresa de Reagan de que éstos no continuarán. En un cable —citado por la revista *Newsweek*—, fechado en diciembre de 1987, Noriega pide a Blandón «mantener estricto control del documento y de la discusión», pues no quiere aparecer como «los japoneses rindiéndose en la cubierta del *Missouri*».[19] Deja claro que no está dispuesto a salir de Panamá y, en caso de tener que hacerlo, reclama el derecho a regresar cuando quiera. Dice que sólo muerto saldrá de su país. A finales de enero de 1988, Noriega rechaza el plan y destituye a Blandón.[20] Se dice que lo hace porque supo que Blandón consultaba a Delvalle a sus espaldas.

Washington cree que el deterioro de la situación económica y el descontento en Panamá, que crece lento pero seguro, induzcan a las fuerzas de defensa a derrocar a Noriega. Abrams afirma que el general está «sostenido en las yemas de sus dedos». En varias ocasiones menciona fechas de su caída. No cae y la crisis se acentúa.

Festival de vendettas

Las acusaciones de los tribunales de Tampa y Miami contra Noriega, de estar implicado en tráfico de drogas, están basadas en los testimonios de Michael Kalish, norteamericano, y de Floyd Carlton Cáceres, panameño, narcotraficantes convictos a los que la justicia ofrece reducción de penas y otros privilegios a cambio de «colaborar con la justicia». O sea acusar a Noriega. Ese sistema de «compra de testigos» opera en la justicia de Estados Unidos. No obstante, al Departamento de Justicia le preocupa la escasa credibilidad de tales testimonios.

En febrero de 1988 empieza el desfile de ex amigos y enemigos de Noriega que lo acusan ante tribunales y comités de investigación del Congreso y en la prensa. Es un festival de *vendettas* de gentes a las que en una u otra forma ha perjudicado. Entre éstos están el general Díaz Herrera —causa de su desgracia— y el coronel Rubén Darío Paredes, a quien aconseja renunciar a la comandancia y lanzar su candidatura a la presidencia, que es un salto al vacío sin paracaídas, comenta un periodista. Lo deja sin ambas. Paredes lo acusa del asesinato de su hijo.

Otro de los acusadores es Blandón, ex cónsul en Nueva York, a quien defenestra. Despojado de sus inmunidades diplomáticas, lo acusa ante un tribunal en Miami y ante un subcomité del Senado de tener conexiones con los narcos, de recibir sobornos millonarios, de permitir el blanqueo de dólares y de haber ordenado el asesinato de Spadafora. Lo describe como «hombre de negocios» que igual vende armas a los sandinistas que a los «contras» o a la guerrilla salvadoreña. Dice que sus relaciones con la CIA y con el gobierno cubano son asuntos de dinero. Blandón se convierte en pieza clave para Washington, pues también implica a Fidel Castro con el narcotráfico. Blandón y su familia son puestos bajo protección federal.[21]

Blandón asegura que Noriega conspira con el teniente coronel Oliver North (el mayor implicado en el escándalo Irán-contra), pero frustra un falso envío de armas a la guerrilla salvadoreña con el que North pretende acusar al gobierno sandinista de dar armas al FMLN. Ayuda a su trama —viene de la República Democrática Alemana— pero lo manda interceptar malogrando la operación.[22]

Blandón dice que en 1984 acompaña a Noriega a La Habana y está presente en una reunión con Fidel. Muestra fotos y dice tener setenta y cinco horas de conversaciones grabadas en cintas magnetofónicas. Tal reunión —dice— es para solucionar una disputa entre Noriega y el cártel de Medellín, pues Noriega había ordenado destruir un laboratorio de cocaína del cártel en la provincia del Darién en Panamá. Asegura que Fidel ha mediado.[23] También dice que Bush llama a Noriega, al inicio de la invasión a Granada, para pedirle que alerte a Castro para que no interfiera. Bush niega que esto sea cierto.

El torrente de acusaciones de Blandón, sin presentar ninguna prueba, mueve al senador demócrata John Kerry, presidente del Subcomité de Investigación del Senado, a pedirle moderación.[24] Sobre la veracidad de esas denuncias John Dinges, periodista del *New York Times*, en su libro sobre Noriega afirma que después de muchos meses de investigaciones y entrevistas con el enjambre de personajes que circulan alrededor del «caso Noriega», él llega a la conclusión de que muchas de las acusaciones son imposibles de confirmar y otras son inverosímiles o evidentemente falsas. Señala inconsistencias, confusión de fechas y de hechos, datos que no concuerdan en los testimonios y que casi la totalidad del caso legal contra Noriega se basa en testimonios de narcotraficantes convictos. Dinges cita al capitán Felipe Camargo, ex miembro de las fuerzas de defensa panameñas (detenido después de la invasión), presente en la reunión en La Habana, quien afirma que lo dicho por Blandón es una «tergiversación» de los hechos.[25]

Ramón Milián Rodríguez, cubanoamericano, visceral anticomunista (implicado en el escándalo Irán-contra), cerebro de la red de blanqueo de dólares y de otras sutilezas delictivas en el campo del narcotráfico, es otra de las víctimas de Noriega, otro de los delincuentes convictos (paga cuarenta y cinco años de cárcel por blanqueo de dólares y extorsión) y otro de sus acusadores. Ante el Subcomité del Senado sostiene que en 1979 Noriega acepta el lavado de dólares en Panamá y que cuatro años después rompe abruptamente ese acuerdo y lo delata a las autoridades de Estados Unidos. Milián es detenido. «Ahora le devuelvo el golpe y si a esto lo quieren llamar una *vendetta* personal, magnífico.» Dice que ayuda a gestionar una comisión de 4,6 millones de dólares del cártel de Medellín para que Noriega permitiera el despacho a Estados Unidos de cuatro mil libras de cocaína y un millón de libras de marihuana.[26] El investigador que prepara el juicio contra Noriega para el fiscal de Miami rechaza las denuncias de Milián por carecer «totalmente de credibilidad».[27]

Floyd Carlton Cáceres, panameño, ex piloto privado de Noriega, cubierto con un capuchón negro, declara ante el Subcomité del Senado que el cártel de Medellín le ofrece a Noriega treinta mil dólares para que le permita entrar sus aviones a Panamá, que el general se ríe y pregunta si cree que él está mendigando. Dice que así obtiene cien mil dólares por el primer vuelo y ciento cincuenta mil y doscientos mil por los siguientes.[28]

La firme exigencia de Noriega a los emisarios de Reagan —le piden renunciar y salir de Panamá— es que Estados Unidos desista de los juicios y le dé inmunidad para no ser juzgado. La respuesta de los altos funcionarios del Departamento de Estado, de la Casa Blanca, del Departamento de Justicia y de la DEA es la misma: «No es posible». «No hay caso.» «No se hará.»

Mientras que el gobierno, el Congreso y medios de comunicación en Estados Unidos adelantan esa intensa campaña moralista contra el narcotraficante Noriega y el Departamento de Justicia colecciona y amaña testigos, en el Comité de Investigación del Senado, sobre el escándalo Irán-contra (estalla en noviembre de 1986), salen a la luz acusaciones de tráfico de drogas en Centroamérica en el que la CIA y la DEA están implicadas.Varias fuentes las corroboran. El piloto norteamericano Gary Betzner y el inmigrante colombiano Jorge Morales —ambos cumplen condena por narcotráfico en una prisión federal en Miami—, interrogados por separado, dicen haber participado en el contrabando de cocaína con ayuda de esas agencias. Dicen que los aviones de la CIA transportan armas para la «contra» y regresan a Estados Unidos con cocaína. Ambas agencias lo niegan.[29]

Miembros de ese Comité del Congreso igualmente afirman que la red que abastece de armas a la «contra» introduce drogas a Estados Unidos con ayuda de los servicios de inteligencia norteamericanos y de países centroamericanos.[30] Milián a su vez sostiene que el dinero de la venta de drogas se usa para apoyar a la «contra». «Yo lavé dinero e hice posible esa transferencia de fondos», afirma.[31] Y la revista *Newsweek*, en octubre de 1988, informa que la «contra» compra armas con la venta de la cocaína que introduce a Estados Unidos con ayuda de la CIA y de la DEA; el *New York Times* revela que una filial de la DEA en Guatemala comprueba que tal conexión existe y el *Washington Post* dice que Jorge Ochoa, uno de los principales capos colombianos de la droga, tuvo que ver con el suministro de armas a la «contra» y con el transporte de cocaína de Centroamérica hacia Estados Unidos. Ese mismo mes agencias de noticias informan que agentes federales investigan a cuarenta bancos supuestamente implicados en operaciones de blanqueo de dólares.[32] Como dice el dicho, si por allá llueve por aquí no escampa.

Itinerario de un fiasco

«Estamos destruyendo Panamá para liberar a los panameños de Noriega», comenta con sorna un alto funcionario del Departamento de Estado.[33] En efecto, las medidas de Reagan para derrocarlo hacen tambalear al sector bancario panameño —uno de los más importantes del continente— pero no al general. El clima de inestabilidad y desconfianza ha acelerado la fuga de capitales y la retirada de fondos de los depositantes. Los ciento veinte bancos, la mayoría norteamericanos —sólo catorce son panameños—, pierden liquidez. En varias ocasiones cierran sus puertas para evitar retiradas masivas. En marzo de 1988 la deuda externa panameña es de dos mil millones de dólares y la deuda por servicios asciende a ochenta y dos millones de dólares.[34] Esa desarticulación de la economía afecta principalmente a los sectores pobres y asalariados. La crisis fiscal y la falta de liquidez del gobierno impiden el pago del sueldo de ciento cuarenta mil empleados públicos y de quince mil miembros de las fuerzas de defensa.[35] El gobierno no puede acudir a la emisión de moneda —opción que tienen todos los países—, pues su moneda es el dólar y ésta depende de las Reservas Federales de Estados Unidos.

Los panameños están desesperados por la difícil situación económica y por el temor de una intervención militar de Estados Unidos. Después de la invasión de Granada y de sus amenazas a Nicaragua, sus constantes maniobras militares las ven como preludio de la invasión de Panamá. El antiamericanismo no es sólo del pueblo, sino de importantes sectores panameños, pues sufren las consecuencias de las sanciones económicas con las que busca derrocar a Noriega. Ese despliegue militarista y la amenaza de invasión a Panamá también alarma al continente

Los ex presidentes Alfonso López de Colombia, Carlos Andrés Pérez de Venezuela, y Daniel Odúber de Costa Rica (con su apoyo Torrijos logra los nuevos Tratados del Canal) van a Panamá para convencer a Noriega de retirarse. Le advierten que su permanencia en el poder y en el país no lo beneficia a él, ni a Panamá, ni al continente (Venezuela y España le han ofrecido asilo). Le dicen que una intervención militar de Estados Unidos arruinaría Panamá, arruinaría los acuerdos del canal y sería una amenaza para la seguridad de todos sus países. Noriega acepta retirarse en algunos meses y hablar con la oposición para fijar la fecha de las elecciones. Los ex presidentes salen seguros de haber convencido a Noriega.

Cuatro días después Delvalle va a Miami para entrevistarse con Elliot Abrams. ¿Quién llama a quién? De esa reunión sale la decisión de destituir a Noriega. Ritter, ex canciller panameño, dice que Abrams presiona a Delvalle para que lo haga, otros dicen que sólo lo alienta a hacer lo que ya tenía decidido. A su regreso a Panamá, el 25 de febrero, en una alocución por televisión de diez minutos —es una grabación en vídeo hecha en secreto— Delvalle anuncia la destitución del general.

Con el respaldo de la cúpula militar, Noriega convoca de urgencia a la Asamblea Legislativa y en la madrugada —también en diez minutos—, con el voto unánime de los treinta y ocho legisladores presentes (el total son sesenta y siete), destituye a Delvalle y al vicepresidente y nombra presidente «provisional» a Manuel Solís Palma, ministro de Educación.[36]

Después de ese bombazo Delvalle queda solo —la víspera lleva a su familia a la residencia del embajador de Estados Unidos—, sin comunicación con el exterior, pues su líneas telefónicas han sido cortadas. Al día siguiente desaparece. Se dice que está en «algún lugar seguro» en Panamá o «escondido» en una base militar norteamericana bajo la protección del Comando Sur.[37]

Reagan se sorprende con la escasa reacción del pueblo panameño ante la destitución de Delvalle. Esperaba una masiva protesta popular con la consecuente caída de Noriega. Parecía no saber que para los panameños —y para la oposición— Delvalle es sólo un títere de Noriega, producto de un fraude, que los recurrentes cambios en el palacio de Garzas, por decisión de los «hombres fuertes», no les quita el sueño y que nadie está dispuesto a exponer el pellejo por los políticos de siempre. El único apoyo con que cuenta Delvalle es la embajada de Estados Unidos. El Grupo de Río, reunido en Cartagena, decide suspender a Panamá (es uno de sus miembros) y llamar en «consulta» a sus embajadores. México no se une a tal gesto.

Reagan, profundamente molesto, advierte que sólo reconoce a Delvalle como presidente «constitucional» de Panamá. «Una muestra grotesca del cinismo con que la administración norteamericana ha utilizado a los presidentes panameños, atribuyéndoles legitimidades inexistentes y otorgándoles reconocimientos tan humillantes como risibles», comenta Ritter, ex canciller panameño.[38] Washington no ignora que en materia de legalidades e ilegalidades Delvalle y Solís están a la par. Ambos llegan a la presidencia por decisión del «hombre fuerte». Delvalle cae por voluntad de Noriega, como cae Ardito Barletta a quien Delvalle no tuvo inconveniente en reemplazar.

Que la presidencia de Delvalle sea producto de un fraude y sea destituido a la usanza panameña —sistema que Washington no ha objetado— tiene sin cuidado a Reagan. Sus intereses en Panamá son otros. Reconoce a Delvalle para usarlo y él se deja usar. Su «presidencia», desde su escondite en territorio norteamericano, puede ser grotesca para el mundo, pero es nefasta para Panamá. Estados Unidos lo usa para arruinarlo. Atendiendo «instrucciones» del «presidente» Delvalle, el Departamento de Estado congela 50 millones de dólares del gobierno panameño depositados en bancos en Estados Unidos, suspende el pago de 6,5 millones de dólares que le adeuda por los Tratados del Canal, prohíbe a las empresas norteamericanas en Panamá pagar impuestos al gobierno panameño y le suspende las preferencias comerciales, con lo cual afecta 96 millones de dólares del intercambio. Delvalle, por su parte, «ordena» a los consulados panameños retener los fondos que reciben de las compañías navieras que registran sus barcos en Panamá, negocio que le reporta al país entradas multimillonarias.[39]

Los líderes de la Cruzada Cívica convocan una huelga general. Algunos bancos, gran parte del comercio, restaurantes, gasolina y oficinas comerciales y profesionales cierran sus puertas, el transporte de taxis y de buses disminuye. Pequeños grupos de manifestantes montan barricadas, queman neumáticos y luchan con la policía, pero en tales manifestaciones los líderes de la oposición brillan por su ausencia. Al cuarto día la Cruzada levanta la huelga, pues la Cámara de Comercio no quiere malograr su feria anual.[40] Un empleado público dice que «son hombres de negocios que manejan al país como un negocio, de lunes a viernes, y el fin de semana van a la playa. Así no se puede hacer una revolución».[41]

La situación social y económica es crítica. Cada día son más frecuentes las huelgas y las manifestaciones de protesta en demanda del pago de salarios. El gobierno entrega cheques incobrables y bonos que nadie quiere recibir. Hay escasez de alimentos y de elementos de primera necesidad. Hay huelgas de empleados públicos —cerca de ciento cuarenta mil—, de cadenas de mercados, de gasolineras, de médicos y de maestros y marchas de sesenta mil pensionistas. El comercio y la industria están paralizados por una huelga de estibadores en Balboa. Exigen el pago completo de sus salarios y en efectivo. «Esto no es político —afirma un huelguista—, el objetivo no es Noriega. Es cuestión del derecho de los trabajadores, de alimentos de nuestros hijos. Si no hay pago no hay trabajo. Tan simple como eso.» El ejército los disuelve.[42]

El 16 de marzo hay un intento de golpe contra Noriega de un reducido grupo de oficiales, liderado por Leónidas Macías, jefe de la Policía Nacional. La revista *Newsweek* lo califica de «ópera bufa», pues los conspiradores quedan atrapados al cerrar por accidente una puerta y son arrestados. Pocos minutos después Noriega aparece en las escalinatas del cuartel, sonriente y respondiendo con chistes las preguntas de los periodistas.

Con el intercambio de disparos dentro del cuartel la noticia del golpe se extiende como la pólvora. Se dice que Noriega ha caído. Una airada muchedumbre de los barrios populares asalta el comercio, incendia almacenes, quema automóviles y apedrea a la policía y al ejército. Los empleados de las empresas de teléfonos y de energía cortan los servicios. El ejército toma esas empresas y las pone en marcha de nuevo.

Las Fuerzas Antimotines entran en acción. Irrumpen en el hotel Marriott, en donde se realiza una rueda de prensa de la oposición, y detienen a veinte de sus líderes y a doce periodistas extranjeros, entre éstos cinco norteamericanos. Golpean a varios. El gobierno declara estado de sitio y cierra tres diarios, tres cadenas de radio y una estación de televisión y el ejército disuelve la huelga de estibadores que se ha extendido a otras partes.[43]

Noriega aprovecha esa situación para «limpiar» las filas del ejército y de la policía y colocar en posiciones claves a oficiales amigos y a parientes. Más de cien oficiales, la mayoría de la policía y de los servicios de inteligencia, son detenidos y quedan bajo investigación.[44] Panamá acusa a Estados Unidos de instigar ese golpe. El Pentágono dice que fue informado pero no tomó parte. Abrams, seguro del éxito, había anunciado —como lo ha hecho en otras ocasiones—, que Noriega caería en cuestión de días.[45] A pesar del fracaso, Washington lo ve como un signo positivo, pues muestra que la división dentro de las fuerzas de defensa y de la policía se acentúa. Confía en que los militares derroquen a Noriega.

El último tango

Panamá es bombardeado desde Washington con amenazantes noticias. Abrams, subsecretario de Estado, anuncia que el gobierno estudia nuevas medidas para «exprimir» la economía panameña, y «si el general continúa en el poder después de la Pascua» buscará nuevas fórmulas. Una de estas fórmulas —comenta otro funcionario— es su «extradición forzada», término aséptico que utiliza en los secuestros de extranjeros en otros países.

Con las maniobras militares en el Caribe y la actividad de las tropas del Comando Sur en «estado de alerta», Washington busca quebrar la resistencia de Noriega y la de las fuerzas de defensa y crear confusión y desesperación en el pueblo. El gobierno de Panamá protesta por las maniobras del Comando Sur, pues violan los Tratados del Canal. Debe notificarlas previamente y no lo hace. El Comando Sur responde que son ejercicios de «rutina». La tensión va en aumento por los continuos incidentes —verdaderos y provocados— entre las fuerzas y elementos militares de ambos países.

Washington juega la carta de la internacionalización del conflicto. Presenta a Panamá como amenaza para la seguridad de Estados Unidos y del continente. Sostiene que Noriega está acumulando una gran cantidad de armas soviéticas que le envía Cuba. Esa noticia la dan dos oficiales, desertores de la fuerza aérea panameña, en Estados Unidos. El general Colin Powell, consejero nacional de Seguridad, dice que quizá Noriega busca establecer algún tipo de insurgencia cuando salga del poder pero que lo más preocupante «es la infusión de armas soviéticas y cubanas para desestabilizar Centroamérica».[46]

A finales de marzo de 1988 el Senado de Estados Unidos, por unanimidad, adopta una enérgica resolución en la que declara que «la agitación en Panamá es una insólita y extraordinaria amenaza para la seguridad nacional, la política exterior y la economía de Estados Unidos» y urge a Reagan aumentar las presiones económicas, políticas y diplomáticas contra Noriega.[47] Con tal respaldo, Reagan queda en libertad de intervenir en «legítima defensa».

El Departamento de Estado pide aumentar las tropas en Panamá —el Pentágono envía mil trescientos marines y veintiséis aviones y helicópteros— y ordena el regreso de los familiares del personal diplomático y reduce a la mitad los funcionarios de su embajada. Agencias de noticias informan que en la Casa Blanca hay reuniones continuas sobre la situación panameña y que estudian posibles soluciones de fuerza. Un funcionario del Departamento de Estado dice que tal ofensiva es para presionar al gobierno panameño y para «levantar la moral a la Cruzada Cívica».

La política de Reagan en Panamá ha sido un fracaso. En abril de 1988 la situación económica empieza a mostrar signos favorables. Los tres supermercados más grandes y otros almacenes abren sus puertas —han estado cerradas diez días— y varias empresas norteamericanas, entre estas Eastern Airlines y Texaco, hacen caso omiso de las prohibiciones de Reagan y pagan cerca de tres millones de dólares de impuestos al gobierno panameño.[48] El vicepresidente Bush —ha lanzado su candidatura a la presidencia— hace una denuncia inesperada. Dice que los millones de dólares que llegan a los bancos panameños los envía el presidente libio, Muammar el-Gadafi. Periodistas preguntan: ¿De dónde saca Bush tal información? Marlin Fitzwater, portavoz de la Casa Blanca, dice que es de fuentes de inteligencia que no puede revelar y que es una prueba de «la conclusión a que ha llegado la Casa Blanca sobre las relaciones de Libia con Noriega». O sea, las relaciones de un terrorista y un narcotraficante. La embajada de Estados Unidos en Panamá dice no tener información al respecto. Gadafi se entera de lo dicho por Bush y desde Trípoli dice que apoya su candidatura, pues «ningún presidente puede ser tan demente como Reagan».[49]

El presidente de México, Miguel de la Madrid, dice que «ningún país puede pretender tener el monopolio de la verdad en política, ni la democracia se puede imponer desde fuera»; Carlos Andrés Pérez, ex presidente de Venezuela y candidato a la presidencia, afirma que la injerencia de Estados Unidos ha complicado la situación y que «desafortunadamente ha convertido a Noriega en un líder del antiimperialismo, del nacionalismo y defensor de la soberanía latinoamericana». El Sistema Económico Latinoamericano, SELA, reunido en Caracas en el mes de abril, de forma unánime (incluido el representante de la dictadura militar chilena), califica de «coercitiva» la política norteamericana contra Panamá y manifiesta su disposición de darle ayuda económica para contrarrestar sus efectos.[50] Ningún mandatario norteamericano ha logrado, como Reagan, un mayor consenso continental en su contra.

Para Reagan es humillante el ridículo a que lo ha sometido Noriega. Sus exigencias y los fracasos de sus emisarios han sido demasiado públicos. Cada vez le ofrece más sin lograr nada. Primero le fija un plazo para su retiro, después le asegura que no pedirá su extradición si él se traslada a otro país, luego le dice que puede quedarse si renuncia. Cada emisario recibe idéntica petición de Noriega: que Estados Unidos desista de los juicios contra él. Su respuesta es siempre la misma: no ha lugar.

En ese año de elecciones y en la recta final de su mandato, Reagan no puede permitir un fracaso en Panamá. Ya lleva a sus espaldas el fardo del magno escándalo de Irán-contra, el fracaso de su política en

Centroamérica y está sujeto a ácidas críticas por parte de los candidatos demócratas Michael Dukakis y el reverendo Jesse Jackson, y de miembros de su propio partido que temen perder las elecciones. Washington le ofrece a Noriega desistir de llevarlo ante sus tribunales con la condición de que salga del país.

Cuando la prensa revela que Reagan está dispuesto a negociar la cuestión de las inmunidades a Noriega, el Departamento de Justicia y la DEA protestan y el gobierno se retracta.[51] En mayo, para evitar que esto suceda, el Senado adopta una resolución, por abrumadora mayoría, prohibiendo negociaciones que impliquen desistir de los juicios contra Noriega.[52]

Ese mes está prevista una cumbre entre Reagan y Gorbachov en Moscú y él, presidente de la superpotencia mundial, no puede llegar con esa carga de fracasos. Sin que la prohibición del Congreso y la oposición del Departamento de Justicia y la DEA lo detengan, opta por negociar con Noriega y ofrecerle no insistir en los juicios contra él si renuncia y sale de Panamá. Shultz, secretario de Estado, envía de nuevo a Panamá a Michael Kozak, alto funcionario del Departamento de Estado (ha ido otras veces en misión secreta) con ese mensaje. Le ofrece además la posibilidad de regresar a Panamá para disfrutar de las fiestas navideñas con su familia. Mientras tanto, mantiene al máximo el hostigamiento militar y la guerra psicológica.

Reagan y Shultz están convencidos del éxito de esa misión. Noriega no puede negarse, pues obtiene lo que siempre ha pedido. Su retiro de Panamá es la solución de la crisis. Shultz —que debe acompañar al presidente a Moscú— demora su viaje en espera de llevar la buena nueva. Abrams, una vez más, anuncia la «inminente» caída del general. Kozak cumple con su misión y le hace la gran oferta, pero Noriega no acepta.

En estado de profunda depresión, Shultz informa a la nación de ese nuevo fiasco. Es el colapso de las negociaciones con Noriega. Reagan recibe la noticia en Helsinki, Finlandia, en tránsito hacia Moscú. Allí un periodista le pregunta si cree que Estados Unidos ha quedado como «un idiota» frente a Panamá. «No lo pienso así», responde el presidente. Pero los demás sí lo piensan, inclusive muchos dentro de su administración, acota la revista *Time* al referirse a ese breve diálogo.[53]

La política de fuerza que lidera el Departamento de Estado no es compartida por quienes manejan el Departamento de Defensa. El Pentágono manifiesta públicamente que la confrontación no lleva a nada.

Aconseja medidas «mesuradas y adecuadas» para lograr los objetivos del gobierno. Fuentes anónimas del Pentágono revelan un «atolondrado» plan del Departamento de Estado para secuestrar a Noriega. Abrams dice que tales comentarios son «irresponsables y peligrosos».[54]

Las posiciones opuestas de los departamentos de Estado y de Defensa respecto a Panamá muestran que el gobierno da palos de ciego. No es la primera vez que esto sucede, pero es la primera vez que las ventilan en público. La situación se vuelve «siniestra», comenta un funcionario del Departamento de Estado. Noriega no cae y se agotan las posibilidades de derrocarlo.

Hay temor en Panamá y en el continente de una intervención militar de Estados Unidos por la ciega intransigencia de Noriega a retirarse. Entre 1988 y 1989 López Michelsen, y Carlos Andrés Pérez en tres ocasiones tratan de convencerlo de que ese juego contra la gran potencia es peligroso y que la única salida es su retirada. Su interés —comenta López en una entrevista en 1991— es mantener la neutralidad del canal, asegurar que Estados Unidos dé estricto cumplimiento a los Tratados Torrijos-Carter y evitar su intervención militar. «Lo que pasó después lo habíamos previsto», agrega.

Nueve miembros de la Conferencia de Obispos de Panamá también le piden a Noriega que renuncie para evitar más sufrimientos al pueblo y el arzobispo Marcos McGrath ofrece su mediación. Óscar Arias, presidente de Costa Rica, y Felipe González, presidente español, le piden al arzobispo que los acompañe para convencer a Noriega del peligro que se cierne sobre Panamá. Para su asombro, el arzobispo les comenta que ha consultado con los líderes de la oposición y que ellos le dicen que el Departamento de Estado les ha pedido no meterse.[55]

La Cruzada Cívica es un instrumento de Washington. La CIA le da fondos y el Departamento de Estado le da «orientación» política para impedir un acuerdo con Noriega. La Cruzada convoca un paro nacional. El 75 por ciento del comercio y de la industria cierra sus puertas y las calles quedan vacías. El pueblo vuelve a aparecer el 10 de agosto para recibir el cadáver de Arnulfo Arias —tres veces presidente y otras tantas depuesto—, que ha muerto en Miami. Arias ha sido duro crítico de Noriega. Cien mil personas van al aeropuerto y el funeral se convierte en una nutrida protesta contra Noriega: «Arnulfo presidente, Noriega delincuente», grita la gente.

Los incidentes y fricciones entre uniformados y civiles norteamericanos y panameños son cada día más frecuentes y más intensos. Washington denuncia que su personal militar y sus dependientes son objeto de secuestros, violaciones, palizas y extorsiones por parte de los panameños y advierte que hará lo necesario para protegerlos. El gobierno panameño acusa a Estados Unidos de injerencia en sus asuntos internos, de violaciones a su espacio aéreo y territorial y de poner en peligro la vida de sus ciudadanos con los vuelos rasantes de aviones y helicópteros sobre sus instalaciones militares. *La Estrella* y *Crítica*, diarios panameños, denuncian más de setenta violaciones de Estados Unidos a los Tratados del Canal.[56]

En septiembre de 1988, la embajada de Estados Unidos hace circular un documento en el que comunica la decisión de su gobierno de no cumplir con los Tratados del Canal mientras no se verifique un «proceso de democratización» en Panamá. O sea, el cambio de gobierno y la salida de Noriega.[57]

Ni un milagro puede salvar a Reagan del fracaso en Panamá antes de su salida de la Casa Blanca, pero tiene que mostrar que sigue trabajando para derrocar a Noriega. Los medios de comunicación dan cuenta de sus continuas reuniones con los secretarios de Estado y Defensa, Shultz y Frank Carlucci, y con el general Colin Powell, consejero nacional de Seguridad, para analizar la situación panameña y anuncian nuevas medidas, nuevos envíos de tropas, de armamentos y de equipos de guerra al Comando Sur. Portavoces del gobierno hablan sobre la posibilidad de una invasión y del secuestro de Noriega. El gobierno no sabe qué hacer respecto a ese conflicto.

En enero de 1989 Reagan sale de la Casa Blanca y Noriega sigue en su sitio. Ha logrado destituir a Delvalle sin que nadie proteste, dos intentos de golpe contra él fracasan y él hace la «limpieza» de coroneles y generales sin crear conflictos dentro de las Fuerzas de Defensa. A Bush le toca ahora sortear esa crisis sin tener mayores opciones para solucionarla.

«MAN-BUSH SE FUE A LA GUERRA»

Para muchos, el gobierno de George Bush serán «los cuatro años más» que Reagan quiso gobernar pero no pudo, pues lo prohíbe la Constitución. Creen que será el continuismo. Su enclenque figura política crece a la sombra del más popular de los mandatarios norteamericanos después de Franklin D. Roosevelt y su candidatura se impone dentro del partido republicano, no por ser el mejor, sino por el respaldo que le da Reagan. Bush es el legatario del «reaganismo».

En la crisis panameña son pocas las opciones de diálogo o de negociación que le quedan después del rechazo de Noriega a la mayor concesión que podía hacerle Estados Unidos: olvidar los juicios en sus tribunales con tal de que salga del país. Ha sido un proceso humillante para la gran potencia y la solución de fuerza se hace más evidente.

Bush no aborda de forma abierta la cuestión de Panamá. Es un asunto delicado que puede acarrearle situaciones embarazosas. Noriega ha sido informante de la CIA durante largos años y Bush —según Stanfield Turner, ex director de la CIA— lo reintegra a su nómina cuando ocupa el cargo de director de la Agencia (1976-1977). Durante la campaña presidencial, la prensa le pregunta sobre sus relaciones con Noriega cuando él dirigía a la CIA y cuando era zar antidrogas de la administración Reagan. Bush, monumento a la ambigüedad, no da respuesta.

La crisis panameña es una pesada carga para el nuevo mandatario. Al mes de su posesión aprueba un plan de la CIA para desbancar a Noriega. Bush presiona personalmente al Congreso para que apruebe una partida de diez millones de dólares para ponerlo en marcha. Tal partida es para dar apoyo a la oposición panameña y alentar el golpe. Corren rumores sobre planes para secuestrar a Noriega con comandos norteamericanos o panameños.[58] Tal información, publicada por la revista *U.S. News & World Report*, no es desmentida por el gobierno.[59]

La situación económica de Panamá mejora a pesar de las sanciones impuestas por Washington. El comercio funciona, pues los comerciantes han puesto en marcha un sistema de trueque y descuentos y el dinero vuelve a las arcas de los bancos. Fuentes oficiales de Washington —según *Newsweek*— afirman que tal recuperación se debe a una inyección de 20 millones de dólares de créditos del presidente de Libia y de créditos de bancos de Alemania Federal y de Asia. Tales fuentes se abstienen de mencionar los 565 millones de dólares que Washington deposita en esos bancos para el pago de su personal militar en Panamá y de la Comisión del Canal.[60]

Pero la fuente de la recuperación de los bancos panameños, de la que todos sospechan sin poder aportar pruebas, es el blanqueo de dólares del narcotráfico. Con tales fondos —dicen—, Noriega funda en enero de 1989 el Banco Institucional Patria, entidad privada perteneciente al Fondo de Beneficencia de las Fuerzas de Defensa, controlado por él como presidente de la Junta. Su sede está cerca del cuartel general de las Fuerzas de Defensa, donde él se reúne.[61]

Objetivo Noriega

Panamá se prepara para celebrar elecciones en el mes de mayo de 1989 y la campaña está al rojo vivo. Los líderes de la Cruzada Cívica —Guillermo Endara (ha sido secretario del tres veces presidente Arias), Ricardo Arias Calderón, presidente del Partido Demócrata Cristiano, la mayor fuerza electoral en Panamá, y Guillermo Ford del Partido Molinera—, tienen aspiraciones presidenciales pero se atacan mutuamente aunque sus baterías están enfiladas contra Noriega y contra el empresario Carlos Duque, candidato oficialista y presidente de Partido Revolucionario Democrático, fundado por Torrijos.

A Washington le preocupa esa batalla campal entre los candidatos de la oposición. La labor de su embajador es convencerlos de unirse alrededor de Endara, como candidato a la presidencia. Arias y Ford serían vicepresidentes. A esa fórmula llegan.

El sector oficialista forma la Coalición de Liberación Nacional (Colina), con el Partido Revolucionario Democrático y siete pequeños partidos. Duque es su candidato a la presidencia y Ramón Sieiro, cuñado de Noriega, y Aquilino Boyd, ex canciller de Torrijos, a las vicepresidencias. Colina cuenta con la maquinaria del gobierno, con el respaldo de las Fuerzas de Defensa —no es monolítico— y con una prensa favorable, pues el gobierno cierra los diarios de oposición —*El Siglo*, *La Prensa* y *Extra*—, los canales de televisión y las emisoras que le son adversos. Cuenta además con los Batallones de la Dignidad —frente civil armado y fuerzas de choque— creados por Noriega para la defensa contra la agresión de Estados Unidos.

Por primera vez la sociedad panameña está dividida y sus fuerzas políticas polarizadas, no por cuestiones internas sino por el conflicto entre Noriega y Estados Unidos. Para la oposición lo prioritario es normalizar las relaciones con Washington, la suspensión de las sanciones y terminar con el aislamiento a que ha sometido a Panamá. En ningún momento cuestiona sus agresiones y provocaciones, ni la violación de los Tratados del Canal. Sus ataques son contra Noriega, causante de esa crisis.

Las banderas de Duque son nacionalistas y antiimperialistas. Lo prioritario para Colina es el futuro de Panamá amenazado por Estados

Unidos, la defensa de su soberanía y el cumplimiento de los Tratados del Canal, para asegurar el desmonte de ese enclave militar norteamericano en su país. Sus consignas son para indicarle al pueblo que la alternativa es escoger entre ser una nación libre y soberana o ser colonia de Estados Unidos si votan por Endara, al que acusa de estar «vendido» a Washington. Las banderas de Duque contra la intervención norteamericana y su defensa de los Tratados de Canal las acoge el pueblo, pero su prestigio está minado por ser el candidato de Noriega. Para la visión simplista de la opinión pública nacional —e internacional—, apoyar a Duque es defender a Noriega y defender a Noriega es ser narcotraficante.

La estrategia de Washington es deslegitimar al gobierno y desacreditar las elecciones ante el pueblo panameño y ante la opinión pública internacional; convencerlos de que Noriega prepara un «masivo fraude» en favor de Duque. Es una campaña psicológica manejada por expertos norteamericanos. Bush y James Baker, secretario de Estado, advierten que no reconocerán a ningún presidente que sostenga a Noriega en el poder.

Bush mantiene las severas sanciones económicas, legales —según Washington—, pues atienden solicitudes del «presidente constitucional», Eric Arturo Delvalle, y acentúa el hostigamiento militar con el aumento paulatino del pie de fuerza en sus bases en Panamá y con maniobras militares en el Caribe, más frecuentes y amenazantes. Aunque sus portavoces aseguran que la acción militar es el «último resorte», el peligro de la intervención es cada día más evidente. En Estados Unidos y en Panamá muchos la piden para desbancar a Noriega.

Endara —candidato de Washington— no es partidario de esa intervención y dice públicamente que prefiere «aguantar» unos años más a Noriega, «pues de él podemos salir, aunque nos cueste sangre». Dice que funcionarios norteamericanos le han asegurado que la intervención militar es «absolutamente inconcebible».[62]

La negativa de los líderes de la oposición a negociar con el oficialismo, como pide el presidente Solís Palma, y la negativa de Noriega a dejar el cargo cierran la opción de las soluciones políticas y abren las puertas a la intervención de Estados Unidos. Tal temor existe dentro y fuera de Panamá. Varios ex mandatarios del continente siguen intentando convencer a Noriega de la necesidad de su retiro y del peligro de esa intervención. Su enfrentamiento con Estados Unidos es absurdo. España y Venezuela le reiteran su oferta de asilo.

Delvalle, «gobernando» desde territorio norteamericano, también se ofrece para hablar con Noriega, pero Noriega no acepta. Delvalle no merece ningún crédito según el gobierno panameño ni según la oposición. Para el gobierno y para el pueblo sólo es un «títere» de Washington.

A mayor injerencia norteamericana, mayores son lo controles que establece Noriega para hacerle frente. En abril, un mes antes de las elecciones, suspende los visados turísticos a ciudadanos norteamericanos, vigentes por más de cincuenta años. Tendrán que solicitar visados de ingreso en los consulados panameños. Sin embargo, tal restricción es fácil de evadir, pues desde sus bases militares entrar en Panamá, con o sin visado, es un simple paseo.

Ese mes los servicios de inteligencia panameños desmantelan una red clandestina de estaciones de radio y de televisión montada por la CIA con sofisticados equipos. Su agente, Kurt Muse, arrestado en ese operativo, revela que la ofensiva es para desestabilizar al país, crear el caos y estimular la insurgencia del pueblo contra Noriega. Debía comenzar en la primera semana de mayo y los vídeos ya estaban listos.[63] (Muse es liberado por las tropas invasoras en un operativo en la cárcel en el que dan muerte a los guardias panameños y escapan muchos criminales.)[64]

La habilidad de Noriega para manejar técnicas de «guerra psicológica» es admirada por sectores militares de Estados Unidos, informa *Newsweek*. Dicen que las ha aprendido en sus centros de entrenamiento militar y ahora las aplica contra Estados Unidos. La reacción de Noriega al hostigamiento militar —dicen— es a la vez defensiva y provocadora pero «sin pasar el límite de lo tolerable». Evita que se conviertan en asuntos mayores. «Nos mantiene mordiéndonos la cola, distraídos», comentan.[65]

Noriega, graduado en la Escuela de las Américas en Panamá, centro de entrenamiento militar de Estados Unidos para oficiales latinoamericanos, maneja sus técnicas. Y con el asesoramiento de expertos israelíes monta una red de inteligencia inexpugnable. Washington descubre que sus redes de inteligencia en Panamá —su centro de espionaje más importante para todo el continente—, han sido «infiltradas» por la inteligencia panameña. Noriega ha «comprado» informantes.

En abril de 1989 el gobierno panameño pide una reunión urgente del Consejo de Seguridad de la ONU para denunciar el agresivo hostigamiento de Estados Unidos, su «flagrante intervención» en los asuntos internos panameños y la amenaza latente de una acción militar contra su país. Esa intervención, afirma Ritter, canciller panameño, es para establecer un gobierno afecto a Washington, renegociar los Tratados del

Canal y mantener su presencia militar en Panamá después del año 2000.

Thomas Pickering, representante de Estados Unidos en la ONU, niega tales acusaciones. Dice que no hay presiones, ni injerencia; la crisis panameña no es resultado de una conspiración de su gobierno, como afirma el canciller panameño, sino de la política de Noriega. Reitera que debe celebrar elecciones «libres e imparciales» y que su gobierno tiene información que «le permite pronosticar» que las elecciones no serán «limpias».[66]

Según encuestas de opinión, el 80 por ciento de los panameños está en contra de Noriega. No obstante Washington y la oposición panameña temen que cualquiera que sea el resultado de las elecciones, Noriega rehúse a dejar el poder. Conociendo al generalato panameño, Washington sabe que su reemplazo será mucho peor.

En medio de una de las peores crisis de su historia y de un ambiente viciado por la injerencia abierta de Estados Unidos, de su hostigamiento militar, cada día más intenso, más abusivo, más amenazante, y sometido a severas sanciones económicas, Panamá se prepara a celebrar las elecciones presidenciales más importantes de su historia. No se trata de una contienda por la presidencia, sino del conflicto entre Estados Unidos y Noriega en el que están en juego la soberanía, la independencia de Panamá y el futuro de los Tratados del Canal.

El gobierno establece una serie de controles para que el proceso no se le salga de las manos. La presidenta del tribunal electoral —quien debe certificar los registros— es la magistrada Yolanda Pulice de Rodríguez, firme aliada de Noriega. El ex coronel Díaz Herrera la acusa de haber ayudado a cometer el fraude electoral en 1984 que —dice— fue fraguado en su residencia.

Pocos días antes de las elecciones llegan centenares de periodistas extranjeros a los que el gobierno impone un estricto control en las inscripciones, en los lugares donde residen y en su actividad periodística. Prohíbe las conferencias de prensa que no sean autorizadas por la cancillería y la emisión de «noticias, entrevistas y reportajes sobre el proceso electoral» que no emanen del Centro de Prensa Electoral y les prohíbe «terminantemente» portar el carnet de prensa que abusivamente expide el Comando Sur.[67]

Panamá también se llena de observadores invitados y espontáneos, entre éstos los ex presidentes Jimmy Carter y Gerald Ford, que lideran un grupo internacional de doscientas personas. Otros son enviados por Bush sin consultar con el gobierno panameño. Y sin invitación y sin visado llegan los representantes norteamericanos Robert Graham (demócrata) y Connie Mack (republicano) y el alcalde de Miami Xavier Suárez. Viajan en avión militar que aterriza en la base aérea Howard, en la antigua Zona del Canal. Entran sin que nadie se lo impida.

La prensa extranjera y la oposición panameña acusan al gobierno de manipulación de las inscripciones. Sostienen que nombres de opositores han desaparecido de las listas y que hay inscritos nombres de muertos o ficticios, que hay cambios de dirección de las mesas de votación para dificultar el acceso a los opositores. El sector oficialista denuncia la injerencia de Estados Unidos, las medidas que ha tomado para estrangular su economía en violación del derecho internacional y de los tratados sobre el canal y acusa a la oposición de estar vendida a Estados Unidos, pues ha recibido el «donativo» de diez millones de dólares para compra de votos. En relación con la escasa población panameña es una suma fabulosa.

Llega el 7 de mayo, día señalado para realizar las elecciones más controvertidas, más peligrosas para el futuro panameño y las más viciadas de su historia. Sin embargo todo está en calma. «La vida es normal. Las ciudades están cubiertas de carteles de propaganda partidista. Todo el mundo circula. No hay militarización. El comercio atiende. Los restaurantes, llenos de gente. En sus sedes, los partidos ultiman detalles», escribe un corresponsal colombianos. El cálculo es de una alta participación y de una diferencia de cincuenta mil a cien mil votos. Univisión, televisión latina en Estados Unidos, calcula que el 63 por ciento será en favor de la coalición opositora y el 24 por ciento de la oficialista.

La votación es masiva, pero nadie puede afirmar que estas elecciones hayan sido libres y limpias. Sobre el elector pesan un alud de presiones de Estados Unidos y del gobierno panameño que —dicen— presiona a los empleados oficiales para que voten por Duque. Al día siguiente, y sin que se haya producido ningún comunicado oficial sobre los resultados, el arzobispo de Panamá, Marco Gregorio McGrath, anuncia a la prensa extranjera el triunfo de la oposición con el 74,2 por ciento de los votos contra el 24,9 por ciento del oficialismo. Dice que obtiene esos datos en un muestreo realizado por la Iglesia en 115 mesas electorales (el total son 4.255). Tales resultados, divulgados por fuentes eclesiásticas, se convierten en «verdad revelada»: Carter los cita para afirmar que Endara gana con una ventaja de 3 sobre 1 y los legisladores norteamericanos, que han entrado ilegalmente a Panamá, al regresar a Miami afirman que «la Iglesia panameña y el ex presidente Carter dicen que....». Endara ha ganado.

«Noriega roba las elecciones», frase pronunciada por Carter después de habérsele impedido verificar el recuento de votos que realiza la Junta de Escrutinio Nacional, corre por el mundo. Personalidades norteamericanas y europeas —observadores en los comicios— avalan la tesis sostenida por Bush meses antes: en Panamá se ha consumado un fraude masivo. Los congresistas que entran en Panamá piden el uso de la fuerza contra Noriega y derogar los Tratados del Canal si se comprueba el fraude que ellos dan por hecho.[68]

Tres días después de cerrados los colegios electorales no se han dado informes oficiales sobre los resultados. Solís Palma y Noriega guardan silencio. Pero las agencias internacionales de noticias —AP, AFP, EFE, Ansa y Reuters— anuncian al mundo que en Panamá se ha cometido el «fraude del siglo» y denuncian graves irregularidades cometidas por el gobierno y por las Fuerzas de Defensa que han presionado y amenazado al pueblo para que vote por Duque. Los militares, con un carnet especial, podían votar en distintas partes y varias veces. A punta de pistola fueron robadas actas electorales y quemadas urnas. Señalan como «presuntos» autores de esos hechos a miembros de las Fuerzas de Defensa y de los Batallones de la Dignidad. Pero en tales hechos están implicados muchos panameños.

El 10 de mayo la Junta Nacional de Escrutinio da un dato parcial. De acuerdo a quince actas escrutadas sobre un total de cuarenta, la mayoría la tiene el candidato oficialista Carlos Duque con 105.522 votos sobre 51.844 de la oposición.

La ciudad está militarizada, pero cerca de cinco mil personas se lanzan a la calle para protestar frente al edificio del Tribunal Electoral. En pocas horas ya son cerca de ochenta mil afirma un corresponsal. Gritan consignas contra el gobierno y contra Noriega: «Esta vaina se acabó porque Endara ya ganó», «Ni un día más», «Endara presidente, abajo Noriega», «Vamos a hacer chicha de piña». Una alusión a Noriega a quien llaman «Carepiña» por las marcas de acné que tienen en el rostro.

Las Fuerzas Antimotines y los Batallones de la Dignidad disuelven las manifestaciones con extrema violencia. Endara es herido en la cabeza con una vara y es llevado a un hospital, Ford es apaleado brutalmente y recluido en una clínica en calidad de detenido (uno de sus escoltas muere). Su figura ensangrentada, frente a un hombre que lo ataca con una varilla, corre por el mundo. Arias es herido levemente. En las refriegas hay varios muertos por bala, uno es el guardaespaldas de Endara. Un centenar de personas son detenidas, acusadas de atentar contra la seguridad del Estado.[69]

En la noche del 10 de mayo, tras una nueva jornada de violencia, con un saldo de cinco muertos y veintitrés heridos, Yolanda Pulice, presidenta del Tribunal Electoral, lee por la radio y la televisión un comunicado —es retransmitido cada quince minutos— para anunciar que las elecciones han sido anuladas «a todos sus niveles» —presidencia, parlamento y corregimientos— y dice que, en medio de la crisis fiscal y económica y de la campaña extranjera sobre el fraude, se han cometido numerosas irregularidades, como la compra de votos, la sustracción de papeletas y la falta de actas. Denuncia «el evidente propósito de quienes asisten en calidad de observadores» de avalar «la tesis del fraude electoral, proclamada al mundo por las autoridades norteamericanas desde fecha muy anterior a la elección» y la «acción obstruccionista de muchos extranjeros llamados por fuerzas políticas nacionales y foráneas sin gozar de una invitación». En tales condiciones «es absolutamente imposible la proclamación de cualquier candidato». Tal decisión —dice— se ha tomado después de largas sesiones en la presidencia de la República con participación de Solís Palma, su gabinete ministerial, el general Noriega y la mayoría del Estado Mayor. No menciona fechas ni planes para la celebración de nuevos comicios.[70]

Para varios analistas —entre éstos el ex canciller Ritter—, lo que determina esa drástica decisión del gobierno es el comprobar la «abrumadora» derrota de los candidatos oficialistas.[71] Otros hablan de la «aplastante» victoria de la oposición.

La anulación de las elecciones exacerba a niveles peligrosos a los halcones de Washington. El Congreso y la opinión pública presionan a Bush para que ordene una acción militar. La Casa Blanca anuncia que el presidente estudia con sus asesores «todas las opciones posibles», económicas y militares, con el fin de preparar un plan contra Noriega. Además realiza consultas con algunos gobiernos de la región para tomar medidas colectivas y obligar la salida del general.

Al día siguiente Bush retira a su embajador y da órdenes al Pentágono de enviar dos mil soldados más y estacionar frente a las costas panameñas el portaaviones *USS America* para proteger a los ciudadanos norteamericanos, en peligro por la violencia que se ha desatado después de la anulación de los comicios. Pide a sus conciudadanos regresar a Estados Unidos y a los empresarios trasladar sus negocios a otro país. «No vamos a dejarnos intimidar por las tácticas belicosas del "dictador" por muy brutales que sean», dice Bush en rueda de prensa en la Casa Blanca.[72] El Comando Sur pone a sus tropas en «alerta de tercer grado».

Los portavoces de Washington insisten en que la acción militar sería la última instancia. Pero para los panameños es claro que la intervención va en camino. ¿Una invasión? Ritter dice que Panamá no está amenazado con una invasión, pues ya es un país invadido y que siempre lo ha sido.

Para tomar esa medida extrema, Bush cuenta con el apoyo nacional y el de la oposición panameña —congrega a los sectores económicos más importantes y a la oligarquía— apoyada por la jerarquía de la Iglesia católica. Bush se comunica a diario con el arzobispo McGrath, que le informa sobre lo que acontece en Panamá.[73] «Mucha gente nacionalista, patriota» pide a Estados Unidos que los libere de Noriega, afirma el sociólogo panameño Raúl Leiss.[74] Pero nadie supuso que la intervención sería una acción de guerra de esa extensión, con bombardeos a la población civil y la ocupación de su país.

Delvalle, como presidente «constitucional» —reconocido sólo por Estados Unidos—, da una rueda de prensa en el National Press Club de Washington, para informar sobre la política de «su gobierno» frente a esa crisis. Manifiesta que «no descartará ninguna opción» para sacar a Noriega, incluida la militar. Dice que tales medidas las ha discutido con Bush, a quien además ha pedido que reconozca formalmente a Endara y a la «nómina triunfadora» en las elecciones de mayo.[75]

La anulación de las elecciones y la violencia desmedida de las Brigadas Antimotines y de los Batallones de la Dignidad —hieren a los tres candidatos de la oposición— provocan la reacción mundial contra Noriega. Los presidentes Alan García de Perú, Carlos Salinas de Gortari de México y Carlos Andrés Pérez de Venezuela expresan enérgicas condenas. García advierte que «denunciará y rechazará» cualquier manipulación de los resultados electorales en Panamá y «cualquier presión e intervención ajena a Latinoamérica». Bush aplaude la declaración del presidente peruano, pues es una condena al fraude e ignora su rechazo a la injerencia extranjera.

El Grupo de Río (Panamá ha sido suspendido), en un comunicado conjunto, fechado el 10 de mayo, expresa su «profunda consternación» por lo que ocurre en Panamá, pues puede «alejar aún más» a ese gobierno de la comunidad democrática de América Latina, pero —dice— por su «irrestricta observancia de la no intervención» se abstiene «de emitir juicios sobre los factores causales y los asuntos específicos que han determinado, en ocasión del acto electoral, la crisis política en Panamá». Reitera la «vigencia irrestricta» de los Tratados del Canal.[76] Una vez más América Latina intenta detener la incontinencia militar norteamericana aferrándose a la defensa —retórica y utópica— de los principios de no intervención y libre determinación.

A pesar de la grave crisis, a los pocos días Panamá regresa a la normalidad dentro del estado de anormalidad reinante. Las calles, que han permanecido semidesiertas, de nuevo se llenan de gente y el país vuelve a su rutina. Los almacenes, bancos y oficinas reanudan lentamente sus actividades, los supuestos «triunfantes candidatos se recuperan de sus magulladuras...» y los panameños se entretienen viendo la llegada de aviones militares de Estados Unidos con nuevos pelotones de soldados sin mayores aspavientos, escribe un corresponsal colombiano.[77] Los panameños explican esa falta de reacción o esa apatía frente a esa grave crisis como muestras de su naturaleza pacífica.

La Alianza Democrática de la Oposición Civilista (ADOC) —coalición política—, convoca a un paro general indefinido a partir del 17 de mayo. En esa fecha —escogida a propósito— se reúnen en Washington los cancilleres de la OEA para abordar la crisis panameña. Tal convocatoria es un fracaso. La oposición achaca la lánguida respuesta a la represión del gobierno.

La OEA en su laberinto

Dos días después de la anulación de las elecciones, Venezuela solicita una Reunión de Consulta de la OEA para abordar el tema de la crisis panameña. Carlos Andrés Pérez dice que están en juego asuntos muy graves, como el futuro del canal. Todos los miembros —incluidos Estados Unidos y Panamá— lo apoyan, pero Brasil, Chile y México expresan reservas sobre la competencia de la OEA para abordar asuntos internos de los estados, como es el caso de las elecciones panameñas. Para obviar tal dificultad se da al tema en discusión un tinte internacional: la Vigegimoprimera Reunión de Consulta estudiará «La crisis panameña en su contexto internacional». La reunión tiene lugar en Washington y comienza el 17 de mayo de 1989.

Muchos temen que ésta sea una reunión tormentosa por los intereses encontrados de Estados Unidos y del resto del continente. La crisis sobrepasa la situación interna panameña por la abierta intervención

457

militar y política de Estados Unidos y por la amenaza de la invasión que todos temen. El objetivo de los cancilleres es tratar de impedir esa invasión, pero ningún gobierno está dispuesto a llegar a un enfrentamiento con el Amo del Norte por cuenta de Panamá.

El gobierno de México, en un comunicado, cuestiona la moral de Noriega pero declara «inadmisible» que la OEA se convierta «en tribunal de última instancia de los procesos electorales de los países latinoamericanos». Los presidentes Julio María Sanguinetti de Uruguay y Carlos Andrés Pérez de Venezuela exponen otra tesis: Sanguinetti sostiene que el principio de no intervención «tiene sus límites»[78] y Pérez que el no intervenir es «a veces» una forma de intervención. O sea que la OEA debe actuar.

La reunión empieza con varias horas de retraso en un ambiente de tensión y expectativa. Los debates son a puerta cerrada, sólo hay una sesión pública. «El Salón de las Américas está atestado de periodistas y en éste se encuentran los líderes de la oposición panameña traídos por el Departamento de Estado.» La importancia que Estados Unidos da a la reunión puede medirse por el volumen y el calibre de su delegación. Alguien la califica de «abrumadora». La encabeza James Baker, secretario de Estado, y sigue la pesada del Departamento de Estado y los principales expertos en América Latina.[79]

Bush adelanta activas consultas con algunos presidentes para coordinar una ofensiva diplomática y acciones conjuntas en «apoyo a la democracia panameña» y forzar la renuncia de Noriega. Con una avalancha de presiones a los presidentes, a las delegaciones y a las cancillerías, Washington busca que la OEA apruebe acciones concretas y sanciones drásticas contra Noriega, como la expulsión de Panamá de la organización, ruptura colectiva de relaciones diplomáticas (tesis de Estados Unidos y de los cancilleres Rodrigo Madrigal, de Costa Rica, y Ricardo Acevedo, de El Salvador), bloqueo económico y comercial y reconocimiento del «triunfo» de Endara en las elecciones de mayo (Estados Unidos ya lo ha hecho). No logra nada de esto.

El canciller panameño expone la agresión de Estados Unidos a su país en violación de principios del derecho internacional, de los Tratados del Canal y denuncia las sanciones económicas que violan las cartas de la ONU y de la OEA. Pide que todo esto cese y alerta sobre las graves consecuencias para el continente de una intervención militar en Panamá.

El canciller de Colombia, Julio Londoño, presidente de la reunión, en el discurso de apertura rechaza la intervención en todas sus formas:

Dice: «No podemos aceptar que ningún país pretenda constituirse en máximo rector de las situaciones en otro Estado y que sea la suprema autoridad para decidir cuándo un proceso electoral, por anormal que haya sido, puede ser respaldado y cuándo se debe entrar a aplicar una serie de medidas coercitivas y discriminatorias de carácter económico». La amenaza y el uso de la fuerza —afirma— sólo sirven para consolidar a los enemigos de la libertad y la democracia. Rechaza la anulación de las elecciones pero sostiene que esa crisis debe ser resuelta por el mismo pueblo panameño.[80]

Venezuela, que parecía haber adoptado una posición dura contra Noriega, circula un proyecto de resolución catalogado de «blando» y de «extremadamente diplomático», pues sólo «insta» a los estados a realizar gestiones «a su alcance» para facilitar la solución del problema panameño, dentro del respeto «escrupuloso» del principio de no intervención, y les pide abstenerse de cualquier acción que sea «contraria a esas bases o incompatible con la solución pacífica y duradera del problema».[81]

La gravedad de la situación interna en Panamá y la disparidad de criterios de las delegaciones llevan a los cancilleres a trabajar previamente soluciones de consenso. La fórmula —propuesta por once cancilleres— es la creación de una comisión compuesta por Ecuador, Guatemala y Trinidad y Tobago y asistida por el secretario general de la OEA, para que vaya a Panamá y busque un acuerdo nacional y fórmulas que aseguren, «dentro de los mecanismos democráticos y en el más breve plazo, la transferencia del poder con pleno respeto de la voluntad soberana del pueblo panameño»; reitera la defensa del principio de no intervención y la vigencia de los Tratados del Canal.

Después de un agitado debate a puerta cerrada, Estados Unidos logra que se incluya en la resolución una condena a Noriega, a lo cual se opone la mayoría. No logra la condena específica que quería. Lo acordado dice: «Los graves acontecimientos iniciados por el general Manuel Antonio Noriega en la crisis y en el proceso electoral de Panamá podrían desatar una intensificación de la violencia con los consiguientes riesgos a la paz y a la seguridad internacionales».[82]

Baker deja saber que la resolución adoptada no satisface las exigencias mínimas de su gobierno, Bush aplaude la condena a Noriega y el pedido de «traspaso de poder» en Panamá;[83] el gobierno panameño encuentra la resolución aceptable pues logra neutralizar los intentos de manipulación de Estados Unidos; el Partido Revolucionario Democrático —en el gobierno—, afirma que la OEA falta a la «ética y al derecho internacional» al atacar en términos «despectivos y groseros» al general Noriega; y la oposición panameña dice que la condena a Noriega responde «sustancialmente a las expectativas del pueblo panameño», pero rechaza con energía el que la OEA no le haya reconocido el «triunfo» en las elecciones de mayo.[84] Londoño, presidente de la reunión, comenta que los resultados son positivos, pues se ha evitado una reunión tormentosa y se ha aprobado una fórmula aceptable a la mayoría.

Entre el 23 de mayo y el 1 de agosto la Comisión de la OEA, presidida por el canciller ecuatoriano Diego Cordovez —hábil diplomático negociador de la ONU en la retirada de las tropas soviéticas de Afganistán—, realiza cuatro visitas a Panamá. Antes advierte que no va a intervenir sino a tender un puente entre las partes para tratar de llegar a la solución de la crisis. No obstante, siempre se estrella con la inflexible posición de Endara, Arias y Ford, que se niegan a negociar con el gobierno e insisten en que se les reconozca el «triunfo» electoral y en la salida de Noriega. Noriega dice que no hablará con nadie, que éste es un asunto que deben solucionar el gobierno y la oposición y que los militares no deben mezclarse. El gobierno advierte que la salida de Noriega no es negociable y que lo prioritario es el cese de las agresiones y sanciones de Estados Unidos a Panamá.

En sus informes, Cordovez siempre concluye que no se llega a nada por la inflexibilidad de las partes. En dos ocasiones los cancilleres amplían la misión de la Comisión, a lo que se oponen Estados Unidos, los centroamericanos y caribeños y la oposición panameña. La mayoría entiende que no llegar a un acuerdo es abrirle el camino a la intervención de Estados Unidos.

Ante la imposibilidad de llegar a una resolución que concilie las distintas posiciones, los cancilleres deciden que la declaración del presidente de la reunión, Londoño Paredes, sea el documento final. Es aprobada por unanimidad, sin objeciones y en absoluto silencio. La declaración extiende el mandato de la Comisión hasta el 23 de agosto (el 1 de septiembre termina el mandato de Solís Palma). Pide a las autoridades panameñas realizar el cambio de gobierno «por medios democráticos y, de conformidad con procedimientos internos panameños vigentes», celebrar nuevas elecciones en el «más breve plazo posible» y da como base del diálogo los temas que ellos mismos han propuesto.[85]

La «unanimidad» sobre el contenido de la Declaración es sólo en la superficie: Estados Unidos deja saber que no está satisfecho; otros la encuentran imprecisa, pues menciona la transferencia de poder sin que exista una fórmula aceptable a todas las partes, pide al gobierno celebrar elecciones en «breve plazo» sin especificar si son antes o después del 1 de septiembre y no menciona a Noriega que bien puede quedarse en donde se encuentra.

Para Lawrence Eagleburger, subsecretario de Estado, representante de Estados Unidos en la OEA, la «transferencia de poder» significa que «el general Noriega debe irse». Será el fin de la crisis y el pueblo panameño retomará su propio futuro. Para Ritter, canciller panameño, es encontrar un reemplazo al presidente Solís Palma. Para la oposición, la «transferencia de poder» a través de «elecciones libres», es desconocer su «triunfo» electoral. Arias Calderón dice que la declaración es «ambigua y contradictoria», pues la cuestión no es si hay elecciones o no, sino si Noriega se va o no. De nuevo critica la extensión del mandato de la Comisión, pues es prolongar «el sufrimiento, la represión y el empobrecimiento» del pueblo panameño.[86]

Londoño sostiene que es imposible reconstruir las elecciones por la pérdida de las urnas y de numerosas papeletas de votación. Dice que «aunque la mayor parte de los países latinoamericanos, entre éstos Colombia, expresan su desacuerdo con el proceso electoral de Panamá, ninguna nación ha reconocido ni está dispuesta a reconocer que Endara ganó las elecciones y que por ende debe asumir el poder».[87]

Noriega deja saber que si no se llega a un acuerdo antes del 1 de septiembre (fecha constitucional para el cambio de gobierno), se organizará una Junta Militar. Durante las gestiones de la Comisión de la OEA, de mayo a agosto, Solís Palma propone en varias ocasiones a la oposición conformar un gobierno de unidad nacional para salvar al país, pero la respuesta siempre ha sido negativa y mantiene sus exigencias: su «triunfo» electoral y la salida de Noriega.

A comienzos de agosto la oposición le propone al gobierno la celebración de un plebiscito para que el pueblo pueda pronunciarse sobre las fórmulas propuestas en los diálogos. El gobierno, en un comunicado, lo rechaza, pues la Constitución panameña no contempla ni regula ese tipo de consultas.[88]

Cordovez insiste en que aún es posible llegar a una solución negociada y que no conviene limitar el tiempo de su misión. De nuevo Londoño propone extender el mandato para atender la solicitud de las fuerzas políticas panameñas; de nuevo Estados Unidos y la oposición panameña no están de acuerdo, pero de nuevo se extiende.

A finales de agosto, en vísperas de la fecha fijada para que la reunión de consulta reciba el cuarto informe de la Comisión (el mandato de Solís termina la semana siguiente), el gobierno propone de nuevo conformar un gobierno de «unión nacional» para que tome el poder el 1 de septiembre y celebrar elecciones en el término de un año. La oposición lo rechaza. Noriega comenta que son unos «tontos útiles», programados para decir que no a todo, pues se les ofreció la mitad del gobierno y ellos, con la gran capacidad económica y apoyo de Estados Unidos, lo hubieran copado todo.[89]

Ante la imposibilidad de encontrar una solución a la crisis después de cuatro meses de infructuosos esfuerzos, los cancilleres realizan una reunión informal para escuchar nuevas propuestas. Después de doce horas de agitadas deliberaciones sobre cinco proyectos de resolución, no llegan a nada. De nuevo la salida a ese *impasse* es aprobar otra Declaración de Londoño Paredes en la que agradece la gestión de la Comisión, expresa «profunda preocupación» porque las partes no hayan logrado una solución a la crisis, reitera que ésta corresponde «única y exclusivamente a los panameños» y exhorta a las partes a hacer «nuevos y urgentes» esfuerzos para llegar a un acuerdo antes del 1 de septiembre.[90]

A ese acuerdo no llegan ni antes, ni después de esa fecha. Los que tienen en sus manos esa posibilidad, y son conscientes del enorme peligro que se cierne sobre Panamá, no hacen nada para evitar esa enorme tragedia.

Los «Rambos»

Las medidas que toma el gobierno de Estados Unidos para sacar a Noriega, pues a eso se reduce su política en Panamá, han sido un fracaso. A pesar de la condena general al «fraude del siglo» y a la anulación de las elecciones, no ha logrado el apoyo para aplicarle las drásticas sanciones que quiere. Después de ese fiasco intensifica el hostigamiento con maniobras militares en el Caribe y en sus bases en Panamá, violando su soberanía. En las maniobras toman parte decenas de aviones de combate, vehículos blindados, helicópteros con artillería, unidades navales y miles de marines, de rangers y de fuerzas de despliegue rápido, tropas de asalto para la guerra. A las quejas del gobierno panameño por tales ejercicios, el Comando Sur sigue respondiendo que son «de rutina».

La salida de ciudadanos norteamericanos de Panamá, ordenada por Bush, continúa. Ciudad de Panamá se desocupa. Miles de apartamentos de lujo quedan vacíos, miles de panameños quedan sin empleo y el comercio se queda sin la importante clientela de los gringos. El 1 de julio, fecha límite fijada por Bush, salen los últimos. Ese éxodo es un gran golpe a su apaleada economía y un gran golpe a la moral del pueblo[91] que ve el preludio de la intervención de Estados Unidos.

Todo el mes de agosto es una secuencia de provocaciones por parte de las tropas norteamericanas y de enfrentamientos entre uniformados de ambos países. Militares norteamericanos detienen a veintinueve panameños, entre éstos nueve soldados y entre éstos a Manuel Sieiro, cuñado de Noriega, y dos días después las Fuerzas de Defensa panameñas detienen a dos policías militares de Estados Unidos. El Comando Sur moviliza sus efectivos y bloquea el centro militar panameño Fuerte Amador por más de tres horas.[92] Pero deciden canjear sus detenidos para rebajar la tensión.

El 11 de agosto desembarcan mil soldados norteamericanos —Operación Alicia— en unas islas panameñas frente a Ciudad de Panamá, donde Noriega tiene una oficina conocida como «el búnker». El Comando Sur dice que es sólo para «reafirmar» los «derechos» de Estados Unidos, fijados en los Tratados Torrijos-Carter, que incluyen la «libertad de tránsito» por Panamá y que los hace cumpliendo órdenes del presidente Bush.[93]

Pocos días antes Bush menciona la posibilidad de intentar la «captura» de Noriega, pero Marlin Fitzwater, portavoz de la Casa Blanca, aclara que lo dicho por el presidente nada tiene que ver con esa operación que es sólo de entrenamiento. Panamá responde con una maniobra militar que llama «Zape al invasor».

El gobierno panameño ya llega al tope de su resistencia. Al día siguiente solicita una reunión urgente del Consejo de Seguridad de la ONU para denunciar los actos de agresión de Estados Unidos. El canciller Ritter dice que ha convertido a Panamá en «casi un escenario de guerra», pide al secretario general que envíe una «misión de observación» y promueva medidas urgentes para reducir las tensiones, y en circuito cerrado presenta un vídeo para mostrar cómo las fuerzas militares de Estados Unidos, aéreas y terrestres, se mueven en el territorio panameño y actúan como un «ejército de ocupación», violando los Tratados del Canal y «humillando» al pueblo panameño.[94]

El delegado de Estados Unidos, Herbert Okun, niega todos esos cargos. Dice que el aumento de las fuerzas militares es una «respuesta directa a las acciones hostiles» del régimen del general Noriega y «en ejercicio de sus derechos conforme a los tratados Torrijos–Carter». La sesión se levanta sin atender la solicitud de Panamá, sin tomar ninguna decisión y sin fijar fecha para una nueva reunión.[95] Así funciona el Consejo de Seguridad bajo la férula norteamericana.

No han pasado tres días cuando tropas del Comando Sur realizan un desembarco relámpago en los predios de la embajada norteamericana y en la residencia del embajador en la Ciudad de Panamá, en el que toman parte helicópteros artillados Black Hawk, mientras que otros sobrevuelan la ciudad.[96] Es un ensayo de defensa y de rescate.

Esa agresiva actividad militar llega a «extremos intolerables» con consecuencias «impredecibles», afirma el canciller Ritter. Ante esa situación el gobierno, las Fuerzas de Defensa y los partidos oficialistas proponen a la oposición firmar un documento pidiendo a Estados Unidos cesar sus provocadoras acciones militares. Sin dar explicaciones se niega a firmarlo.[97]

Tres días después las tropas norteamericanas ocupan durante tres horas edificios judiciales panameños. Ese día, cuarenta mujeres protestan frente Fort Clayton, base militar norteamericana en las afueras de Ciudad de Panamá. Algunas tratan de agredir a un soldado pero un militar panameño las apacigua.[98]

El peligro de la intervención militar norteamericana en Panamá es una preocupación mayor en el continente aunque algunos mandatarios todavía creen que Estados Unidos no llegará a ese extremo. Oficiales panameños de alta graduación sostienen que esto sería un grave error de Estados Unidos, pues el coste político y económico sería demasiado alto.[99] El canciller colombiano Julio Londoño señala que tal hecho cambiaría el contexto de las relaciones interamericanas y abriría «una fosa que no se podrá cerrar ni en treinta años».[100]

En agosto el gobierno cubano, en un editorial en el diario *Granma*, severamente redactado, denuncia las provocadoras maniobras militares norteamericanas en el área del canal y sus alrededores, que califica de «virtual intervención» y de crear una «tensión psicológica llevada al extremo». Señala que tal «presión brutal» es incrementada por la «abrumadora campaña de prensa, el bloqueo económico y financiero y las destempladas declaraciones de jefes militares y políticos norteamericanos que llaman a desalojar por la fuerza al gobierno istmeño». Afirma que los esfuerzos de Estados Unidos para forzar la renuncia de Noriega buscan frustrar el cumplimiento de los acuerdos Torrijos–Carter de 1977 y pide a las naciones latinoamericanas usar su influencia para impedir que esa intervención suceda.[101] La guerra fría no ha terminado en el Caribe, alerta Fidel.

En Estados Unidos poderosas voces se oponen a la intervención en Panamá. Carter la descarta totalmente y en las esferas civiles y militares algunos la desaconsejan por el coste político y porque las posibilidades de éxito son inciertas. *Newsweek* cita una fuente del Pentágono que dice que «una invasión masiva» servirá para derrocar a Noriega pero será un baño de sangre, muchos soldados norteamericanos regresarán en bolsas de plástico, el coste político será «terrible» y «disparará los resentimientos nacionalistas» que ayudarán a Noriega. «El matar panameños —agrega— unirá a todo el hemisferio contra nosotros».[102]

Maniobras de «salvamento»

Sin que el gobierno logre que Endara, Arias y Ford acepten una fórmula de compromiso para nombrar un gobierno provisional, el 31 de agosto de 1989, víspera de producirse el «vacío de poder constitucional» (el 1 de septiembre debe realizarse el cambio de gobierno), el Consejo de gobierno nombra presidente a Francisco Rodríguez, de cincuenta años, contralor general de la nación, y vicepresidente a Carlos Azores, ex vicepresidente de la República. El ex canciller Ritter dice que esos nombres han sido acordados con Noriega y los altos mandos la noche anterior. El Consejo da a conocer la composición del gobierno provisional y anuncia que las elecciones se celebrarán cuando existan las «condiciones adecuadas». O sea, cuando cese la agresión norteamericana y descongele los fondos panameños retenidos ilegalmente por ese gobierno. Fija un plazo de seis meses para evaluar la situación y, si las condiciones lo permiten, se realizarán los comicios.[103]

Ese mismo día, en rueda de prensa en la Casa Blanca, Bush expresa frustración por el fracaso de los esfuerzos que han hecho para sacar a Noriega y califica el nombramiento de Rodríguez de «burla» al pueblo panameño. Anuncia que no reconocerá ningún gobierno instalado por Noriega, que retirará a su embajador y mantendrá las sanciones económicas para privar de fondos a ese «régimen ilegal». Tales medidas —afirma—, las toma en «apoyo a la autodeterminación y la democracia» panameñas y para «enfrentar la amenaza que presenta el respaldo del general Noriega al tráfico de drogas y otras formas de subversión».[104] Un

LOS AMOS DE LA GUERRA

despacho de prensa desde Washington dice que Delvalle, «respetando los límites de su mandato constitucional», cierra la embajada panameña en Washington y la entrega a Estados Unidos «para su salvaguarda, junto con trescientos millones de dólares de activos panameños.[105]

La oposición lanza la campaña «Ni un centavo más a la Dictadura» exhortando al pueblo a no pagar impuestos ni servicios, y a no comprar billetes de la Lotería Nacional. Endara se declara en huelga de hambre. Dice que seguirá los pasos de Gandhi hasta que el pueblo panameño respalde tal campaña, que sólo tomará agua, los medicamentos que le prescriban los médicos y la «sagrada ostia» si se la da algún sacerdote.[106] Ricardo Arias y ocho dirigentes de la oposición son detenidos en el interior del país cuando promueven esa campaña. Son liberados al día siguiente.

El 3 de octubre, doscientos jóvenes oficiales, liderados por el mayor Moisés Giroldi Vega, intentan derrocar a Noriega. Es el segundo golpe en dieciocho meses. Pasan por la radio un comunicado para anunciar su destitución y el «paso a retiro» de todo el alto mando militar. Advierten que se trata de un movimiento estrictamente militar. Piden apoyo a las Fuerzas de Defensa, y a las fuerzas leales a Noriega que se mantengan alejadas del cuartel central, lugar del golpe. Durante seis horas mantienen el control del cuartel y retienen a Noriega y a varios miembros del Estado Mayor. Al mediodía el destacamento es rodeado por las tropas del gobierno y después de un cruce de tiros sofocan el golpe. Ni las fuerzas militares, ni de la policía, ni Estados Unidos dan apoyo al golpe. Según fuentes castrenses Noriega dirige ese efectivo contragolpe.[107] Esa misma noche Noriega, acompañado por varios generales, anuncia por los canales de televisión el fracaso del golpe y acusa a Estados Unidos de haberlo propiciado.

Panamá permanece en calma aunque la actividad normal se reduce. Unos pocos grupos de civiles recorren las calles batiendo banderas y gritando consignas contra Noriega y de apoyo a la sublevación. Fuentes de la oposición informan que Endara y Arias se encuentran «en lugares seguros». No indican si están en Panamá o en bases de Estados Unidos.

Al día siguiente las Fuerzas de Defensa comunican que diez militares golpistas han muerto en combate —entre éstos el mayor Giroldi—, veintiún militares y cinco civiles han sido heridos y que ciento ochenta efectivos y un centenar de miembros de los Batallones de la Dignidad están bajo arresto. Testigos de los incidentes aseguran que los muertos son cerca de veinticinco y los heridos más de cien y familiares de las víctimas desmienten la versión oficial y aseguran que los militares han sido ejecutados. Un diplomático europeo comenta al *New York Times* que Noriega, «en un ataque de rabia», ordena esa ejecución. El portavoz de las Fuerzas de Defensa niega que hayan ocurrido fusilamientos.

Fitzwater, portavoz de la Casa Blanca, Richard Cheney, secretario de Defensa, y fuentes del Pentágono dicen que fueron informados del golpe con anticipación pero que Estados Unidos no tomó parte. No intervino por desconfianza. Giroldi, líder de la rebelión, era un reconocido torrijista y el golpe podía ser una patraña de Noriega para agarrarlos con las manos en la masa y exponerlos al mundo. La oposición también cree que es un montaje de Noriega pues Giroldi ayuda a sofocar el intento del golpe contra Noriega, en marzo de 1988.[108]

Estados Unidos no toma parte pero pide a los golpistas que en caso de capturar a Noriega se lo entreguen, pero ellos se niegan. Cheney la autoriza, pero «sin usar la fuerza». No obstante, la orden del general Colin Powell, presidente de la junta del Estado Mayor, al general Maxwell Thurman, jefe del Comando Sur, para que proceda, llega cuando el golpe ya ha fracasado.[109]

Tal fracaso suscita agrias críticas contra Bush. Congresistas demócratas y republicanos lamentan que no haya intervenido teniendo los doce mil hombres entrenados y «altamente motivados» en Panamá y dicen que ha sido un error «desperdiciar» esa ocasión. Uno dice que ese fracaso es un «gran revés para la política exterior» norteamericana.[110]

Los opositores panameños también lamentan la falta de apoyo de Estados Unidos a los golpistas. Juan Sosa, ex embajador de Panamá en Washington, afirma que tal ayuda quizá hubiera estimulado a otros destacamentos a unirse a los rebeldes.[111] El *New York Times,* contrario a esa ola intervencionista, en nota editorial sostiene que los que critican a Bush por no apoyar abiertamente esa insurrección están equivocados.[112]

El intento de golpe y el fracaso del golpe cambian los términos de la contienda entre Estados Unidos y Noriega y la radicalizan. Bush siente el peso de la crítica interna que lo acusa de débil e indeciso, pero comprueba que la mayoría de la opinión pública está a favor del uso de fuerza contra Noriega. Noriega, convencido de que el golpe ha sido instigado por Estados Unidos, anuncia «mano dura» contra la oposición y medidas de emergencia para hacer frente al «estado de guerra» que vive Panamá por la agresión de Estados Unidos.

Noriega sabe que el tiempo va en su contra, que la acción militar está en marcha y que él es el objetivo anunciado. Con frases pronunciadas aquí y allá le deja saber a Bush que está dispuesto a negociar nuevos términos para modificar los Tratados del Canal. Así lo plantea Rodríguez en la Asamblea General de la ONU. Bush no se da por aludido. La intervención está decidida y va en proceso.[113]

Con argucias legales, Noriega busca salvar su pellejo e impedir los planes de su secuestro. En 1988, en el más absoluto secreto, el procurador general de la nación realiza una investigación sobre los cargos de narcotráfico y blanqueo de dólares que han hecho los tribunales norteamericanos contra Noriega y otros militares y —siguiendo el mandato constitucional— traslada esa investigación a la Corte Suprema de Justicia. La Corte, igualmente en el más absoluto secreto, determina que no existen bases que permitan verificar tales acusaciones, cierra el juicio por falta de pruebas y sobresee a los acusados «en forma definitiva». Es decir, que la justicia norteamericana ya no puede juzgarlos, pues nadie puede ser juzgado dos veces por el mismo delito. Esta farsa jurídica se descubre por casualidad después de la invasión. Una abogada panameña logra entrar al bombardeado edificio de la Corte, custodiado por marines, y entre los escombros encuentra el expediente de ese juicio.[114]

En octubre, doce días después del intento de golpe, el Consejo de Estado resucita a la Asamblea Nacional de Representantes de Corregimientos (creada por Torrijos) y «escoge» a sus quinientos diez representantes (deben ser elegidos) y la Asamblea elige a Noriega «conductor del Proceso de Liberación Nacional» y «coordinador de planes y programas del Parlamento del Poder Popular». En diciembre, cinco días antes de la invasión, lo designa por aclamación jefe de gobierno, le concede poderes extraordinarios para hacer frente al «estado de guerra» que vive el país debido a la agresión norteamericana, declara que la «integridad de la nación» está «seriamente amenazada» y que es necesario «organizar la guerra contra el agresor» bajo un mando único. Noriega cree que con esa investidura Estados Unidos no se atreverá a secuestrarlo. Sería un atropello del derecho internacional sin precedentes.[115]

Bush, Cheney y Marlin Fitzwater, portavoz de la Casa Blanca, califican la declaración de la Asamblea de «organizar la guerra contra el agresor» de «declaración de guerra» contra Estados Unidos, suficiente para justificar su intervención como acto de «legítima defensa».

La Causa Justa

A Bush se le desborda el vaso de la paciencia con la muerte de un oficial norteamericano, Robert Paz Fisher (de padre colombiano), ocurrida en la noche del 16 de diciembre, en un tiroteo cerca del Cuartel Central de las Fuerzas de Defensa donde Noriega tiene su despacho. Lo califica de «asesinato». Al día siguiente el *New York Times*, en primera página y bajo el título, «El presidente llama la muerte en Panamá un gran ultraje», relata el incidente. La versión del gobierno panameño es que soldados norteamericanos, desde un automóvil que pasa a gran velocidad por el área del cuartel, sin detenerse en los retenes, disparan y hieren a una niña, a un civil y a un soldado panameños. El Comando Sur dice que los cuatro oficiales no estaban de servicio, iban vestidos de civil y desarmados, y que son atacados por personal militar panameño que mata a uno de ellos. De inmediato ambos ponen sus tropas en «alerta de combate» y movilizan soldados para reforzar sus respectivas defensas.[116] *Newsweek* comenta que quizá ese oficial estaba en una misión de inteligencia en preparación de la intervención militar, pues en las «semanas que precedieron a la invasión, oficiales, posando de turistas, visitan los lugares que luego atacarían».[117]

La operación militar está en marcha y la indefensión de Panamá frente al imperio es absoluta. De los dieciséis mil hombres de sus Fuerzas de Defensa —incluidas las fuerzas de policía y personal femenino—, sólo cuenta con cinco mil hombres mal equipados. Estados Unidos tiene en Panamá diez mil efectivos que pueden tener refuerzos inmediatos de sus bases en Estados Unidos, de Palmerola en Honduras, de Guantánamo en Cuba y de las de Puerto Rico.

Estados Unidos lanza sus huestes contra Panamá. En la madrugada del 20 de diciembre, época navideña, lanza la Operación Causa Justa. A las doce de la noche comienza el bombardeo a la capital. Aviones y helicópteros la sobrevuelan y el cielo se cubre de paracaidistas. Por tierra, mar y aire, entre veinte mil y diecisiete mil marines, rangers y tropas de élite del ejército, la aviación y la marina ocupan ese pequeño país. Es una operación combinada de paracaidistas, infantería y marina. Las tropas llevan los rostros tiznados y los cascos cubiertos de trapos. Muchos son latinos, algunos panameños. Más de la mitad han sido aerotransportados esa noche y en la madrugada desde bases en Los Ángeles, Nevada, Carolina del Norte y Washington D.C. Los aviones que los transportan aterrizan cada diez minutos.

El pueblo se despierta con el estallido de las bombas. «Pensé que eran truenos», escribe el sociólogo panameño Raúl Leiss. Luego ve que la televisión estatal anuncia la invasión yanqui y el Canal 8 del Comando Sur —funciona en una de sus bases— ordena a sus tropas Código Eco, la máxima alerta. El sismógrafo del Instituto de Geociencias de la Universidad de Panamá registra las explosiones de las bombas, una cada dos minutos. Un total de 422, algunas tremendamente destructivas. Parece una «pequeña Hiroshima», comenta Leis.[118]

En esa operación toman parte aviones de combate, bombarderos B-52 y los supersecretos Stealth F-117 A —los usa por primera vez—, helicópteros AC-130 armados con obuses, helicópteros Apache AH-64 con sistema de visión nocturna, decenas de tanques, de artillería pesada, de jeeps HMMWV de gran movilidad y barcos de guerra. Toda esa parafernalia militar la usa para liquidar a los cinco mil soldados panameños. Esa noche no todos se encuentran en los cuarteles.

A la una de la noche la Radio Nacional lanza su primer llamamiento de alerta: «¡Comenzó la invasión yanqui!», «¡Empezó la invasión imperialista!». Alerta sobre los bombardeos de aviones y helicópteros al cuartel central, situado en el barrio popular El Chorrillo donde Noriega tienen sus oficinas. La Televisión Nacional hace incesantes llamamientos de urgencia al pueblo para que tome las armas en defensa de su soberanía y a las milicias civiles para que se organicen: «Alerta, Alerta, Batallones de la Dignidad, Codepadi. Urgente, Urgente. Clave Cutarra, Armas al Hombro. Urgente, Urgente».

La televisión panameña es intervenida poco después y cambia la imagen y el mensaje. En la pantalla aparece el escudo de la Secretaría de Defensa de Estados Unidos y un portavoz del Pentágono pide al pueblo panameño «no dejarse manipular por el dictador Noriega y su pandilla de criminales». Llama a los panameños a unirse para «restablecer el orden y el proceso democrático» y les ofrece protección: «Estamos contigo». Y advierte: «El que levante armas en un atentado contra la propiedad o vida de los norteamericanos o panameños, perderá la protección que les brinda el Tratado de Ginebra» y tendrán que enfrentarse a las fuerzas armadas de Estados Unidos. Dice que al terminar el conflicto serán perseguidos por «sus crímenes». Es decir, que la defensa de su país es un crimen. La Radio Nacional advierte que la televisión estatal ha sido tomada por las fuerzas de ocupación norteamericanas, para que la ciudadanía no le preste atención, y pide a Estados Unidos cesar ese «cruel operativo» en el que ya han muerto muchos panameños. Poco después la emisora es bombardeada, destruida y sale del aire.[119]

El ataque al cuartel central del chorrillo dura cuatro horas. Es una embestida feroz por aire y por tierra. Por la mañana el barrio está en llamas y el cuartel en ruinas. Un residente dice haber contado cerca de ochenta tanques. Las tropas invasoras sólo se acercan al cuartel cuando queda destruido. En el ataque a ese populoso barrio, mueren muchos hombres, mujeres y niños y miles de pobres viviendas quedan destruidas.

En la tarde es bombardeado San Miguelito, otro barrio popular en la periferia de la ciudad en el que se hacina la pobreza, para destruir el cuartel militar Tinajitas y acabar con los «focos de resistencia». La colina donde se encuentra es virtualmente arrasada. El ataque sigue. Con altavoces, colocados en tanquetas que recorren las calles, los yanquis piden desalojar los barrios que serán bombardeados.

Esa noche Noriega pasa un mensaje a través de la radio nicaragüense Radio Sandino. «Estamos en nuestra trinchera de combate —dice— y vamos a mantener la resistencia. Le pedimos al mundo, a los países que nos ayuden con todo, con hombres, dignidad, fuerza [...]. Nuestra consigna es vencer o morir, ni un paso atrás.» Nadie sabe en dónde se encuentra. Unos dicen que está en la selva o en Costa Rica o asilado en las embajadas de Cuba o Nicaragua.

Las noticias que salen de Panamá dan cuenta de «feroces bombardeos». En pocas horas son destruidos los cuarteles militares, inutilizados sus aeropuertos y bombardeados supuestos focos de resistencia. También son atacados objetivos civiles, edificios de viviendas, sedes de organizaciones políticas y periódicos que se han opuesto a la política gringa.[120] Helicópteros artilleros a baja altura sobrevuelan la ciudad en todas direcciones. Hay incendios por todas partes, en las calles hay centenares de muertos, algunos calcinados en los incendios o aplastados por los tanques. Los heridos no reciben auxilio. Los hospitales comienzan a alinear en sus pisos centenares de cadáveres. De los barrios populares, brutalmente bombardeados, huyen gentes despavoridas.

A pesar del férreo control informativo que ejercen las tropas norteamericanas, agencias de noticias transmiten escenas de la violencia de los marines contra el pueblo panameño. Envían al mundo imágenes de los «carapintadas» gringos patrullando triunfantes la ciudad. Muestran filas de panameños vendados, con las manos atadas a la espalda, tendidos sobre el pavimento con el cañón del fusil en la nuca, gentes en las calles con los brazos en alto que son custodiadas por marines, campos de concentración con miles de detenidos, campos de refugiados en escuelas e iglesias para los miles que quedan sin techo. Tales escenas causan asco y horror.

También transmiten imágenes de panameños aplaudiendo y vitoreando a los invasores. Alguien comenta que ve a los soldados muy nerviosos. Esa euforia es la expresión del alivio que siente el pueblo por la salida de Noriega, que será el fin de las penurias que sufren por su culpa. Muchos no entienden esa calurosa acogida a los invasores en medio de la gran tragedia. En las calles, en las viviendas destruidas, en los hospitales y en la morgue yacen los cadáveres de centenares, quizá de miles de sus compatriotas, víctimas de esas fuerzas.

En la llamada «operación limpieza» las tropas invasoras arrestan en las calles y en las viviendas a miles de panameños. Con mapa en mano las requisan una por una. Decomisan armas, allanan y semidestruyen las residencias de líderes políticos, de militares y de gentes cercanas a Noriega, entre éstas la de Carlos Duque, ex candidato oficialista a la presidencia. A los allanamientos siguen los saqueos. Las tropas confiscan unas quince mil cajas con documentos del gobierno que quedan al estudio de sus servicios de inteligencia.[121] Otra operación es el decomiso de armas y la recolección de cadáveres. Pagan ciento cincuenta dólares por cada arma y seis dólares por cada cuerpo.[122] Las casas y oficinas de Noriega son allanadas y capturados documentos y correspondencia oficial y privada de cuyo contenido dan cuenta las agencias de noticias.

En rueda de prensa el general Thurman, jefe del Comando Sur, dice que sus tropas han encontrado cincuenta kilos de cocaína —otros dicen que son ciento diez o ciento cincuenta— en una casa frecuentada por Noriega, cuyo valor comercial calculan en 1,25 millones de dólares. El polvo blanco era harina para hacer tamales. Una agencia de noticias informa que en el Fuerte Amadador hallan una «larga lista» de funcionarios del Departamento de Estado supuestamente sobornados por Noriega.[123] Sobre esto Washington guarda silencio.

Bush tiene que demostrar a la opinión pública nacional e internacional su justa causa. Asegura que ha sido una operación «quirúrgica», «limpia», con un mínimo de muertos propios y que ha cumplido con su objetivo. Pero ¿dónde está Noriega?

A la una de la noche, el día de la invasión, en rueda de prensa con decenas de periodistas norteamericanos y extranjeros, Marlin Fitzwater, portavoz de la Casa Blanca, da el primer anuncio oficial de la invasión, cuyo objetivo —dice— es «destituir» a Noriega en vista de que ha «rechazado los esfuerzos norteamericanos de restablecer la democracia». De ahí en adelante las noticias que emanan de la Casa Blanca, del Pentágono y del Departamento de Estado son triunfalistas. Todo parece estar bajo control. Pero en evidente desesperación, aunque insiste en el éxito de la operación que ha «decapitado la dictadura», a las dieciocho horas de lanzada Bush ofrece un millón de dólares a quien dé información sobre Noriega que permita su captura.

Las embajadas de Cuba y de Nicaragua son rodeadas por tropas y vehículos blindados, pues suponen que allí pueden estar asilados Noriega, sus familiares, militares y miembros del gobierno. Sus diplomáticos son agraviados. El embajador cubano, Lázaro Mora, es detenido durante hora y media, y la residencia del embajador de Nicaragua allanada y requisada en busca de armas. En respuesta al allanamiento —Ortega lo califica de «acto insolente, violatorio de principios de derecho internacional»—, Nicaragua expulsa a veinte diplomáticos norteamericanos y les da un plazo de setenta y dos horas para abandonar el país. Estados Unidos se disculpa: ha sido una equivocación, los soldados no saben de la inmunidad diplomática. La requisa dura más de una hora y, según sus diplomáticos, se llevan dos mil dólares y ropa.

Esos allanamientos son graves violaciones a la inmunidad diplomática, inconcebibles bajo la Convención de Viena. La embajada de Perú igualmente es rodeada, pues allí se asilan varios militares que el gobierno peruano se niega a entregar. Alan García, presidente de Perú, es el mandatario latinoamericano que con más energía condena a Estados Unidos por esa invasión. Mientras tanto La Voz de las Américas —emisora oficial de Estados Unidos— difunde la noticia de que Noriega ha pedido ayuda militar a Cuba y a Nicaragua y asilo político en la isla. Los dos gobiernos la desmienten.

A Bush le es fácil legitimar la invasión ante el grueso de la opinión pública, pues es una guerra popular. Según una encuesta de opinión, realizada por la CNN el día de la invasión, el 91 por ciento de los encuestados la apoyan. Las mayorías del Congreso, los grandes medios de comunicación y respetados columnistas la aplauden. En sus pantallas de televisión ven que la toma en Panamá ha sido, como afirma Bush, «rápida», «limpia» y con pocos muertos norteamericanos.

Antes de iniciar la invasión, el Pentágono transporta en aviones militares a periodistas y cámaras de televisión de los grandes medios de comunicación de Estados Unidos que van a «cubrir» la operación (una medida para evitar que se repitan las críticas hechas a la administración Reagan de obstrucción de la información durante la invasión a Granada en 1983). Ellos suponen que van como corresponsales de guerra a informar sobre la invasión, pero los planes del Pentágono son otros. Al llegar a Panamá el Comando Sur los retiene en sus bases durante dos días. Después no les permite ver los ataques ni visitar los escenarios de la «guerra». No pueden entrar a El Chorrillo, donde ocurren los mayores bombardeos —y la mayor masacre, pues está bloqueado por las tropas.[124]

Varios periodistas protestan. Patrick J. Sloyan del diario *Newsday* escribe que esa demora en llevarlos a la escena permite a la administración Bush manipular la información para dar la impresión de que es una «hazaña armada perfecta en un casi incruento campo de batalla». Y Hellen Thomas, corresponsal de la UPI en la Casa Blanca, escribe: «... hay un asunto de bloqueo de noticias. Ni los norteamericanos, ni nadie, ve la destrucción causada por los bombardeos de la primera noche o los muertos y heridos en los primeros días de la invasión. Estados Unidos se las arregla para bloquear tales imágenes o informes noticiosos inhibiendo y frustrando el cubrimiento de noticias».[125]

El Comando Sur oculta las bajas panameñas. Se apodera de los registros de los muertos en los hospitales y en la morgue. Fuentes del Pentágono dicen que 23 soldados norteamericanos han muerto y 265 están heridos, pero tales datos no los pueden verificar los periodistas, pues el Pentágono no les permite visitar a los soldados heridos ingresados en hospitales en Estados Unidos. Sloyan cuenta que existe un vídeo, hecho por los militares norteamericanos, sobre el primer día de la invasión, que el gobierno no permite mostrar al público, y comenta que un oficial del ejército que lo ve y ve fotografías de la invasión dice que ese material es «dramático». El grueso de la información es de fuentes del Comando Sur, del Pentágono, de la Casa Blanca y del Departamento de Estado, y es publicada por los medios de comunicación sin verificarla. A esa obstrucción ayuda el gobierno de Endara. Es una «censura *de facto*» impuesta a los corresponsales de guerra.[126]

Ramsey Clark, ex procurador general de Estados Unidos, dice que ésta es una «conspiración de silencio» para ocultar la realidad, que la invasión es una violación de leyes internacionales y de leyes de Estados Unidos y que el pueblo norteamericano ha guardado silencio durante la crisis, ha gozado con la satanización de Noriega y ha escuchado en silencio las falsas razones sobre lo que va a pasar y pasa. «Oímos un montón de mentiras. Nunca oímos la verdad», afirman algunos. Clark va a Panamá, ve la destrucción de

El Chorrillo y dice que no es cierto que hasta el 4 de enero los muertos civiles panameños hayan sido sólo ochenta y cuatro, como afirma el Pentágono. Cree que por lo menos han muerto mil o quizá varios miles.[127]

Una comisión independiente de investigación —compuesta por panameños, norteamericanos de distintas disciplinas y miembros de la Iglesia— reporta la existencia de por lo menos catorce fosas comunes donde fueron enterrados los muertos panameños. Bajo la presión pública, Endara, sus «asesores» del Pentágono y del Departamento de Estado y el procurador general, Rogelio Cruz —puesto por Estados Unidos—, permiten en 1990 hacer la exhumación de una de esas fosas en el cementerio Jardines de la Paz en la Ciudad de Panamá, con la condición de no hacer autopsias. El gobierno dice que encuentra ciento veinticuatro cadáveres. Panameños dicen que hay más fosas en la antigua Zona del Canal[128] donde el «tránsito libre» está cuidadosamente vigilado y no es posible a los panameños indagar y menos aún excavar.

Delegados de Estados Unidos en la ONU y en la OEA sostienen que la operación había sido consultada previamente con los líderes de la oposición panameña, «democráticamente elegidos», y que ellos estaban de acuerdo. Endara afirma que sólo fue «informado» y que esa noticia fue como un mazazo.[129]

Todos lo «deploramos»

El día de la invasión hay una gran actividad en la comunidad internacional: pronunciamientos, comunicados y protestas más o menos enérgicas condenando o lamentando la invasión a Panamá. A petición de Nicaragua son convocados con carácter de urgencia el Consejo de Seguridad de la ONU y el Consejo Permanente de la OEA. Venezuela pide una reunión extraordinaria de consulta de cancilleres de la OEA. Se cancela, pues, de sus treinta y tres miembros, sólo cinco responden (Estados Unidos, Chile, Honduras, El Salvador y Costa Rica). El Grupo de Río, en un enérgico comunicado, pide respeto a la autodeterminación de los pueblos, fundamento del derecho internacional, condena abiertamente la invasión, demanda la salida inmediata de las tropas de Estados Unidos y afirma que los errores cometidos por Noriega no son pretexto para que esa nación sea invadida.

En la ONU, a Estados Unidos sólo lo apoyan Gran Bretaña, su fiel aliada, y El Salvador, en guerra civil en la que está inmerso Estados

Unidos. Canadá «lamenta» el uso de la fuerza pero encuentra esa acción «comprensible» y Honduras —convertida por Reagan en bastión militar norteamericano— dice que entiende que Estados Unidos «se hubiera visto en la necesidad» de invadir. Alan García, presidente de Perú, califica la invasión de «acto de rapiña imperialista que pone en peligro la soberanía de América Latina», cuyas intenciones son incumplir los Tratados del Canal e imponer un gobierno dócil que le permita mantener las bases militares «para ejercer desde ellas, como en este caso, una permanente amenaza contra el continente». Retira de Washington a su embajador y pide posponer la cumbre antidroga de los países andinos que debe reunirse en Cartagena, Colombia, en enero de ese año, a la que asistirá Bush. El gobierno de Nicaragua denuncia ese «abierto y descarnado acto de agresión contra Panamá» y Daniel Ortega dice que es no sólo una flagrante violación de la soberanía e integridad territorial de Panamá, «sino una amenaza a la seguridad de toda Latinoamérica, de Centroamérica y en especial de Nicaragua», que en los últimos diez años ha hecho frente a «la política terrorista del gobierno de Estados Unidos».

El representante de Perú en la OEA califica la invasión de «ultraje a América Latina» y de «episodio que refleja con vergüenza el pasado regional»; el de Ecuador dice que es una violación flagrante del orden jurídico internacional sin justificación alguna; el de Uruguay «rechaza» las medidas militares de Estados Unidos; y el de Chile condena esa intervención «cualesquiera hayan sido las razones invocadas por Estados Unidos para justificarla».[130]

El gobierno de Colombia, en un comunicado, expresa su profunda preocupación por la acción de las fuerzas militares de Estados Unidos y califica de confusa la posición internacional del «gobierno *de facto*» de Noriega, que ha ignorado el derecho del pueblo a la libre determinación y las libertades fundamentales «motivo de honda perturbación en el ámbito continental».

En la ONU y en la OEA se presenta el problema de la representación de Panamá. Después de acalorados debates —en la ONU dura cuatro horas—, ambas organizaciones acuerdan acreditar a los representantes del gobierno que está en el poder antes de la invasión, o sea los de Noriega. Endara, aún escondido en la base militar norteamericana —sólo Washington lo ha reconocido—, no puede acreditar a los suyos.

En la OEA, Colombia, Venezuela y los países centroamericanos y del Caribe, la mayoría, son de la línea blanda. Acusan a Noriega de ser responsable de la invasión y rechazan en abstracto «el uso de la fuerza en la solución de controversias», expresan su «preocupación», su «honda preocupación» y «deploran» lo que acontece en Panamá, sin especificar de qué se trata. La amplia mayoría defiende el principio de no intervención, como fundamento del derecho internacional, sin referirse a la violación de ese principio por parte de Estados Unidos.

A la hora de redactar el proyecto de resolución, las posiciones son más enérgicas. El texto —propuesto por Colombia, México, Perú y Uruguay— «condena» la intervención militar de Estados Unidos en Panamá y exige la retirada inmediata de las «tropas invasoras». Es modificado para que lo acepte la mayoría. En vez de «condenar» la invasión, «deplora profundamente la intervención», en vez exigir la «retirada inmediato de las tropas», «urge» el cese de hostilidades y no exige, sino «exhorta» la retirada de «las tropas extranjeras utilizadas para la operación militar». No menciona a Estados Unidos y desaparece el término «tropas invasoras». Ese texto es adoptado a las cinco de la mañana por veinte votos a favor, uno en contra (Estados Unidos) y seis abstenciones (Venezuela, Costa Rica, Guatemala, El Salvador y Honduras y Antigua-Barbuda). Estados Unidos no logra que se incluyan en los considerandos de la resolución el texto del artículo 21 de la Carta de la OEA, que obliga a los estados miembros a no recurrir al uso de la fuerza «salvo en los casos de legítima defensa». A Estados Unidos lo apoyan Costa Rica, Honduras, Santa Lucía y Antigua-Barbuda. Quiere cambiar el término «intervención militar» por «acción militar» pero sólo lo apoyan Costa Rica y Honduras

En el Consejo de Seguridad de la ONU, el delegado de Argelia dice que esa invasión «es una regresión brutal respecto a todo lo que la comunidad mundial ha definido durante más de cuarenta años como código de conducta y como normas obligatorias para unos y otros, ya sean grandes o pequeños [...] Es un acto tanto más reprobable puesto que lo realiza un Estado que, por su calidad de miembro permanente del Consejo de Seguridad, tiene una responsabilidad particular en el mantenimiento de la paz y la seguridad internacionales».[131]

El gobierno de Cuba expresa su enérgica condena a la «invasión imperialista» y en La Habana una multitudinaria manifestación protesta frente a la Sección de Intereses de Estados Unidos. Fidel, en carta el presidente del Consejo de Seguridad, le dice: «El presidente de Estados pretendió justificar la grosera violación del derecho internacional y de la Carta de la ONU invocando nada menos que el artículo 51 de la misma, que reconoce a todo Estado "el derecho de legítima defensa".

Semejante desprecio por la inteligencia de los estados miembros corre pareja con la impudicia de quienes, reos ellos mismos del delito de agresión, pretenden hacerse pasar por víctimas».[132]

La resolución presentada en el Consejo de Seguridad por Colombia, Etiopía, Malaisia, Nepal, Senegal y Yugoslavia, reafirma «el derecho soberano e inalienable» de libre determinación de Panamá «sin ninguna forma de intervención, interferencia, subversión, coerción o amenaza»; deploraba «enérgicamente» la intervención armada de Estados Unidos en «flagrante violación del derecho internacional y de la independencia, soberanía e integridad de los Estados» y pide el «inmediato cese de la intervención y la retirada de las tropas». Diez países votan a favor, Finlandia se abstiene y votan en contra Estados Unidos, Francia, Gran Bretaña y Canadá.[133] El «triple veto», destacado por la prensa norteamericana como un triunfo de Bush, impide su adopción. Una semana más tarde, la Asamblea General de la ONU, en donde las grandes potencias no tienen el poder de veto, adopta una resolución en términos semejantes por setenta y cinco votos a favor, veinte en contra y cuarenta abstenciones. No participan veinticuatro países.

Bush y sus portavoces han pregonado que los objetivos han sido defender la «democracia» panameña y capturar a Noriega. Muchos dudan que Estados Unidos hubiera arriesgado tanto por tan poco. Creen que los objetivos verdaderos son estratégicos y geopolíticos: preservar su hegemonía política y económica en el hemisferio y mantener sus instalaciones militares, navales y aéreas en Panamá, parte importante de su estructura de defensa hemisférica.

La invasión no se decide a última hora a tenor de los acontecimientos. Está lista y cuidadosamente calculada tres meses antes, informa al Congreso de Estados Unidos Robert Gates, alto funcionario de la CIA (en 1991 Bush lo nombra su director). El plan está contenido en el documento titulado «Una estrategia para América Latina en los años noventa», conocido como Santa Fe II, elaborado por ideólogos del partido republicano en agosto de 1988, para sugerir pautas al gobierno republicano sobre su política hemisférica. Recomienda la preservación de sus intereses militares y de inteligencia en Panamá, esenciales para su estrategia de defensa hemisférica, y una vez instaurado el «gobierno democrático» panameño —contempla la expulsión de Noriega y la celebración de elecciones— dar un vuelco a sus estructuras judiciales, económicas, bancarias y hacer una reforma constitucional, para luego acordar con dicho gobierno el control «adecuado» del canal y la retención de sus instalaciones militares «principalmente la base aérea de Howard y la estación naval Rodean para la apropiada proyección de fuerza en todo el hemisferio occidental».[134] Todo esto sucede.

Estados Unidos comienza a incumplir los tratados desde antes de su firma, pero «la confrontación con Noriega le da una excusa para desconocerlos por completo», sostiene Ritter, canciller panameño durante la etapa más difícil de esa crisis. «Todos los panameños sabíamos que Estados Unidos preparaba varias opciones de fuerza para derrocar a Noriega antes del 1 de enero de 1990», lo que nadie podía prever —agrega— era una invasión de tales proporciones.[135]

«Estados Unidos se derrota a sí mismo en una operación como la panameña —escribe el mexicano Carlos Fuentes—, porque demuestra una vez más que ellos sólo se meten con naciones de menos de cinco millones de habitantes: Granada, Libia, Nicaragua y ahora Panamá [...]. A medida que sus enemigos se hacen más pequeños, Estados Unidos también se empequeñece.» Fuentes califica la invasión de «desastre», de maniobra del siglo XIX, de muestra de la «arrogante incapacidad» norteamericana para aceptar los caminos de negociación.[136]

Los «muñecos» panameños

El 20 de diciembre, a las dos de la mañana —dos horas antes ha comenzado la invasión—, la radio anuncia la constitución del nuevo gobierno panameño. Guillermo Endara, Ricardo Arias y «Billy» Ford toman posesión de los cargos de presidente y vicepresidentes en «algún lugar» de Panamá. Otra fuente dice que en «algún lugar» de Costa Rica. No obstante el celo para ocultar en dónde se encuentran, un testigo le cuenta al *Miami Herald* que son conducidos a Fort Clayton, en la antigua Zona del Canal, en la noche del 19 de diciembre, horas antes de comenzar la invasión, y son recluidos en un cuarto de donde se les prohíbe salir y hacer llamadas telefónicas.[137]

A las dos de la mañana toman posesión en esa base ante el general Thurman, jefe del Comando Sur. Bush los reconoce de inmediato, levanta las sanciones económicas y ordena el regreso a Panamá de su embajador, Arthur Davis, quien ha estado ausente siete meses. Esa misma noche Endara habla a través de una emisora costarricense. «He jurado ante Dios y la patria cumplir con mis funciones de presidente de la República», justifica la invasión pues está motivada por los «altos propósitos» de derrocar a un dictador y «restablecer la democracia, la justicia y la libertad en Panamá». Pide a los panameños no presentar resistencia y a las Fuerzas de Defensa les ofrece «un papel importante en el Panamá democrático, que será de todos».

El 21 de diciembre —segundo día de la invasión—, Endara, Arias y Ford, custodiados por soldados norteamericanos, ingresan en la Asamblea Legislativa —también custodiada por sus tropas—, para «legitimar» su posesión. Endara anuncia que su gobierno se llamará gobierno Democrático de Reconstrucción Nacional, Arias Calderón será el ministro de Gobierno y Justicia, y Ford de Planificación. Dice que le ha pedido al presidente Bush ayuda urgente de alimentos y medicinas para los que han perdido sus hogares y están pasando enfermedad y hambre.

Cinco días después el Tribunal Electoral expide un decreto revocando «en todas sus partes» su propio decreto de anulación de las elecciones —expedido siete meses antes— y proclama a Endara, Arias y Ford como vencedores en tales comicios. Dice que el recuento de votos lo ha hecho con base en las «copias» de las actas de escrutinio «debidamente confeccionadas» por la Curia Metropolitana, puestas a disposición del Tribunal, con lo cual se ha «subsanado» la falta de las actas originales. Además «convalida» el acto de juramentación de los nuevos gobernantes (hecho en una base de Estados Unidos).[138] Tales documentos históricos del antes y el después de la invasión, llevan la firma de la magistrada Yolanda Pulice, presidenta del Tribunal. Los otros firmantes la han acompañado en ambas faenas.

Endara degrada a Noriega y lo destituye. Despojado de su investidura de jefe de Estado y de comandante de las Fuerzas de Defensa, Estados Unidos puede capturarlo como simple delincuente. Endara libera a todos los presos políticos —incluidos setenta y cinco militares comprometidos en el intento de golpe contra Noriega— y decreta el «estado de sitio». No obstante, la ola de saqueos al comercio, a oficinas, a hoteles y residencias continúa. En esa rapiña toman parte pobres y ricos, hombres y mujeres, jóvenes y viejos. Es un episodio de vergüenza, escribe Ritter.[139]

La caza del tigre

¿Los militares apoyan a Noriega? Algunos sí, por convicción, otros para salvar su pellejo. Muchos no presentan resistencia, pues Estados Unidos a quien busca es a Noriega y ese asunto no les concierne. Los generales no salen a luchar. Las tropas invasoras no los encuentran en los cuarteles, ni en las calles, ni en el monte, sino en sus casas. Quizá entre sus camas. ¿Hubo resistencia? ¿Hubo «feroces combates» como afirman fuentes del Pentágono? ¿Hubo motivos para que el general Thurman, jefe del Comando Sur, se hubiera «sorprendido» —como decía— del «poderío» de las Fuerzas de Defensa leales a Noriega y de los combates, «algo más serios» de lo que esperaba? ¿O «no combaten largamente» como afirma Ritter? ¿O no presentan resistencia, «dan la vuelta y corren», como asegura un soldado norteamericano?

La contundencia del ataque, comenta un soldado gringo, «era para hacerles comprender que su resistencia era imposible». Americas Watch dice lo mismo: «El poderío bélico era tan abrumador que cualquier resistencia hubiera sido suicida».[140] No obstante esa abrumadora desigualdad de fuerzas, sí hay resistencia en los barrios populares, brutalmente bombardeados. Al tercer día el Comando Sur anuncia que los combates han cesado pero que aún se presentan tiroteos esporádicos, en particular en San Miguelito —barrio popular— donde civiles y miembros de los Batallones de la Dignidad aún luchan. Es el foco de mayor resistencia.

Ese mismo día el Comando Sur informa de un «osado» ataque a la sede en Quarry Heights y que los combates duran cerca de una hora. Al cuarto día informa que las Fuerzas de Defensa han dejado de existir, que los cuarteles en la capital han sido abandonados y los del interior del país no presentan resistencia. Algunos militares se pronuncian en favor de Endara y varias unidades se refugian en la «jungla». Dice que serán perseguidas.

El Comando Sur dice que Noriega se ha escapado por escasos minutos, que alguien lo ha visto huir en calzoncillos, que encuentran cigarrillos humeantes dejados por él (no fuma) en lugares donde lo buscan. Varias veces asegura que su captura es inminente y otras tantas dice haberlo capturado.

Las tropas, al mando de Thurman, emprenden la cacería de Noriega casa por casa de parientes, amigos, relacionados y colegas e interrogan a sus amantes. «Actúan como nazis y quedan como estúpidos al no lograr atraparlo», comenta Fidel. Tienen más de cinco mil detenidos, entre militares y civiles, en campos de «prisioneros de guerra». Bush anuncia que no retirará las tropas hasta capturar a Noriega. De nuevo califica la operación de exitosa pero que aún no ha terminado.[141]

El 24 de diciembre, día de la Navidad y quinto de la invasión, aparece Noriega sano y salvo en la Nunciatura Apostólica. Unos dicen que ingresa a las tres de la tarde, otros que a las cuatro; unos dicen que llega en automóvil diplomático acompañado por el embajador de Japón, otros que entra por su propio pie con una gorra de béisbol en la cabeza; unos dicen que ha negociado previamente su ingreso a la Nunciatura, otros que su llegada sorprende al Vaticano y a la Nunciatura. Pero muchos preguntan: ¿cómo logra entrar a la fuertemente custodiada Nunciatura sin ser visto por los invasores?

Es inocultable el nerviosismo, la sorpresa y el desagrado de Washington cuando Noriega aparece en la Nunciatura y el portavoz del Vaticano, Joaquín Navarro Valls, anuncia que no lo entregarán, pues no existe la forma legal para hacerlo. Entre el Vaticano y Estados Unidos no hay tratado de extradición. Con Noriega en su seno, cae sobre los representantes del Vaticano la aplanadora diplomática norteamericana. Sin el menor respeto, el Comando Sur extiende un cordón de seguridad alrededor de la Nunciatura con quinientos soldados, una veintena de carros blindados y la cerca con alambre de púas. Coloca altavoces en postes que transmiten día y noche y a todo volumen música rock. Helicópteros sobrevuelan constantemente el lugar y aterrizan en el campo de juego de una escuela contigua. Los vehículos y las gentes que entran y salen de la Nunciatura son requisados, incluso el nuncio y su vehículo. Thurman explica que son medidas de «protección» para evitar cualquier ataque de los Batallones de la Dignidad. La noche de la aparición de Noriega ven al general Thurman frente a la puerta de la Nunciatura hablando con el diminuto nuncio, monseñor Sebastián Laboa, nadie sabe de qué hablan.

Día a día los medios de comunicación dan cuenta de las activas gestiones de Washington en Roma y Panamá y del diálogo que sube de tono. Bush, desde Texas —está en vacaciones—, reitera su decisión de llevar a Noriega ante sus tribunales y dice que «el Vaticano complica las cosas». El 30 de diciembre Navarro Valls informa que le han pedido a Noriega abandonar la Nunciatura pero que no lo obligarán a hacerlo y agrega que Estados Unidos no tiene derecho a exigir su entrega, ni a interferir en el trabajo de la Nunciatura. Califica el hostigamiento a su sede de «inaceptable» y de «asunto muy serio». Se refiere a Estados Unidos como «potencia de ocupación».

Los obispos panameños le piden al Papa entregar a Noriega a la justicia panameña pero bajo condiciones que garanticen su integridad personal. Endara quiere evitar esa entrega alegando que no puede garantizarle el debido proceso. Le tocaría entregarlo a Estados Unidos y esto provocaría una reacción del pueblo contra su gobierno. Noriega tiene derecho a ser juzgado en Panamá y la justicia panameña tiene la obligación de juzgarlo. No puede ser extraditado, pues lo prohíbe la Constitución. Todo esto se viola.

El 2 de enero llegan a Panamá Giancinto Berlocco, experto en asuntos latinoamericanos del Vaticano, y Lawrence Eagleburger, subsecretario de Estado de Estados Unidos. Al día siguiente la Cruzada Cívica organiza una vociferante manifestación frente a la Nunciatura exigiendo la entrega de Noriega. El Comando Sur advierte que si no sale retirará la protección a la Nunciatura. La turba podría entrar a capturarlo. Esa noche —3 de enero—, a las ocho y cincuenta de la noche, luciendo su uniforme militar, Noriega sale de la embajada vaticana y el general Thurman le pone la mano encima.

Diarios en España critican al Vaticano por haberlo obligado a entregarse. Noriega es llevado al campo de juego de la escuela contigua a la Nunciatura, lo suben en un helicóptero Black Hawk que lo lleva a la base aérea Howard en la antigua Zona del Canal en donde es entregado al general Cisneros y detenido por funcionarios de la DEA. En el avión C-130 de la fuerza aérea de Estados Unidos, rumbo a Miami, le colocan las esposas. El avión llega a las dos y cuarenta y nueve minutos de la mañana a la base aérea Homestead, cerca de Miami. Mientras las autoridades norteamericanas llevan a Noriega a una cárcel de alta seguridad, Bush, en una alocución televisada, anuncia a la nación que «todos los objetivos» de la operación se han cumplido.

FIN DE FIESTA

Para Noriega su entrega es un viaje sin retorno, para Washington es un «triunfo» —ahora podrá modificar los Tratados Torrijos-Carter— y para la frustrada opinión pública del continente es la conclusión de uno de los episodios más grotescos y brutales de la política exterior norteamericana. Estados Unidos se saca el clavo con Noriega: le cobrará en cárcel y en humillación el ridículo a que lo ha sometido durante cerca de tres años y hasta último momento. Sólo cae en sus manos a los quince días de invasión porque él se entrega. En traje de recluso y portando una identificación de delincuente aparece en las primeras planas de los grandes medios de comunicación del mundo. Tal espectáculo —escribe *Semana*, revista colombiana— ha sobrepasado los límites de la humillación personal a la humillación de un país o todo un continente.

Para Endara es «una noche de gloria», para Ford es la «victoria de la libertad y la consolidación de la democracia» y para el pueblo panameño es el fin de una crisis que ha llevado a su país a la mayor tragedia de su historia. En una especie de desorbitado carnaval, entre bailes, cantos, borracheras y fuegos de artificio, el pueblo y las tropas invasoras celebran, unos en brazos de los otros, la captura de Noriega. Con ese jolgorio el pueblo da la espalda a su tragedia, olvida a sus muertos y a la pérdida de su independencia, de su soberanía y de su dignidad. Sobre este horrible atropello de la superpotencia mundial a un pequeño país, de lado y lado se tiende un manto de silencio.

Afirmar que Noriega es el único responsable de la invasión, del colapso de sus instituciones, del regreso de Panamá a la condición de semicolonia no es la verdad completa. Igualmente responsables han sido sus instituciones «democráticas» y los líderes de la Cruzada Cívica —financiada y orientada por Washington— por negarse a llegar a un acuerdo que permitiera el tránsito hacia una solución democrática, a un gobierno elegido por el pueblo. El coste de su presidencia es la invasión. En la «agonía de ese difunto» todos son culpables.

El 12 de enero de 1991, mientras que Noriega es llevado a una cárcel de alta seguridad en Miami, en la base militar de Fort Bragg en Carolina del Norte, el cielo se cubre con dos mil paracaidistas que descienden alegremente de veinte aviones de carga C-130. Llegan de Panamá. Ese espectáculo impresionante, transmitido por la televisión nacional e internacional, es el regreso triunfal de sus «héroes» (en Panamá quedan veinte mil soldados). Ese «triunfo» —comentan algunos— por fin borrará el síndrome de Vietnam. Pero... ¿cuál ha sido el «triunfo»? ¿Cuál era el «enemigo»? ¿Cuáles han sido los «combates»? ¿Ese ataque masivo y por sorpresa contra un pueblo indefenso ha sido una «guerra»? ¿La captura de Noriega justificaba todo ese despliegue militar, toda esa destrucción y esa tragedia del pueblo panameño?

Al mes de comenzado el juicio contra Noriega —Bush asegura que será imparcial y justo—, Washington ya ha pagado un millón y medio de dólares a informantes y testigos para que declaren en su contra.[142] En los tres meses que dura la parte acusatoria se presentan cuarenta y seis testigos. La mayoría son narcotraficantes convictos a los que la justicia ofrece reducción de sentencias, residencia en Estados Unidos y una nueva identidad personal. Algunos pueden conservar sus fortunas hechas en el narcotráfico.[143]

Personas que asisten al juicio sostienen que está de irregularidades, de contradicciones, de evidentes falsedades. No se presentan «pruebas contundentes, ni escritas o grabadas» sobre la vinculación de Noriega con el tráfico de drogas, comenta Peter Eisner, corresponsal del *Newsday* desde Miami.[144] Pero Estados Unidos tenía que ganar ese juicio y lo gana. Noriega es condenado a cuarenta años de cárcel.

9

El huracán sobre Cuba

En un discurso pronunciado en Managua en julio de 1980 —primer aniversario de la Revolución sandinista— Fidel Castro habla de la amenaza que se cierne sobre el continente si Ronald Reagan llega a la Casa Blanca —su triunfo es seguro— y califica la plataforma de la Convención republicana —lo designa candidato— de «horrible», de «amenaza a la paz» por pretender aplicar de nuevo el «gran garrote» a América Latina, desconocer los tratados del canal de Panamá, apoyar a gobiernos «genocidas» y cortar la ayuda a Nicaragua.[1] Reagan es elegido en noviembre y toma posesión en enero de 1981. A los dos días de su elección Cuba crea las Milicias de Tropas Territoriales y las URSS les envía las armas. Al año son cerca de un millón de jóvenes, hombres y mujeres, armados, entrenados y en posición de combatir. En caso de ataque será la guerra de todo el pueblo.

La cúpula cubana sabe que con Reagan llegan tiempos de tormenta. Su agresiva retórica anticomunista y de confrontación con la Unión Soviética es el retorno a los peores momentos de la guerra fría. Acusa a Cuba de ser parte de una red de estados terroristas, liderados por la URSS, para apoyar la subversión en el continente y desestabilizar Centroamérica. Acusa a la URSS y a otros países comunistas de estar enviando armas a la guerrilla salvadoreña —el mayor conflicto armado del momento—, a través de Cuba y Nicaragua. Reagan advierte que «no tolerará» —término usual del lenguaje diplomático norteamericano— la interferencia cubana en los asuntos internos de otros países.

El general Alexander Haig, secretario de Estado, a su vez, anuncia que irá a la «fuente» —esa fuente es Cuba— para impedir ese flujo de armas en el Caribe. En una reunión en la Casa Blanca, con el presidente y sus asesores, les dice: «Denme una señal y convertiré a Cuba en un *fucking parking lot*». Uno de los asesores comenta que varios palidecen, pues lo que Haig propone es bombardearla. Al mes de iniciada la nueva administración, envía a Lawrence Eagleburger, subsecretario de Estado a Europa y al general Vernon Walters, nombrado embajador *at large*, a América Latina con «pruebas» sobre las armas que envían la URSS, Vietnam y Etiopía para la guerrilla salvadoreña a través de Cuba y de Nicaragua.[2]

Fidel refuta las acusaciones de Reagan en un discurso el 21 de abril, vigésimo aniversario del triunfo en Playa Girón, y a su vez lo responsabiliza de permitir que mercenarios nicaragüenses se entrenen en campos clandestinos en Estados Unidos para atacar Nicaragua, de sabotear la economía de ese país, de apoyar a los gobiernos «genocidas» de El Salvador y Guatemala y de amenazar a su país con un bloqueo naval. Anuncia que Cuba prepara sus defensas.[3]

El continente se alarma con la política militarista de la administración Reagan en Centroamérica, con sus amenazas de intervención en Cuba y en Nicaragua. La agresiva campaña, orquestada por Washington contra Cuba, Nicaragua y la diminuta Granada para presentarlas como una amenaza continental y a Cuba de estar interviniendo en asuntos internos de otros países y en el conflicto armado salvadoreño, encuentra eco en otros gobiernos.

En un extenso discurso para clausurar el II Congreso de los CDR, en octubre de 1981, Fidel se refiere a la preparación de Cuba para su defensa: «Sepan, señores imperialistas, que el pueblo cubano vivirá con su revolución o morirá hasta el último hombre y mujer junto a ella».Y afirma que podría decirse sin exageración que «el mundo está viviendo una de las etapas más difíciles, no sé si decir de los últimos tiempos, o si decir de todos los tiempos», pues la paz está amenazada y ve la posibilidad de una guerra nuclear que sería la destrucción de la humanidad.[4]

Leonid Brezhnev, secretario general del Partido Comunista de la Unión Soviética (PCUS) denuncia esa «nueva campaña de agresión del imperialismo norteamericano» contra Cuba y advierte que la URSS está a su lado. El diario *Pravda*, órgano oficial del PCUS, le aconseja abandonar esos «juegos con fuego», pues ponen en peligro la paz mundial. Agrega que Cuba es parte de la alianza socialista y que los actos de agresión a la isla están «cargados de peligrosas consecuencias».[5]

Relaciones peligrosas

Ningún presidente norteamericano dedica tanta saña y tanto rigor para atacar Cuba como Reagan. En medio de la vociferante campaña para desprestigiarla ante la opinión pública interna e internacional, en la que toman parte el presidente y sus más altos funcionarios, instituciones federales se encargan de tomar medidas para estrangular su economía. Los departamentos del Tesoro y del Comercio y el Congreso —de mayoría demócrata— expiden una maraña de leyes y decretos para extremar el embargo y cerrarle las fuentes internacionales de financiación y de la banca privada norteamericana y europea. Tales medidas traspasan los límites de su jurisdicción, violan el derecho internacional, las cartas de la ONU y la OEA y atropellan el libre comercio internacional.

Agencias federales, en una acción coordinada, controlan el embargo, vigilan su cumplimiento por parte de otros gobiernos, de empresas e individuos nacionales o extranjeros y boicotean la actividad comercial cubana y bloquean sus empresas. Los barcos que comercien con Cuba no podrán entrar a puertos norteamericanos.[6] Centenares de agentes federales y diplomáticos van de país en país, de gobierno en gobierno, de empresa en empresa para impedir acuerdos comerciales con Cuba. Sujetos a amenazas, sanciones, represalias y chantajes, gobiernos y empresas los cancelan o se abstienen de negociar y de invertir en la isla.

La agresión cubre también otras áreas. Expulsa a diplomáticos cubanos, con buena dosis de escándalo, y niega la entrada de cubanos, incluso miembros del gobierno, y prohíbe la entrada de periódicos y publicaciones de ese país. «Mezquina en sí —comenta el *New York Times* en un editorial— esa restricción conlleva preocupantes implicaciones disfrazadas de seguridad nacional: la administración se prepara al embargo de ideas.» A los ocho meses tiene que levantarla por inconstitucional. También prohíbe los viajes a Cuba de ciudadanos norteamericanos. Sólo pueden hacerlo, con permisos especiales, funcionarios, periodistas, científicos y cineastas por razones profesionales, y miembros de la comunidad cubanoamericana para visitar a sus familiares. Después decreta que sólo podrán viajar si el gobierno cubano asume la totalidad de sus costes (pasajes y hoteles) y reduce las sumas en dólares que envía la comunidad cubana a sus familiares.[7] De forma sistemática niega visados a intelectuales, científicos, profesionales y artistas cubanos invitados por universidades e instituciones privadas o para asistir a eventos internacionales en Estados Unidos.

No obstante Washington realiza gestiones secretas con el gobierno cubano para solucionar el problema de los delincuentes y enfermos mentales que llegan en el éxodo de Mariel en 1980. Carter no logra su repatriación. Representantes de ambos gobiernos emprenden negociaciones secretas y en diciembre de 1984 firman un acuerdo: Cuba se compromete a aceptar el regreso de 2.746 marielitos, confinados en cárceles federales, y Estados Unidos a admitir a tres mil prisioneros políticos cubanos y a conceder veinte mil visados anuales a los cubanos que los soliciten. Da pocos y con extrema lentitud.

Reagan impide que Fidel tome parte en la Conferencia Internacional de Desarrollo, una importante reunión Norte-Sur, promovida por Willy Brandt, ex canciller alemán, y Bruno Kreisky, canciller austríaco, que tendrá lugar en México en octubre. Llama a López Portillo para advertirle que no asistiría si Fidel Castro es invitado. También impide que Cuba participe en la reunión preparatoria de ministros de relaciones exteriores. Su hostilidad hacia Cuba es «casi patológica», comenta Wayne Smith, ex jefe de la Oficina de Intereses de Estados Unidos en La Habana (1979-1981), que protesta por ese «veto» que México le permite a Reagan.

Dos meses antes de la conferencia, López Portillo invita a Fidel. Se entrevistan en Cozumel. En un escueto comunicado el gobierno mexicano informa sobre ese encuentro. Es tan secreto que el pueblo cubano sólo se entera cuando Fidel ya ha regresado a La Habana.[8] López Portillo admira a Fidel y apoya a Cuba a pesar de las presiones de Washington. Cuando Vernon Walters va a México, en febrero de 1981, con «pruebas» contra Cuba, en relación con el conflicto centroamericano, el gobierno le da un frío recibimiento. A los tres días firma un acuerdo para la compra de cien mil toneladas de azúcar cubano y PEMEX (Petróleos Mexicanos) otro sobre exploraciones petrolíferas en la isla y para la modernización de sus refinerías.[9]

Una guerra sucia

A mediados de 1981 Cuba sufre una epidemia de dengue hemorrágico que afecta a 273.404 personas y causa la muerte de 113, entre éstas 81 niños; otra de fiebre porcina que obliga al sacrificio de todos los cerdos de la isla, y una plaga al tabaco, importante fuente de divisas, que afecta seriamente su producción. Fidel señala que tales plagas «extrañamente» han sido casi simultáneas, y acusa a la CIA de implantar esos gérmenes. Por la misma época aparece una plaga de ratas. El gobierno coloca anuncios por todo el país encareciendo eliminarlas y destruir las fuentes de su alimentación. En tales anuncios está pintada una rata con el sombrero del Tío Sam. «No nos han acusado de esa plaga pero el mensaje está implícito», comenta un funcionario norteamericano.

Washington rechaza las acusaciones de Cuba de haber lanzado esa guerra bacteriológica como totalmente infundadas. Dean Fischer, portavoz del Departamento de Estado, dice que la Revolución cubana es un fracaso y que le es «más fácil imputar sus propios fracasos a fuerzas exteriores como Estados Unidos en vez de reconocerlos». Sin embargo, en 1984, Eduardo Arocena, cubano exiliado, jefe de la organización terrorista anticastrista Omega 7 con sede en Miami, durante el juicio que se le sigue (es acusado de asesinatos, intentos de asesinatos, sabotajes y perjurio y es condenado por los tribunales de Nueva York y de Miami a cincuenta años de cárcel) dice que en 1980 lleva a Cuba algunos «gérmenes».[10]

Otra arma contra Cuba es la agresión electrónica. A través de una veintena de emisoras anticastristas y de La Voz de las Américas, emisora oficial norteamericana, desarrollan una virulenta propaganda contra la Revolución y contra Fidel y alientan al pueblo cubano a rebelarse y abandonar la isla. En septiembre de 1981 fuentes del Departamento de Estado anuncian los planes de establecer una potente emisora, Radio Martí, para emitir noticias sobre Cuba al pueblo cubano para que conozca la «verdad». Tal proyecto es de la Fundación Nacional Cubano Americana (FNCA), creada a comienzos de ese año por Jorge Mas Canosa, visceral anticastrista, y otros potentados cubanos de su misma línea, con el apoyo de Reagan. Para el *New York Times* la creación de Radio Martí es sólo «un truco para el consumo interno», pues los cubanos pueden oír libremente las emisoras de radio de Estados Unidos.

A pesar de violar el derecho internacional y tratados internacionales de telecomunicaciones, firmados por ambos gobiernos, la Cámara aprueba una partida de diez millones dólares para su instalación (134 representantes votan en contra). Tal proyecto aparece en el documento del Comité de Santa Fe, preparado por un grupo de conservadores para la campaña de Reagan: propone crear la Radio Cuba Libre para difundir propaganda anticastrista al pueblo cubano y, si ésta falla, «lanzar una guerra de liberación contra Castro».

Con Reagan, Mas Canosa tiene abiertas las puertas de la Casa Blanca y mano libre en el diseño de la política norteamericana contra Cuba y con congresistas, republicanos y demócratas, a quienes asesora en la redacción de leyes para extremar el embargo y las agresiones contra Cuba. A cambio, la FNCA da apoyo a sus campañas con fondos y con votos de la poderosa comunidad cubanoamericana anticastrista radicada en Florida. Ese estado es el cuarto de la Unión en votos electorales

El gobierno cubano se enfurece con la creación de Radio Martí. Dice que es una nueva agresión del «imperialismo norteamericano» contra su soberanía y una ofensa al pueblo cubano al darle el nombre de «su apóstol». Anuncia que creará una potente emisora para difundir información al pueblo norteamericano e interferir sus estaciones comerciales. Washington publica un menú de las contramedidas que tomará si esto sucede. Una de éstas es el «bombardeo quirúrgico» a las estaciones cubanas. En diciembre Cuba toma la ofensiva a través de Radio Habana con emisiones en inglés «de una potencia inusitada», comentan funcionarios de la Comisión Federal de Comunicaciones de Estados Unidos.

Cuando Radio Martí sale al aire, en mayo de 1985, dirigida por anticastristas, Fidel exige la suspensión de sus emisiones, corta el acuerdo de migración con Estados Unidos y suspende el permiso a los vuelos chárter entre Miami y La Habana. Al mes siguiente el Departamento de Estado anuncia que suspenderá los visados a cubanos. Más de mil, que ya los tienen, no podrán entrar en Estados Unidos. Radio Martí continúa emitiendo su virulenta propaganda y la Revolución sigue su marcha.

Más tarde Reagan anuncia los planes para instalar la TV Martí —igualmente propuesta de la FNCA— para emisiones a Cuba, y en septiembre de 1988 el Congreso aprueba una partida de siete millones y medio de dólares para ponerla en marcha. «La instalarán sólo a cañonazos», dice Fidel. «Cuando se inicia una aventura como ésta, cuando se inicia una agresión sobre un país soberano, cualquier cosa puede pasar», incluso una intervención en Cuba, agrega. El pueblo cubano la califica de «agresión miserable y cobarde», de «enmienda Platt electrónica» que pretende «mediatizar» de nuevo a su país.[11] Bush, con gran pompa, la inaugura en 1989, en marzo comienza sus emisiones y Cuba las bloquea. Sólo entra por satélite a su Sección de Intereses en La Habana. El pueblo cubano se mofa del fracaso: «Parieron un ratón», «es el Girón del aire», en referencia a la derrota de Estados Unidos en Playa Girón (Bahía de Cochinos).[12]

En esa frenética campaña anticubana (los monopolios de comunicación norteamericanos controlan el 70 por ciento de la información mundial) participan las más altas figuras del gobierno, comenzando por el presidente. Su objetivo es mostrar que el poderío militar cubano es un peligro para la seguridad del hemisferio, lograr el apoyo del Congreso y justificar ante la opinión pública cualquier medida, incluida la militar, contra tal amenaza. Altos funcionarios acusan a Cuba de tener cincuenta y dos mil soldados en diecisiete países y de participar en las luchas armadas en Centroamérica. Jeane Kirkpatrick, embajadora ante la ONU, asegura que tiene soldados en Afganistán, invadido por la Unión Soviética en diciembre de 1979.

Fidel califica tales acusaciones de mentiras. Niega que esté enviando armas soviéticas a la guerrilla salvadoreña, pues son para su propia defensa y la URSS no le permite exportarlas, y dice que no tiene soldados en ninguna guerrilla. Emplaza a Haig a dar pruebas de que Cuba tiene entre quinientos y seiscientos soldados en Nicaragua, como afirma el *Washington Post*, noticia que —dice— no ha sido negada por el gobierno. No las da. El portavoz del Departamento de Estado opta por acusar a Cuba y señalar que sus reclamos son pura propaganda.

En enero de 1982 Myles Frechette, director del Buró de Asuntos Cubanos en el Departamento de Estado, en declaraciones a la prensa, dice que desde 1960 la URSS le ha dado a Cuba dos mil millones de dólares en armas y doscientos aviones MIG de combate para transportar armas nucleares.[13]

Con tal campaña sobre la «amenaza» cubana, Reagan busca convencer a los gobiernos del continente para tomar medidas colectivas contra Cuba. Envía notas confidenciales a sus presidentes y altos funcionarios los visitan para alertarlos sobre el poderío militar cubano y ofrecerles ayuda militar y venta de armas para su defensa.

Al son que nos tocan...

En 1981, una serie de incidentes diplomáticos y de denuncias de gobiernos latinoamericanos sobre presuntas intervenciones cubanas en sus asuntos internos (Jamaica y Colombia cortan relaciones con la isla), «coincidiendo» con la llegada de Reagan al poder, colocan a Cuba en una situación de aislamiento semejante al de los años sesenta. Esa belicosa política anticubana tiene enorme recepción en dictaduras militares y en las democracias o cuasidemocracias poco amigas de la Revolución y dominadas o cuasidominadas por los estamentos militares.

En febrero comienza la llamada crisis de las embajadas, cuando un grupo de cubanos, armados con ametralladoras y granadas, entra en la sede diplomática ecuatoriana y toma como rehenes al embajador y a sus funcionarios. La cancillería cubana advierte que no cederá a las exigencias de los secuestradores y ofrece al gobierno ecuatoriano liberar a sus diplomáticos y devolverle el control de su embajada. Tres días después llega a La Habana una delegación del gobierno ecuatoriano y logra que los captores los liberen. De inmediato un comando cubano, en un asalto relámpago, allana la embajada, desarma a los asaltantes y los detiene. No hay sangre. El presidente Jaime Roldós presenta su «más enérgica nota de protesta» por ese asalto de las fuerzas cubanas a su sede diplomática y «responsabiliza» al gobierno de la integridad de los detenidos. El gobierno cubano responde con igual energía. Dice que el gobierno de Ecuador no tiene «potestad alguna» para exigirle esto, pues los derechos de los ciudadanos cubanos son responsabilidad constitucional del gobierno de Cuba, que ejerce sin que nadie tenga «la atribución necesaria para recordárselo».[14] Ecuador retira a su embajador pero no rompe relaciones.

La cancillería cubana acusa al encargado de negocios de Portugal, Julio Francisco de Sales Mascarenhas, de maquinar ese asalto a la embajada ecuatoriana por órdenes de la CIA. Dice tener pruebas y convoca al cuerpo diplomático. Ricardo Alarcón, vicecanciller, lo denuncia frente a sus colegas. Antes de que sea expulsado, Portugal lo retira y declara *persona non grata* al embajador cubano en Lisboa.

Las relaciones con Venezuela vienen tensas por la negativa del gobierno cubano a permitir la salida de los cubanos que han entrado a la fuerza a su embajada, pero llegan al borde de la ruptura en marzo, cuando un tribunal marcial venezolano declara inocentes a cuatro individuos, entre éstos Orlando Bosch (fundador y director de CORU, organización terrorista anticastrista con sede en Miami) y Luis Posada Carriles, ambos cubanos y agentes de la CIA, acusados del sabotaje a un avión de Cubana de Aviación en 1976, en Barbados, en el que murieron setenta y tres personas, entre éstas jóvenes cubanos de un equipo de esgrima. Fidel acusa al gobierno venezolano de proteger a los terroristas y el presidente Herrera Campins acusa a Fidel de «dictador», «incapaz de comprender que un gobierno, como el venezolano, respete la autonomía del poder judicial». Cuba retira su personal diplomático de Caracas.

En 1985 el diario *Granma* informa que Posada Carriles «escapa» de la cárcel de máxima seguridad de San Juan de los Morros en Caracas, que sale por la puerta principal «con el apoyo a todas luces de poderosas fuerzas externas» y aparece en El Salvador involucrado en actividades de la CIA y con los «contras» nicaragüenses.[15] Y Bosch, considerado un «héroe» por los anticastristas de Miami por su lucha contra el comunismo, es extraditado a Estados Unidos en febrero de 1988 y confinado en un centro correccional en las afueras de Miami. En julio de 1990 es puesto en libertad «condicional» por el Departamento de Justicia. Su abogado se niega a decir a qué acuerdo llegaron para obtener su libertad.

En marzo Colombia «suspende» relaciones diplomáticas con Cuba después de la captura en el sur del país de un comando del grupo guerrillero M-19 y el decomiso de un «peligroso» cargamento de armas. El presidente Turbay explica que toma tal decisión por el «proceder hostil» del gobierno cubano. «Se ha sabido —dice—, por confesión de parte, que los guerrilleros fueron entrenados en Cuba y que las armas capturadas provienen del mismo país.»[16]

La víspera de ese anuncio el ejército transporta en un avión militar a un reducido y selecto grupo de periodistas colombianos a la base militar de Tolemaida, en donde tiene al grupo rebelde. Les presenta a un solo guerrillero, vendado y en camilla (el total son diecinueve), quien afirma que venían de Cuba de recibir entrenamiento militar. Ese testimonio es la base de la ruptura.

Turbay recibe el amplio apoyo de ex presidentes y de dirigentes de los dos grandes partidos políticos, de miembros del clero y de la llamada «gran prensa». Pero la ruptura es cuestionada por columnistas, por partidos y movimientos de izquierda, por asociaciones sindicales y profesionales. Su reacción es no sólo de solidaridad con Cuba sino de protesta por lo que parece ser un montaje del gobierno y el ejército, cuyas relaciones son particularmente estrechas.

La Asociación de Profesores Universitarios dice en un comunicado que las «pruebas» presentadas por el comandante de la Tercera Brigada «para demostrar una presunta intervención del gobierno cubano en nuestros asuntos internos» carecen del valor probatorio requerido y denuncia la entrega que hiciera el ejército ecuatoriano al colombiano de un grupo de guerrilleros del M-19 que logra escapar y pide asilo al gobierno ecuatoriano «en forma pacífica», invocando tratados internacionales, según informa la prensa ecuatoriana. Tal entrega la señala como violación de los tratados de extradición vigentes entre los dos países y dice que tales «problemas» deben ser resueltos por las cancillerías y «no por los generales de los ejércitos en clara aplicación del proimperialista Plan Viola».[17]

Las armas del M-19 no vienen de Cuba, como asegura el gobierno, sino de Panamá, según informa en primera plana el diario panameño *La Prensa*. Su corresponsal menciona «misteriosas operaciones de trasiego de pesadas cajas, por supuestos jóvenes guerrilleros del M-19», y «misteriosos aterrizajes de aviones de la aerolínea Islas de las Perlas» con pesadas cajas de madera que son transportadas por lanchones a barcos fondeados mar afuera. Dice que tal operación se repite varias veces «supervisada por un supuesto oficial de la Guardia Nacional panameña».[18]

El gobierno cubano niega haber armado a los guerrilleros colombianos, sostiene que no es responsable de su entrada en Colombia (no menciona el asunto del entrenamiento) y acusa al gobierno de encabezar una oscura maniobra «del imperialismo yanqui y la podrida oligarquía colombiana» contra su país. Dice que Cuba ha abandonado toda participación directa en las guerrillas latinoamericanas.

Hay una oleada de apoyos de los gobiernos del continente a Turbay y de rechazo a esa «intervención» de Cuba. Dos días después de la ruptura el gobierno panameño anuncia que solicitará una reunión hemisférica para examinar las relaciones con el gobierno cubano. No pasa de ese anuncio. Torrijos y el presidente Royo, amigos de Fidel, están en un serio problema con Colombia, pues es evidente que la guerrilla colombiana compra armas en Panamá. En Colombia estalla un escándalo. Misael Pastrana, ex presidente y dirigente del partido conservador, pide la «revisión» de las relaciones con Panamá por no impedir esas compras de armas. El conflicto se soluciona por canales diplomáticos.

En mayo el gobierno cubano envía una nota al secretario general de la ONU para protestar por una comunicación del gobierno de Costa Rica a esa organización, sobre la «situación de los presos políticos en Cuba». Dice que tal información está basada en acusaciones de un ex preso cubano que ha cumplido sanción «por haber traicionado a la patria» y acusa a ese gobierno —entre otras cosas— de prestarse con total desfachatez a la campaña contrarrevolucionaria contra Cuba «organizada por el gobierno imperialista de Estados Unidos».[19] El presidente Rodrigo Carazo cierra su consulado en La Habana debido a los términos empleados en la nota cubana.

Cambios en el continente significan serios reveses para Cuba. Pierde amigos. Después de la muerte trágica del general Torrijos, en un extraño accidente aéreo, y del golpe contra el presidente Royo, que es obligado a renunciar por militares de derecha, Panamá se alinea con Washington y endurece su política hacia Cuba. En Jamaica, Michael Manley, amigo de Fidel y de Cuba, es derrotado por Edward Seaga, conservador, ex alto funcionario del Banco Mundial, cuya campaña se caracterizó por ataques al comunismo y a Cuba. Seaga rompe relaciones y ordena la retirada de los expertos cubanos. Es el primer mandatario del mundo en ser invitado por Reagan a Washington.

La cancillería cubana, en una declaración publicada en el diario *Granma* el 30 de octubre, afirma que la decisión de Seaga obedece a órdenes de Washington y que los pretextos esgrimidos por él son «tan burdos» que no merecen comentarios. Cuba se ha negado a devolver a Jamaica tres individuos acusados de asesinato.

La política de Reagan de enemistar al continente contra Cuba da frutos. Al coro de sus ataques y de los ataques de los cubanos anticastristas en Miami, se unen las voces de altos dignatarios para denunciar supuestas actividades subversivas de Cuba como causa del malestar interno de sus países y de la inestabilidad de sus gobiernos. Analistas ven tales denuncias como «cortinas de humo» para tapar sus fracasos internos y para complacer a Washington.

Reagan en su pesadilla

El nivel de insultos públicos entre los gobiernos de La Habana y de Washington ha llegado a «un punto singularísimo», comenta un diplomático norteamericano. Los de Fidel llegan al tope. En una reunión de la Unión Interparlamentaria en La Habana, en septiembre de 1981, califica de fascista al gobierno de Reagan, de estar «cubierto con la sangre de tres continentes», de ser «traficante de guerra y satánico», de «propulsar políticas guerreristas» y de intervenir en los asuntos internos de El Salvador, donde veinte mil personas han sido asesinadas. También lo acusa de haber aprobado el ataque israelí a un reactor atómico iraquí, del bombardeo a Beirut, de actos de provocación contra Libia (un ataque aéreo a aviones libios en el golfo de Sidra), de respaldar la «criminal invasión» sudafricana a Angola y de lanzar una guerra bacteriológica contra Cuba. Y califica sus acusaciones contra Cuba de «mentiras, mentiras, mentiras».

Las encendidas palabras de Fidel estimulan una andanada de resoluciones antioccidentales y de condena a gobiernos «desde el Uruguay hasta Irlanda del Norte» por violaciones a los derechos humanos, informa la agencia UPI. Robert Standford, senador norteamericano, participante en esa reunión, dice que el discurso de Fidel es un insulto a los Estados Unidos que su país no olvidará. Señala que esa «insultante conferencia» le hace pensar si la organización se está convirtiendo en «un foro para la propaganda de individuos que no comparten las mismas consideraciones por la verdad y la decencia que aquellos realmente experimentados en las verdaderas tradiciones parlamentarias». Es interrumpido varias veces con aplausos.[20] El discurso de Fidel es el más virulento contra Estados Unidos pronunciado en muchos años, comenta un diario.

Ese mes el Pentágono convoca a jefes militares y de servicios de inteligencia de veinte naciones latinoamericanas y del Caribe para «estudiar medidas tendientes a contrarrestar la influencia cubana en el hemisferio». Al concluir, fuentes del Pentágono dicen que han aprobado varias opciones, algunas de éstas colectivas, y que esperan un «endurecimiento de la línea militar» respecto a Cuba y a Nicaragua.[21]

Ante la inminencia de la invasión, Cuba pone a sus fuerzas militares en «estado de alerta». El diario *Granma,* en nota editorial, comenta que los representantes del imperialismo se mantienen agazapados esperando el momento propicio para la agresión y emplaza al gobierno norteamericano para que pruebe las acusaciones que hace sobre el apoyo cubano a la guerrilla salvadoreña.[22]

Haig sigue empeñado en lograr medidas colectivas contra Cuba. En la Asamblea General de la OEA en Castries, Santa Lucía, en diciembre de 1981, exhorta a los gobiernos del hemisferio a tomarlas.[23] Propone la creación de una fuerza naval interamericana, bajo el liderazgo de Estados Unidos, para impedir el «expansionismo soviético» en el Caribe y el tráfico de armas que sale de Cuba hacia Centroamérica. Washington lo ha intentado varias veces, en distintos contextos, sin lograr el apoyo necesario. Turbay Ayala, presidente de Colombia, propone lo mismo.

En noviembre, en una reunión supersecreta de Haig y Carlos Rafael Rodríguez, vicepresidente de Cuba, en Ciudad de México —promovida por López Portillo—, Haig le explica en una forma «muy correcta y muy clara», comenta Carlos Rafael, que su amenaza de «ir a la fuente» es ir a por Cuba y que sería un bloqueo naval o una invasión.[24] Ese mes el *New York Times* publica en primera plana una información sobre las presiones que ejerce Haig sobre el Pentágono para que estudie una «serie de opciones» sobre acciones militares en El Salvador y contra Cuba y Nicaragua a las cuales —dice— el Pentágono es reacio.

En el discurso del Estado de la Unión, en enero de 1982, Reagan advierte que actuará «con firmeza» contra quienes exporten la subversión y el terrorismo en el Caribe, y en una entrevista con la cadena de televisión CBS dice que no descarta «ninguna» opción contra Cuba, que debe dejar su alianza con la Unión Soviética y unirse al hemisferio occidental. De nuevo califica a Fidel de títere de Moscú.[25] Fidel responde que si Estados Unidos pretende negociar la política exterior cubana, debe prepararse para negociar con Cuba su papel en la OTAN.

En marzo el secretario de la Marina, John Lehman, dice que un bloqueo naval a Cuba es posible pero que es un «acto de guerra» que no emprenderá sin el apoyo del Congreso y del pueblo norteamericanos.[26] A finales de ese mes el general Vernon Walters va a La Habana para entrevistase con Fidel.[27] Wayne Smith, ex representante de Estados Unidos en La Habana, comenta que es pura «charada» de la administración para mostrar que trata de negociar pero que Cuba no tiene voluntad de hacerlo.[28] Agrega que cuando dirigía la Sección de Intereses (1979-1981) enviaba cables al Departamento de Estado indicando la disposición de Cuba a entablar el diálogo, que sólo responde uno para decir que no está dispuesto a dialogar ni aceptar ningún «gesto» de Cuba.[29] En abril Reagan va a Jamaica y a Barbados para presentar a algunos mandatarios caribeños su Iniciativa sobre la Cuenca del Caribe. En Jamaica acusa a Cuba de pretender minar la democracia en «todas las Américas» y en Barbados dice que Granada tiene «la marca soviética y cubana».[30] Ya está preparando a los líderes caribeños para lanzarse sobre esa diminuta isla.

La vendetta

La nueva arma que emplea Reagan contra Cuba son los derechos humanos. En abril de 1982 aprueba un plan secreto, propuesto por el Consejo Nacional de Seguridad, y de inmediato lanza su campaña acusando al gobierno cubano de torturas, de desapariciones, de tener sus cárceles llenas de presos políticos y de no respetar los derechos fundamentales de libertad de expresión, de asociación y de movimiento. En esa obsesiva campaña toma parte la cúpula del gobierno. Los informes anuales del Departamento de Estado sobre la situación de los derechos humanos en el mundo, año tras año acusan a Cuba de violarlos. Raúl Roa Kouri, viceministro de Relaciones Exteriores de Cuba y embajador ante la ONU en Ginebra, califica esa propaganda contra su país de simple *vendetta*.

Tales acusaciones irritan al gobierno cubano, pues son falsas. Roa señala que la prioridad de la Revolución es el respeto a los derechos fundamentales de la población, que son la educación, la salud —son gratuitos—, la seguridad social y el derecho al trabajo. Sobre los «presos políticos» dice que no pasan de cien, la mayoría han sido liberados, y son gentes que sirvieron a la dictadura de Batista, condenadas por actos terroristas contra la seguridad del Estado. A su vez acusa a Reagan de dar apoyo a las dictaduras militares del Cono Sur y de Centroamérica y de encubrir los crímenes que cometen las fuerzas militares, de policía y de seguridad de esos países —genocidios, asesinatos, desapariciones, torturas y ejecuciones extrajudiciales— sobre los cuales guarda silencio.

La administración Reagan utiliza «testimonios» de cubanos exiliados, de ex presos políticos y de desertores para acusar a Cuba. Con Armando Valladares, ex policía de Batista y ex preso político (es detenido en 1960 por actos terroristas y liberado por la Revolución en 1982 antes de cumplir condena) va más lejos. En 1987 le da la nacionalidad norteamericana y lo nombra —caso insólito— embajador y presidente de la delegación de Estados Unidos en la Comisión de Derechos Humanos (CDH) en Ginebra.

Valladares, desde la cárcel, atrae la atención internacional como poeta (dos de sus libros son traducidos a varios idiomas) y como «inválido». Dice que está paralítico por maltratos recibidos en la cárcel. El presidente francés, François Mitterrand, logra su liberación y lo recibe en Francia. El gobierno cubano muestra su carnet de policía batistiano y divulga vídeos en los que aparece caminando dentro de la cárcel y el descenso, por sus pies, del avión que lo lleva a París cuando es liberado.

Valladares es un virulento portavoz contra la Revolución. En artículos de prensa y ante subcomisiones del Congreso acusa a Cuba de tener cerca de ciento cuarenta mil prisioneros políticos y criminales comunes en cárceles, en fincas prisión y en campos de concentración en donde —dice— noche tras noche ejecutan presos, incluso niños, torturan, asesinan y mutilan.[31]

El principal campo de esa *vendetta* contra Cuba es la CDH en Ginebra. Tanta importancia le da Reagan que envía al general Walters para reforzar la misión de Valladares. Walters reitera las acusaciones de represión, torturas y desapariciones y de tener a más de quince mil presos políticos en sus cárceles.

En febrero de 1987 Estados Unidos presenta un proyecto de resolución sobre la «Situación de los derechos humanos y las libertades fundamentales en Cuba». Cita informes de la Comisión Interamericana de

Derechos Humanos de la OEA —Cuba ha sido expulsada— que «aportan pruebas de abusos sustanciales»; señala el «elevado número de presos políticos», el «extremadamente elevado número» de cubanos que abandonan el país, las «violaciones graves» a la libertad de expresión, asociación, libertad y seguridad personales, insta a Cuba a respetarlos y pide a la CDH continuar el estudio de ese tema.

Cuba a su vez presenta un proyecto de resolución en el que acusa a Estados Unidos de violaciones a los derechos humanos: discriminación racial contra negros, hispanos e indios; agresión, amenazas y coerciones contra numerosos países del Tercer Mundo, atentados contra la vida de hombres de Estado, denuncia la impunidad del Ku-Klux-Klan y sus acciones contra negros e indios, con el consentimiento y participación de fuerzas de policía, pide la suspensión de sus «acciones encubiertas» contra estados soberanos, el respeto a los derechos humanos de las minorías, poner fin a la «degradante situación de los sin hogar» y a suspender la discriminación racial.

Por petición del delegado de la India, la CDH acuerda no someter a votación ninguno de los dos proyectos.

El gobierno cubano pide a la CDH enviar una misión de observación a su país para que compruebe las acusaciones norteamericanas. La misión va a Cuba, y en febrero de 1989 rinde su informe —cuatrocientas páginas— en el que afirma —entre otras cosas— no haber encontrado evidencias que sustenten las acusaciones de Estados Unidos sobre los quince mil prisioneros políticos en Cuba. Ese mismo mes el informe anual del Departamento de Estado acusa a Cuba de ser uno de los «peores violadores» en el mundo, pero dice no haber comprobado casos de desapariciones ni de torturas. Y un informe de Americas Watch —dura crítica de Cuba— sostiene que las acusaciones de Estados Unidos carecen de fundamento.[32]

Raúl Roa responde a las acusaciones. Señala que durante cuatro años Estados Unidos mantiene una «gigantesca» campaña de propaganda, promueve la creación en Cuba y en otros países de grupos cubanos proderechos humanos, emite publicaciones y continuas declaraciones de funcionarios y de congresistas, promueve mociones anticubanas en parlamentos de otros países, usa «grupúsculos de conocidos reaccionarios» y «elementos contrarrevolucionarios y antisocialistas en la propia Cuba para montar provocaciones y disturbios». Señala que tal guerra psicológica ha tenido escasos resultados y que el Informe de la misión de la CDH a Cuba desmiente «categóricamente» las acusaciones de Walters.

En relación con los testimonios de cubanos, recogidos por la misión de observación de la CDH sobre supuestas violaciones a los derechos humanos, Roa señala que el 65,7 por ciento se refiere a la «entrada o salida» del país. Del hostigamiento a los activistas de derechos humanos —denunciado por Estados Unidos como obra del gobierno—, dice que es la reacción del pueblo contra «actos provocadores y contrarrevolucionarios». Sobre los despidos de los centros de trabajo a los que manifiestan su intención de abandonar al país, dice que son decisiones de los responsables de esos centros y no una política estatal y que existen mecanismos legales para que los trabajadores hagan valer sus derechos. Sobre los fusilamientos de contrarrevolucionarios —trece entre 1980 y 1987—, dice que el Código Penal cubano contempla la pena capital para graves hechos de sabotaje y terrorismo y que las leyes de ese código —calificadas de «draconianas»— obedecen a «los métodos empleados por el imperialismo y sus agentes contra la Revolución que no dejan lugar a otra alternativa». De los presos «plantados» —se niegan a usar el uniforme carcelario—, dice que han sido condenados por delitos, por «atentados de asesinato contra Fidel Castro, por espionaje, sabotajes, complicidad en la comisión de asesinato, por actos contra la integridad y la estabilidad de la nación, por infiltración de agentes enemigos y de armas, por crímenes y atropellos contra campesinos, por asalto a mano armada, crímenes cometidos al servicio de la tiranía de Batista».

Roa critica la misión de la CDH —cuya función era estudiar *in situ* la situación de Cuba— por haber incluido testimonios de anticastristas fuera de la isla y haberse limitado a transcribirlos sin comprobar su veracidad y por la falta de un peritaje médico que avale las alegaciones de torturas y malos tratos mencionadas por algunos de sus entrevistados. Dice que el peso político que pretenden dar los medios de comunicación de Estados Unidos a esos «grupúsculos» de activistas y «disidentes» no corresponde a su escasa representación, que no es comparable con la adhesión millonaria del pueblo a la Revolución, a su obra social, política, económica y cultural.

Estados Unidos no logra que la CDH condene a Cuba, pues América Latina y otros países del Tercer Mundo la apoyan. A pesar de esa campaña y de las presiones de Washington, Bolivia, Uruguay y Brasil restablecen relaciones diplomáticas con Cuba.

LA INSOPORTABLE BREVEDAD DE LA PERESTROIKA

Con la elección de Mijaíl Gorbachov, de cincuenta años —joven para la tradicional gerontocracia soviética— como secretario general del PCUS, en marzo de 1985, pocas horas después de la muerte de Constantin Chernenko, comienza la metamorfosis de la Unión Soviética. Gorbachov implanta la novedosa política de la Perestroika (reestructuración) y la Glasnost (transparencia), con la que da un vuelco a su país y a su política exterior. El objetivo es reformar el calcinado sistema político soviético, «democratizar» la sociedad, abrir canales de participación popular y relajar las relaciones con Occidente. Y la razón es la profunda crisis económica y política por la que atraviesa la URSS. El malestar general puede desembocar —advierte— en algo muy grave.

Gorbachov despierta la admiración del mundo. Habla de convivencia y de cooperación entre todas las naciones por encima de ideologías, de sistemas políticos diferentes y de conceptos obsoletos de confrontación y de injerencia en los asuntos internos de otros países. Sorprende con audaces medidas y propuestas de desarme y con la retirada inesperada de sus tropas en Afganistán —el Vietnam soviético— invadido por Brezhnev nueve años antes. Ni victoriosas ni vencidas, las tropas salen en desgracia.

Gorbachov procede a entablar el diálogo con jefes de Estado y de gobierno, con líderes políticos y parlamentarios de Europa, Asia y América. En varias capitales le dan recibimientos triunfales. Desde la ultraconservadora Margaret Thatcher, primera ministra británica, hasta el socialista François Mitterrand, presidente de Francia, se «enamoran» de Gorbachov. La prensa internacional habla de la «gorbimanía» que invade al Occidente. Europa —más dispuesta que Estados Unidos a un *modus vivendi* con la URSS— le da un firme y emotivo respaldo.

El mundo capitalista califica la Perestroika de «segunda revolución soviética» —ésta sin sangre—, tan radical como la bolchevique —ésta en reverso— y aplaude a Gorbachov, pero a la vez desata una agresiva campaña de descrédito del sistema comunista señalando la crisis soviética como evidencia de su fracaso. Gorbachov critica a los críticos: «Hay personas en Occidente que quieren decirnos que el socialismo está en una profunda crisis que llevó a nuestra sociedad a un callejón sin salida, [...] que nuestra única solución es adoptar métodos capitalitas, [...] que nada resultará de la Perestroika en el marco de nuestro sistema. Que debemos cambiar de sistema, tomar prestada la experiencia de otro sistema sociopolítico, [...] que la URSS deje el sistema socialista y

503

estreche sus lazos con el Occidente [...] y llegan hasta criticar la Revolución de Octubre como un error que casi cortó a nuestro país del mundo del progreso social [...]. Para poner fin a esos rumores y especulaciones que abundan en Occidente [...] quiero insistir, una vez más, que las reformas las estamos haciendo de acuerdo con el socialismo, [...] dentro del socialismo [...]. Será más socialismo y más democracia».[33]

«Comenzamos la Perestroika en una situación de creciente tensión internacional», escribe Gorbachov en su libro *La Perestroika. Un nuevo pensamiento para nuestro país y el mundo*. Dice: «La detente de los años setenta ha sido cercenada. Nuestros llamamientos a la paz no encontraban respuesta en los cuarteles gobernantes del Occidente. La política exterior soviética patinaba. La carrera armamentista iba en espiral. El peligro de guerra iba en aumento».[34]

El mundo, en efecto, ha regresado a las tensiones de la guerra fría con la agresiva política de confrontación de Reagan. Pero ahora, arrollado por la «gorbimanía» de sus aliados y la ofensiva de paz de Gorbachov, se ve forzado a desinflarla y a moderar sus ataques a la Unión Soviética. Gorbachov lo lleva a rastras. Estados Unidos pierde el liderazgo mundial.

En 1987 la política soviética de acercamiento y colaboración con Occidente comienza a dar frutos. En diciembre Reagan y Gorbachov firman en Washington un acuerdo de desarme para la retirada de sus misiles de medio y largo alcance del suelo europeo. Es un triunfo político de la URSS y un triunfo personal de Gorbachov por la calurosa acogida que le dispensa el pueblo norteamericano. Va por las calles repartiendo saludos y sonrisas. «Parece un político en campaña», comenta la prensa de ese país.

Fidel no duda en apoyar la política de paz de Gorbachov. Aplaude sus propuestas de desarme y celebra con entusiasmo el acuerdo firmado por las dos superpotencias. El diario *Granma* lo destaca como un «paso histórico sin precedentes», pues abre por primera vez las posibilidades del desarme.[35] Es, en efecto, el mayor acuerdo de desarme a que han llegado tras cuarenta años de infructuosas negociaciones. Es, además, un cambio radical de la política de Reagan hacia la Unión Soviética.

Pero el abandono de la URSS de la lucha política e ideológica con el capitalismo y de sus intereses en conflicto con Occidente la debilita en la arena internacional. El acercamiento de «Gorby» a «Ron» —ya se llaman por sus nombres— y el *entente cordiale* que comienzan a cristalizar, puede llevar a la reducción del apoyo soviético a las luchas de liberación del Tercer Mundo y a debilitar su alianza con Cuba. Gorbachov está sometido a las presiones de Reagan para obligarlo a suspenderle el apoyo. Lo plantea como requisito para «considerar» la ayuda económica que le pide y que la URSS necesita con urgencia. Fidel advierte a los cubanos que creen que ese acercamiento llevaría a Reagan abandonar la agresión a su país, que éste podía tener el efecto contrario.

Dentro de la URSS no todos están de acuerdo con esa política de «apertura», «democratización» y de acercamiento al Occidente de Gorbachov. «Tantas palabras sobre cooperación pacífica con los países capitalistas sólo confunden las mentes del pueblo soviético y de nuestros amigos en el exterior», afirma Yekor Ligachev, segundo en comando del Politburó y asesor político del Kremlin, en una reunión del PCUS en agosto de 1988. Insiste en que la prioridad sigue siendo la lucha de clases contra el capitalismo. El canciller Shevardnadze lo contradice en un discurso citado por la agencia de noticias Tass en el que dice: «La lucha entre los dos sistemas opuestos no es más la tendencia determinante de esta era» y agrega que la política exterior soviética ya no es de confrontación con Occidente.[36]

En vía contraria a la corriente mundial de ataque al sistema comunista y al socialismo, en tres discursos pronunciados en enero de 1989, Fidel da un inequívoco testimonio de fe en esa doctrina: «El socialismo —dice— es y continuará siendo la única esperanza, el único camino para los pueblos oprimidos, explotados y saqueados. Y hoy, cuando nuestros enemigos quieren cuestionarlo, debemos defenderlo más que nunca». Con las consignas «¡Socialismo o muerte!», «¡Marxismo-leninismo o muerte!» y «¡Patria o Muerte! ¡Venceremos!», concluye entre aplausos y gritos del pueblo: «¡Fidel, Fidel, Fidel!».

El aliado distante

El gobierno soviético invita a Fidel a Moscú a la celebración del septuagésimo aniversario de la Revolución de Octubre, en noviembre de 1987. Es un momento de euforia. La transformación que realiza la URSS de sus estructuras económicas y de apertura política ha creado un clima favorable. La gente, comenta con orgullo Gorbachov, se siente «más libre». Tan magno acontecimiento es festejado con un imponente desfile militar. Decenas de miles de soldados, artillería pesada, tanques, modernos misiles arrastrados en vehículos de lanzamiento desfilan por la plaza Roja, y masas de trabajadores marchan al son de música patriótica. El ambiente es de fiesta y de optimismo.

Una foto, publicada en el *New York Times*, muestra a Fidel, con sombrero de piel a la usanza rusa y gafas negras, presenciando el desfile en el Mausoleo de Lenin al lado de la jefatura soviética y de la cúpula del mundo comunista. El *Times* describe ese evento y se hace eco de los rumores sobre las desavenencias entre Cuba y la URSS con respecto a las políticas económicas.[37]

Aunque Fidel no forma parte del coro mundial de alabanzas al líder soviético, sus relaciones son excelentes y la cooperación entre sus países va en ascenso. Dos veces se reúnen en el Kremlin. De regreso a La Habana, Fidel comenta que ésta ha sido su mejor visita a la Unión Soviética, informa el corresponsal del *Times*.

Existen, en efecto, discrepancias en torno a la Perestroika, de enfoque y de concepto. La forma de abordar la solución de sus graves problemas nacionales no puede ser la misma aunque éstos sean similares, afirma Fidel. La política de «rectificación», emprendida por Cuba, mucho antes de que el «compañero» Gorbachov hablara de la Perestroika, no es la Perestroika. Ésta no es la solución para sus problemas, como muchos fuera de la isla predican y algunos en la isla quieren. Fidel señala que sus países son distintos, con mentalidades distintas, con idiosincrasias distintas, con historias distintas. Cuba no tiene la extensión ni la población de la URSS ni es un país multinacional como la URSS, ni en Cuba se han dado «fenómenos históricos» como el estalinismo, el abuso de poder y de autoridad, ni el culto a la personalidad. En síntesis: Cuba no necesita reformas de corte soviético.

Fidel rechaza vehementemente la posibilidad de introducir en Cuba las reformas capitalistas que le pide Washington y que Moscú comienza a aplicar. Las calificaba de «completa basura». Cuba no adoptará «jamás» métodos ni filosofías, ni idiosincrasias del capitalismo. Cuba —dice— no está en el mar Negro sino el mar Caribe, no a ciento cincuenta kilómetros de Odesa sino de Miami. Tales palabras las dice en un discurso el 26 de julio de 1988, cuando Cuba se prepara para recibir a miles de soldados que regresan triunfantes de Angola.

«Hemos cometido errores que tenemos que rectificar partiendo de nuestros propios errores —dice Fidel—. No tenemos que rectificar partiendo de errores cometidos por otros.» Y señala que uno ha sido el haber «copiado» la experiencia de otros países socialistas «que ahora dicen que su experiencia no era buena».[38] Cuba, respetuosa de la soberanía de los demás países, no puede criticar la política soviética por tratarse de un asunto interno de ese país, dice Fidel. No obstante, no puede ocultar su desacuerdo ni su enorme preocupación por el resquebrajamiento interno y externo que está sufriendo la URSS, por la «ola reformista» que se extiende en Europa del Este, por la acelerada decadencia de los partidos comunistas y por el surgimiento del multipartidismo en esos países que él califica de «multiporquería».

El 5 de diciembre de 1988, en la celebración del Día de las Fuerzas Armadas (ese mes está prevista la visita oficial de Gorbachov a Cuba), Fidel, en un discurso, expresa su alarma por el «momento especial» que atraviesa el proceso revolucionario internacional: «Varios países socialistas —dice— critican lo que han hecho por muchos años, niegan lo que han afirmado por décadas» y señala que tal situación es explotada por el «imperialismo» para presentar al socialismo como «un fracaso en la práctica y como un sistema sin futuro» y «alabar al extremo las supuestas ventajas de su egoísta y repugnante sistema capitalista». Alerta sobre la gravedad del momento: «Nuevos experimentos, nuevas experiencias, toda clase de reformas están teniendo lugar en el campo socialista, especialmente en la Unión Soviética. Si tienen éxito, será bueno para el socialismo y para todo el mundo. Si tienen serias dificultades, las consecuencias serán especialmente duras para nosotros».

Diplomáticos en La Habana ven en esas palabras de Fidel «notas tan altas que a su juicio sólo una lluvia oportuna —fue torrencial— impide que la sutil argumentación contra Gorbachov enebrada por Castro estalle en una estridente denuncia pública de las "maldades" del Glasnost y la Perestroika».[39]

En enero de 1989, cuando Cuba celebra el trigésimo aniversario del triunfo de su Revolución, consolidada políticamente, con índices de desarrollo social superiores a los del resto del continente e inmersa en el proceso de «Rectificación de errores y tendencias negativas» y Estados Unidos —sin mayores expectativas— se acerca al cambio de gobierno —sale Reagan y entra Bush—, en la Unión Soviética la Perestroika empieza a hacer agua. Los dirigentes soviéticos ven su imperio explotar en sus manos.

A los dos años de lanzada la Perestroika, la situación interna se deteriora en forma acelerada. La descentralización de la economía, que ha buscado aumentar la producción y mejorar las condiciones de vida de la población, ha roto su estructura, afectado la producción y distribución interna de sus productos, su comercio exterior y está erosionando al CAME. La inflación y el desempleo suben en espiral y la pobreza llega a niveles nunca vistos. Por primera vez se ven mendigos en las calles de Moscú y filas de ancianas vendiendo sus pertenencias o pidiendo limosna.[40]

El Glasnost, el otro pilar de la estrategia de Gorbachov, ha abierto las compuertas al debate público. «Se les subió a la cabeza», comenta un dirigente. El pueblo, sofocado con la dictadura del PCUS, con la rigidez del sistema y con las enormes dificultades de su vida diaria está eufórico con esa apertura. Por primera vez denuncia los horrores de la era de Stalin, cuestiona al PCUS y a su dirección, critica la ideología oficial marxista-leninista y hay quienes expresan dudas sobre las bondades de la Revolución de Octubre, pues había causado grandes pérdidas humanas y enormes sufrimientos al pueblo.[41]

Aires independentistas comienzan a soplar dentro de la URSS. Movimientos nacionalistas en los países bálticos, en apoyo a la Perestroika y a Gorbachov, proclaman su oposición a la dictadura del PCUS y a liderazgo de Moscú. En el quincuagésimo aniversario del acuerdo de anexión a la URSS —firmado por Stalin y Hitler en 1939—, sus pueblos forman una cadena humana de más de dos millones de personas, a través de las tres repúblicas, para expresar su rechazo solidario. La rebelión es general. Entre enero de 1987 y mediados de 1988, en nueve de las quince repúblicas soviéticas ocurren trescientos disturbios nacionales, algunos masivos.[42]

El «virus» nacionalista e independentista —así califica el PCUS tales movimientos— se extiende a Georgia, a Moldavia, a Bielorrusia y a las repúblicas musulmanas. A comienzos de 1989 Ucrania —la república más importante después de Rusia y con el segundo arsenal nuclear del país— ingresa a la fila de las secesionistas. Lo que está ocurriendo es catastrófico. El PCUS pierde fuerza, prestigio y credibilidad. Ya no puede contener las protestas nacionalistas que brotan por todas partes.

La pérdida de fe en sus instituciones y en sus líderes se refleja en las tumultuosas elecciones para el nuevo Congreso, en marzo de 1989, en el que por primera vez el pueblo soviético elige a sus representantes. Las derrotas de candidatos comunistas y la victoria de los independientes, muestran el cambio profundo que se opera en esa sociedad.

El malestar se extiende por la inmensa nación mientras que las estructuras básicas del país se desintegran. En marzo de 1990 el Parlamento soviético aprueba, por amplia mayoría, la propuesta de Gorbachov para fortalecer la presidencia —su presidencia— y poner fin al monopolio político del PCUS. Es el fin de setenta años de la dictadura del Partido.

El prestigio de Gorbachov cae en barrena. El pueblo sufre —muchos lo dicen— la peor situación de su historia. Reinan la desorganización y el caos. En las cúpulas algunos le critican su falta de liderazgo e indecisión. Da bandazos sin complacer a las corrientes opuestas que lo acosan por igual.

El Imperio soviético se desintegra. La estrategia de la Perestroika y el Glasnost crea una profunda ansiedad en los dirigentes de Europa del Este. La «democratización» soviética y su política de «manos fuera» de los asuntos internos de otros países, incluidos los suyos —otro cambio radical de la política exterior de Gorbachov—, estimulan un debate abierto contra sus instituciones y surgen movimientos populares nacionalistas opuestos a la «dictadura» del Partido Comunista y a su dependencia de Moscú. La «liberalización» de sus instituciones no ha sido para avanzar el socialismo —como predica Gorbachov—, sino para destruirlo. Los partidos comunistas se transforman o desaparecen al son de la Perestroika y de los cantos de «¡Viva Gorbachov!».

A mediados de 1989 van cayendo los regímenes comunistas en esos países y cae el Muro de Berlín sin que Gorbachov haga nada para impedirlo. No los defiende. Con mayor o menor trauma, van pasando del socialismo al capitalismo, de la dictadura del proletariado y del Partido Comunista al caos del multipartidismo y al tránsito hacia la democracia. El Pacto de Varsovia, su alianza militar, y el CAME, organismo de integración económica del bloque soviético (Cuba es miembro), se desintegran. Es el fin de más de cuarenta años de fiesta comunista en Europa del Este y de sus relaciones con Cuba. Un golpe devastador para La Habana.

«Se derrumbaron como un castillo de naipes», comenta Fidel en un discurso pronunciado el 8 de diciembre de 1989. «En esos países ya no se habla de la lucha contra el imperialismo, ni de los principios del internacionalismo. Tales conceptos están prácticamente borrados de su diccionario político; en cambio, las palabras del capitalismo están cobrando inusitada fuerza en esas sociedades.» Afirma que el capitalismo no será «jamás» el instrumento para sacar al socialismo de las dificultades en que se encuentra. Y agrega: «¡Si el destino nos asignara el papel de quedar entre los últimos defensores del socialismo, sabríamos defenderlo hasta la última gota de nuestra sangre!». Concluye con las consignas «¡Socialismo o Muerte!», «¡Patria o Muerte! ¡Venceremos!», entre gritos de apoyo a Fidel y a su Revolución.

La rectificación no es la Perestroika

A partir de los extraordinarios cambios que ocurren en el mundo socialista y Gorbachov ungido por los poderosos del mundo capitalista como artífice del nuevo clima de entendimiento mundial, Washington desata una extensa y agresiva campaña pidiendo la «democratización» de Cuba. Fidel la denuncia como «propaganda imperialista» que busca desestabilizar a su país y estimular la subversión interna. Reagan —luego Bush— y sus portavoces, personalidades grandes y pequeñas de América y Europa —los «demócratas» del mundo—, a través de los medios de comunicación desarrollados y subdesarrollados y de Radio Martí, piden que Cuba entre por el sendero de la «apertura», del pluralismo político y de la «democratización», que celebre elecciones «libres» y dé cabida a los movimientos de oposición. A esos pequeños grupos de activistas y de «disidentes», surgidos en la isla y estimulados por Washington y por los anticastristas de Miami, los medios de comunicación norteamericanos les dan amplia resonancia.

El proceso de «Rectificación de errores y de tendencias negativas» —título que da Cuba a su Perestroika—, comienza antes de que el mundo oiga hablar de la Perestroika. En un discurso el 19 de abril de 1986 —vigesimoquinto aniversario de la proclamación del carácter socialista de la Revolución—, Fidel plantea la necesidad de atacar la corrupción, el descontrol administrativo y buscar soluciones a la difícil situación económica por la que atraviesa el país y a la ineficiencia de los mecanismos que dirigen la economía.[43] Muchas de sus dificultades —reconoce— obedecen a errores en la planificación y en el manejo económico. Hay frecuentes robos en las empresas, pérdida de cuantiosas sumas de dinero por descuido, mal manejo y desorden, por indisciplina y absentismo laboral. Acusa a funcionarios del partido y del gobierno de aprovecharse de sus cargos para obtener privilegios, a maestros de no enseñar, a estudiantes de hacer trampas en sus exámenes. Señala las grandes diferencias de ingresos, injustificados y a veces tramposos. «Las cosas no están funcionando bien y las conciencias no están funcionando bien», dice. Agrega que no se trata de una «revolución cultural», sino de una lucha permanente, para toda la vida, para combatir tales tendencias. Señala que la peor es la corrupción, pues puede «adormecer la conciencia revolucionaria» del pueblo.[44]

Después de un año de amplio debate a escala nacional, en una sesión diferida del Tercer Congreso de PCC, se analizan las soluciones propuestas. Lo que se busca con la Rectificación es el «perfeccionamiento» de los mecanismos económicos, del sistema político e institucional y afianzar la «democratización» de su sociedad. Los incentivos económicos son suprimidos y se da énfasis a los aspectos morales, a la disciplina laboral (similar a la de los primeros años) y a «frenar la ola invasora del capitalismo». Los mercados libres campesinos —creados en 1984 para mejorar el abastecimiento de víveres a la población— se suspenden. Fidel dice que no han debido crearse, que fueron «un error», pues los campesinos dejan de vender sus productos al Estado y comienzan a venderlos «por libre», a cobrar mayores precios, a enriquecerse en forma excesiva y el movimiento cooperativo, esencial para la vida económica del país, se frena.[45] En 1990 son arrestadas más de quinientas personas, incluidos funcionarios. Fidel los califica de «magnates del delito». El diario *Gramna* señala: «No hay ni habrá impunidad».[46]

El proceso cubano va en dirección contraria del soviético. Mientras que la URSS aplica la descentralización económica, reduce el poder central del PCUS y da vía libre al pluralismo político, Cuba fortalece el liderazgo del PCC, como partido único, en la dirección del desarrollo del país y mantiene la economía centralizada. Fidel pide al pueblo defender más que nunca al socialismo «contra los ataques del enemigo» y darle más apoyo al Partido Comunista. «El que destruya nuestra fe en el partido está minando los fundamentos de nuestra confianza, los fundamentos de nuestra fuerza», agrega.[47] Dice que en Cuba hay un solo partido «de la misma forma que Lenin sólo necesitó un solo partido».[48]

Fidel subraya el carácter «genuino» de la Revolución cubana y su diferencia con los regímenes comunistas de Europa del Este que —dice— fueron "impuestos" desde fuera». Agrega que en Cuba no puede suceder lo mismo, pues ha hecho su propia revolución, que el pueblo no pide nuevos partidos, pues participa a través de las organizaciones de masas —de campesinos, trabajadores, mujeres, estudiantes y Comités de Defensa de la Revolución (CDR)— y del poder popular. Los proyectos de ley más importantes se discuten en esa trama de organizaciones, partiendo de sus unidades de base, y Fidel mantiene un constante diálogo con el pueblo —«democracia directa»—, en todos los rincones del país.

Fidel advierte que Cuba no adoptará medidas de las llamadas «democracias representativas», pues son sociedades divididas en explotadores y explotados, en pequeños grupos en los que se concentran la riqueza y el poder y en masas desnutridas, analfabetas y explotadas, con niñez abandonada y mendigos y en donde los estudiantes son reprimidos con violencia. No se puede hablar de democracia —dice— en donde existen tales diferencias, en donde existe la miseria.

La prensa capitalista califica la política cubana, reacia a la apertura, al multipartidismo y de defensa a ultranza del socialismo, de «anacrónica» y «retrógrada», a la Revolución cubana de «fosilizada» y «fracasada» y a Fidel de dinosaurio.

Gorby en La Habana

En abril de 1989 Gorbachov llega a La Habana en visita oficial. No va como triunfador, a pesar de su enorme popularidad en el mundo, sino con un fardo de vicisitudes a cuestas. Ya es del dominio público que sus reformas fracasan, que la situación económica se deteriora aceleradamente, que crece el malestar interno y que aires independentistas comienzan a soplar en los países bálticos que amenazan desintegrar su imperio.

Cuba le da un recibimiento apoteósico que bien puede interpretarse —comenta *Prensa Latina*— como expresión de la gratitud del pueblo cubano a la solidaridad soviética. Al descender del avión en el aeropuerto José Martí, es recibido con un caluroso abrazo de Fidel, con una ceremonia militar y la salva de veintiún cañonazos, con el saludo de la alta dirección cubana, el protocolario de los diplomáticos y por una alegre multitud con banderas de ambos países y pancartas. Más de medio millón —datos oficiales— lo esperan en el aeropuerto y a lo largo de la ruta por donde deben pasar ambos mandatarios. Lo saludan con gritos de «¡Viva Gorbachov! ¡Viva nuestro comandante en jefe!».

Fidel y Gorby hacen el recorrido «codo a codo» en una limusina soviética descubierta. La ciudad está adornada con banderas de los dos países y con grandes cartelones con la imagen de Gorbachov y saludos de bienvenida al «compañero». El ambiente es de fiesta.

Cerca de quinientos periodistas de todo el mundo llegan a La Habana —más de cien de los principales diarios y cadenas de televisión de Estados Unidos— para cubrir ese evento que despierta enormes expectativas por las evidentes discrepancias entre Gorbachov y Fidel. En el «enrarecido ambiente creado por las transnacionales de la comunicación», comenta *Prensa Latina*, que anuncian conflictos, distanciamiento, modificación de los términos del intercambio comercial y castigos a Cuba, comienza la visita del más impredecible de los líderes soviéticos que pisan La Habana y el que más preocupaciones despierta en Fidel.

Gorbachov llega a un país amigo pero a un foco de conflicto con Estados Unidos. A pesar del clima de distensión que ya existe entre las dos superpotencias, Washington observa de cerca y con recelo ese encuentro. Un ejército de presión intenta obligarlo a retirarle la ayuda a Cuba y a cesar el envío de armas a Nicaragua. La URSS critica la presencia militar de Estados Unidos en Centroamérica y apoya los esfuerzos de paz del grupo de Contadora, boicoteados en forma sistemática por Reagan. Aunque Bush, recién llegado a la Casa Blanca, no ha definido su política exterior, dice que no la modificará respecto a Cuba y que mantendrá la ayuda «humanitaria» a los «contras» nicaragüenses. Gorbachov advierte que seguirá el envío de armas a Nicaragua para su defensa.

La culminación de la visita del líder soviético a Cuba es una sesión especial de la Asamblea Nacional del Poder Popular. Fidel destaca su presencia en ese foro como un «hecho histórico». Lo llama «verdadero cruzado de la paz» y critica a Estados Unidos por no asimilar la «nueva mentalidad» internacional planteada por Gorbachov. Hace un emotivo reconocimiento a la «enorme colaboración» soviética a su país a lo largo de treinta años, sin la cual —afirma— la Revolución no hubiera alcanzado los «éxitos de los cuales se enorgullece nuestro pueblo» y destaca su ayuda militar que permite a Cuba enfrentarse al «más poderoso imperio de la historia de la humanidad» y lograr su victoria en Playa Girón (Bahía de Cochinos). «Por esto nuestra gratitud será eterna».[49]

Gorbachov elogia al heroico pueblo cubano que ha hecho la Revolución y permitido a Cuba «rechazar la intervención armada, sobrevivir el bloqueo y soportar la constante agresión del vecino imperialista». Destaca sus estrechos lazos de amistad y cooperación que abarcan «prácticamente todas las esferas del desarrollo social», manifiesta su voluntad de ampliarla y dice que tal es el propósito del Tratado de Amistad y Colaboración firmado con Fidel ese día. También se refiere a las transformaciones por las que atraviesa su país, señala el «cambio del clima de la vida social en que la gente se siente más libre» pero dice que tal enfoque y las soluciones a los problemas soviéticos no son una «receta universal». De como marchen las cosas en su país, agrega, «dependerá» la autoridad internacional del socialismo y su influencia en el mundo. Sin mencionar a Estados Unidos, lo critica. Dice que en los últimos dos años se ha aclarado el horizonte mundial pero que aún actúan «fuerzas aferradas obstinadamente a los estereotipos caducos de enfoques de confrontación, de soluciones de fuerza [...], de intentar imponer a otros su voluntad». Y reitera su apoyo a la paz negociada en Centroamérica «sin injerencia extranjera».[50]

Ambos mandatarios desmienten las especulaciones sobre sus desavenencias. Fidel afirma que no existen en política internacional ni pueden existir en cuestiones de política interna, pues sus planes de reestructuración y rectificación parten de los mismos principios del marxismo-leninismo aplicados a las condiciones concretas de cada país. Lo que sirve a uno no necesariamente sirve al otro por sus enormes diferencias. Fidel dice que «el mentís más rotundo» es el «magnífico» Tratado de Amistad y Colaboración que han firmado «por iniciativa de Gorbachov», el primero en la historia de sus relaciones. Tal tratado, con vigencia de veinticinco años, sienta las bases para «enriquecer» y desarrollar sus relaciones en todos los campos, incluido el militar, profundizar la integración económica de los países socialistas y asegurar la «interacción» de Cuba y la URSS en la arena internacional.[51]

Por el guión, el audio y el vídeo la situación parece ideal para Cuba, pero la realidad es otra. La URSS ya no está en capacidad de aumentar esa ayuda y ni siquiera de mantenerla por el desorden económico interno. Además, poderosos sectores parlamentarios y de la prensa soviéticos se oponen a esa relación desigual, favorable a Cuba, en las actuales circunstancias de su propia crisis económica.

Publicaciones soviéticas por primera vez critican las relaciones con Cuba. *Pravda*, diario oficial del PCUS, en nota editorial se queja de los precios subsidiados en el intercambio con Cuba y dice que sus relaciones deben ser sobre bases recíprocas; el diario *Izvestia*, en tono crítico, revela que Cuba ha acumulado una deuda externa con la URSS que llega a veinticinco mil millones de rublos sin contar las donaciones en ayuda económica y militar, ni los precios subsidiados del azúcar; el semanario *Novedades de Moscú* describe a Cuba como un «empobrecido estado policial» y que «está en camino un cambio» que pasa de una «apatía social a un pasivo y hasta ahora bien oculto descontento». Otros diarios critican a la cúpula cubana por no acatar la «apertura», el pluralismo político y la economía de mercado que avanzan en la URSS.

Por primera vez en treinta años de estrechas y cordiales relaciones, el gobierno cubano cancela la circulación de las publicaciones soviéticas *Novedades de Moscú* y *Sputnik*. *Granma*, en un extenso editorial, dice que la cúpula cubana «se ha visto obligada a reflexionar sobre el contenido de algunas de las numerosas publicaciones soviéticas que circulan en el país», cuyos puntos de vista, respecto a la construcción del socialismo soviético, parten de interpretaciones «casi siempre controvertidas cuando no sustancialmente divergentes de los criterios y orientación esencial de nuestro partido» y que el gobierno considera su lectura «nociva» para el pueblo cubano.[52]

Factores negativos de todo tipo se van acumulando entre La Habana y Moscú. En el discurso del 26 de julio de 1989, en Camagüey, Fidel describe un panorama sombrío pero reafirma su voluntad de lucha: «... porque si mañana o cualquier día nos despertamos con la noticia de que se ha creado una gran contienda civil en la URSS o, incluso, que nos despertamos con la noticia de que la URSS se desintegró, cosa que esperamos no ocurra jamás, aún en esas circunstancias, Cuba y la Revolución cubana seguirán luchando y seguirán resistiendo». Fidel sabe que su principal aliado es una bomba de relojería que tarde o temprano explotará y que en esa explosión Cuba saldrá maltrecha. Dos años más tarde explota.

El beso de Drácula

Gorbachov sigue recibiendo alabanzas de Occidente. Es galardonado con el premio Nobel de la Paz, destacada distinción internacional que al pueblo soviético no le dice nada. Tampoco al Congreso, que sólo toma nota del hecho y lo aplaude treinta segundos. Hay amargura. Yelena Bonner, viuda de Sajarov —también premio Nobel—, comenta: «Es alarmante la ceguera de los occidentales hacia las tragedias que ha vivido nuestro país en los cinco años de Perestroika liderada por Gorbachov». Y un periodista pone el dedo en la llaga: «¿Qué siente al recibir un premio que por tradición reciben anticomunistas como Sajarov y Lech Walesa?», le pregunta. Gorbachov guarda silencio.[53]

Los líderes de las potencias occidentales son conscientes de los graves problemas y dificultades por los que atraviesa Gorbachov y ven con enorme preocupación que su poder se debilita. Aplauden los cambios que realiza pero exigen mayores avances hacia la economía de mercado antes de darle la ayuda económica que les pide y necesita con urgencia. Bush y la señora Thatcher son los más reacios. Bush pone como obstáculo los altos costes soviéticos en defensa y los «subsidios» millonarios que le da a Cuba. Helmut Kohl, canciller alemán, si la da, pues

la reunificación alemana depende en gran medida de Gorbachov. Debilitado políticamente, se muestra dispuesto, pero quiere una Alemania
neutral y fuera de la OTAN. Occidente la quiere dentro.

Esa ausencia de apoyo económico a la URSS contrasta con el generoso apoyo verbal que dan a Gorbachov, con las invitaciones que le
hacen a sus cónclaves, con los honores que le dispensan y con las declaraciones rimbombantes sobre su aporte a la distensión mundial y al
nuevo clima de entendimiento entre los dos bloques «antes enemigos».
Tan grandiosas afirmaciones son para mostrar a los críticos internos de
Gorbachov —comenta el *New York Times*— que su política conciliato-
ria ha traído buenos resultados y para «facilitarle» aceptar una Alemania
unida «dentro de la OTAN».[54] De esas reuniones con los grandes, Gorbachov sale con las manos vacías.

Pocos llegan a imaginar una «alianza» político-militar soviética con
Estados Unidos. Sucede cuando Irak invade Kuwait en agosto de 1990
y Bush asume el liderazgo de su «liberación» y empieza a montar una
masiva respuesta militar contra Irak y para desbancar a Sadam Husein.
Bush pide a sus aliados de la OTAN y a su nuevo amigo «resistir la
agresión», liberar a Kuwait y obligar a Hussein, a quien compara con
Hitler, a retirar sus tropas. El objetivo real es proteger las ricas fuentes
petrolíferas del Oriente Próximo, vitales para las potencias occidentales
y Japón. Bush está decidido a asegurar su control aun a costa de una guerra. Así lo entiende el pueblo norteamericano. Populosas manifestaciones frente a la Casa Blanca llevan pancartas con la consigna: «No Sangre por Petróleo».

La alianza de la URSS con Occidente causa un profundo malestar
en sectores tradicionalistas y duros de la cúpula soviética. A pesar del bajo
tono del apoyo dado por Gorbachov, es virtualmente una entrega. Cruza
la línea de fuego que ha dividido a los dos bloques político-militares por
más de cincuenta años y rompe el equilibrio mundial. «Por primera vez
desde la Segunda Guerra Mundial estamos actuando virtualmente como
aliados», comenta el diario *Izvestia*.[55]

Esa alianza, y la rapidez con que el Consejo de Seguridad de la
ONU da apoyo a Estados Unidos para usar la fuerza militar contra Irak,
son un triunfo de la diplomacia norteamericana, también una evidencia del debilitamiento del coloso soviético en la arena internacional. Ya
no es un contendiente y menos una amenaza. Estados Unidos tiene el
campo libre para ejercer su poder hegemónico mundial, uno de los temores expresados una y otra vez por Fidel.

En las resoluciones del Consejo de Seguridad contra Irak, presentadas por Estados Unidos, la URSS vota con las potencias occidentales a favor. Cuba, miembro no permanente de América Latina (el otro es Colombia), se abstiene o vota en contra. La última autoriza el uso de «todos los medios necesarios» si Irak no retira sus tropas antes del 15 de enero de 1991. Es un ultimátum y una declaración de guerra. Cuba y Yemen votan en contra y China se abstiene. La ONU, creada para la paz, por primera vez da luz verde a la guerra.

Fidel califica la invasión de Irak a Kuwait de «error político colosal» y de «violación flagrante del derecho internacional». El canciller cubano Isidoro Malmierca va a Bagdad para convencer a Husein de retirar sus tropas y para advertirle que Estados Unidos hará «una guerra sofisticada y técnica, con el mínimo de sacrificios de vidas de norteamericanos», y que ha reunido un conjunto de fuerzas militares y políticas «colosales». Esto lo expone Cuba a distintos países y a Irak «con una gran franqueza y una gran claridad», dice Fidel. No las retira y «Estados Unidos aprovecha muy bien los errores de Irak», anota.[56]

Ésta es una guerra de Estados Unidos del comienzo al fin. Es corta y brutal, pero es una victoria incompleta. Cuando Bush sale de la Casa Blanca, Sadam Husein, a quien aseguró derrocar, sigue en el mando, con una tercera parte de sus tropas y reorganizando al país para resistir las sanciones impuestas por la ONU, a petición de Estados Unidos. «Me pregunto quién ganó esa guerra», comenta cinco años más tarde la ex primera ministra británica Margaret Thatcher.

Réquiem por la Unión Soviética

Más de setenta años de doctrina marxista-leninista, de ser la segunda superpotencia mundial, la Meca del comunismo, de lograr notables triunfos científicos y culturales, de iniciar la conquista espacial —coloca el primer satélite y el primer cosmonauta es soviético—, de batir banderas antiimperialistas y anticapitalistas, de mantener viva la conciencia del pueblo soviético sobre las rivalidades, contradicciones y antagonismos políticos y militares con Estados Unidos, su principal enemigo, no se borran con palomas de la paz. La URSS se desintegra. Tal es el legado del Glasnost y de la Perestroika. En los cuatro años del tortuoso proceso de la Perestroika, el confuso escenario político es sacudido por el duelo de poder entre Gorbachov y Boris Yeltsin, animado por su aversión mutua, en el que está en juego la estabilidad y el futuro de la superpotencia comunista. En agosto de 1991 ocurre un golpe contra Gorbachov. Es detenido en su dacha en Foros, Crimea, por orden de un Comité Estatal de Emergencia, presidido por el primer ministro Guennadi Yakolev y compuesto por los más altos funcionarios de su gobierno. Yeltsin se opone y defiende la constitucionalidad. Su enorme figura, encaramada sobre un camión, rodeado de soldados, que se han negado a cumplir órdenes de los golpistas, del pueblo y de banderas rusas y soviéticas da la vuelta al mundo. Yeltsin lidera la defensa de la constitucionalidad. Su prestigio dentro y fuera de su país crece como la espuma.

La cúpula cubana recibe la noticia del golpe en Moscú, cuando celebra la conclusión de los exitosos XI Juegos Panamericanos. La Habana está de fiesta, pues sus atletas han obtenido ciento cuarenta medallas de oro y el pueblo ovaciona a su comandante. El 21 de agosto, en un comunicado publicado en el diario *Granma*, el gobierno manifiesta su «honda preocupación», alerta sobre las «consecuencias incalculables» que puede tener para el pueblo soviético y para el resto del mundo cualquier conflicto interno en ese país «multinacional, dotado de poderosas armas nucleares», y expresa sus «fervientes deseos» para que «ese gran país» supere en paz sus dificultades, se mantenga unido «ejerciendo la influencia internacional a que es acreedor, como contrapeso indispensable a los que quieren aplicar en el mundo un predominio absoluto y hegemónico». Dice que «el imperialismo yanqui, gendarme internacional y aspirante a dueño del mundo», no tiene «ningún derecho a sacar provecho de esta dolorosa situación».

Gorbachov regresa a Moscú pero Yeltsin es el héroe. Ese episodio, un tanto ridículo, ha concluido, pero la química del país ha cambiado de forma irreparable. De inmediato comienza una cascada de renuncias, de arrestos, de despidos, de suicidios de personajes que participaron en el golpe, el desmantelamiento de la KGB (Yeltsin ordena sellar sus archivos, los del Ministerio del Interior y los militares) y la agonía del PCUS por deserciones en masa y por parálisis: sus actividades son prohibidas, sus sedes cerradas o confiscadas por los gobiernos locales y de las repúblicas, sellados sus archivos para impedir la destrucción de documentos, cerrados sus periódicos y un buen número de sus miembros prominentes pendientes de juicios por corrupción. La renuncia de Gorbachov al cargo de secretario general del PCUS —inducida por Yeltsin— y del resto de la dirección del partido —solicitada por él—, son el puntillazo. El PCUS, espina dorsal del régimen soviético, deja de existir.

El pueblo, eufórico con la desaparición de la «dictadura» del PCUS, comienza a derribar estatuas de Lenin, el venerado artífice de la Revolución bolchevique, creador del primer Estado comunista en el mundo, Padre de la Patria y gloria del pueblo soviético. Tales actos vandálicos ocurren en todo el país.

Fidel califica de «inconcebibles» tales hechos. Es —dice— querer destruir su historia, negar sus valores y sus méritos, desconocer los aportes del socialismo y de las ideas marxistas-leninistas que inspiraron la Revolución de Octubre, «uno de los acontecimientos más grandes de este siglo» y negar su liderazgo en la lucha del movimiento obrero en el mundo, en el logro de sus reivindicaciones sociales, salariales y de todo tipo; ignorar su gran influencia en los acontecimientos internacionales como en la derrota del fascismo, en los movimientos de liberación de las antiguas colonias, en la desaparición del colonialismo y en las luchas de liberación de los pueblos de todos los continentes. El socialismo —afirma— convierte a la URSS, un país atrasado y pobre, en la segunda potencia mundial. Señala los alcances sociales, militares, científicos, la conquista espacial y sus aportes a la cultura mundial.[57]

Las consecuencias del Golpe de Agosto son devastadoras. Las repúblicas soviéticas una tras otra proclaman su independencia. Yeltsin le da el golpe de gracia a la unidad soviética el 8 de diciembre de 1991 cuando firma con los presidentes de Ucrania y Bielorrusia el Tratado de la Comunidad de Estados Independientes (CEI). Gorbachov lo denuncia como «ilegal y peligroso». Su propuesta de crear una comunidad de repúblicas independientes, liderada por el Kremlin, con la que quiere y hubiera podido impedir la desintegración de la URSS, se va al traste. Gorbachov advierte que el Congreso soviético debe ratificar el Tratado de la CEI, e intenta convocarlo. Pero el Parlamento ruso lo ratifica (188 votos contra 6) y además anula el tratado de 1922 con el que se conforma la Unión Soviética. El Congreso soviético no quiere discutir más la cuestión.

El desmantelamiento del Estado soviético hasta dejar a Gorbachov sin funciones, sin poder y sin país es un proceso despiadado y patético. Yeltsin, como presidente de la poderosa Rusia, nacionaliza los inmensos recursos de esa inmensa nación, suspende la contribución rusa al sostenimiento del gobierno soviético y expide decretos para poner bajo el control de Rusia las instituciones nacionales, incluidos ocho ministerios que el Estado ya no puede sostener por falta de fondos. Toma posesión del Kremlin, del despacho del presidente —cambia la cerradura para que Gorbachov no pueda entrar—, de los ministerios de Relaciones Exteriores y del Interior, de la KGB, del Congreso y de todos los fondos en divisas del gobierno central. Es otro golpe de Estado contra Gorbachov, comentan los analistas. El Ministerio de Defensa y la energía atómica los deja bajo control del Sóviet Supremo.

El 21 de diciembre la CEI se extiende a las repúblicas musulmanas. Queda compuesta por diez de las quince repúblicas soviéticas. Los tres países bálticos, y Georgia y Azerbaiján mantienen su total independencia. La CEI reemplaza a la URSS, con Rusia a la cabeza y en la cabeza de Rusia Yeltsin, y queda en control del «botón» nuclear. La CEI toma el puesto de la URSS en el Consejo de Seguridad de la ONU, incluido su derecho a veto, y las ex repúblicas soviéticas ingresan en las organizaciones mundiales como países independientes.

El 25 de diciembre, día de Navidad en el mundo cristiano, la bandera roja con la hoz y el martillo es arriada de la cúpula del Kremlin e izada la tricolor rusa. Con esa ceremonia, transmitida al mundo por la CNN, la Unión Soviética desaparece del planeta. Al día siguiente Gorbachov renuncia —Yeltsin ya lo ha renunciado— en una modesta ceremonia a la que Yeltsin no asiste, pues su discurso de despedida no es de su agrado.

Al otro lado del Atlántico el presidente Bush, desde la Casa Blanca, anuncia al pueblo norteamericano —y al mundo— tan extraordinario acontecimiento. En gesto triunfalista le agradece su aporte a la caída del imperio soviético y del mundo comunista, al fin de la guerra fría, al triunfo de Occidente, del mundo libre, de la democracia, de Estados Unidos y —sin mencionarlo— del suyo propio. Su mensaje al Congreso en el discurso del Estado de la Unión, en enero de 1992, es un parte de victoria. El Congreso se estremece en aplausos.

La superpotencia mundial desaparece. Se convierte en una serie de países independientes, divididos por fronteras, por conflictos, por rivalidades y recelos, con economías en quiebra y enormes problemas internos, algunos con guerras intestinas y feroces luchas por el poder y la riqueza —el discreto encanto del capitalismo—, que entran al mundo mendicante del subdesarrollo.

Lo que ha previsto y temido Fidel Castro ha sucedido. Fidel describe el colapso soviético como «un caso increíble de autodestrucción» del cual responsabiliza a sus gobernantes. «Todo lo que hicieron —afirma— condujo a su destrucción, los fenómenos y las tendencias que se desataron conducían a ello. Lo vimos desde un comienzo, o muy pronto después del comienzo.» Dice que aunque Gorbachov no quiso la destrucción de la URSS e intentó mejorar el socialismo, tenía una gran responsabilidad en tales hechos.[58]

«El imperialismo no hubiera podido destruir la Unión Soviética si los soviéticos no la hubieran destruido primero», dice Fidel. Agrega que Estados Unidos y sus aliados ayudaron a destruir el socialismo y a la URSS «urgiendo a las fuerzas reaccionarias allí». En Occidente —señala— incluso se cambia la terminología, pues describía a los que querían defender a la Unión Soviética, al socialismo y al comunismo de «conservadores» y a los que querían el capitalismo e incluso la desaparición de la Unión Soviética de fuerzas «progresistas» e «izquierdistas». «Todos esos conceptos han sido deliberadamente tergiversados. La propaganda occidental promovió ese proceso, pues quería forzar a la Unión Soviética a arrodillarse. El imperialismo hizo todo eso y ahora tiene el temor de lo que pueda pasar y de las posibles consecuencias de esa desintegración», señala.[59]

El mundo sigue con cierta fascinación pero también con enorme preocupación el derrumbe del coloso soviético. Su desaparición es el fin de la confrontación militar Este-Oeste, de la llamada guerra fría, pero es también el fin de la bipolaridad. Estados Unidos queda dominando el mundo con Bush a la cabeza, pregonando el Nuevo Orden Mundial —sin explicar qué es— y aspirando a su reelección. «Una sola superpotencia rompe el equilibrio mundial. Crea las condiciones para la hegemonía de un solo país. Es lo más terrible que le puede pasar el mundo», afirma Fidel en una entrevista con Diane Sawyer, de la cadena norteamericana ABC, en La Habana, en febrero de 1993. Agrega que, no obstante, «la superpotencia hegemónica no podrá gobernar […] a cañonazos los problemas del mundo».

EMBATES DEL IMPERIO

Para Cuba la salida de Ronald Reagan de la Casa Blanca, en enero de 1989, es un alivio. El publicitado «pragmatismo» de George Bush, el nuevo gobernante, supone un cambio favorable. Resulta ser peor. Convierte el embargo económico, comercial y financiero a Cuba en bloqueo global, agudiza la guerra psicológica y continúa las frenéticas maniobras militares en el Caribe cuyo mensaje son una amenaza de invasión a la isla. En mayo de 1990 las operaciones Ocean Venture y las Solid Shield, son simultáneas, realizan ejercicios en Guantánamo.

Bush está convencido de que los aires de la Perestroika —ya erosionan al imperio soviético por dentro y por fuera— llegarán a Cuba y que con su «ayuda» el régimen cubano se irá a pique y él verá rodar la cabeza de Fidel.

En respuesta a las Solid Shield, maniobras militares norteamericanas en el Caribe, Cuba realiza maniobras militares, Escudo Cubano, con despliegue de aviones de combate, concentración de tropas alrededor de la base de Guantánamo y con la movilización de reservistas. «Correrán ríos de sangre» si Estados Unidos invade Cuba, advierte Fidel.[60]

Bush mantiene la campaña de desprestigio contra Cuba y contra Fidel, continúa con mayor ahínco la *vendetta* de los derechos humanos, e impone mayores restricciones a los norteamericanos para viajar a la isla y al ingreso de cubanos a Estados Unidos, incluso a los miembros del gobierno.

En el discurso anual del 26 de julio de 1989, en Camagüey, Fidel denuncia las agresiones de Bush. «Nunca —afirma— un gobierno estadounidense, ni siquiera el de Ronald Reagan, exhibió una actitud tan triunfalista […] Nunca los Estados Unidos han sido tan amenazantes como ahora.» Esa euforia —dice— es porque Bush cree que el socialismo está en su «lecho de muerte».

El Cristo de espaldas

El destape del mayor escándalo de corrupción en la historia de la Revolución cubana, el 14 de junio de 1989, la estremece hasta sus cimientos. Los actores son personajes de la élite de las fuerzas armadas y del Ministerio del Interior. El Ministerio de las FAR, a cargo de Raúl Castro —el segundo en la jerarquía cubana—, en un escueto comunicado publicado en el diario *Granma*, anuncia que cumple con el «desagradable deber» de informar sobre el arresto del general de división Arnaldo Ochoa Sánchez, acusado de graves hechos de corrupción. «Sean cuales fueren los méritos de cualquier compañero —añade—, el partido y las FAR no pueden admitir en absoluto la impunidad de quienes, apartándose de los principios de la Revolución, cometan graves violaciones de la moral y las leyes socialistas.»

Dos días después, en un extenso editorial, *Granma* informa sobre los arrestos del general de brigada Patricio de la Guardia Font, del coronel

Antonio —Tony— de la Guardia Font —hermanos gemelos—, del capitán Jorge Martínez Valdés —asistente de Ochoa—, del mayor Amado Padrón, oficial del Ministerio del Interior, y de otros militares de menor rango, entre ellos una mujer, acusados de tráfico de drogas, de enriquecimiento ilícito y de corrupción. Los investigadores —dice— no han encontrado la «menor evidencia» de que los oficiales arrestados estén involucrados en actividades contrarrevolucionarias. Agrega que «el inexorable peso de la justicia caerá sobre ellos». En ese momento no se relaciona la detención de Ochoa con la de los hermanos De la Guardia.

El arresto del general Ochoa es en sí un escándalo. La revista *Time* lo compara con el que hubiera ocurrido en Estados Unidos si el arrestado hubiera sido el general Dwight Eisenhower. Ochoa es «héroe de la República de Cuba» —honor poco frecuente— por su destacado desempeño en misiones internacionalistas (por primera vez se menciona a Venezuela en ese contexto) y como comandante de las tropas cubanas en Etiopía y en Angola de donde salen triunfantes. Ochoa es ex combatiente en la Sierra Maestra, miembro del Comité Central, diputado a la Asamblea Nacional, respetado entre la jerarquía militar y admirado por gente del pueblo. Es amigo de Fidel y de Raúl. A Ochoa se le acusa de corrupción, de contrabando de marfil, diamantes y maderas preciosas y de mercado negro.

El coronel Tony de la Guardia, superagente especial, es respetado dentro de su institución y goza de la confianza y de la amistad de Fidel y de Raúl. Tony, como director del departamento MC, encargado de las supersecretas operaciones comerciales con las que Cuba burla el embargo norteamericano, viaja libremente y realiza sin mayor vigilancia —o sin vigilancia alguna— negocios de toda índole (en mayo es separado de la dirección del MC).

En esos días también es detenido Diocles Torralba, ministro de Transporte y vicepresidente del Consejo de Ministros, acusado de conducta inmoral, disipada y corrupta. La *dolce vita* (es condenado a veinte años de cárcel). *Granma* aclara que dicho arresto no tiene relación con el de Ochoa, que describe como mucho más grave y complejo. Después es destituido el general José Abrantes, ministro del Interior, y más tarde arrestado con tres oficiales de ese ministerio y condenado a veinte años de cárcel en donde muere de infarto cardíaco en enero de 1991.

«En menos de veinticuatro horas se derrumba el más cerrado círculo de oficiales, unidos por lazos familiares, por la amistad y la experiencia.»[61] Son los militares más cercanos a Fidel.

Cuba abre la caja de Pandora sin medir sus consecuencias. «Sabíamos que el problema no era fácil, sabemos lo que ocurre cuando una personalidad de esa naturaleza hay que arrestarla y juzgarla; sabíamos la campaña que se iba a desatar», dice Fidel. Decide afrontarla, sin imaginar lo que viene después.

Las investigaciones que conducen al arresto de los catorce militares y lo que sale en los juicios confirma sus actividades en narcotráfico y sale a relucir el nombre de Pablo Escobar, jefe del cártel de Medellín, el narcotraficante y criminal más buscado por las autoridades colombianas y norteamericanas. La conexión con Escobar es el capitán Martínez Valdés —asistente de Ochoa—, que va en viajes clandestinos a Colombia, utilizando un pasaporte colombiano falso. Martínez informa en el juicio que a Escobar no le interesaba el blanqueo de dólares sino contar en Cuba con un aeropuerto, con laboratorios y «otras cosas». Esas otras cosas eran diez equipos lanzamisiles tierra-aire, un avión listo para él y la construcción de una fábrica de cocaína. El mayor Amado Padrón dice que nada de eso es posible en Cuba.

Entre enero de 1987 y abril de 1989 se llevan a cabo diecinueve «operaciones», quince de éstas con éxito, que introducen en Estados Unidos seis toneladas de cocaína con un beneficio de 3,4 millones de dólares. Los aviones salen de Colombia, llegan a un aeropuerto militar en Varadero y la droga es transportada a los islotes de Florida en lanchas rápidas a cargo de «marielitos» (cubanos que emigran a Estados Unidos en el éxodo de Mariel en 1980). En las negociaciones con los capos colombianos —y mexicanos— los oficiales cubanos actúan como «enviados» de su gobierno sin especificar quiénes son «sus jefes». Esa ambigüedad compromete al gobierno cubano, y personalmente a Fidel y a Raúl.

Ese escándalo es devastador para Cuba, por el peso de los militares implicados y porque Fidel, de forma reiterada, rotunda y enérgica, ha rechazado como «calumnias» las acusaciones que ha hecho Estados Unidos, desde principios de los años ochenta, contra personalidades del gobierno cubano de estar involucradas en tráfico de drogas. Ha sostenido que Cuba nada tiene que ver con ese delito y que está «libre del flagelo» del consumo y ha calificado esa campaña de «infame propaganda plagada de falsedades y mentiras». También ha descrito a Estados Unidos como una nación «en decadencia, incapaz de superar el consumo interno de estupefacientes».[62]

«La primera reacción de nosotros, acostumbrados a escuchar todo tipo de mentiras, de infamias, de calumnias a lo largo de treinta años, es que se trataba simplemente de un invento más y de nuevas calumnias por parte de Estados Unidos y no se les prestaba especial atención», comenta Fidel. Pero un cable de la AP, del 6 de marzo de 1989, lo pone en alerta, pues su información coincide con rumores que le llevan amigos de Colombia «por diversas vías» sobre lo que dicen los capos de la droga.[63] Esas vías son comandantes del grupo guerrillero colombiano M-19.[64]

El cable se refiere a dos cubanos exiliados en Miami, Reynaldo Ruiz y su hijo Rubén, de veintidós años, piloto de avión, arrestados por la DEA y acusados de narcotráfico. En el juicio se declaran culpables de haber transportado más de una tonelada de cocaína a Estados Unidos a través de Cuba, con la ayuda de militares y funcionarios cubanos. Dicen tener amplios contactos de «alto nivel» en Cuba y se jactan de fumar tabacos que salen de las gavetas de Fidel. Tal información —dice el cable—, se origina en un comunicado de la oficina de la Fiscalía Federal en Miami.[65]

Fidel ordena al general Abrantes, ministro del Interior, investigar ese asunto, pues sabe que los servicios de inteligencia norteamericanos tienen, desde mediados de 1987, amplia información sobre tales operaciones y que saben el nombre de dos militares cubanos y que uno de ellos es Antonio, «Tony», de la Guardia.

Washington mantiene en secreto esa información, pues se prepara a destaparla con un golpe espectacular. Sería un escándalo devastador para Cuba, pues en esa red de narcotráfico están implicados militares cubanos de alto rango. El plan es «secuestrar» al general Abrantes en aguas internacionales y llevarlo engañado a un encuentro con capos de la droga. Sería una operación militar combinada de la CIA, la DEA, la DIA y la fuerza aérea y la armada en la que usarían aviones de combate, AWACS, destructores y submarinos. Para su sorpresa el gobierno cubano destapa el escándalo y esa operación no puede llevarse a cabo. Tampoco era posible, porque un personaje de la talla de Abrantes no iba a asistir a un encuentro con narcotraficantes.[66]

Las informaciones de los medios de comunicación occidentales sobre el «caso Ochoa» son contra Cuba, con constantes referencias al «cártel de La Habana», al «Cuban Connection», al «Castro-gate» y colocan a Fidel dentro de la red de la mafia internacional de la droga. Uno de los más devastadores análisis sobre ese escándalo lo hace Jean-François Fogel, ex corresponsal de France Press en Cuba, en su libro *El fin de siglo en La Habana* (1992). El Congreso, los departamentos de Estado y de Justicia, los anticastristas de Miami, el disidente Huber Matos y el desertor ex general de brigada Rafael del Pino, exiliados en Estados Unidos, acusan al gobierno cubano, en especial a Raúl Castro, de narcotráfico y aseguran que los arrestos de los militares son «purgas» para liberarse de potenciales rivales de Fidel —sobre todo de Ochoa— y por ser simpatizantes de la Perestroika.

Esa guerra informática es a través de poderosos medios de comunicación norteamericanos y de una veintena de emisoras anticastristas en Florida que, además, incitan al pueblo cubano a rebelarse contra el gobierno. Autoridades norteamericanas afirman que lo que está aconteciendo en Cuba corrobora las viejas acusaciones de Washington contra altos funcionarios cubanos de estar implicados en narcotráfico. Un cable de la agencia española EFE dice que las sospechas e informaciones, expuestas ante el Congreso por altos funcionarios norteamericanos, han sido «confirmadas» por dos desertores cubanos.[67] Se trata de Óscar Valdés, hermano de Ramiro Valdés, ex ministro del Interior, y de Manuel Beúnza, ex agente de inteligencia cubano, que en testimonios ante el Congreso acusan a Raúl Castro de haber «organizado» el narcotráfico en Cuba y a la embajada cubana en Colombia, entre 1975 y 1980 (Fernando Ravelo era el embajador), de haber sido centro de conexión con narcotraficantes. Cuando los congresistas les piden pruebas sobre los nexos de Fidel y Raúl con el negocio de la droga, dicen «que en ese momento no cuentan con nada específico».[68]

El gobierno cubano califica esa campaña de «infamante lluvia de acusaciones y de calumnias» difíciles de desmentir, pues Cuba no cuenta con los medios para hacer frente a la poderosa red de comunicaciones internacionales controlada por Estados Unidos. Cuba expulsa al corresponsal de Reuters, Gilles Trequesser, de treinta y nueve años y de nacionalidad francesa, por transmitir informaciones falsas. Es sacado de su residencia al amanecer y puesto en un avión de Cubana de Aviación rumbo a Toronto, Canadá.

Los catorce militares son juzgados por un tribunal de honor de las FAR —cuarenta y cuatro generales de división y de brigada y dos contralmirantes— y luego por un tribunal marcial de tres miembros, pero la última palabra sobre las sentencias la tiene el Consejo de Estado, órgano superior del gobierno —veintinueve miembros—, presidido por Fidel. Los juicios se realizan sin prensa nacional ni extranjera, sin observadores internacionales (varias instituciones solicitan asistir), ni público. Sólo permiten la entrada a militares y a familiares de los acusados. El proceso —el gobierno lo califica de «sumarísimo»— toma menos de un mes. Cada noche la televisión, durante dos horas, pasa grabaciones en videocasetes —previamente editadas— de los juicios. El gobierno dice que todo se publica, pero que excluye asuntos morales que puedan afectar a personas inocentes o demasiado escandalosos o que puedan causar daño a la política exterior cubana y no sean factores decisivos para las decisiones que deban tomarse.[69]

Ochoa, la figura más destacada en la constelación militar cubana, es el primero en ser interrogado. Confiesa su vinculación con el negocio de drogas desde finales de 1987, pero dice que su intención no es traficar a través de Cuba, sino insertarse en la red que existe entre Colombia y México, hacer «grandes negocios y obtener grandes sumas de dinero» para que «una tercera persona» invierta en turismo en Cuba y la favorezca. Lo del narcotráfico —dice— es más bien una consecuencia. Reconoce que autoriza los viajes de Martínez a Colombia y que sabía lo del pasaporte falso colombiano. «Yo lo permití todo», afirma. Varios militares testifican en su contra, en relación con el contrabando y el mercado negro. Ochoa admite todos los cargos.[70]

Profundamente atribulado —así se ve en las pantallas de televisión—, en una patética declaración acepta la gravedad de su falta, su «traición» a la patria, a la Revolución y a Fidel. Admite todos los cargos esgrimidos en su contra y de forma explícita desmiente las afirmaciones hechas en el exterior sobre móviles políticos. «Era de esperarse que el enemigo trataría de utilizar esto. Nada está más alejado de la verdad que el dar a mis actos motivos políticos.» También niega que Fidel y Raúl Castro estén implicados en narcotráfico como aseguran en el exterior. Dice que él es el único responsable. «Me desprecio a mí mismo […] ¡Uno paga la traición con la vida! […]. Si la condena me lleva al fusilamiento, mi último pensamiento será para Fidel y para nuestra gran Revolución que le ha dado a este pueblo.»[71]

El segundo enjuiciado es el coronel Tony de la Guardia, quien reconoce haber iniciado las operaciones de narcotráfico en 1987 o finales de 1986. «¿Cuántos oficiales conocían ese negocio?», pregunta el fiscal. «Los que están detenidos aquí», responde. El fiscal pregunta sobre las reuniones de oficiales cubanos con traficantes colombianos, mexicanos y norteamericanos. Dice que sabía pero que no participó. El fiscal pregunta si él sabía que Martínez iba a Colombia con pasaporte falso y responde en forma afirmativa. Dice que él no conocía a los cuatro narcos colombianos con los que se reunía Martínez. «Con el único colombiano que me he reunido es con Ramiro Lucio.» Dicha afirmación desata una tormenta en Colombia y en el movimiento guerrillero M-19 del cual Lucio es portavoz político. En ese momento el M-19 negociaba con el gobierno su reinserción a la vida civil. Esa información sobre Lucio la destaca la prensa colombiana para confirmar las supuestas conexiones de la guerrilla con los narcotraficantes. El embajador de Estados Unidos. Lewis Tambs, ya había acuñado el término «narcoguerrilla» para destacar la peligrosidad de esa alianza delictiva. Lucio afirma que sus relaciones con Cuba son un negocio de trueque del cual está informado el ministro de Defensa de Colombia, y que Tony de la Guardia era quien daba el permiso en el Ministerio del Interior cubano. Dice ser una de las personas más investigadas en Colombia, pues hace diez años que sus teléfonos están «intervenidos» y vigiladas sus cuentas bancarias. «No sé qué trama política hay detrás de todo esto. Puede ser el interés oscuro de vincular al M-19 con los sucios negocios del narcotráfico.»[72]

De la Guardia acepta todos los cargos que se le hacen y dice ser el «máximo responsable» y que ninguno de sus jefes tenía conocimiento de sus actividades con el narcotráfico. «Soy consciente totalmente del daño, del error tan grande que he cometido, del daño que he hecho a Fidel, a la Revolución, a mis compañeros, a mi institución, a mis hijos, daño que es irreparable», afirma. La prensa extranjera encuentra su testimonio «vacilante», señala que no menciona al inmediato superior «a quien entregaba parte del dinero del narcotráfico» y que deja dudas sobre el conocimiento que pudiera tener la dirección cubana sobre tales actividades. «Parecía que quería encubrir a alguien», comenta un diplomático en La Habana.[73]

El tribunal de honor y la corte marcial condenan a los militares por traición a la patria, ordenan su degradación, su expulsión deshonrosa del ejército y privarlos de todas sus funciones. Decretan la pena capital, por fusilamiento, al ex general Ochoa, al ex coronel Tony de la Guardia, al ex capitán Martínez Valdés y al ex mayor Padrón Trujillo. A los demás, entre ellos Rosa María Abierno, ex capitana del Ministerio del Interior, los condena a treinta, veinticinco y diez años de prisión, de acuerdo a la gravedad de las culpas. Cada uno de los miembros del Consejo de Estado, presidido por Fidel, órgano que debe dar la última palabra, en emotivos y cortos discursos corrobora las sentencias.

Fidel, en un extenso discurso con el que finaliza la sesión del Consejo de Estado sobre los juicios, dice que los acusados han comprometido el prestigio y la seguridad del país y golpeado los principios, el honor y la dignidad de la Revolución cubana. Fue una «gran traición»

—señala—, pues vendieron al país, lo arriesgaron seriamente, socavaron la moral y el prestigio de la Revolución y la debilitaron en todo sentido. Dice que «el castigo debe ser ejemplar y la sanción la más severa».

Las demandas a Cuba pidiendo clemencia para los condenados a muerte y las críticas a los juicios y a las sentencias brotan del gobierno y del Congreso de Estados Unidos, de otros gobiernos, del papa Juan Pablo II, de políticos, de intelectuales y de profesionales del continente, de organismos defensores de los derechos humanos. Algunos acusan al gobierno cubano de haber manipulado los juicios, otros señalan que las defensas no sirvieron para desvirtuar los cargos sino para hundir más a los acusados. Las defensas, en efecto, fueron pobres y en extremo limitadas. Americas Watch afirma que los juicios a los cuatro condenados a muerte son «flagrantes trasgresiones a un debido proceso» y cuestiona que Raúl Castro, ministro de Defensa, ante quien debían responder los acusados, hubiera servido de testigo. Pide una decisión «política» que conmute las sentencias.[74]

La prensa norteamericana, agencias internacionales de noticias, anticastristas en Miami y «disidentes» en la isla desvirtúan las declaraciones de los acusados reconociendo sus culpas. Afirman que Ochoa ha sido llevado al juicio drogado. Ochoa califica de calumnias y «desvergüenzas del imperialismo» tales acusaciones.[75]

No obstante la presión internacional, al amanecer del 13 de julio los cuarto oficiales son fusilados. Al día siguiente, en un escueto comunicado publicado en *Granma*, el gobierno da la noticia.

Las alegaciones de la prensa extranjera, de organismos de derechos humanos, de anticastristas, desertores, «disidentes» y activistas de derechos humanos sobre manipulación de los juicios y sobre las motivaciones políticas para eliminar a Ochoa, a las que dan gran despliegue la prensa de Estados Unidos, continúan después de los fusilamientos. Varios «disidentes» y activistas son arrestados en Cuba acusados de «divulgar informaciones falsas y denigrar los juicios».

La esposa de Tony de la Guardia le comenta a la prensa extranjera que Fidel los engaña, pues les dice que había que salvar a la Revolución y les hace creer que al colaborar no sufrirían la pena máxima. Otro tanto afirma desde la cárcel Patricio de la Guardia en un documento —de veinte páginas— fechado en octubre de 1991, que logra que salga de la cárcel en forma clandestina (lo dirige a Osmany Cienfuegos y a Roberto Robaina, miembros del buró político del PCC). El diario parisino *Le Monde* publica algunos fragmentos en julio de 1992, en los que Patricio afirma que su hermano Tony le confiesa haber realizado cuatro operaciones de narcotráfico y entregado personalmente más de tres millones de dólares al ministro del Interior, general Abrantes, y que está «segurísimo» de que Tony había sido autorizado para realizar las operaciones clandestinas por las que fue fusilado. Agrega que el gobierno cubano está implicado en una «multitud de actividades ilegales» y cita nombres de gentes prominentes del gobierno que dice están involucradas en ese asunto. No menciona a Fidel ni a Raúl Castro, pero *Le Monde* comenta que «el texto no deja dudas» sobre el papel que ellos desempeñaron en ese tráfico, cuyo fin era obtener divisas para el país. De la Guardia menciona torturas psicológicas a las que es sometido y dice que el militar que le asignan para su defensa ni siquiera se informa sobre su trayectoria militar y sólo habla con él treinta minutos antes del juicio.[76] Ningún medio menciona que durante el juicio afirma exactamente lo contrario.[77]

Después de ese devastador escándalo, Fidel propone a Estados Unidos realizar operaciones conjuntas en el Caribe contra el tráfico de drogas. Agencias internacionales de noticias informan que el Departamento de Estado reacciona «fríamente» a esa propuesta pero que Charles Rangel, senador demócrata, presidente del Comité sobre Abuso y Control de Narcóticos de la Cámara de Representantes, critica la negativa de Bush a la que calificaba de «ridícula» y dice que está «jugando a la política anticomunista» y poniendo en riesgo el éxito de la lucha contra las drogas.[78] Tad Szulc, ex corresponsal del *New York Times* en América Latina y autor de varios libros, entre éstos una «biografía crítica» de Fidel (1986), comenta que «por razones de interés nacional» Bush ha debido aceptar el ofrecimiento de Castro «en lugar de responderle con legalismos desgastados».

A pesar del escándalo del narcotráfico, de la tenaz campaña de descrédito contra la Revolución y contra Fidel y de la *vendetta* en el tema de los derechos humanos, Cuba cosecha triunfos en la arena internacional. En octubre de 1989 —dos meses después de los fusilamientos—, la Organización Mundial de la Salud (OMS) le entrega a Fidel la condecoración Salud Para Todos en reconocimiento a la labor de Cuba en ese campo en su país y en el mundo. Y a pesar de las presiones de Washington, Cuba es elegida miembro del Consejo de Seguridad de la ONU (1990-1992) con la mayor votación registrada hasta entonces: 146 de un total de 156 (durante treinta años Estados Unidos lo ha impedido), es reelegida en el Consejo de la FAO y elegida en la

Comisión de Derechos Humanos de la ONU en Ginebra (en 1992 es reelegida).

La revista *Time* publica un sondeo de opinión hecho por el Departamento de Estado, en marzo de 1990, que muestra que si en ese momento se celebraran elecciones en Cuba ganaría no sólo el Partido Comunista sino Fidel.[79]

Fidel también continúa recibiendo emocionadas manifestaciones de apoyo cuando asiste a las ceremonias de cambios de gobierno en el continente. Son minicumbres de presidentes, a las asisten representantes del gobierno de Estados Unidos. Una y otra vez la prensa nacional y extranjera destacan: «Fidel se robó el show», «Fidel es la vedette», «Otra vez Fidel el centro de la atención».

En 1992 —treinta y tres años después del triunfo de la Revolución—, en la Conferencia Mundial del Medio Ambiente y Desarrollo, en Río de Janeiro, a la que asiste el presidente Bush, Fidel es objeto de una memorable ovación de los miles de participantes y de demostraciones de admiración y afecto del pueblo brasileño. Y en 1994, en Sudáfrica, en la toma de posesión de Nelson Mandela, es objeto de homenajes populares y de los miles de invitados a esa ceremonia. La prensa señala que miembros del gobierno de Clinton no le ocultan su simpatía. Algunos se acercan a saludarlo y se toman fotos con él.

La crisis de las embajadas

En julio de 1990 comienza otra grave crisis diplomática en La Habana con el ingreso simultáneo de cubanos —hombres, mujeres y niños— a las embajadas de Checoslovaquia —ya ha caído el régimen comunista—, de varios países europeos y de Canadá. El gobierno cubano acusa a Estados Unidos de instigar esa crisis, fruto —dice— de la «obsesión enfermiza» de Bush contra Cuba. El gobierno cubano responsabiliza a Jan Domok, encargado de negocios checo, de ese incidente y prueba que funcionarios de la Sección de Intereses de Estados Unidos y de la embajada de la República Federal de Alemania participan en esos hechos. Como en ocasiones anteriores, anuncia que no negociará con los asaltantes, quienes deben abandonar la sede diplomática en forma «incondicional» y dice que no ejercerá represalias. A los pocos días salen.

El conflicto con la embajada de España es largo y tenaz. Dura cincuenta y cinco días y provoca un severo enfrentamiento entre Madrid y La Habana, con cruce de duras comunicaciones, expresiones insultantes de las autoridades cubanas contra el canciller español, Francisco Fernández Ordóñez, allanamiento de la sede diplomática por fuerzas cubanas (capturan a un asilado), protestas del gobierno español por tal asalto (el gobierno cubano se disculpa) y el anuncio del canciller español de que las puertas de la embajada quedan abiertas para quienes quieran pedir asilo y de la «suspensión indefinida» de la ayuda española a Cuba (cerca de dos millones y medio de dólares anuales).

Fidel responde en forma airada a tales anuncios. Dice que «renuncia» a esa ayuda que en algún momento califica de «pírrica» y se burla de las alegaciones del canciller a las que describe como «responsos de angustiado administrador colonial» y señala su «escandalosa incultura en materia de derecho internacional». Además lo acusa de querer «provocar un segundo Mariel». El canciller, molesto, pide a la Comunidad Económica Europea suspender la ayuda a Cuba.

El 26 de julio de 1990 —trigesimoséptimo aniversario del asalto al cuartel de Moncada—, Fidel dedica gran parte de su discurso de tres horas a esa crisis que describe como «verdadera guerra diplomática» y de provocación «urdida» por Estados Unidos a la que España y otras naciones europeas se han prestado. Y da la vuelta a los argumentos: les pide abrir oficinas en La Habana para dar visados de entrada a sus países a los cubanos que quieran abandonar la isla, y a Estados Unidos que envíe barcos si quiere recibir a la gente que dice sentirse perseguida en Cuba para que se marche. Advierte que no permitirá la salida de los que ingresen ilegalmente a las misiones diplomáticas, ni aceptará presiones de sus gobiernos para que autorice su salida, pues es una intromisión en los asuntos internos de Cuba. A España le propina otro golpe: se refiere al Quinto Centenario del «Descubrimiento» de América, a cuya pomposa celebración dedica millonarios fondos, como las «efemérides del genocidio y el exterminio de nativos del Nuevo Continente».

Como en ocasiones anteriores —otro tanto sucede en los posteriores ingresos violentos de cubanos a misiones diplomáticas—, los refugiados abandonan la embajada española de forma voluntaria y las tensiones van desapareciendo. Analistas afirman que Fidel había metido al gobierno socialista de Felipe González «en la vía», pues era embarazoso para España, cuyos lazos con Cuba —su última colonia en este hemisferio— han sido estrechos, aun bajo la dictadura de Franco, aparecer colaborando en una conspiración contra Cuba urdida por Washington.

Era obvio que la propuesta de Fidel —era más bien un reto— para que los países europeos abrieran oficinas de visados en La Habana caía en saco roto. Ninguno estaba dispuesto a abrir sus puertas a esa emigración legal. Preferían dar «asilo político» a los que llegan a sus países (a veces aprovechando el tránsito de aviones que los llevan hacia otros destinos), haciendo caso omiso de que ellos mismos, la mayoría de las veces, reconoce no estar perseguido por el gobierno.

Tiempos de cambio

El 26 de julio de 1989, en la celebración de otro aniversario del cuartel de Moncada en Camagüey, Fidel advierte que la ayuda soviética puede escasear y que son necesarias la austeridad y la autosuficiencia. El pueblo debe esforzarse para producir lo necesario. «Si los suministros de petróleo soviético disminuyeran —dice— o fueran cancelados, Cuba seguirá socialista así tuviera que volver a la carreta de bueyes».[80] Vuelve.

Ese año comienzan a caer los regímenes comunistas de Europa del Este, la economía soviética se está tambaleando y el intercambio comercial con Cuba, que representa el 85 por ciento del total (el 77 por ciento con la URSS), va desapareciendo. Con la descentralización de la economía soviética muchas empresas dejan de venderle, otras le exigen pagos en divisas, la cuenta *clearing* con Moscú se acaba y comienzan a fallar los suministros de petróleo. También desaparece el ingreso de divisas por concepto de la venta del excedente del crudo soviético a otros países, calculado entre doscientos y trescientos millones de dólares anuales.[81]

Cuba va quedando sin petróleo, sin capital, sin crédito, sus mercados con el mundo socialista reducidos al mínimo, obligada a pagar en divisas —por decisión del CAME—, con una voluminosa deuda externa con la URSS y con la banca europea y está sometida a una brutal agresión económica por parte de Estados Unidos.

La mayoría de la industria cubana se ha desarrollado con la técnica soviética y de los países de Europa del Este y su economía está integrada a los países del CAME, del cual es miembro, a los que exporta productos tropicales de los que carecen. Para suplir esos mercados desarrolla la industria del azúcar y de los cítricos y descuida la diversificación, error que reconoce más tarde. El intercambio con esos países —dirigido a disminuirlo con el área capitalista— le implica dependencia, mayores costes de transporte y una calidad inferior. Pero ésta es la única opción que le deja el bloqueo norteamericano. Sin mercados, sin los productos de primera necesidad que le exportaban, sin las materias primas necesarias para sus industrias y sin el petróleo que requiere el país, queda semiparalizada y más expuesta a los rigores del bloqueo.[82]

En agosto de 1990 —año y medio antes del colapso de la URSS— el gobierno cubano decreta lo que llama «Período Especial en tiempo de paz» en preparación para lo que también llama «Opción Cero»: nada en petróleo. Implanta fuertes restricciones al consumo de combustible y de energía eléctrica. Impone el racionamiento diario. La mecanización de Cuba —uno de los logros de la Revolución—, hace mucho más traumática la carencia de petróleo. Está obligada a reducir o suspender importantes planes de desarrollo para salvar sus prioridades: programas de alimentos, desarrollo de la biotecnología —ocupa uno de los primeros lugares en el mundo—, industria farmacéutica y turismo, importantes fuentes de divisas. Muchas empresas son cerradas, proyectos industriales —incluso petrolíferos— son suspendidos y reducidos otros con la URSS, entre éstos la construcción de plantas de níquel, de termoeléctricas, de industria de maquinaria y de refinerías de petróleo y la planta de energía nuclear en Cienfuegos, vital para Cuba.

El cierre de empresas, el recorte de horas de trabajo y la reducción de trabajadores en fábricas y centros de trabajo produce masas de desempleados: el «obrero interruptor». Unos son trasladados a otras empresas —con iguales salarios— y al desempleado lo cubre la seguridad social. Los que no aceptan traslados no reciben beneficios. Los estudiantes de las universidades son estimulados a continuar sus estudios o aceptar trabajos en el campo. Se crean microbrigadas en la agricultura.

Muchos productos de primera necesidad, antes de adquisición libre, pasan a la Libreta de Racionamiento con los mismos precios subsidiados. El retardo de la URSS en el envío de cereales, harina, detergente, jabón, arroz y otros productos, obliga a su racionamiento. Por la escasez de pulpa de papel se reducen todas las publicaciones. Otras desaparecen. A esa escasez de productos se le llama «desabastecimiento».

El gobierno incrementa los planes agrícolas y de cría de animales domésticos y lanza una campaña para crear los «jardines de la Victoria» —huertas caseras—, para las cuales da semillas y herramientas. A finales de 1991 los CDR anuncian que ya existen 796.000 en todo el país. Para estimular la producción crea las Unidades Básicas de Producción Cooperativa (UBPC). En el sector agrario, los tractores son reemplazados por bueyes. En octubre de 1991 ya tiene doscientos mil animales entrenados y en servicio. En la industria azucarera es más difícil reemplazar las máquinas por mano de obra. En las circunstancias del país resulta más costoso alojar, alimentar y equipar a miles de trabajadores que usar combustible, dice Fidel.

La flota mercante y pesquera queda prácticamente paralizada, el transporte de carga y el transporte urbano sufren una drástica reducción. El gobierno suple esa escasez con la importación masiva de bicicletas chinas y seis fábricas son adaptadas para su producción. A finales de 1991 ha distribuido más de un millón de bicicletas. Coches de caballos y carretas circulan por las ciudades y campos para ayudar al transporte.

Tales esfuerzos ayudan pero no sacan a Cuba de la postración económica en que se encuentra. El pueblo sufre con la insuficiencia de productos de primera necesidad, con los cortes de luz diarios, con las dificultades del transporte —llegar a tiempo al trabajo es mucho más difícil— y con las deficientes comunicaciones, pues los teléfonos difícilmente funcionan. «Cuba en los físicos rines…», titula un diario colombiano un artículo sobre sus penurias. Los profetas de desgracias en el hemisferio pronostican salidas violentas.

Una política de alta prioridad del gobierno es el estímulo de la inversión extranjera. Crea empresas mixtas en los sectores de turismo, de industrias de cítricos y de cemento y firma acuerdos de cooperación de «alto riesgo» para la exploración y extracción de petróleo.[83] ¿Está Cuba entrando en el capitalismo? Fidel dice que no: «La inversión extranjera no está reñida con ningún principio del socialismo o del marxismo-leninismo o de la Revolución».

En forma acelerada Cuba busca nuevos mercados en Europa, América Latina y Canadá, plazas difíciles, competitivas, en moneda dura y a precios de «basurero». Así describe Fidel el intercambio desigual, pues el precio del azúcar —su principal producto de exportación— en esos mercados es inferior a su costo de producción. En todas partes encuentra las barreras del bloqueo norteamericano —no siempre superables— y empresas e inversores cancelan sus negocios con Cuba por presiones, amenazas y chantajes de Washington. Ese brutal bloqueo le impone enormes privaciones al pueblo. Fidel advierte que lo peor no ha pasado, que vendrán mayores dificultades, pero que «resistir es vencer».

En octubre de 1991 comienza el IV Congreso del Partido Comunista Cubano con la consigna «Salvar la Patria, la Revolución y el Socialismo». Cuba está en medio de su más grave y peligrosa crisis, acosada por una guerra en la radio desde Florida instando al pueblo cubano a rebelarse y a organizar protestas y por maniobras militares de Estados

Unidos en Guantánamo, con simulacros de evacuación. El gobierno ve la amenaza de una invasión.

Ese evento crucial —ha sido pospuesto varias veces por el acelerado deterioro del mundo socialista— despierta grandes expectativas dentro y fuera del país, aunque Fidel ha advertido que no habrían cambios «espectaculares», no se llegaría al multipartidismo ni al mercado libre. En el exterior muchos sostienen que ésta es la «última oportunidad» que tiene el régimen cubano para transformar al país y evitar una salida violenta.

En esa situación de amenaza externa, de agobio interno e incertidumbre comienza el IV Congreso. Sin invitados y sin prensa nacional ni extranjera, mil ochocientos delegados de todo el país se reúnen durante cuatro días. En el extenso discurso inaugural —cinco horas—, Fidel da un detallado informe sobre la dramática situación de Cuba, sobre los efectos devastadores que han tenido sobre su economía la desaparición de los regímenes socialistas y el declive de la URSS. Describe la situación soviética como una «desgracia»: el PCUS ha sido «disuelto por decreto», el país está «increíblemente debilitado» y enfrentado a la «seria amenaza de su desintegración». Dice que la Perestroika ha despertado simpatías en el pueblo cubano, pues está «cargada de palabras bonitas y enmascarada en la idea del perfeccionamiento del socialismo», pero que sus resultados han sido en realidad sólo destrozos.[84]

Las resoluciones aprobadas por el Congreso del partido versan sobre planes de desarrollo económico y social, renovación del partido para su democratización y poda de su burocracia, sobre un nuevo sistema electoral —introduce el voto directo, secreto y no obligatorio— y la apertura a los creyentes. Esta última es una de las medidas que más impactan a la opinión pública dentro y fuera del país. «El Partido Comunista cubano recibe a Dios», es el título de un diario colombiano. Los obispos cubanos, en carta pastoral, saludan dicha apertura pero dicen que son necesarios cambios verdaderamente democráticos.[85] Evangélicos y protestantes aplauden el cambio.

Cuba debe adaptarse a las nuevas condiciones internacionales y perfeccionar los órganos del gobierno sin hacer concesiones al capitalismo. Fidel dice que los regímenes socialistas de Europa del Este empezaron a hacerlos, «dieron un dedo, luego un brazo y finalmente les arrancaron la cabeza».

En diciembre de 1991 la Asamblea Nacional del Poder Popular (ANPP) se ocupa de la reforma de la Constitución de 1976, cuyo texto se enmarca en el sistema socialista y en base a lo aprobado en el IV

Congreso del PCC. De forma unánime y por votación nominal se adopta. Del preámbulo se elimina la referencia a la Unión Soviética y al mundo socialista e introduce el ideario de José Martí —apóstol de la lucha de independencia cubana— al lado de la doctrina marxista-leninista, como fundamento del Estado cubano; mantiene el liderazgo del Partido Comunista, como partido único, «vanguardia» y «fuerza dirigente superior de la sociedad y el Estado» y aprueba la nueva ley electoral (voto directo y secreto). La edad mínima para elegir y ser elegido en las asambleas provinciales y municipales son dieciséis años y para la Asamblea Nacional dieciocho, la mayoría de edad en Cuba. Para ser elegido es necesario el 50 por ciento de los votos. Mantiene la proporción de los miembros de la ANPP (un diputado por cada veinte mil habitantes o fracción mayor de diez mil). Ese año pasa de 510 a 589 miembros. La elección del jefe de Estado y del Consejo de Estado sigue siendo función de la asamblea, para «evitar la politiquería y la guerra entre candidatos», señala Fidel.

La nueva Constitución establece mayores garantías a la inversión extranjera, amplía las libertades religiosas —el PCC aprueba la admisión de creyentes— y el sistema económico —basado en la propiedad socialista— abre la posibilidad del traspaso de bienes del Estado a personas naturales o jurídicas en «casos excepcionales» para fines económicos.

En la Declaración Final la asamblea condena la agresión de Estados Unidos a su país y hace un llamamiento al pueblo cubano para combatir la contrarrevolución, el crimen y la delincuencia. Además rechaza los «juicios de valor» sobre Cuba, emitidos por gobiernos y parlamentos extranjeros, a los que califica de «monólogos improductivos», pues son hechos en reuniones en las cuales Cuba no ha estado presente ni ha sido invitada. Es una crítica al Grupo de Río por haber cuestionado, en una reciente reunión en Cartagena, Colombia, el sistema político cubano y las medidas tomadas por el gobierno que, a su juicio, constituyen un «obstáculo» para la «real convivencia continental». El Grupo de Río se refería a la detención en la isla de doce activistas y disidentes y al anuncio de Fidel de no abrirle «ningún espacio» a la contrarrevolución. La declaración concluye afirmando que no están en juego los mercados sino la supervivencia y la independencia de Cuba y señala 1992 como el año de prueba de fuego para la Revolución.

En el discurso de clausura, Fidel asegura que Cuba demostrará cómo se puede hacer «una revolución con principios democráticos y una democracia con un solo partido, aún en las condiciones más difíciles» y afirma que Cuba es «el país más democrático del mundo». Concluye con la consigna «¡Socialismo o muerte!» entre aplausos y gritos de apoyo a la Revolución y a Fidel.

Cuba pone a prueba su nueva ley electoral en medio de una hostil y frenética guerra por radio desde Florida exhortando al pueblo a abstenerse, a anular el voto o votar en blanco. En diciembre de 1992 se realizan esas elecciones en las que por primera vez el pueblo elige, de forma directa, a sus representantes en las asambleas municipales y provinciales y en febrero de 1993 las de diputados a la Asamblea Nacional. Por el grado de participación —el 97,2 por ciento y el 99,57 por ciento respectivamente— y por los resultados obtenidos, el gobierno los describe como «referéndum masivo» de apoyo al gobierno y a la Revolución. La mayoría de los votos son por candidatos de las listas elaboradas por comisiones de las organizaciones de masa, tal como ha recomendado el gobierno. Los votos anulados son el 7 por ciento y el 10 por ciento, y en blanco el 3 por ciento y el 4 por ciento respectivamente. Entre los candidatos no aparece ningún representante de la oposición, ni en las amplias discusiones en las 24.215 asambleas de vecinos del país, se presentan propuestas de carácter contrarrevolucionario.[86]

La recta final

Las relaciones de Cuba con la URSS se deterioran día a día y en todo sentido. La potencia comunista ya no puede cumplir con sus exportaciones y a Cuba le falta el petróleo. El intercambio comercial, ahora en divisas, es el fin a las condiciones favorables de que ha gozado por más de treinta años. Pero el apoyo militar sigue en pie. En enero de 1991 Moscú anuncia el despacho a Cuba de aviones de combate MIG-29, sin hacer caso a las protestas de Washington, y en junio llegan a La Habana el general Mijaíl Moiseiev, jefe del Estado Mayor soviético, y el contraalmirante Alexander Burgunov al mando de un destacamento naval. Van a tratar asuntos de su cooperación militar. Y el embajador soviético en La Habana asegura que no reducirán el envío de armas a Cuba y que sólo dejarán de hacerlo cuando se mejoren sus relaciones con Estados Unidos.

No obstante, Cuba comienza a recibir de Moscú mensajes preocupantes y contradictorios. Jerarcas soviéticos hablan de la necesidad de establecer «un nuevo tipo» de relaciones y en los medios de comunicación soviéticos abundan las noticias sobre la oposición que crece en sectores del Parlamento a esas relaciones favorables a Cuba en momentos en que la URSS tiene graves dificultades económicas. En junio de 1991 llega a La Habana el canciller soviético para discutir un nuevo acuerdo quinquenal de cooperación económica. La URSS ha reducido en dos tercios sus exportaciones e importa sólo una cuarta parte de productos cubanos.

La URSS se debilita internamente y en la arena internacional, y Gorbachov, también debilitado y pendiente de la ayuda de Estados Unidos que no llega, cae en el vórtice de la influencia de Washington. Hay un ir y venir de funcionarios del más alto nivel entre Washington y Moscú. Algunos de los personajes soviéticos, de regreso a Moscú, pasan por La Habana para «rectificar» sus acuerdos. Las relaciones Washington-Moscú van tan bien que Aeroflot, su compañía aérea, obtiene permiso para establecer una ruta Moscú-Miami y continuar a un tercer país. Aeroflot suspende su ruta a La Habana.

En septiembre de 1991 —un mes después del golpe contra Gorbachov— Baker va a Moscú. El tema central que trata con Gorbachov es Cuba. Dialogan más de tres horas y en una rueda de prensa conjunta Gorbachov dice que «modificará» y «modernizará» las relaciones con Cuba y anuncia su decisión de retirar de Cuba la brigada militar soviética (presente en la isla desde la crisis de los misiles de 1962). Baker, sonriente, dice que ese «gesto» es «muy significativo» y «favorable» a las relaciones de sus países.

Fidel se entera del anuncio de la retirada de las tropas por cables internacionales y reacciona airadamente. Dice que es «una actitud improcedente». Y *Granma*, en un extenso editorial, señala que la decisión «unilateral» de la URSS equivale a «dar luz verde» a Estados Unidos para agredir a Cuba. Señala que esa brigada (once mil soldados) no es importante para la defensa de Cuba, pero que tiene un profundo significado como expresión de la amistad y solidaridad de la URSS, y en relación con las propuestas del canciller soviético, Boris Pankin —Shevardnadze ha renunciado—, sobre las «medidas eventuales» que podría tomar Estados Unidos en favor de Cuba —la reducción del personal militar en Guantánamo— a cambio de la retirada de la brigada, son en «extremo modestas» e «intrascendentes». Es evidente —señala— que se negoció y que se hicieron concesiones a Estados Unidos respecto a Cuba sin haberle dicho ni una sola palabra.[87]

La «amistad eterna» de Cuba y la URSS se desvanece. El 7 noviembre, fecha en que la URSS conmemora la Revolución de Octubre, cuando su embajada en La Habana ofrece grandes recepciones a las que asisten Fidel y Raúl, la alta dirección cubana y generales de la República, escasamente vistos en reuniones diplomáticas, en 1991 permanece cerrada. El gobierno cubano, en cambio, con significativas ceremonias en La Habana y en otras ciudades resalta ese acontecimiento memorable.

Jolgorio anticastrista

Bush recibe el anuncio de la retirada de la brigada militar soviética de Cuba con especial entusiasmo y vaticina la caída de Fidel: «Será antes de lo que él se imagina», afirma. Tales declaraciones coinciden con la llegada del vicecanciller soviético a La Habana para tratar sobre esa retirada con las autoridades cubanas. En Miami los anticastristas lo señalan como un «poderoso golpe psicológico» que inicia del fin del régimen castrista.[88]

Es tal el entusiasmo de Mas Canosa, líder del anticastrismo en Estados Unidos y presidente de la FNCA, que a la semana parte para Moscú. Ahora encuentra afinidades con los líderes del Kremlin. «Siento una emoción de la que no he podido sobreponerme», responde a un periodista español que lo llama a Moscú desde Miami. «Yo, que he luchado toda mi vida contra los valores que este país representa [...], he encontrado aquí una mano amiga [...] He recibido la seguridad de que los subsidios a Cuba terminarán, que las tropas soviéticas regresarán a su país y que la ayuda militar será eliminada.»[89]

Mas Canosa aspira a reemplazar a Fidel. Sus seguidores se dirigen a él con un respetuoso «señor presidente», comenta el *New York Times* en un artículo que le dedica y para el que él rehúsa dar una entrevista. La FNCA tiene lista una nueva Constitución para Cuba y Mas Canosa un «Programa Social, Político y Económico para la Reconstrucción de Cuba», de corte capitalista.[90] Mas Canosa muere en noviembre de 1997, sin haber visto la caída de Fidel. Su grave enfermedad se oculta hasta último momento. En un emocionado homenaje, más de cien mil personas, de la comunidad cubana, acompañan el féretro hasta el cementerio en Miami. Él ha sido el símbolo de la resistencia cubana en el exilio en Estados Unidos, y liderado la lucha contra Fidel Castro.

Después del anuncio de la retirada de las tropas soviéticas de Cuba, los anticastristas y el gobierno de Bush ven inminente la caída de Fidel. Emisoras anticastritas en Florida exhortan al pueblo cubano a rebelarse, la organización terrorista Alfa 66 entrena aceleradamente sus fuerzas paramilitares para lanzarse a «liberar» a Cuba y miembros de la comunidad cubanoamericana —más de seiscientos mil residen en Florida— ponen en venta sus residencias antes de que ocurra la caída del gobierno, pues con el éxodo hacia la isla los precios serían más bajos. Bob Martínez —de origen cubano—, gobernador de Florida, nombra una comisión para que prepare las condiciones que permitan hacer frente a los disturbios que ocasionará la caída del régimen cubano. Fidel comenta con sorna: «Allá en Miami la gente hace maletas».

Sigue la vendetta

Bush continúa la *vendetta* contra Cuba en la Comisión de Derechos Humanos (CDH) en Ginebra y la CIA mantiene el apoyo a los grupos de activistas de derechos humanos y de «disidentes» cubanos para estimular el malestar interno. Cuando caen los regímenes socialistas de Europa del Este lo hace con más decisión, ahora con la bandera de la «democratización» de Cuba. Pide elecciones «libres», que implante el multipartidismo y la economía de mercado. La actividad de esos pequeños grupos es un problema irritante para el gobierno cubano, no porque signifiquen un peligro interno, sino por las campañas contra Cuba que orquestan Washington y los anticastristas de Miami y por las tensiones que le crean con otros gobiernos.

En agosto de 1989 son arrestados Elizardo Sánchez, líder de la Comisión de Derechos Humanos y Reconciliación Nacional (CDHRN), y dirigentes de otros grupos de derechos humanos cubanos acusados de difundir noticias falsas y «calumnias» en declaraciones a cadenas de televisión norteamericanas y a emisoras anticubanas, auspiciadas por Estados Unidos, con el fin de desacreditar a los tribunales cubanos, escribe *Granma*.[91] En efecto, en tales declaraciones condenan los fusilamientos de Ochoa y demás militares, los calificaban de «asesinatos», dicen que Ochoa había comparecido al juicio bajo los efectos de la droga suministrada por las autoridades cubanas y que todos habían sido víctimas de maltratos y de torturas psicológicas.

Washington condena esos arrestos como «flagrante violación a los derechos humanos en la renovada acción del gobierno cubano contra activistas».[92] Amnistía Internacional y Americas Watch, en sendos informes, expresan preocupación por el «empeoramiento significativo» de la situación en Cuba respecto del año anterior.[93]

La ilegalización de esos grupos, las detenciones de sus miembros, las declaraciones de Fidel de que no permitirá actividades contrarrevolucionarias y el hostigamiento a que los somete el pueblo a veces violentos, provocan enérgicas protestas de gobiernos y de personalidades extranjeras. Acusan a Cuba de represión, de violar los derechos humanos, de no respetar los derechos ciudadanos de libertad de expresión y asociación. Los activistas sostienen que los atacantes son llevados por el gobierno en camiones y que en los ataques participan miembros de la seguridad del Estado vestidos de civil y las Brigadas de Acción Rápida.

La detención, en octubre de 1991, de María Elena Cruz Varela y de tres miembros de su movimiento, acusados de «difamar de instituciones del Estado, imprimir publicaciones y realizar reuniones clandestinas», provoca duras críticas, entre éstas las del Grupo de Río, reunido en Cartagena, Colombia. Óscar Arias, ex presidente de Costa Rica y premio Nobel de la Paz, y cuatro ex mandatarios de ese país, en una comunicación conjunta piden al gobierno cubano su liberación. Y embajadores de países de la Comunidad Económica Europea en La Habana manifiestan al gobierno su preocupación por el incremento de la represión en Cuba.[94]

El gobierno cubano acusa a Washington de estimular la oposición interna y publica y hace circular en la CDH en Ginebra una copia de una comunicación del centro de la CIA en Madrid, fechada en julio de 1991, instando a esos grupos a convertirse en partidos de oposición. Tal denuncia —anota el gobierno cubano— encuentra el silencio de los medios de comunicación internacionales. En 1994 divulga un documento secreto (*top secret*) de la Sección de Intereses de Estados Unidos en La Habana al secretario de Estado, a la CIA y al INS (Servicio de Inmigración y Naturalización) que pone en evidencia la entelequia de esos grupos, de sus actividades y de las acusaciones de represión de la que dicen ser víctimas. Señala que en las solicitudes de visado para salir de Cuba la mayoría no muestra un «verdadero temor de persecución» sino malestar por el deterioro de la situación económica y que a pesar de hacer «todo lo posible por trabajar con las organizaciones de derechos humanos, sobre los que dice ejercer un mayor control, para identificar a los activistas verdaderamente perseguidos por el gobierno, los casos de derechos humanos representan la categoría menos sólida del programa de refugiados». Raras veces —dice— presentan pruebas fehacientes de represión, de persecución, de registros domiciliarios, de interrogatorios, detenciones o arrestos o de hostigamiento por la seguridad del Estado y —agrega— que algunas son «fraudulentas» pues hay «venta de avales testimoniales». Dice que los funcionarios de Inmigración consideran los casos de derechos humanos como «los más susceptibles a fraude».

Estados Unidos es derrotado tres años consecutivos en la CDH en Ginebra. No logra la condena a Cuba. América Latina, los países socialistas y del Tercer Mundo la apoyan. En 1990 por fin lo logra, con el voto favorable de Bulgaria y Hungría —ya han caído los regímenes comunistas— y de Panamá, invadido por Estados Unidos. El resto de América Latina se abstiene. México vota con Cuba en contra de la resolución.

Raúl Roa señala que los votos en contra y las abstenciones, todos de países del Tercer Mundo, muestran que la mayoría «no se ha plegado al imperialismo». Y Fidel, ardido, acusa a sus ex aliados de «traidores» por votar en favor de esa «canallesca y cínica moción anticubana», pues con su voto y el del «gobierno de la ocupación militar» de Estados Unidos (se refiere a Panamá), alientan la agresividad imperialista. Dice que si Cuba es atacada militarmente «de la sangre que se derrame aquí tendrán responsabilidad esos gobiernos que han sido capaces de escribir una página tan infame en la historia. Correrán ríos de sangre [...]. Tenemos las armas [...], todo el pueblo constituye nuestro ejército».[95]

En 1991 Estados Unidos de nuevo logra la condena a Cuba con el apoyo de los ex socialistas, de Argentina (gobierno de Menem) y de Panamá. La resolución pide a la CDH nombrar «un representante especial» para Cuba. El informe que presenta el ex ministro colombiano Rafael Rivas Posada, representante especial del secretario general de la ONU, en esa sesión de CDH, sobre los derechos humanos en Cuba —ciento veintiséis páginas—, la acusa de una variedad de violaciones: destaca el «inquietante incremento» de casos de persecución política a activistas y disidentes, menciona «tratamientos psiquiátricos» abusivos, procesos sin las debidas garantías, limitaciones al derecho de libre expresión y asociación y expresa preocupación por la creación de las Brigadas de Respuesta Rápida (grupos de civiles creados por el gobierno para enfrentar protestas públicas). La misión de Rivas Posada era observar *in situ* esa situación, pero el gobierno cubano no permite su ingreso y basa su informe en declaraciones de exiliados cubanos, de grupos de derechos humanos fuera de Cuba y de organizaciones como Amnistía Internacional y Americas Watch.

LOS AMOS DE LA GUERRA

El informe de Rivas provoca duras críticas de algunos delegados. Roa lo rechaza por «unilateral», por emitir juicios de valor y aceptar como ciertas las «afirmaciones de los enemigos conocidos de la Revolución cubana» y cuestiona la validez de la información dada por los veintiún grupos de derechos humanos cubanos, pues cinco de éstos consisten en grupúsculos «de uno y del mismo individuo».

En 1992 Cuba es de nuevo condenada. Esta vez Estados Unidos tiene el apoyo de Rusia, de Argentina, de Chile, de Costa Rica y de Uruguay. El resto de América Latina se abstiene. La resolución pide a la CDH nombrar a Rivas Posada «relator especial para Cuba», sanción especialmente grave. Rivas declina el nombramiento por «motivos personales». *Granma* comenta que a Washington le será difícil encontrar una personalidad de su prestigio para ocupar dicho cargo.

Roa rechaza la designación de un relator especial para su país, pues es un tratamiento «discriminatorio» y sólo aplicable a países que violan «en forma persistente y masiva» los derechos humanos. Señala que el informe de la misión de la CDH que va a Cuba —del cual Rivas Posada formó parte—, desvirtuaba las acusaciones de Washington contra su país. Advierte que su gobierno no permitirá la entrada del relator ni cooperará con él.[96]

El gobierno cubano acusa a Rusia de ceder a las presiones de Estados Unidos para atacar a su país y el diario *Granma* califica de «jolgorio apátrida» una recepción ofrecida por la delegación rusa en Ginebra y dice que la antigua sede soviética está «convertida en taberna rusa». Los disidentes cubanos Carlos Franky, David Moya y Ricardo Bofill son invitados a esa recepción. En una foto aparece Franky, vaso en mano, al lado de los rusos celebrando el «triunfo».[97] La prensa extranjera destaca el «abandono» de Rusia a su antigua aliada.

Con el apoyo de los países ex socialistas y la abstención de América Latina, Estados Unidos sigue logrando la condena a Cuba. La administración Clinton continúa esa *vendetta*, pero en la primavera de 1998 Estados Unidos sufre su primera derrota en siete años. La resolución que presenta, con otros veintiún países, no pasa: diecinueve votan en contra, y la mayoría de los latinoamericanos se abstienen. El delegado cubano celebra su triunfo: «Hoy se hizo justicia», y se ha dado un golpe a la política de Estados Unidos contra su país y lo acusa por su tradicional apoyo a las dictaduras militares, por la guerra económica contra su país y por violar el derecho humanitario con su embargo.[98]

Los «contras» de Fidel

En el término de diez días ocurren dos graves incidentes en Cuba que concluyen con fusilamientos. En 28 de diciembre de 1991 entra en la isla un comando de tres cubanos anticastristas, liderado por Eduardo Díaz Betancourt (sale ilegalmente de Cuba el año anterior y para algunos en Miami es un «infiltrado» de Castro). Los otros son Daniel Santovenia Fernández y Pedro de la Caridad Álvarez Pedroso. Al llegar son capturados, y sus armas, municiones, explosivos y propaganda anticastrista, decomisados. Tras largos interrogatorios relatan que el comando debía ser de veintidós combatientes pero por peleas internas queda reducido a tres, dicen que sus familiares no sabían nada y que el cerebro de ese plan —en Miami unos lo califican de heroico y otros de estúpido—, es Tony Cuesta (Cuesta, ex prisionero cubano, fundador de Alfa 66, organización terrorista, y jefe del Comando L, otro grupo paramilitar anticastrista). Su objetivo era realizar sabotajes en salas de cine, salas de baile y sitios de recreo, para crear pánico en la población, y más tarde dinamitar instalaciones económicas de importancia. Dicen que en Miami les aseguran que Cuba está al borde de la insurrección. «Ahora me doy cuenta —afirma Santovenia—, de que el gobierno de Estados Unidos me usó.»[99]

El gobierno cubano anuncia que aplicará la pena de muerte, castigo que impone por actos terroristas contra la seguridad del Estado. Tal anuncio provoca expresiones de repudio y peticiones de clemencia de gobiernos y de personalidades del continente, angustia entre sus familiares e indignación en los anticastristas. En Miami hay protestas públicas, «reducidas en número pero extensamente recogidas por los medios de Florida», informa la AP. Díaz Betancourt es el único condenado a muerte, los otros dos son sentenciados a treinta años de cárcel.

El otro incidente ocurre el 9 de enero de 1992 en Tarará, a quince kilómetros de La Habana. Tres soldados son asesinados y uno es herido de gravedad. Siete personas, entre ellas dos mujeres, que intentan robar una lancha para salir del país, los desarman, los atan y los matan a balazos. Ese crimen —poco común en Cuba— despierta profunda indignación en la población. Las emisoras de radio y el diario *Granma* son inundados de peticiones para que se les aplique la pena capital. Luis Miguel Almeida Pérez y René Salmerón Pérez, principales responsables, son condenados por un tribunal a pena de muerte por fusilamiento, por piratería y asesinato. A dos se les conmuta, a uno por retraso mental y al otro por ser menor de edad. Son condenados a veinticinco y treinta años de cárcel respectivamente y las dos mujeres a diez años.

El fusilamiento de Díaz Betancourt el 20 de enero desata en Miami una tenaz campaña contra Cuba. En el funeral del soldado Pérez Quintosa —herido en el incidente de Tarará—, Fidel califica de «hipócritas» a las personalidades (Óscar Arias, Alfredo Cristiani, presidente de El Salvador, Octavio Paz, escritor mexicano, y el portavoz del Vaticano entre otros) que piden clemencia para los sentenciados a muerte y no condenan sus crímenes. «Se lamentan por quienes desembarcaron aquí a matar, a incendiar, a poner bombas» y no mencionan que «el propio cabecilla contrarrevolucionario, que desde Miami envía ese comando, cuando cae prisionero está gravemente herido y casi totalmente ciego y la Revolución le salva la vida y le salva lo que pudo salvarle de la vista. Sobre esto no se dice ni una palabra, como si nuestro pueblo no tuviera derecho a defenderse de tales canalladas y de tales crímenes», dice Fidel. El cabecilla a que se refiere es Tony Cuesta, arrestado en Cuba en 1966 por terrorismo y condenado a treinta años de cárcel (a los doce años lo puso en libertad). Cuesta reconoce haber enviado a Cuba ese comando.

Bajo los gobiernos de Reagan y de Bush, terroristas y paramilitares anticastristas —y antisandinistas— actúan a sus anchas. Sus actividades, supuestamente clandestinas, son del dominio público pero las autoridades no hacen nada para detenerlas. Se entrenan en campos «clandestinos» en Florida y antes y después de sus misiones «secretas», dan declaraciones a la prensa sobre sus planes de asesinar a Fidel. Fuera de sus ataques, desde lanchas rápidas a supuestos «objetivos militares» —tirotean el hotel Meliá en Varadero—, sus intentos de infiltrar agentes siempre fracasan. Son dados de baja o detenidos.

Las autoridades norteamericanas también ayudan a esos grupos. En agosto de 1992 una cañonera del Servicio de Guardacosta de Estados Unidos rescata a cuatro agentes del Comando L —liderado por Cuesta— en aguas territoriales cubanas cuando su barco naufraga y el *Miami Herald* informa de que el FBI investiga a dicho comando sin que se produzca ningún arresto.[100]

Gerardo Reyes, corresponsal de *El Tiempo* de Bogotá en Miami, llama a los paramilitares anticastristas los «contras» de Fidel. Los describe «con trajes de faena, arrastrándose por los terrenos pantanosos de Everglades para tomar pueblos construidos con cuatro palos, asaltando trincheras ficticias, desembarcando en puertos fantasmas, disparando contra el enemigo con balas de salva o haciendo ruido de tiros con la boca,

cuando no tienen balas».[101] En esos preparativos de guerra contra Cuba
llevan veinte años.

La maldición del gitano

Bush —lo mismo que Reagan— se apoya en la ultraderecha anticastrista
de Miami y en la FNCA, liderada por Mas Canosa, y extrema aún más
el embargo y las sanciones a Cuba. En igual tónica está el Congreso
norteamericano. Tal relación les conviene a todos por razones electorales.
En 1990 el Senado aprueba la enmienda Mack —propuesta por el senador republicano Connie Mack— que prohíbe a las empresas extranjeras en otros países, subsidiarias de empresas norteamericanas, comerciar e invertir en Cuba. Ante las enérgicas protestas de gobiernos aliados
y amigos, pues tal enmienda sobrepasa la jurisdicción de Estados Unidos, ya que atenta contra la soberanía de otros estados y viola el derecho internacional, Bush la veta.

Pero en febrero de 1992 el Senado y la Cámara aprueban, por amplias mayorías bipartidistas, la llamada Ley Torricelli, obra de los representantes demócratas Robert Torricelli y Bob Graham. La llaman «Acta
para la Democracia en Cuba». Tal ley incluye la enmienda Mack y además prohíbe a los barcos que atraquen en puertos cubanos con mercan-
cías o pasajeros entrar a puertos de Estados Unidos por un período de
ciento ochenta días. Los barcos pueden ser confiscados y vendidos y su-
frir multas hasta de cincuenta mil dólares. Además impone sanciones y
represalias a gobiernos, a empresas privadas, nacionales y extranjeras, a
la banca nacional y extranjera, a compañías navales y aéreas y a individuos nacionales y extranjeros que la incumplan. También acuerda asig-
nar fondos para financiar y promover «organizaciones disidentes» dentro y fuera de Cuba. O sea, promover la subversión interna en Cuba.

Con la Ley Torricelli, Estados Unidos extiende su jurisdicción al
mundo entero. Ante la ola de enérgicas protestas de países aliados, de la
CEE, de parlamentos extranjeros y de críticas de influyentes diarios
norteamericanos, el Departamento de Estado considera que es «inopor-
tuno» sancionarla. Bush la deja en remojo. Pero en ese año de elecciones presidenciales sus aspiraciones a la reelección pesan más. En octubre, en una ceremonia en un céntrico hotel de Miami, con centenares
de cubanos anticastristas y de sus copartidarios republicanos, la sanciona. Así asegura el botín electoral latino en Florida.

La sanción de la Ley Torricelli provoca en Miami airadas manifestaciones de los que se oponen —pues ocasiona mayores dificultades y penurias al pueblo cubano— y choques con los anticastristas que la apoyan en los que interviene la policía. Los que se oponen a esa ley comentan que son objeto de amenazas de muerte y de represalias. Una bomba explota en el *Miami Herald* después de haber criticado la ley en un editorial. Americas Watch y el Fondo para la Libre Expresión, en un documento conjunto, denuncian la intimidación que ejercen exiliados cubanos contrarrevolucionarios en Miami contra quienes opinan distinto a ellos, y acusan al gobierno y a las autoridades de Florida y de Miami de fomentar y financiar a tales grupos, y a las fuerzas policiales de no intervenir para prevenir esos hechos «vandálicos» y no detener a nadie. Por ese ambiente de intimidación, creado por los anticastristas, varios congresistas deciden no oponerse para no correr riesgos en un año electoral.[102]

Bill Clinton, candidato demócrata, que también busca el botín electoral de los cubanos en Florida, acusa a Bush de querer «apropiarse» esa ley y califica de «política barata» el hecho de que no invitara a la ceremonia en la que la sanciona a los representantes Torricelli y Graham, sus autores. Dice que sin los «esfuerzos demócratas» ésta no hubiera sido posible. El 9 de marzo —al mes de aprobada— el *Wall Street Journal*, en nota editorial, afirma que a Torricelli le paga la FNCA de Mas Canosa y que ha recibido, «cuando menos», veintiséis mil dólares y que Clinton, después de ir a la Pequeña Habana —barrio de Miami— en una sola noche recibe de los exiliados cubanos ciento veinticinco mil dólares.

El gobierno cubano califica esa ley de «monstruosidad», de «proyecto diabólico» que pretende asfixiar por hambre al pueblo cubano y que es un nefasto precedente, pues mutila la independencia y la soberanía de todas las naciones.[103]

En 1991 Washington se entera de que el gobierno cubano intenta presentar en la Asamblea de la ONU el tema sobre del bloqueo a su país. Para impedirlo lanza una agresiva campaña. En un comunicado a la ONU, fechado el 21 de agosto, el Departamento de Estado sostiene que el embargo es un asunto de sus relaciones bilaterales con otro Estado y por lo tanto no es tema de competencia de la organización. Dice que el embajador cubano confunde el «embargo» con el «bloqueo», pues —dice— para que haya bloqueo es necesario que Estados Unidos tome medidas para impedir que otros países comercien con Cuba, lo cual —afirma— «claramente» no es el caso. Pero claramente lo es.

En la Asamblea, al presentar el tema, Ricardo Alarcón, embajador de Cuba en la ONU, dice que el bloqueo atenta contra «el derecho a la vida y a la existencia» de su país y «afecta los propósitos y principios de la Carta de la ONU y el normal desarrollo de las relaciones internacionales y lesiona seriamente la legislación interna de muchos estados, de instituciones y de personas en el mundo». Señala los daños causados por el bloqueo a su país y a empresas extranjeras —incluso quiebras— y señala que hay temor en gobiernos, empresas e individuos a comerciar con Cuba por sus amenazas. «Tal política —afirma— es una criminal agresión» contra Cuba, un atentado a la soberanía de otros estados y es fuente de constantes conflictos de carácter internacional.

Alarcón lee una amenazante comunicación que ha enviado Washington a distintas cancillerías que dice: «Los cubanos deben entender que su insistencia en que usted les dé su apoyo amenaza sus relaciones con nosotros. El Congreso y el pueblo americano estarán observando muy cuidadosamente este importante asunto».[104]

Varios gobiernos intentan convencer a Cuba de no presentar el tema del bloqueo en la Asamblea General. Los presidentes del G-3 —Colombia, México y Venezuela— le piden a Fidel en una reunión en Cozumel (México) a la cual ha sido invitado, que no lo haga. Hay «pánico» en los gobiernos —comenta Alarcón—, pues no quieren verse obligados a tomar posición en un tema tan irritante para Estados Unidos. El primero en querer que desaparezca es el presidente de la Asamblea (de Arabia Saudí). Ofrece varias opciones: que el debate se limite a oír a Cuba y a Estados Unidos, que México sirva de mediador o que el Consejo de Seguridad llame a dialogar a las partes.[105]

Alarcón dice que no someterá su resolución al voto pues son muchos los países amenazados por Washington. Anuncia que la presentará al año siguiente. El presidente de la Asamblea pone a votación la propuesta de Cuba y es aprobada por abrumadora mayoría. Después de la sesión, en rueda de prensa, Alarcón dice: «Este tema será la "maldición del gitano" para Estados Unidos, pues seguirá aquí indefinidamente».[106]

De ahí en adelante, Cuba derrota de forma humillante a Estados Unidos en la Asamblea General. De 59 votos a favor en 1992, pasa a 117 en 1995, por primera vez con el apoyo de sus ex aliados del bloque soviético. A Estados Unidos, cada año, sólo lo acompañan Israel y uno o dos países. El *New York Times*, en un editorial el 8 de noviembre de 1993, señala que esa política de Washington es «doméstica por poder», que «los feroces anticastristas» dan votos y fondos a los congresistas y que por esto el Congreso añade «nuevos dientes al embargo» a Cuba, que la Ley Torricelli ha aislado a Estados Unidos «vergonzosamente», pues por segunda vez una «abrumadora mayoría» apoya a Cuba en la ONU y condena el embargo. «Es difícil recordar una humillación a la diplomacia norteamericana comparable a ésta», concluye.

La Comunidad Económica Europea, en septiembre de 1993, publica una declaración de respaldo a Cuba y manifiesta su decisión de ampliar las relaciones económicas con la isla. A su vez, el parlamento europeo pide la inclusión de Cuba en los programas de cooperación regional financiados por la CEE y recomienda firmar «cuanto antes» un acuerdo general de cooperación económica y comercial «que dinamice las relaciones bilaterales y ayude a Cuba a superar las dificultades por las que atraviesa». Cuestiona que Estados Unidos se oponga a la aplicación extraterritorial de leyes extranjeras y de embargos comerciales que afecten sus intereses y pretenda que los demás países respeten sus embargos y que empresas extranjeras, radicadas en Europa, renuncien a contratos ventajosos con La Habana.[107]

«Solidaridad» latinoamericana

En el empacho mundial por la «apertura», la «democracia representativa», el multipartidismo y la economía de mercado, algunos mandatarios latinoamericanos creen oportuno pedirle a Cuba unirse a esa corriente para que pueda integrarse al continente. Algunos expresan su «honda preocupación» por la difícil situación por la que atraviesa y su deseo para que se evite una «salida violenta». El G-3 continúa promoviendo la integración continental y su acercamiento con Cuba, pero insiste en que haga reformas que «permitan» su transición hacia «los sistemas democráticos que prevalecen en el continente». ¿Qué democracia?, pregunta Fidel. Democracia —dice— significa asegurar el derecho del pueblo —de todo el pueblo— a la educación, la salud, la seguridad social, el empleo, la protección del niño y del anciano, y agrega que respetar esos derechos es prioridad de la Revolución. A su vez señala las desigualdades, la injusticia social, la niñez abandonada y la violencia que prevalecen en el continente. Al pluripartidismo lo califica de «pluriporquería», al mercado libre de injusto, pues ha significado la pobreza de las mayorías.

La ola integracionista se extiende a las «madres patrias», España y Portugal. Carlos Salinas de Gortari, presidente de México, convoca a los mandatarios del continente —incluido Fidel—, al rey de España y al presidente de Portugal a la Primera Cumbre Iberoamericana. El objetivo es sentar las bases de la comunidad latina de naciones. Se reúne en Guadalajara en junio de 1991. El presidente Bush no es invitado, pero en conversación telefónica con Salinas envía un saludo y sus deseos por el éxito de la conferencia. El portavoz de prensa de la Casa Blanca dice que Estados Unidos «agradecerá cualquier intento de obligar a Castro a realizar reformas políticas internas». Gorbachov también se hace presente con un caluroso mensaje.

¿Qué se espera de esa Primera Cumbre? No mucho. Carlos Andrés Pérez, presidente de Venezuela, dice que van a discutir y que no debe esperarse resultados prácticos específicos. Es sólo un primer paso para institucionalizar, en próximas cumbres, la comunidad latina de naciones.

En su discurso Fidel dice que esa cumbre es «histórica», pues por primera vez se reúnen sin que los convoque nadie. Hace un crudo análisis sobre la crisis económica por la que atraviesa el continente por diez años consecutivos y señala que la situación es peor que antes: la deuda externa es superior a cuatrocientos mil millones de dólares, la transferencia de recursos hacia el exterior, en sólo ocho años, llega a doscientos veinticuatro mil millones de dólares y la inflación ha subido a niveles sin precedentes. Critica a las grandes potencias y a los organismos financieros internacionales bajo su control, por no haber traído desarrollo sino pobreza a doscientos cincuenta millones de personas, por no haber traído capital sino promovido su exportación a países desarrollados. América Latina —dice— tiene «mucho menos peso que hace veinte años en la economía mundial» y que el enorme coste social y humano de estas realidades se expresa «en términos de hambre, enfermedades, analfabetismo, barrios marginales, decenas de miles de niños sin hogar, casi la mitad de la población desempleada, subempleada o desnutrida». Añade que esas «tristes realidades» —no son las de Cuba— «desgastan y desestabilizan» a los gobiernos «a la velocidad de la luz». Desde la independencia —dice— «hemos sido divididos, agredidos, amputados, intervenidos, subdesarrollados, saqueados» y agrega: «Si se convirtiera en oro físico el total del valor de las divisas convertibles netas que salen de América Latina cada año» serían «superiores al de todo el oro y la plata que España y Portugal extrajeron durante quinientos años [...] Nos han impuesto sueños y modelos de consumo semejantes y despilfarradores que no sólo envenenan y arruinan al planeta, sino que son incompatibles con las necesidades racionales de cuatro mil millones de personas que viven en un

Tercer Mundo cada vez más pobre. Nunca hemos sido capaces de alcanzar nuestros objetivos con nuestras propias fuerzas, a pesar de los inmensos recursos de nuestra naturaleza y la inteligencia de nuestros pueblos. Pudimos serlo todo y no somos nada. Siempre hay un canto nuevo de sirenas para los eternos navegantes en que nos hemos convertido [...] No hablo ya de bloqueos, guerras sucias, invasiones mercenarias o del empleo de las fuerzas armadas de la potencia militar más poderosa de este mundo, que se han repetido escandalosamente a nuestra vista en este hemisferio durante las últimas tres décadas [...] sino de ilusiones como la Alianza para el Progreso, el Plan Baker, el Plan Brady y la última de las fantasías: la Iniciativa para las Américas». Ésta es de Bush, con la que busca dar ayuda económica al continente. Fidel lamenta la falta de unidad que «ha brillado siempre por su ausencia y de modo especial en la gran crisis de la deuda externa. ¿Dónde está? ¿Cuándo estará? ¿Cómo estará?». Agrega que el mundo marcha en una dirección todavía peor con «la hegemonía política mundial por una superpotencia que muchas veces se ha excedido en el uso de la fuerza». Recomienda la unidad de América Latina, «no sólo económica sino política» y «cumplir con hechos y no con palabras» la voluntad de los pueblos que han soñado con «una gran patria común que fuese acreedora al respeto y al reconocimiento universal».

La Declaración Final sintetiza el consenso de los mandatarios respecto a la integración económica, la calidad de vida de los pueblos, la democracia y la diversificación de las relaciones internacionales. No hay ningún acuerdo novedoso sino la reafirmación del principio de no intervención, de defensa de los derechos humanos que se están convirtiendo en «letanías rutinarias» que diluyen su fuerza, escribe el economista colombiano Jorge Child.[108] La Declaración no menciona el bloqueo a Cuba e ignora la Iniciativa de Bush.

La Segunda Cumbre Iberoamericana la convoca España en 1992, año en el que conmemora con gran pompa el Quinto Centenario del «Descubrimiento» de América o del Encuentro de Dos Mundos como se le llama al otro lado del Atlántico. Tiene lugar en Madrid en julio. Tres presidentes no asisten por graves problemas internos: en Venezuela tambalea Carlos Andrés Pérez después del intento de golpe militar aplaudido por el pueblo; en Colombia, la fuga de Pablo Escobar, máximo capo del narcotráfico, de una cárcel de «alta seguridad» —con ocho miembros de su pandilla—, le crea a César Gaviria un grave problema interno y con Washington, crítico de su política de «sometimiento» a la justicia, y en Perú, Alberto Fujimori enfrenta una avanzada de Sendero Luminoso.

En su discurso, Fidel se refiere la «grandiosa hazaña» de Cristóbal Colón pero también a la «resistencia heroica de los nativos» y «de hombres que con Bolívar a la vanguardia fueron capaces de liberar después a todo un continente». Dice que esa conmemoración, por importante que sea, no lo trae a España, sino «la conciencia de que en América Latina nuestra unión no existe todavía, nuestra independencia está por consolidar y nuestro pleno desarrollo está por realizarse». Habla de la ruptura del balance de fuerzas en el mundo con el hegemonismo unipolar y de las funciones de las Naciones Unidas «usurpadas por el Consejo de Seguridad, hoy manejado a su acomodo por la mayor potencia militar» que «ostenta el anacrónico derecho al veto». Critica un reciente fallo de la Corte Suprema de Justicia de Estados Unidos que da a ese gobierno el «derecho bárbaro a secuestrar ciudadanos de cualquier nación y en cualquier parte del mundo» y denuncia el «bloqueo despiadado» al que ha sometido a su país por más de treinta años. Señala el subdesarrollo de la inmensa mayoría de los países de América Latina, África y Asia «que empezaron a ser colonias europeas hace precisamente quinientos años» e insiste en la «necesidad histórica» de la unión y de la integración del continente. Corresponsales colombianos anotan que esas palabras son las más honestas de la tarde.[109]

La Declaración Final reafirma el «compromiso con las democracias representativas, el respeto a los derechos humanos y a las libertades fundamentales como pilares de nuestra comunidad», menciona la conmemoración de los quinientos años del «encuentro» de dos mundos y registra el fin de la bipolaridad que «abre nuevas posibilidades de concertación» por el fin de la guerra fría. Otra vez Cuba y el bloqueo no aparecen en el texto.

En la Tercera Cumbre Iberoamericana, en Salvador de Bahía, Brasil, en junio de 1993, convocada por el presidente Fernando Collor de Melo, Fidel habla de la crisis de «un mundo desgarrado por la violencia étnica, las guerras fratricidas, la fragmentación traumática de estados, el intervencionismo, la inseguridad para los países del Tercer Mundo y el menosprecio creciente a los principios de soberanía nacional». Dice que se habla del comienzo de «una década de esperanza para América Latina» pero que «nunca hubo más pobres, más marginados en nuestro continente, nunca antes los países de América Latina fueron sometidos a un mayor saqueo». Señala que con el pago de servicios de la deuda externa y las pérdidas asociadas al intercambio desigual, se han desprendido de setecientos mil millones de dólares pero que la deuda llega a cuatrocientos cincuenta mil millones de dólares.

La mayoría de América Latina, que apoya en la ONU la resolución de Cuba contra el bloqueo, en las declaraciones finales de esas cumbres no lo menciona. En cuatro de las doscientas líneas de dicho documento «toma nota» de que en otros foros internacionales se ha hablado de la «necesidad de eliminar la aplicación unilateral por cualquier Estado, con fines políticos, de medidas de carácter económico y comercial contra otro Estado». México y España han «pulido» la propuesta cubana contra el bloqueo para hacerla aceptable a Menem, presidente de Argentina, vehemente opositor de Fidel, y a los centroamericanos sumisos a Washington, los más opuestos a que se mencione.

En junio de 1994, cuando se celebra la Cuarta Cumbre, en Cartagena (Colombia), convocada por el presidente Gaviria, el país se encuentra en plena campaña presidencial y está próximo a celebrar la segunda ronda en un ambiente de confusión y desconcierto. Los medios de comunicación se ocupan de la situación interna y dan escaso despliegue a la cumbre, cuyos anodinos debates y declaraciones no despiertan ningún interés. Sólo la presencia de Fidel mueve a los medios.

La Declaración Final, de fuerte tinte neoliberal, sostiene que el mejoramiento de la calidad de vida de los pueblos está en «más tratados comerciales, más privatizaciones y en una mayor dosificación de las funciones del Estado». En una vaga fórmula —otra vez sin mencionar a Cuba ni al bloqueo— se compromete a «la eliminación de las medidas coercitivas que afecten el libre desarrollo del comercio internacional y lesionen las condiciones de vida de los pueblos».[110]

Menem, presidente de Argentina, sostiene en Cartagena que el gobierno cubano no tiene otra alternativa que el cambio democrático y realizar «modificaciones políticas y económicas que le permitan su reinserción en el sistema interamericano». Fidel dice en Cartagena que sería necesario convocar a una cumbre para definir qué es la democracia. Fidel destaca los logros de la Revolución en ese campo, una crítica implícita a las deficiencias de las supuestas democracias del continente, a sus políticas que son la negación a los derechos tan importantes como la salud, la educación y el derecho al trabajo y en varios el derecho a la vida.

Los presidentes de Colombia, Chile, El Salvador y el secretario general de la OEA señalan que Cuba puede pensar en un respaldo continental «sólo con el restablecimiento de las libertades, el respeto a los derechos humanos y la apertura económica».[111] Es el mismo discurso de Washington en tono bajo. Pero hablar de respeto a los derechos humanos cuando países, como Colombia y El Salvador, están entre los mayores violadores del mundo, es, cuando menos, una ironía.

En Washington treinta y cinco legisladores demócratas piden al gobierno levantar el embargo a Cuba. Es anacrónico, comenta Charles Rangel, representante demócrata, que Washington promueva el intercambio comercial con países comunistas como China y Vietnam y se niegue a levantar el embargo a Cuba. Un asistente de Rangel comenta que ese embargo cuesta seis mil millones de dólares en pérdida de oportunidades a empresarios de Estados Unidos.[112]

Clinton convoca a una cumbre hemisférica en Miami a la que invita a todos los mandatarios de América Latina, del Caribe, a Canadá y no invita a Cuba. Washington advierte que el tema de Cuba está excluido de la agenda. Esa exclusión —comenta Fidel en Cartagena— «refleja cobardía, mediocridad y miseria política» y señala que la intención oculta de Estados Unidos es trazar pautas al hemisferio, aislar a Cuba y controlar los mercados de América Latina y el Caribe frente a Europa, Japón y el resto del mundo.

El 9 de diciembre de 1994, en el palacio Villa Vizcaya en Cayo Vizcaíno (Key Biscaine) en Florida, comienza la Cumbre de las Américas. El tema de Cuba está presente dentro y fuera de ese foro. Como telón de fondo del libre comercio —tema central de la Cumbre— están el bloqueo y la Ley Torricelli, que lo violan arrasando los derechos soberanos de todos esos estados.

En un emotivo discurso, Clinton plantea las metas de esa cumbre: apertura de nuevos mercados, creación de la zona de libre comercio hemisférica, fortalecimiento de la democracia y mejora de la calidad de vida de «toda nuestra gente». No obstante, leyes neoproteccionistas norteamericanas afectan los productos que compiten con los suyos y reduce en forma sustancial su ayuda económica y sus programas en ese continente.

Clinton no habla de derechos humanos ni la cumbre se ocupa de ese tema de extrema importancia para los pueblos. Amnistía Internacional y Human Rights Watch-America (antes Americas Watch) presentan la Declaración de los Derechos Humanos —preparada por cuarenta y seis organizaciones del hemisferio— condenando las desapariciones forzadas, las ejecuciones extrajudiciales, las torturas y los tratos degradantes y en defensa de la libertad de pensamiento y de expresión y de los derechos de los refugiados políticos. No obtienen apoyo de los presidentes.[113]

Clinton habla de Cuba para complacer a la vociferante comunidad cubanoamericana de Miami. Señala que es «la única nación donde la democracia aún está negada», expresa su apoyo a los «deseos del pueblo cubano por un cambio pacífico y democrático» y dice que espera la próxima vez tener una cumbre con el líder de «una Cuba democrática». Es la parte más aplaudida de su discurso. La elección de Miami como sede de esa cumbre es otra concesión de Clinton a la comunidad anticastrista, pues le da la oportunidad de ventilar su diatriba contra la Revolución cubana y contra Fidel Castro ante los mandatarios del hemisferio. En manifestaciones callejeras —ampliamente divulgadas por los medios de comunicación—, llevan pancartas contra Cuba, contra Fidel —lo comparan con Hitler—, pidiendo extremarle el bloqueo y la libertad de los balseros cubanos confinados en Guantánamo. Menem es la *vedette* de los anticastristas. Lo invitan a hablar y él se explaya en acusaciones contra Cuba y contra Fidel en medio de gritos y nutridos aplausos.

El tema central de la cumbre —propuesto por América Latina— es el comercio y su objetivo —propuesto por Estados Unidos— sentar las bases de un bloque económico hemisférico que para en el año 2025 sea una zona de libre comercio, el mayor mercado del mundo. Así queda acordado. La OEA y el BID tienen un papel preponderante en el desarrollo de los planes de acción de tales objetivos. Uno de los actos destacados en esa cumbre es el anuncio de Estados Unidos de la admisión de Chile en el Tratado de Libre Comercio, formado por Estados Unidos, Canadá y México. ¿Ventaja o desventaja para América Latina? Ambas posibilidades dependen de muchos y muy complejos factores. Para Fujimori, presidente peruano, esa democracia económica no significa nada para un pueblo que en su gran mayoría vive en la pobreza absoluta, con necesidades insatisfechas en alimentación, educación, salud y vivienda. Muchos se preguntan qué va a pasar con el intercambio comercial desigual con Estados Unidos, con el manejo político que da al intercambio, con sus medidas proteccionistas y con la Ley Torricelli que limita su libre comercio con Cuba.

El ardiente verano

Con la llegada de Clinton a la Casa Blanca, muchos esperan una mejora en las relaciones con Cuba, sometida a las peores agresiones por parte de las administraciones republicanas. Clinton es el primer manda-

tario de la generación de los efervescentes años sesenta. Su apoyo a la
Ley Torricelli, durante la campaña presidencial, se interpreta más como
una movida electoral que como posición política. Pocos esperan que
levante el bloqueo, pues sería enfrentarse a la «vehemente claque» anticastrista, a la poderosa ultraderecha republicana y a la derecha demócrata.
Los costes políticos serían incalculables.

Clinton no usa la agresiva retórica de Reagan y de Bush contra
Cuba, pero mantiene la línea dura y continúa la *vendetta* sobre el tema
de los derechos humanos en la CDH y año tras año Estados Unidos
logra su condena. Con Clinton el bloqueo llega a «niveles extremos». Así
lo afirma Roberto Robaina, canciller de Cuba, en junio de 1993, en
carta al secretario general de la ONU Butros Butros-Ghali. Señala su
«carácter ilegal e injusto» y detalla las acciones y presiones que ejerce
Estados Unidos sobre gobiernos y empresas extranjeras para impedir su
intercambio comercial y los esfuerzos que hace para impedir que la ayuda y los donativos de carácter humanitario lleguen a Cuba. En la Asamblea General en 1994, de nuevo se refiere a los enormes perjuicios que
causa el bloqueo a su país y a su pueblo.

Las enormes dificultades económicas por las que atraviesa Cuba, agra-
vadas al máximo después de la desaparición del mundo comunista, provoca la creciente salida ilegal de cubanos hacia Estados Unidos. Desde Miami
la comunidad anticastrista, con una agresiva propaganda radiofónica, los
incita a rebelarse y a salir del país. Un incentivo poderoso son los privilegios legales que concede Estados Unidos a esa inmigración ilegal.

Aunque Bush vea con alarma la creciente llegada de «balseros» cubanos a Florida, no hace nada para impedirlo. En año de elecciones y
aspirando a la reelección, no le conviene contrariar a la poderosa comunidad cubanoamericana. Otra es su política con los haitianos, que después del golpe militar contra Bertrand-Aristide llegan en manadas. Bush
ordena que barcos de guerra creen un cordón naval para impedir que
lleguen a sus costas. Entre 1991 y 1992 interceptan cerca treinta y cinco
mil. Unos son llevados de regreso a Haití, otros son confinados en la base
naval de Guantánamo. Las organizaciones de derechos humanos protestan y Clinton, candidato demócrata, critica esa política por inhumana.

Clinton hereda ambos problemas. Sigue la política de Bush con los
haitianos y observa con alarma la invasión de cubanos que comienza a
crecer en forma alarmante. Los «anglos» de Florida protestan y para
muchos de la comunidad cubana ya no son bienvenidos, según encuestas
realizadas en medio de esa crisis. Entre enero y agosto de 1993 llegan

más de seis mil «balseros». Otros treinta y seis llegan en un helicóptero. En diciembre, en un bote que sale de las Bahamas, llegan diecisiete cubanos y haitianos. Esa operación «mixta» alarma a Washington. Teme que las Bahamas se convierta en trampolín para entrar ilegalmente en Estados Unidos. Enormemente preocupado, Clinton pide al Congreso 172 millones de dólares para detener la creciente inmigración ilegal y cerca de cuarenta agencias federales y la Guardia Costera ponen en marcha un plan de emergencia.

El verano de 1994 es ardiente en tensiones para Cuba y para Estados Unidos. El flujo incontrolado de balseros toma proporciones alarmantes para ambos gobiernos. Clinton teme un nuevo Mariel. El gobierno cubano aumenta la violencia, porque ahora los que pretenden salir secuestran embarcaciones y ocasionan muertos y heridos.

El 4 de agosto las tensiones entre ambos gobiernos suben cuando Estados Unidos se niega a devolver a Cuba a veinticinco personas que secuestran un barco en el puerto de Mariel y asesinan a un teniente de marina. El gobierno responsabiliza de ese crimen a Leonel Macías González, recluta en servicio militar, que se encuentra a salvo en Miami.

Al día siguiente, en un intento de secuestro de un transbordador que hace la ruta entre La Habana y Regla, es asesinado un policía de diecinueve años. Es el tercer secuestro en dos semanas. El gobierno suspende ese servicio para impedir nuevos atracos. Tal medida produce un enorme malestar en la población. Centenares de personas —la mayoría jóvenes— comienzan a agolparse en la avenida del Malecón, en La Habana, y a protestar. Cuando aparece la policía se producen choques y ataques con piedras, tiros y gritos contra el gobierno. La protesta se convierte en manifestaciones masivas por varias avenidas. Rompen vitrinas, asaltan almacenes, hoteles y «diplotiendas» a las que el pueblo no tiene acceso pues las compras son en divisas. El diario *Juventud Rebelde* contó treinta y cinco heridos —entre éstos diez policías— y un «importante» número de arrestos. Es la primera protesta masiva contra el gobierno y contra Fidel.

Fidel se presenta al lugar de los hechos y habla con la muchedumbre. Felicita a los que han ayudado a la policía a detener los disturbios y a impedir los asaltos. Esa situación no puede seguir, dice: «O ellos toman medidas serias para cuidar sus costas o nosotros dejaremos de obstaculizar la salida de quienes quieran marcharse del país y dejaremos de obstaculizar la venida de los que quieran buscar a sus parientes aquí. [...] No podemos seguir cuidando las costas de Estados Unidos».

Al día siguiente, a pesar de la intensa lluvia, hay una concentración de más de medio millón de personas en la plaza de la Revolución en La Habana, para rendir tributo al policía muerto en el secuestro del remolcador. Agitan banderas, cantan el himno nacional y corean consignas de apoyo a la Revolución y a Fidel. «Hasta ahora —dice Fidel— la tirantez fue con países con muy pocas posibilidades, que no es el caso de Cuba.» Cuba no es Haití.

En Washington hay confusión. Algunos funcionarios se quejan del deseo que ven en la cúpula del gobierno de complacer a los anticastristas por conveniencias personales. Lawton Chiles, demócrata, gobernador de Florida, aspira a la reelección y necesita sus votos. Pero Clinton y Chiles necesitan frenar el éxodo. Poco a poco la administración Clinton va endureciendo su política para frenar de una vez por todas ese éxodo ilegal, provocado por su propia política y por los anticastristas que lo alientan. Los privilegios que les ha concedido durante tres décadas —como armas contra la Revolución—, se convierten en un *harakiri* para Estados Unidos y para Cuba en alivio a las tensiones internas. Entre enero y agosto entran en Florida, en grupos de doscientos, trescientos y quinientos, un total de seis mil balseros. Quince llegan en helicóptero.

Clinton ordena otro cordón naval. Es la Operación Playa Distante para frenar el ingreso de cubanos e impedir la salida de naves para traer familiares. El 21 de agosto son rescatados 1.180 en alta mar y llevados a Florida. El gobernador decreta «estado de emergencia» y pide ayuda a las autoridades federales. Los balseros son instalados en tiendas de campaña en una base militar a cuarenta y cinco kilómetros de Miami. La fiscal general, Janet Reno, advierte que los que usen violencia para secuestrar navíos o aviones para salir de Cuba serán detenidos y sometidos a la ley. Cinco días después anuncia que los que ingresen ilegalmente serán detenidos y enviados a la base naval de Guantánamo para «evitar» que el gobierno cubano utilice el éxodo como «válvula de escape a sus problemas». Éste es el fin de esos privilegios.

En la base de Guantánamo ya están confinados más de quince mil haitianos. Los cubanos son instalados en tiendas de campaña en campos cercados con alambre de púas, separados de los haitianos. Esa base se convierte en campo de concentración, dice Fidel. Critica tal medida pues crea más tensiones con Cuba.

Leonel Macías González, el recluta cubano acusado del asesinato del teniente de marina en el incidente de Mariel, es detenido en Miami. Fidel advierte que esto no es suficiente, que el problema es «más serio que nunca», que la crisis es mucho más grave y que Estados Unidos debe tomar medidas «rápidas, eficientes y serias» y cambiar su política de inmigración, pues ésta es la razón de las salidas ilegales que promueven «miles de horas semanales de guerra radiofónica». El éxodo no se detiene.

Clinton convoca a la Casa Blanca al gobernador de Florida, a Mas Canosa y a otros líderes cubanos anticastristas para estudiar «una serie de medidas de presión» contra Cuba. «A lo que hemos llegado», comenta Fidel. Acuerdan reducir a la mitad la cuota de dólares permitida a los cubanoamericanos para enviar a sus parientes en la isla (a Cuba le representa quinientos millones de dólares al año), los vuelos chárter de Miami a La Habana —son diarios— los limita a uno semanal, y la guerra radiofónica y la campaña contra Cuba sobre derechos humanos serán intensificadas. Fidel califica de «absurdas» las medidas de Clinton, pues crean más dificultades internas y aumentarán el éxodo.

León Panetta, portavoz de la Casa Blanca, dice a la cadena de televisión ABC que el gobierno estudia el bloqueo a Cuba. Al día siguiente Christopher Warren, secretario de Estado, en las noticias de la CBS, lo desmiente. Sería una medida bélica que puede provocar un enfrentamiento con Cuba «innecesario y no deseable en este momento», dice.

El gobierno cubano abre un poco la válvula: reduce a dieciocho años —para hombres y mujeres— la edad permitida para salir del país (antes era veinte años), extiende las ausencias temporales de seis a once meses y podrán regresar —previos trámites consulares— los que han salido legalmente y no han realizado atentados contra Cuba. Excluye a balseros, a desertores, a asilados políticos y a secuestradores de naves. Washington y la comunidad cubana ven *ad portas* una invasión. Ahora los mensajes de Radio Martí son para «rogar» —cada diez minutos— que «no» se lancen al mar, y por primera vez les pide que no pongan en peligro sus vidas. José Basulto, presidente de Hermanos al Rescate —organización de cubanos anticastristas que con aviones rastrea el mar para rescatar balseros—, pide con angustia que «por favor, por favor» no lo hagan, pues sus recursos son limitados.[114] En la búsqueda del paraíso prometido muchos, hombres, mujeres y niños, se ahogan en el mar.

El gobierno cubano prohíbe la salida de niños y de adolescentes y advierte que impedirá «como sea» esos actos irresponsables que ponen en peligro a personas que por su edad no tienen «la posibilidad, ni la capacidad para decidir sobre sus actos». Ese mismo día, 23 de agosto, Clinton, en rueda de prensa, anuncia que está dispuesto a discutir con Cuba temas de inmigración. El diálogo será limitado y a bajo nivel en Nueva York. No tratarán el embargo. Su delegación será presidida por Michael Skol, asistente del subsecretario de Estado para Asuntos Interamericanos, y Cuba designa a Ricardo Alarcón, presidente de la ANPP. El portavoz de la cancillería rusa, Gregori Karazin, anuncia que su gobierno está dispuesto a «desactivar» las crecientes tensiones en torno a Cuba.

Estados Unidos se niega a tratar el tema del embargo aunque el gobierno cubano insiste en que éste es el origen de la crisis y que el no solucionarlo es mantener el problema. Los diálogos se realizan entre el 1 y el 8 de septiembre de 1994. Firman un acuerdo: Estados Unidos se compromete a otorgar veinte mil visados anuales a Cuba —diez años antes Reagan se compromete a lo mismo pero no cumple— y Cuba a detener el éxodo.

El gobierno cubano anuncia que permitirá las salidas hasta el 13 de septiembre al mediodía. En ese corto tiempo, sin hacer caso de informes meteorológicos que predicen tormentas, ni a la amenaza de Washington de que serán detenidos y enviados a Guantánamo, muchos se lanzan al mar.

Guantánamo no es un refugio transitorio sino definitivo. Washington dice que deben regresar a Cuba y solicitar su ingreso legal. Las solicitudes de visado serán estudiadas por las vías normales, sin obligación de concederlos. Varios intentan hacerlo por mar o atravesando la zona minada por Cuba. Algunos pierden la vida. En Miami la comunidad cubana protesta. Pide que los balseros sean admitidos en Estados Unidos. La revista *Time* y la CNN realizan una encuesta en septiembre: el 74 por ciento no quiere que cubanos y haitianos entren en su país.[115] La historia concluye con la llegada paulatina de los balseros, confinados en Guantánamo, a Estados Unidos. En febrero de 1996 entran los últimos —son ciento veinticuatro—. La mayoría de los haitianos han sido devueltos a su país.

El incidente de los Cessna

El derribo por MIG cubanos de dos aviones Cessna de la organización anticastrista, Hermanos al Rescate, en febrero de 1996, en el que mueren cuatro cubanoamericanos, crea la mayor tensión entre Cuba y el gobierno de Clinton. El gobierno cubano sostiene que esto ocurre sobre sus aguas territoriales. Dice que en innumerables ocasiones la torre de control aéreo en La Habana les ha advertido del peligro que corren al violar su espacio aéreo, que tal advertencia también la ha hecho a Washington, y que no permitirá más violaciones, ni más «provocaciones» y que si éstas se vuelven a presentar derribará los aviones.

Estados Unidos acusa a Cuba de violar leyes internacionales sobre tráfico aéreo que prohíben el ataque a aviones civiles, califica de «crimen» el derribo de los Cessna y afirma que ese hecho ocurre sobre aguas internacionales. Sin esperar la llegada a Nueva York del canciller Robaina, el Consejo de Seguridad de la ONU aprueba una resolución de Estados Unidos contra Cuba, aunque no en los duros términos que pretende su embajadora Madeleine Albright. China, Rusia y otros países se oponen. No condena a Cuba, sino «fuertemente deplora» el incidente. La embajadora acusa al gobierno cubano de falta de «cojones» y de «cobardía». En rueda de prensa, Robaina responde que de lo primero les sobra y de lo segundo no carecen, pues les ha permitido enfrentar la agresión norteamericana. Robaina pide una reunión de la Asamblea General para exponer la posición de su gobierno y obtiene un masivo apoyo. En un sustancial y largo discurso detalla los antecedentes del incidente de los Cessna: es un recuento de las agresiones de Estados Unidos a la Revolución cubana y de las violaciones a su soberanía en el curso de treinta y siete años.

El *New York Times* informa que fuentes de inteligencia norteamericanas dicen que «por lo menos» uno de esos aviones y «quizá» los tres —uno dirigido por Basulto se salva— violan el espacio aéreo cubano y que las autoridades cubanas les había advertido sobre el peligro que corrían. Tales afirmaciones no vuelven a mencionarse. Lo que sigue es el torrente de acusaciones contra Cuba por parte del gobierno, del Congreso, de los candidatos republicanos y de los vociferantes y enfurecidos anticastristas.

Mas Canosa pide las más duras sanciones contra Cuba y señala que ésta es una «oportunidad de oro» que tiene Clinton para ganarse el voto de los conservadores cubanoamericanos. Pide el corte de relaciones, el cierre de su Sección de Intereses en La Habana, el corte de las comunicaciones telefónicas, de los vuelos chárter de Miami y de los envíos de dólares de los cubanoamericanos a sus familiares en la isla. «Esto sería darnos un tiro en el pie», comenta Wayne Smith, representante de Estados Unidos en Cuba en el gobierno de Carter, pues esas medidas —dice— van en contra de la política de Clinton de acercamiento al pueblo cubano. Un miembro de esa comunidad dice que son ilegales, pues cercenan el derecho de libertad de viajar y de libre asociación.[116] Clinton anuncia que limitará el movimiento de diplomáticos cubanos en Estados Unidos y Cuba le advierte que hará lo mismo con los suyos. Clinton ofrece compensar a los familiares de los muertos con los fondos congelados a Cuba (cien millones de dólares). Siguiendo la línea de Mas Canosa, suspende los vuelos chárter, las remesas de dólares a los familiares en Cuba, y ordena aumentar las emisiones de Radio Martí. Advierte, no obstante, que tales medidas serán revisadas cada seis meses.

El tema de Cuba pasa a primer plano en la campaña presidencial. Los republicanos acusan a Clinton de tomar medidas «débiles e ineficientes». Azuzado por Mas Canosa y compañía y presionado por las críticas de los republicanos, Clinton firma el Acta de Solidaridad con la Libertad y Democracia en Cuba, conocida como Ley Helms-Burton, aunque había anunciado la que vetaría por crear dificultades con países aliados y amigos. La Ley Helms-Burton prohíbe a terceros países y a individuos a comerciar con Cuba. Les negará visados y no podrán comerciar con Estados Unidos. A los cubanoamericanos les permite entablar juicios contra empresas e individuos extranjeros que se beneficien de sus propiedades confiscadas por el gobierno cubano. Tal ley le ocasiona a Clinton, como había previsto, serios conflictos con sus aliados. La CEE le advierte que tomará «represalias» si no la deroga. No ha podido aplicarla en su totalidad. En 1998 sigue a media máquina. No quiere líos con sus aliados europeos.

Tal ley también afecta a las corporaciones norteamericanas. Las más grandes protestan. También protestan la Cámara de Comercio y la Asociación de Exportadores norteamericanas.[117]

Desde La Habana Ricardo Alarcón, presidente de la ANPP —tercero en la cúpula cubana—, dice que los Hermanos al Rescate es una organización «terrorista», acusa a Clinton de «alcahuetear» a esos grupos en Miami y señala que es «patético» ver a un gobierno que aspira a liderar al mundo actuando como un «montón de concejales de Hialeah» (suburbio de Miami cuya población es abrumadoramente cubana).[118]

En 1996 la OACI (Organización de Aviación Civil Internacional), concluye que los Cessna fueron derribados en espacio aéreo internacional. El gobierno cubano rechaza tal conclusión: la OACI se ha limitado a la versión de Estados Unidos.

FIN DE FIESTA

La economía cubana que ha tocado fondo comienza a respirar con una moderada apertura a la inversión extranjera. A mediados de 1996 han ingresado dos mil cien millones de dólares a treinta y cuatro sectores económicos, en particular a la industria turística.[119] Se habla de la «chinatización» de Cuba, pues mantiene el sistema socialista con economía de mercado controlada por el gobierno. Fidel va a China —a mediados de 1995— y queda maravillado.

A pesar del embargo de las leyes Torricelli y Burton-Helms, Cuba mantiene intercambios comerciales con los aliados de Estados Unidos, con sus ex aliados de Europa del Este, con Rusia —disminuido y en divisas— y con algunas ex repúblicas soviéticas En 1996 Washington amenaza con sancionarlas si continúan ese intercambio. Rusia llega a un acuerdo con Cuba para concluir la construcción de la planta nuclear en Camagüey, suspendida después del colapso de la Unión Soviética.

Fidel sigue firme. Cuba no hará reformas que debiliten al sistema socialista y mantiene —algunos menguados— los grandes logros de la Revolución en educación, salud, deportes, cultura y avances científicos y distribuye equitativamente sus escasos recursos entre la población. Año tras año la situación ha ido mejorando, pero enfrenta nuevos peligros internos, señalados por Fidel. Los negocios privados —pequeños y limitados— han despertado apetencias por los encantos del capitalismo y han traído nuevas formas de corrupción que el gobierno combate con dureza.

A pesar de las dificultades del bloqueo y de la agresión de Estados Unidos, el pueblo cubano no pierde su alegría, su creatividad, su enorme dignidad. Cuba sigue siendo un ejemplo para muchos y Fidel sigue siendo uno de los grandes de este siglo.

Epílogo

¿Fin de la Historia?

El colapso de la Unión Soviética y la desaparición del mundo comunista de Europa del Este ponen fin a la guerra fría, al peligro de confrontación entre las dos superpotencias, pero también al equilibrio mundial, garantía de la paz. Estados Unidos, única superpotencia militar, afianza su hegemonía global, impone nuevas alianzas dentro de la OTAN con las repúblicas del ex bloque soviético, cambia en su favor el mapa geopolítico europeo y asume el liderazgo del «nuevo orden mundial». ¿Murió el marxismo-leninismo como sostiene Occidente? ¿Es el fin de la Historia como afirma Francis Fukuyama, quien asegura que la única opción viable en el mundo es el sistema capitalista y la democracia liberal?

No del todo. China, nueva superpotencia mundial, Corea del Norte con potencial nuclear, Vietnam y Cuba continúan batiendo banderas comunistas. Y en Rusia y en repúblicas ex soviéticas los comunistas reaparecen de inmediato en la arena política, pues no están dispuestos a abandonar la lucha. La extinción de la URSS es una dura y humillante realidad. Ha dejado de ser superpotencia y las necesidades básicas del pueblo, antes provistas por el Estado, son ahora de lucha diaria para vivir —o sobrevivir— en el mundo hostil del capitalismo. En esas sociedades, antes supuestamente igualitarias, las diferencias de clase crecen sin control. Contrarias a esa realidad, pequeñas aldeas rusas mantienen al comisario, dejan en pie las estatuas de Lenin y ondean las banderas con la hoz y el martillo, pues lo de antes —dicen— es mejor. Rusia ya no es superpotencia militar, como la Unión Soviética, pero su potencial nuclear sigue siendo una piedra en el zapato de Washington.

América Latina en la paz

América Latina entra en la doliente década de los años noventa bajo la democracia política y el neoliberalismo económico. Los militares han dejado de ser una amenaza. En el Cono Sur desaparecen las dictaduras neofascistas de la Doctrina de Seguridad Nacional, como también los poderosos movimientos guerrilleros virtualmente liquidados por las fuerzas del orden. Y en la volátil Centroamérica, sin vencedores ni vencidos, concluyen las brutales guerras civiles con acuerdos de paz negociados entre gobiernos y guerrilla. Tales acuerdos son posibles sólo cuando Reagan sale de la Casa Blanca. La región comienza a experimentar paz.

Presidentes de derecha neoliberales, Alfredo Cristiani en El Salvador y Álvaro Arzú en Guatemala, con la asistencia de las Naciones Unidas, concluyen acuerdos de paz con los respectivos movimientos guerrilleros FMLN y UNRG, que luego se convierten en partidos políticos para participar en el nuevo ambiente de juego democrático. En Nicaragua termina la guerra ilegal de Reagan —hundida en el escándalo Irán-contra— con la firma de acuerdos de paz entre sandinistas y «rebeldes». Sólo las FARC y el ELN en Colombia, Sendero Luminoso —bastante debilitado— en Perú y en México el Ejército Zapatista de Liberación Nacional, movimiento indígena liderado por el carismático subcomandante Marcos, mantienen la lucha guerrillera. El EZLN no busca el poder sino el pleno reconocimiento de los derechos indígenas. Los movimientos guerrilleros colombianos, en cambio, aspiran al mando, causan enorme perturbación interna pero están lejos de convertir tales conflictos en una guerra civil.

Nicaragua

En 1990 los sandinistas salen del poder derrotados en las urnas por Violeta Barrios de Chamorro, apoyada abiertamente por el primer presidente George Bush. Antes de entregar el mando se apoderan de propiedades decomisadas a los somocistas y ocasionan un gran escándalo. Los acusan de corrupción y de haber realizado una verdadera «piñata». Bush levanta las sanciones económicas impuestas por Reagan a Nicaragua e intenta presionar a Violeta para que «purgue» a los ex comandantes. Ella no cede. El país está devastado y en la ruina después de ocho años de guerra, promovida por Estados Unidos, y necesita avanzar con los acuerdos de paz. Violeta logra mantener relativa paz y armonía con los sandinistas, quienes colaboran con su gobierno en la transición pacífica hacia el capitalismo. El ex comandante Humberto Ortega —continúa en el cargo de ministro de Defensa— asume la espinosa tarea de reducir el ejército y desarmar a la «contra», parte de los acuerdos de paz. Pero la pobreza reinante, la frustración y las promesas incumplidas llevan a los ex combatientes al rearme. Entre 1992 y 1993 hay más de veintitrés mil «recontras» («contras») y «recompas» (sandinistas), dispuestos a hacerse oír por las armas.

En 1997 Arnoldo Alemán sucede a Chamorro. Tira más a la derecha, acoge el somocismo, negocia la paz con «recontras» y «recompas» pero su gobierno son cinco años de escándalos de corrupción, de excesos y extravagancias. Lo acusan de tráfico de influencias, de fraudes y de enriquecimiento ilícito. Su fortuna personal pasa de 26.000 dólares a 260 millones y más 56 ranchos de ganado que no se sabe cómo los adquiere. Mientras tanto el país sigue en la ruina y el pueblo en la miseria. En el 2001, cuando él sale de la presidencia, un informe del PNUD dice que el 50 por ciento de la población está en la pobreza y el 29 en pobreza absoluta.

Enrique Bolaños, vicepresidente de Alemán y de su mismo partido, es elegido presidente (57,3 por ciento) y Daniel Ortega (42,3 por ciento) es derrotado por tercera vez, siempre con la injerencia abierta de Estados Unidos empeñado en impedirle el triunfo. No obstante, el FSLN sigue siendo la fuerza política de oposición más importante del país y Ortega su líder, con fuerte apoyo popular. Alemán no desaparece del panorama. En el 2002 la Asamblea Nacional le quita la inmunidad de ex presidente para llevarlo al tribunal por nuevos escándalos: blanqueo de cien millones de dólares que pasa a bancos en Panamá, y fraude multimillonario a un canal de televisión estatal. El tribunal lo condena por corrupción y fraude a veinte años de cárcel «domiciliaria», no obstante un gran triunfo en la lucha contra la corrupción. De ahí en adelante su vida es un entrar y salir del lugar de detención en una de sus haciendas.

Veinticinco años después del triunfo del FSLN, muchos añoran sus modestos logros en educación, salud, reforma agraria y sus intentos por lograr igualdad y justicia social. Desde su derrota electoral, Nicaragua, devastada por la guerra y en la ruina, ha estado gobernada por presidentes conservadores, elegidos democráticamente, que no han cambiado las históricas desigualdades ni la extrema pobreza de ese pueblo.

El Salvador

Poco después de firmar los acuerdos de paz con el FMLN, que dan enorme esperanza al pueblo salvadoreño, Alfredo Cristiani decreta una amplia amnistía en beneficio de la cúpula militar, y la Asamblea Nacional lo apoya. Ese hecho desata un firme rechazo de amplios sectores dentro del país y de la comunidad internacional. La amnistía legitima la impunidad de las fuerzas armadas, acusada de graves violaciones a los derechos humanos, y deja sin soporte las conclusiones y recomendaciones de la Comisión de la Verdad, creada por la ONU para investigar tales crímenes.

Cristiani comienza a dar cumplimiento a los acuerdos de paz en medio de un tenso ambiente interno. Las altas capas de las fuerzas armadas, beneficiadas con la ley de amnistía, se oponen a la reducción del ejército y del presupuesto de defensa —parte de tales acuerdos—, y a la «purga» de altos oficiales, entre éstos dos ex ministros de Defensa, acusados por la Comisión de la Verdad de graves crímenes. Los terratenientes tampoco están de acuerdo con la entrega de tierra a los desmovilizados de la guerrilla. Sin embargo, la desmilitarización del país y la apertura de espacios de participación ciudadana crean por primera vez un ambiente de convivencia y tolerancia.

Después de firmada la paz, todos los presidentes salvadoreños han sido de ARENA partido de derecha creado por Roberto D'Aubisson, creador también de los escuadrones de la muerte. No obstante el FMLN, partido de la guerrilla, ha ido ganando espacio político. En 1994 Armando Calderón Sol, de ARENA, obtiene treinta y nueve escaños en el parlamento (de un total de ochenta y cuatro) y el FMLN veintiuno; en 1999 Francisco Flores, neoliberal, es elegido presidente, y Francisco Guardado, ex comandante del FMLN, ocupa el segundo lugar; en el 2002, el FMLN gobierna en sesenta alcaldías, entre éstas cuatro de las cinco más importantes con el 60 por ciento de la población del país, y es el partido ganador en las últimas elecciones legislativas. En 2004, Antonio Saca, de derecha, gana con el 57,71 por ciento de los votos y Schafik Handal, ex líder comunista, candidato de FMLN, ocupa el segundo lugar con el 35,68 por ciento. A pesar del tenso ambiente político, cargado de propaganda anticomunista tipo guerra fría, alentada por Flores, el FMLN logra la mayor votación de su historia. En la coyuntura internacional antiterrorista, promovida por la administración Bush-Cheney, Flores envía 380 soldados a Irak para engrosar la escuálida «coalición de

EPÍLOGO

los dispuestos». Sin importarle las populosas manifestaciones de protesta frente a la embajada de Estados Unidos en San Salvador, Saca mantiene los soldados en Irak.

Guatemala

El presidente Arzú comienza la transformación del país. En 1996, primer año de su gobierno, firma con la URNG en México, Oslo, Madrid y Ciudad de Guatemala acuerdos de alto al fuego, socioeconómicos, reformas constitucionales, legislación electoral, medidas para la reinserción de la guerrilla a la vida civil, total reconocimiento de los derechos de las comunidades indígenas y, en diciembre, el Acuerdo de Paz, Firme y Duradero que pone fin a los treinta y seis años de conflicto armado. También limpia más de la mitad de las fuerzas armadas y de policía, desmonta y desarma las PAC, mecanismos de la contrainsurgencia —parte de los acuerdos de paz— y fortalece las instituciones democráticas. Son importantes avances hacia la nueva Guatemala, democrática, multirracial, multiétnica y multilingüe. Arzú crea enorme esperanza en el país y en la comunidad internacional.

El asesinato de monseñor Juan José Gerardi, obispo de Guatemala, en 1998, espanta al mundo. Ocurre dos días después de haber hecho público el informe de la archidiócesis, Guatemala Nunca Más, sobre violaciones de derechos humanos durante ese largo y sangriento conflicto. El informe acusa al ejército y a la policía del 95 por ciento de esos crímenes, cuya sevicia no tiene parangón en el continente. Quedan impunes, pues sólo pueden ser juzgados por la justicia militar y los responsables son absueltos.

En marzo de 1999, en un viaje a cuatro países centroamericanos, para comprobar los terribles destrozos del huracán Mitch y ofrecer ayuda, el presidente Bill Clinton expresa su apoyo a los esfuerzos de Arzú para sacar a la luz las atrocidades cometidas por las fuerzas del orden de regímenes anteriores al suyo, «para que nunca se repitan». Y en un gesto único, lamenta el apoyo que ha dado su país a esos regímenes brutales, con el pretexto de combatir al comunismo, cuyo saldo ha sido de más de doscientas mil víctimas.

Guatemala, aún bajo la «guerra sucia», y El Salvador, con el índice de homicidios más alto en el hemisferio, después de concertada la paz están sumidos en la violencia, fenómeno frecuente en períodos de posguerra. Asesinatos, secuestros, robos de vehículos, de residencias, asaltos a bancos, crimen organizado en el que toman parte militares y policías, y violencia y corrupción asociadas con el narcotráfico que toca a distintas capas sociales. Los linchamientos públicos de pequeños delincuentes, modalidad peculiar de Guatemala, con muertos lapidados, no son impedidos por la policía. Los toma como tarea de «limpieza social» ejercida por la población.

En las elecciones presidenciales de 2000, el ex dictador, genocida y golpista, el ex general Efraín Ríos Montt, es el candidato con mayores opciones. El inmenso apoyo popular con que cuenta se atribuye a la desesperación del pueblo frente a esa violencia desenfrenada, y a su creencia en las promesas de Ríos Montt de que «pondría orden». El ex general controla el país: es presidente del Congreso, su partido, Frente Republicano Guatemalteco (también de la vieja Guardia Nacional), es mayoría en el parlamento, y controla la Corte Suprema de Justicia. Con los militares (su hijo es ministro de Defensa) avanza el plan de militarización del país que él mismo inicia bajo su dictadura en los años ochenta, y continúan los militares bajo los gobiernos de Vinicio Cerezo, Jorge Serrano Elías y Ramiro de León Carpio.[1]

El Tribunal Electoral anula la candidatura de Ríos Montt. La Constitución (1985) prohíbe la elección de ex golpistas. Se retira, pero pone como candidato a Alfonso Portillo, miembro de su partido. En las elecciones obtiene un triunfo apabullante. Con Portillo, acusado de corrupción y de estar en contubernio con Ríos Montt, regresa la guerra sucia: asesinatos de políticos, de líderes populares, de defensores de derechos humanos, encubrimiento y desviación de investigaciones en las que están implicados militares y agentes del Estado. Las PAC, mecanismos de contrainsurgencia, supuestamente disueltas, se reagrupan y son utilizadas por el FRG como instrumento electoral.[2] Ríos Montt logra que la Corte levante la restricción a su candidatura, sosteniendo que tal disposición no le aplique, pues antes de aprobarse la Constitución él ya no estaba en el gobierno. En el 2004 Óscar Berger, ex alcalde de la Ciudad de Guatemala, es elegido presidente con el 34,46 por ciento de los votos, Álvaro Colono obtiene el 26,48 por ciento, y Ríos Montt, en el tercer lugar, 19,22 por ciento. El período de Berger termina en 2008.

¿Fin de las amnistías en derechos humanos?

Diez años después de concedidas las amnistías por gobiernos civiles, coaccionados por el poder militar siempre presente, los beneficiados, oficiales de alto rango en uso de «buen retiro», ya no pueden disfrutar su libertad. Jueces de España, Francia, Bélgica, Holanda, Alemania, Suiza e Italia hurgan en sus antecedentes penales, entablan juicios contra ellos por el asesinato de sus conciudadanos, y expiden órdenes de captura y de extradición para llevarlos ante la justicia. Los objetivos de tales pesquisas son ex militares argentinos, acusados de homicidio, y el ex dictador chileno, ex general Augusto Pinochet, acusado de homicidios, genocidios, secuestros y asociación para delinquir en la siniestra Operación Cóndor, en la que toman parte dictaduras de países vecinos.

En octubre de 1998 —ocho años después de haber dejado el poder— Pinochet se enfrenta por primera vez a la justicia. En Chile, ningún gobierno ni la justicia se han atrevido a tocarlo. Juan Baltasar Garzón, juez español, se entera de que está internado en una clínica en Londres y pide a Scotland Yard detenerlo bajo cargos de asesinato y desaparición de ciudadanos españoles durante su dictadura, y pide su extradición a España. Durante dos años Garzón debate con las autoridades británicas y chilenas el derecho a juzgarlo, pero los británicos, más interesados en las relaciones comerciales con Chile que en derechos humanos, alegan «razones humanitarias» y dejan que el gobierno chileno se lo lleve. Su regreso a Santiago es una fiesta para sus seguidores, colegas de armas, amigos y familiares, y día de duelo, rabia y frustración para la mayoría de los chilenos.

Más de siete mil quinientos documentos de los archivos del Departamento de Estado relacionados con la dictadura de Pinochet son desclasificados a petición de Garzón y por órdenes de Clinton, quien desea dar claridad al papel de Estados Unidos en el golpe contra Allende y en los diecisiete años de dictadura. Tales documentos no se utilizan contra el ex general, pero quedan para establecer responsabilidades sobre los crímenes cometidos en ese sangriento período de la historia chilena. Varios de éstos revelan que Henry Kissinger, entonces secretario de Estado de Nixon, está involucrado en el golpe y al tanto de las atrocidades cometidas en Chile durante y después de ese hecho. Él oculta tal información. En la trascripción de un diálogo en el Palacio de la Moneda, en Santiago, Kissinger le dice a Pinochet: «Nosotros vemos con simpatía lo que usted está haciendo» y, agrega, que en materia de derechos humanos no tendrá problemas con Estados Unidos

En 1999 Garzón se entera de que Kissinger está en Londres y solicita a las autoridades británicas permiso para interrogarlo en relación con la Operación Cóndor. Londres consulta con el Departamento de Estado y Washington lo salva: dice que no está autorizado a dar información sobre su desempeño en esa cartera. La petición es negada pero Kissinger tiene constancia de que fuera de las fronteras de Estados Unidos puede caer en manos de la justicia extranjera.

Pinochet parece intocable e inmune a la justicia. En julio del 2002, al año de su regreso a Santiago, la Corte Suprema, por un voto de cuatro a uno, cierra en forma definitiva el único juicio que se ha levantado en su contra en Chile, por setenta y cinco asesinatos cometidos bajo la Operación Caravana de la Muerte. La Corte alega «deterioro mental». El presidente Ricardo Lagos sale en su defensa. Es obvio que no quiere roces con los altos mandos militares, ni con la derecha chilena, ambos poderosos y ambos pinochetistas. En 2004, agosto, la Corte le retira la inmunidad. Otros juicios cursan en su contra en relación con el asesinato del general Carlos Pratt y de su esposa, ocurrido en Buenos Aires en 1974, y por fraude fiscal sobre el cual hay pruebas irrefutables. El Consejo de Defensa del Estado descubre cuentas personales, que Pinochet mantiene secretas (entre cuatro y ocho millones de dólares) en el Riggs Bank en Washington para evadir impuestos. Las explicaciones de sus defensores sobre cómo adquiere esos millones no convencen a nadie. En octubre, el juez chileno Juan Guzmán Tapia, empeñado en juzgarlo por la Operación Cóndor, solicita exámenes psiquiátricos para probar que está en condiciones mentales para responder en un juicio (sus defensores sostienen lo contrario). Guzmán lo interroga en su residencia. El juez puede ordenar el proceso, imponerle arresto domiciliario y embargo de bienes.

En noviembre el presidente Lagos recibe el Informe de la Comisión Nacional sobre la Detención Política y la Tortura que registra la historia de treinta y cinco mil víctimas durante la dictadura de Pinochet. Un mes después el jefe del ejército chileno asume la responsabilidad, como institución, de los crímenes cometidos bajo el régimen militar *de facto*, que él califica de «hechos punibles e injustificables del pasado». Muchos celebran que el ejército, después de más de treinta años de estar mintiéndole al país, acepte la culpa y esperan que las demás ramas de las fuerzas armadas, y los carabineros hagan lo mismo.

En marzo del 2001, el juez argentino Gabriel Cavallo impugna las leyes de amnistía de su país, conocidas como Punto Final, y en febrero de 2002 un juez salvadoreño, Carlos Urquilla, impugna las de El Salvador. Los respectivos tribunales supremos proceden a estudiar su inconstitucionalidad. En 2003 el Congreso argentino las deroga. No obstante las presiones internas, de las comisiones de derechos humanos de la ONU y la OEA, y de Amnistía Internacional para que los tribunales las declaren inconstitucionales, en el 2004 aún no se pronuncian. En El Salvador, el presidente Antonio Saca sostiene que las leyes de amnistía son necesarias para la «convivencia» nacional y para la consolidación de la paz.

En 2001 por primera vez en Guatemala son condenados tres oficiales de alto rango y un sacerdote, responsables del asesinato de monseñor Gerardi. Ese mismo año Hellen Mack, después de diez de adelantar un proceso penal contra militares del estado mayor de la Presidencia, por el asesinato de su hermana la antropóloga Myrna Mack, logra que se condene al coronel Juan Valencia a treinta años de cárcel (dos oficiales son absueltos). Es el primer miembro de esa peligrosa élite militar en caer bajo rejas. En Argentina, las Abuelas de la Plaza de Mayo llevan ante el tribunal a diez ex generales, miembros de la Junta Militar, amnistiados por Menem, entre éstos Jorge Videla, Emilio Massera, Leopoldo Galtieri y Carlos Suárez Masson, acusados, en este caso, de robo de niños, hijos de madres detenidas y desaparecidas, pues tal delito no está contemplado en las leyes de amnistía, que aún los protege, y no prescribe. Las madres y abuelas continúan la búsqueda de niños secuestrados durante los siete años de dictadura militar, que aún viven bajo identidades falsas. Estos casos dan oxígeno a la turbia situación de la justicia continental, sumida siempre en la más absoluta impunidad.

La propuesta de crear un tribunal internacional de justicia para juzgar individuos responsables de graves casos de violaciones de derechos humanos en el mundo, ha permanecido en la agenda de las Naciones Unidas desde 1948. Después de las masacres en Camboya, Ruanda y Kosovo, ocurridas en los años noventa, en 1998, en Roma, una conferencia de plenipotenciarios, en la que están representados ciento sesenta países, aprueba el Estatuto del Tribunal Penal Internacional. Ciento treinta votan a favor, veintiuno se abstienen y siete votan en contra, entre éstos Estados Unidos. Clinton lo firma un mes antes de dejar la presidencia. El tribunal podrá juzgar desde jefes de Estado hasta soldados rasos acusados de delitos de lesa humanidad a los que los estados no puedan o no quieran juzgarlos. El TPI, con sede en La Haya, Países Bajos, entra en vigencia en 2002 y en julio de 2004 abre sus puertas.

Estados Unidos y el nuevo milenio

Con el nuevo milenio entra en la Casa Blanca una avalancha de la ultraderecha republicana encabezada por George W. Bush. Llega envuelta en un escándalo: Bush no ha sido elegido. El politizado Tribunal Supremo de Justicia, cuya mayoría es de extrema derecha, le entrega la presidencia. Por un voto de cinco a cuatro impide el recuento manual de sufragios en Florida, donde se ha presentado un problema en el registro electoral, indispensable, pues en ese estado se decidiría quién sería el presidente de Estados Unidos. Al Gore, candidato demócrata, ganador del voto popular (más de quinientos mil votos de ventaja) es el más seguro vencedor. En ese estado, donde gobierna Jeff Bush, hermano del candidato, tuvo lugar una verdadera conspiración partidista para asegurarle el triunfo. (Kevin Philips, *American Dynasty*, Nueva York, 2004, pp. 97-108). El fraude y la entrega ilegal de la presidencia son un escándalo mayor, nacional e internacional, y un duro golpe a la democracia y al prestigio de la superpotencia.

La administración Bush-Cheney (como la de Reagan, a la que pretende emular), exuda militarismo. Revive el fantasma de la guerra nuclear; abandona el Tratado sobre Misiles Antibalísticos firmado con la URSS en 1972, piedra angular del equilibrio nuclear; resucita con muchos más dientes el proyecto de Reagan, guerra de las Galaxias, para crear un escudo antimisiles espacial; anuncia la instalación de nuevas plantas nucleares para fabricar armas pequeñas, manejables y fácilmente transportables que —anuncia— piensa utilizar; rechaza al Tratado de Kioto sobre el recalentamiento del planeta; liquida la propuesta para restringir el uso de armas pequeñas y ligeras; y lanza una fiera campaña contra el Tribunal Penal Internacional: retira la firma de Estados Unidos de ese tratado, niega su jurisdicción sobre el personal estadounidense, militar y civil, en servicio en otros países, amenaza con suspender la ayuda de Estados Unidos a las Fuerzas de Paz de la ONU y la ayuda militar a los países que no firmen acuerdos bilaterales para garantizar dicha inmunidad. Varios gobiernos firman.

Bush y América Latina

Bush responsabiliza de la política hacia América Latina a viscerales anticomunistas, vinculados a las gestas de Reagan en Centroamérica, acusados de actos ilegales por la comisión del Congreso que investiga el escándalo Irán-contra. Algunos se declaran culpables. Figura principal, John Negroponte, nuevo embajador ante la ONU, tiene una larga trayectoria en actividades clandestinas y guerras sucias en el sudeste asiático (Vietnam, Laos, Camboya) en los años sesenta, y en los años ochenta en Centroamérica. Reagan lo nombra embajador en Honduras y es una pieza clave en la guerra clandestina contra los sandinistas y en la formación de escuadrones de la muerte en Honduras. Es el primer embajador de Estados Unidos en el Irak «soberano». Elliot Abrams, subsecretario de Estado asistente para América Latina y el Caribe, y figura principal del escándalo Irán-contra (se declara culpable), es nombrado por Bush miembro del Consejo Nacional de Seguridad; Otto Reich, cubanoamericano, visceral anticastrista, maneja la maquinaria clandestina de propaganda de Reagan en favor de la «contra», cuyas actividades son declaradas ilegales por la comisión del Congreso, fue designado por Bush secretario de Estado asistente para el Hemisferio Occidental, provisional, aprovechando un receso del Congreso, pues los demócratas impiden su confirmación. Luego lo designa su representante para América Latina. A Roger Noriega (de origen mexicano), pupilo del senador de ultraderecha Hesse Helms, lo nombra embajador en la OEA y luego subsecretario de Estado en reemplazo de Reich. La elección de esos controvertidos personajes es una afrenta al continente, pero complace a la poderosa comunidad cubanoamericana anticastrista, botín electoral republicano y en particular de la familia Bush.

El intervencionismo de esta administración es burdo y abierto. Reich y Noriega se pasean por el continente dando impertinentes declaraciones contra gobiernos favorables a Cuba, opinando sobre asuntos internos, señalando en sus elecciones quién puede ser presidente y quién no, y conspirando. Dan apoyo (fondos y a veces armas) a grupos de oposición a mandatarios que Washington quiere fuera. En abril del 2002, su intervención en el fallido golpe contra Chávez, en Venezuela, provoca un escándalo. Estados Unidos niega su participación pero sigue financiando a la oposición. El resultado del referendo con el que los antichavistas y Estados Unidos pretenden derrocarlo, en agosto de 2004, es un «rotundo» triunfo para Chávez y un «duro golpe» para Bush, comenta el *NewYork Times*. Irak y Venezuela, importantes países petrolíferos, han sido objetivos prioritarios de la política exterior de esta administración.

En febrero de 2004, el mundo se sorprende cuando Estados Unidos aparece involucrado en el golpe contra Aristide, presidente constitucional de Haití, acusado de corrupción, violencia y de polarizar al país. Sale a la luz que Reich y Noriega han dado armas y fondos a grupos opositores e instigado la violencia y el caos para justificar el desembarco de marines. Llegan cuatro días antes del golpe con la «misión» histórica de «proteger vidas americanas». Aristide aparece «exiliado» en la República Centroafricana a donde llega en un avión militar de Estados Unidos y desde allí los acusa de secuestro. Washington alega que lo «salvó» de las turbas. Después de hacer escalas en otros países, Sudáfrica acoge a Aristide.

Haití, el país más pobre del hemisferio, queda con un primer ministro interino escogido a dedo por Estados Unidos, en medio de un ambiente de impunidad, caos, violencia callejera y de pandillas armadas en favor y en contra de Aristide. Los marines toman el control del país que luego extiende a una pequeña fuerza multinacional —Estados Unidos, Francia, Canadá y Chile— y en junio de 2004 resuelve retirar sus marines para que la ONU tome el mando. La «fuerza de paz de la ONU» son soldados canadienses, brasileños, ecuatorianos, chilenos y noventa y cinco policías chinos. Otros países ofrecen aportar fuerzas. El tope autorizado por el Consejo de Seguridad son 6.700 militares y 1.622 civiles. Kofi Annan, secretario general, calcula que dicha tarea tomará a la organización más de diez años. El general James Hill, jefe del Comando Sur, responsable de las operaciones militares de Estados Unidos en el hemisferio, entra y sale de Haití a su acomodo, y tiene planes de instalar allí una base militar FOL (Forward Operation Location), pues Haití es una importante escala del tráfico internacional de drogas. Tal base es útil para un eventual ataque a Cuba y para controlar la recurrente agitación popular en República Dominicana.

La permanente y obsesiva agresión de Estados Unidos contra Cuba se acelera en períodos preelectorales. Es una forma de atraer el caudal de votos de la poderosa comunidad cubanoamericana anticastrista. En mayo, con gran fanfarria, Bush lanza un voluminoso plan de medidas contra la isla (cuatrocientas cincuenta páginas y seis capítulos). Nada nuevo pero sí mucho de lo mismo: mayor restricción a los viajes de familiares (uno cada tres años) y reducción de envíos de remesas a parientes en la isla. Populosas manifestaciones cubanas protestan en Miami contra lo que califican «burda» política de Bush, pues sólo busca atraer el voto cubano sin tomar en cuenta sus intereses familiares. En la ONU, durante trece años consecutivos, Cuba recibe el masivo apoyo de la Asamblea General en contra el bloqueo económico de Estados Unidos. Sólo Estados Unidos e Israel votan en contra. En 2004, ciento setenta y nueve países (el 94 por ciento de los miembros) la apoyan.

Contra la globalización y el neoliberalismo

Masivos y exitosos movimientos populares, con amplia participación del Tercer Mundo, protestan contra la globalización y contra el avance implacable de las multinacionales. Comienzan en Seattle en 1999 contra la Organización Mundial del Comercio, siguen contra el Banco Mundial y el Fondo Monetario Internacional en Praga, contra el G-8 en Génova, luego en Davos, Washington, Nueva York y otras capitales. Los «grandes» se ven obligados a realizar sus cónclaves en lugares inaccesibles o fuertemente custodiados. En 2003 el G-8 reconoce que dichas manifestaciones pacíficas han servido para poner en su agenda los problemas de la deuda externa.

El continente también protesta contra la globalización, contra el neoliberalismo económico, contra las privatizaciones, contra la sumisión de los gobiernos a Estados Unidos y al FMI, contra la Organización Mundial del Comercio (Cancún, septiembre de 2003), y contra el Área de Libre Comercio de las Américas (Miami, noviembre de 2003). Tales protestas hacen historia. En Miami hunden el sueño de Washington de unir al continente, de Alaska a Tierra del Fuego, en un solo acuerdo comercial. «Más que un acuerdo comercial —dice Lula, presidente de Brasil—, es una política de anexión de América Latina a Estados Unidos.» La maquinaria de Washington responde con rapidez: Robert Zoellick, representante del Comercio, comienza a abrirse camino con acuerdos bilaterales con Centroamérica, países débiles y vulnerables.

El impacto del sistema neoliberal que adopta el continente durante décadas, ha sido crítico: crisis económicas y sociales, elevado desempleo impulsado por las privatizaciones, concentración de riqueza, mayores brechas entre ricos y pobres, aumento de su astronómica e impagable deuda externa (en 2004 llega a seiscientos setenta mil millones de dólares), transacciones fraudulentas a alto nivel, y escándalos de corrupción en que están involucrados más de una veintena de presidentes. Han sido destituidos, están en el exilio o huyen de la justicia, o están en la cárcel. Un informe de CEPAL dice que de un total de 549 millones de habitantes, 232 millones están en la pobreza y de éstos 105 millones en la indigencia. La OIT califica la situación mundial del empleo de crítica: cerca de la tercera parte de la población está desempleada o subempleada. De 2001 a 2004, el crecimiento económico de América Latina ha sido cerca de cero, en 2004 del 3,5 por ciento. Todos los países, excepto Chile y México, atraviesan difíciles situaciones económicas. Argentina ha estado al borde del colapso económico.

Movimientos populares de izquierda toman fuerza política y eligen a sus líderes: en Brasil, Luiz Inácio Lula da Silva, dirigente sindical, en Venezuela, ex teniente coronel Hugo Chávez, en Argentina, Néstor Kirchner, peronista, en Uruguay, Tabaré Vásquez, socialista del Frente Amplio, coalición de fuerzas de izquierda, quien barre la tradicional hegemonía de los partidos Blanco y Colorado. Son presidentes progresistas, de tendencia de izquierda, ventilan políticas antiglobalización, antineoliberalismo y no son sumisos a Washington. La izquierda también avanza en El Salvador: el FMLN, partido de la guerrilla, gana espacio político, y en Colombia, aunque la izquierda no ha tenido peso político determinante, y ha sido víctima constante de la guerra sucia, por primera vez líderes sindicales de izquierda ocupan la alcaldía de la capital y de otras dos ciudades importantes. En Chile, noviembre de 2004, el partido de Ricardo Lagos, Concertación para la Democracia, coalición de centroizquierda, obtiene mayorías en las elecciones municipales. Ese mismo mes, en Venezuela, el partido de Chávez, Movimiento V República, arrasa en las elecciones regionales: conquista veinte de lass veintidós gobernaciones y doscientas setenta de trescientas treinta y cinco alcaldías. Y en Nicaragua también arrasan los sandinistas: el FSLN gana noventa y una alcaldías, incluida la de Managua, el Partido Liberal Constitucional, de derecha, cuarenta y siete, el del ex presidente Bolaños seis y el del carismático ex combatiente y opositor, Edén Pastora, Partido de la Resistencia, sólo dos.

En Ecuador, el ex coronel Lucio Gutiérrez, supuestamente progresista, llega al poder en 2002 con grandes promesas de cambio y el masivo apoyo de indígenas, campesinos y movimientos populares. Falla a sus promesas y esas mismas masas quieren derrocarlo. Lo acusan de traición a la patria por su subordinación a la estrategia belicista de Estados Unidos y del presidente Álvaro Uribe de Colombia y al FMI. En las elecciones municipales de octubre de 2004, su partido, Sociedad Patriótica, prácticamente desaparece. En noviembre, cincuenta diputados buscan la mayoría necesaria (sesenta y siete votos) para destituirlo. La embajadora de Estados Unidos, Kristie Kenney, sale en su defensa.

En Bolivia los indígenas logran imponerse con masivas manifestaciones pacíficas. En abril de 2000, en Cochabamba, se oponen a la privatización del agua y obligan a Betchel, transnacional estadounidense, a renunciar al negocio y retirarse. «El pueblo unido jamás será vencido» cantan eufóricos. En octubre de 2003 derrocan al presidente. Después de un mes de masivas protestas contra la entrega de reservas de gas a empresas transnacionales de Estados Unidos, con un saldo de sesenta muertos y centenares de heridos a manos de la fuerza pública, Gonzalo Sánchez de Lozada tiene que renunciar y salir del país. En julio de 2004, Carlos Mesa, su sucesor, convoca un referéndum y abroga la controvertida ley de hidrocarburos, causa de su caída. En octubre, protestas callejeras de miles de mineros y cocaleros logran que el gobierno y la Cámara de Diputados acuerden aprobar una nueva ley del petróleo, propuesta por el dirigente indígena, diputado y ex candidato a la presidencia, Evo Morales. Contra Sánchez de Lozada, establecido en Estados Unidos, indígenas y campesinos siguen trabajando. Quieren llevarlo ante la justicia. Presionados por masivas protestas populares el Congreso autoriza un juicio contra él por las muertes ocurridas en las manifestaciones en defensa del gas, y la Corte Suprema admite ampliar los cargos a todos los delitos de que se le acusa: genocidio, malversación de fondos y contra la libertad de prensa.

Expansión del nuevo imperio

En 1992, a finales del gobierno de Bush padre, se filtra un documento del Pentágono, «Guía de la Política de Defensa» y del «nuevo orden mundial». Ocasiona un escándalo. Dick Cheney, secretario de Defensa, y Paul Wolfowitz, alto funcionario del Pentágono, autores del documento, dicen que es «sólo un proyecto». Tal guía contempla el dominio unilateral global de Estados Unidos, su indiscutible preeminencia militar que mantendrá, de ser necesario, por la fuerza; el rediseño del mapa geopolítico del Oriente Próximo, con cambio de regímenes potencialmente agresores, el derrocamiento de Sadam Husein, y el control de los recursos naturales estratégicos en el mundo. En 1997, en el interregno de la administración demócrata de Clinton, Cheney, Wolfowitz y otros veinte ideólogos neoconservadores republicanos crean el Proyecto del

Nuevo Siglo Americano (PNAC, siglas en inglés), institución de investigación y análisis (*think tank*), cuyo programa es avanzar los objetivos de la Guía de Defensa. Once de los firmantes ocupan lo más altos cargos de la administración de Bush hijo y llegan con su propia agenda: la mentada «doctrina Bush» de guerra preventiva, y el plan de derrocar a Husein son parte de esa guía, concebida diez años antes.

Después del trauma vital y emocional que sufre Estados Unidos con los ataques terroristas del 11 de septiembre de 2001, la administración Bush-Cheney se embarca en la guerra global contra el terrorismo, no sólo contra Osama Bin Laden y su movimiento Al Qaeda, responsables de esos ataques, sino contra los estados que los alojen o apoyen. «Los que no están con nosotros, están con los terroristas», dice Bush. En noviembre Estados Unidos invade Afganistán, supuestamente su refugio, y en marzo de 2003 Irak, alegando que Sadam Husein es responsable de esos ataques, tiene relaciones con Al Qaeda y un arsenal de armas de destrucción masiva. Tales afirmaciones resultan ser falsas.

El desarrollo de esa guerra contra el terrorismo, amorfa e impredecible, crea un profundo malestar mundial. Efecto colateral de esas masivas operaciones militares es la extensión de su dominio militar. Instala una red de bases militares ubicadas en puntos estratégicos. Éstas permiten una gran movilidad a sus fuerzas y controlar las inmensas riquezas petrolíferas y de gas de los países asiáticos. Tal paso estaba contemplado en su Guía de Defensa.

La militarización, o neocolonización, de América Latina, avanza bajo un plan del Pentágono de descentralización militar, elaborado después de la entrega de las bases en Panamá (Tratados Torrijos-Carter). Dicho plan extiende el radio de acción del Comando Sur a todo el hemisferio y plantea la instalación de bases militares ubicadas en puntos estratégicos y en regiones ricas en recursos naturales, en reemplazo de la base Howard cerrada en Panamá. Bajo el paraguas de la «guerra» contra las drogas, y total falta de transparencia, Estados Unidos firma acuerdos bilaterales con Ecuador, El Salvador, Aruba y Curaçao para instalar bases FOL (Forward Operation Location). Éstas refuerzan las ya existentes en la cuenca del Caribe. En 2004 hay presencia militar de Estados Unidos en todos los países del continente.

Dentro del plan, Ecuador es centro de control militar y espionaje continental, papel semejante al que juega Honduras en los años ochenta, en las guerras de Reagan en Centroamérica. El gobierno ecuatoriano le entrega la base naval de Manta, en el Pacífico, en la frontera con

Colombia, región rica en petróleo y plantaciones de coca, y zona del conflicto armado entre guerrilla, paramilitares y ejército. Gutiérrez le da acceso a otras bases aéreas y navales y quiere instalar una en las islas Galápagos.

La militarización de Colombia avanza bajo el Plan Colombia, concebido para la «guerra» antidrogas, con el apoyo económico y logístico de Estados Unidos y el Plan Patriota para combatir a la guerrilla. Colombia es el segundo país del mundo que recibe mayor ayuda militar norteamericana (seiscientos cincuenta millones de dólares anuales) y su embajada en Bogotá (dos mil funcionarios) es una de las más grandes. Uribe, único firme aliado de Bush en el hemisferio, logra que extienda ese plan a la lucha contrainsurgente y aumente el número de sus militares (de seiscientos a ochocientos) y de contratistas civiles (de cuatrocientos a seiscientos) para entrenar batallones colombianos y proteger el oleoducto Caño-Limón Coveñas, propiedad de la OXI, contra ataques guerrilleros. El oleoducto está en Arauca, departamento fronterizo con Venezuela. La presencia militar de Estados Unidos en Colombia crea enorme malestar interno y en los países vecinos.

Un factor de militarización es la paranoia antiterrorista que difunde Estados Unidos y la obligación que impone a los gobiernos de combatir el terrorismo. Todo lo que no le gusta o conviene, es terrorista, gobiernos no afines (Cuba, Irán, Corea del Norte) son terroristas, opositores a gobiernos afines son terroristas. En Colombia ya no hay guerrillas, ni rebeldes, ni opositores sino «terroristas», hasta las ONG, críticas del gobierno, son calificadas de terroristas. Éste no es un simple cambio semántico, sino un peligroso viraje político de gobiernos sumisos a Washington. Sus halcones ven células de al-Qaeda y «células dormidas» en fronteras vulnerables, como la triple entre Argentina, Brasil y Paraguay, donde se encuentra el Sistema Acuífero Guaraní, la reserva de agua fresca más rica del mundo, y donde Estados Unidos quiere instalar una base. Las fronteras de Colombia con Panamá, Brasil, Ecuador y Venezuela, zonas de conflicto armado entre guerrillas, paramilitares y ejército (las dos últimas ya con presencia militar de Estados Unidos), son regiones ricas en petróleo y carbón. En noviembre de 2004, en la sexta Conferencia de Ministros de Defensa del Continente, en Quito, Ecuador, Donald Rumsfeld, secretario de Defensa, afirma que Hamás y Hezbolá, organizaciones islámicas propalestinas y contra Israel, calificadas de terroristas por Estados Unidos, financian sus actividades en América Latina con dinero del narcotráfico.

FIN DE FIESTA

El gran final son las elecciones presidenciales en Estados Unidos en noviembre de 2004, cuyos resultados el mundo espera con la respiración contenida. Lo que decidan los votantes, quiéranlo o no, afecta al globo terráqueo. La mayoría de la opinión mundial quiere fuera a Bush. Ningún otro mandatario de Estados Unidos ha despertado tantos y tan fuertes sentimientos de rechazo personal y de rechazo a su política. El movimiento contrario a la guerra y a Bush, ha sido multitudinario en Estados Unidos y en numerosas capitales del mundo. Bush va a Santiago, Chile, a una conferencia de cooperación económica de países asiáticos y del Pacífico, primer viaje después de su reelección. Su presencia provoca tres días de populosas y agitadas manifestaciones de protesta, con pancartas, «Bush, criminal de guerra», «Bush, no eres bienvenido», choques del pueblo con la policía, chorros de agua y de gas para dispersarlos y piedras contra los tanques.

Con el país profundamente dividido, hundido en el desastre de Irak, cada día más violento y más costoso en vidas humanas (mil doscientos soldados y cien mil civiles iraquíes muertos) y en recursos (ciento veinte mil millones de dólares); con una monumental y creciente deuda externa (siete mil cuatrocientos millones de dólares), que «amenaza la estabilidad de la economía mundial», advierte el FMI en un duro informe (*New York Times*, febrero de 2004); el déficit presupuestario mayor de su historia (cuatrocientos trece mil millones), el *San Francisco Chronicle* (septiembre de 2004) ve una «catástrofe fiscal a la vuelta de la esquina»; un significativo déficit comercial (cincuenta y un mil millones); más de tres millones de nuevos desempleados, y el gobierno navegando entre comisiones de investigación sobre temas candentes —aún no resueltos—, escándalos de corrupción a alto nivel, nunca antes vista, y aún sin aclarar las conexiones entre las cúpulas del gobierno y las de los corruptos grupos empresariales, contribuyentes millonarios de sus campañas. George W. Bush y Dick Cheney, candidatos republicanos, se lanzan en busca de «cuatro años más» en la Casa Blanca. Muchos esperan que ese bagaje negativo provoque en Estados Unidos un cambio de régimen.

La campaña presidencial ha sido la más agresiva, más sucia y confusa de su historia. Bush y Cheney, con golpes bajos y certeros a través de mensajes en televisión y en arengas por todo el país, buscan destruir la imagen de John Kerry, candidato demócrata, poner en duda su credibilidad, su patriotismo y ensuciar su trayectoria de héroe en Vietnam. Los temas de su campaña son la defensa de la guerra antiterrorista y la seguridad nacional para mantener en alto el temor sobre un nuevo ataque terrorista, sobre la necesidad de la guerra, y elevan a niveles épicos la «determinación» de Bush de «defender» el país: «Yo soy presidente de guerra», dice. La mitad de la opinión pública, según encuestas, considera que el país está más seguro en sus manos sin preguntarle cómo lo va a defender, sin cuestionarle el desastre de Irak, sin reclamarle las difíciles condiciones económicas y sociales que soporta la clase media, y sin medir las consecuencias de los «cuatro años más»: la extensión de la guerra, nuevos ejércitos y nuevos reclutas cuyo destino no será distinto al de sus colegas en Irak.

Irak es tema candente de la campaña. Kerry acusa a Bush de engañar al país, de haberlo llevado a la guerra bajo falsas premisas, de no tener una estrategia de paz, de haber dejado escapar a Osama Bin Laden, responsable de los ataques del 11 de septiembre, y golpea sobre los temas económicos y sociales (desempleo, educación, salud, seguridad social) que más afectan a la clase media y cuyos índices son desastrosos por políticas erradas del gobierno.

Los resultados de las elecciones sorprenden, ofenden y alarman: los «valores morales» de una ultraderecha religiosa, alentada por obispos y pastores desde sus iglesias, determinan el triunfo de Bush, «nuevo cristiano converso» (*born again christian*). Gana por cincuenta y nueve millones y medio de votos y tres millones y medio de ventaja. Es un golpe devastador para los demócratas, para los cincuenta y seis millones que votan contra Bush. Ni la guerra en Irak, ni los temas sociales, ni la hemorragia del gasto federal, ni su pobre desempeño en los tres debates públicos pesan. Su desastrosa trayectoria se ignora. El aborto y el matrimonio gay, temas hábilmente manejados por la campaña republicana, atraen el voto de millones de cristianos fundamentalistas (59 por ciento evangélicos, 52 por ciento católicos) y al 44 por ciento de hispanos. Uno de sus líderes le escribe: «Dios le ha permitido ser su servidor y usted puede dejar una huella de rectitud» al nombrar jueces conservadores y aprobar leyes «definidas en las normas bíblicas». Otro comenta que, de no hacerlo, el presidente y los republicanos pagarán un precio en próximas elecciones.[3] Kart Rove, asesor principal de comunicaciones, arquitecto de esa campaña, ha abierto las compuertas a esas hordas fanáticas que ahora pretenden determinar el futuro de Estados Unidos.

Investido de una «legitimidad» que no tenía, desvanecida su imagen de peso pluma frente a los pesos pesados de su gobierno por el caudal

de votos que obtiene y porque las mayorías republicanas quedan forta-
lecidas en el Congreso (cuatro senadores y cinco representantes más),
toma su triunfo como un «claro mandato», un mandato de Dios. Más
de una vez dice: «Él es mi consejero». Bush tiene el camino abierto para
avanzar la radical agenda en que está empeñada la ultraderecha republicana, cuyo derrotero, y característico desdén por la opinión pública, se
evidencian a la semana de su reelección: en reemplazo de John Ashcroft,
fiscal general, la figura de su gobierno que más rechazo provoca, autor
del Acta Patriótica que arrasa con libertades civiles en aras de la seguridad nacional, nombra a Alberto González (de origen mexicano), abogado principal en la Casa Blanca, cerebro de una política inconstitucional
e inmoral que está vigente: fabrica el concepto «combatiente enemigo»,
para negarle a los prisioneros, supuestamente talibanes y de Al Qaeda,
la protección de la Constitución y de las convenciones de Ginebra. En
memorandos concebidos por él Bush determina que estas convenciones no tienen uso en la «guerra contra el terrorismo», y el Departamento
de Justicia afirma que el presidente tiene derecho a ordenar el uso de
tortura en detenidos. Esa política abre el camino a los «abusos» sexua-
les cometidos por las fuerzas de Estados Unidos contra iraquíes prisioneros en Abu Ghraib, Bagdad, en Guantánamo, Afganistán y en otros sitios secretos de detención de la CIA. Las fotos de Abu Ghraib, que
evidencia tales atropellos, desatan un escándalo de enormes proporciones y asestan un golpe monumental al prestigio de su país y de su gobierno. Es en esas manos que Bush pone la justicia de Estados Unidos.

¿Qué espera el mundo de Bush? Su política unilateral y prepotente ha
alejado a los principales aliados de Estados Unidos y provocado divisiones
dentro de la OTAN. Francia, Alemania y otros países no quieren involucrarse en la guerra en Irak. La califican de «inmenso error». Las fuerzas de
coalición que participan en la guerra, y la «coalición de los dispuestos»,
países que aportan un número insignificante de soldados, poco a poco se
desintegran. De América Latina sólo quedan trescientos ochenta salvadoreños. Para salir de ese «lodazal», así lo califican los medios, la administración Bush necesita a Europa y a las Naciones Unidas. A su vez, los europeos Francia y Alemania reconocen que a la salud del mundo no le conviene
mantener una confrontación de Europa con Estados Unidos. Esto no significa variar su posición frente a esa guerra. Los analistas de ambos lados dudan, no obstante, de que tal acercamiento ocurra. Jacques Chirac, presidente
de Francia, invitado a Londres por Tony Blair, primer ministro de Gran
Bretaña, después de las elecciones en Estados Unidos, contradice las afirma-

ciones de Bush. Dice que la situación mundial es más peligrosa desde la ocupación de Irak y que ésta ha aumentado el terrorismo en el mundo.

Lo que se vislumbra al inicio de los «cuatro años más» es una enorme desconfianza hacia Estados Unidos y un profundo miedo por el temerario manejo de su política exterior. Irán y Corea del Norte, ambos con proyectos nucleares, están en la mira de sus halcones que comienzan a pensar en soluciones militares.[4] La ocupación de Afganistán e Irak, y el apoyo incondicional de Bush a Ariel Sharon, primer ministro de Israel, y a su brutal política contra Palestina, como «derecho a defenderse», son combustible a la animosidad del explosivo mundo islámico contra Estados Unidos. Irak se ha convertido en caldero de terroristas. Por sus fronteras porosas entran combatientes de otros países árabes, de al-Qaeda y armas para alimentar la *yihad* (guerra santa) iraquí contra las fuerzas invasoras.

¿Qué espera América Latina del nuevo «mandato» de Bush? Estados Unidos mantiene una política unilateral pero a la vez promueve agresivamente la globalización del comercio y negocia tratados bilaterales para reemplazar al ALCA, hundido en la conferencia de Miami (2003). Más de una vez encuentra resistencia a sus pretensiones. Colombia, Perú y Ecuador, por ejemplo, se niegan a entregarle el control de recursos genéricos, que representan el 25 por ciento del planeta, y no aceptan condiciones que afectan de sus productos agrícolas. La penetración militar, o neocolonización avanza. Rumsfeld, en breve visita a Nicaragua, El Salvador, Panamá y Colombia de camino a Ecuador para tomar parte en la Conferencia de Ministros de Defensa del Hemisferio, ventila la «necesidad» de la «cooperación regional», militar y policial, liderada por Estados Unidos para combatir el «terrorismo» y el narcotráfico.

Mientras que la administración republicana se asienta más en la extrema derecha, el continente se inclina a la izquierda. Neoconservadores del régimen lo registran como problema que deben afrontar. Sin mencionar países, señalan «el surgimiento de un número de gobiernos agresivamente antiamericanos» y la tendencia hacia la izquierda de América Latina. Dado su burdo intervencionismo (Venezuela y Haití), dada la mencionada doctrina de «guerra preventiva» y la mesiánica política de Bush de «cambios de régimen» (Afganistán e Irak) para propagar los «beneficios» de la democracia, nada bueno se puede esperar. Cuba, la más expuesta a su agresión, y el resto del continente son muy conscientes de que para Washington, cuando se trata de sus intereses, el derecho internacional puede ser letra muerta.

Notas

1. *Unos entran y otros salen*

1. Departamento de Estado, *Memorandum*, 21 de enero de 1959.
2. Tad Szulc, *Fidel*, William Morrow & Co., Nueva York, 1986, p. 457; Martha Harnecker, *Fidel Castro's Political Strategy*, Pathfinder Press, Nueva York, 1987, pp. 49-52.
3. Earl Smith, *The Four Floor*, Random House, Nueva York, 1962, p. 188.
4. Hubert Herring, *A History of Latin America*, Alfred A. Knopf, Nueva York, 1968, p. 404.
5. Jane Franklin, *The Cuban Revolution and The United States*, Ocean Press, 1992, pp. 19-23.
6. *Instrucción Política de las FAR*, libro segundo, Instituto Cubano del Libro, La Habana, 1973, p. 140.
7. *Ibid.*, p. 141.
8. H. Herring, *op. cit.*, pp. 404-405.
9. *Instrucción Política de las FAR*, *op. cit.*, pp. 139-141.
10. *Bohemia*, La Habana, 4 de octubre de 1991.
11. Marta Harnecker, *op. cit.*, pp. 90 y 101-103.
12. *Instrucción política FAR*, *op. cit.*, p. 210.
13. E. Smith, *op. cit.*, pp. 184-185.
14. *Ibid.*, p. 185.
15. Hugh Thomas, *Cuba*, Grijalbo, Barcelona, 1973, p. 1.321.
16. *Ibid.*, p. 1.321; *Bohemia*, La Habana, 15 de febrero de 1959.
17. *New York Times*, 2 de enero de 1959.
18. E. Smith, *op. cit.*, p. 186.
19. Ciro Bianchi, *Cuba Internacional*, La Habana, diciembre de 1984, p. 27.
20. Robert J. Alexander, *Rómulo Betancourt y la transformación de Venezuela*, Transaction Books, New Brunswick, 1986, p. 559.
21. Jules Dubois, *Fidel Castro*, Bobbs Merrill, Indianápolis, 1959, p. 362.
22. H. Thomas, *op. cit.*, p. 1.381.
23. *Correspondencia diplomática colombiana*, 20 de febrero de 1959.

24. *Ibidem.*

25. H. Thomas, *op. cit.*, p. 1.381.

26. J. Dubois, *op. cit.*, p. 350.

27. T. Szulc, *op. cit.*, p. 456.

28. *El Tiempo*, Bogotá, 9 de diciembre de 1958.

29. *Documento Embajada de EE.UU.*, en Caracas, 14 de enero de 1959.

30. *Ibidem.*

31. T. Szulc, *op. cit.*, p. 533.

32. *Ibid.*, pp. 531-533.

33. H. Matthews, *Fidel Castro*, Touchestone Book, Nueva York, 1969, pp. 139 y 145.

34. H. Thomas, *op. cit.*, p. 1.401.

35. Todd Gitlin, *The Sixties*, Bantam Books, Nueva York, 1987, pp. 1-2.

36. Maurice Halperin, *The Rise and Decline of Fidel Castro*, University of California Press, Berkeley, 1974, pp. 13-15.

37. T. Szulc, *op. cit.*, p. 299.

38. M. Halperin, *op. cit.*, pp. 19-20.

39. *Ibid.*, p. 49.

40. M. Harnecker, *op. cit.*, p. 11.

41. *New York Times*, 21 de abril de 1959.

42. M. Halperin, *op. cit.*, p. 46.

43. Raúl Roa, *Retorno a la Alborada*, Editorial Ciencias Sociales, La Habana, 1977, pp. 306-307.

44. M. Halperin, *op. cit.*, pp. 52-54.

45. *New York Times*, 2 de mayo de 1959.

46. M. Halperin, *op. cit.*, pp. 319-320.

47. *New York Times*, 28 de abril de 1959 y 1 de mayo de 1959.

48. T. Szulc, *op. cit.*, pp. 541-542.

49. *Ibid.*, p. 541.

50. *Ibid.*, pp. 122-124.

51. *Documento confidencial del Departamento de Estado*, 30 de julio de 1959.

52. *Documento del Departamento de Estado*, abril-diciembre de 1959.

53. *New York Times*, 13 de abril de 1959.

54. Comunicados confidenciales del Departamento de Estado, 6 de septiembre de 1959.

55. M. Halperin, *op. cit.*, pp. 69-70.

56. H. Matthews, *op. cit.*, p. 49.

57. Philip Brenner *et al.*, eds., *The Cuban Reader*, Grove Press, Nueva York, 1989, p. 528.

58. G. Pierre-Charles, *El Caribe a la hora de Cuba*, Premio Casa de las Américas, La Habana, 1980, pp. 92n y 114-115.

59. Victor Marchetti y John D. Marks, *The CIA and The Cult of Intelligence*, Dell Book, 1980, p. 268.

60. Jane Franklin, *The Cuban Revolution and the United States*, Ocean, Melbourne, Australia, 1992, pp. 27-28 y 30.

61. Gabriel Molina, *Diario de Girón*, Editora Política, La Habana, 1984, p. 7.

62. *Ibid.*, p. 7.

63. John Dennis Cozeau, *The Elite Press and Foreign Policy, The Case of Cuba*, 1979 (mimeógrafo), Librería del Congreso, Washington, n.° BTK 80-0075.

64. *Proyección Internacional de la Revolución Cubana*, Instituto Cubano del Libro, 1975, pp. 9-13.

65. J. Dubois, *Fidel Castro*, pp. 180-181; T. Szulc, *op. cit.*, p. 451.

66. Townsed Hoopes, *The Devil and John Foster Dulles*, Atlantic Litle Brown, Boston, 1973, pp. 498-499.

67. *Ibid.*, pp. 503-504.

2. «Mare nostrum», «Mare claustrum»

1. G. Pierre-Charles, *El Caribe a la hora de Cuba*, pp. 19-20.

2. William Appelman Williams, *The Tragedy of American Diplomacy*, Delta Book, Nueva York, 1962, pp. 19-20 y 53-54.

3. W. Appleman, *op. cit.*, p. 54.

4. Harold Molineu, *U. S. Policy Toward Latin American*, Westview Press, Boulderand-Londres, 1986, p. 40.

5. George C. Khon, *Dictionary of Wars*, Anchor Books, Nueva York, 1987, p. 284.

6. Jane Franklin, *The Cuban Revolution and The United States*, Ocean, 1992, p. 11.

7. *Instrucción Política de las FAR*, La Habana, 1973, p. 93.

8. Lázaro Barredo Medina, *Bohemia*, La Habana, 27 de diciembre de 1991.

9. *Instrucción Política de las FAR*, pp. 84-87.

10. W. Appleman, *op. cit.*, pp. 30-31.

11. *Ibid.*, p. 36.

12. *Instrucción Política de las FAR*, p. 94.

13. H. Herring, *A History of Latin America*, p. 398.

14. *Instrucción Política de las FAR*, pp. 89-91.

15. J. Franklin, *The Cuban Revolution*, pp. 3 y 16.

16. H. Thomas, *Cuba*, pp. 587-589.

17. J. Franklin, *op. cit.*, pp. 16-17.

18. *Op. cit.*, p. 18.

19. Julio Le Riverend, «Cuba: Del semicolonialismo al socialismo (1933-1975)», en Pablo González Casanova, *América Latina: Historia de medio siglo*, vol. I, Siglo XXI, México, 1977, p. 47.

20. Tom Barry, Beth Wood y Deb Preusch, *The Other Side of Paradise, Foreign Control in the Caribbean*, Grove Press Inc., Nueva York, 1984, pp. 238-239.

21. Robert Leiken y Barry Rubin, *Central American Crisis Reader*, Summit Books, Nueva York, 1987, p. 82.

22. A. Aguilar, *Panamericanismo*.

23. W. LaFeber, *op. cit.*, pp. 66-67 y 70.

24. Jesús Silva Herzog, citado por A. Aguilar, *Pan-Americanism*, MR Press, Nueva York, 1968, p. 70.

25. A. Aguilar, *op. cit.*, p. 72.

26. *Ibid.*, pp. 73-75, 172 y 174.

27. *Ibid.*, pp. 76 y 174.

28. Tom Barry, Beth Wood y Deb Preusch, *op. cit.*, pp. 197-198.

29. H. Truman, *Discurso ante el Congreso*, 12 de marzo de 1947.

30. Edwin R. Bayley, *Joe McCarthy and the Press*, The University of Wisconsin Press, Madison, Wisconsin, 1981, p. 3.

31. William Fulbright, *The Crippled Giant*, Random House, Nueva York, 1972, pp. 55 y 60.

32. A. Aguilar, *op. cit.*, p. 171.

33. Robert Leiken y Barry Rubin, *op. cit.*, pp. 29-30.

34. Edelberto Torres-Rivas, «Guatemala», en *América Latina: Historia de medio siglo*, vol. 2, p. 141.

35. Héctor Pérez-Brignoli, *A Brief History of Central America*, University of California Press, Berkeley, 1989, pp. 118-119.

36. W. LaFeber, *Inevitable Revolutions*, W. W. Norton & Co., Nueva York, p. 176.

37. Mario Salazar Valiente, «El Salvador», en *América Latina: medio siglo*, vol. II, pp. 91-111.

38. Juan Mestre, *Subdesarrollo y violencia en Guatemala*, IEPAL, Madrid, 1969, pp. 118-119.

39. Penny Lernoux, *Cry of the People*, Penguin Books, Nueva York, 1979, pp. 107-108.

40. A. Aguilar, *op. cit.*, p. 198.

41. J. Franklin, *op. cit.*, pp. 29 y 30.

42. *United Fruit Company: un caso del dominio imperialista en Cuba*, Editorial Ciencias Sociales, La Habana, 1978, pp. 14, 67 y 78-79.

43. P. Lernoux, *op. cit.*, pp. 107-108.

44. Richard E. Feingberg, ed., *Central America: International Dimension of the Crisis*, Holmes y Meier Publishers, Inc., Nueva York, 1982, p. 5.

45. Medea Benjaminn, ed., *Don't Be Afraid, Gringo*, Harper and Row Publishers, Nueva York, 1987, pp. xv y xvi.

46. P. Lernoux, *op. cit.*, p. 107.

47. W. LaFeber, *op. cit.*, p. 133; G. Molina Chocano, «Honduras», en *América Latina*, vol. II, pp. 244-245.

48. Mario Rodríguez, *Central America*, Spectrum Book, New Jersey, 1965, pp. 36-37; W. LaFeber, *op. cit.*, 178.

49. M. Rodríguez, *op. cit.*, p. 36.

50. W. LaFeber, *op. cit.*, pp. 179-180.

51. G. Molina Chocano, *América Latina*, p. 252.

52. W. LaFeber, *op. cit.*, pp. 179-180.

53. G. Molina Chocano, *op. cit.*, p. 254.

54. W. LaFeber, *Inevitable*, pp. 263-264.

55. *Centroamerica*, Infopress, p. H-19; Barry Carr Steve Ellner, *The Latin American Left From the Fall of Allende to Perestroika*, Westview Press, Boulder, Co., 1993, p. 193.

56. Salazar Valiente, *América Latina*, p. 88.

57. W. LaFeber, *Inevitable*, pp. 70-71.

58. M. Salazar Valiente, *América Latina*, p. 93.

59. W. LaFeber, *Inevitable*, pp. 72-74.

60. *Op. cit.*, pp. 72-74; R. Leiken y B. Rubin, *The Central American Crisis*, p. 506.

61. Roque Dalton, *Miguel Mármol*, citado por Mario Salazar Valiente, *America Latina*, p. 96.

62. W. LaFeber, *op. cit.*, p. 173; M. Rodríguez, pp. 38-39.

63. M. Salazar, A. Valiente, *América Latina*, pp. 91-111.

64. M. Rodríguez, *op. cit.*, p. 39.

65. W. LaFeber, *Inevitable*, p. 172.

66. *Ibid.*, pp. 172-174.

67. M. Salazar Valiente, *América Latina*, p. 118.

68. *Centroamérica*, Infopress, Guatemala, 1981, p. ES-2.

69. Noam Chomsky, *Turning the Tide*, South End Press, Boston, 1985, p. 98.

70. T. Barry, *Central America*, p. 165.

71. Marvin E. Gettleman *et al.*, eds., *El Salvador*, Grove Press, Nueva York, 1987, pp. 77-79.

72. *EE.UU. Departamento de Estado*, febrero de 1979; R. Leiken y B. Rubin, *op. cit.*, pp. 337-342.

73. M. Gettleman, *El Salvador*, p. 80.

74. *Op. cit.*, pp. 188-190.

75. *Ibid.*

76. *Op. cit.*, pp. 56 y 191.

77. *Alternativa*, Bogotá, n.° 235/79; Genttlemen, ed., *op. cit.*, p. 191.

78. M. Gettleman, *op. cit.*, p. 55.

79. Tom Buckley, *Violent Neighbours*, Times Books, Nueva York, 1984, p. 135.

80. R. Leiken y B. Rubin, *The Central American*, pp. 503-304.

81. T. Barry, *Central America Inside out*, 1991, p. 179.

82. Gettleman, *El Salvador*, pp. 90-91.

83. *Ibid*.

84. *Op. cit.*, p. 289.

85. P. Berryman, *Inside Central America*, pp. 38 y 72-73.

86. M. Gettleman, *op. cit.*, pp. 56 y 294; NACLA, mayo-junio de 1981, p. 15.

87. R. Leiken y B. Rubin, *Central American*, pp. 377-380.

88. *NACLA*, mayo y junio de 1981, pp. 16 y 23.

89. R. Leiken y B. Rubin, *op. cit.*, p. 408.

90. P. Berryman, *op. cit.*, p. 45.

91. M. Genttleman, *op. cit.*, pp. 256-258.

92. W. LaFeber, *op. cit.*, p. 68; M. Rodríguez, *op. cit.*, pp. 125-126.

93. R. Leiken y B. Rubin, *op. cit.*, pp. 101 y 117-118.

94. Stephen Schlesinger y Stephen Kinzer, *Bitter Fruit*, Anchor Books, Nueva York, 1982, p. 32.

95. W. LaFeber, *op. cit.*, p. 162.

96. Manzar Foroohar, *The Catholic Church and Social Change in Nicaragua*, State University of New York Press, 1989, pp. 87-91.

97. Tomás Borge, *Paciente impaciencia*, Premio Casa de las Américas, La Habana, 1989, p. 146.

98. R. Leiken y B. Rubin, *op. cit.*, pp. 149-153.

99. S. Schlesinger y S. Kinzer, *Bitter Fruit*, p. 42.

100. R. Leiken y B. Rubin, *op. cit.*, pp. 191-192.

101. S. Schlesinger y S. Kinzer, *Bitter Fruit*, p. 40.

102. R. Leiken y B. Rubin, *op. cit.*, pp. 186-191.

103. S. Schlesinger y S. Kinzer, *Bitter Fruit*, p. 49.

104. Holly Sklar, *Washington's War on Nicaragua*, South End Press, Boston, Mass, 1988, pp. 30-32.

105. S. Schlesinger y S. Kinzer, *Bitter Fruit*, p. 49.

106. R. Leiken y B. Rubin, p. 199.

107. S. Schlesinger y S. Kinzer, *Bitter Fruit*, p. 33; R. Leiken y B. Rubin, *op. cit.*, p. 141.

108. R. Leiken y B. Rubin, *op. cit.*, p. 199.

109. S. Schlesinger y S. Kinzer, *op. cit.*, pp. 143-144; Alonso Aguilar, *Pan-Americanism from Monroe to the Present*, MR, 1965, pp. 99-102.

110. J. Ranelagh, *op. cit.*, pp. 265-269.

111. S. Schlesinger y S. Kinzer, *Bitter Fruit*, p. 9.

112.   Kalman H. Silvert, *The Conflict Society, Reaction and Revolution in Latin America*, Harper Colophon Books, Nueva York, 1968, p. 230; Blanche Wiesen Cook, *The Declassified Eisenhower*, New York, Penguin Books, 1984, p. 148; John Ranelagh, *The Agency, The Rise and Decline of the CIA*, Simon & Schuster, Nueva York, 1986, pp. 265-268.

113.   A. Schlesinger citado por Susan Jonas, *The Battle for Guatemala*, West View Press, Boulder, S.F., 1989, p. 42.

114.   S. Jonas, *The Battle for Guatemala*, p. 42.

115.   S. Schlesinger y S. Kinzer, *Bitter Fruit*, p. 235.

116.   E. Torres Rivas, *América Latina*, p. 167.

117.   *Op. cit.*, p. 167.

118.   S. Jonas, *op. cit.*, pp. 70-71.

119.   *La amenaza de la guerrilla en América Latina*, Editorial Olimpo, México, 1968, pp. 38-40.

120.   W. LaFeber, *op. cit.*, pp. 168-169.

121.   J. Mestre, *Subdesarrollo y violencia*, Guatemala, IEPAL, Madrid, 1969, pp. 184-185 y 199.

122.   S. Jonas, *op. cit.*, p. 70.

123.   *Perspectiva Mundial*, Nueva York, 29 de junio de 1981, pp. 14-15.

124.   J. Mestre, *Subdesarrollo y violencia*, pp. 196-197.

125.   *Op. cit.*, pp. 191-192 y 198.

126.   S. Jonas, *op. cit.*, p. 70.

127.   J. Mestre, *op. cit.*, pp. 196-197.

128.   S. Schlesinger y S. Kinzer, *Bitter Fruit*, p. 244.

129.   W. LaFeber, *op. cit.*, p. 170.

130.   *Ibid.*

131.   J. Mestre, *Subdesarrollo y violencia*, p. 204.

132.   *Ibid.*, pp. 201-202.

133.   W. LaFeber, *op. cit.*, pp. 170-171.

134.   *Perspectiva Mundial*, Nueva York, 29 de junio de 1981.

135.   S. Schlesinger y S. Kinzer, *Bitter Fruit*, pp. 248-249.

136.   S. Jonas, *op. cit.*, p. 95.

137.   *Op. cit.*, p. 128.

138.   *Op. cit.*, pp. 124, 128 y 137.

139.   *Op. cit.*, p. 41.

140.   *Perspectiva Mundial*, Nueva York, 29 de junio de 1981.

141.   Richard Fagen, *Forging Peace. The Challenge of Central America*, DAC-CA Books, 1987, p. 91.

142.   *Perspectiva Mundial*, Nueva York, 29 de junio de 1981.

3.   *Los efervescentes años sesenta*

1.   Theodore C. Sorense, *Kennedy*, Bantam Books, Nueva York, 1966, p. 15.

2.   Jim E. Heath, *Decade of Disillusionment*, Indiana University Press, Bloomington, 1975, pp. 297-298.

3.   T. Sorensen, *op. cit.*, p. 589.

4.   Wolfgang Leonhard, *Three Faces of Marxism*, Capricorn Books, Nueva York, 1974, pp. 146-147.

5.   *Ibid.*, p. 257.

6.   G. R. Urban, ed., *Euro-communism*, Universe Books, Nueva York, 1978, pp. 7-8 y 17.

7.   Edward McNall Burns, *Western Civilizations*, W. W. Norton & Co., Nueva York, 1968, p. 833.

8.   Xavier Rynne, *Letters From Vatican City*, Doubleday, Image Books, Garden City, Nueva York, 1964, p. 77.

9.   T. Sorensen, *op. cit.*, pp. 574 y 579.

10.   Ernest G. Borman, ed., *Foreruners of Black Power*, Prentice-Hall Inc., New Jersey, 1971, p. 237.

11.   Inter-American Economic Affairs, invierno de 1961, *Government Documents*, pp. 79-86 y ss.

12.   T. Sorensen, *op. cit.*, pp. 600-601.

13.   Carlos Sanz de Santamaría, *Alianza para el progreso, revolución silenciosa*, Fondo de Cultura Económica, México, 1971, p. 30.

14.   Arthur Schlesinger, *Robert Kennedy and his Times*, Houghton Mifflin Co., Boston, 1978, p. 576.

15.   T. Sorensen, *op. cit.*, pp. 712-713.

16.   Ana María Bidegain de Urán, *Nacionalismo, militarismo y dominación en América Latina*, Universidad de los Andes, Bogotá, 1983, p. 151; Edwin Lieuwen, *Generales contra presidentes en América Latina*, Siglo XX, Buenos Aires 1965, pp. 177-179.

17.   Claude Heller, *El ejército como agente de cambio*, Fondo de Cultura Económica, México, 1980, pp. 126 y 133.

18.   Justo Escobar y Sebastián Velázquez, *Examen de la violencia argentina*, Fondo de Cultura Económica, 1975, p. 125.

19.   Alfredo Vásquez Carrizosa, *El poder presidencial en Colombia*, Ediciones Suramérica Ltda., Bogotá, 1979, p. 334.

20.   Arthur Schlesinger, *A Thousand Days*, Fawcett Premier, Nueva York, 1965, p. 181.

21.   T. Sorensen, *Kennedy*, p. 603.

22.   A. Schlesinger, *op. cit.*, p. 174.

23.   Gabriel Molina, *Diario de Girón*, Editora Política, La Habana, 1984, p. 71.

24. *Ibid.*, pp. 71-72.
25. Peter Wayden, *Bay of Pigs*, Touchstone Books, Simon & Schuster, Nueva York, 1979, pp. 50-53.
26. P. Wyden, *op. cit.*, pp. 98-100.
27. G. Pierre-Charles, *op. cit.*, p. 121.
28. A. Schlesinger, citado por G. Molina, *op. cit.*, p. 135.
29. Tulio Halperin Donghi, *Historia Contemporánea de America Latina*, Alianza, Madrid, 1966, pp. 111-112.
30. Joan Didion, *Miami*, Simon and Schuster, Nueva York, 1987.
31. Thomas Powers, *The Man Who Keept The Secrets, Richard Helms and the CIA*, Alfred A. Knopf, Nueva York, 1979, p. 133.
32. J. Didion, *op. cit.*, pp. 14-15.
33. William Colby, *Honorable Men*, Simon & Schuster, Nueva York, 1978, p. 189.
34. T. Powers, *op. cit.*, pp. 132-133, 135 y 138.
35. John Ranelagh, *The Agency, The Rise and Decline of the CIA*, Touchstone Book, Simon and Schuster, Nueva York, 1987, pp. 345, 357-358, 383 y 390; W. Colby, *op. cit.*, pp. 188-190, 428-430 y 455.
36. T. Powers, *op. cit.*, 155.
37. *Ibid.*, p. 139.
38. Fabián Escalante, *Documentos de la Reunión Tripartita*, Antigua, 1991.
39. Carlos Lechuga, *El ojo de la tormenta*, Ocean Press, Australia, 1995, pp. 55 y 65.
40. *Documentos de la Reunión Tripartita,* Moscú, 1989.
41. Victor Marchetti y John D. Markes, *The CIA and the Cult of Intelligence*, Dell Publishing Co., Nueva York, 1980, p. 273.
42. T. Sorensen, *op. cit.*, pp. 767-768; F. MacNamara, *Documentos de la Reunión Tripartita*, Moscú, 1989; Ernest R. May y Philip D. Zelikow, *The Kennedy Tapes*, Harvard University Press, Cambridge, Mass., 1997, pp. 128 y 286.
43. T. Sorensen, *op. cit.*, pp. 753, 756 y 777-778.
44. *Ibid.*, pp. 769-770.
45. R. McNamara, *Documentos de la Reunión Tripartita*, Moscú, 1989.
46. T. Sorensen, *op. cit.*, pp. 768-772.
47. *Ibid.*, pp. 768-772.
48. *Granma*, La Habana, 6 de noviembre de 1991.
49. A. Schlesinger, *A Thousand Days*, p. 743.
50. Edwin Lieuwn, *Siglo veinte*, Siglo XXI, Buenos Aires, 1965, p. 176.
51. *UN Year Book 1963*, pp. 104 y 105.
52. *UN Year Book 1962*, Nueva York, 104 y 105; *Every man's United Nations*, 1945-1963, ONU, Nueva York, p. 178.
53. Jorge Pollo, *Granma*, 24 de octubre de 1991.
54. *Everyman's United Nations*, pp. 178-179.

55. C. Lechuga, *op. cit.*, pp. 125-126.
56. *Ibid.*, pp. 130-132.
57. *Ibid.*, pp. 126-130.
58. *Ibid.*, pp. 138-141.
59. *Ibid.*, pp. 146-149.
60. *U. N. Year Book, 1962*, p. 110.
61. *Everyman's United Nations*, p. 179.
62. T. Sorensen, *Documentos de la Reunión Tripartita*, Moscú, 1989.
63. J. Pollo, *Granma*, La Habana, 30 de octubre de 1991.
64. Serguei Kruschev, *Documentos de la Reunión Tripartita*, Antigua, 1991.
65. *Ibid.*
66. J. Pollo, *Granma*, La Habana, 30 de octubre de 1991; C. Lechuga, *op. cit.*, p. 43.
67. Fidel Castro, *Reunión Tripartita*, La Habana, 1992.
68. *Ibid.*
69. S. Mikoyán, *Reunión Tripartta*, La Habana, 1992.
70. T. Sorensen, *op. cit.*, pp. 795-796; H. Thomas, *op. cit.*, pp. 1.794-1.795.
71. H. Thomas, *op. cit.*, pp. 1.794-1.795.
72. T. Halperin, *op. cit.*, p. 199.
73. *Ibid.*, p. 201.
74. *N. Y. Herald Tribune*, 6 de octubre de 1963.
75. T. Sorensen, *op. cit.*, p. 601.
76. Tad Szulc, *Fidel*, Avon, Nueva York, 1986, pp. 597-598.
77. A. Schlesinger, *Robert Kennedy*, pp. 552-553.
78. *Ibid.*, pp. 555-556.
79. *Ibid.*
80. Theodore White, *The Making of the President 1964*, Signet Books, Nueva York, 1966, p. 45.
81. Tod Gitlin, *The Sixties*, Batam Books, Toronto, Nueva York, 1987, p. 313.
82. A. Schlesinger, *op. cit.*, p. 630.
83. Ellen Ray y William Schaap, «Vernon Walters; Crypto-diplomat and Terrorist», en *Covert Action*, Information Bulletin, n.º 26, Washington D.C., 1986, pp. 3-8.
84. A. Schlesinger, *op. cit.*, p. 635.
85. Eric F. Goldman, *The Tragedy of Lyndon B. Johnson*, Laurel Edition, 1974, p. 468.
86. T. Powers, *op. cit.*, p. 171.
87. E. Goldman, *op. cit.*, p. 470.
88. Alfonso Aguilar, *Pan-Americanism, from Monroe to the Present*, 1968, Monthly Revieu, Nueva York, pp. 133-134.

89.   E. Goldman, *op. cit.*, p. 470.

90.   A. Aguilar, *op. cit.*, pp. 138-139.

91.   A. Schlesinger, *Robert Kennedy*, p. 690.

92.   Robert Kennedy, *To Seek a New World*, Bantam Books, Nueva York, 1968, p. 60.

93.   Carlos Sanz de Santamaría, *Alianza para el progreso, la revolución silenciosa*, pp. 148-149 y 161-162.

94.   V. Marchetti y J. Marks, *op. cit.*, p. 269.

95.   A. Schlesinger, *op. cit.*, p. 822.

4.   Con las armas en la mano

1.   David Deutschamnn, ed., *Che, una memoria de Fidel Castro*, Ocean Press, 1994, Melbourne, Australia, p. 84.

2.   Rubén Vázquez Díaz, *Bolivia a la hora del Che*, Siglo XXI, México, 1978, p. 264.

3.   Ernesto Che Guevara, *Diario de Bolivia*, Equipo Editorial S.A., Zarauz, España, 1968.

4.   David Deutschmann, *op. cit.*, pp. 98, 116 y 120-121.

5.   *New York Times*, 14 de julio de 1961.

6.   Claudio Heller, ed., *El ejército como agente de cambio*, Fondo de Cultura Económica, México, 1979, p. 126.

7.   Ana María Bidegain, *Nacionalismo, militarismo y dominación en América Latina*, Ed. Uniandes, Bogotá, 1983, pp. 150-152.

8.   Ximena Ortúzar, *Represión y tortura en el Cono Sur*, Extemporánea, México, 1977, p. 101.

9.   W. J. Pomeroy, *Guerrillas y contraguerrillas*, Grijalbo, México, 1967, p. 37.

10.   C. Heller, *op. cit.*, p. 126.

11.   J. Gerassi, *The Great Fear of Latin America*, Collier Books, Nueva York, 1973, pp. 65-66.

12.   Mark Kaplan, *Argentina: América Latina*, vol. I, p. 57.

13.   Tomás Córdoba, *La Argentina, Perón y después*, Cidal, Caracas, 1975, pp. 126-130.

14.   T. Córdoba, *op. cit.*, pp. 132-133.

15.   M. Kaplan, *op. cit.*, p. 61.

16.   T. Córdoba, *op. cit.*, pp. 137-138.

17.   Óscar R. Anzorena, *Tiempo de violencia y de utopía*, Editorial Contrapunto, Buenos Aires, 1988, pp. 98-99.

18.   Alain Rouquié, comp., *Argentina hoy*, Siglo XXI, México, 1982, p. 206.

19.   O. Anzorena, *op. cit.*, pp. 129-132.

20.   A. Rouquié, *op. cit.*, p. 209; Anzorena, *op. cit.*, pp. 83-84 y 88-89.

21.   A. Rouquié, *op. cit.*, pp. 210-211.

22.   *Ibid.*, p. 212.

23.   O. Anzorena, *op. cit.*, p. 127.

24.   *Ibid.*, pp. 52-53.

25.   *Ibid.*

26.   *Ibid.*, pp. 146-147.

27.   A. Rouquié, *op. cit.*, p. 232.

28.   O. Anzorena, *op. cit.*, pp. 49 y 84-86.

29.   A. M. Bidegain, *op. cit.*, p. 137.

30.   Vania Bambirra y Theotonio Dos Santos, *Brasil: América Latina*, vol. I, pp. 151-152.

31.   Penny Lernoux, *Cry of the People*, Pinguin Books, Nueva York, 1982, p. 169.

32.   Eduardo Galeano, *Las venas abiertas de América Latina*, Siglo XXI, México, 1975, pp. 240-241.

33.   Marcio Moreira Alves, *Un grano de mostaza*, Premio Casa de las Américas (1972), CEPE, Buenos Aires, 1973, p. 92.

34.   M. Moreira Alves, *op. cit.*, p. 97.

35.   P. Lernoux, *op. cit.*, p. 167.

36.   A. M. Bidegain, *op. cit.*, pp. 146-166.

37.   M. Moreira Alves, *op. cit.*, p. 198.

38.   Thomas E. Skidmore, *The Politics of Military Rule in Brazil, 1964-1985*, Oxford University Press, Nueva York, 1988, p. 25.

39.   Bambirra y Dos Santos, *op. cit.*, p. 153.

40.   T. E. Skidmore, *op. cit.*, pp. 24-25.

41.   A. M. Bidegain, *op. cit.*, pp. 167-168.

42.   M. Moreira Alves, *op. cit.*, p. 95.

43.   X. Ortúzar, *op. cit.*, pp. 98-99.

44.   Bambirra y Dos Santos, *op. cit.*, p. 159.

45.   M. Moreira Alves, *op. cit.*, p. 267.

46.   *Ibid.*, pp. 207-210.

47.   *Ibid.*, pp. 139 y 278-279.

48.   Carlos Mariguela, *For the Liberation of Brazil*, Penguin Books, Victoria, Australia, 1971, pp. 19 y 183.

49.   T. E. Skidmore, *op. cit.*, pp. 50-51 y 78.

50.   Informe del Arzobispado de San Pablo, *Torture in Brazil* (versión inglesa), Vintage Books, Nueva York, 1986.

51.   P. Lernoux, *op. cit.*, p. 466.

52.   Gerónimo Sierra, «Uruguay», en *América Latina*, Siglo XXI, México, 1977, p. 435.

53. G. de Sierra, *op. cit.*, p. 459.

54. Tulio Halperin, *Historia Conteporánea de América Latina*, Alianza, Madrid, 1986, pp. 534-536.

55. G. de Sierra, *op. cit.*, p. 439.

56. *Ibid.*, pp. 442 y 444.

57. *Ibid.*, p. 444.

58. Alain Labrousse, *Los Tupamaros, guerrilla urbana en el Uruguay*, Editorial Tiempo Contemporáneo, Buenos Aires, 1971, pp. 83-84.

59. A. Labrousse, *op. cit.*, p. 97n.

60. *Ibid.*, pp. 199-200.

61. *Ibid.*, p. 187.

62. *Ibid.*, pp. 161-163.

63. *Ibid.*, pp. 115-118.

64. *Ibid.*, pp. 85-87.

65. *Ibid.*, p. 191.

66. Claudio Trobo, «¿Quién le pone el cascabel a los militares?», *Nueva Sociedad*, n.º 81 (1986), p. 158.

67. A. Labrousse, *op. cit.*, pp. 184-185, 188-190, 194-195 y 198.

68. *Ibid.*, pp. 195-199 y 203.

69. *Ibid.*, pp. 64-66 y 69.

70. María Esther Gilio, *La guerra tupamara*, Premio Casa de las Américas (1970), Editorial Prisma, Medellín, 1972, pp. 98-99.

71. Carlos Núñez, *¿Quiénes son los Tupamaros?*, Ediciones Zurea Ltda., Bogotá, Colombia, 1971, p. 53.

72. Gonzalo Sánchez y Donny Meertens, *Bandoleros, gamonales y campesinos*, Ánora Editores, 1985, pp. 200-201.

73. G. Sánchez y D. Meertens, *op. cit.*, p. 47.

74. Jorge Child, *El MRL*, Seminario sobre alternativas populares, mimeografiado, Bogotá, 1987.

75. J. Child, *op. cit.*; G. Sánchez y D. Meertens, *op. cit.*, pp. 94 y 212.

76. *Informes confidenciales del Departamento de Estado*, 29 y 30 de septiembre de 1959.

77. G. Sánchez, ed., *Pasado y presente de la violencia en Colombia*, CEREC, 1986, pp. 398-402.

78. Marta Harnecker, *Entrevista a dirigentes de la Unión Camilista del ELN*, Quimera Ediciones, Quito, Ecuador, 1988, pp. 9-12 y 31.

79. *Documentos del Departamento de Estado*, febrero de 1959.

80. *Cable cifrado, Cancillería colombiana*, 21 de septiembre de 1959.

81. Alfredo Vázquez Carrizosa, *El poder presidencial en Colombia*, Ediciones Suramérica Ltda., Bogotá, 1979, p. 333.

82. Francisco Leal, *Estado y política en Colombia*, Siglo XXI, Bogotá, 1984, pp. 225-227 y 251-253.

83.   Gustavo Gallón, comp., *Entre movimientos y caudillos*, Cinep, CEREC, Bogotá, 1989, pp. 247-251 y 261.

84.   Héctor Béjar Rivera, *Perú 1965, Apuntes sobre una experiencia guerrillera*, Premio Casa de las Américas, 1969, La Habana, Cuba, pp. 49-50.

85.   H. Béjar, *op. cit.*, p. 34.

86.   J. Gerassi, *op. cit.*, p. 133.

87.   Julio Cotler, «Perú», en *América Latina*, pp. 387 y 390.

88.   Jean Pierre Bernard, Silas Cerqueira *et al.*, *Tableau des Partis Politiques en Amérique du Sud*, Fondation National de Sciences Politiques, Armand Colan, París, 1969, p. 294.

89.   Henry Pease García, *El ocaso del poder oligárquico*, Desco, 1977, Lima, Perú, p. 23.

90.   J. Cotler, *op. cit.*, p. 395.

91.   H. Pease, *op. cit.*, pp. 43-44.

92.   H. Béjar, *op. cit.*, pp. 63-65.

93.   J. Cotler, *op. cit.*, p. 401.

94.   H. Béjar, *op. cit.*, pp. 35-36.

95.   *Ibid.*, pp. 34-35.

96.   H. Pease, *op. cit.*, pp.. 22-26; H. Béjar, *op. cit.*, p. 36.

97.   H. Béjar, *op. cit.*, p. 97.

98.   *Ibid.*, p. 57.

99.   *Ibid*, p. 98-99.

100.   H. Pease, *op. cit.*, pp. 45-46.

101.   *Ibid.*, pp. 46-47 y 52-53.

102.   *Ibid.*, pp. 49-50.

103.   Thomas Dodd, *Latin American Foreign Policies, an Analysis*, The Johns Hopkins University Press, Baltimore, 1975, pp. 369-370; Cotler, *América Latina*, pp. 391-392.

104.   J. Cotler, *op. cit.*, p. 392.

105.   *Ibid.*, pp. 391-392.

106.   *Ibid.*, p. 405.

107.   *Ibid.*, pp. 409-410.

108.   *Ibid.*, pp. 419-421.

109.   Agustín Blanco Muñoz, *La lucha armada: Hablan cinco jefes*, Universidad Central de Venezuela, Caracas, 1981, vol. 2, p. 86.

110.   R. J. Velázquez, *Betancourt en la historia de Venezuela del siglo XX*, Centauro, Caracas, 1980, p. 62.

111.   *Ibid.*, p. 67.

112.   A. Blanco M., *op. cit.*, vol. 5, pp. 349-350.

113.   R. J. Velázquez, *op. cit.*, pp. 86-92.

114.   A. Blanco, *op. cit.*, vol. 2, p. 105.

115.   Alonso Aguilar, *Pan-Americanism, from Monroe to the Present*, MR, Nueva York, 1968, pp. 125-126.
116.   *Ibid.*, pp. 119 y 229.
117.   A. Blanco, *op. cit.*, vol. 3, p. 61.
118.   *Ibid.*, pp. 15, 21-25 y 68.
119.   *Ibid.*, p. 329.
120.   *Ibid.*, pp. 349-350.
121.   *Ibid.*, pp. 187-188.
122.   A. Blanco, vol. 2, pp. 76, 169 y 301; vol. 3, p. 347.
123.   *Op. cit.*, vol. 3, p. 306.
124.   *Ibid.*, p. 160.
125.   *Ibid.*, pp. 60-61.
126.   *Ibid.*, pp. 306-309.
127.   *Ibid.*, vol. 2, p. 228.
128.   A. Blanco, *op. cit.*, vol. 3, pp. 308-309.
129.   D. F. Maza Zavala, «Venezuela», en *América Latina*, pp. 527-529.

5.   *¿Y de Cuba qué?*

1.   J. Franklin, *op. cit.*, p. 75.
2.   Carla Ann Robbins, *The Cuban Threat*, Ishi Publications, Filadelfia, 1985, p. 31.
3.   *Year Book*, UNO, 1966, pp. 211-212.
4.   T. Szulc, *Fidel*, Avon, Nueva York, pp. 669-670.
5.   Ernesto Che Guevara, *Escritos y Discursos*, vol. 9, Editorial Ciencias Sociales, La Habana, 1977, pp. 358-359, C. A. Robbins, *op. cit.*, pp. 46 y 48.
6.   T. Szulc, *op. cit.*, p. 615.
7.   Fidel Castro, *La Revolución de Octubre y la Revolución Cubana, Discursos 1959-1977*, publicación del PCC, La Habana, 1977, p. 158.
8.   *Fidel Castro. Informe al Segundo Congreso del PCC (1980)*, Publicación del PCC, La Habana, 1981 (versión en inglés), p. 32.
9.   Philip Brenner *et al.*, eds., *The Cuba Reader*, Grove Press, Nueva York, 1989, p. 398.
10.   Morris H. Morley *Imperial State and Revolution*, Cambridge University Press, 1987, pp. 249-250.
11.   Jane Franklin, *The Cuban Revolution and the United States*, Ocean Press, Melbourne, 1992, p. 111.
12.   H. Morley, *op. cit.*, p. 252.
13.   *Ibid.*, pp. 250-251.
14.   *Ibid.*, p. 267.

15. Instituto Cubano del Libro, *El Futuro es el Internacionalismo*, La Habana, 1972.

16. J. Franklin, *op. cit.*, p. 114.

17. F. Castro, *XV Aniversario de Playa Girón, Granma*, La Habana, abril de 1976.

18. David Deutschmann, *Changing the History of Africa*, Ocean Press, Victoria Australia, 1989, p. XVI.

19. J. Franklin, *op. cit.*, p. 253.

20. *Ibid.*, p. 129.

21. H. Morley, *op. cit.*, pp. 260-261.

22. J. Franklin, *op. cit.*, p. 87.

23. H. Morley, *op. cit.*, p. 252.

24. Departamento de orientación revolucionaria del Comité Central del Partido Comunista, La Unión nos dio la victoria, CCPC, La Habana, 1976, p. 78.

25. J. Franklin, *op. cit.*, pp. 108-109.

26. *Ibid.*, p. 120.

27. *Ibid.*, pp. 107, 110 y 116-117.

28. H. Morley, *op. cit.*, p. 257.

29. J. Franklin, *op. cit.*, pp. 132-133.

30. H. Morley, *op. cit.*, pp. 282-283.

31. F. Castro, *12 de octubre de 1979*, Editorial de Ciencias Sociales, Cuba, 1979.

32. F. Castro, *Informe al Segundo Congreso del PCC*, 1980, pp. 8-9.

33. *Entrevista con Pelegrín Torras de la Luz*, viceministro de Relaciones Exteriores, La Habana, septiembre de 1979.

34. F. Castro, *Respuesta del pueblo combatiente*, La Habana, Editora Política, 1980, pp. 102 y 107.

35. *Op. cit.*, p. 106.

6. *Las guerras internas*

1. O. Anzorena, *Tiempo de violencia y de utopía*, Contrapunto, Buenos Aires, pp. 162 y 168-169.

2. *Ibid.*, p. 182.

3. *Ibid.*, pp. 200-201.

4. *Ibid.*, pp. 219-222.

5. *Ibid.*, pp. 191-192 y 213-214.

6. *Ibid.*, pp. 241-246.

7. Alain Rouquié, comp., *Argentina hoy*, Siglo XXI, México, 1982, p. 153.

8. Horacio Verbitsky, citado por O. Anzorena, *Tiempo de violencia*, p. 259.

9. O. Anzorena, *op. cit.*, pp. 307-311.

10.   *Ibid.*, p. 355.

11.   *Alternativa*, Bogotá, n.º 76, abril de 1976.

12.   *Alternativa*, Bogotá, n.º 93, agosto de 1976.

13.   *Alternativa*, Bogotá, n.º 106, noviembre de 1976.

14.   *Newsweek*, 30 de marzo de 1981.

15.   *Nunca Más*, Informe de la Comisión Nacional sobre Desaparecidos, Editorial Universitaria, Buenos Aires, 1985, pp. 7-9.

16.   *Alternativa*, Bogotá, n.º 106, noviembre de 1976.

17.   AFP, *El Tiempo*, Bogotá, 15 de octubre de 1980.

18.   *Alternativa*, Bogotá, n. 106, noviembre de 1976.

19.   *El Tiempo*, Bogotá, 13 de junio de 1982.

20.   *Amnistía Internacional*, Informe 1981, pp. 108-109.

21.   *Newsweek*, 30 de marzo de 1981.

22.   Sue Branford y Bernardo Kucinski, *The Debt Squads*, Zed Books, Londres, 1990, p. 92.

23.   *Time*, 20 de julio de 1981.

24.   Steven Emerson, *Secret Warriors*, G. P. Putman's Sons, Nueva York, 1988, p. 121.

25.   David Rock, *Argentina, 1516-1987*, University of California Press, Berkeley, 1987, p. 375.

26.   *Asie-Afrique*, 10 de mayo de 1982.

27.   D. Rock, *op. cit.*, p. 391.

28.   UPI, *El Tiempo*, Bogotá, 25 de marzo de 1982.

29.   Alfredo Vázquez, *El Espectador*, Bogotá, 4 de mayo de 1982.

30.   UPI, *El Tiempo*, Bogotá, 8 de mayo de 1982.

31.   *Time*, 9 de mayo de 1982.

32.   Elizabeth Jelin, *The movement: Eclipsed by democracy?*, en NACLA, Report on the Americas, vol. XXI, n.º 4, julio-agosto de 1987, p. 35.

33.   UPI, Londres, *El Tiempo*, 25 de mayo de 1982.

34.   Alain Rouquié, *International Affair*, 1983, p. 580.

35.   *Time*, 17 de mayo de 1982.

36.   *An Ocean Apart*, Canal 13, Nueva York, junio de 1988.

37.   *Time*, 17 de mayo, 7 de junio de 1982.

38.   *New York Times*, The Week in Review, 9 de mayo de 1982.

39.   *Time*, 14 de noviembre de 1983.

40.   A. Rouquié, *Argentina Hoy*, p. 12.

41.   Óscar R. González, «Argentina: la transición alfonsinista», *Nueva Sociedad*, n.º 82, marzo-abril de 1986, p. 25.

42.   Emilio Mignone, «The ties that bind», en *NACLA*, julio-agosto de 1987, p. 20.

43.   Documento: *La sentencia, fallo de la cámara nacional de apelaciones en lo criminal y corrección federal*, Buenos Aires. El fallo: 9 de diciembre de 1985.

44. *El Espectador*, Bogotá, 7 de febrero de 1987.

45. AP, *El Mundo*, Medellín, 7 de diciembre de 1987.

46. *El Espectador*, Bogotá, 21 y 22 de abril de 1987.

47. *New York Times*, 19 de abril de 1982.

48. *El Mundo*, Medellín, 15 de mayo de 1987.

49. AP, *El Mundo*, Medellín, 15 de mayo de 1987.

50. E. Mignone, *op. cit.*, p. 23.

51. *El Tiempo*, Bogotá, 11 de diciembre de 1988.

52. *El Tiempo*, Bogotá, 5 de diciembre de 1988.

53. *Brecha*, Montevideo, 10 de febrero de 1989.

54. *Brecha*, Montevideo, 10 de marzo de 1989.

55. *Brecha*, Montevideo, 28 de julio de 1989.

56. *Brecha*, Montevideo, 4 de noviembre de 1988, p. 28.

57. O. R. González, *op. cit.*, p. 26.

58. *Brecha*, Montevideo, 2 de diciembre de 1988; *Newsweek*, 12 de diciembre de 1988.

59. *Brecha*, Montevideo, 2 de diciembre de 1988.

60. AP-Reuters, *El Tiempo*, Bogotá, 11 de enero de 1989; Reuters, *El Espectador*, Bogotá, 14 de enero de 1989; *Newsweek*, 23 de enero de 1989.

61. Reuters-AP-AFP, *El Tiempo*, 10 de julio de 1989.

62. AP, *El Espectador*, Bogotá, 8 de octubre de 1989.

63. Ximena Ortúzar, *Represión y tortura en el Cono Sur*, Extemporánea, México, 1977, pp. 99 y 101.

64. B. B. Tyson, *op. cit.*, pp. 237-239.

65. Thomas E. Skidmor, *The Politics of Military Rule in Brazil, 1964-85*, Oxford University Press, Nueva York, 1988, pp. 182-183.

66. José Serra, *The New Authoritarianism in Latin America*, Editor David Collier, Princeton University Press, Nueva York, 1979, p. 139.

67. *Alternativa*, Bogotá, n.° 34, mayo de 1975.

68. *CINEP, Brasil: El fin del milagro*, Controversia, Bogotá, 1976, pp. 41-42.

69. *Ibid.*, p. 59.

70. Helio Jaguaribe, *Sociedad y política en la actualidad brasileña*, Grupo Editores Latinoamericanos, Buenos Aires, 1985, p. 39.

71. T. Skidmore, *op. cit.*, pp. 172-173.

72. *Ibid.*, pp. 169 y 174-175.

73. *Alternativa*, Bogotá, n.° 59, noviembre de 1975.

74. Weil, Comblin, *The Repressive State, The Brazilian National Security Doctrine*, Toronto, 1976, p. 32.

75. T. Skidmore, *op. cit.*, pp. 188-189 y 191.

76. *Ibid.*, p. 203.

77. Helio Jaugaribe, *op. cit.*, p. 40; T. Skidmore, *op. cit.*, pp. 217-218.

78. T. Skidmore, *op. cit.*, p. 217.

79. *Ibid.*, p. 217; *Newsweek*, 26 de septiembre de 1983.

80. H. Jaguaribe, *op. cit.*, p. 42.

81. Newton Carlos, «Brasil: Fatalidad del destino», *Nueva Sociedad*, n.º 78, julio-agosto de 1985, pp. 6-7.

82. Nur Dolay, «Bresil: Le Marche du Nouvel Horizon» en *Asie-Afrique*, 16-29 de agosto de 1982, pp. 31-32.

83. Juan Combo, *Bolivia: Bajo el modelo Bánzer*, Cinep, Bogotá, 1977, pp. 28-32.

84. Alain Labrousse, *Los Tupamaros, guerrilla urbana en el Uruguay*, Tiempo Contemporáneo, p. 84n.

85. Gerónimo de Sierra, «Uruguay», en *América Latina*, pp. 441-442.

86. «Uruguay, nunca más» (versión inglesa), *Human Rights Violations*, Temple University Press, Filadelfia, 1992, pp. 23-25.

87. *Ibid.*, pp. 6-8.

88. G. de Sierra, *op. cit.*, pp. 443-445.

89. *Ibid.*, p. 442.

90. *Ibid.*, p. 446.

91. Andrés Ortiz, *La cuestión de la democracia en Uruguay*, Instituto Latinoamericano de Investigaciones Sociales, Fundación Friedrich Ebert, 1979, pp. 31-32.

92. G. de Sierra, *op. cit.*, p. 447.

93. *Ibid.*

94. «Uruguay, Nunca Más...», *op. cit.*, pp. 38-39.

95. G. de Sierra, *op. cit.*, pp. 446-449.

96. Eduardo Galeano, *Días y noches de amor y guerra*, NACLA, n.º 5, Nueva York, septiembre-octubre de 1981, p. 22.

97. *Ibid.*, pp. 28-29.

98. *Ibid.*, p. 22.

99. *Alternativa*, Bogotá, n.º 21, 1974.

100. «Uruguay, Nunca Más», *op. cit.*, p. 42.

101. *Ibid.*, pp. 46-47 y 51-52.

102. *Ibid.*, p. 57.

103. Tomás Linn, *El Espectador*, Bogotá, 9 de septiembre de 1988.

104. William Colby, *Honorable Men, My Life in the CIA*, Simon & Schuster, Nueva York, 1978, p. 302; Marchetti y Mark, *The CIA and the Cult of Intelligence*, Dell Publishing Co., Nueva York, 1980, pp. 13-14.

105. Thomas Powers, *The Man Who Kept the Secrets, Richard Helms and the CIA*, Alfred Knopf, Nueva York, 1979, pp. 81 y 223.

106. *Ibid.*, p. 223.

107. Armando Uribe, *The Black Book of American Intervention in Chile*, Beacon Press, Boston, 1974, pp. 25-26.

108. V. Marchetti y J. Marks, *op. cit.*, p. 14; A. Uribe, *op. cit.*, pp. 25-26.

109. A. Uribe, *op. cit.*, pp. 33-34.

110. *Ibid.* p. 33.

111. Henry Kissinger, *Years of Upheaval*, Little Brown and Co., Boston, 1982, p. 376.

112. A. Uribe, *op. cit.*, p. 42.

113. Paul E. Sigmund, *The Overthrow of Allende*, University of Pittsburg Press, Pittsburg, 1977, pp. 85-87.

114. *Ibid.*, p. 99.

115. *Ibid.*, pp. 121-122.

116. *Ibid.*, pp. 120-121 y 123; Genaro Arriagada, *The Politics of Power*, Pinochet, West View Press, UNHYMAN, Boston, 1988, p. 81.

117. W. Colby, *op. cit.*, p. 304; P. E. Sigmund, *op. cit.*, p. 121.

118. P. E. Sigmund, *op. cit.*, pp. 111-112.

119. V. Marchetti y J. Marks, *op. cit.*, pp. 15-16 y 309-310.

120. T. Power, *op. cit.*, pp. 228 y 234.

121. A. Uribe, «The Black Book», *op. cit.*, pp. 89, 104 y 112.

122. P. E. Sigmund, *op. cit.*, p. 162.

123. G. Arriagada, *op. cit.*, p. 92; P. Sigmund, *op. cit.*, pp. 225 y 228.

124. G. Arriagada, *op. cit.*, pp. 13 y 18.

125. *Ibid.*, pp. 12-13.

126. *Ibid.*, pp. 15-16.

127. *Ibid.*, pp. 21-22.

128. *Ibid.*, p. 33.

129. *Ibid.*, pp. 30-31.

130. Keen y Wasserman, *A Short History of Latin America*, Houghton Mifflin Co., Dallas, 1980, p. 348.

131. Amnistía Internacional, *Chile, Informe de 1981*, p. 122.

132. G. Arriagada, *op. cit.*, pp. 50-53.

133. *Ibid.*, pp. 53-54.

134. *Ibid.*, pp. 57 y 69.

135. *Ibid.*, p. 70.

136. AP-Reuters, *El Tiempo*, Bogotá, 1 de octubre de 1988.

137. *El Espectador*, 3 de marzo de 1991.

7. *Las guerras de Reagan*

1. Robert S. Leiken y Barry Rubin, *The Central American Crisis Reader*, Summit Books, Nueva York, 1987, pp. 516-518, Holly Sklar, *Washington's War on Nicaragua*, South End Press, Boston, Mass., 1988, p. 58.

2. *Newsweek*, 16 de marzo de 1981.

3. Phillip Berryman, Inside *Central-America*, Pantheon Books, Nueva York, 1985, p. 44.

4. Lou Cannon, *President Reagan, the Roll of a Lifetime*, Touchstone Books, Nueva York, 1991, p. 344.

5. *Ibid.*, p. 193.

6. AP, *El Tiempo*, Bogotá, 19 de marzo de 1981.

7. *El Tiempo*, Bogotá, 19 de junio de 1981.

8. *El Espectador*, Bogotá, 19 de junio de 1981.

9. *Time*, Nueva York, 16 de marzo de 1981.

10. Susan Jonas, *The Battle for Guatemala*, Westview Press, Boulder, 1989, pp. 77-78.

11. AP, *El Tiempo*, Bogotá, 24 de noviembre de 1981.

12. Lilia Bermúdez, *Guerra de baja intensidad, Reagan contra Centroamérica*, Siglo XXI, México, 1987, pp. 66, 68 y 70.

13. Richard Fagen, *Forging Peace, The Challenge of Central America*, PACCA, 1987, p. 115.

14. Stephen Kinzer, *Blood of Brother*, Doubleday, Nueva York, 1991, p. 345.

15. R. Fagen, *op. cit.*, pp. 102-103.

16. L. Bermúdez, *op. cit.*, pp. 66-68.

17. Lars Schoultz, *National Security and United States Policy toward Latin America*, Princeton University Press, Princeton, New Jersey, 1987, p. 173.

18. Tom Barry, *Central America Inside Out*, Grove Weidenfeld, Nueva York, 1991, p. 333.

19. S. Dillon, *Comandos, The CIA and the Nicaragua's Contra rebels*, Henry Holt and Co., Nueva York, 1991, pp. 88-90.

20. Prisma, *La Habana*, febrero de 1983, p. 49.

21. Holly Sklar, *Washington's War on Nicaragua*, South End Press, Boston, Massachussetts, 1988, p. 126.

22. Donald Schulz y Deborah Schulz, *The United States, Honduras, and the Crisis in Central America*, Westview Press, Boulder, 1994, p. 81.

23. S. Dillon, *op. cit.*, pp. 99-100.

24. *Ibid.*, p. 327.

25. *Ibid.*, pp. 66 y 68.

26. H. Sklar, *op. cit.*, p. 77.

27. S. Dillon, *op. cit.*, p. 64.

28. S. Kinzer, *op. cit.*, pp. 137-138.

29. S. Dillon, *op. cit.*, p. 65.

30. H. Sklar, *op. cit.*, pp. 102, 118 y 120.

31. S. Dillon, *op. cit.*, p. 65.

32. H. Sklar, *op. cit.*, pp. 94-95.

33. *Ibid.*, p. 86.

34. L. Cannon, *op. cit.*, p. 353; H. Sklar, *op. cit.*, p. 87.

35. S. Dillon, *op. cit.*, p. 79; H. Sklar, *op. cit.*, p. 89.

36. S. Dillon, *op. cit.*, p. 86.

37. S. Kinzer, *op. cit.*, pp. 230 y 232.

38. *Ibid.*, p. 344.

39. S. Dillon, *op. cit.*, p. 140; S. Kinzer, *op. cit.*, p. 148.

40. H. Sklar, op. cit., pp. 102-103.

41. Robert A. Pastor, *Condemned to Repettoin*, Princeton University Press, Princeton, Nueva York, 1987, p. 240; H. Sklar, *Washington's War*, pp. 102-104 y 423 n.; Paul E. Sigmund, *Liberation Theology at the Crossroad, Democracy or Revolution?*, Oxford University Press, Nueva York, pp. 127-128.

42. H. Sklar, *op. cit.*, p. 113.

43. S. Kinzer, *op. cit.*, p. 97; S. Dillon, *op. cit.*, p. 77.

44. Sherley Christian, *Nicaragua, Revolution in the Family*, Random House, Nueva York, 1985, p. 199.

45. S. Kinzer, *op. cit.*, p. 96.

46. Reed Brody, *Contra terror in Nicaragua*, South End Press, Boston, Mass, 1985, Apéndice 3.

47. Peter Rossett y J. Vandermeer, eds., *Nicaragua Unfinished Revolution*, Grove Press, Nueva York, 1986, p. 11; H. Sklar, *op. cit.*, p. 113.

48. H. Sklar, *op. cit.*, pp. 124-125.

49. H. Sklar, *op. cit.*, pp. 125 y 134.

50. S. Dillon, *op. cit.*, p. 75.

51. R. Brody, *op. cit.*, p. 13.

52. *Ibid.*, p. 15.

53. *Ibid.*, pp. 15-16.

54. S. Dillon, *op. cit.*, pp. 119-122 y 125-126.

55. *Ibid.*, p. 101.

56. *Ibid.*, pp. 121, 127 y 103.

57. *Ibid.*, p. 129.

58. *Ibid.*, p. 131.

59. *Ibid.*, p. 130.

60. P. Rosset, *op. cit.*, pp. 60-61; Phillip Berryman, *Inside Central America*, Pantheon Books, Nueva York, 1985, p. 131.

61. H. Sklar, *op. cit.*, p. 109.

62. P. Berryam, *op. cit.*, p. 131.

63. UPI-AFP, *El Tiempo*, Bogotá, 15 de marzo de 1982.

64. P. Berryman, *op. cit.*, p. 131.

65. *Ibid.*, pp. 131-132.

66. *Changing Course*, PACCA, p. 27; Brody, *op. cit.*, p. 12; H. Sklar, *op. cit.*, p. 144.

67. S. Kinzer, *op. cit.*, p. 98.

68. L. Cannon, *op. cit.*, p. 366.

69. Dario Moreno, *The Struggle for Peace in Central America*, University Press of Florida, 1994, pp. 149-151.

70. D. Moreno, *op. cit.*, pp. 58-59.

71. H. Sklar, *op. cit.*, p. 302.

72. D. Moreno, *op. cit.*, p. 59.

73. H. Sklar, *op. cit.*, p. 117.

74. S. Dillon, *op. cit.*, pp. 81, 84, 93 y 124.

75. *Ibid.*, pp. 110-112.

76. *Ibid.*, pp. 112-117; H. Sklar, *op. cit.*, p. 151.

77. H. Sklar, *op. cit.*, p. 152.

78. *Ibid.*, pp. 143-144.

79. H. Sklar, *op. cit.*, p. 141.

80. *Changing Course, Blue Print for Peace in Central America and the Caribbean*, en *PACCA*, Washington, 1984, pp. 30-31; H. Sklar, *op. cit.*, p. 147; S. Dillon, *op. cit.*, p. 96.

81. S. Dillon, *op. cit.*, p. 134.

82. H. Sklar, *op. cit.*, p. 162.

83. S. Dillon, *op. cit.*, pp. 143-145; H. Sklar, *op. cit.*, p. 238.

84. S. Dillon, *op. cit.*, pp. 149-150.

85. *Ibid.*, pp. 154-156.

86. Reed Brody, *Contra Terror in Nicaragua*, South End Press, Boston, 1985, pp. 1-2.

87. Citado en el Informe Brody, *Contra Terror*, p. 9.

88. H. Sklar, *op. cit.*, p. 219; S. Dillon, *op. cit.*, pp. 108-109.

89. S. Kinzer, *op. cit.*, pp. 123-124.

90. H. Sklar, *op. cit.*, p. 132.

91. D. Moreno, *op. cit.*, p. 24.

92. H. Sklar, *op. cit.*, pp. 149-150.

93. *Ibid.*, p. 168.

94. *Ibid.*, pp. 182-183.

95. *Ibid.*, p. 198.

96. Citado en Informe Brody, *Contra Terror*, p. 16.

97. H. Sklar, *op. cit.*, p. 209.

98. *Ibid.*, p. 209.

99. D. y D. Schulz, *op. cit.*, pp. 147-148.

100. D. Moreno, *op. cit.*, p. 64.

101. *Ibid.*, pp. 64-66.

102. *Ibidem*.

103. D. y D. Schulz, *op. cit.*, p. 146.

104. D. Moreno, *op. cit.*, p. 66.

105. H. Sklar, *op. cit.*, p. 304; D. y D. Schulz, *op. cit.*, pp. 146-147.

106. D. y D. Schulz, *op. cit.*, p. 149.

107. D. Moreno, *op. cit.*, pp. 68-69.

108. *Ibidem.*

109. H. Sklar, *op. cit.*, p. 306.

110. S. Dillon, *op. cit.*, p. 128.

111. *Ibid.*, pp. 157-158.

112. *Ibid.*, pp. 156-158.

113. *Ibid.*, pp. 98 y 128.

114. S. Dillon, *op. cit.*, p. 158; D. y D. Schulz, *op. cit.*, p. 112.

115. S. Dillon, *op. cit.*, p. 159.

116. S. Dillon, *op. cit.*, pp. 158-159.

117. Manzar Foroohar, *The Catholic Church and Social Change in Nicaragua,* State University of New York Press, Nueva York, 1989, p. 104.

118. *Ibid.*, pp. 204-205.

119. *Ibid.*, p. 207; H. Sklar, *op. cit.*, p. 136.

120. Phillip Berryman, *The Religious Roots of Rebellion*, Orbis Books, Marykroll, Nueva York, 1986, p. 274.

121. M. Foroohar, *op. cit.*, p. 211.

122. M. Forhoohar, *op. cit.*, pp. 210 y 211.

123. R. Pastor, *op. cit.*, p. 250.

124. *The New York Times*, 23 de febrero de 1985.

125. H. Sklar, *op. cit.*, p. 260.

126. D. y D. Schulz, *op. cit.*, pp. 170-171.

127. H. Sklar, *op. cit.*, p. 218.

128. *Ibid.*, p. 263.

129. R. Pastor, *op. cit.*, p. 251.

130. C. Arnson, *op. cit.*, pp. 169, 185 y 188.

131. *Ibid.*, p. 163.

132. *Ibidem.*

133. H. Sklar, *op. cit.*, p. 321.

134. C. Arnson, *op. cit.*, p. 199.

135. H. Sklar, *op. cit.*, p. 327.

136. Dillon, *op. cit.*, pp. 182 y 205.

137. *Ibid.*, pp. 178-179.

138. *Ibid.*, p. 205.

139. *Ibid.*, pp. 206-209.

140. *Ibid.*, pp. 190 y 193-194.

141. D. Moreno, *op. cit.*, p. 87.

142. D. y D. Schulz, *op. cit.*, p. 177.

143. D. Moreno, *op. cit.*, pp. 88-89.

144. H. Sklar, *op. cit.*, pp. 377-378.

145. S. Dillon, *op. cit.*, p. 210.

146. *Ibid.*, pp. 213-214.

147. *Ibid.*, p. 216; D. Moreno, *op. cit.*, p. 2 y Apéndice 6.

148. S. Dillon, *op. cit.*, p. 227.

149. S. Kinzer, *op. cit.*, pp. 384-385; D. Moreno, *op. cit.*, p. 29.

150. Janet Shenk, *El Salvador*, en NACLA, mayo-junio de 1981, p. 8.

151. *Ibid.*, pp. 1-10.

152. Robert Amstrong y Janet Shenk, *El Salvador The Face of Revolution*, South End Press, Boston, 1982, pp. 173-174.

153. L. Cannon, *op. cit.*, p. 195.

154. *Documento del Departamento de Estado*, 23 de febrero de 1981.

155. Marvin Gettleman *et al.*, eds., *El Salvador, Central America and the Cold War*, Grove Press, Nueva York, 1986, p. 329n.

156. *Newsweek*, Nueva York, 22 de junio de 1981; J. Shenk, *op. cit.*, p. 5.

157. *Newsweek*, Nueva York, 9 de marzo de 1981.

158. *Ibid.*

159. LeMoyne, citado en *El Salvador's Decade of Terror*, Americas Watch, Yale University Press, New Heaven, 1991, p. 1.

160. *Newsweek*, Nueva York, 16 de marzo de 1981.

161. AP, *El Tiempo*, Bogotá, 7 de abril de 1981.

162. Latin Reuters, *El Tiempo*, Bogotá, 11 de marzo de 1981.

163. R. Leiken y B. Rubin, *op. cit.*, pp. 628-629.

164. AP-AFP, *El Tiempo*, Bogotá, 7 y 10 de diciembre de 1981; *The New York Times*, 8 de diciembre de 1981.

165. R. Leiken y B. Rubin, *op. cit.*, pp. 409-410.

166. Rufus Jones, *NACLA*, Nueva York, noviembre-diciembre de 1981, p. 36.

167. *El Salvador's Decade of Terror*, Americas Watch, Yale University Press, New Haven, 1991, p. 145.

168. R. Fagen, *op. cit.*, p. 72.

169. *Newsweek*, Nueva York, 9 y 16 de marzo de 1981.

170. J. Shenk, «No Easy War», en *NACLA*, Nueva York, mayo-junio de 1981, p. 14.

171. *Time*, Nueva York, 8 de febrero de 1982; *Newsweek*, Nueva York, 8 de febrero de 1982.

172. AP, *El Tiempo*, Bogotá, 28 de enero de 1982.

173. AP, *El Tiempo*, Bogotá, 2 de febrero de 1982.

174. *Time*, Nueva York, 8 de febrero de 1982.

175. UPI, *El Tiempo*, Bogotá, 2 de febrero de 1982.

176. R. Leiken y B. Rubin, *op. cit.*, pp. 426-427.

177. UPI, *El Tiempo*, Bogotá, 10 de noviembre de 1981.

178. UPI, *El Tiempo*, Bogotá, 20 de marzo de 1982.

179. Robert Amstrong, *El Salvador, Beyond Elections*, en *NACLA*, Nueva York, marzo-abril de 1982, p. 3.

180. *The New York Times*, 30 de marzo de 1982.

181. Tom Barry, *Roots of Rebellion*, South End Press, Boston, 1987, p. 119.

182. Raymond Bonner, *Weakness and Deceit*, Times Books, 1984, p. 313.

183. M. Gettleman, ed., *op. cit.*, p. 298.

184. UPI, *El Tiempo*, Bogotá, 23 de agosto de 1982.

185. *Newsweek*, Nueva York, 9 de agosto de 1982.

186. *Time*, Nueva York, 12 de julio de 1982.

187. *Time*, Nueva York, 8 de noviembre de 1982.

188. UPI, *El Tiempo*, Bogotá, 15 de abril de 1983; R. Leiken y B. Rubin, *op. cit.*, pp. 336-337; M. E. Gettleman, *op. cit.*, p. 414.

189. *Time*, Nueva York, 28 de febrero de 1983.

190. *Time*, Nueva York, 28 de marzo de 1983.

191. R. Leiken y B. Rubin, *op. cit.*, pp. 345-346.

192. *Time*, 21 de marzo de 1983.

193. *Time*, 9 de mayo de 1983.

194. Paul Boyer, ed., *Reagan as President*, Ivan R. Dee publisher, Chicago, 1990, p. 235.

195. *Newsweek*, 9 de mayo de 1983.

196. *Time*, 18 de julio de 1983; *Newsweek*, 15 de agosto de 1983.

197. Lydia Chávez, «The Odds in El Salvador», *New York Times Magazine*, 24 de julio de 1983.

198. M. E. Gettleman, ed., *op. cit.*, p. 60.

199. *Time*, 12 de diciembre de 1983.

200. *Newsweek*, 17 de octubre de 1983; *Time*, 12 de diciembre de 1983.

201. *Bohemia*, La Habana, 30 de marzo de 1984.

202. Marc Cooper, «Whitewashing Duarte», en *NACLA*, Nueva York, enero-marzo de 1986, p. 8.

203. Genttleman, ed., *op. cit.*, p. 416.

204. Informe de NACLA, «Duarte: Prisoner of War», en *NACLA*, enero-marzo de 1986, p. 30.

205. *Bohemia*, La Habana, 28 de septiembre y 16 de noviembre de 1984; *El Salvador's Decade*, Americas Watch, *op. cit.*, p. 149.

206. *Newsweek*, 1 de julio de 1985.

207. *Newsweek*, 4 de noviembre de 1985.

208. *El Tiempo*, Bogotá, 25 de enero de 1987.

209. *The New York Times*, 22 y 23 de noviembre de 1987.

210. *El Salvador's Decade*, pp. 87-88.

211. *Brecha*, Montevideo, 31 de marzo de 1989.

212. *The New York Times*, 24 de marzo de 1993.

213. *Perspectiva Mundial*, Nueva York, 14 de noviembre de 1983.

214. Tom Barry *et al.*, *The Other Side of Paradis*, Grove Press, Nueva York, 1984, pp. 307-309.

215. Maurice Bishop, *Discursos Escogidos: 1979-1983*, Casa de las Américas, La Habana, 1986, pp. 387-388.
216. AP, *El Tiempo*, Bogotá, 16 de marzo de 1983.
217. T. Barry, ed., *op. cit.*, p. 311.
218. M. Bishop, *op. cit.*, pp. 373 ss.
219. *Granma*, La Habana, 3 de abril de 1983.
220. M. Bishop, *op. cit.*, p. 398.
221. UPI, *El Espectador*, 26 de octubre de 1983.
222. *Ibidem*.
223. *Ibidem*.
224. UPI, *El Espectador*, 27 de octubre de 1983.
225. Joseph B. Treaster, *The New York Times*, 21 de agosto de 1988.
226. Steven Volk, «U.S. Invasion, Grenada Disappeared», en *NACLA*, Nueva York, enero-febrero de 1984, p. 45.
227. *Time*, 23 de noviembre de 1987.
228. AP, *El Tiempo*, Bogotá, 5 de diciembre de 1988.

8. *Panamá: «La agonía del difunto»*

1. Eduardo Lemaitre, «Panamá y sus tragedias», en *El Tiempo*, Bogotá, 8 de febrero de 1990.
2. John Dinges, *Our Man in Panama*, Times Books, 1990, pp. 82-84.
3. *Latin America Update*, Washington Office for Latin America, Washington, julio-agosto de 1987.
4. *Newsweek*, 23 de junio de 1986.
5. *Prensa Latina*, 24 de julio de 1986.
6. John Dinges, *Our Man in Panama*, Times Books, Nueva York, 1990, p. 253; AFP, *El Tiempo*, Bogotá, 11 de mayo de 1989.
7. Alexander Cockbur, *Noriega fue nuestro compinche, pero no le vamos a tener misericordia ahora*, Tarea, Panamá, 1990, p. 96.
8. L. C. Giraldo, *El Espectador*, Bogotá, 22 de septiembre de 1991.
9. *El Tiempo*, Bogotá, 2 de agosto de 1987.
10. *Time*, Nueva York, 22 de junio de 1987.
11. Doc. OEA, CP/Inf. 2549, 30 de junio de 1987.
12. *El Espectador*, Bogotá, 30 de junio de 1987.
13. *El Espectador*, Bogotá, 1 de julio de 1987.
14. *El Espectador*, Bogotá, 15 de julio de 1987.
15. *El Tiempo*, Bogotá, 1 de agosto de 1987.
16. Reuters, *El Tiempo*, 6 de agosto de 1987; *El Espectador*, Bogotá, 6 de agosto de 1987.
17. *New York Times*, 27 de noviembre y 4 de diciembre de 1987.

18. *Newsweek*, 1 de febrero de 1988.
19. *Ibidem*.
20. *Time, Newsweek*, 1 de febrero de 1988.
21. *Ibidem*.
22. *Time*, Nueva York, 15 de febrero de 1988.
23. *New York Times*, 5 de febrero de 1988.
24. *Time*, 22 de febrero de 1988.
25. J. Dinges, *op. cit.*, pp. XX-XXI y XXVII-XXIX, 24-25.
26. *New York Times*, 12 de febrero de 1998.
27. J. Dinges, *op. cit.*, pp. XXX y 277-279.
28. *Time*, 22 de febrero de 1988.
29. *El Espectador*, Bogotá, 20 de enero de 1987.
30. *El Espectador*, Bogotá, 23 de julio de 1987.
31. *New York Times*, 12 de febrero de 1988.
32. *El Espectador*, Bogotá, 19 de octubre de 1988.
33. David Pitt, *New York Times*, 30 de abril de 1988.
34. *Newsweek*, 14 de marzo de 1988.
35. Documento del IDEN, *Tareas* n.º 74, Panamá, enero-abril de 1990.
36. *Time*, 7 de marzo de 1988.
37. *Ibidem*.
38. Juan Eduardo Ritter, *Los secretos de la Nunciatura*, Planeta, Colombia, 1990, p. 44.
39. *New York Times*, 28 de marzo de 1988.
40. NACLA, Nueva York, julio-agosto de 1988, p. 18.
41. Walter LaFeber, *The Panama Canal*, Oxford University Press, Nueva York, 1989, p. 208.
42. *New York Times*, 30 de marzo de 1988.
43. *Time* y *Newsweek*, 28 de marzo y 11 de abril de 1988.
44. *New York Times*, 21 de marzo de 1988.
45. *Newsweek*, 28 de marzo de 1988.
46. *New York Times*, 21 de marzo de 1988.
47. *New York Times*, 26 de marzo de 1988.
48. *Time*, Nueva York, 11 de abril de 1988.
49. *New York Times*, 16 de abril de 1988.
50. *New York Times*, 6 de abril de 1988.
51. *Newsweek*, 7 de marzo de 1988.
52. *Newsweek*, 6 de junio de 1988.
53. *Time*, 6 de junio de 1988.
54. *Newsweek*, 8 de junio de 1988.
55. Anthony Lewis, en *New York Times*, 12 de junio de 1988.
56. *El Espectador*, Bogotá, 25 de agosto de 1988.
57. *Brecha*, Montevideo, 14 de octubre de 1988.

58. *U. S. News & World Report*, 1 de mayo de 1989.

59. Reuters, *El Tiempo*, Bogotá, 27 de abril de 1989.

60. *Newsweek*, 6 de febrero de 1989.

61. *Ibidem*.

62. EFE, *El Espectador*, Bogotá, 2 de mayo de 1989.

63. AFP, *El Tiempo*, 29 de abril de 1989; G. Selser, *Brecha*, 19 de mayo de 1989; J. E. Ritter, *op. cit.*, p. 127.

64. *Tye U. S. Invasion of Panama, Informe de la Comisión Independiente de Investigación sobre la Invasión de E. U. a Panamá*, South End Press, Boston, 1991, pp. 24-25.

65. *Newsweek*, 6 de febrero de 1989.

66. AP, Naciones Unidas, *El Tiempo*, Bogotá, 29 de abril de 1989.

67. Reuters-AP-AFP, *El Espectador*, Bogotá, 4 de mayo de 1989.

68. AP, *El Espectador*, Bogotá, 9 de mayo de 1989.

69. *El Espectador*, Bogotá, 11 de mayo de 1989.

70. *Ibidem*.

71. J. E. Ritter, *op. cit.*, p. 127.

72. AP-AFP-Reuters, *El Tiempo*, Bogotá, 12 de mayo de 1989.

73. AP, *El Espectador*, Bogotá, 10 de mayo de 1989.

74. Raúl Leiss, citado por J. E. Ritter, *op. cit.*, p. 160.

75. AP-AFP-Reuters, *El Tiempo*, Bogotá, 12 de mayo de 1989.

76. *El Espectador*, Bogotá, 11 de mayo de 1989.

77. T. Martínez, en *El Espectador*, Bogotá, 13 de mayo de 1989; Reuters-AP-AFT, *El Tiempo*, Bogotá, 13 de mayo de 1989.

78. Reuters-AP-AFT, *El Tiempo*, 18 de mayo de 1989.

79. J. E. Ritter, *op. cit.*, pp. 135-136.

80. *El Tiempo*, Bogotá, 17 de mayo de 1989.

81. *El Espectador*, Bogotá, 17 de mayo de 1989.

82. AP, AFP, UPI, Ansa, EFE, *El País* de Madrid, *El Espectador, El Tiempo*, Bogotá, 18 y 19 de mayo de 1989.

83. EFE, *El Espectador*, Bogotá, 20 de mayo de 1989.

84. *El Tiempo*, Bogotá, 19 de mayo de 1989; EFE, *El Espectador*, 23 de mayo de 1989.

85. AP-EFE, *El Tiempo*, Bogotá, 20 de julio de 1989; *El Espectador*, Bogotá, 22 de julio de 1989.

86. Reuters-AP-EFE, *El Tiempo*, Bogotá, 22 de julio de 1989.

87. *El Espectador*, Bogotá, 25 de julio de 1989.

88. EFE, Reuters, AP, AFP, *El Tiempo*, Bogotá, 12 de agosto de 1989.

89. EFE-Reuters, *El Espectador,* AP, *El Tiempo*, Bogotá, 23 de agosto de 1989.

90. AP-EFE-AFP, *El Tiempo*, Bogotá, 24 de agosto de 1989.

91. Reuters, *El Espectador*, Bogotá, 1 de julio de 1989.

92. AP-Reuters-EFE, *El Espectador*, 10 de agosto de 1989.

93. EFE, *El Espectador*, Bogotá, 11 de agosto de 1989.

94. ONU, Nueva York, *El Espectador*, 12 de agosto de 1989.

95. AP-Naciones Unidas, *El Espectador*, Bogotá, 12 de agosto de 1989.

96. EFE-AP, *El Espectador*, Bogotá, 16 de agosto de 1989.

97. *Ibidem*.

98. Reuters, *El Espectador*, Bogotá, 19 de agosto de 1989.

99. *El Espectador*, Bogotá, 12 de mayo de 1989.

100. *El Espectador*, Bogotá, 25 y 28 de julio de 1989.

101. EFE-Reuters, *El Espectador*, 22 de agosto de 1989.

102. *Newsweek*, 22 de mayo de 1989.

103. Reuters, *El Espectador*, Bogotá, 1 de septiembre de 1989.

104. AP-EFE-Reuters, *El Tiempo*, Bogotá, 1 de septiembre de 1989; AP, *El Espectador*, Bogotá, 2 de septiembre de 1989.

105. Reuters-AP, *El Espectador*, Bogotá, 2 de septiembre de 1989.

106. EFE, *El Tiempo*, Bogotá, 21 de septiembre de 1989.

107. Reuters-AP-EFE, *El Espectador*, 5 de octubre de 1989.

108. EFE-AP-Reuters, *El Tiempo*, 4 y 10 de octubre de 1989.

109. EFE, *El Tiempo*, Bogotá, 6 y 9 de octubre de 1989.

110. AP, *El Tiempo*, Bogotá, 5 de octubre de 1989.

111. AP, *El Tiempo*, Bogotá, 4 de octubre de 1989.

112. *El Tiempo*, Bogotá, 6 de octubre de 1989.

113. J. E. Ritter, *op. cit.*, pp. 168-169.

114. *Ibid.*, pp. 171-179.

115. *Ibid.*, pp. 163-165.

116. AFP, *El Tiempo*, Bogotá, 18 de diciembre de 1989.

117. *The Independent Commission of Inquire, The U. S. Invasion of Panamá*, Boston, South End Press, p. 24.

118. Raúl Leis, «The Other Side of Midnight», en *NACLA*, Nueva York, abril de 1990.

119. AP-Reuters, EFE, Ansa, *El Espectador*, *El Tiempo*, Bogotá, 20 y 21 de diciembre de 1989.

120. *The Independent Commission*, p. 46.

121. *Ibid.*, p. 44.

122. *El Espectador*, Bogotá, 21 de diciembre de 1989.

123. *El Tiempo*, 23 de diciembre de 1989.

124. *The Independent Commission*, p. 41.

125. *Ibidem*.

126. *Ibid.*, pp. 2, 3, 41 y 43.

127. *Ibid.*, PP. 2, 3 y 9-14.

128. *Ibid.*, pp. 41-43.

129. John Weeks y Phil Gunson, *Panamá, made in the U.S.A.*, Latin American Bureau, Londres, 1991, p. 13.

130. Documentos de la OEA.

131. Doc. ONU, S/PV. 2900, 21 de diciembre de 1989.

132. Doc. ONU, S/21938 Anexo.

133. Doc. ONU, S/21048, 22 de diciembre de 1989.

134. Oscar Ceville, *La Invasión Just Cause o la Profecía de Santa Fe II*, en Tareas 75, Panamá, mayo-agosto de 1990.

135. J. E. Ritter, *op. cit.*, pp. 9-10, 14 y 101-102.

136. Carlos Fuentes, *Las lecciones de Panamá*, Tareas 74, Panamá, enero-abril de 1990.

137. J. Weeks y P. Gunson, *op. cit.*, p. 13.

138. J. E. Ritter, *op. cit.* Anexo I, pp. 251-258.

139. *Ibid.*, p. 212.

140. *Ibid.*, pp. 182-183.

141. AP, *El Espectador*, Bogotá, 22 de diciembre de 1989.

142. *Harper's*, Nueva York, noviembre de 1991, Index.

143. *New York Times*, 5 de abril de 1992.

144. Peter Eisner, *El Espectador*, 5 de abril de 1992.

9. *El huracán sobre Cuba*

1. *Fidel Castro Speeches, Cuba's International Foreign Policy, 1975-1980*, Pathfinder Press, Nueva York, 1981, p. 315.

2. Jane Franklin, *The Cuban Revolution and the United States*, Ocean Press, Melbourne, Australia, 1993, p. 155.

3. *The New York Times*, 22 de abril de 1981.

4. *Granma*, La Habana, 26 de octubre de 1981.

5. *El Tiempo*, Bogotá, 11 de noviembre de 1981.

6. Michael Krinsky y David Golove, *United States Economic Measures Against Cuba*, Aletheia Press, Northampton, MA, 1993, pp. 119-121.

7. *Ibid.*, pp. 119-120.

8. UPI, *El Tiempo*, Bogotá, 1 y 8 de agosto de 1981.

9. Morris Morley, *Imperial State and Revolution*, Cambridge University Press, Londres, 1987, p. 356.

10. J. Franklin, *op. cit.*, p. 192.

11. *Entrevista a funcionarios del DOR*, La Habana, noviembre de 1994.

12. *Ibidem.*

13. *El Tiempo*, Bogotá, enero de 1982.

14. *Prensa Latina*, La Habana, 23 de febrero de 1981.

15. *Granma*, La Habana, 11 y 12 de septiembre de 1985.

16. *El Tiempo*, Bogotá, 24 de marzo de 1981.

17. *El Tiempo*, Bogotá, 5 de abril de 1981.

18. *El Tiempo*, Bogotá, 22 de marzo de 1981.

19. AP, *El Tiempo*, Bogotá, 12 de mayo de 1981.

20. UPI, AP, *El Tiempo*, Bogotá, 17 y 20 de septiembre de 1981.

21. UPI, *El Tiempo*, Bogotá, 7 de noviembre de 1981.

22. AP, *El Tiempo*, Bogotá, 6 de noviembre de 1981.

23. M. H. Morley, *Imperial State*, *op. cit.*, p. 356.

24. David Deutschmann, *Cuba, Socialism and the New Order*, Ocean Press, Melbourne, Australia, 1992, p. 13.

25. UPI, *El Tiempo*, Bogotá, 27 y 28 de enero de 1982.

26. UPI, *El Tiempo*, Bogotá, 17 de marzo de 1982.

27. UPI, *El Tiempo*, Bogotá, 27 de marzo de 1982.

28. J. Franklin, *op. cit.*, pp. 165-66.

29. M. H. Morley, *op. cit.*, pp. 331-332.

30. J. Franklin, *op. cit.*, p. 165.

31. *Time*, Nueva York, 15 de agosto de 1983.

32. Gerardo Reyes, corresponsal en Miami, *El Tiempo*, Bogotá, 19 de febrero de 1989.

33. Mijaíl Gorbachov, *Perestroika, New Thinking for Our Country and the World*, Harper & Row, Nueva York, 1987, pp. 22-23.

34. *Ibid.*, p. 121.

35. J. Franklin, *op. cit.*, p. 221.

36. Bernard Bwertzman, ed., *The Decline and Collapse of the Soviet Union*, Times Books, Nueva York, 1992, pp. 132-133.

37. *The New York Times*, 8 de noviembre de 1987.

38. Fidel Castro, *In Defense of Socialism*, Mary-Alice Waters, ed., Pathfinder, Nueva York, 1989, p. 31.

39. Reuters, *El Espectador*, Bogotá, 1 de abril de 1989.

40. José Ramón Balaguer, *Comité Central, entrevista*, La Habana, mayo de 1994.

41. John B. Dunlop, *The Rise of Russia and the Fall of the Soviet Empire*, Princeton University Press, New Jersey, 1993, p. 9.

42. Zbigniew Brzezinski, *The Grand Failure*, Collier Book, McMillan Publishing Company, Nueva York, 1990, p. 87.

43. Luis Rodríguez García, *The Cuban Revolution into the 1990*, Westviez Press, Boulder, 1992, p. 104.

44. Mark Frank, *Cuba Looks to the Year 2000*, International Publisher, Nueva York, 1993, pp. 25-27; *Granma*, Revista Semanal, La Habana, 1 de junio de 1986.

45. PL. *Entrevista a Fidel Castro de L'Humanité*, París, enero de 1989.

46. *Granma*, La Habana, 26 de noviembre de 1990.

47. Fidel Castro, M-A. Water, ed., *op. cit.*, p. 34.

48. *The New York Times*, 31 de julio de 1988.

49. PL, *La Habana*, 5 de abril de 1989.

50. *Ibidem.*

51. *Ibidem.*

52. *Granma*, La Habana, 4 de agosto de 1989.

53. Bernard Gwertzman y Michael Kaufman, eds., *op. cit.*, pp. 309-310.

54. *Ibid.*, pp. 281-282.

55. *Ibid.*, p. 463.

56. «Presente y futuro de Cuba», *Revista Siempre*, México, 1991, pp. 131-134.

57. Fidel Castro, entrevista, *Revista Siempre*, pp. 9-10.

58. Tomás Borge, *Face to Face with Fidel Castro*, Ocean Press, Melbourne, 1993, p. 25.

59. *Ibid.*, pp. 27-28.

60. Reuters-AP, *El Tiempo*, Bogotá, 4 de mayo de 1990.

61. Jean-François Fogel y Bertrand Rosenthal, *El Fin de Siglo en La Habana, Los Secretos del Derrumbe de Fidel*, edición en español, T. M. Editores, 1994, p. 71.

62. *Vindicación de Cuba*, Editora Política, La Habana, Cuba, 1989, p. 418.

63. *Ibid.*, pp. 418, 422-23 y 427.

64. Entrevista con un comandante del M-19, Bogotá, septiembre de 1996.

65. AP, *El Espectador*, Bogotá, 7 de marzo de 1989; *Vindicación de Cuba*, p. 422.

66. Andrés Oppenheimer, *Castro's Final Hour*, Simon & Schuster, Nueva York, 1992, pp. 66-69.

67. EFE, *El Tiempo*, Bogotá, 28 de julio de 1989.

68. Gerardo Reyes, Miami, *El Tiempo*, Bogotá, 28 de julio de 1989.

69. *Vindicación*, pp. 391-392.

70. Reuters, AFP, *El Tiempo*, Bogotá, 27 de junio de 1989.

71. *Vindicación de Cuba*, pp. 38-39 y 42.

72. *El Tiempo*, Bogotá, 30 de junio de 1989.

73. AP, *El Tiempo*, Bogotá, 29 de junio de 1989.

74. AP-Reuters, *El Tiempo*, Bogotá, 8 de julio de 1989.

75. *Vindicación*, pp. 84-85.

76. EFE, *El Tiempo*, Bogotá, 31 de julio de 1992.

77. *Vindicación*, pp. 259 y 265-266.

78. Reuters, *El Espectador*, Bogotá, julio de 1989.

79. *Brecha*, Montevideo, 23 de agosto de 1990.

80. Reuters, *El Espectador*, Bogotá, 28 de julio de 1989.

81. Entrevista del autor con José Ramón Balaguer, miembro del Comité Central, ex embajador de Cuba en la URSS, La Habana, mayo de 1994.

82. *Ibidem*.

83. Carlos Lage, *Estrategia de la Economía Cubana*, La Habana, octubre de 1993.

84. Gail Reed, *Island in the Storm*, Ocean Press, Melbourne, 1992, p. 35.

85. Entrevista de la autora con monseñor Juan Manuel de Céspedes, La Habana, mayo de 1995.

86. Mirta Muñiz, ed., *Elecciones en Cuba, ¿Farsa o Democracia?*, Ocean Press Canadá, 1993, pp. 6-8.

87. *Granma*, La Habana, 14 de septiembre de 1991.

88. EFE-APA-Reuters, *El Espectador*, Bogotá, 10 de septiembre de 1991.

89. Antonio Caño, Miami, *El Espectador*, Bogotá, 17 de septiembre de 1991.

90. AP, *El Tiempo*, Bogotá, 7 de marzo de 1990; *The New York Times*, 29 de octubre de 1992.

91. Reuters, *El Tiempo*, Bogotá, 10 de agosto de 1989.

92. AP, *El Tiempo*, Bogotá, 8 de agosto de 1989.

93. Reuters; *El Tiempo*, Bogotá, 22 de febrero de 1990.

94. *Cuba Update*, Nueva York, marzo-abril de 1992.

95. Fidel Castro, *V Congreso de la Federación de Mujeres Cubanas*, La Habana, marzo de 1990; Reuters-AP, *El Espectador*, Bogotá, 10 de marzo de 1990.

96. EFE-Reuters, *El Espectador*, 20 de febrero de 1992; *Granma Internacional*, 10 de mayo de 1992.

97. AP, *El Tiempo*, 27 de febrero de 1992.

98. EFE-Ansa, *El Espectador*, Bogotá, 22 de abril de 1998.

99. *Semana*, Bogotá, 21 de enero de 1992.

100. AP, *El Espectador*, Bogotá, 15 de octubre de 1992.

101. Gerardo Reyes, *El Tiempo*, Bogotá, 19 de enero de 1992.

102. *Enlace*, WOLA, Washington, octubre de 1992.

103. Reuters, *El Tiempo*, Bogotá, 26 de octubre de 1992.

104. Ricardo Alarcón, ONU, Nueva York, 13 de noviembre de 1991.

105. Entrevista con Ricardo Alarcón, La Habana, mayo de 1994.

106. *Ibidem*.

107. J. C. Rincón, Estrasburgo, *El Espectador*, Bogotá, 17 de septiembre de 1993.

108. Jorge Child, *El Espectador*, Bogotá, 23 de julio de 1991.

109. *El Espectador*, Bogotá, 24 de julio de 1992.

110. *El Espectador*, Bogotá, junio de 1994.

111. *El Espectador*, Bogotá, 17 de julio de 1994.

112. Reuters, *El Espectador*, Bogotá, 10 de junio de 1994.

113. Fidel Cano, *El Espectador*, Bogotá, 11 de junio de 1994.

114. *The New York Times*, 23 de agosto de 1994.

115. *Time*, Nueva York, 12 de septiembre de 1994.

116. *The New York Times*, 26 de febrero de 1996.
117. *The New York Times*, 29 de febrero de 1996.
118. *The New York Times*, 27 de febrero de 1996.
119. Tad Szulc, *New York Times*, 29 de febrero de 1996.

Epílogo

1. Gustavo Meono, *Guatemala: Fractura en la transición*, Fundación Rigoberta Menchú, mimeógrafo, 10 de septiembre de 2002, pp. 2-3.
2. *Ibid*, p. 3.
3. Maureen Dowd, *New York Times*, 14 de noviembre de 2004.
4. *New York Times*, 20 de noviembre de 2004.

Bibliografía

Agresiones de Estados Unidos a Cuba 1787-1976, Editorial Ciencias Sociales, La Habana, 1978.

AGUDELO, Carlos, *América Latina: la libertad negada*, CINEP, Bogotá, 1981.

AGUILAR, Alfonso, *Pan-americanism, from Monroe to the present*, MR, Nueva York, 1965.

ALLEN, James, *The lesson of Cuba* (booklet), New Century Publishers, Nueva York, 1961.

ALLENDE, Salvador, *Las grandes alamedas*, Centro Gaitán, Bogotá, 1983.

Americas Watch Report, *Human Rights in Nicaragua*, 1986, Nueva York, 1987.

Americas Watch, *El Salvador's decade of terror*, Yale University, New Heaven, 1991.

Amnesty International, *The 1992 report on human rights around the world*, Hunter House, Londres, 1992.

Amnistía Internacional, *La tortura en Chile*, Editorial Fundamentos, Madrid, 1983.

ANZORENA, Óscar, *Tiempo de violencia y utopía*, 1966-1976, Editorial Contrapunto, Buenos Aires, 1988.

APPLEMAN WILLIAMS, William, *The tragedy of american diplomacy*, A Delta Book, Nueva York, 1962.

ARBATOV, Georgi, *The system, an insider's life in soviet politics*, Times Books, Random House, Nueva York, 1992.

Propaganda política exterior del imperialismo moderno, PCC, La Habana, 1975.

ARGENTINA: *Del Peronismo a la Dictadura Militar*; BOLIVIA: *Bajo el Modelo Banzer*.

CINEP, Bogotá, 1977.

ARNSON, Cynthia, J., *Crossroad*, Congress, the President, and Central America, 1976-1993, The Pennsilvania State University Press, 1993.

ARRIAGADA, Genaro, *Politics of power, Pinochet*, Westview Press, Boulder, 1988.

AYERS, Bradley Earl, *The war that never was*, The Bobb-Merrill Co., Indianápolis, 1976.

BARRIOS DE CHUNGARA, Domitila, *Let me speak!*, Monthly Review Press, Nueva York, 1978.

BARRY, Tom, *Central America inside out*, Grove Weidenfel, Nueva York, 1991.

—, *Roots of rebellion*, South End Press, Boston, 1987.

BAYLEY, Edwin, R., *Joe McCarthy and the press*, The University of Wisconsin Press, Madison, 1981.

BEDAU, Hugo Adam, ed., *The dead penalty in America*, Oxford University Press, Nueva York, 1982.

BÉJAR, Héctor, *Perú 1965: apuntes sobre una experiencia guerrillera*, Premio Casa de las Américas 1969, La Habana.

BELFRANGE, Cedric, *The american inquisition*, Bobb Merrill Co., Indianápolis, 1973.

BENJAMIN, Medea , ed., *Don't be affraid gringo, a Honduran Woman Speaks from the Heart*, Harper and Row Publishers, Nueva York, 1989.

BERMÚDEZ, Liliana, *Guerra de baja intensidad: Reagan contra centroamérica*, Siglo XXI, México, 1987.

BERRYMAN, Phillip, *Inside central America*, Pantheon Books, Nueva York, 1985.

—, *The religious roots of rebellion*, Orbis Books, Marykroll, Nueva York, 1986.

BETTO, Frei, *Castro y la religión*, Consejo de Estado, Publicaciones, La Habana, 1985.

BILLINGTON, James H., *Russia transformed: breakthrough to hope*, The Free Press, Macmillan, Nueva York, 1992.

BLACKMAN, Morris J., *et al.*, *Confronting revolution, Security Through Diplomacy in Central America*, Pantheon Books, Nueva York, 1986.

BLANCO MUNOZ, Agustín, *La lucha armada*, Universidad Central de Venezuela, vols. 1-6, Caracas, 1981.

BLASIER, Cole y Mesa-Lago, Carmelo, *Cuba in the world*, University of Pittsburgh Press, Pittsburgh, 1979.

BLIGHT, James G., Bruce J. ALLYN y David A. WELCH, *Cuba on the brink, Castro, the Missile Crisis and the Soviet Collapse*, Pantheon Books, Nueva York, 1993.

BOFF, Leonardo, y Clodovis, *Salvation and liberation*, Orbis Books, Maryland, Nueva York, 1985.

BOGGS, James, y GRACE, Lee, *Revolution and evolution in the twentieth century*, Monthly Review Press, Nueva York 1974.

BOLDIN, Valery, *Ten years that shock the world*, Basic Books, 1994.

BONASSO, Miguel, *Recuerdos de la muerte*, Ediciones Era, México, 1983.

BONNER, Raymond, *Weakness and deceit, U. S. Policy and El Salvador*, Times Books, Nueva York, 1984.

BOORSTEIN, Edward, *An inside view... Allende's Chile*, International Publishers, Nueva York, 1977.

—, *The economic transformation of Cuba*, Modern Reader Paperbacks, Nueva York, 1968.

BORGES, Tomas, *Castro face to face*, Ocean Press, Melbourne, Australia, 1992.

—, *La paciente impaciencia*, Premio Casa de las Américas, La Habana, 1989.

—, *La revolución popular sandinista*, Siglo XXI, México, 1981.

Bosch, Juan, *Pentagonismo, sustituto del imperialismo*, Guadiana de Publicaciones, Madrid, 1968.

Boyer, Paul, ed., *Reagan as president*, Ivan R. Dee Publisher, Chicago, 1990.

Branford, Sue y Bernardo Kucinski, *The debt squads*, Zed Books, Londres, 1988.

Brenner, Philip, *From confrontation to negotiation*, Westview Press, Boulder, 1986.

—, William Leo Grande y Daniel Siegel, eds., *The Cuba reader*, Grove Press, 1989.

Brody, Reed, *Contra terror in Nicaragua*, South End Press, Boston, Mass., 1985.

Brownlie, Ian, ed., *Basic documents on human rights*, Clarendon Press, Oxford, 1981.

Brzezinski, Zbigniew, *The grand failure*, Collier Books, Nueva York, 1990.

Buckley, Kevin, *Panama*, A Touchstone Book, Nueva York, 1992.

Burns, E. Bradford, *The Reagan doctrine and the politics of nostalgia*, Perennial Library, Nueva York, 1987.

Cabestrero, Teófilo, *Ministros de Dios, ministros del pueblo*, Ministerio de Cultura, Nicaragua, 1986.

Cabezas, Omar, *La montaña es algo más que una inmensa estepa verde*, Premio Casa de las Américas, La Habana, 1982.

Camejo, Pedro, ed., *The nicaraguan revolution*, Pathfinder Press, Nueva York, 1979.

Cannon, Lou, *President Reagan, the role of a lifetime*, A Touchstone Book, Nueva York, 1992.

Cardoso, Fernando Henrique, *et al.*, *The new authoritarism in Latin America*, Princeton University Press, Princeton, 1979.

—, y Enzo Faletto, *Dependency and development in Latin America*, University of California Press, Berkeley, 1979.

Carr, Barry, y Steve Ellner, *The latin american left, From the Fall of Allende to Perestroika*, Westview Press, Boulder, 1993.

Castaneda, Jorge G., *Utopia unarmed, The Latin American Left after the Cold War*, Alfred A. Knopf, Nueva York, 1993.

Castro, Fidel, *Che*, Ocean, Melbourne, 1994.

—, *Discursos en tres congresos*, Editora Política, La Habana, 1982.

—, *In defense of socialism*, Pathfinder, Nueva York, 1989.

—, *La crisis económica y social del mundo*, Consejo de Estado Publicaciones, La Habana, 1983.

—, *La historia me absolverá*, PCC, La Habana, 1973.

—, *La revolución de octubre y la revolución cubana*, Discursos 1959-1977, CCPC, La Habana, 1977.

—, *Nada podrá detener la marcha de la historia*, Editora Política, La Habana, 1985.

—, *Nada podrá detener la marcha de la historia*, Entrevista de Jeffrey Elliot y Mervin Dymally, Edit. Ciencias Políticas, La Habana, 1985.

—, *Problemas actuales de los países subdesarrollados*, Consejo de Estado Publicaciones, La Habana, 1979.

—, *Sobre la deuda impagable de América Latina*, Entrevista con Agencia EFE, Editora Política, La Habana, 1985.

—, *Tomorrow is too late*, Ocean Press, Australia, 1993.

Centroamérica 1981, Infopres Centroamericana, Guatemala, 1981.

Changing course, Blueprint for Peace in Central America and the Caribbean, PACCA, 1984.

CHAYES, Abraham, *The cuban missile crisis*, Oxford University Press, Nueva York, 1974.

CHOMSKY, Noam, *Deterring democracy*, Hill y Wang, Nueva York, 1991.

—, *Turning the tide, U. S. Intervention in Central America and the Struggle for Peace*, South End Press, Boston, 1985.

CHRISTIAN, Shirley, *Nicaragua*, Random House, Nueva York, 1985.

CLEARY, O. P., y L. EDWARD, *Crisis and change, the church in Latin America*, Orbis Books, Maryland, Nueva York, 1985.

—, *Born of the poor*, University of Notre Dame Press, Notre Dame, 1990.

COATES, James, y Michael KILLIAN, *Heavy losses, the dangerous decline of american defense*, Vicking Press, Nueva York.

COCKBURN, Leslie, *Out of control, the story of the Reagan administration's secret war in Nicaragua...*, Atlantic Monthly Press, Nueva York, 1987.

COHEN, Joshua, y Joel ROGERS, *Inequity and intervention, The Federal Budget and Central America*, South End Press, Boston, 1986.

—, *Rules of the game, American Politics and Central America Movement*, South End Press, Boston, 1986.

COLBY, William, *Honorable men, my life in the CIA*, Simon & Schuster, Nueva York, 1978.

COLLIER, David, *The authoritarism in Latin America*, Princeton University Press, Princeton, 1979.

CONSTABLE, Pamela, y Arturo VALENZUELA, *Chile under Pinochet, a nation of enemies*, W. W. Norton, Nueva York, 1991.

CORTÁZAR, Julio, *Nicaraguan sketches*, W. W. Norton y Co., Nueva York, 1989.

DALTON, Roque, *¿Revolución en la revolución? Y la crítica de derecha*, Cuadernos Casa, La Habana, 1970.

DANIELS, Robert V., ed., *Communism in Russia*, University of Vermont Press, Vermont, 1993.

DAVIS, Harold Eugene, Larman C. WILSON *et al.*, *Latin American foreign policies*, The Johns Hopkins University Press, Baltimore, 1975.

DEBRAY, Regis, *Prision Writings*, Vintage Books, Nueva York, 1973.

DEUTSCHMANN, David, y Deborah SHNOOKAL, *With Castro*, Ocean Press, Australia, 1989.

—, *Changing the history of Africa*, Ocean Press, Melbourne, 1989.

DIDION, Joan, *Miami*, Simon and Schuster, Nueva York, 1987.

—, *Salvador*, Washington Square Press, Nueva York, 1982.

DIETRICH, Heinz, *Cuba ante la razón cínica*, Editorial Txalaparta, Navarra, México, 1994.

DILLON, Sam, *Comandos, the CIA and Nicaragua's contra rebels*, Henry Holt and Company, Nueva York, 1991.

DINGER, *Our man in Panama*, Times Books, Nueva York, 1990.

Discursos de Castro, 2 vols., Editorial Ciencias Sociales, La Habana, 1976.

DOBRYNIN, Anatoli, *In confidence*, Times Books, 1995.

DONOVAN, Hedley, *Roosevelt to Reagan*, Harpers and Row Publishers, Nueva York, 1987.

DRAPER, Theodore, *A very thin line, The Iran-contra affairs*, A Touchstone Book, Nueva York, 1991.

—, *Castro's Cuba, a revolution betrayed?*, Frederick A. Praeger, Nueva York, 1963.

—, *Castro's Cuba*, The New Leader, Nueva York, 1962.

DREKONJA, Gerhard, y Juan G. TOKATLIAN, *Teoría y práctica de la política exterior de Latinoamérica*, CEI, Uniandes, Bogotá, 1983.

DUBOIS, Jules, *Castro*, New Bobbs-Merrill Co, Indianápolis, 1959.

DUNLOP, John B., *The rise of Russia an the fall of the Soviet empire*, Princeton University Press, Princeton, Nueva Jersey., 1993.

ECKSTEIN, Susan, ed., *Power and popular protest, Latin American Social Movement*, University of California Press, Berkeley, 1989.

EICH, Dieter, y Carlos RINCÓN, *The contras, Interviews with Anti-Sandinistas*, Synthesis Publications, San Francisco, 1985.

El futuro es el internacionalismo, Visita de Castro a países de África y Europa Socialista, Instituto Cubano del Libro, La Habana, 1972.

El Moncada, Editorial Ciencias Sociales, La Habana, 1975.

Elecciones en Cuba: ¿Farsa o democracia?, Ocean Press, Canadá, 1993.

EMERSON, Steve, *Secret warriors, inside the covert military operations of the Reagan era*, G. P. Putnam's Sons, Nueva York, 1988.

Estado, nuevo orden económico y democracia en América Latina, XVIII Congreso de ALAS, Editorial Nueva Sociedad, Venezuela, 1992.

EZCURRA, Ana María, *Iglesia y transición democrática*, Punto Sur Editores, Buenos Aires, 1988.

FAGEN, Richard R., ed., *Capitalism and the state in U.S.-Latin american relations*, Standford University Press, Standford, 1979.

FAGEN, Richard, *The challenge of Central America*, PACCA, Nueva York, 1987.

FEINBERG, Richard E., ed., *Central America: international dimension of the crisis*, Holmes y Meier Publishers Inc, Nueva York, 1982.

FEINMANN, José Pablo, *Estudios sobre el peronismo*, Editorial Legasa, Buenos Aires, 1983.

Castro speeches, Cuba's International Foreign Policy 1975-80, Pathfinder Press, Nueva York, 1981.

FOGEL, Jean-François, y Bertrand ROSENTHAL, *Fin de siglo en La Habana*, TM Editores, Bogotá, 1994.

FOROOHAR, Manzar, *The catholic church and social change in Nicaragua*, State University of New York Press, 1989.

FRANK, Marc, *Cuba looks to the year 2000*, International Publishers, Nueva York, 1993.

FRANKEL, Joseph, *Contemporary international theory and behaviour of states*, Oxford University Press, Nueva York, 1971.

FRANKLIN, Jane, *The cuban revolution and the United States*, Ocean Press, Australia, 1992.

FRANQUI, Carlos, *Diary of the Cuban revolution*, The Vicking Press, Nueva York, 1976.

—, *Family portrait of Castro*, Random House, Nueva York, 1984.

FRIED, Jonathan L., Marvin E. GETTLEMAN, Deborah T. LEVENSON y Nancy PECKENHAM, *Guatemala rebelion: unfinished history*, Grove Press, 1983.

FULBRIGHT, William, *The cripple giant*, Random House, Nueva York, 1972.

GALEANO, Eduardo, *Las venas abiertas de América Latina*, Siglo XXI, México, 1971.

GARCÍA MÁRQUEZ, Gabriel, Eduardo GALEANO, Jorge ONETTI, Carlos FUENTES *et al.*, *La democracia y la paz en América Latina*, Editorial El Búho, Bogotá, 1986.

GASPAR, Edmund, *La diplomacia y política norteamericana en América Latina*, Editorial del Valle de México, México, 1985.

GERARD, Pierre-Charles, *El Caribe a la hora de Cuba*, Casa de las Américas, La Habana, 1980.

GERASSI, John, *The great fear in Latin America*, Collier Books, Nueva York, 1965.

GETTLEMAN, Marfin E., Patrick LACEFIELD, Louis MENASHE y David MERMELSTEIN, eds., *El Salvador, Central America and the New Cold War*, Grover Press, Nueva York, 1986.

GITLIN, Todd, *The sixties, years of hope, days of rage*, Bantam Books, Nueva York, 1987.

GLINKIN, A., B. MARTINOV y P. YKOLEV. *La evolución de la política de EE. UU. en América Latina*, Editorial Progreso, Moscú, 1983.

GOLDMAN, Eric. F., *The tragedy of Lyndon Johnson*, Laurel Edition, Nueva York, 1975.

GORBACHOV, Mijaíl, *Perestroika, New Thinking for Our Country*, Harper Row, Nueva York, 1987.

GRAEBNER, Norman A., *America as a world power, a Realist Aprisal from Wilson to Reagan*, Scholary Resource, Willmington, 1984.

—, *National security its theory and practice: 1945-1960*, Oxford University Press, Nueva York, 1986.

GREOG, Robert, *et al.*, *After Vietnam*, Doubleday, Nueva York, 1971.

GREOG, Robert, *International organization and the western world*, University of Syracuse Press, Syracuse, 1968.

GUEVARA, Ernesto «Che», *Discurso y escritos*, vols. I-X, Editorial Ciencias Sociales, La Habana, 1977.

—, *Diario de Bolivia*, Equipo Editorial S.A., San Sebastián, España, 1968.

—, *La guerre de guerrillas*, Cahier Libres, François Maspero, París, 1968.

GUNDER FRANK, Andre, *Capitalismo y subdesarrollo en América Latina*, Siglo XXI, México, 1976.

—, *Latin America: underdevelopment or revolution*, MR, Nueva York, 1969.

—, *Lumpen bourgeoisie, lumpen-development*, MR, Nueva York, 1972.

GURTOV, Melvin y Ray MAGHROORI, *Roots of failure, united states policy in the world*, Greenwood Press, Westport, Connecticut, 1984.

GUTMAN, Roy, *Banana diplomacy, The Making of American Diplomacy in Nicaragua 1981-1987*, A Touchstone Book, Nueva York, 1989.

GWERTZMAN, Bernard, y Michael T. KAUFMAN, *The decline and fall of the soviet empire*, N.Y. Time Books, 1992.

—, *The collapse of communism*, The New York Times Books, Nueva York, 1991.

HALBERSTAM, David, *The best and the brightest*, Penguin Books, Nueva York, 1984.

HALDEMAN, H., *The military government and the movement toward democracy*, Indiana University Press, Indiana, 1981.

HALPERIN, Maurice, *The rise and decline of Castro*, University of California Press, Berkeley, 1972.

HALPERIN, Tulio, *Historia contemporánea de América Latina*, Alianza, Madrid, 1986.

HARBAUGH, William H., *The writings of Theodore Roosevelt*, The Bobbs Merrill Co., Indianápolis, 1967.

HARNECKER, Marta, *Castro's political strategy*, Pathfinder Press, Nueva York, 1987.

HAYLAND, William G., ed., *The Reagan foreign policy*, Meridiam Book, Nueva York, 1987.

HEATH, Jim F., *Decade of disillusionment, the Kennedy and Johnson years*, Indiana University Press, Bloomington, 1975.

HELLER, Claude, *El ejército como agente de cambio*, Fondo de Cultura Económica, México, 1979.

HEYCK, Denis, y Lynn DALY, *Life stories of che Nicaraguan revolution*, Routledge, Nueva York, 1990.

HOLLANDER, Paul, *Anti-americanism, Critics at Home and Abroad, 1965-1990*, Oxford University Press, Nueva York, 1992.

HOOPES, Townsend, *The devil and John Forter Dulles*, Atlantic Monthly Press Book, Boston, 1973.

HOROWITZ, Erwing Lewis, *et al.*, *Latin american radicalism*, Vintage Book, Nueva York, 1969.

HOROWITZ, Irving Louise, *Cuban communism*, Transaction Books, New Brunswick, 1982.

HUNT, Michael H., *Roots of failure, ideology of U.S. foreign policy*, Yale University Press, N.H., 1987.

HYLAND, William G., *The Reagan foreign policy*, Meridian Book, Nueva York, 1987.

IMMERMAN, Richard H., *The CIA in Guatemala, The Foreign Policy of Intervention*, University of Texas Press, Austin, 1982.

Instrucción política FAR, Libro Segundo, Instituto Cubano del Libro, La Habana, 1973.

ISAACSON, Walter, y Evan THOMAS, *The wise men*, Simon & Schuster, Nueva York, 1988.

ISAACSON, Walter, *Kissinger*, Simon & Schuster, Nueva York, 1992.

JIMÉNEZ, Eddy E., *La guerra no fue de fútbol*, Casa de las Américas, La Habana, 1974.

JONAS, Susanne, *The battle for Guatemala*, Westview Press, Boulder, San Francisco, 1989.

JORDAN, Amos A., y William TAYLOR, *American national security*, The Johns Hopkins University Press, Baltimore, 1984.

KAPUSCINSKI, Ryszard, *Another day of life, a hauting eyewitness account of civil war in Angola*, Penguin Books, Nueva York, 1988.

KEEN/WASSERMAN, *A short history of Latin America*, Northen Illinois University, Dallas, 1980.

KENNAN, George, *American diplomacy 1900-1950*, Merton Books, Nueva York, 1951.

KENNEDY, J. F., *Strategy of peace*, Harpers, Nueva York, 1960.

KENNEDY, Robert, *Thirteen days, a memory of the cuban missile crisis*, New American Library, Nueva York, 1969.

—, *To seek a newer world*, Bantam Books, Nueva York, 1968.

KINZER, Stephen, *Blood of brothers*, Anchor Books, Doubleday, Nueva York, 1991.

KIRKPATRICK, Jeane, *Dictators and double standars*, Simon y Schuster, Nueva York, 1983.

KRINSKY, Michael, y David GOLOVE, eds., *United States economic measures against Cuba*, Aketheia Press, Northampton, Mass, 1993.

La unión nos dio la victoria, Informe del Primer Congreso del PCC, Publicaciones CCPC, La Habana, 1976.

LAFEBER, Walter, *Inevitable revolutions*, W. W. Norton and Co., Nueva York, 1984.

—, *The Panama canal*, Oxford University Press, Nueva York, 1989.

LANGGUTH, A. J., *Hidden Terrors, The Truth About U.S. Police Operation in Latin America*, Pantheon Books, Nueva York, 1987.

Lawyers Committee for International Human Rights, *Honduras: a crisis on the border*, Nueva York, 1985.

LEIKEN, Robert S., y Barry RUBIN, eds., *The Central America crisis reader*, Summit Books, Nueva York, 1987.

LEKE, Anthony, *Somoza falling,* The University of Massachusetts Press, Amherst, 1989.

LERNOUX, Penny, *Cry of the people,* Penguin Books, Nueva York, 1982.

LEWIS, Oscar, Ruth LEWIS y Susan RIGDON, *Four women, an oral history of contemporary Cuba,* University of Illinois Press, Urbana, 1977.

Main Report, 2nd Congress of the Communist Party of Cuba, Political Publishers, La Habana, 1980.

MANKIEWCZ, Frank, y Kirby JONES, *With Castro,* Ballantine Books, Nueva York, 1960.

MANWARNING, Max G., y Court PRISK, eds., *El Salvador at war,* National Defense University Press, Washington DC, 1988.

MARCHETTI, Victor, y John MARKS, *The CIA,* Dell Book, Nueva York, 1980.

MARIO, Germán, *Nicaragua,* Reportaje de la Revolución, Celadec, Lima, 1982.

MARTIN, Lionel, *El joven Castro,* Grijalbo, Barcelona, 1982.

MARTÍNEZ, José Jesús, *Mi general Torrijos,* Premio Casa de las Américas, 1987, La Habana.

MATTHEWS, Herbert, ed., *The United States and Latin America,* Prentice-Hall Inc., Englewood, 1963.

MATTHEWS, Herbert, *Castro,* Simon & Schuster, Nueva York, 1969.

—, *The Cuban story,* George Brazilier, Nueva York, 1961.

MAY, Ernest R., y Philip D., ZELIKOW, *The Kennedy tapes,* Harvard University Press, Cambridge, 1997.

McCARTHY, Mary, *The mask of state: watergate portraits,* Harcourt Brace, Nueva York, , 1974.

MILLS, C. Wright, *Listen yankee,* Ballantine Books, Nueva York, 1960.

MINA, Gianni, *An encounter with Castro,* Ocean Press, Australia, 1991.

MOLINA, Gabriel, *Diario de Girón,* Editora Política, La Habana, 1984.

MOLINEU, Harold, *U. S. policy toward Latin America, From Regionalism to Globalism,* Westview Press, Boulder, 1983.

MOMMSEN, Wolfgang J., *Theories of imperialism,* Random House, Nueva York, 1980.

MORENO, Dario, *The struggle for peace in Central America,* University Press of Florida, Miami, 1994.

MORLEY, Morris, *Imperial state and revolution,* Cambridge University Press, Cambridge, Mass, 1987.

MORRIS, James A., *Honduras, caudillos, politics and military rule,* Westview Press, Boulder, 1984.

MORTON BLUM, John, *The republican Roosevelt,* Antheneum, Nueva York, 1974.

MUNCK, Ronald, *Latin America, The Transition to Democracy,* Zed Books Ltd., Londres, 1989.

MURRAY, Mary, *Cruel and unusual punishment,* Ocean Press, Melbourne, 1993.

—, *Cuba and the United States, An Interview with Ricardo Alarcón,* Ocean Press, Melbourne, 1992.

NETANYAHU, Benjamin, ed., *Terrorism, how the west can win*, Avon, Nueva York, 1987.

NIEBUHR, Reinhold y Paul E., SIGMUND, *The democratic experience*, Frederick Praeger Publ., Nueva York, 1969.

NITZE, Paul H., *From Hiroshima to Glasnost*, Grove Weindelfeld, Nueva York, 1989.

NIXON, Richard, 1999, *Victory without war*, Simon and Schuster, Nueva York, 1989.

—, *Six crisis*, Pyramid Books, Nueva York, 1968.

OPPENHEIMER, Andres, *Castro's final hour*, Simon and Schuster, Nueva York, 1992.

PAGES, Beatriz, *Can Cuba survive? An Interview with Castro*, Ocean Press, Melbourne, Australia, 1992.

PASTROR, Robert, *Condemned to repetition, The United States and Nicaragua*, Princeton University Press, Princeton, 1987.

PEREIRA, Manuel, *Crónicas desde Nicaragua*, Casa de las Américas, La Habana, 1981.

PÉREZ VALDÉS, Fernando, *Corresponsales de guerra*, Premio Casa de las Américas, La Habana, 1981.

PÉREZ-BRIGNOLI, Héctor, *A brief history of Central America*, University of California Press, Berkeley, California, 1985.

PETRAS, James, *Politics and social structure in Latin America*, MR, Nueva York, 1970.

PEYERAS, Mario, *Los días de la selva, Guerrillas Populares en el Quiche, 1972-1976*, Premio Casa de las Américas, 1980, La Habana.

POWERS, Thomas, *The man who kept the secrets, Richard Helms and the CIA*, Alfred A. Knoff, Nueva York, 1979.

Presente y futuro de Cuba, Entrevista de Castro a la revista *Siempre* de México, Consejo de Estado, Publicaciones, La Habana, 1991.

Proyección internacional de Cuba, Editorial Ciencias Sociales, La Habana, 1975.

Proyección internacional de la revolución cubana, PCC, La Habana, 1975.

PUENTE, Rafael, Alfredo CONDE y Guillermo SEGOVIA, *Procesos políticos en América Latina: Bolivia, Ecuador, El Salvador*, CINEP, Bogotá, 1985.

RAMA, Ángel, *Los dictadores latinoamericanos*, Fondo de Cultura Económica, México, 1976.

RANDALL, Margaret, *Woman in Cuba*, Smyrna Press, Nueva York, 1981.

RANELAGH, John, *The agency, the rise and decline of the CIA*, Simon and Schuster, Nueva York, 1986.

RECKORD, Barry, *Does Castro eat more than your father?*, New American Library, Nueva York, 1972.

REED, Gail, *Island in the storm*, Ocean Press, Australia, 1992.

REMNICK, David, *Lenin's tomb*, Vintage Books, Nueva York, 1994.

Revista *Controversia*, n.° 127, CINEP, Bogotá, 1978.

Revista *Nuestra América*, n.° 11, UNAM, México, 1984.

RIDENOUR, Ron, *Back fire*, Editorial Jos, 1991.

RIESE, Hans-Peter, ed., *Since the Prague spring*, Random House, Nueva York, 1979.

RITTER, Jorge Eduardo, *Los secretos de la nunciatura*, Planeta, Bogotá, 1991.

ROA, Raúl, *Retorno a la alborada*, Editorial Ciencias Sociales, La Habana, 1977.

ROBBINS, Carla Ann, *The cuban threat*, Ishi Publications, Filadelfia, 1985.

ROCK, David, *Argentina, 1516-1987*, University of California Press, Berkeley, 1987.

RODRÍGUEZ, Mario, *Central America*, Prentice-Hall Inc., Englewood, 1965.

ROGING, Michael, *Ronald Reagan, the movie*, University of California Press, Berkeley, 1988.

ROSSET, Peter, *et al.*, eds., *Nicaragua, unfinished revolution*, Grove Press, Nueva York, 1986.

ROSSET, Peter, y John VANDERMERR, *The Nicaragua reader*, Grove Press, Nueva York, 1983.

ROUQUIE, Alain, comp., *Argentina hoy*, Siglo XXI, México, 1982.

ROUQUIE, Alain, *The military and the state in Latin America*, University of California Press, Berkeley, 1989.

ROVERE, Richard H., *Senator Joe McCarthy*, Harper and Row, Nueva York, 1973.

RUSHDIE, Salman, *The jaguar smile, A Nicaragua Journey*, Penguin Books, 1988.

SANZ DE SANTAMARÍA, Carlos, *Revolución silenciosa*, Fondo de Cultura Económica, México, 1971.

SARTRE, Jean-Paul, *Huracán sobre el azúcar*, Merayo Editor, Buenos Aires, 1973.

—, *Sartre on Cuba*, Ballantine Books, Nueva York, 1961.

SCHLESINGER Jr., Arthur M., *The cycles of american history*, Houghton Miffling Co., Boston, 1986.

—, *A thousand days*, Fawcett Premier, Nueva York, 1966.

—, *The imperial presidency*, Popular Library, Nueva York, 1974.

SCHLESINGER, Stephen, y Stephen KINZER, *Bitter fruit, The Untold Story of the American Coup in Guatemala*, Anchor Books, Garden City, 1982.

SCHOULTZ, Kars, *National security and united states policy toward Latin America*, Princeton University Press, Princeton, 1987.

SCHULZ, Donald, y Deborah SUNDLOFF SCHULZ, *The United States, Honduras and the crisis in Central America*, Westview Press, Boulder, 1994.

SEABURY, Paul, *Power, freedom and diplomacy: the foreign policy of the USA*, Vintage Books, Nueva York, 1967.

SELSER, Gregorio, *Sandino*, Monthly Review Press, Nueva York, 1981.

SHERWIN, Martin J., *A world destroyed*, Vintage Books, Nueva York, 1977.

SIGMUND, Paul E., *Liberation theology and the crossroads*, Oxford University Press, Nueva York, 1990.

—, *The overthrow of Allende*, University of Pittsburgh Press, Pittsburgh, P.A., 1977.

SILVERMANN, Bertram, ed., *Man and socialism in Cuba*, Atheneum, Nueva York, 1971.

SKIDMORE, Thomas E., y Peter SMITH, *The modern Latin America*, Oxford University Press, Cambridge, Mass, 1984.

SKIDMORE, Thomas E., *The politics of military rule in Brazil: 1964-85*, Oxford University Press, Nueva York, 1988.

SKLAR, Holly, *Washington's war on Nicaragua*, South End Press, Boston, Massachussetts, 1988.

SMITH, Earl E. T., *The four floor*, Random House, Nueva York, 1962.

SMITH, Wayne, *The closest enemies*, W. W. Norton, Nueva York, 1987.

SORENSEN, Theodore, *Kennedy*, Bantam Books, Nueva York, 1966.

SPEAR, Joseph C., *Presidents and the press*, The MIT Press, Cambridge, 1984.

Suramérica 76: modelos de desarrollo (Perú, Brasil, Chile), CINEP, Bogotá, 1976.

SZULC, Tad, *Castro, a critical portrait*, Avon, Nueva York, 1986.

—, *The winds of revolution*, Praeger, Nueva York, 1963.

TALBOTT, Strobe, *The russians and Reagan*, Vintage Books, Nueva York, 1984.

TANNENBAUM, Frank, *The ten keys to Latin America*, Vintage Books, Nueva York, 1965.

TARG, Harry R., *Cuba and the USA; A New World Order?*, International Publishers, Nueva York, 1992.

TAZEDELL, Judy, ed., *The Miskito question*, Hampton, Virginia, 1984.

Tesis y resoluciones, Primer Congreso del Partido Comunista de Cuba, La Habana, Publicaciones del CC del Partido Comunista de Cuba, 1978.

The cuban revolution into the 1990s, Centro de Estudios Sobre América, Westview Press, Boulder, 1992.

The report of the president commission on Central America, Macmillan Publishing Co., Nueva York, 1983.

The Rockefeller report on Latin America, New York Times Edition, Nueva York, 1969.

The U.S. invasion of Panama, The Independent Commission of Inquiry on the EE. UU. *Invasion of Panama*, South End Press, Boston, 1991.

THOMAS, Hugh, *Cuba*, Grijalbo, Barcelona, 1974.

TOKATLIAN, Juan G., *Cuba-Estados Unidos, dos enfoques*, Cerec, Bogotá, 1984.

Torture in Brazil, A Report by the Archdiocese of Sao Paulo, Vintage Books, Nueva York, 1986.

TRUMAN, Harry, *Memories 1946-1952*, vol. II, A Signet Book, Nueva York, 1956.

TURNER, Standfiel, *Secrecy and democracy, the CIA in transition*, Harper and Row, Nueva York, 1986.

Two years of military dictatorship in Chile, Stockholm, Publicación del House of Parliament, 1975.

United Fruit Co.: Un Caso del Dominio Imperialista en Cuba, Editorial Ciencias Sociales, La Habana, 1976.

URIBE, Armando, *The black book of american intervention in Chile*, Beacon Press, Boston, 1974.

Uruguay: nunca más, Human Right Violations, 1972-1985, Servicio Paz y Justicia, Temple University Press, Filadelfia, 1992.

VÁZQUEZ DÍAZ, Rubén, *Bolivia a la hora del Che*, Siglo XXI, México, 1978.

Vindicación de Cuba, Editora Política, La Habana, 1989.

VOLKOV, Mai, *La estrategia del neocolonialismo*, Ediciones Estudio, Buenos Aires, 1978.

VON DAMM, Helenne, ed., *Sincerely, Ronald Reagan*, Berkeley Books, Nueva York, 1980.

WADDELL, Rick, *In war's shadow, Waging Peace in Central America*, Ivy Books, Nueva York, 1992.

WAGLEY, Charles, *The latin american tradition*, Columbia University Press, Nueva York, 1968.

WEBER, Henry, *Nicaragua, The Sandinista Revolution*, Verso, 1985.

WEEKS, John y Phil, GUSON, *Panama Mae in U.S.A.*, Latin American Bureau, Londres, 1991.

WEISEN COOK, Blanche, *The declassified Eisenhower*, Penguin Books, Nueva York, 1984.

WHITE, Theodore, *The making of the president 1964*, Mentor Books, Nueva York, 1965.

WYDEN, Peter, *Bay of pigs*, Simon & Schuster, Nueva York, 1979.

YKOLEV, Nikolai, *La CIA contra la URSS*, Editorial Progreso, Moscú, 1983.

Índice onomástico

Arguedas, Antonio, 160
Arias, Arnulfo, 56, 151, 446
Arias, Óscar, 339-340, 348, 383-385, 446, 449, 542, 546
Arias, Roberto, 36-37
Arias Calderón, Ricardo, 449, 454, 460-461, 465-466, 479-480
Arns, Paulo Evaristo, 178, 295, 299, 301
Arnson, Cynthia, 380
Arocena, Eduardo, 491
Arosemena, Carlos Julio, 143
Arteaga, Manuel, 224
Arzú, Álvaro, 107, 566, 569
Astiz, Alfredo, 283
Astorga, Nora, 359
Austin, Hudson, 419, 423
Aylwin, Patricio, 329-330
Azcona, José, 380, 385, 389

Baena Soarez, João, 384, 388, 414
Baker, James, 450, 458-459, 539, 552
Balaguer, Joaquín, 152
Baldivia, Francisco, 351
Bánzer, Hugo, 303, 309
Baños, Jorge Manuel, 289
Baptista Figueiredo, João, 300
Barletta, Nicolás Ardito, 430, 440
Barnes, Michael, 363
Barreiro, Ernesto, 285
Barrera, Hugo, 401
Barrientos, René, 150, 159-160
Bas, Bernardo, 249
Basulto, José, 560, 562
Batista, general Fulgencio, 15-26, 28-31, 34-36, 38, 42-43, 47, 119, 144-145, 224, 500, 502
Battle Ordóñez, Jorge, 312
Béjar, Héctor, 199-200
Belaúnde Terry, Fernando, 195-200

Ben Bella Ahmed, 230
Benítez, Hernán, 168
Bennett, W. Tapley, 151
Berlocco, Giacinto, 483
Bermúdez, Enrique, 203, 344-345, 347-348, 351-353, 360, 364-366, 374, 382-383, 387-388
Bernal, Carlos, 275
Bertrand-Aristide Jean Baptiste, 557
Betancourt, Rómulo, 29, 32, 39-40, 124, 203-207, 209, 212, 545-546
Betancur, Belisario, 338, 356-357
Betto, Frei, 224
Bignone, Reynaldo, 280-282
Bishop, Maurice, 229, 416-421, 423
Bissell, Richard, 127
Black, Eli M., 65
Blaize, Herbert, 423
Blanco, Hugo, 198-200
Blandón, José, 435-437
Boff, Leonardo, 178
Bofill, Ricardo, 544
Boland, Edward «Tip», 356
Bonamín, Victorio, 267
Bonsal, Philip, 40
Bordaberry, Juan María, 185, 306-310
Borge, Tomás, 89-91, 344, 362, 367, 374-375
Borges, Mauro, 170
Bosch, Juan, 143, 151, 154
Bosch, Orlando, 494
Bowdler, William, 77, 91-92
Boyd, Aquilino, 449
Braden, Spruille, 95
Brandt, Billy, 141, 490
Brasil, 29, 36, 48, 96, 130, 150, 158, 161-163, 169-172, 175-176, 178, 181-184, 217, 228, 239, 247, 275, 286, 294-297, 299, 301-304, 309, 342, 356, 372, 457, 502, 553, 577-558, 581
Bravo, Douglas, 211-212, 344

Fiers, Alan, 425
Figueiredo, João Baptista, 300-302, 356
Figueres, José, 61-62, 64, 89, 96
Firmenich, Mario, 260-261, 270, 293
Fischer, Dean, 491
Fitzwater, Marlin, 444, 463, 467-468, 472
Fley, Luis, 344
Fly, Claude, 183
Fonseca Amador, Carlos, 89, 340-341, 356
Fonteyn, Margot, 36-37
Ford, Gerald, 228, 234-235, 452
Ford, Guillermo, 449, 454, 460, 465, 479-480, 484
Franky, Carlos, 544
Frechette, Myles, 244, 493
Frei, Eduardo, 229, 314-317, 326
Fresno, Juan Francisco, 326
Frondizi, Arturo, 36, 143, 162-163, 251
Frondizi, Sylvio, 264
Fuchs, Klaus, 59
Fuentes, Carlos, 479
Fujimori, Alberto, 552, 556
Fulbright, William, G, 60

el-Gadafi, Muammar, 444
Gagarin, Yuri, 110, 170
Gainza, Máximo, 269
Gairy, Eric, 416
Gaistkell, Hugh, 141
Gaitán, Jorge Eliécer, 188
Galbraith, John Kenneth, 109, 154
Galeano, Eduardo, 309
Galimberti, Rodolfo, 252-253, 255
Galtieri, Fortunato Leopoldo, 272-274, 276-277, 280, 282-283, 573
Gálvez, Juan Manuel, 66

Galvin, John, 384
García, Alan, 372, 456, 473, 476
García, José Guillermo, 80, 395
García Márquez, Gabriel, 278
García Menocal, Mario, 55
Gardner, Arthur, 16
Gates, Robert, 478
Gaviria, César, 552, 554
Geisel, Ernesto, 298-301, 304, 309
Gelbard, José Ber, 256
Gestido, Óscar, 179-180
Gieco, León, 276
Giroldi Vega, Moisés, 466-467
Gitlin, Todd, 33, 149
Glassman, John, 391
Godoy, Virgilio, 369
Goldwater, Barry, 156, 367
Gómez, León, 396
González, Felipe, 446, 532
Goodwin, Richard, 217
Gorbachov, Mijaíl, 427, 445, 503, 507-510, 512-521, 539, 551
Gordon Mein, John, 104
Gordon, Lincoln, 171
Gorriarán, Enrique Haroldo, 250, 289
Goulart, João, 150, 161, 170-173, 177, 206, 300, 303
Graham, Robert, 453, 547-548
Grande, Rutilo, 76
Grau San Martín, Ramón, 18
Gromyko, Andrei, 132, 138
Guardado, Facundo, 408, 568
Guardia, Antonio de la, 523, 527-530
Guardia, Ernesto de la, 37
Guardia, Patricio de la, 522, 529-530
Guatemala, 13, 43, 45, 53, 60-64, 66, 68, 75, 80, 89, 91, 93-96, 98-99, 101, 103-105, 107-108, 124-125, 127, 143, 344, 346, 354, 356, 371, 373, 383-385, 438, 459, 477, 488, 566, 569-570, 573
Guerra, Eduardo, 105

Guerra de las Malvinas (Fakland Islands), 278, 280, 282, 347
Guevara, Ernesto «Che», 11, 15-17, 23, 121, 123, 135, 143, 149, 157-160, 163, 166, 170, 182, 184, 189-191, 207, 211, 219, 221-222, 230-231
Guevara, Nacha, 264
Guido, José María, 164
Gutiérrez, Jaime Abdul, 79-80, 395
Gutiérrez, Lucio, 578-579
Gutiérrez, Víctor Manuel, 103
Gutiérrez Ruiz, Héctor, 309, 313

Haedo, Víctor, 120
Haig, Alexander, 271, 274, 334-337, 345-346, 348, 350, 353-355, 391, 393-394, 399-400, 487, 493, 498
Haile, Mariam, Mengistu, 232
Halperin, Maurice, 34
Harnecker, Marta, 189
Hasenfus, Eugene, 381
Haslam, Charles, 89
Hassan, Moisés, 92
Haya de la Torre, Raúl, 123, 195-196
Heath, Jim F., 110
Helms, Hesse, 575
Helms, Richard, 127
Hernández, Maximiliano, 73, 84
Hernández, Melba, 21
Herrera Campins, Luis, 354-355, 494
Hersh, Seymour, 432
Herzog, Vladimir, 299
Hevia, Carlos, 18
Hinton, Deanne, 355, 400-401, 405
Hitler, Adolf, 57, 508, 516, 556
Holden, Roberto, 231
Honduras, 60-63, 65-67, 69-72, 74, 83, 93-94, 96-97, 104, 108, 134, 143, 206, 337-338, 340-348, 350, 354-358, 361-365, 370-371, 373-

374, 379-380, 384, 387, 389, 396-397, 434, 469, 475-477, 575, 580
Hoopes, Townsend, 48
Hull, Cordell, 86
Husein, Sadam, 516, 580

Illía, Arturo, 164
Illueca, Jorge, 429
Iniciativa para la cuenca del Caribe, (CBI), 336
Iñíguez, Miguel Ángel, 261
Iribarren, Héctor, 255

Jackson, Andrew, 52-53
Jackson, Jesse, 445
Janos, Leon, 155
Jara, Víctor, 321
Jefferson, Thomas, 52-53
John, Patrick, 416
Johnson, Don, 382
Johnson, Lyndon B., 57, 146
Juan Pablo II, papa, 178, 276, 328, 376-377, 394, 529
Juan XXIII, papa, 12, 62, 112-113, 145, 157, 169, 178, 188
Junta de Reconstrucción Nacional, 92-93

Kaeberie, Mario, 326
Kaiser, Robert, G., 391
Kaplan, Mark, 165
Karazin, Gregori, 561
Kennedy, Edward, 275
Kennedy, Administración, 12, 143, 223, 314
Kennedy, John F., 26, 49, 69, 74, 99, 109, 111, 115-138, 141-147, 150,

Muse, Kurt, 451
Mussolini, Benito, 57

Navarro Valls, Joaquín, 482
Negroponte, John, 342, 575
Neto, Agostino, 230-232
Neto, Delfim, 301
Neves, Tancredo, 302
Nicaragua, 12-13, 16, 26, 56, 60-63, 68, 71, 75, 77-78, 84-85, 87-89, 91-94, 98, 100, 107-108, 124, 126, 228-229, 238, 271, 333, 335-375, 377-387, 389, 391-395, 398, 404-405, 410-411, 417, 422, 424, 430-431, 439, 471, 473, 475-476, 479, 487-488, 493, 498, 513, 566-567, 578, 585
Nixon, Richard, 32, 48, 59, 109, 111, 122, 156, 202, 213, 234-235, 255, 296, 304, 314-316, 319, 345, 571
Noriega, Manuel Antonio, 427, 429-452, 454-456, 458-476, 478-485, 575-576
North, Oliver, 339, 341, 352, 359, 365-366, 374, 378-379, 381, 424, 431, 436
Nott, John, 274
Núñez, Pedro Javier «el Muerto», 351

Oakes, John, 369
Obando y Bravo, Miguel, 92, 375-377, 386, 388
Ochoa, Arnaldo, 210, 522-524, 526-529
Ochoa, Jorge, 438
Ochoa, Sigfredo, 403
Odría, Manuel, 194
Odúber, Daniel, 439
Ojeda, Fabricio, 208

Olivera, Héctor, 283
O'Neil, Tip, 379
Onganía, Juan Carlos, 165-166, 247-248, 260
Orfila, Alejandro, 93
Ortega, Daniel, 89-90, 92, 210, 349, 354, 356-357, 359, 369-370, 377, 379-382, 384, 386, 388, 395, 473, 476, 567
Ortega, Ernesto, 352
Ortega, Humberto, 353, 388, 567
Pablo VI, papa, 146, 178
Pacheco Areco, Jorge, 180-181, 184-185, 304-307
Padrón, Amado, 523-524, 528
Pallais Debayle, Luis, 344
Panamá, 37-38, 52, 56, 58, 60-61, 63, 87-88, 93, 121, 131, 150-151, 155, 161, 190, 192, 217, 228, 230, 238, 274, 315, 338, 340, 347, 357-358, 394, 404, 410, 427, 433, 435, 437-454, 456-467, 469-471, 473-480, 482-484, 487, 495-496, 543, 567, 580-581, 585
Panetta, León, 560
Paredes, Rubén Darío, 436
Parker, Alan, 148
Parker, Dana, 148, 364
Pastor, Robert, 378
Pastora, Edén, 89-90, 92, 339, 345, 347, 367, 379, 430, 578
Pastrana, Misael, 194, 496
Paz, Octavio, 546
Paz Fisher, Robert, 469
Paz García, Policarpo, 71, 83
Pazos, Javier, 36
Pease García, Henry, 201
Penido Brunier, João Bosco, 299
Peralta Azurdía, Enrique, 99, 101
Percy, Charles, 401
Pérez, Carlos Andrés, 92, 228, 242, 439, 444, 446, 456-458, 551-552

646

Los amos de la guerra, de Clara Nieto
se terminó de imprimir en julio 2006 en
Comercializadora y Maquiladora Tucef, S.A. de C.V.
Venado Nº 104, Col. Los Olivos
C.P. 13210, México, D. F.